NEIL GAIMAN

Lady JUSTICE ™

Based on a concept created by NEIL GAIMAN

C. J. HENDERSON

WENDI LEE

Writers

MICHAEL NETZER

JIM WEBB

GEORGES JEANTY

MIKE HARRIS

STEVE LIEBER

Pencilers

RICK MAGYAR

MIKE CHEN

MIKE HARRIS

STEVE LIEBER

Inkers

SUPER GENIUS

NEW YORK

GRAPHIC NOVELS AVAILABLE FROM SUPER GENIUS

NEIL GAIMAN'S
LADY JUSTICE
Volume One

NEIL GAIMAN'S
TEKNOPHAGE
Volume One *(Coming November 2015)*

NEIL GAIMAN'S
MR. HERO
Volume One *(Coming February 2016)*

WWE SUPERSTARS #1
"Money in the Bank"

WWE SUPERSTARS #2
"Haze of Glory!"

WWE SUPERSTARS #3
"Legends *(Coming March 2015)*

WWE SUPERSTARS #4
"Last Man Standing" *(Coming July 2015)*

NEIL GAIMAN'S LADY JUSTICE and
WWE SUPERSTARS graphic novels are
available at booksellers everywhere. NEIL
GAIMAN'S LADY JUSTICE Volume One is
$14.99 each in paperback, and $24.99 each
in hardcover. WWE SUPERSTARS #1 is
$9.99 each, and #2-4 are $12.99 each, and are
available only in paperback. You may also
order online at supergeniuscomics.com. Or
call 1-800-886-1223, Monday through Friday,
9 – 5 EST. MC, Visa, and AmEx accepted. To
order by mail, please add $4.00 for postage
and handling for first book ordered, $1.00
for each additional book and make check
payable to NBM Publishing. Send to: Super
Genius, 160 Broadway, Suite 700, East Wing,
New York, NY 10038.

WWE SUPERSTARS © WWE.
All rights reserved

NEIL GAIMAN'S LADY JUSTICE and
WWE SUPERSTARS graphic novels are also
available digitally wherever e-books are sold.

SUPERGENIUSCOMICS.COM

NEIL GAIMAN'S LADY JUSTICE™
VOLUME ONE
Copyright © 1995, 1996 Hollywood Media Corp.,
formerly known as BIG Entertainment, Inc.
All rights reserved. Neil Gaiman's Lady Justice™,
including all characters featured and the names
and distinct likenesses thereof, are trademarks of
Hollywood Media Corp., formerly known as
BIG Entertainment, Inc. Published under license
from Hollywood Media Corp., 2255 Glades Rd,
Suite 221A, Boca Raton, FL 33431.

Dawn Guzzo – Design & Production
Christopher Mills – Original Editor
Lawrence M. Bogad – Original Associate Editor
Ed Polgardy – Original Editor-in-Chief
Dr. Martin Greenberg – Original Senior Editor
Albert Rodriguez – Original Production Director
Ben Spoont – Associate Producer (Hollywood Media Corp.)
Mitchell Rubenstein – Co-Founder of Tekno•Comix
Laurie Silvers – Co-Founder of Tekno•Comix
Jeff Whitman – Production Coordinator
Suzannah Rowntree – Associate Editor
Jim Salicrup
Editor-in-Chief

ISBN: 978-1-62991-182-3 Paperback Edition
ISBN: 978-1-62991-183-0 Hardcover Edition

Printed in the USA

Super Genius books may be purchased for
business or promotional use. For information
on bulk purchases please contact Macmillan
Corporate and Premium Sales Department at
(800) 221-7945 x5442.

DISTRIBUTED BY MACMILLAN
FIRST SUPER GENIUS PRINTING

Table of Contents

SHE IS JUSTICE

Represented since the beginning of time
as a robed woman, blinded, armed with
naught but a sword and a sense of balance.
A woman cut off from the masculine world
of clues and hard realities, forced into
the depths of her remaining senses –
touch, smell, taste, hearing.
A woman joined with her innermost self,
focused only on her mission. A woman
who cannot be deceived, cannot be fooled.
A woman blind…
…To all but justice.

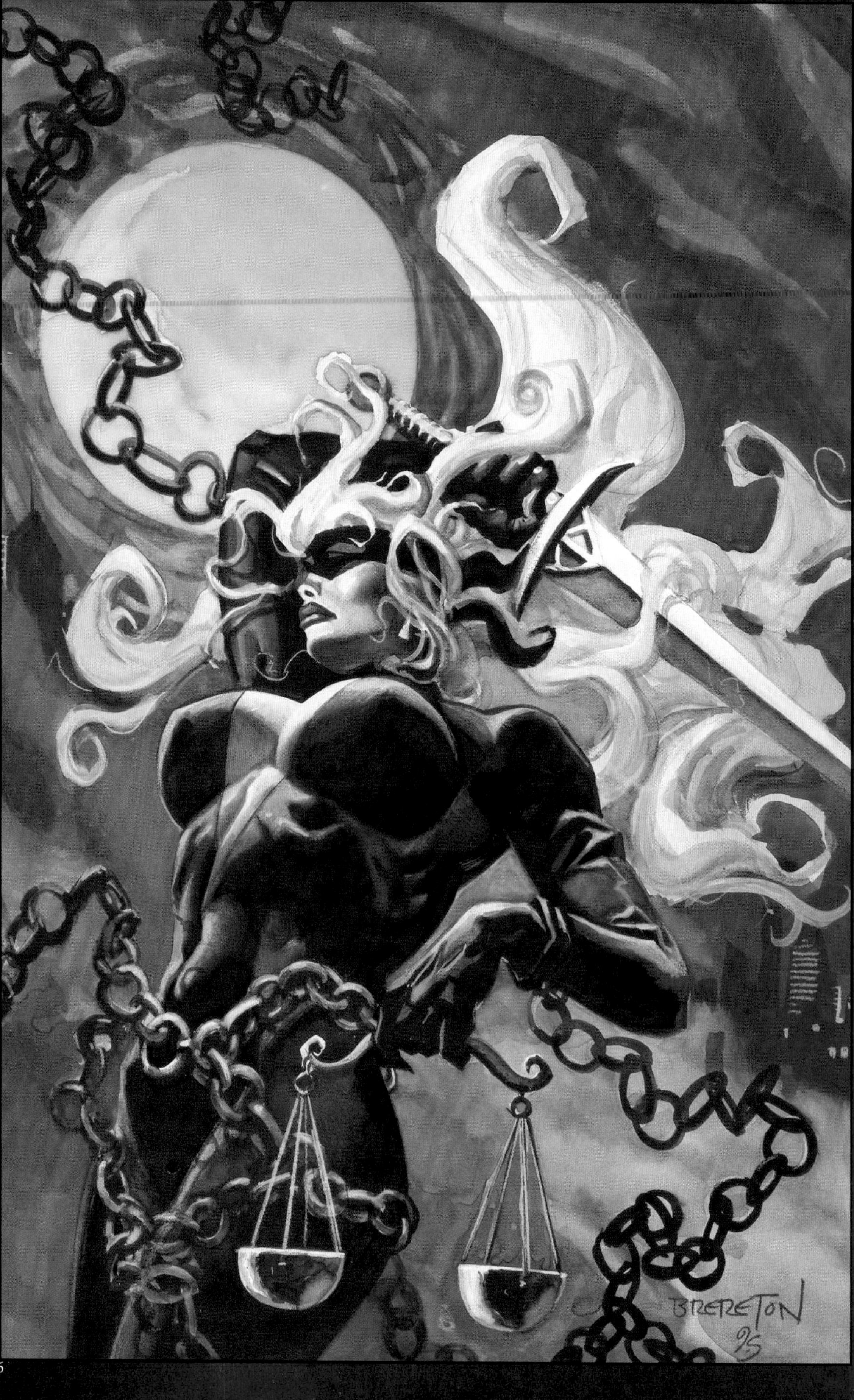
BRERETON
95

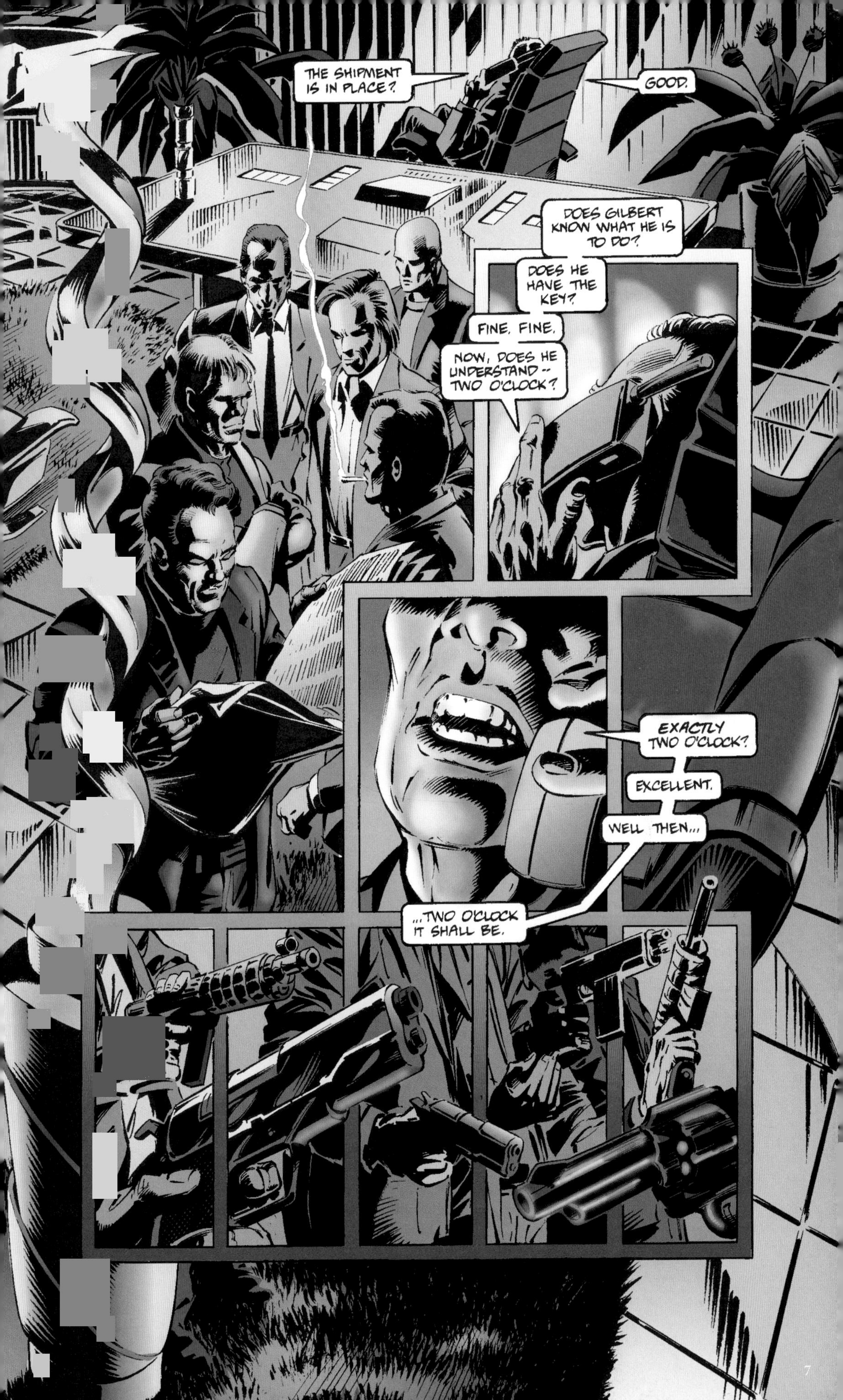
THE SHIPMENT IS IN PLACE?
GOOD.
DOES GILBERT KNOW WHAT HE IS TO DO?
DOES HE HAVE THE KEY?
FINE. FINE.
NOW, DOES HE UNDERSTAND -- TWO O'CLOCK?
EXACTLY TWO O'CLOCK?
EXCELLENT.
WELL THEN...
...TWO O'CLOCK IT SHALL BE.

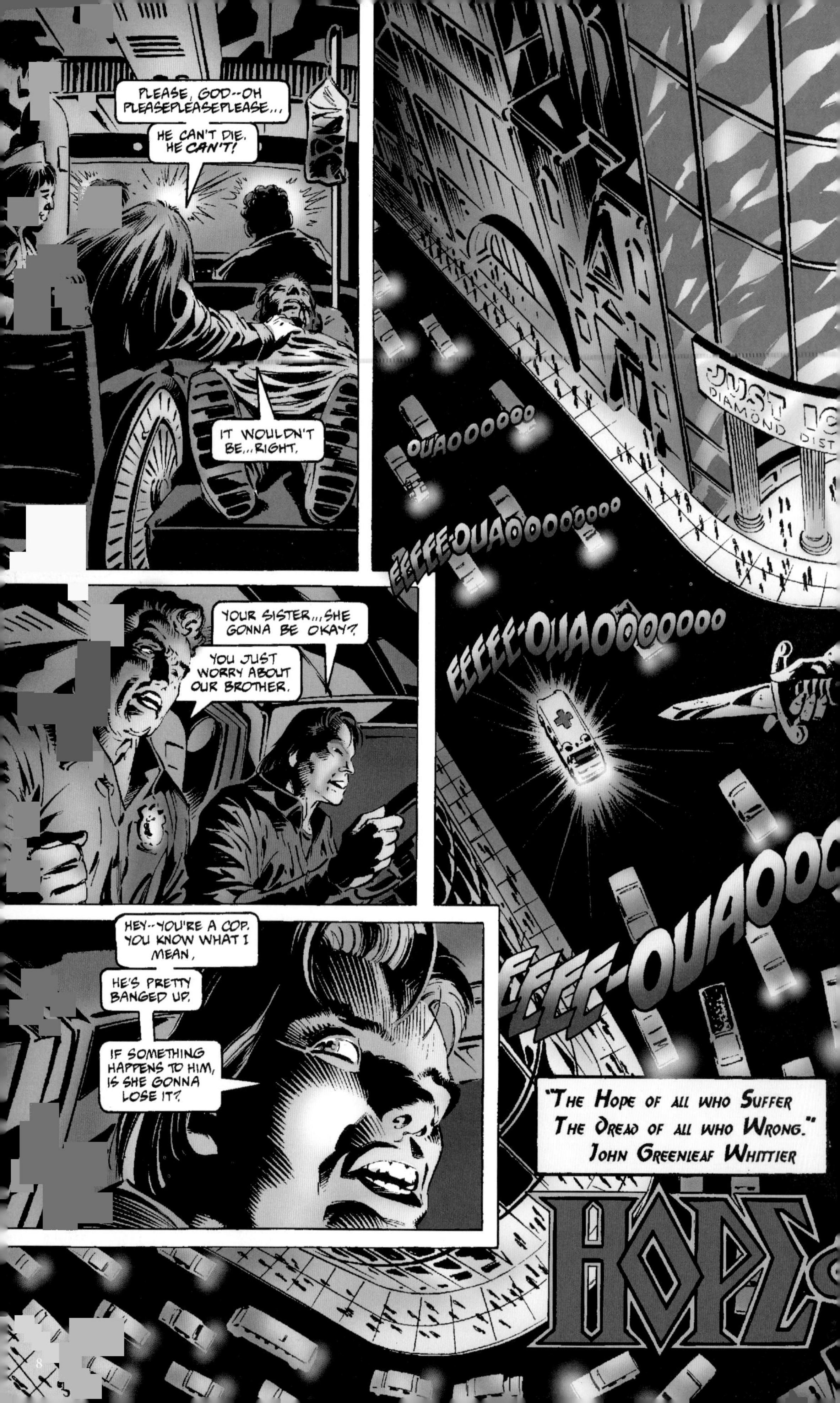

PLEASE, GOD--OH PLEASEPLEASEPLEASE...
HE CAN'T DIE. HE CAN'T!
IT WOULDN'T BE...RIGHT.
JUST
DIAMOND DIST
OUAOOOOOO
EEEEE-OUAOOOOOOOOO
EEEEE-OUAOOOOOOOO
YOUR SISTER... SHE GONNA BE OKAY?
YOU JUST WORRY ABOUT OUR BROTHER.
HEY--YOU'RE A COP. YOU KNOW WHAT I MEAN.
HE'S PRETTY BANGED UP.
IF SOMETHING HAPPENS TO HIM, IS SHE GONNA LOSE IT?
EEEE-OUAOO
"The Hope of all who Suffer
The Dread of all who Wrong."
John Greenleaf Whittier
HOPE

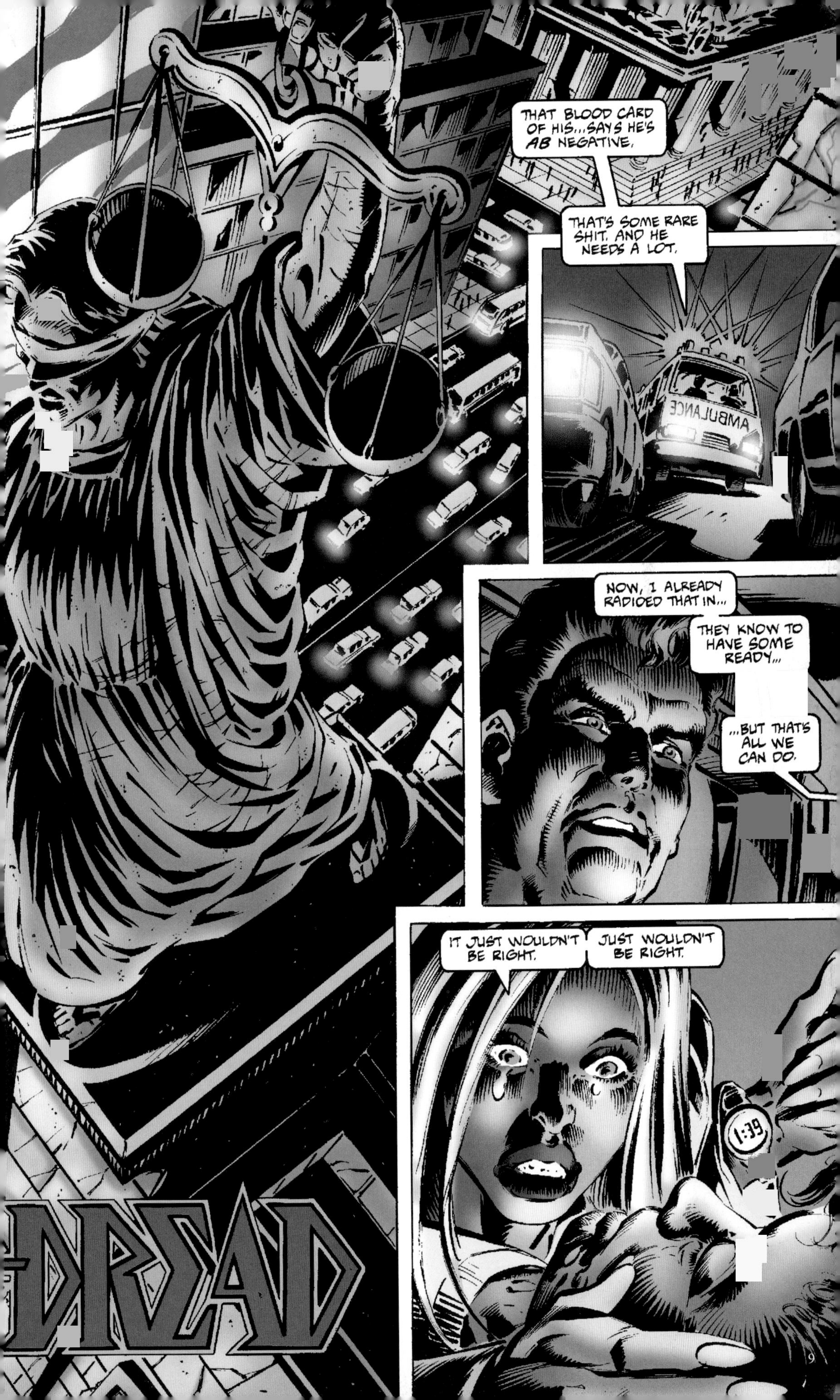

THAT BLOOD CARD OF HIS... SAYS HE'S AB NEGATIVE.
THAT'S SOME RARE SHIT. AND HE NEEDS A LOT.
AMBULANCE
NOW, I ALREADY RADIOED THAT IN...
THEY KNOW TO HAVE SOME READY...
...BUT THAT'S ALL WE CAN DO.
IT JUST WOULDN'T BE RIGHT.
JUST WOULDN'T BE RIGHT.
1:39
DREAD

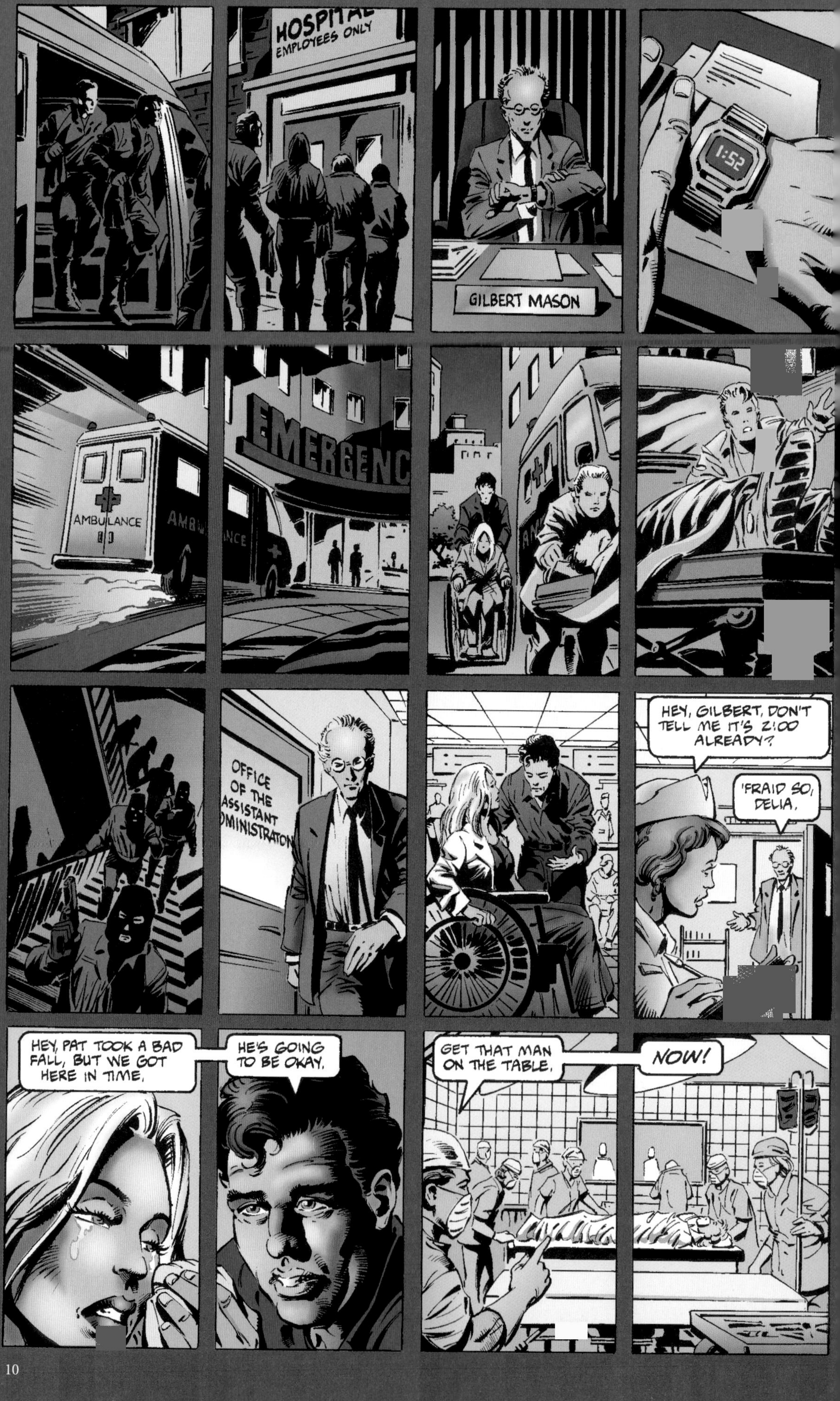
HOSPITAL
EMPLOYEES ONLY
GILBERT MASON
1:52
EMERGENC
AMBULANCE
OFFICE OF THE ASSISTANT ADMINISTRATOR
HEY, GILBERT, DON'T TELL ME IT'S 2:00 ALREADY?
'FRAID SO, DELIA.
HEY, PAT TOOK A BAD FALL, BUT WE GOT HERE IN TIME.
HE'S GOING TO BE OKAY.
GET THAT MAN ON THE TABLE.
NOW!

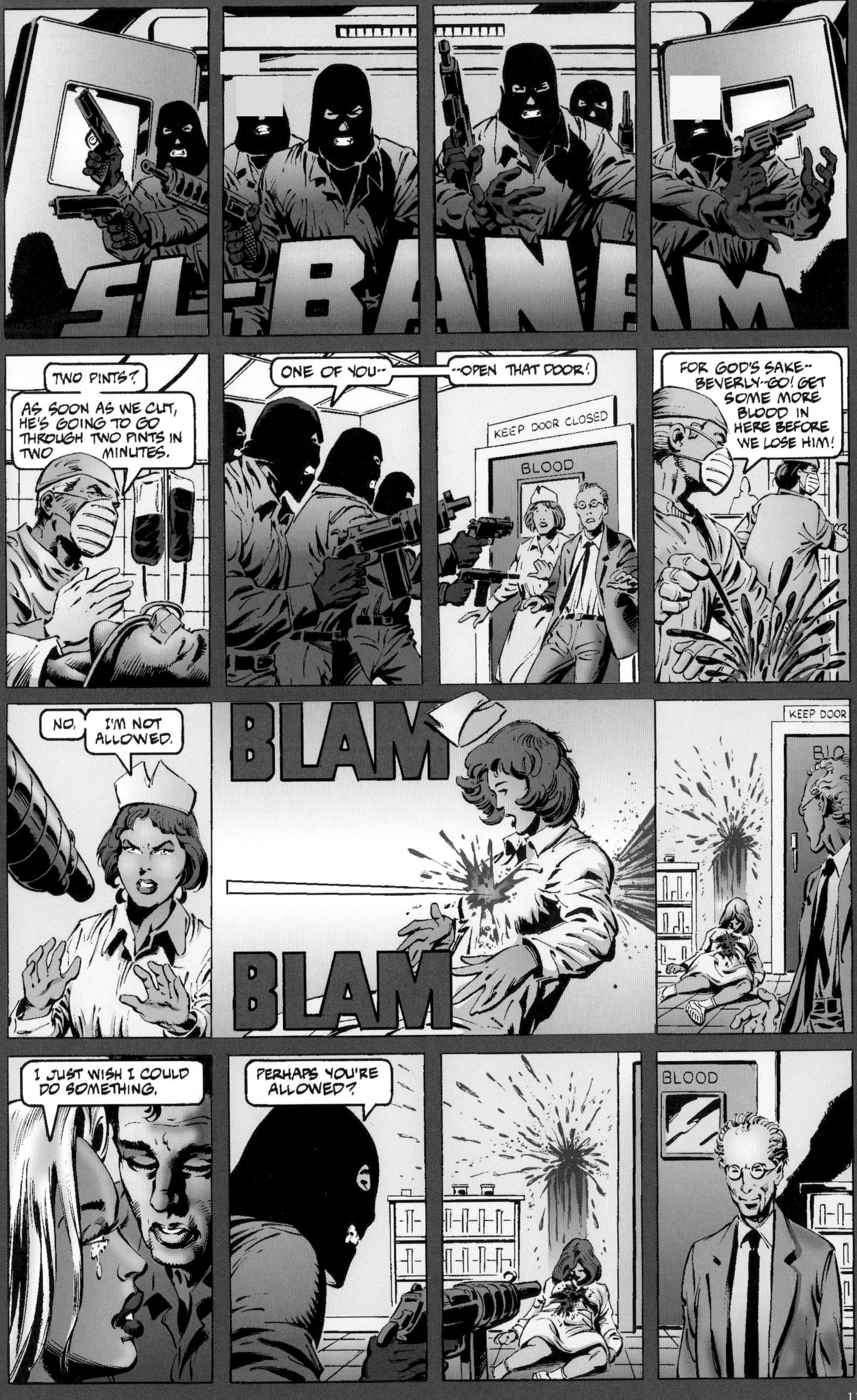

SL-BANAM
TWO PINTS?
AS SOON AS WE CUT, HE'S GOING TO GO THROUGH TWO PINTS IN TWO MINUTES.
ONE OF YOU--
--OPEN THAT DOOR!
KEEP DOOR CLOSED
BLOOD
FOR GOD'S SAKE-- BEVERLY--GO! GET SOME MORE BLOOD IN HERE BEFORE WE LOSE HIM!
NO,
I'M NOT ALLOWED.
BLAM
BLAM
KEEP DOOR
I JUST WISH I COULD DO SOMETHING.
PERHAPS YOU'RE ALLOWED?
BLOOD

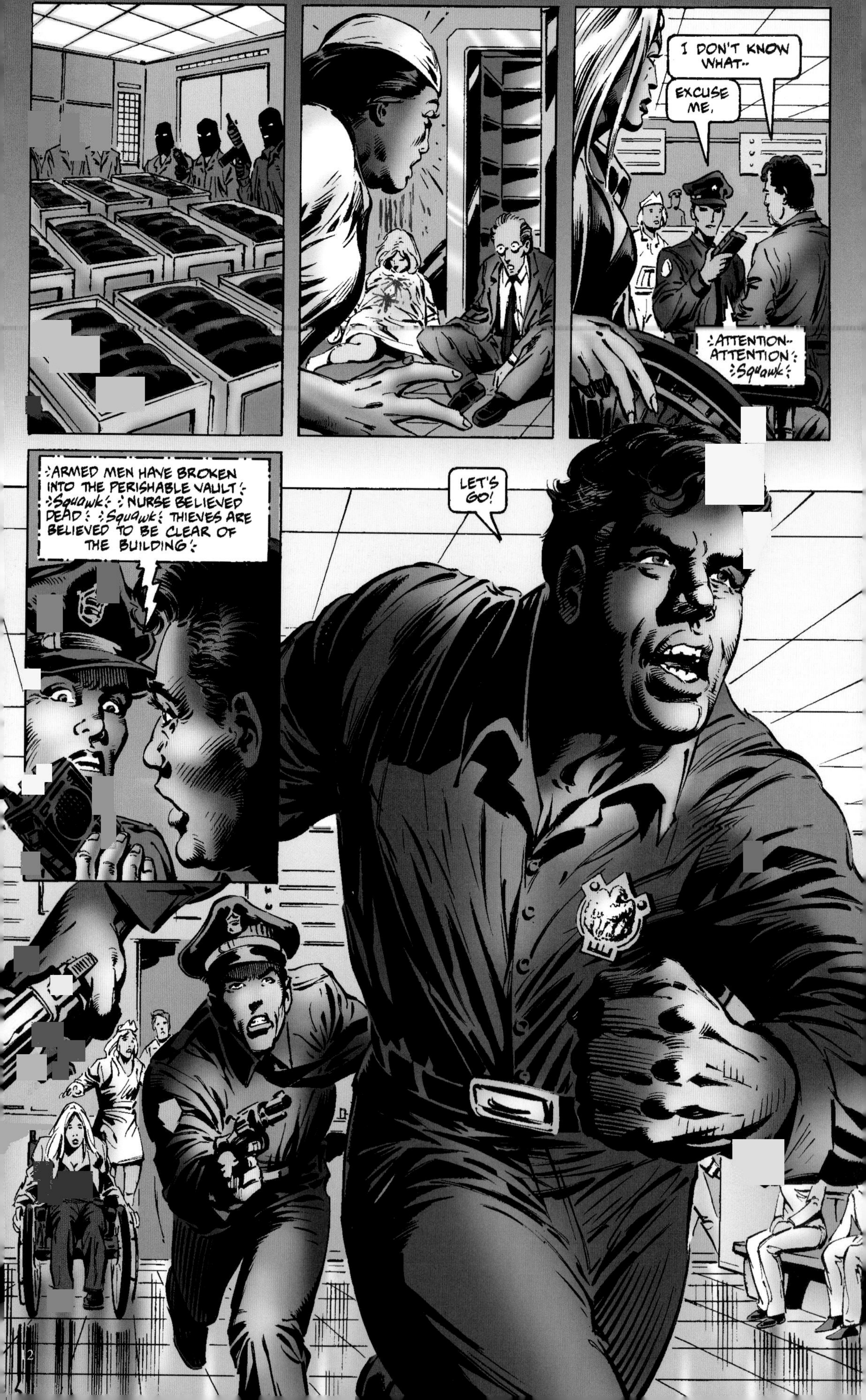
I DON'T KNOW WHAT..
EXCUSE ME,
:ATTENTION.. ATTENTION: :Squawk:
:ARMED MEN HAVE BROKEN INTO THE PERISHABLE VAULT: :Squawk: :NURSE BELIEVED DEAD: :Squawk: THIEVES ARE BELIEVED TO BE CLEAR OF THE BUILDING:
LET'S GO!

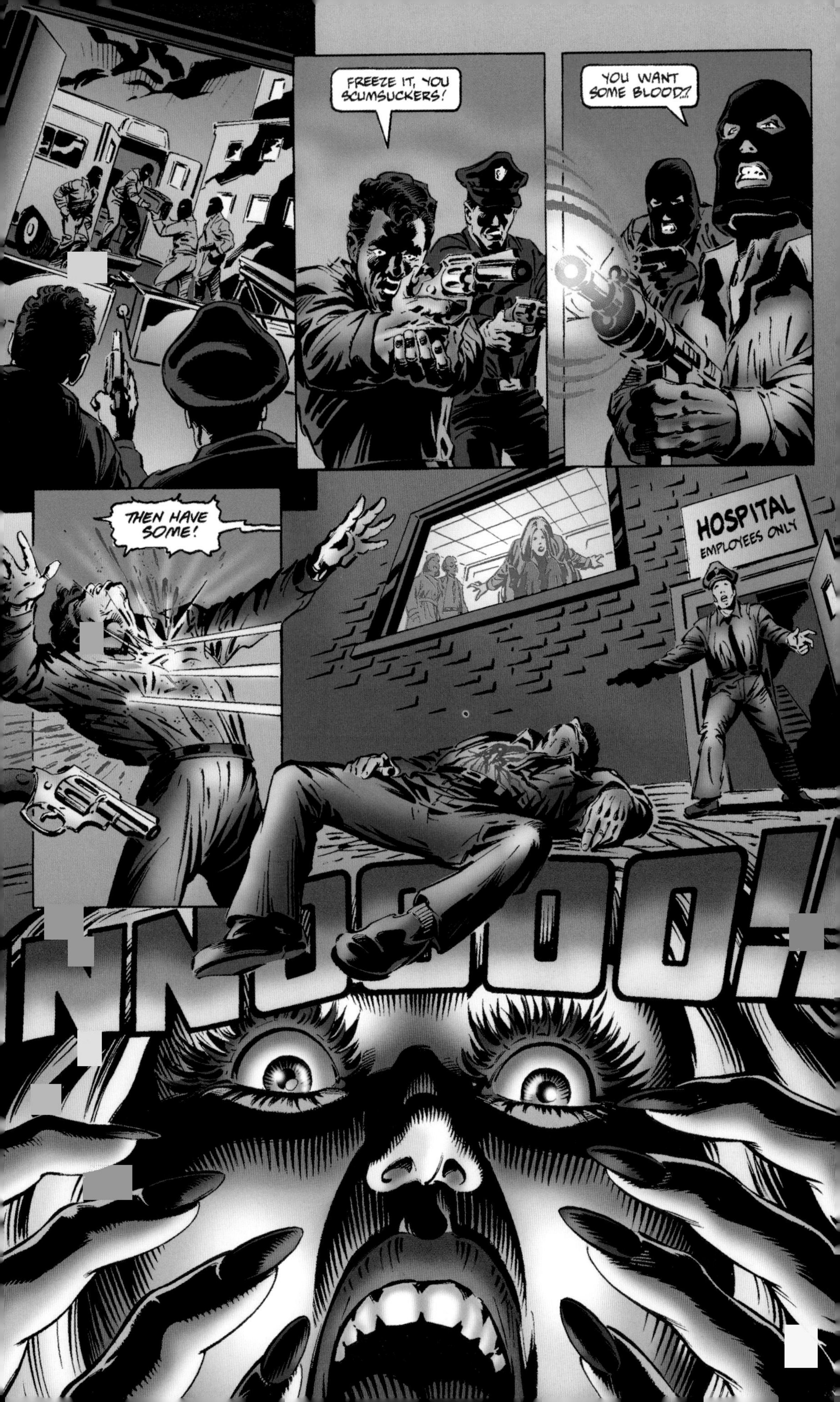
FREEZE IT, YOU SCUMSUCKERS!
YOU WANT SOME BLOOD?!
THEN HAVE SOME!
HOSPITAL
EMPLOYEES ONLY

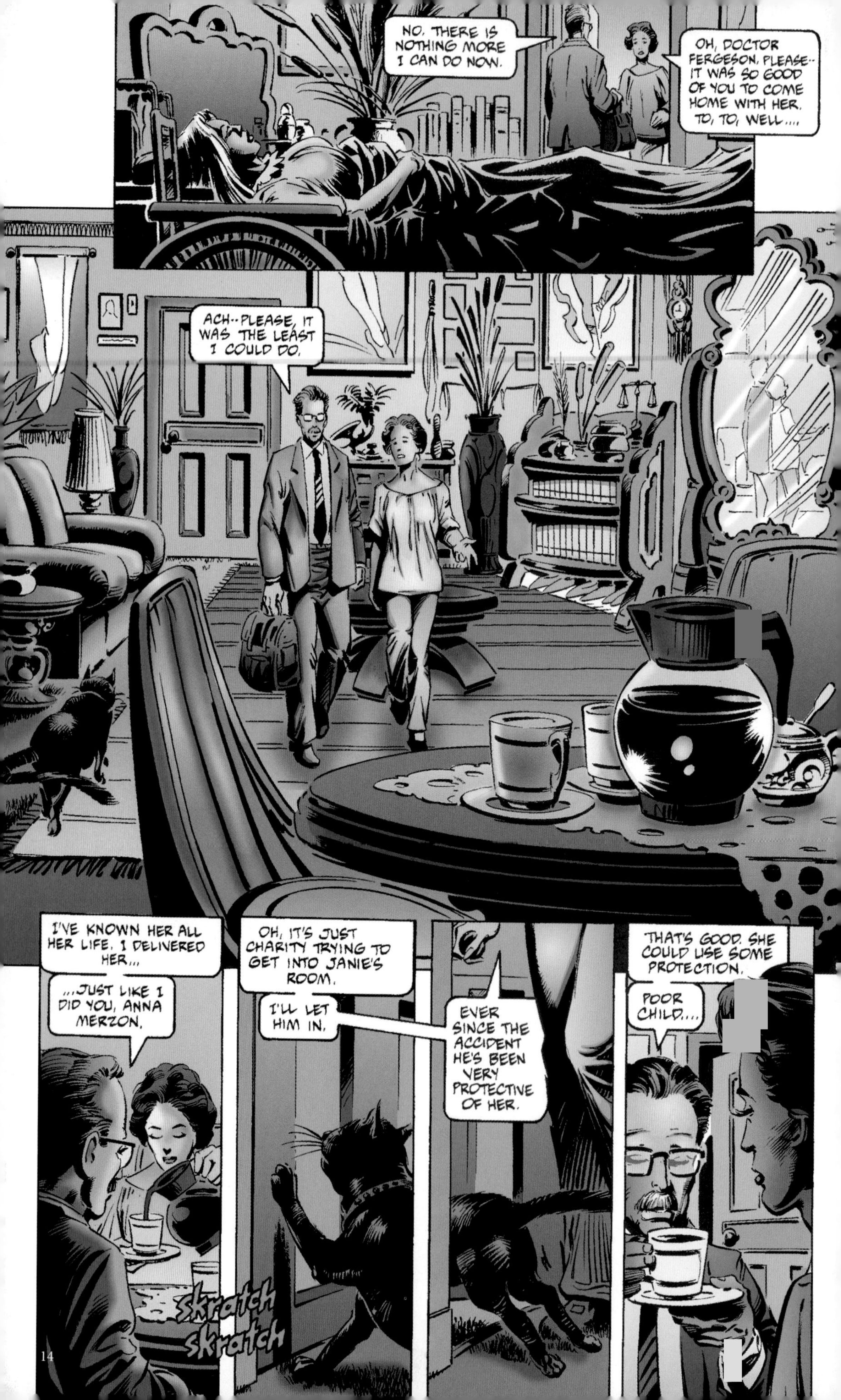
NO. THERE IS NOTHING MORE I CAN DO NOW.
OH, DOCTOR FERGESON, PLEASE-- IT WAS SO GOOD OF YOU TO COME HOME WITH HER. TO, TO, WELL....
ACH--PLEASE, IT WAS THE LEAST I COULD DO.
I'VE KNOWN HER ALL HER LIFE. I DELIVERED HER...
...JUST LIKE I DID YOU, ANNA MERZON.
SKRATCH SKRATCH
OH, IT'S JUST CHARITY TRYING TO GET INTO JANIE'S ROOM.
I'LL LET HIM IN.
EVER SINCE THE ACCIDENT HE'S BEEN VERY PROTECTIVE OF HER.
THAT'S GOOD. SHE COULD USE SOME PROTECTION.
POOR CHILD....

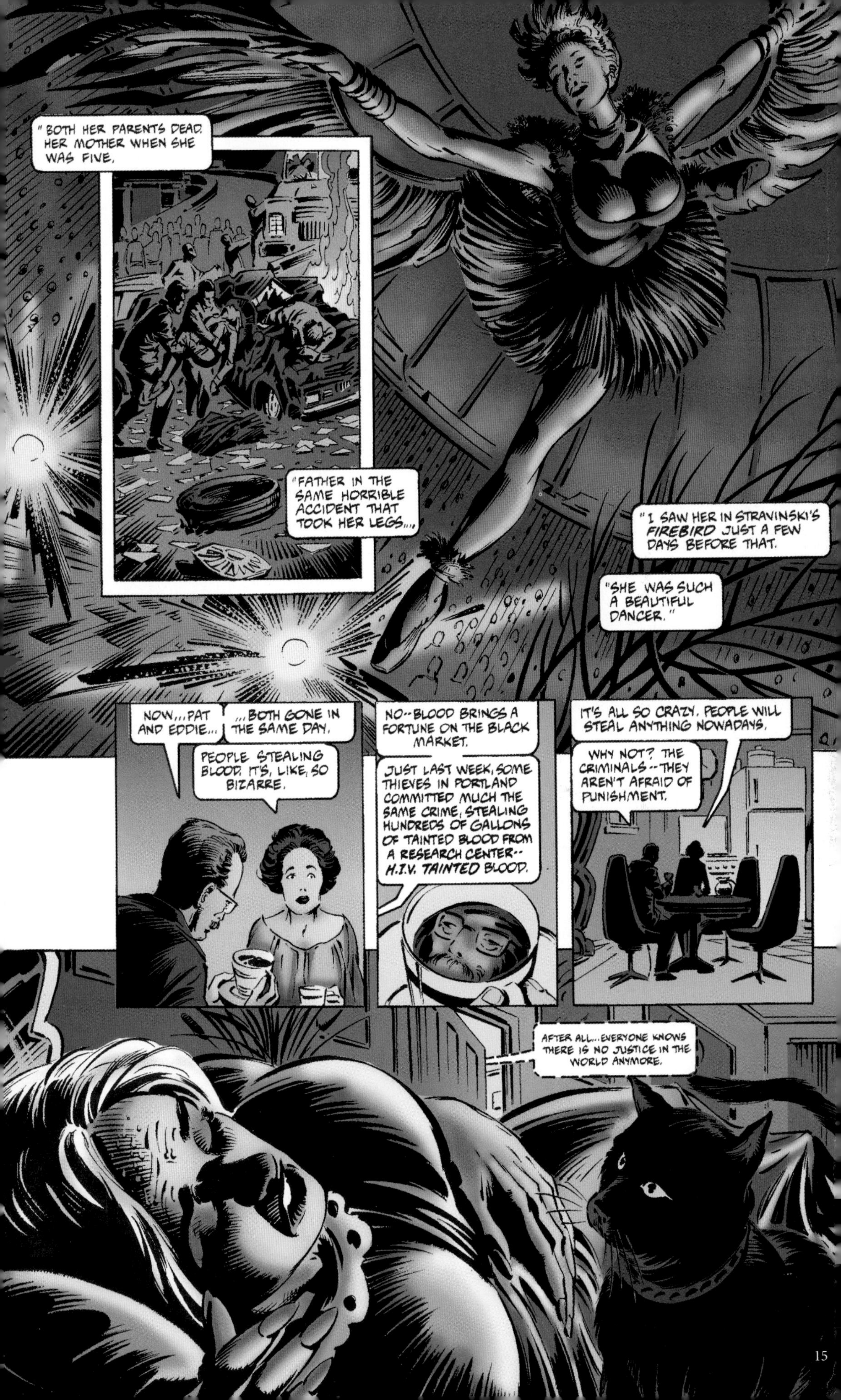
"BOTH HER PARENTS DEAD. HER MOTHER WHEN SHE WAS FIVE.
"FATHER IN THE SAME HORRIBLE ACCIDENT THAT TOOK HER LEGS...,
"I SAW HER IN STRAVINSKI'S FIREBIRD JUST A FEW DAYS BEFORE THAT.
"SHE WAS SUCH A BEAUTIFUL DANCER."
NOW,...PAT AND EDDIE...
...BOTH GONE IN THE SAME DAY.
PEOPLE STEALING BLOOD. IT'S, LIKE, SO BIZARRE.
NO--BLOOD BRINGS A FORTUNE ON THE BLACK MARKET.
JUST LAST WEEK, SOME THIEVES IN PORTLAND COMMITTED MUCH THE SAME CRIME, STEALING HUNDREDS OF GALLONS OF TAINTED BLOOD FROM A RESEARCH CENTER-- H.I.V. TAINTED BLOOD.
IT'S ALL SO CRAZY. PEOPLE WILL STEAL ANYTHING NOWADAYS.
WHY NOT? THE CRIMINALS -- THEY AREN'T AFRAID OF PUNISHMENT.
AFTER ALL... EVERYONE KNOWS THERE IS NO JUSTICE IN THE WORLD ANYMORE.

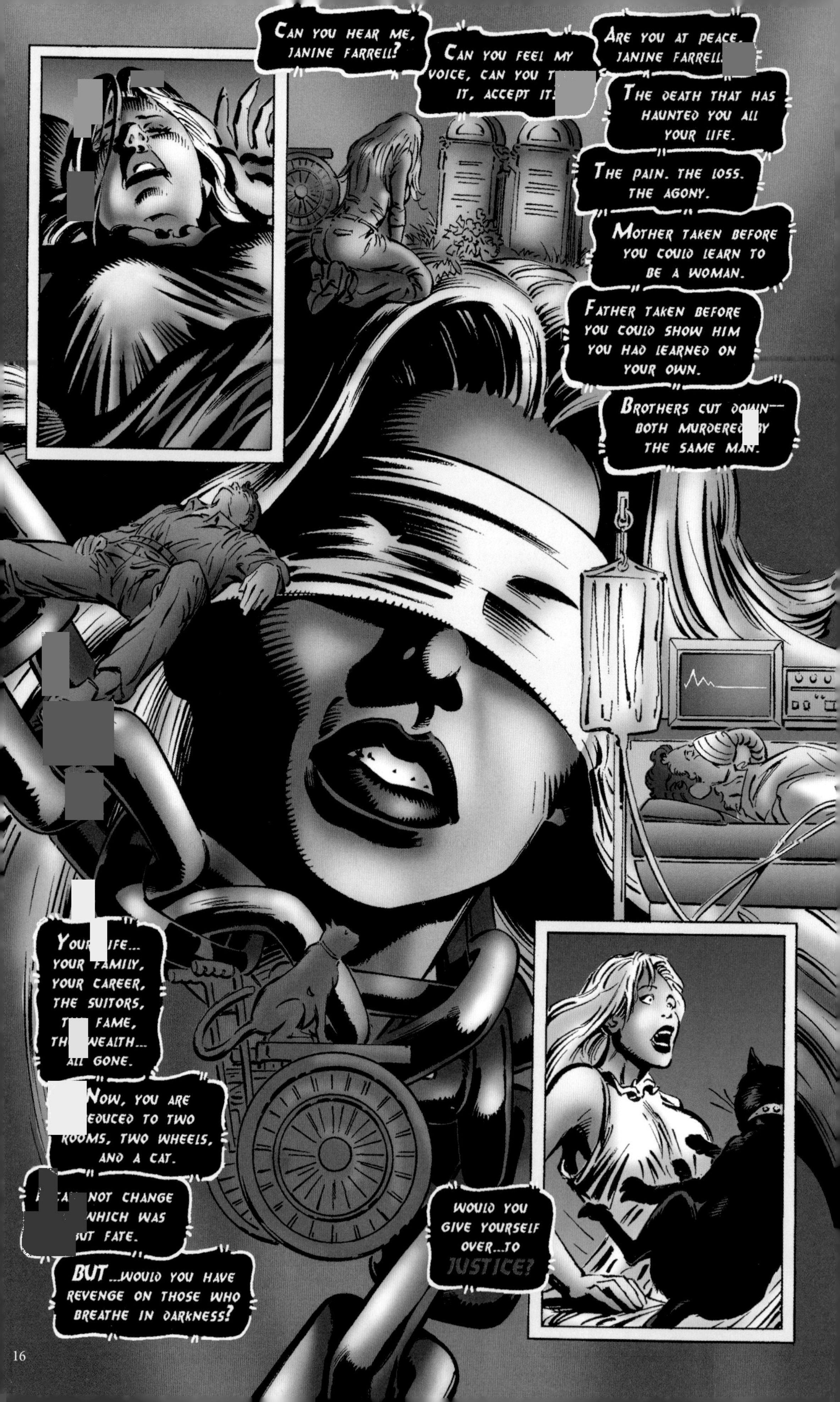
CAN YOU HEAR ME, JANINE FARRELL?
CAN YOU FEEL MY VOICE, CAN YOU T IT, ACCEPT IT
ARE YOU AT PEACE, JANINE FARRELL
THE DEATH THAT HAS HAUNTED YOU ALL YOUR LIFE.
THE PAIN. THE LOSS. THE AGONY.
MOTHER TAKEN BEFORE YOU COULD LEARN TO BE A WOMAN.
FATHER TAKEN BEFORE YOU COULD SHOW HIM YOU HAD LEARNED ON YOUR OWN.
BROTHERS CUT DOWN— BOTH MURDERED Y THE SAME MAN.
YOUR IFE... YOUR FAMILY, YOUR CAREER, THE SUITORS, T FAME, TH WEALTH... ALL GONE.
NOW, YOU ARE EDUCED TO TWO ROOMS, TWO WHEELS, AND A CAT.
CA NOT CHANGE WHICH WAS UT FATE.
BUT...WOULD YOU HAVE REVENGE ON THOSE WHO BREATHE IN DARKNESS?
WOULD YOU GIVE YOURSELF OVER...TO JUSTICE?

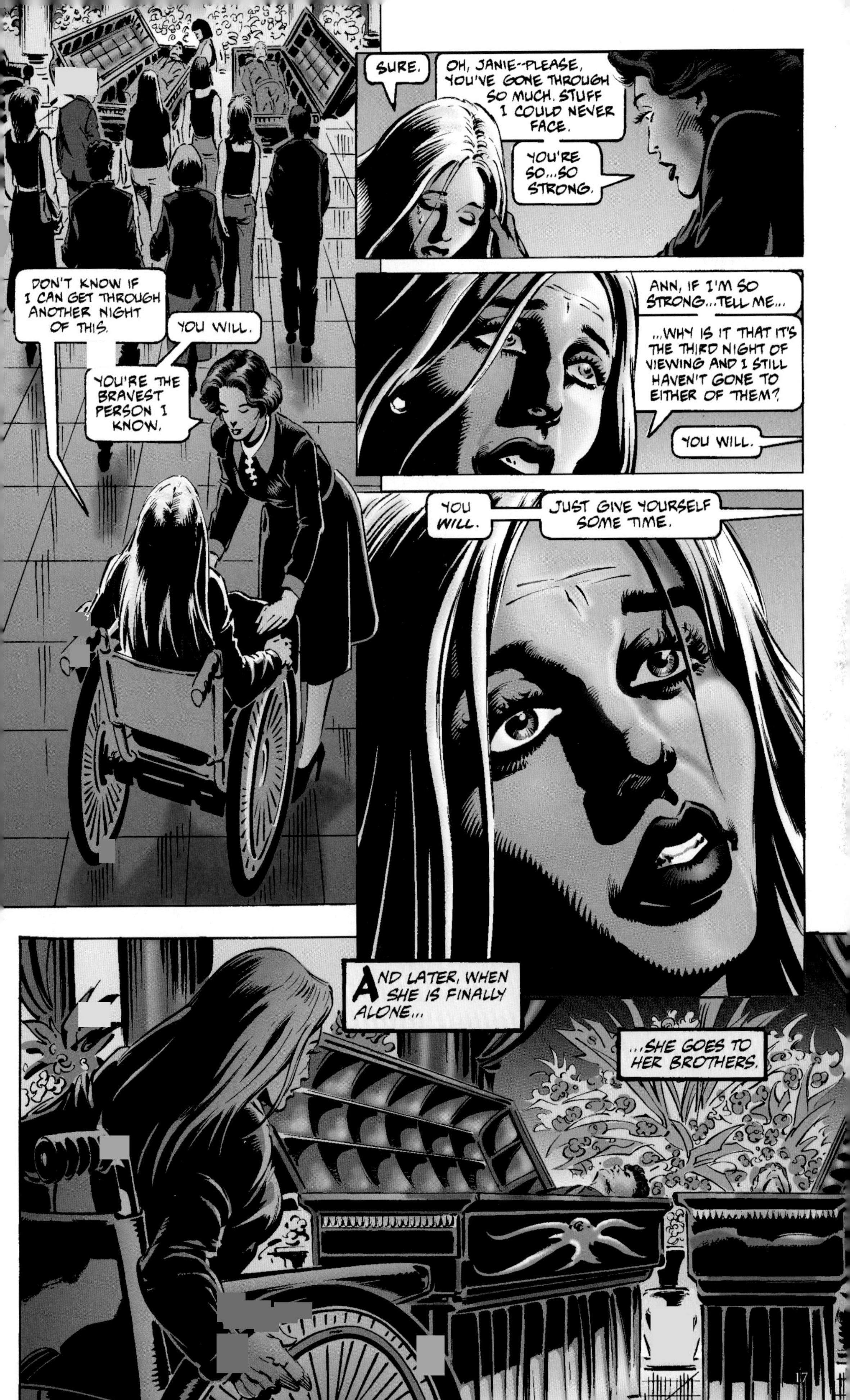

DON'T KNOW IF I CAN GET THROUGH ANOTHER NIGHT OF THIS.
YOU WILL.
YOU'RE THE BRAVEST PERSON I KNOW.
SURE.
OH, JANIE--PLEASE, YOU'VE GONE THROUGH SO MUCH. STUFF I COULD NEVER FACE.
YOU'RE SO...SO STRONG.
ANN, IF I'M SO STRONG...TELL ME...
...WHY IS IT THAT IT'S THE THIRD NIGHT OF VIEWING AND I STILL HAVEN'T GONE TO EITHER OF THEM?
YOU WILL.
YOU WILL.
JUST GIVE YOURSELF SOME TIME.
AND LATER, WHEN SHE IS FINALLY ALONE...
...SHE GOES TO HER BROTHERS.

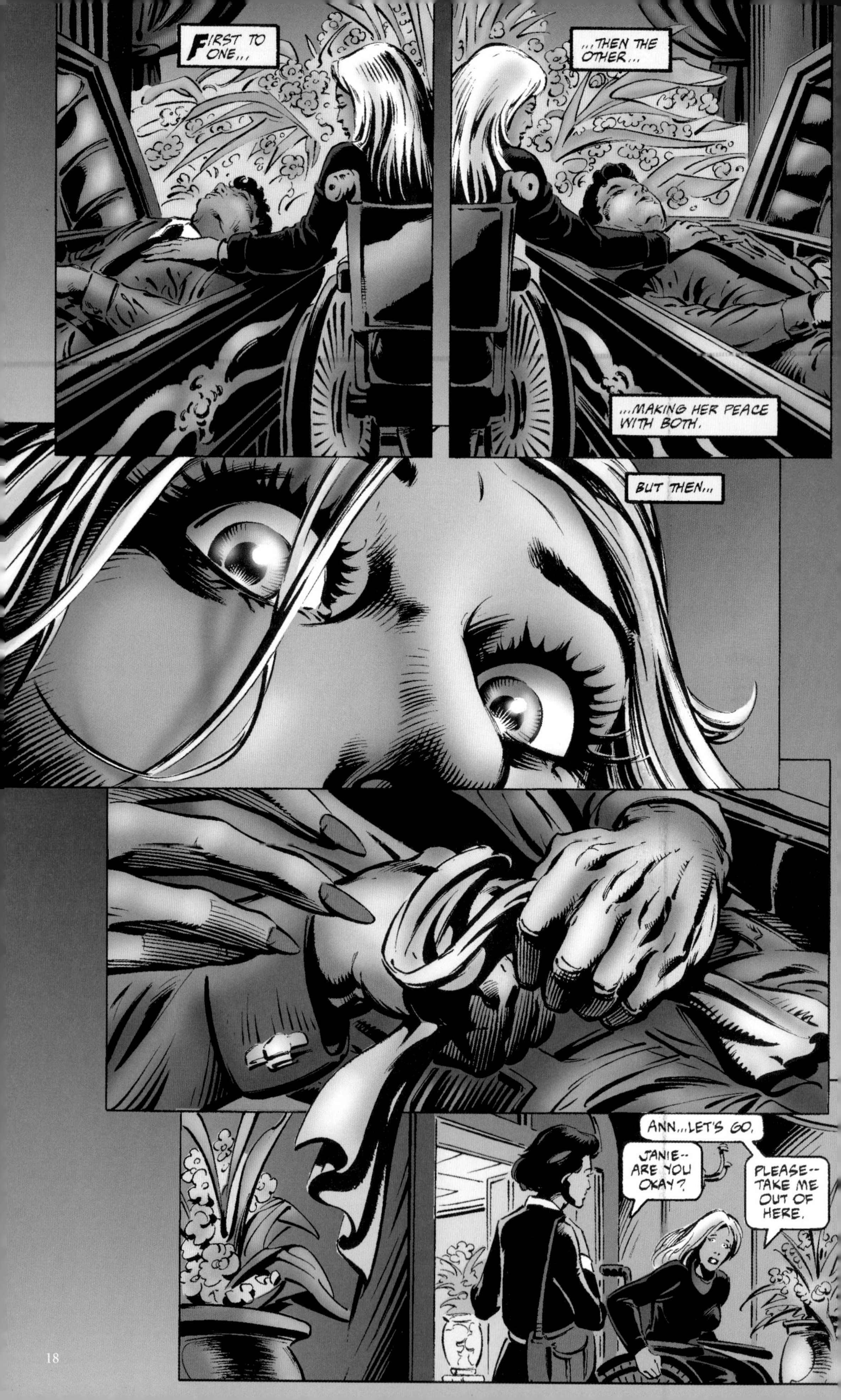
FIRST TO ONE...
...THEN THE OTHER...
...MAKING HER PEACE WITH BOTH.
BUT THEN...
ANN...LET'S GO.
JANIE-- ARE YOU OKAY?
PLEASE-- TAKE ME OUT OF HERE.

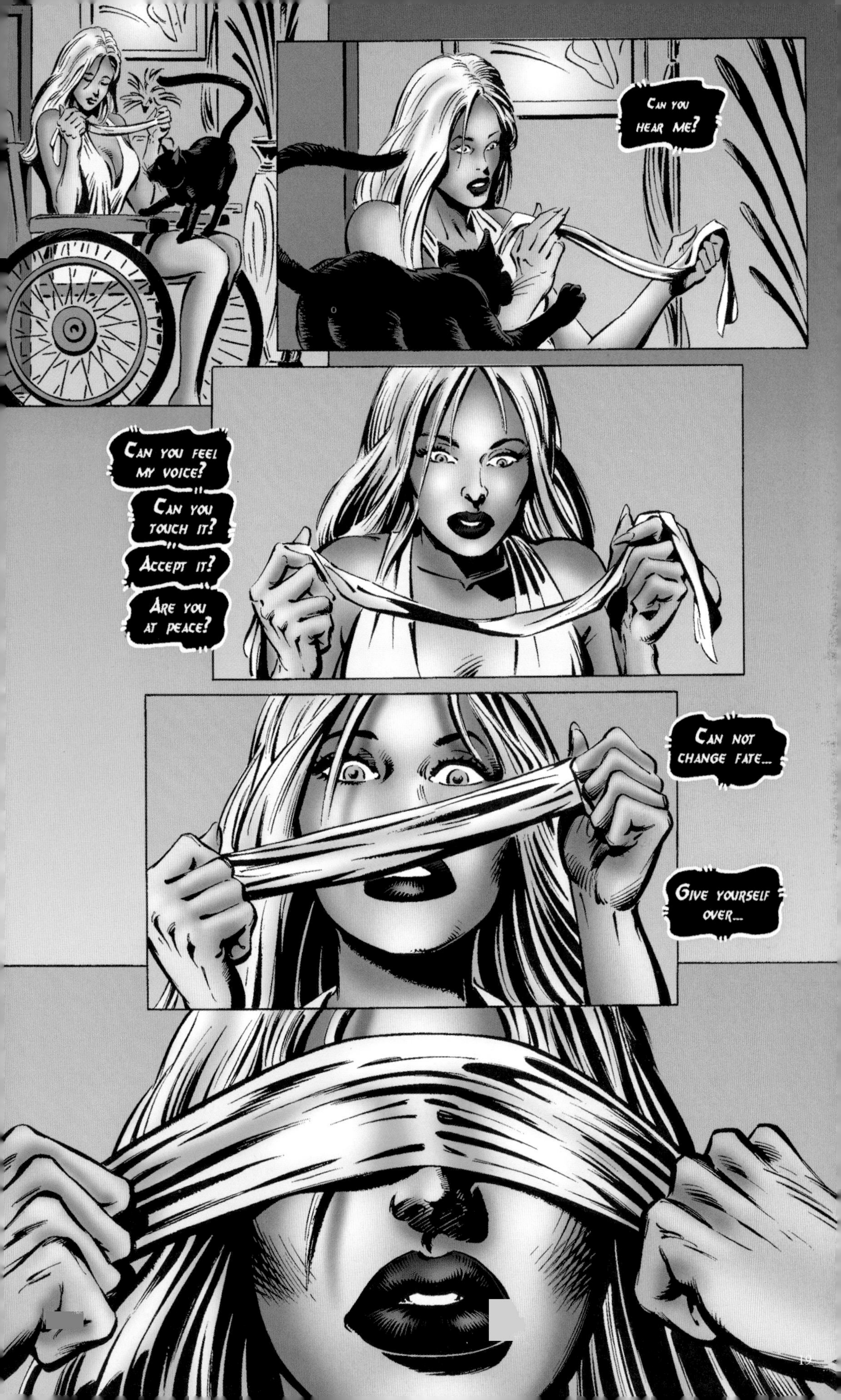

Can you hear me?
Can you feel my voice?
Can you touch it?
Accept it?
Are you at peace?
Can not change fate...
Give yourself over...

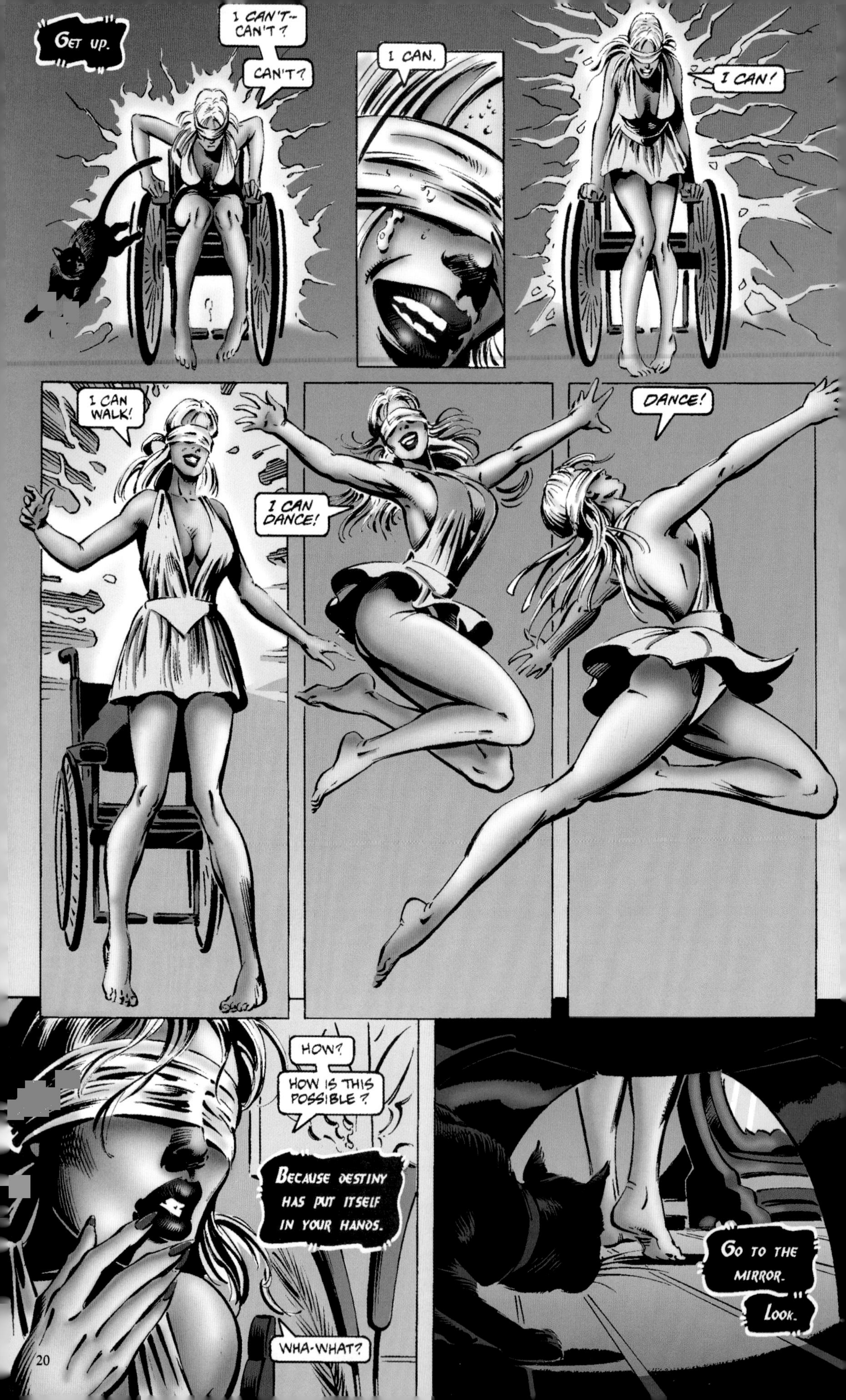

GET UP.
I CAN'T-- CAN'T?
CAN'T?
I CAN.
I CAN!
I CAN WALK!
I CAN DANCE!
DANCE!
HOW?
HOW IS THIS POSSIBLE?
BECAUSE DESTINY HAS PUT ITSELF IN YOUR HANDS.
WHA-WHAT?
GO TO THE MIRROR.
LOOK.

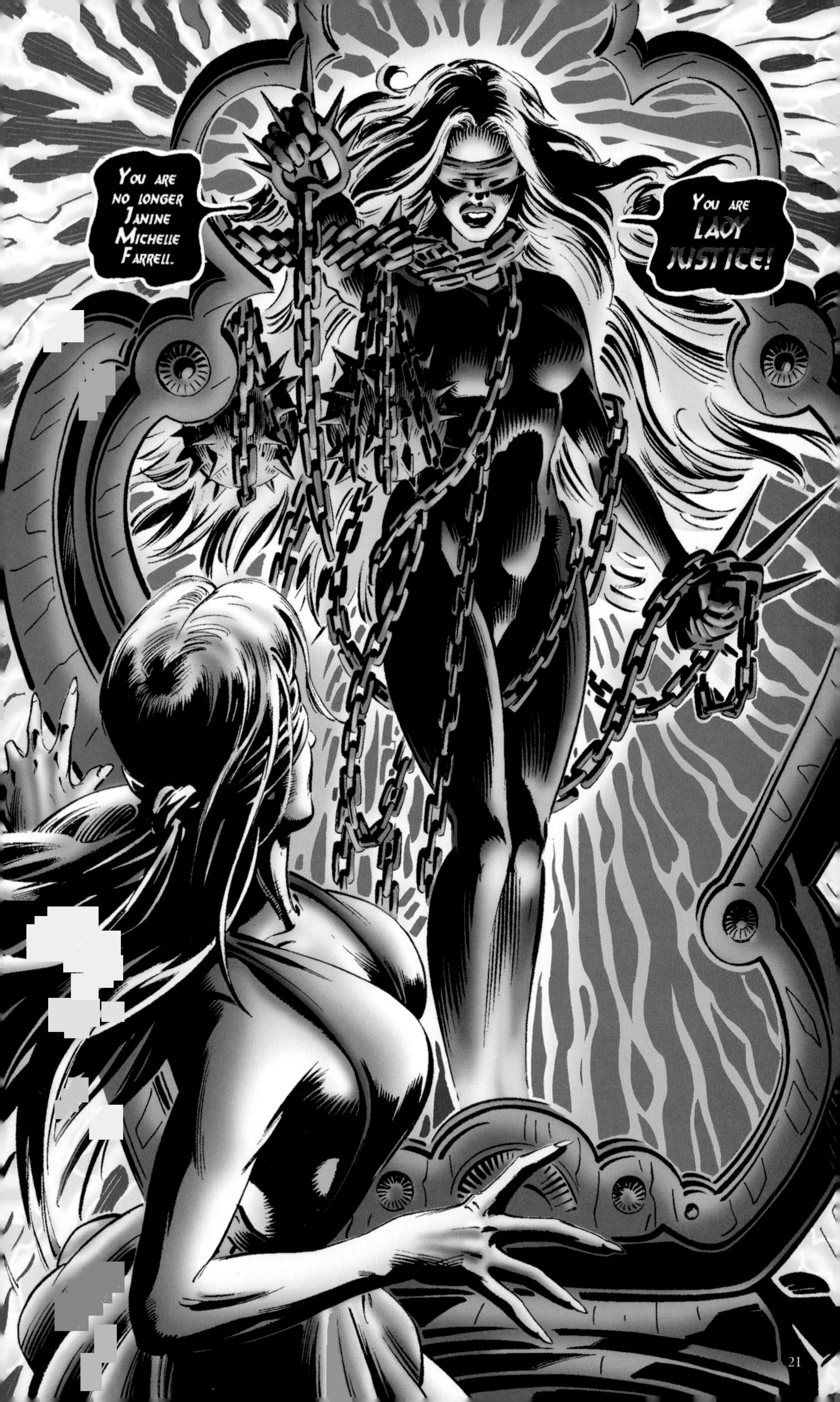
You are no longer Janine Michelle Farrell.
You are Lady Justice!

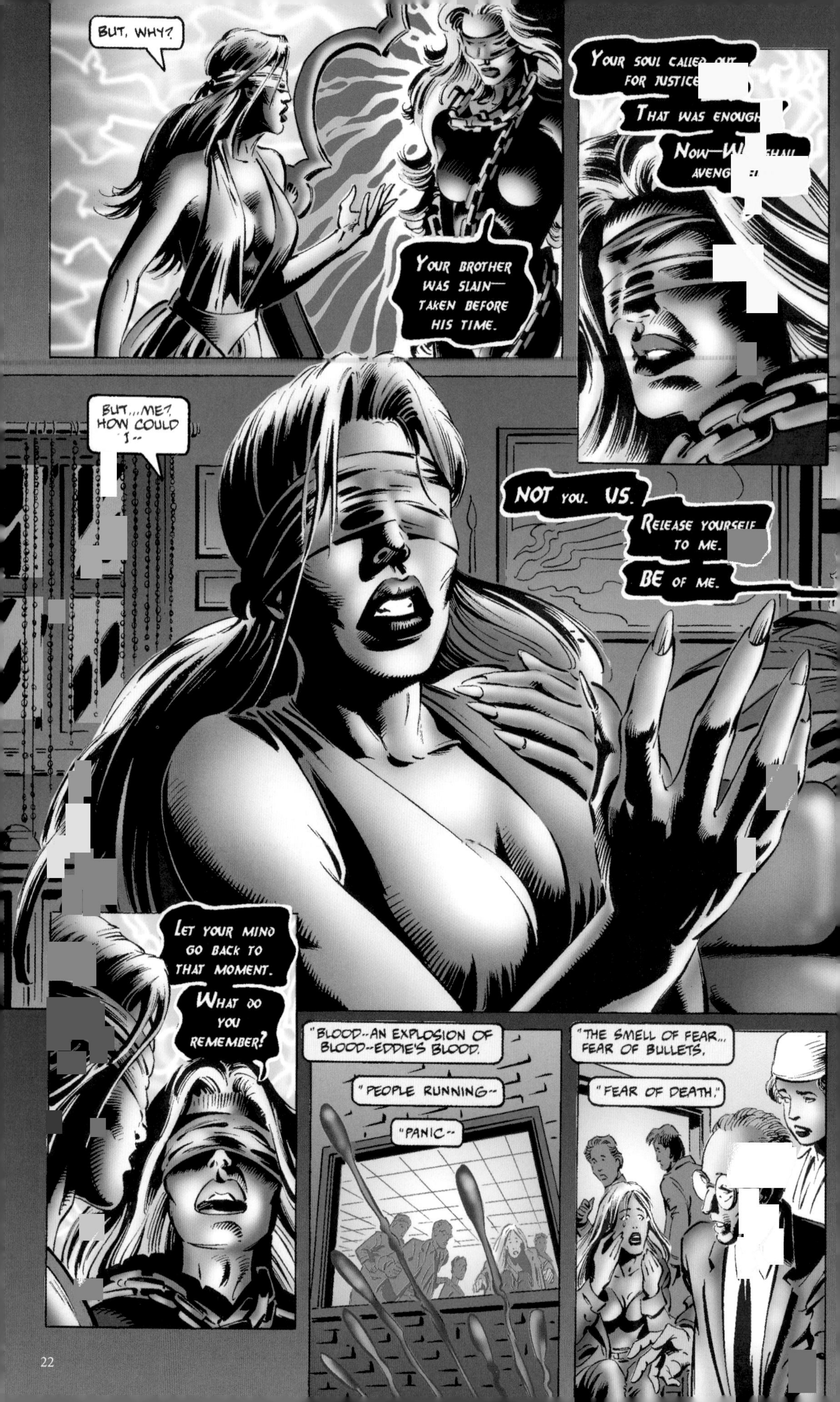

BUT, WHY?
YOUR SOUL CALLED OUT FOR JUSTICE
THAT WAS ENOUGH
NOW—W
AVENG
YOUR BROTHER WAS SLAIN— TAKEN BEFORE HIS TIME.
BUT...ME? HOW COULD I--
NOT YOU. US.
RELEASE YOURSELF TO ME.
BE OF ME.
LET YOUR MIND GO BACK TO THAT MOMENT.
WHAT DO YOU REMEMBER?
"BLOOD--AN EXPLOSION OF BLOOD--EDDIE'S BLOOD.
"PEOPLE RUNNING--
"PANIC--
"THE SMELL OF FEAR... FEAR OF BULLETS.
"FEAR OF DEATH."

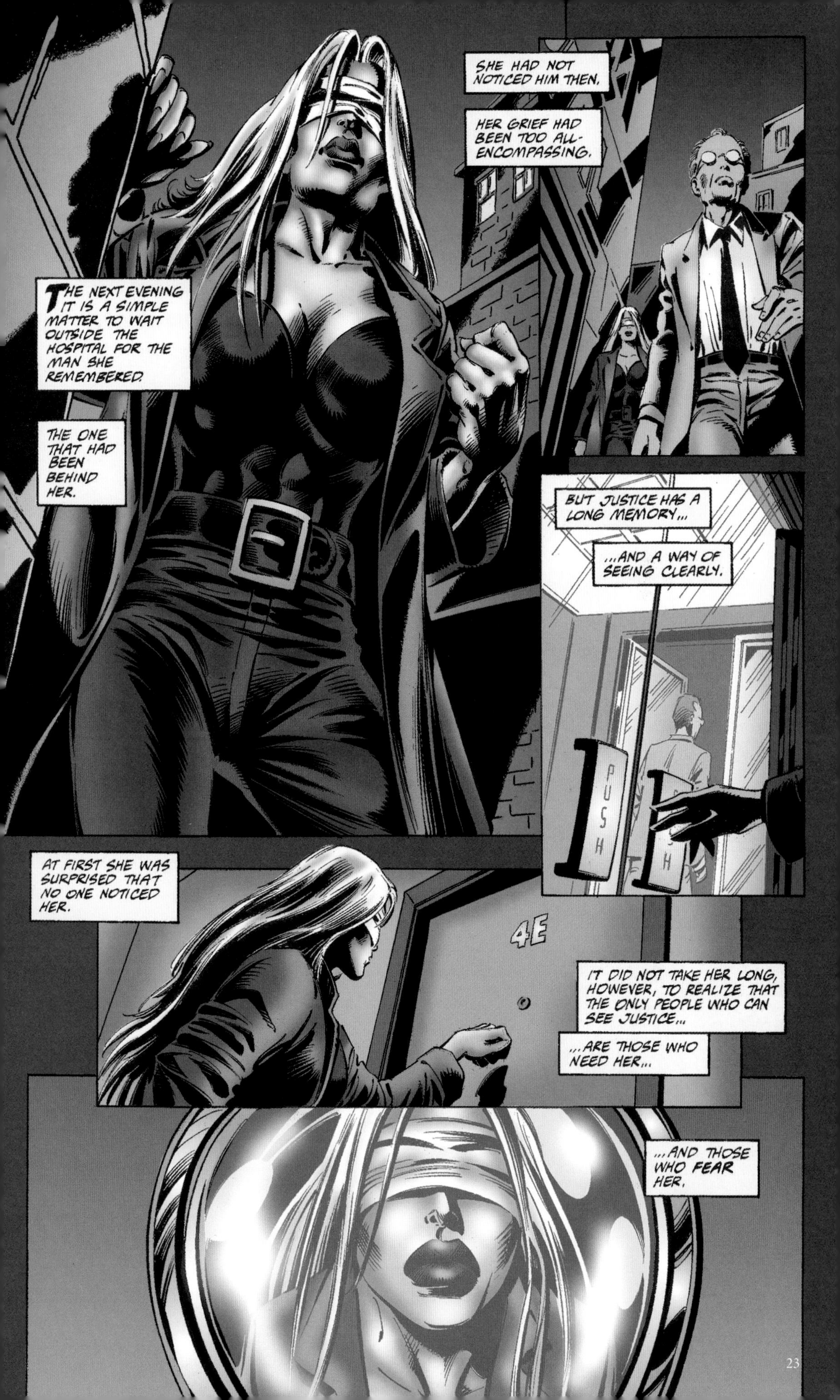
THE NEXT EVENING IT IS A SIMPLE MATTER TO WAIT OUTSIDE THE HOSPITAL FOR THE MAN SHE REMEMBERED.
THE ONE THAT HAD BEEN BEHIND HER.
SHE HAD NOT NOTICED HIM THEN.
HER GRIEF HAD BEEN TOO ALL-ENCOMPASSING.
BUT JUSTICE HAS A LONG MEMORY...
...AND A WAY OF SEEING CLEARLY.
PUSH
AT FIRST SHE WAS SURPRISED THAT NO ONE NOTICED HER.
4E
IT DID NOT TAKE HER LONG, HOWEVER, TO REALIZE THAT THE ONLY PEOPLE WHO CAN SEE JUSTICE...
...ARE THOSE WHO NEED HER...
...AND THOSE WHO FEAR HER.

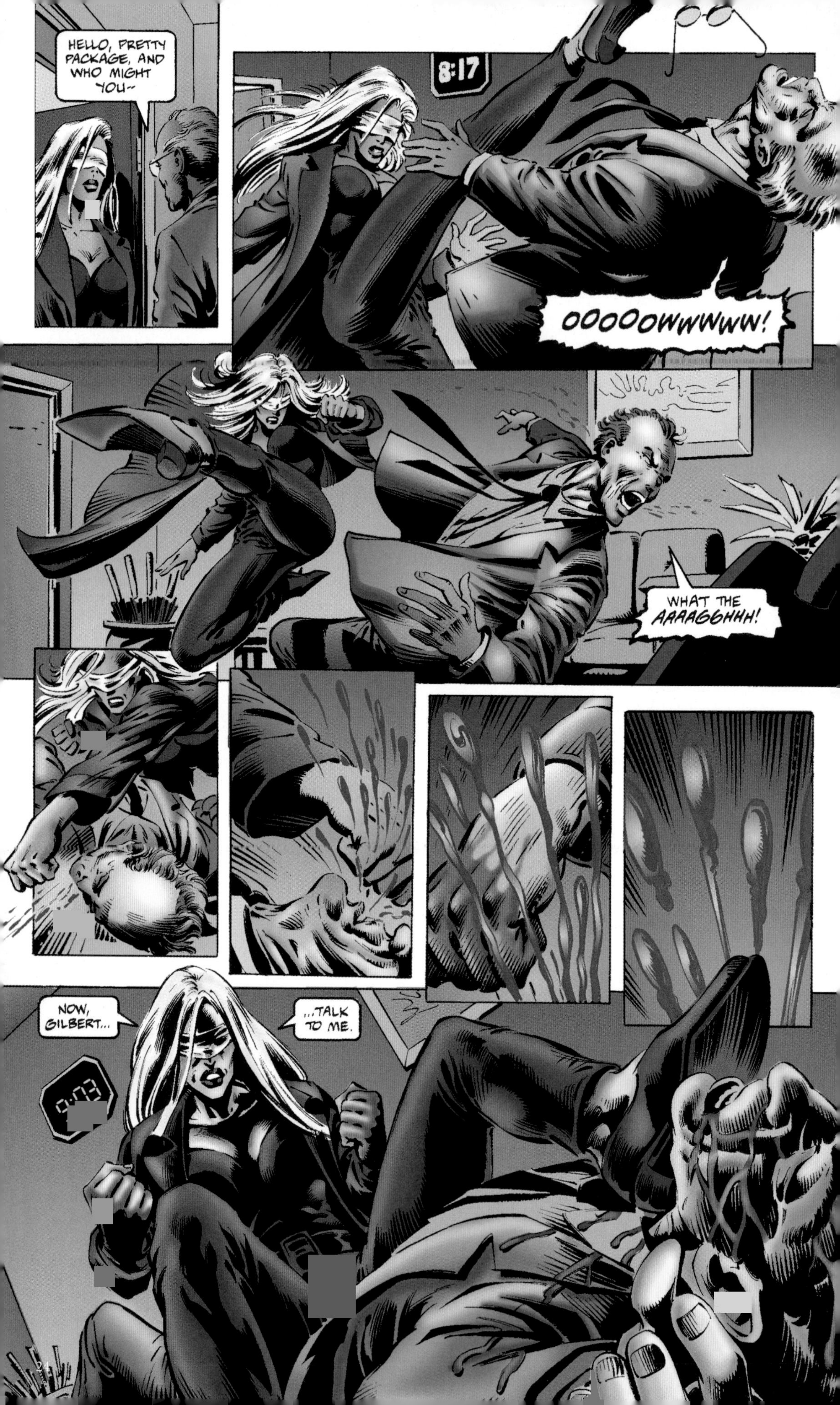
HELLO, PRETTY PACKAGE, AND WHO MIGHT YOU--
8:17
OOOOOWWWWW!
WHAT THE AAAAGGHHH!
NOW, GILBERT...
...TALK TO ME.

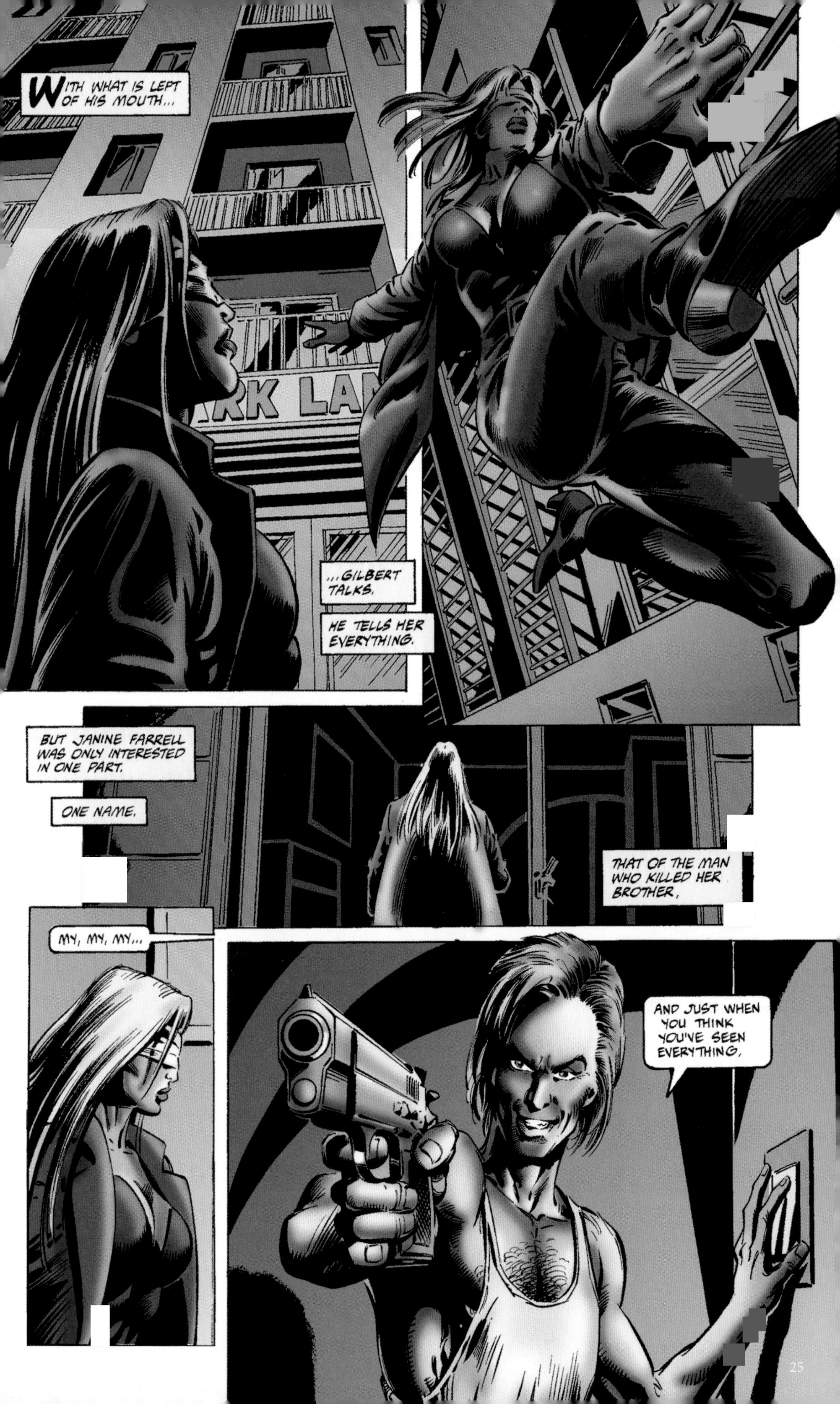
WITH WHAT IS LEFT OF HIS MOUTH...
...GILBERT TALKS.
HE TELLS HER EVERYTHING.
BUT JANINE FARRELL WAS ONLY INTERESTED IN ONE PART.
ONE NAME.
THAT OF THE MAN WHO KILLED HER BROTHER.
MY, MY, MY...
AND JUST WHEN YOU THINK YOU'VE SEEN EVERYTHING.

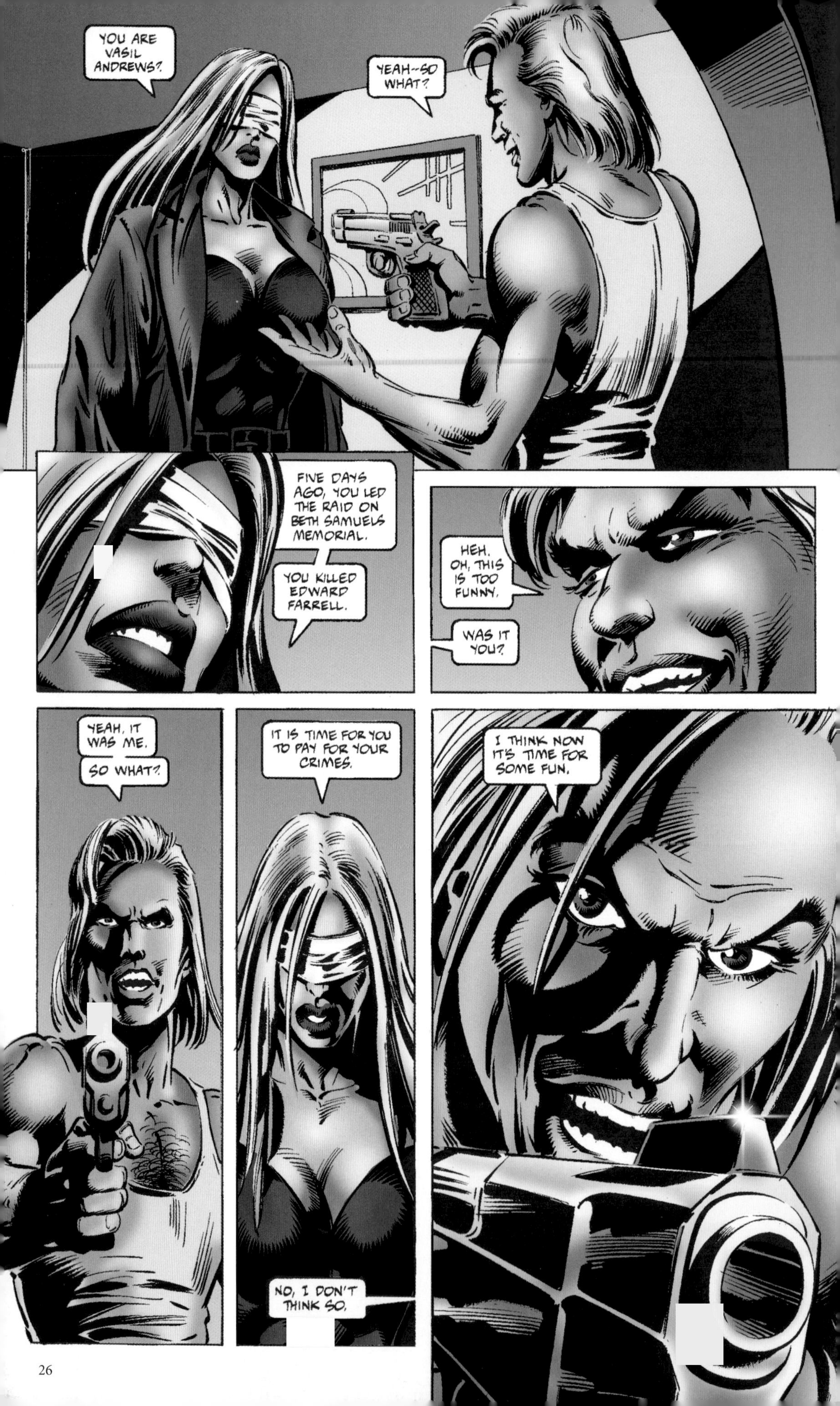
YOU ARE VASIL ANDREWS?
YEAH--SO WHAT?
FIVE DAYS AGO, YOU LED THE RAID ON BETH SAMUELS MEMORIAL.
YOU KILLED EDWARD FARRELL.
HEH. OH, THIS IS TOO FUNNY.
WAS IT YOU?
YEAH, IT WAS ME.
SO WHAT?
IT IS TIME FOR YOU TO PAY FOR YOUR CRIMES.
I THINK NOW IT'S TIME FOR SOME FUN.
NO, I DON'T THINK SO.

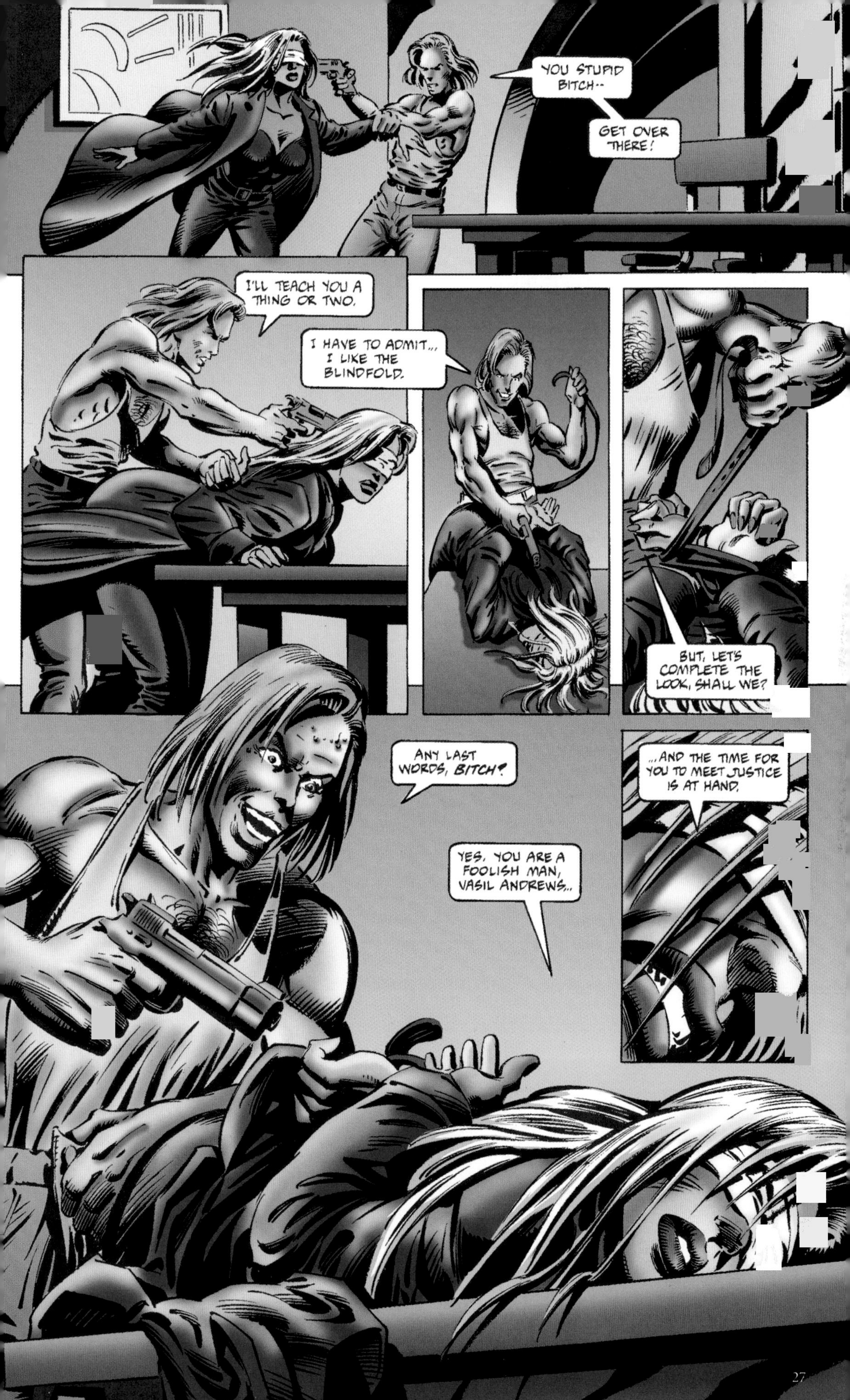
YOU STUPID BITCH--
GET OVER THERE!
I'LL TEACH YOU A THING OR TWO.
I HAVE TO ADMIT... I LIKE THE BLINDFOLD.
BUT, LET'S COMPLETE THE LOOK, SHALL WE?
ANY LAST WORDS, BITCH?
YES. YOU ARE A FOOLISH MAN, VASIL ANDREWS...
...AND THE TIME FOR YOU TO MEET JUSTICE IS AT HAND.

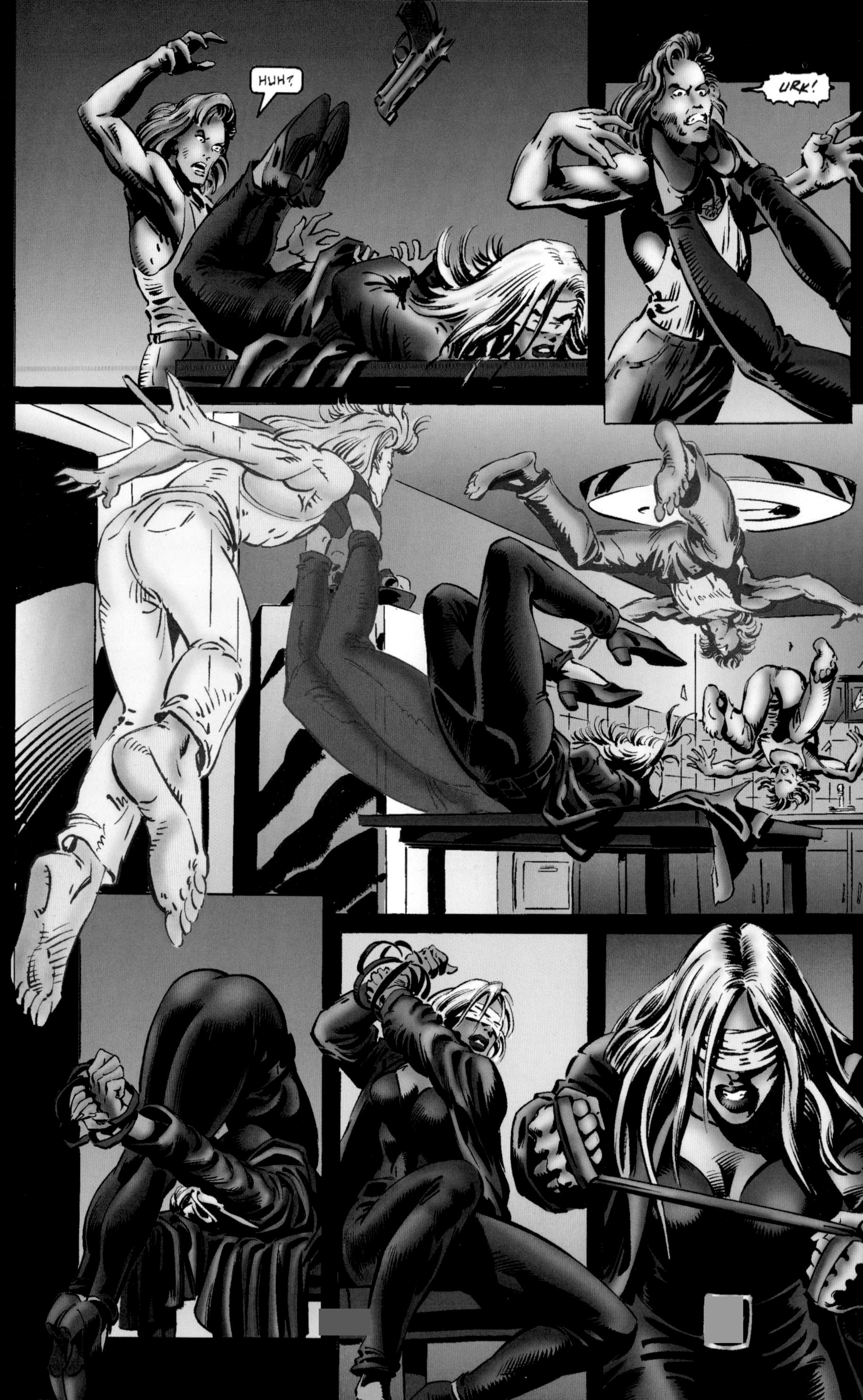
HUH?
URK!

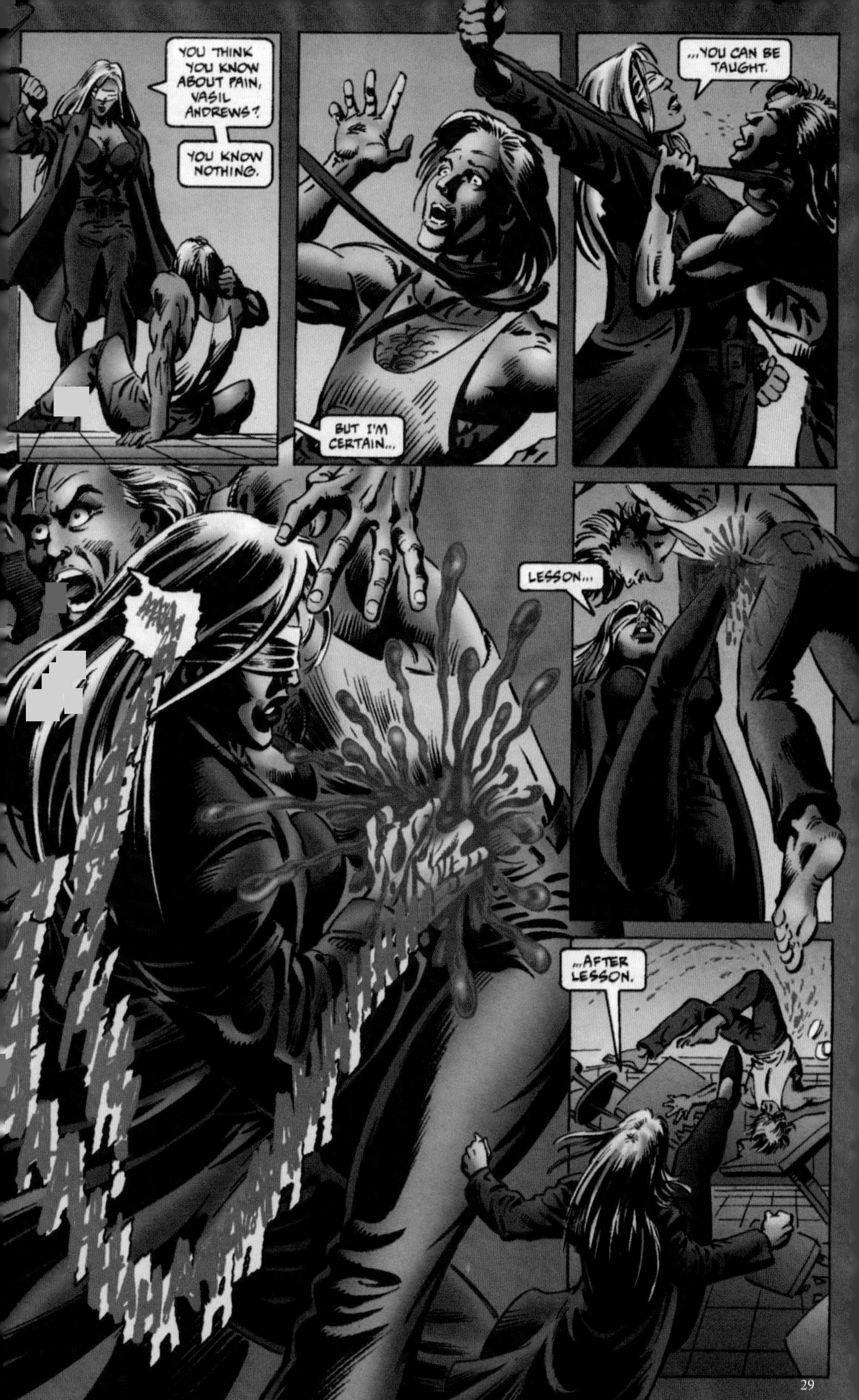
YOU THINK YOU KNOW ABOUT PAIN, VASIL ANDREWS?
YOU KNOW NOTHING.
BUT I'M CERTAIN...
...YOU CAN BE TAUGHT.
LESSON...
...AFTER LESSON.

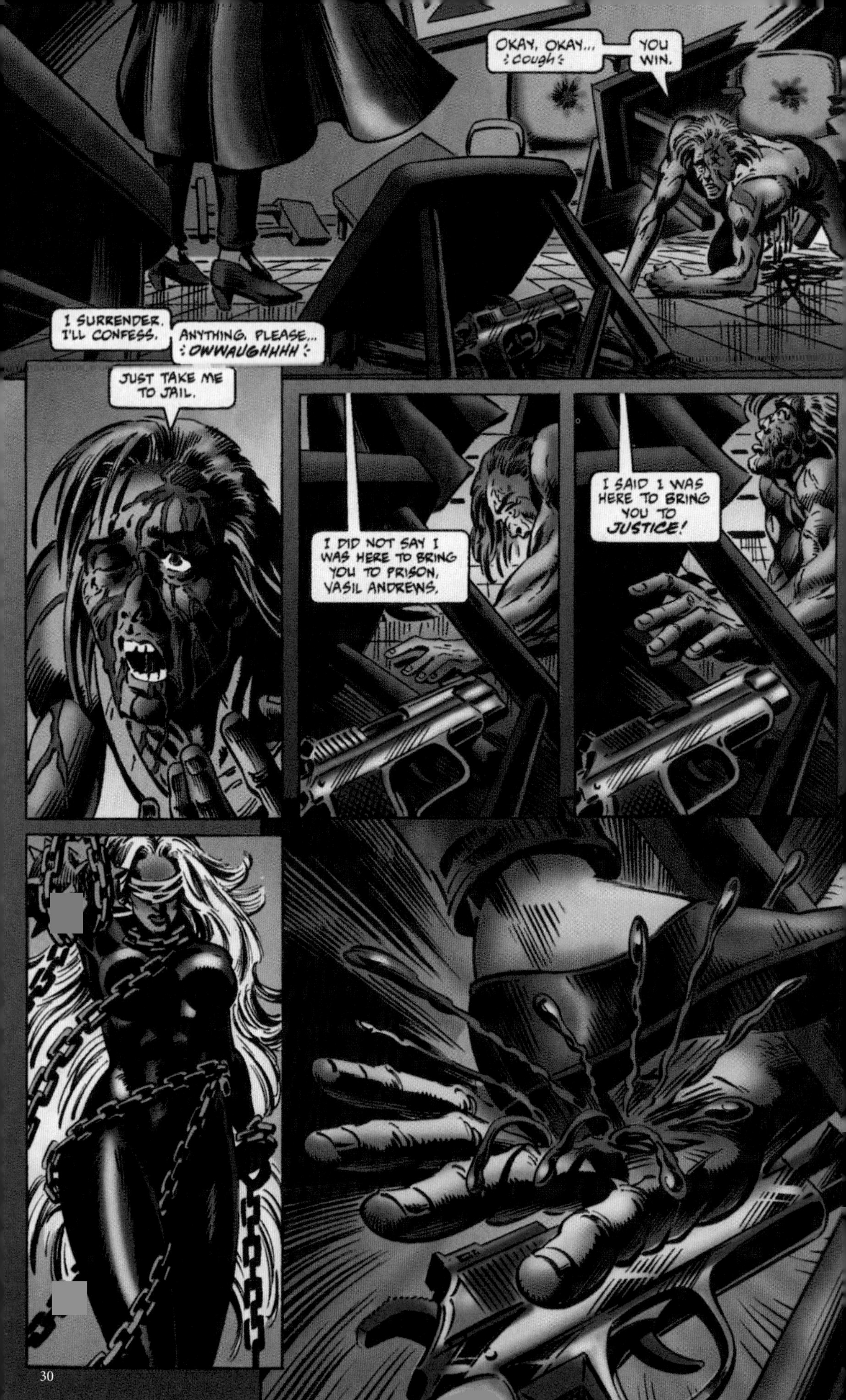

OKAY, OKAY... :cough:
YOU WIN.
I SURRENDER. I'LL CONFESS.
ANYTHING. PLEASE... :OWWAUGHHHH:
JUST TAKE ME TO JAIL.
I DID NOT SAY I WAS HERE TO BRING YOU TO PRISON, VASIL ANDREWS.
I SAID I WAS HERE TO BRING YOU TO JUSTICE!

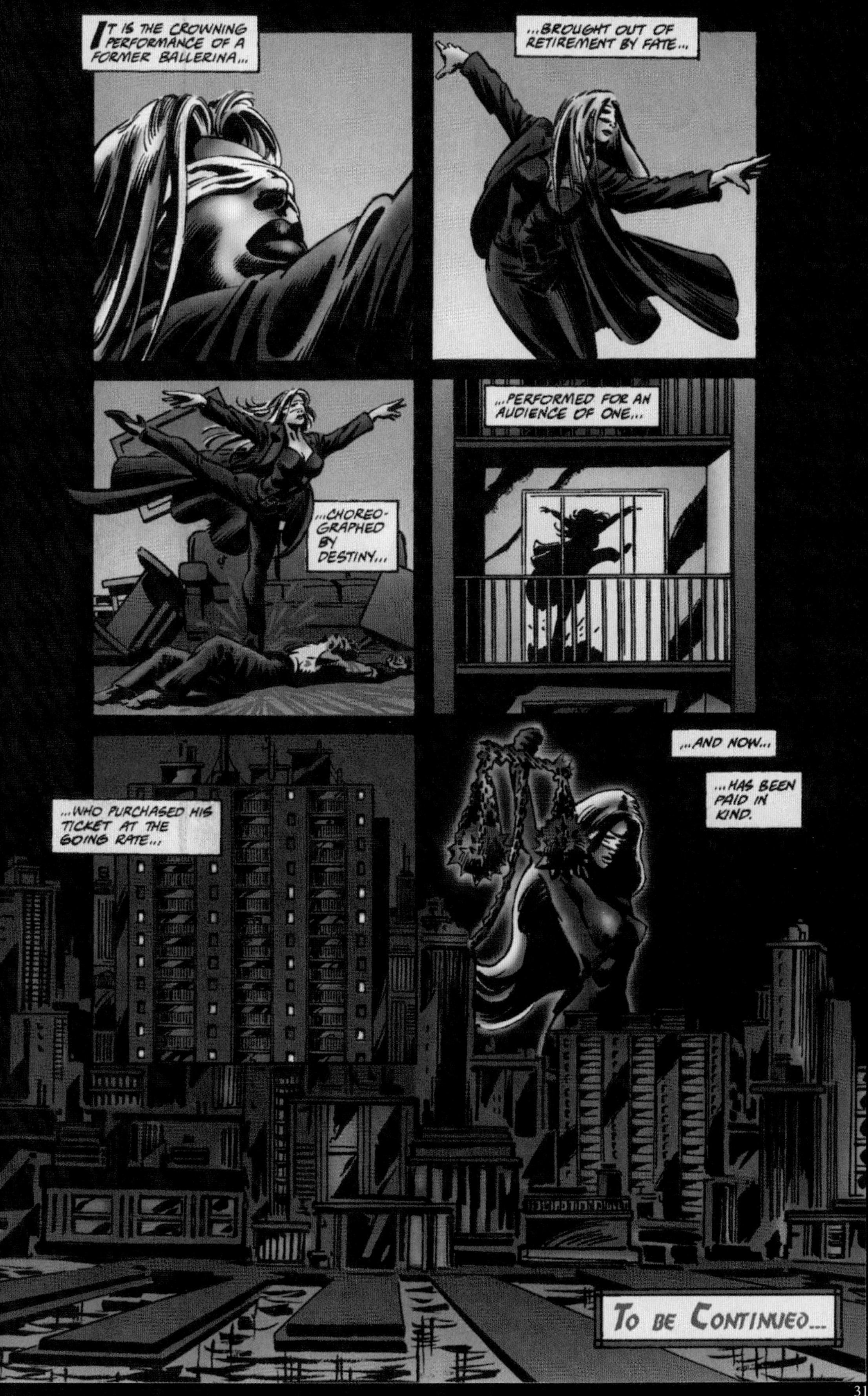
IT IS THE CROWNING PERFORMANCE OF A FORMER BALLERINA...
...BROUGHT OUT OF RETIREMENT BY FATE...
...CHOREO-GRAPHED BY DESTINY...
...PERFORMED FOR AN AUDIENCE OF ONE...
...WHO PURCHASED HIS TICKET AT THE GOING RATE...
...AND NOW...
...HAS BEEN PAID IN KIND.
TO BE CONTINUED...

"Injustice never rules forever." – *Seneca*

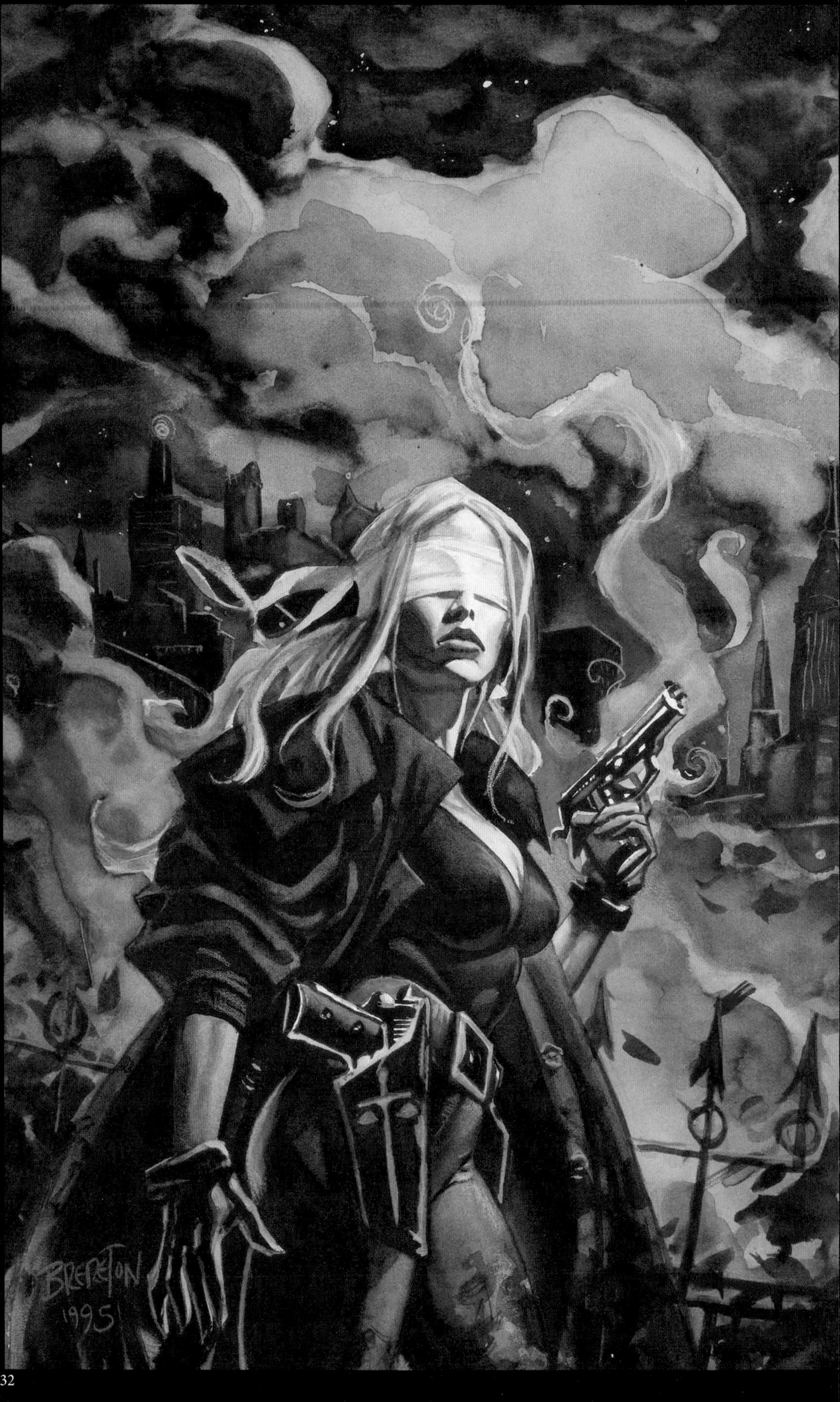

BRERETON
1995

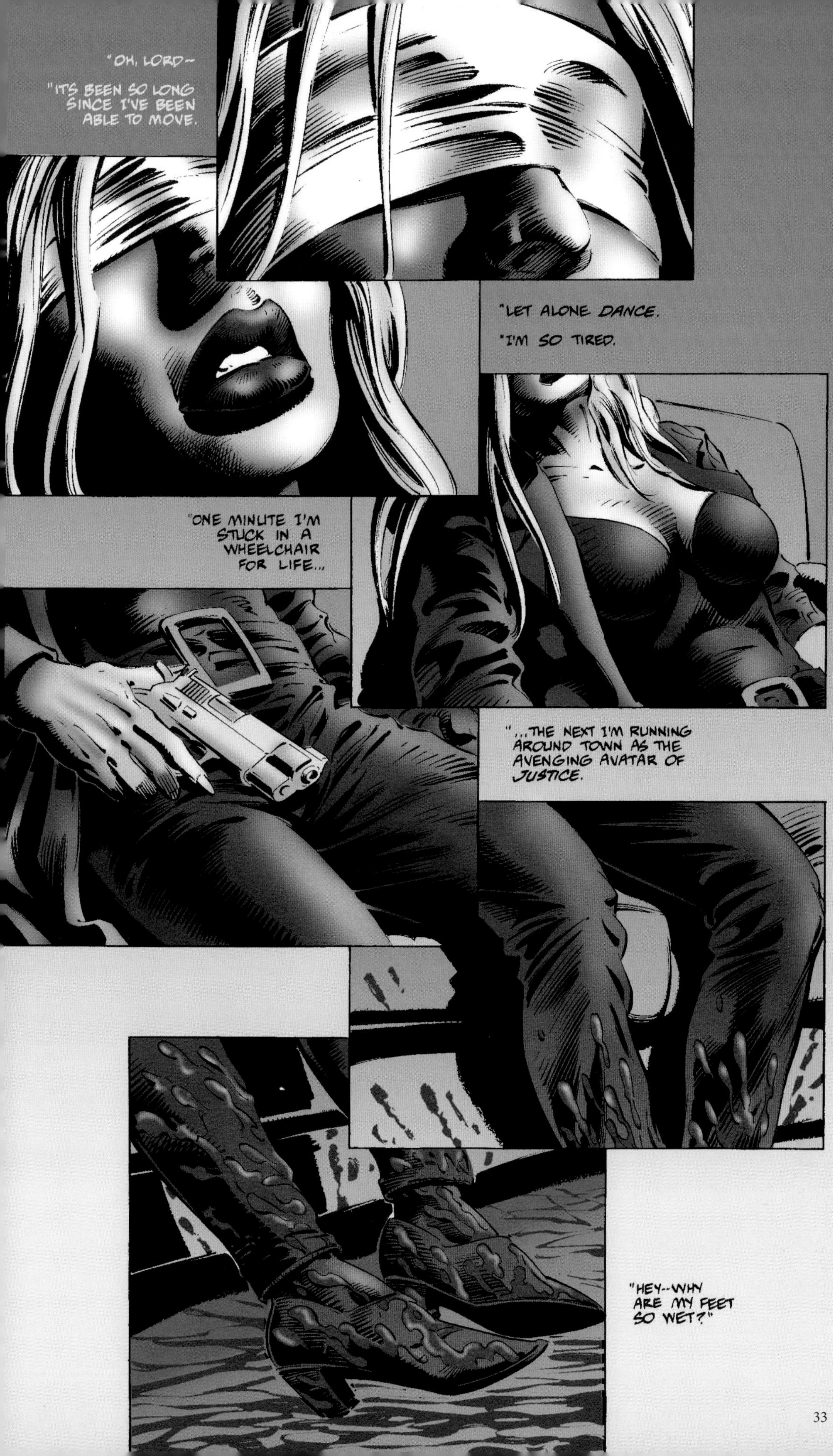
"OH, LORD--
"IT'S BEEN SO LONG SINCE I'VE BEEN ABLE TO MOVE.
"LET ALONE DANCE.
"I'M SO TIRED.
"ONE MINUTE I'M STUCK IN A WHEELCHAIR FOR LIFE...
"...THE NEXT I'M RUNNING AROUND TOWN AS THE AVENGING AVATAR OF JUSTICE.
"HEY--WHY ARE MY FEET SO WET?"

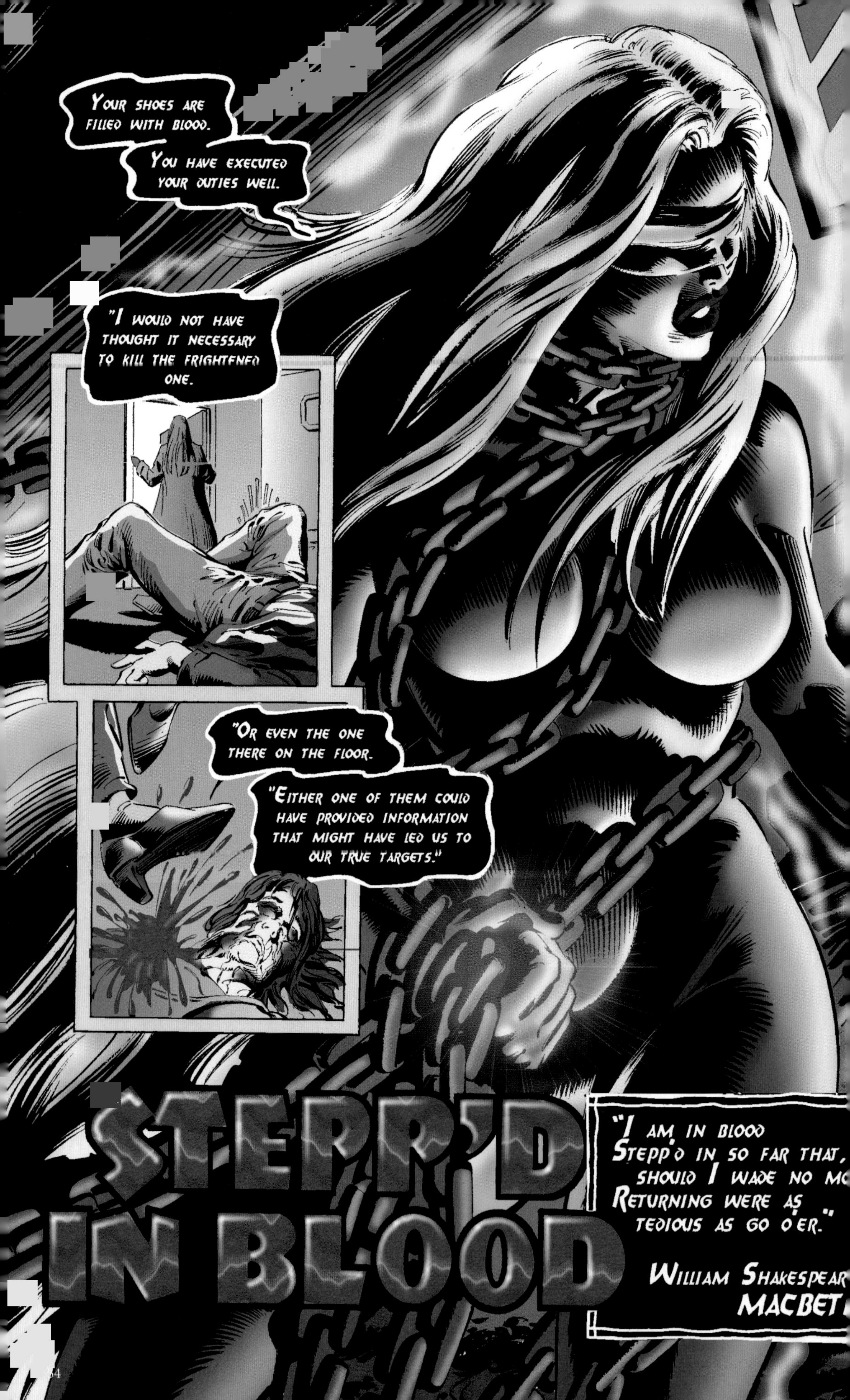

YOUR SHOES ARE FILLED WITH BLOOD.
YOU HAVE EXECUTED YOUR DUTIES WELL.
"I WOULD NOT HAVE THOUGHT IT NECESSARY TO KILL THE FRIGHTENED ONE.
"OR EVEN THE ONE THERE ON THE FLOOR.
"EITHER ONE OF THEM COULD HAVE PROVIDED INFORMATION THAT MIGHT HAVE LED US TO OUR TRUE TARGETS."
STEPP'D IN BLOOD
"I AM IN BLOOD STEPP'D IN SO FAR THAT, SHOULD I WADE NO MO
RETURNING WERE AS TEDIOUS AS GO O'ER."
WILLIAM SHAKESPEAR
MACBET

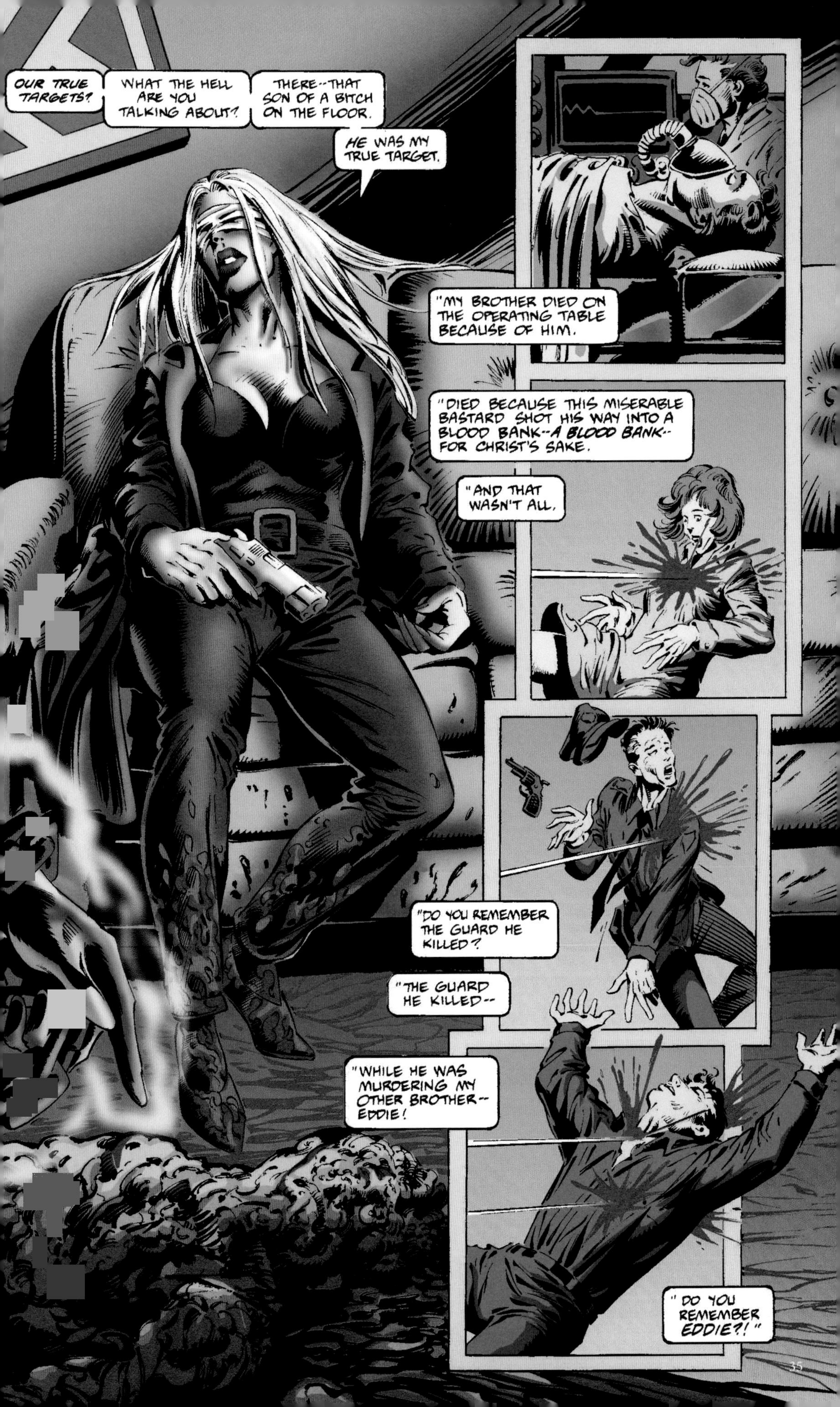
OUR TRUE TARGETS?
WHAT THE HELL ARE YOU TALKING ABOUT?
THERE--THAT SON OF A BITCH ON THE FLOOR.
HE WAS MY TRUE TARGET.
"MY BROTHER DIED ON THE OPERATING TABLE BECAUSE OF HIM.
"DIED BECAUSE THIS MISERABLE BASTARD SHOT HIS WAY INTO A BLOOD BANK--A BLOOD BANK--FOR CHRIST'S SAKE.
"AND THAT WASN'T ALL.
"DO YOU REMEMBER THE GUARD HE KILLED?
"THE GUARD HE KILLED--
"WHILE HE WAS MURDERING MY OTHER BROTHER--EDDIE!
"DO YOU REMEMBER EDDIE?!"

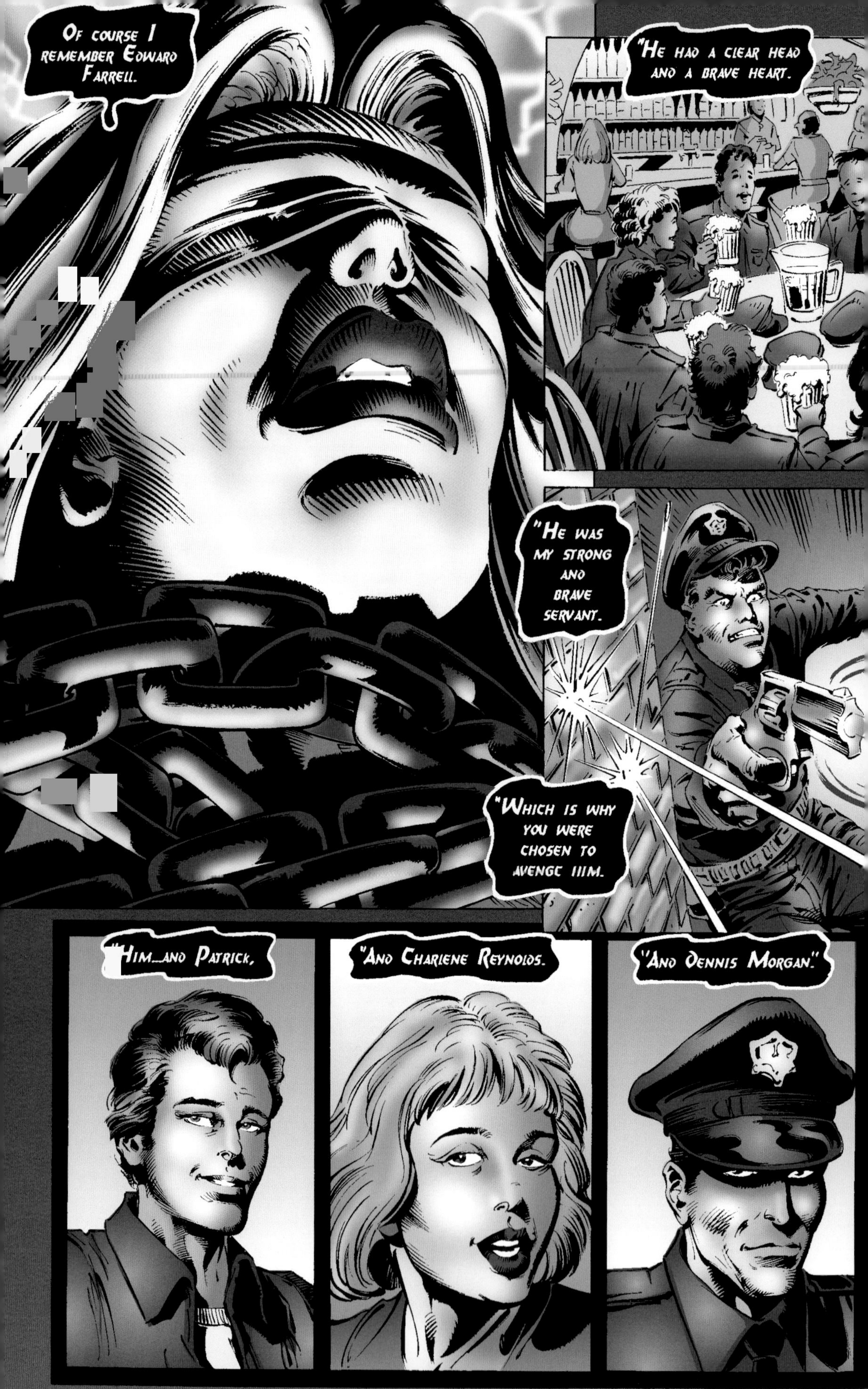
Of course I remember Edward Farrell.
"He had a clear head and a brave heart.
"He was my strong and brave servant.
"Which is why you were chosen to avenge him.
"Him...and Patrick,
"And Charlene Reynolds.
"And Dennis Morgan."

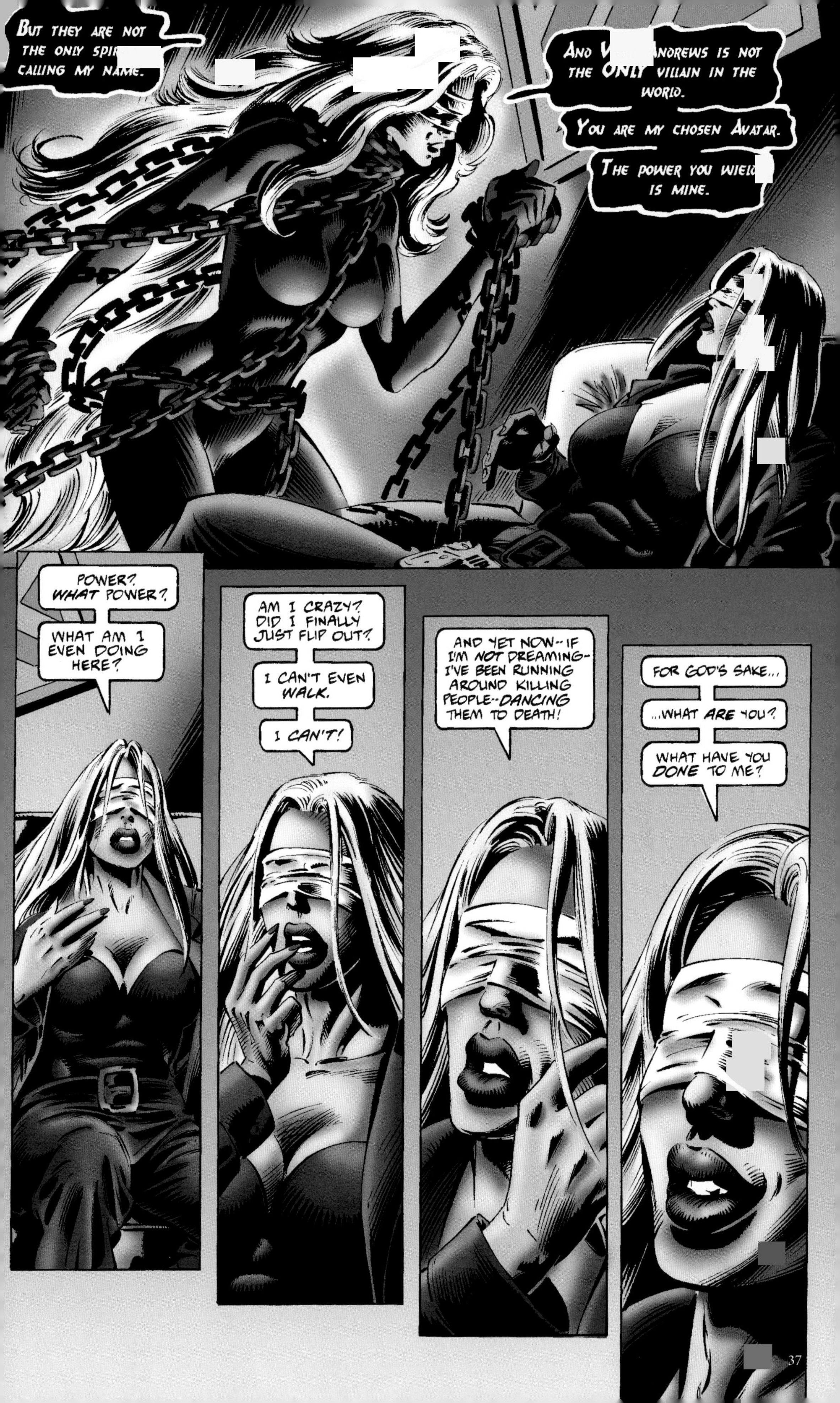

But they are not the only spir calling my name.
And V Andrews is not the ONLY villain in the world.
You are my chosen Avatar.
The power you wiel is mine.
POWER? WHAT POWER?
WHAT AM I EVEN DOING HERE?
AM I CRAZY? DID I FINALLY JUST FLIP OUT?
I CAN'T EVEN WALK.
I CAN'T!
AND YET NOW--IF I'M NOT DREAMING--I'VE BEEN RUNNING AROUND KILLING PEOPLE--DANCING THEM TO DEATH!
FOR GOD'S SAKE...
...WHAT ARE YOU?
WHAT HAVE YOU DONE TO ME?

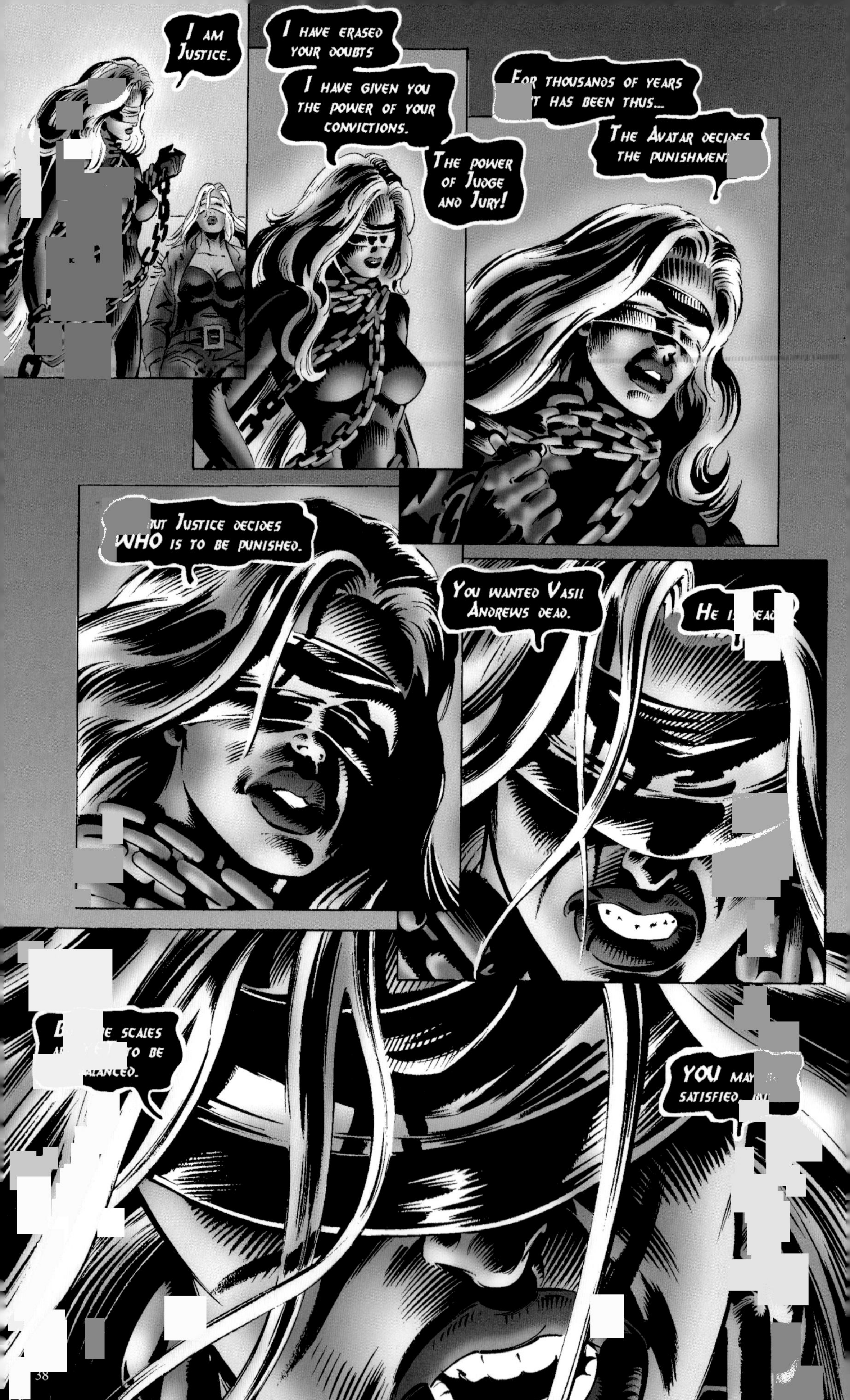
I am Justice.
I have erased your doubts
I have given you the power of your convictions.
The power of Judge and Jury!
For thousands of years
t has been thus...
The Avatar decides the punishmen
ut Justice decides WHO is to be punished.
You wanted Vasil Andrews dead.
He is
e scales
to be
alanced.
YOU may
satisfied

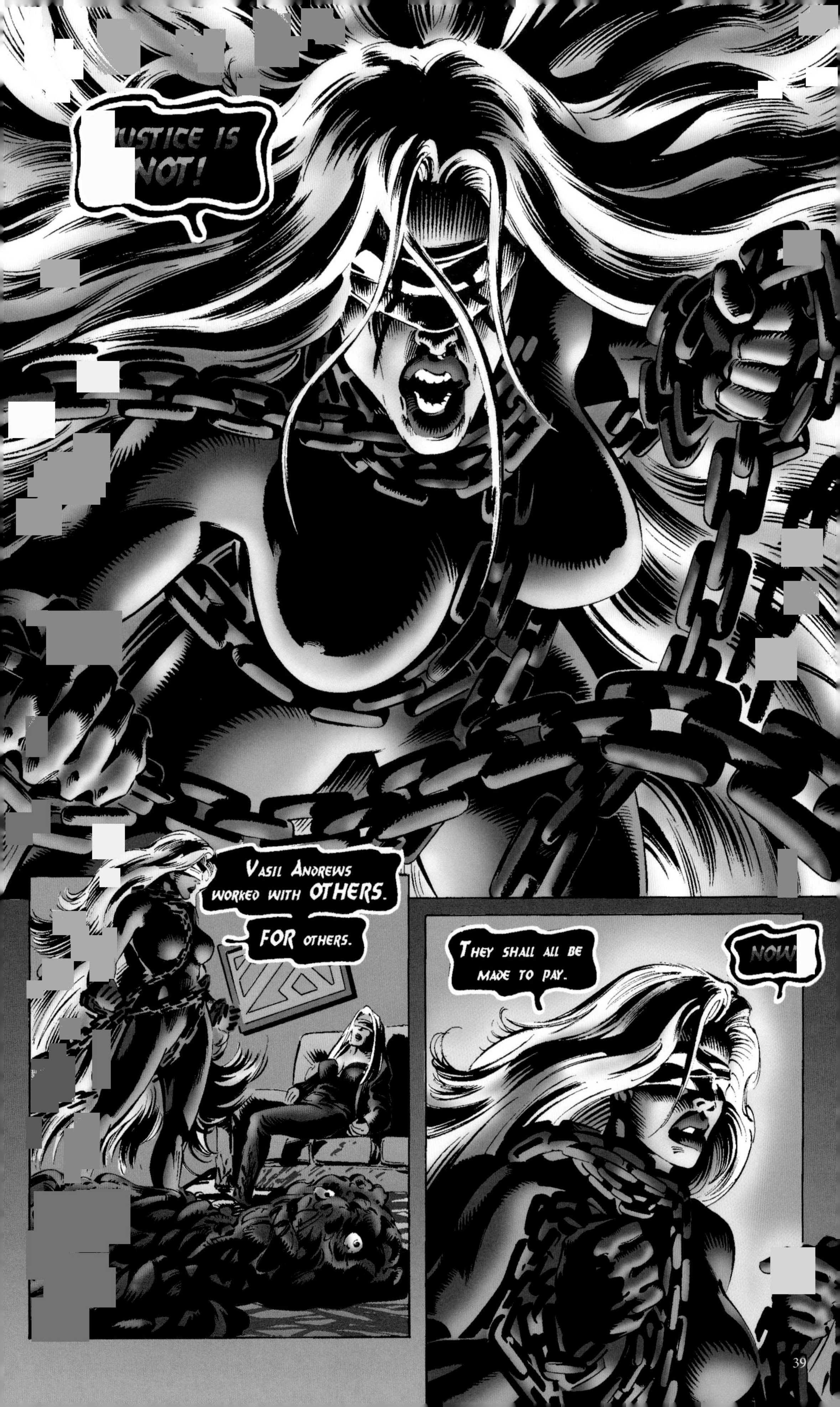
USTICE IS
NOT!
VASIL ANDREWS WORKED WITH OTHERS.
FOR OTHERS.
THEY SHALL ALL BE MADE TO PAY.
NOW

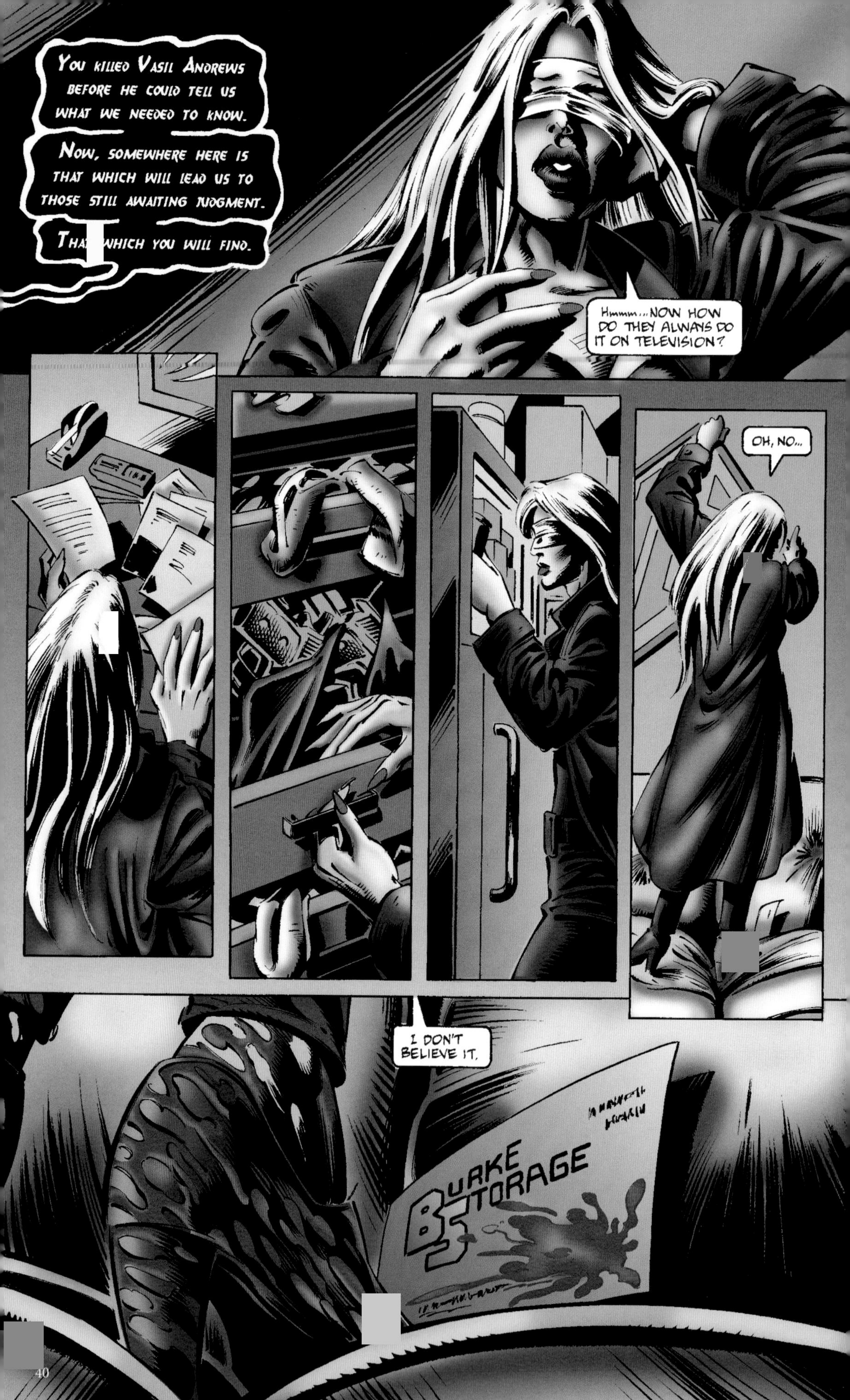

YOU KILLED VASIL ANDREWS BEFORE HE COULD TELL US WHAT WE NEEDED TO KNOW.
NOW, SOMEWHERE HERE IS THAT WHICH WILL LEAD US TO THOSE STILL AWAITING JUDGMENT.
THAT WHICH YOU WILL FIND.
HMMM... NOW HOW DO THEY ALWAYS DO IT ON TELEVISION?
OH, NO...
I DON'T BELIEVE IT.
BURKE STORAGE

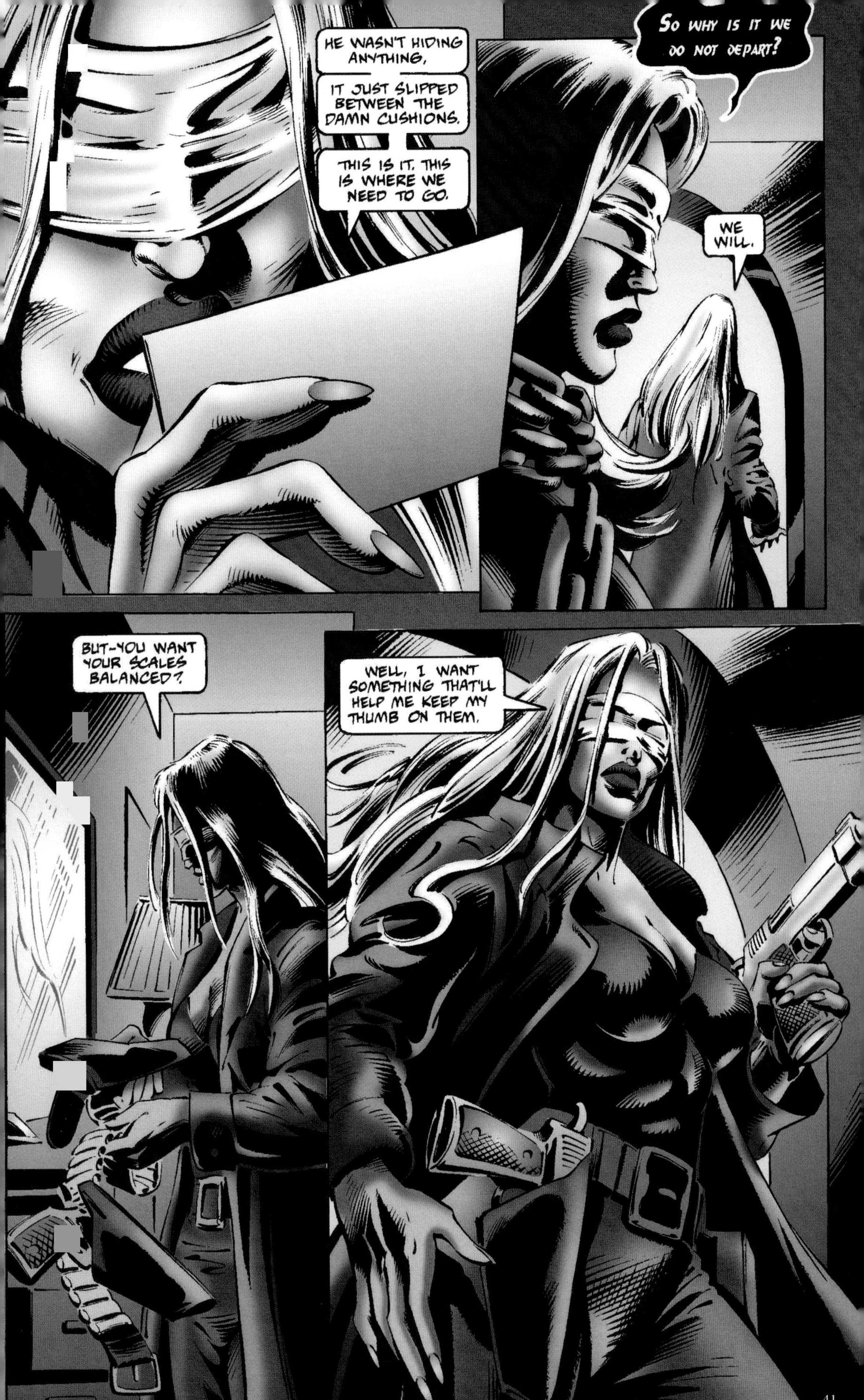
HE WASN'T HIDING ANYTHING,
IT JUST SLIPPED BETWEEN THE DAMN CUSHIONS.
THIS IS IT. THIS IS WHERE WE NEED TO GO.
So WHY IS IT WE DO NOT DEPART?
WE WILL.
BUT-YOU WANT YOUR SCALES BALANCED?
WELL, I WANT SOMETHING THAT'LL HELP ME KEEP MY THUMB ON THEM.

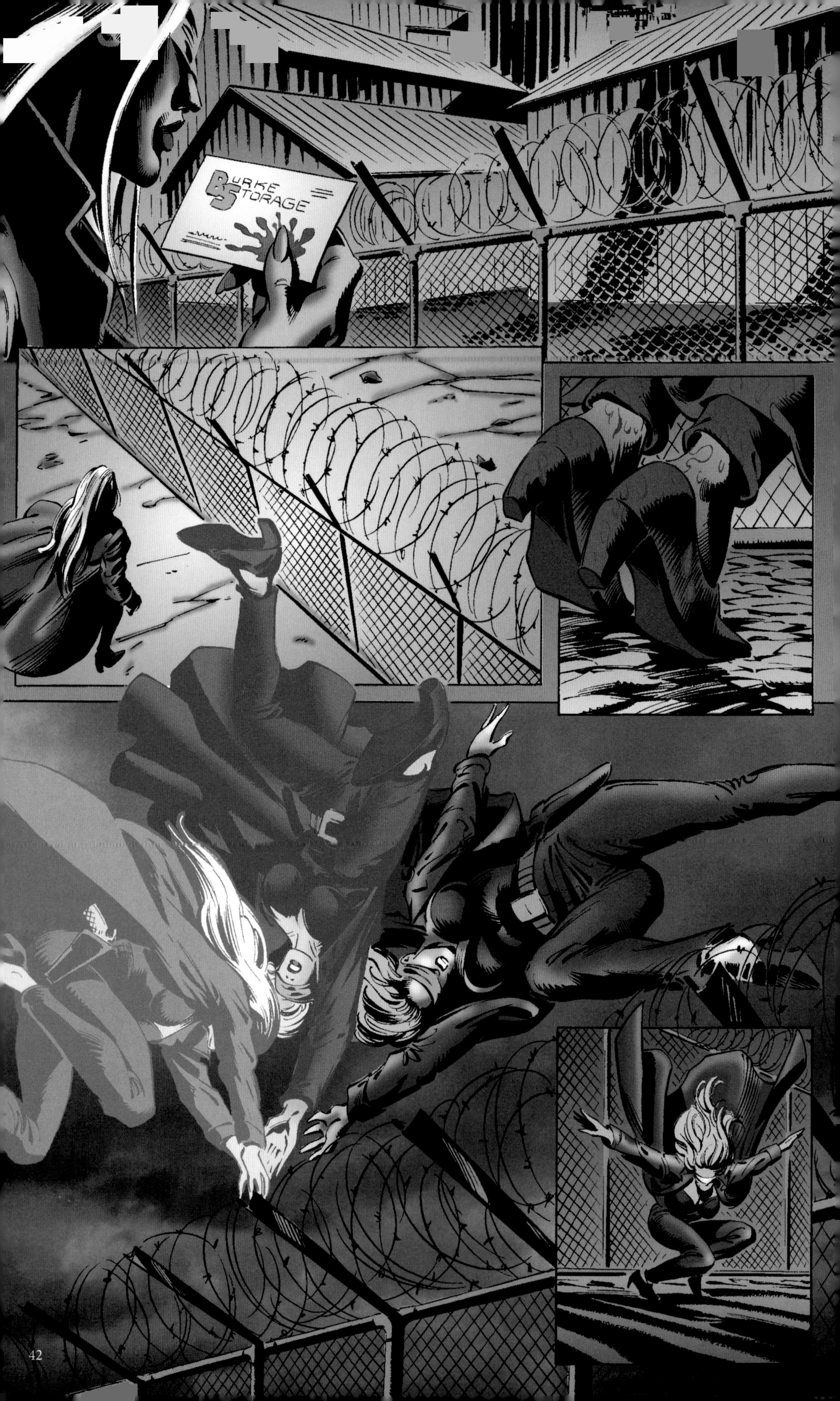
BURKE
STORAGE

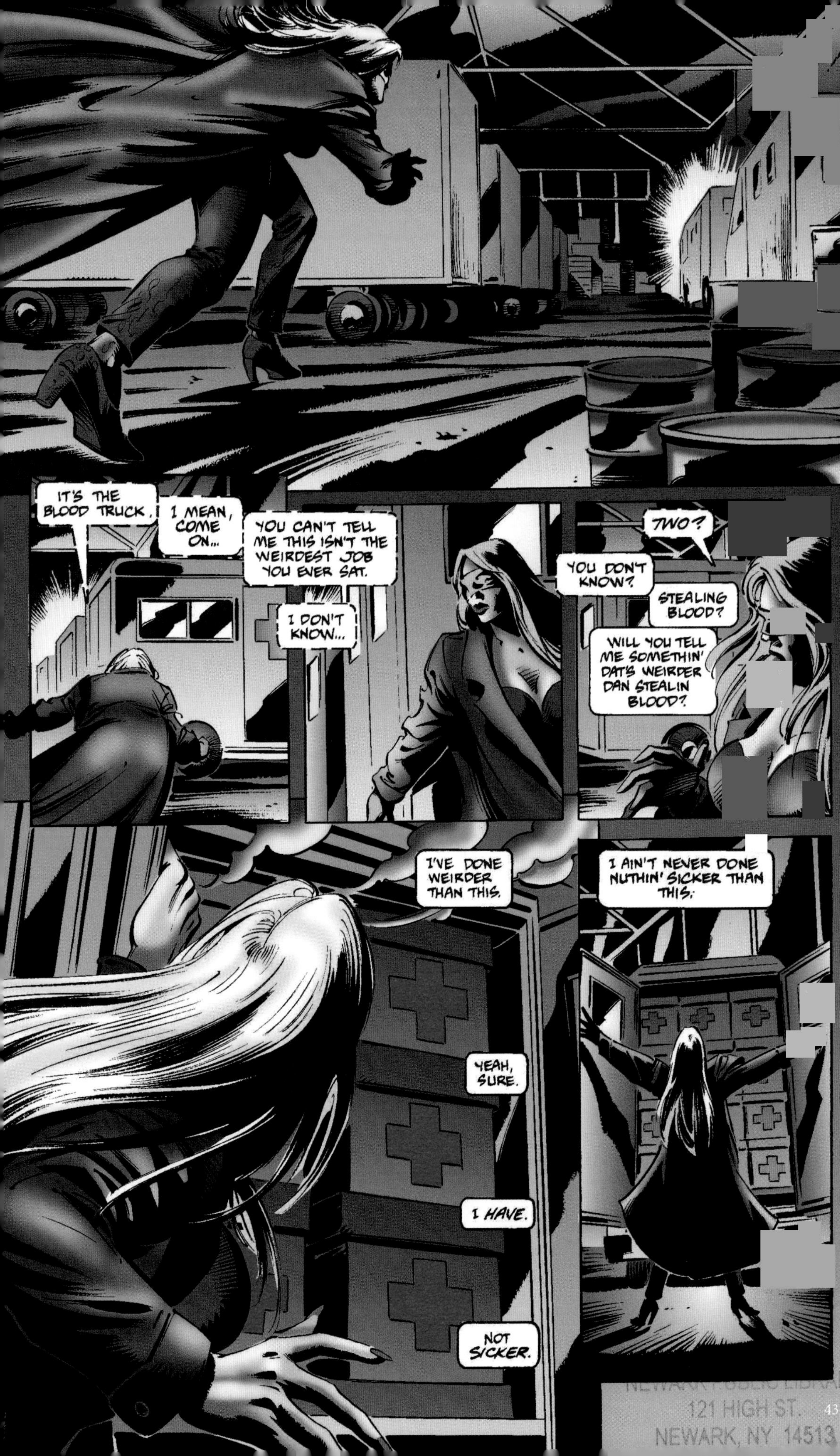
IT'S THE BLOOD TRUCK.
I MEAN, COME ON...
YOU CAN'T TELL ME THIS ISN'T THE WEIRDEST JOB YOU EVER SAT.
I DON'T KNOW...
TWO?
YOU DON'T KNOW?
STEALING BLOOD?
WILL YOU TELL ME SOMETHIN' DAT'S WEIRDER DAN STEALIN BLOOD?
I'VE DONE WEIRDER THAN THIS.
YEAH, SURE.
I HAVE.
NOT SICKER.
I AIN'T NEVER DONE NUTHIN' SICKER THAN THIS.

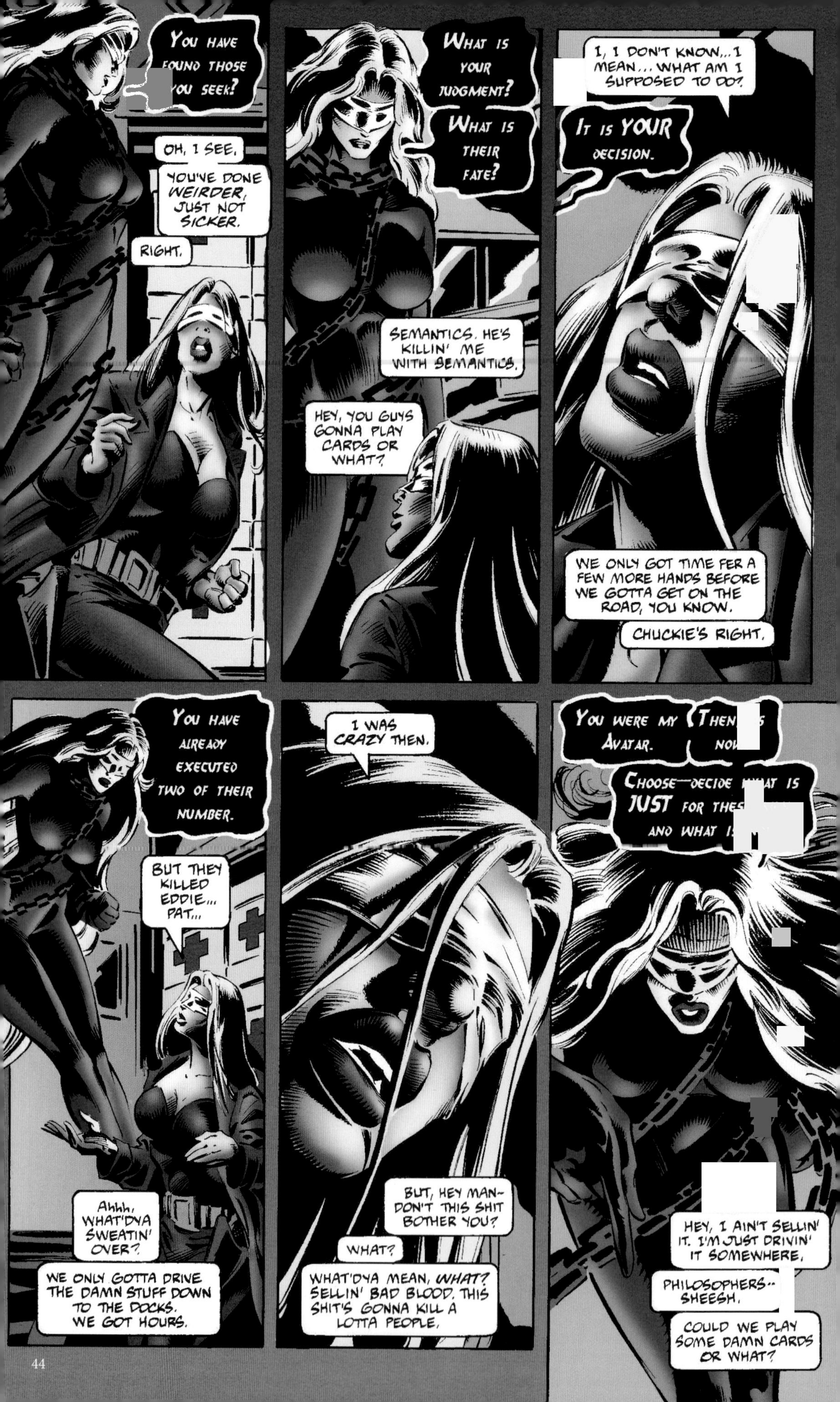
YOU HAVE FOUND THOSE YOU SEEK?
OH, I SEE.
YOU'VE DONE WEIRDER, JUST NOT SICKER.
RIGHT.
WHAT IS YOUR JUDGMENT?
WHAT IS THEIR FATE?
SEMANTICS. HE'S KILLIN' ME WITH SEMANTICS.
HEY, YOU GUYS GONNA PLAY CARDS OR WHAT?
I, I DON'T KNOW... I MEAN... WHAT AM I SUPPOSED TO DO?
IT IS YOUR DECISION.
WE ONLY GOT TIME FER A FEW MORE HANDS BEFORE WE GOTTA GET ON THE ROAD, YOU KNOW.
CHUCKIE'S RIGHT.
YOU HAVE ALREADY EXECUTED TWO OF THEIR NUMBER.
BUT THEY KILLED EDDIE... PAT...
Ahhh, WHAT'DYA SWEATIN' OVER?
WE ONLY GOTTA DRIVE THE DAMN STUFF DOWN TO THE DOCKS. WE GOT HOURS.
I WAS CRAZY THEN.
BUT, HEY MAN-DON'T THIS SHIT BOTHER YOU?
WHAT?
WHAT'DYA MEAN, WHAT? SELLIN' BAD BLOOD. THIS SHIT'S GONNA KILL A LOTTA PEOPLE.
YOU WERE MY AVATAR.
THEN
NOW
CHOOSE—DECIDE
JUST FOR
AND WHAT
HEY, I AIN'T SELLIN' IT. I'M JUST DRIVIN' IT SOMEWHERE.
PHILOSOPHERS-- SHEESH.
COULD WE PLAY SOME DAMN CARDS OR WHAT?

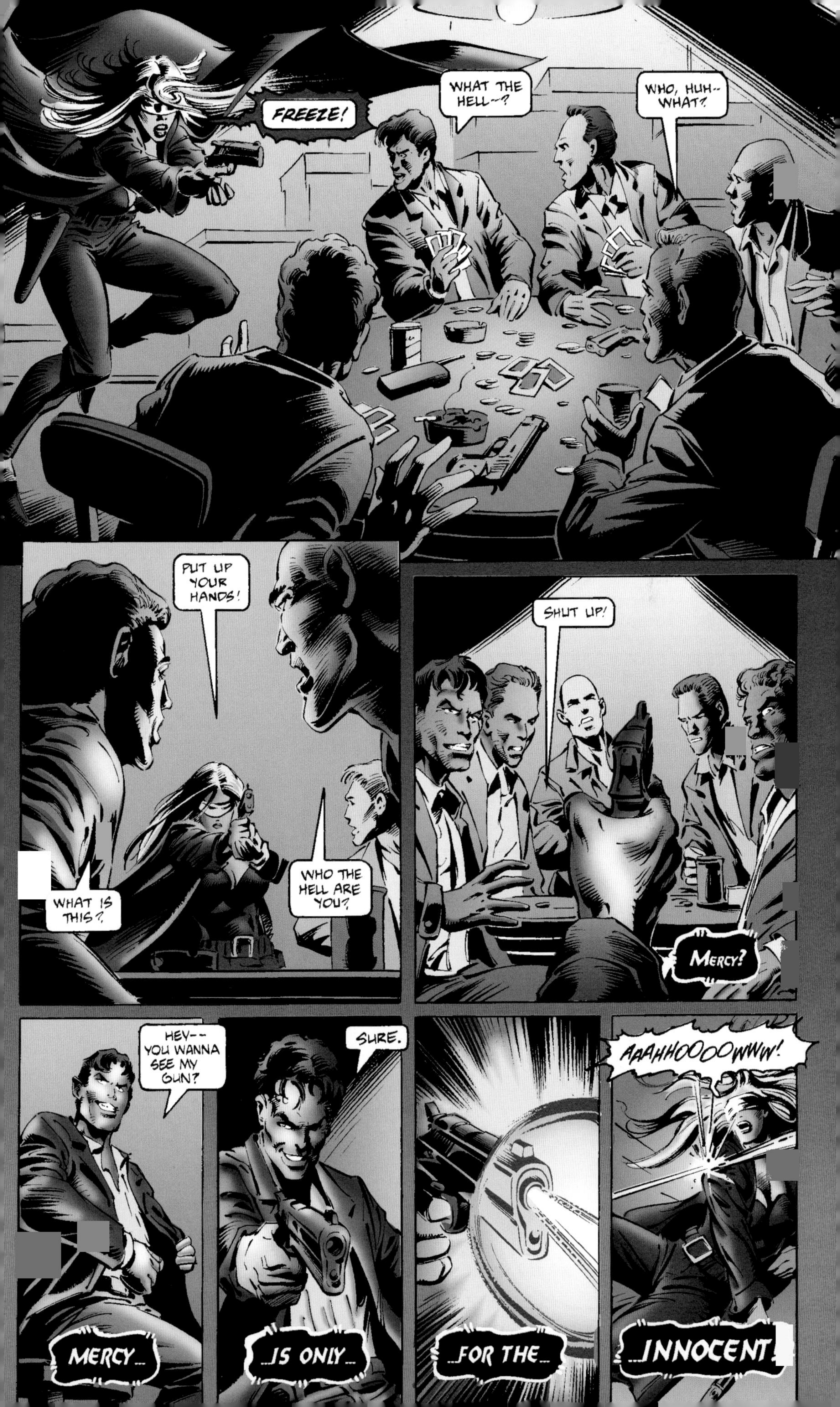
FREEZE!
WHAT THE HELL--?
WHO, HUH-- WHAT?
PUT UP YOUR HANDS!
WHAT IS THIS?
WHO THE HELL ARE YOU?
SHUT UP!
MERCY?
HEY-- YOU WANNA SEE MY GUN?
MERCY...
SURE.
...IS ONLY...
...FOR THE...
AAAHHOOOOWWW!
...INNOCENT!

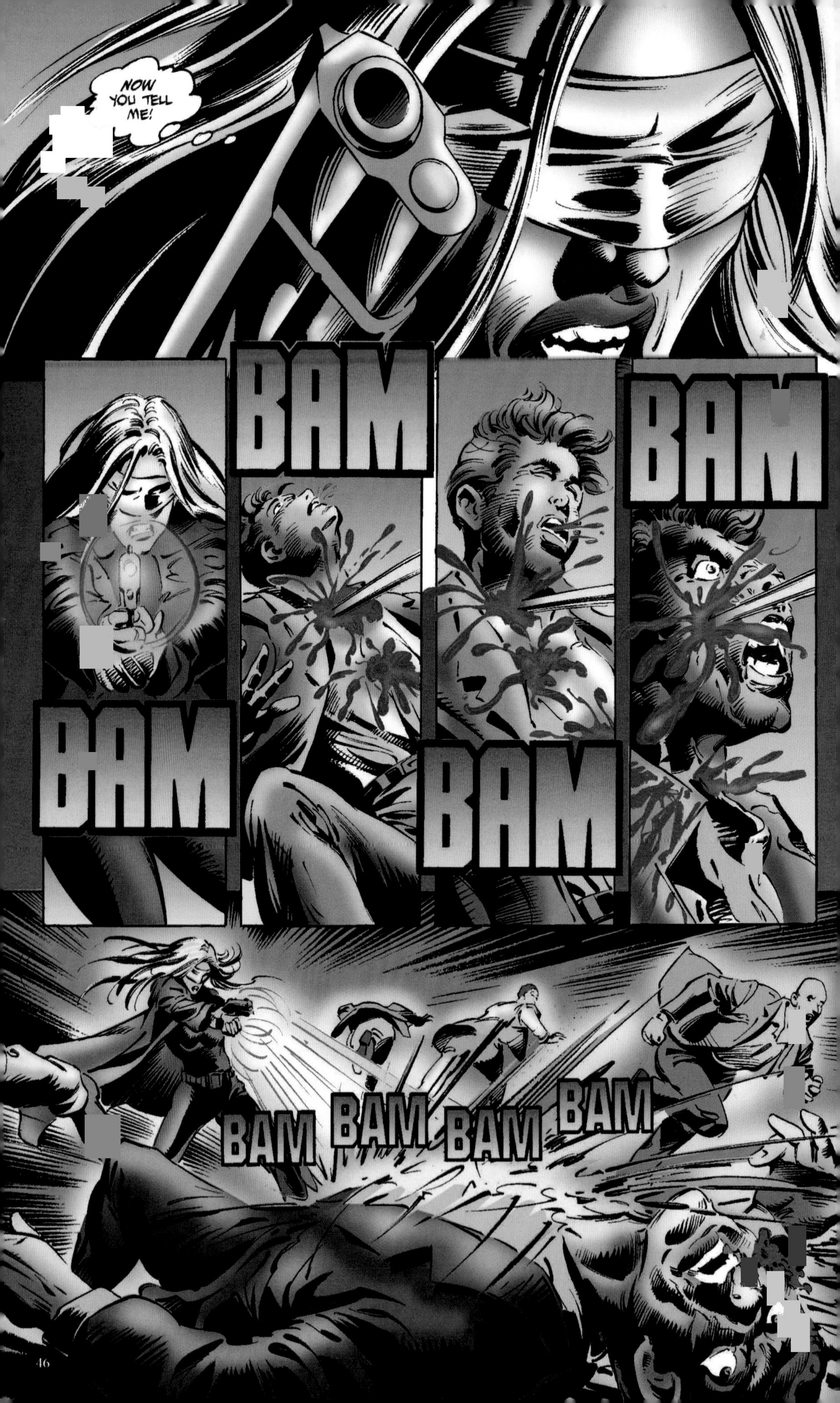

NOW YOU TELL ME!
BAM
BAM
BAM
BAM
BAM BAM BAM BAM

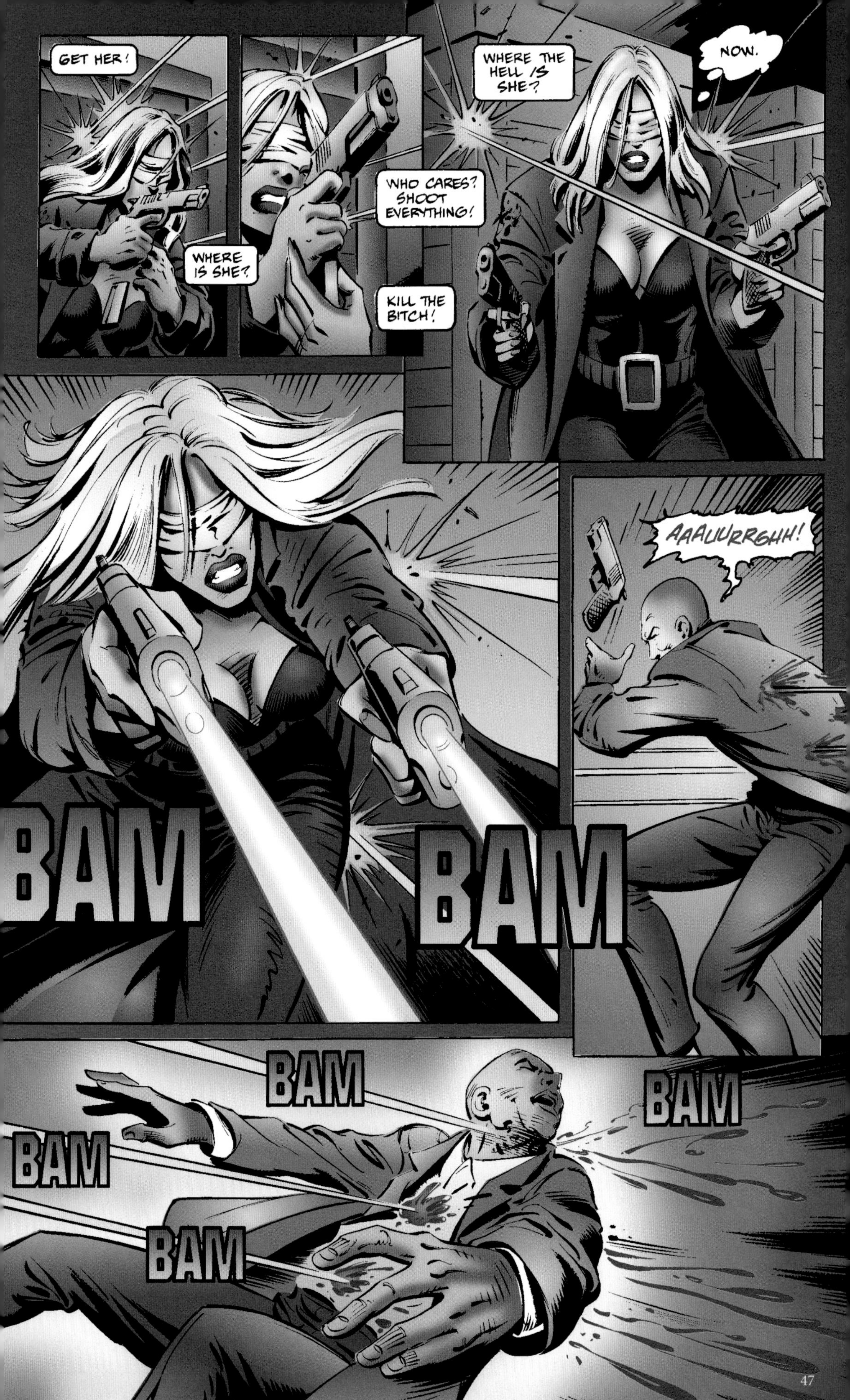
GET HER!
WHERE IS SHE?
WHO CARES? SHOOT EVERYTHING!
KILL THE BITCH!
WHERE THE HELL IS SHE?
NOW.
BAM
BAM
AAAUURRGHH!
BAM
BAM
BAM
BAM

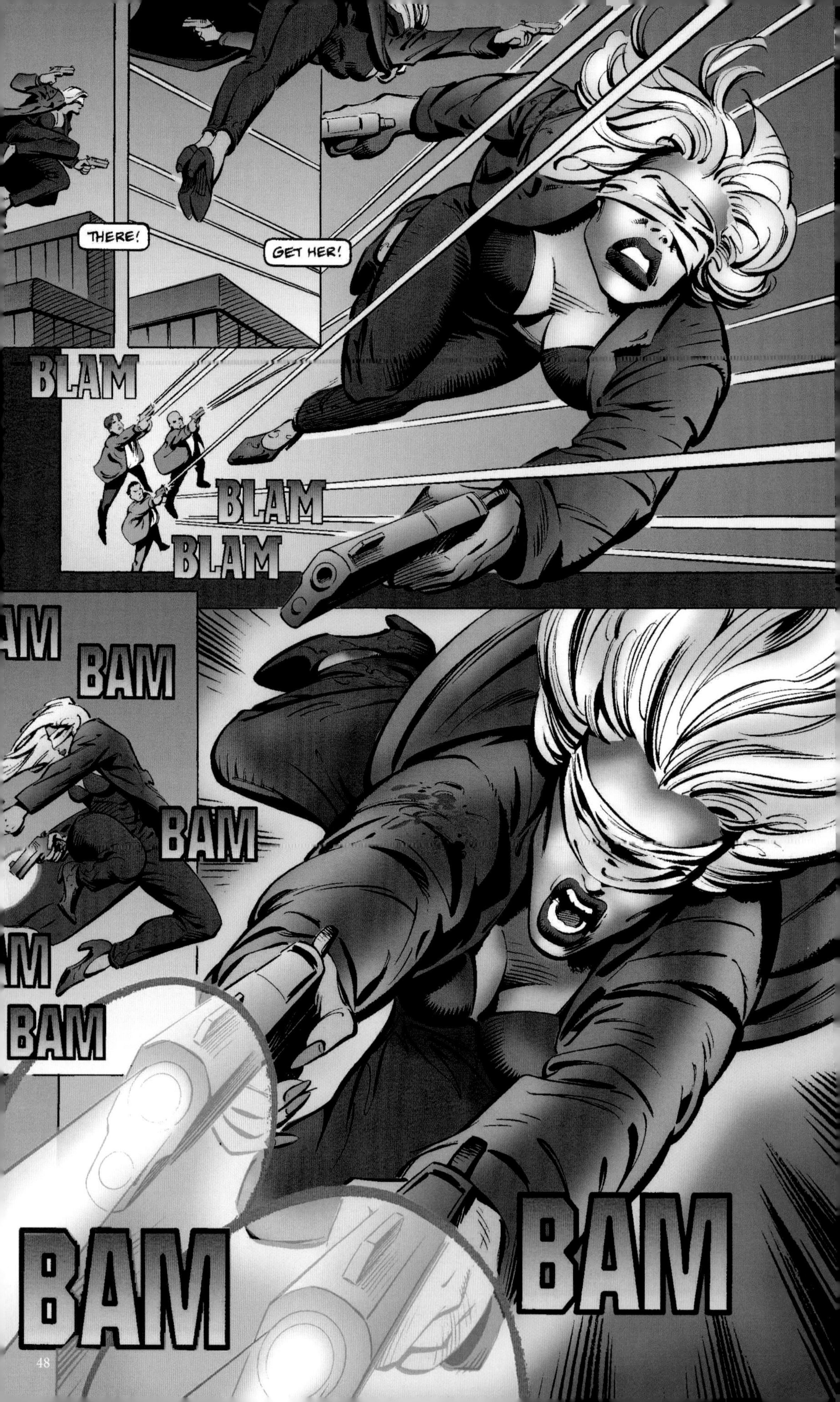
THERE!
GET HER!
BLAM
BLAM
BLAM
AM
BAM
BAM
AM
BAM
BAM
BAM

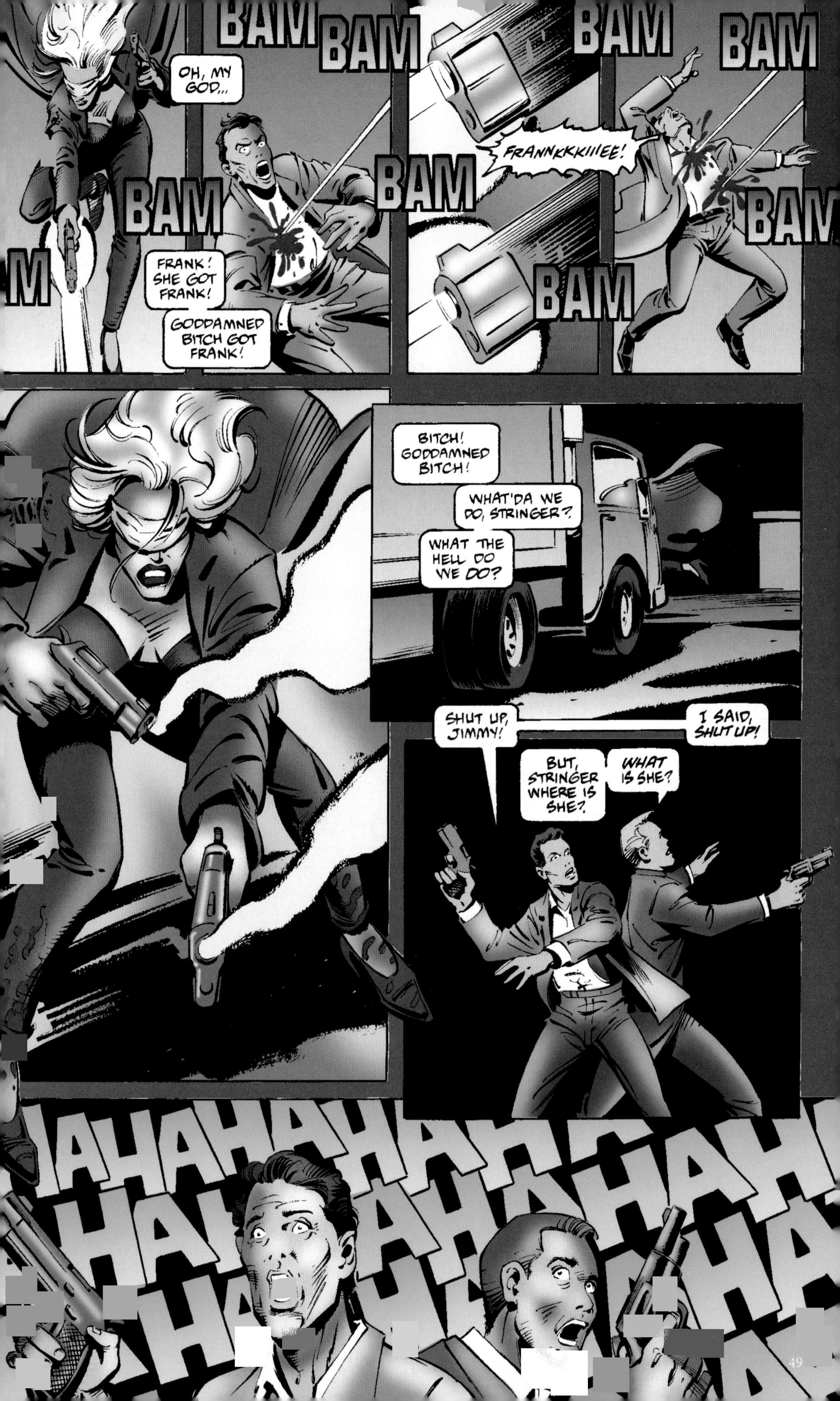
BAM
BAM
OH, MY GOD...
BAM
M
FRANK! SHE GOT FRANK!
GODDAMNED BITCH GOT FRANK!
BAM
FRANNKKKIIIEE!
BAM
BAM
BAM
BAM
BITCH! GODDAMNED BITCH!
WHAT'DA WE DO, STRINGER?
WHAT THE HELL DO WE DO?
SHUT UP, JIMMY!
I SAID, SHUT UP!
BUT, STRINGER WHERE IS SHE?
WHAT IS SHE?
HAHAHAHAHAHAHA
HAHAHAHAHAHA
HAHAHAHAHAHA

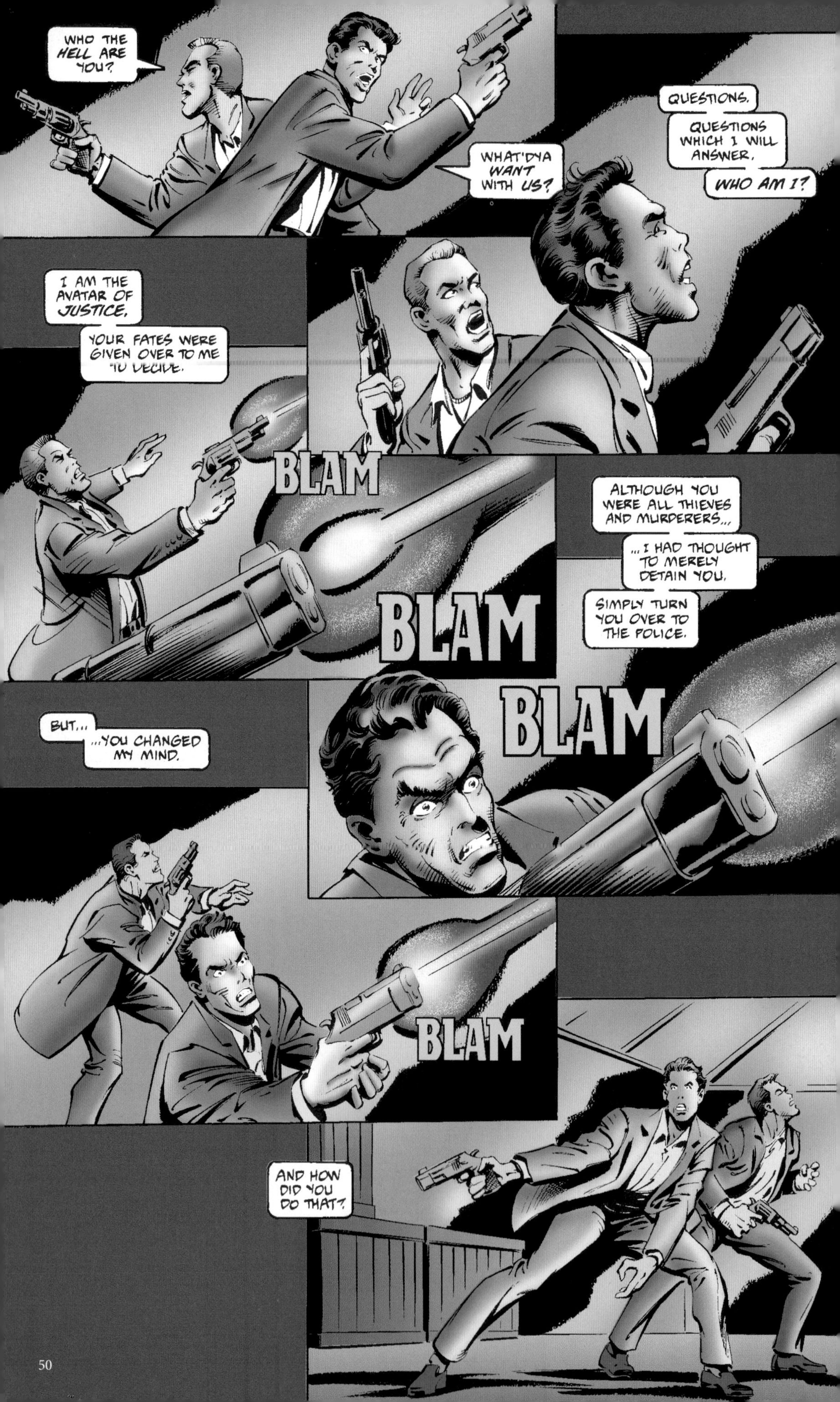
WHO THE HELL ARE YOU?
WHAT'DYA WANT WITH US?
QUESTIONS.
QUESTIONS WHICH I WILL ANSWER.
WHO AM I?
I AM THE AVATAR OF JUSTICE.
YOUR FATES WERE GIVEN OVER TO ME TO DECIDE.
BLAM
BLAM
ALTHOUGH YOU WERE ALL THIEVES AND MURDERERS...
...I HAD THOUGHT TO MERELY DETAIN YOU.
SIMPLY TURN YOU OVER TO THE POLICE.
BLAM
BUT...
...YOU CHANGED MY MIND.
BLAM
AND HOW DID YOU DO THAT?

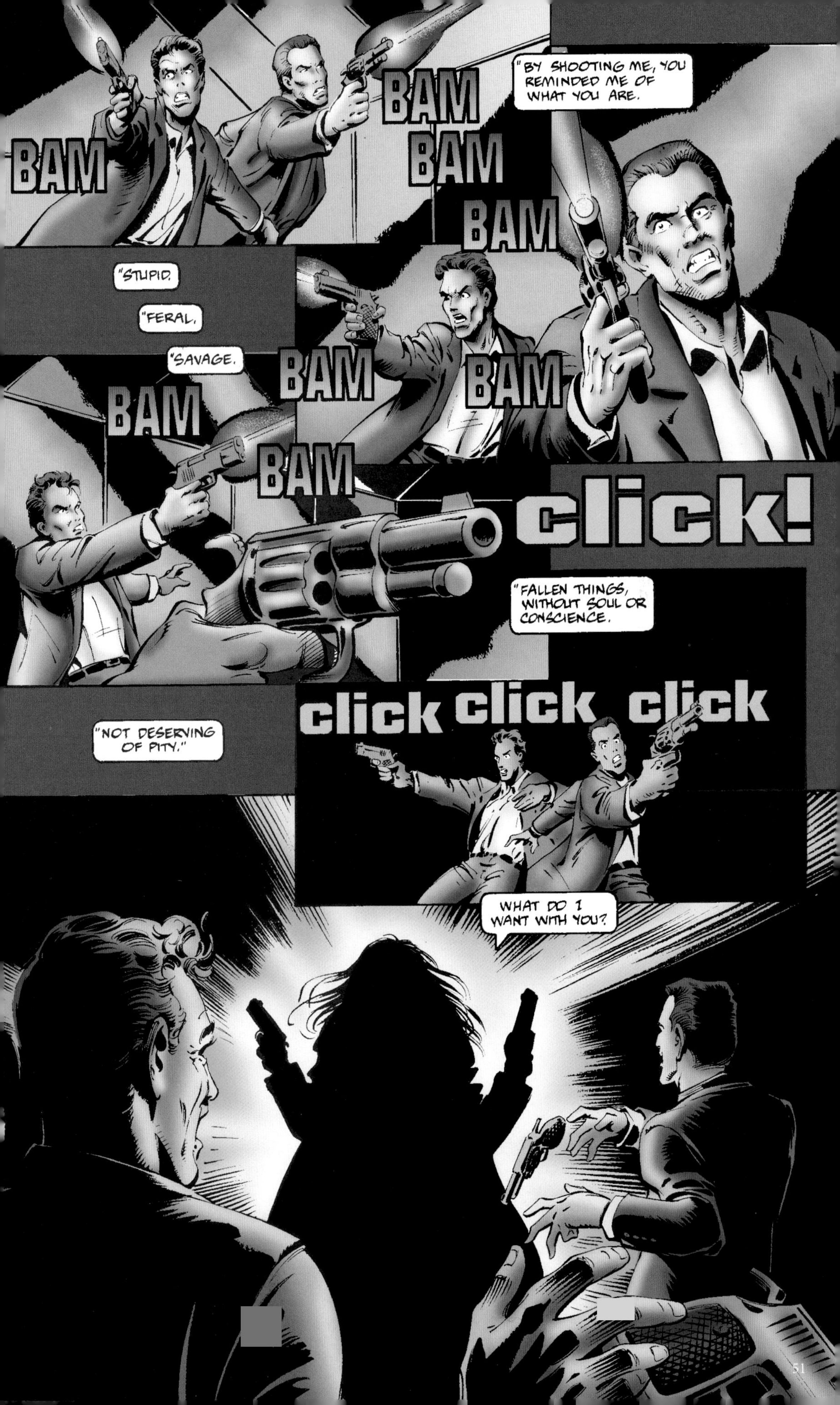

BAM
BAM
BAM
BAM
"BY SHOOTING ME, YOU REMINDED ME OF WHAT YOU ARE.
"STUPID.
"FERAL.
"SAVAGE.
BAM
BAM
BAM
BAM
click!
"FALLEN THINGS, WITHOUT SOUL OR CONSCIENCE.
"NOT DESERVING OF PITY."
click click click
WHAT DO I WANT WITH YOU?

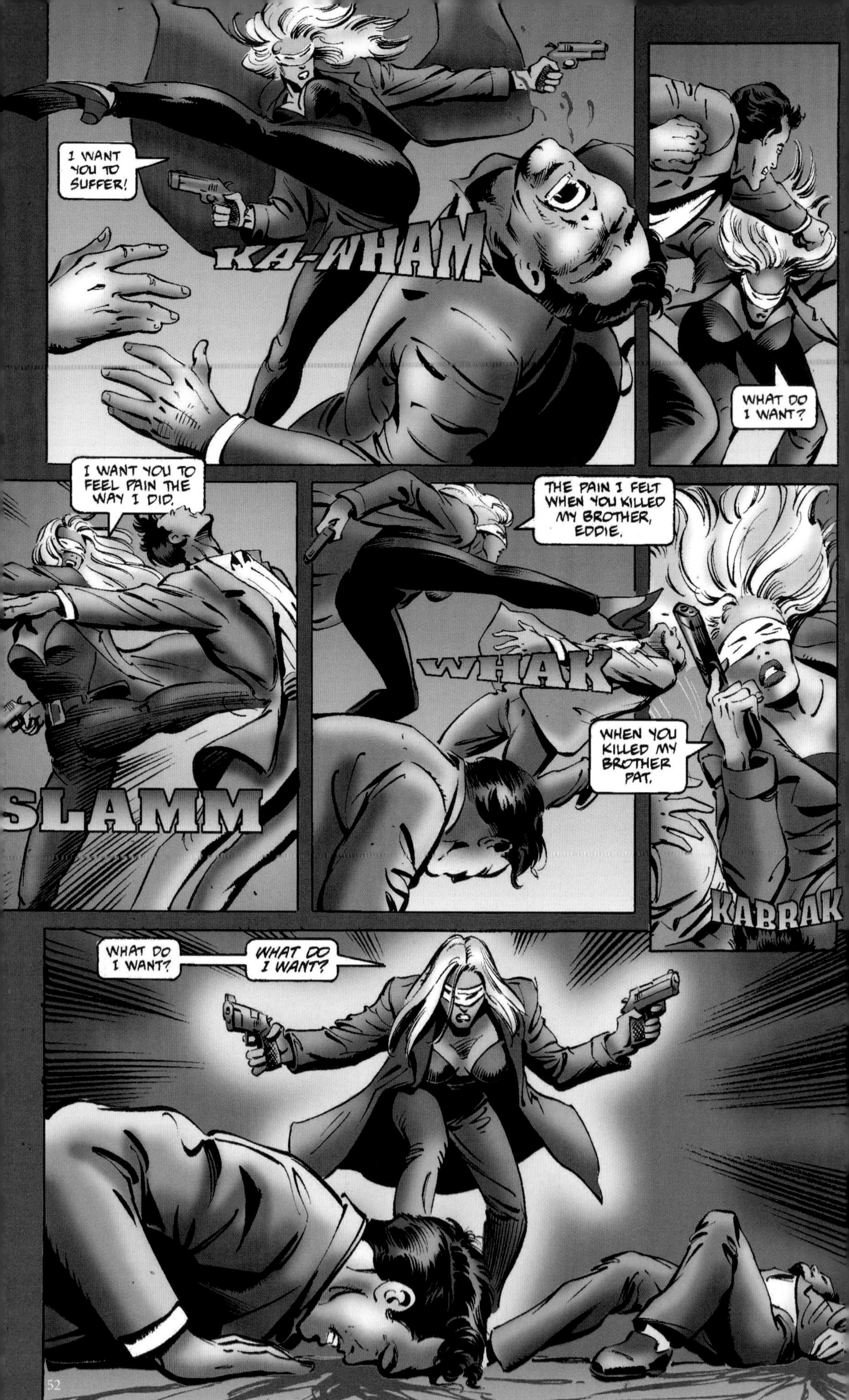
I WANT YOU TO SUFFER!
KA-WHAM
WHAT DO I WANT?
I WANT YOU TO FEEL PAIN THE WAY I DID.
SLAMM
THE PAIN I FELT WHEN YOU KILLED MY BROTHER, EDDIE.
WHAK
WHEN YOU KILLED MY BROTHER PAT.
KABRAK
WHAT DO I WANT?
WHAT DO I WANT?

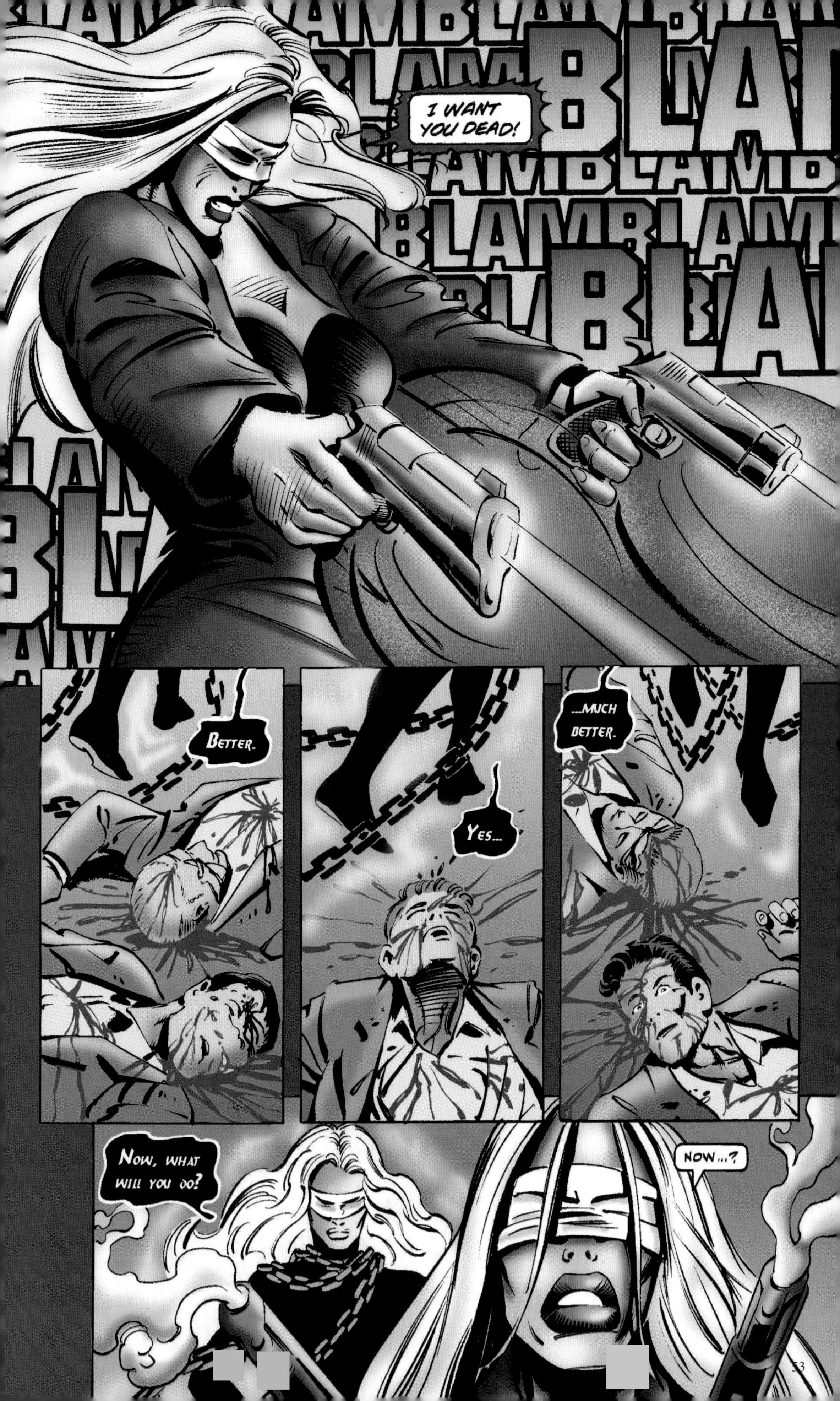
BLAM BLAM BLAM
I WANT YOU DEAD!
BLAM BLAM
BETTER.
YES...
...MUCH BETTER.
NOW, WHAT WILL YOU DO?
NOW...?

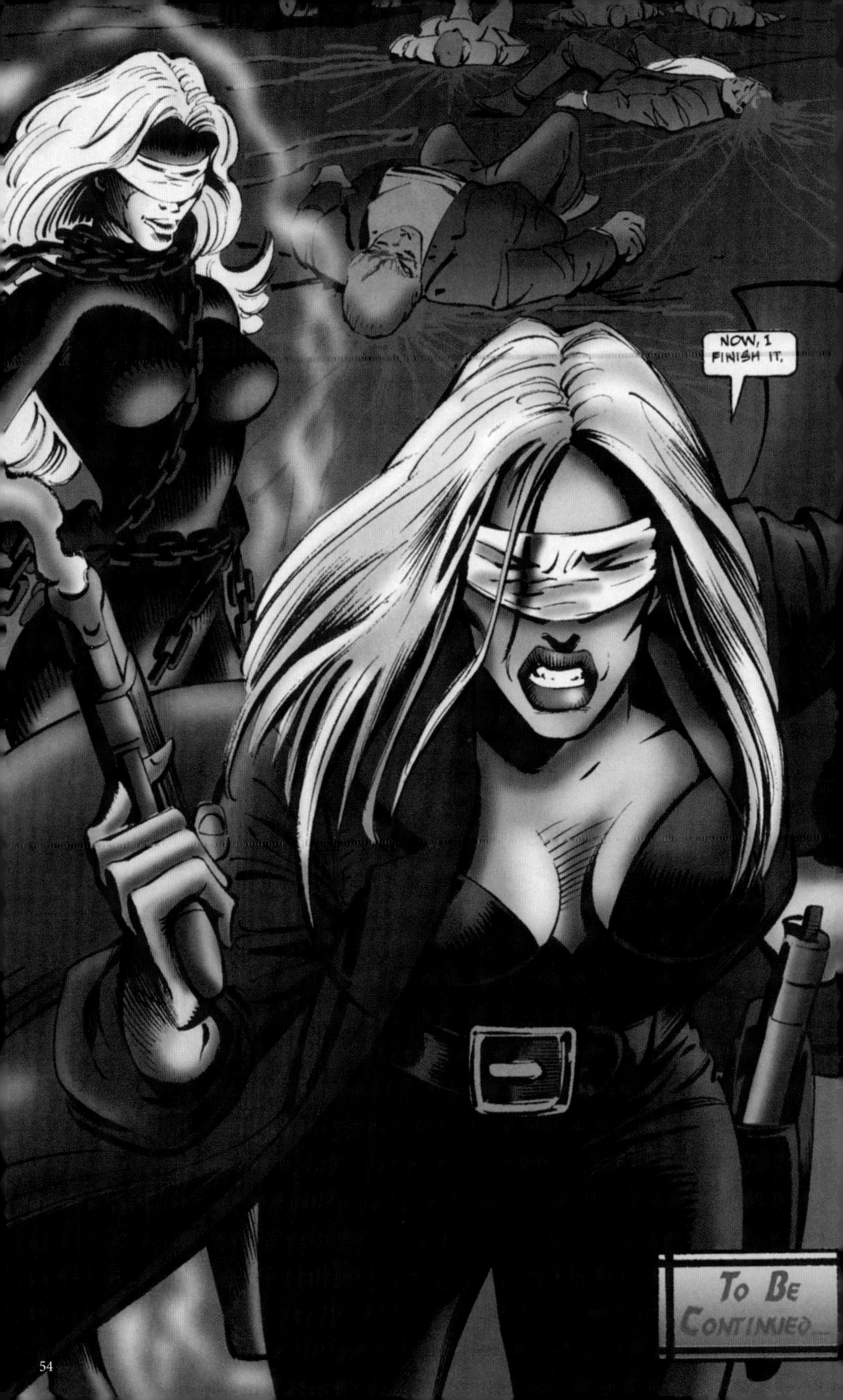
NOW, I FINISH IT.
TO BE CONTINUED...

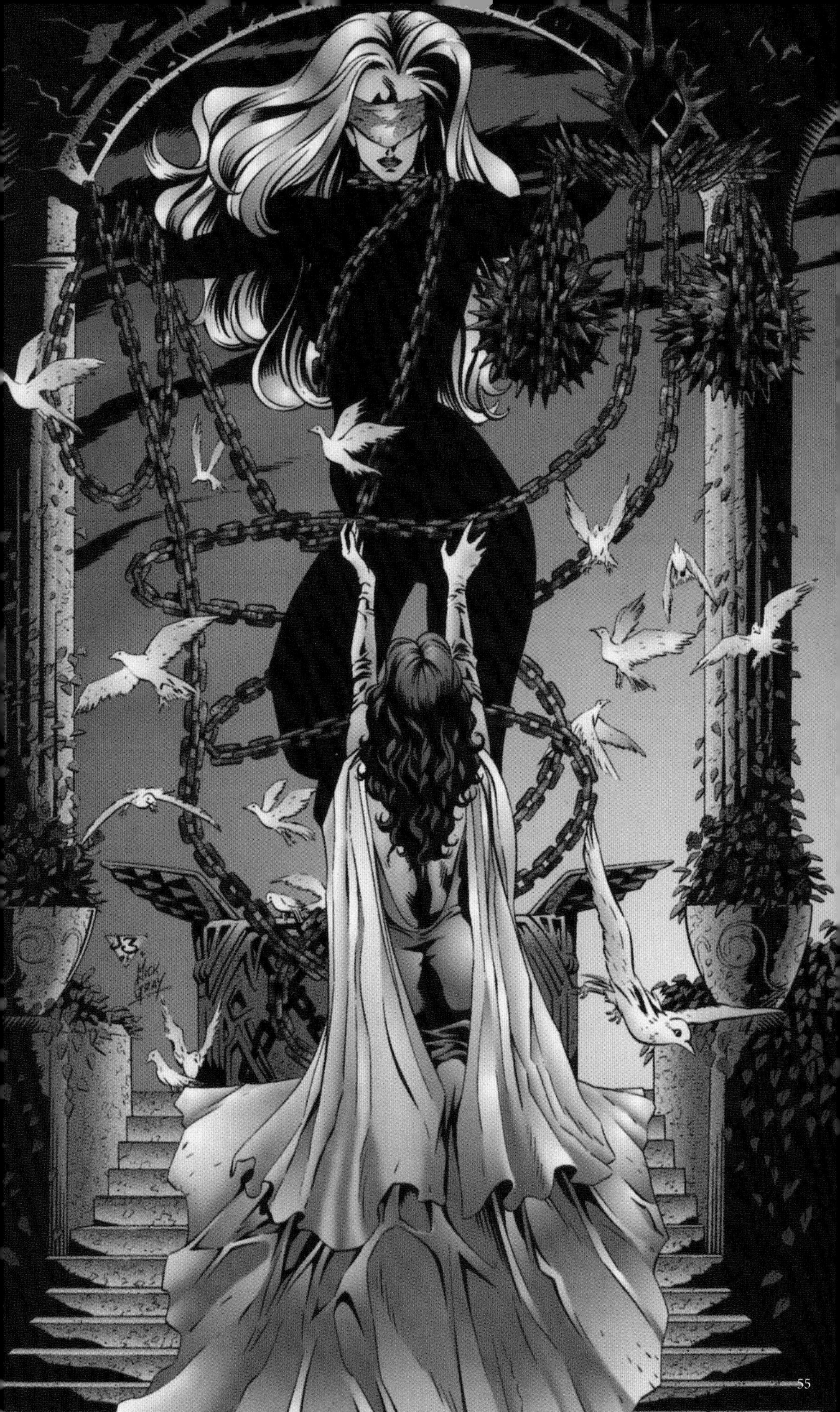
MICK GRAY

"In revenge and in love, woman is more barbarous than man."
– Friedrich Wilhelm Nietzsche, Beyond Good and Evil

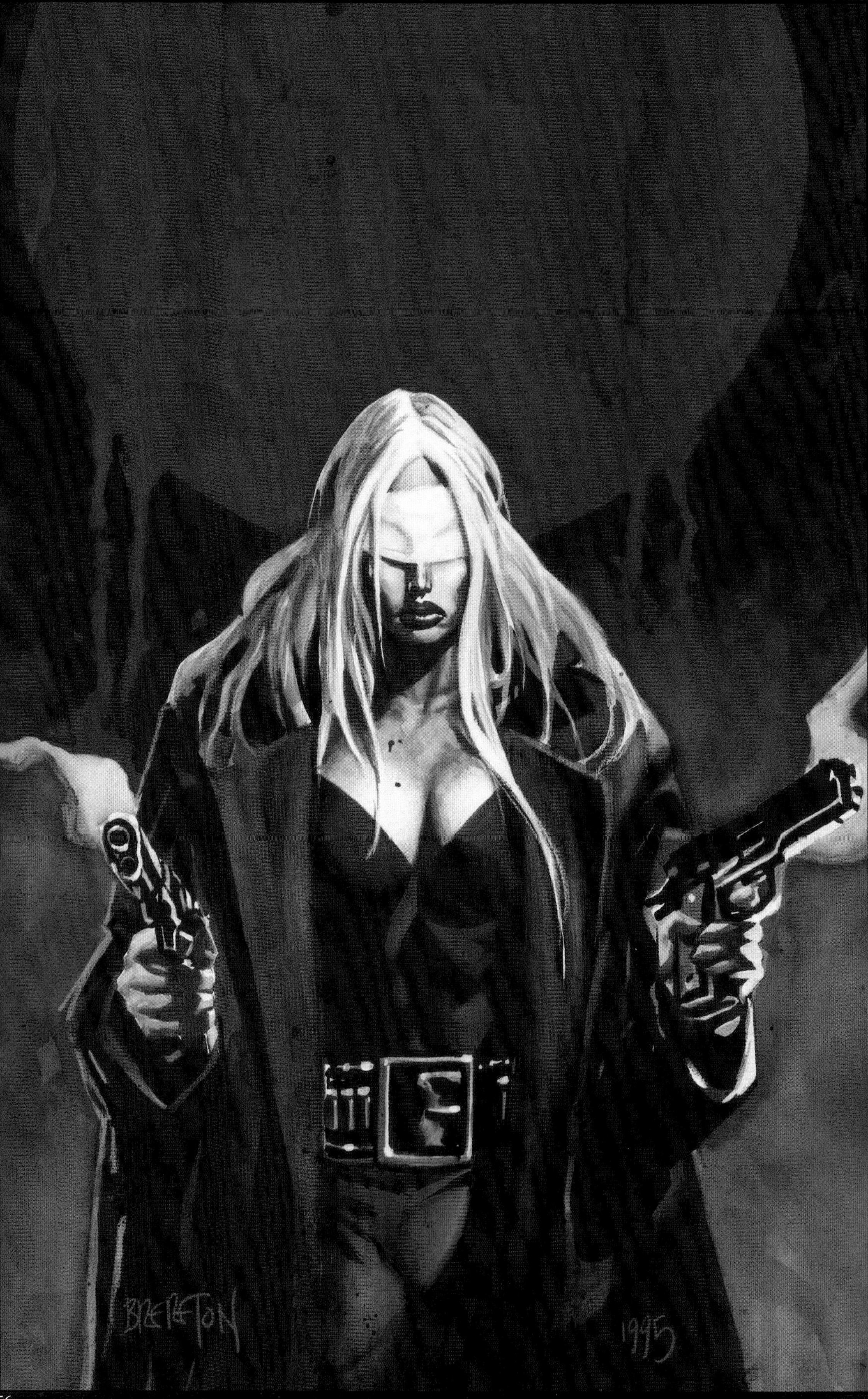
BRERETON
1995

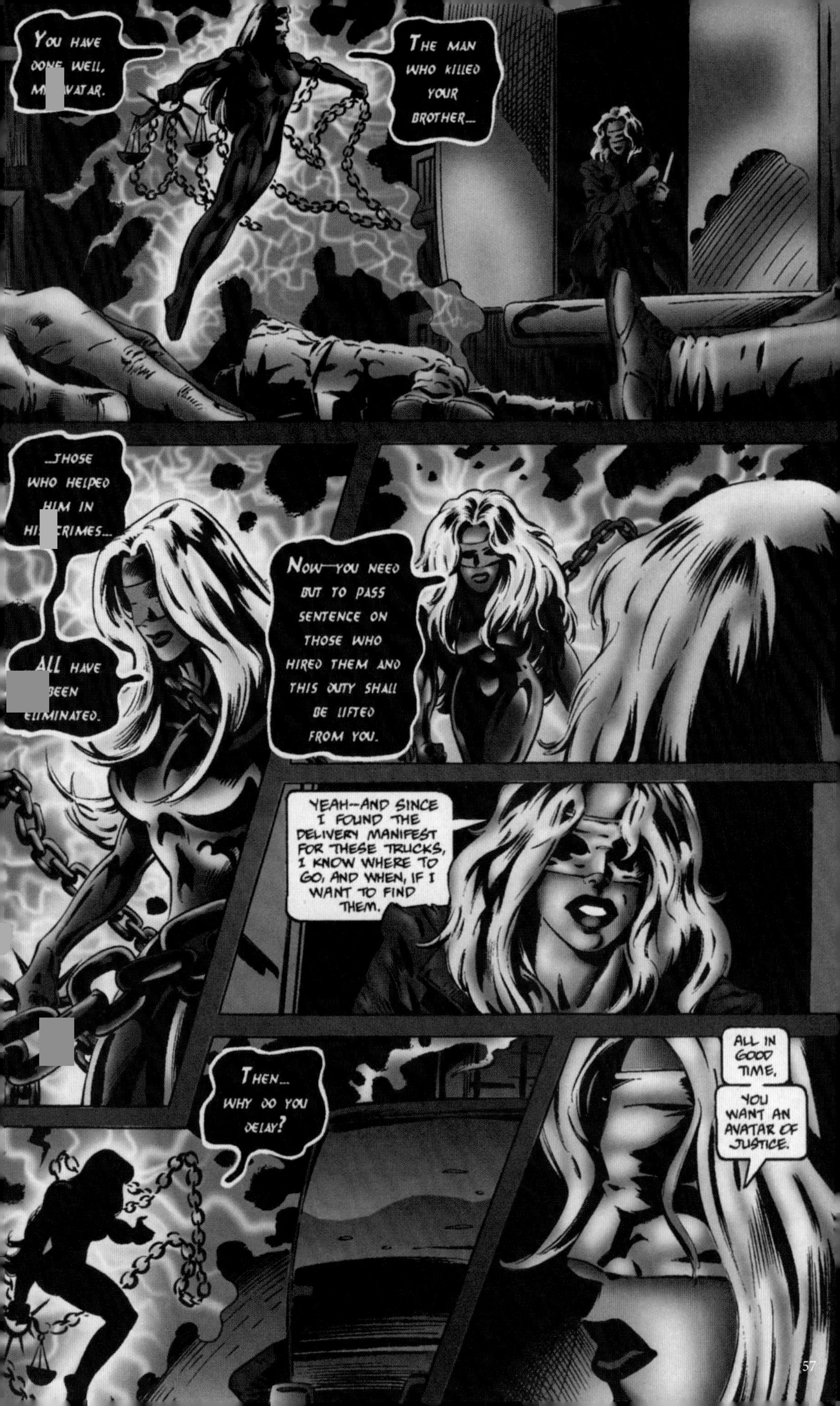

YOU HAVE DONE WELL, MY AVATAR.
THE MAN WHO KILLED YOUR BROTHER...
...THOSE WHO HELPED HIM IN HIS CRIMES...
ALL HAVE BEEN ELIMINATED.
NOW--YOU NEED BUT TO PASS SENTENCE ON THOSE WHO HIRED THEM AND THIS DUTY SHALL BE LIFTED FROM YOU.
YEAH--AND SINCE I FOUND THE DELIVERY MANIFEST FOR THESE TRUCKS, I KNOW WHERE TO GO, AND WHEN, IF I WANT TO FIND THEM.
THEN... WHY DO YOU DELAY?
ALL IN GOOD TIME.
YOU WANT AN AVATAR OF JUSTICE.

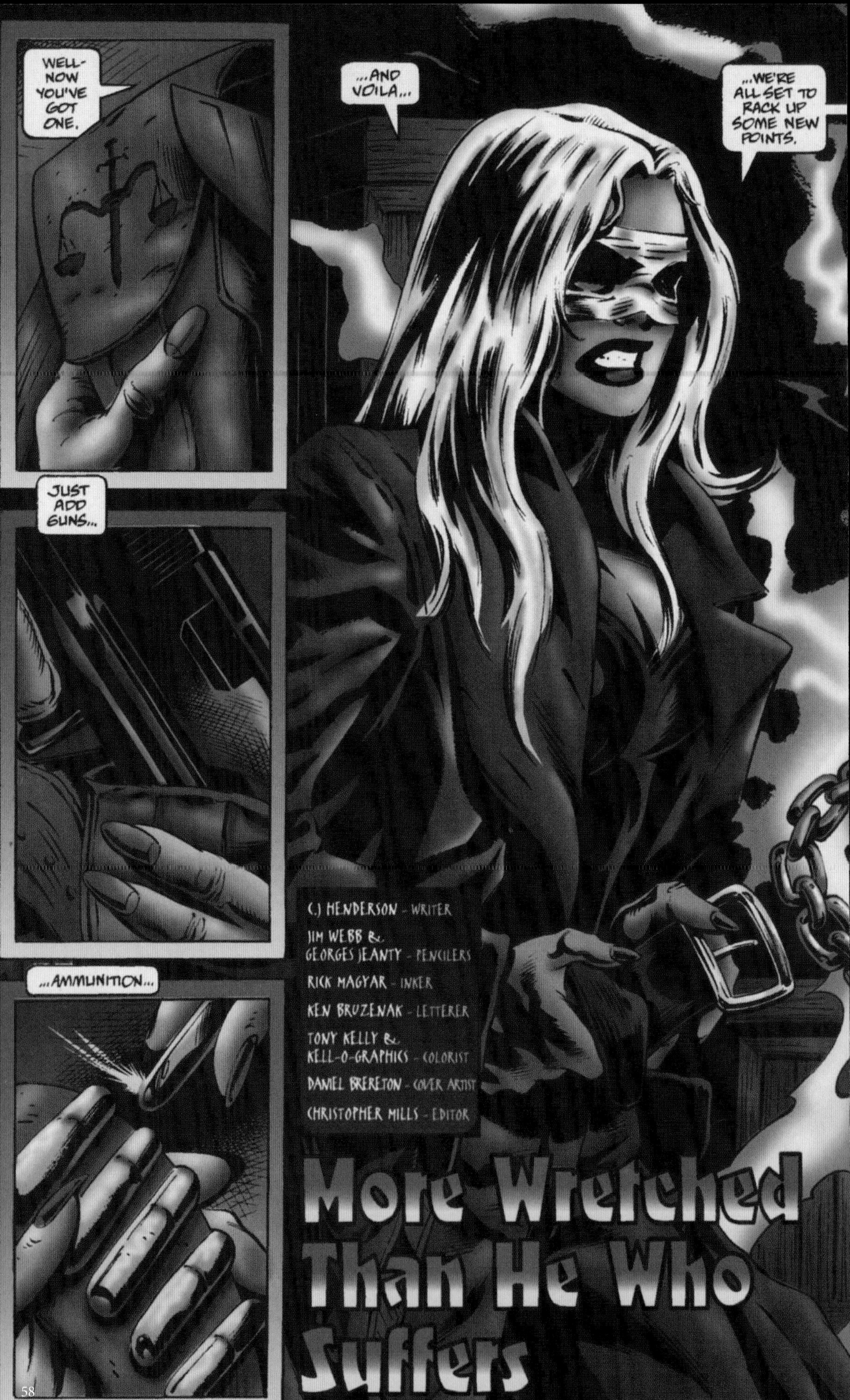
WELL-NOW YOU'VE GOT ONE.
...AND VOILA...
...WE'RE ALL SET TO RACK UP SOME NEW POINTS.
JUST ADD GUNS...
...AMMUNITION...
C.J HENDERSON - WRITER
JIM WEBB & GEORGES JEANTY - PENCILERS
RICK MAGYAR - INKER
KEN BRUZENAK - LETTERER
TONY KELLY & KELL-O-GRAPHICS - COLORIST
DANIEL BRERETON - COVER ARTIST
CHRISTOPHER MILLS - EDITOR
More Wretched Than He Who Suffers

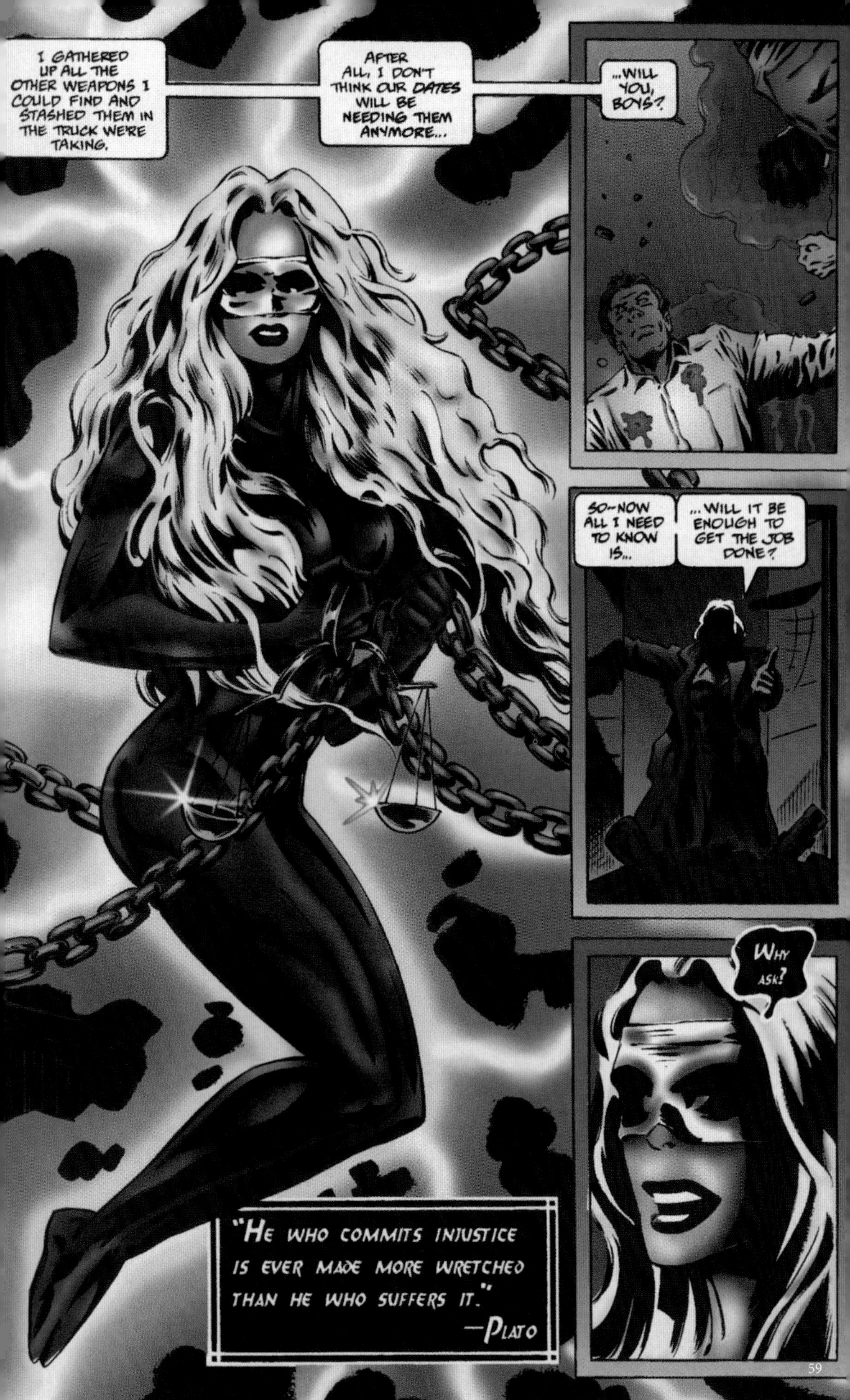
I GATHERED UP ALL THE OTHER WEAPONS I COULD FIND AND STASHED THEM IN THE TRUCK WE'RE TAKING.
AFTER ALL, I DON'T THINK OUR DATES WILL BE NEEDING THEM ANYMORE...
...WILL YOU, BOYS?
SO--NOW ALL I NEED TO KNOW IS...
...WILL IT BE ENOUGH TO GET THE JOB DONE?
WHY ASK?
"HE WHO COMMITS INJUSTICE IS EVER MADE MORE WRETCHED THAN HE WHO SUFFERS IT."
—PLATO

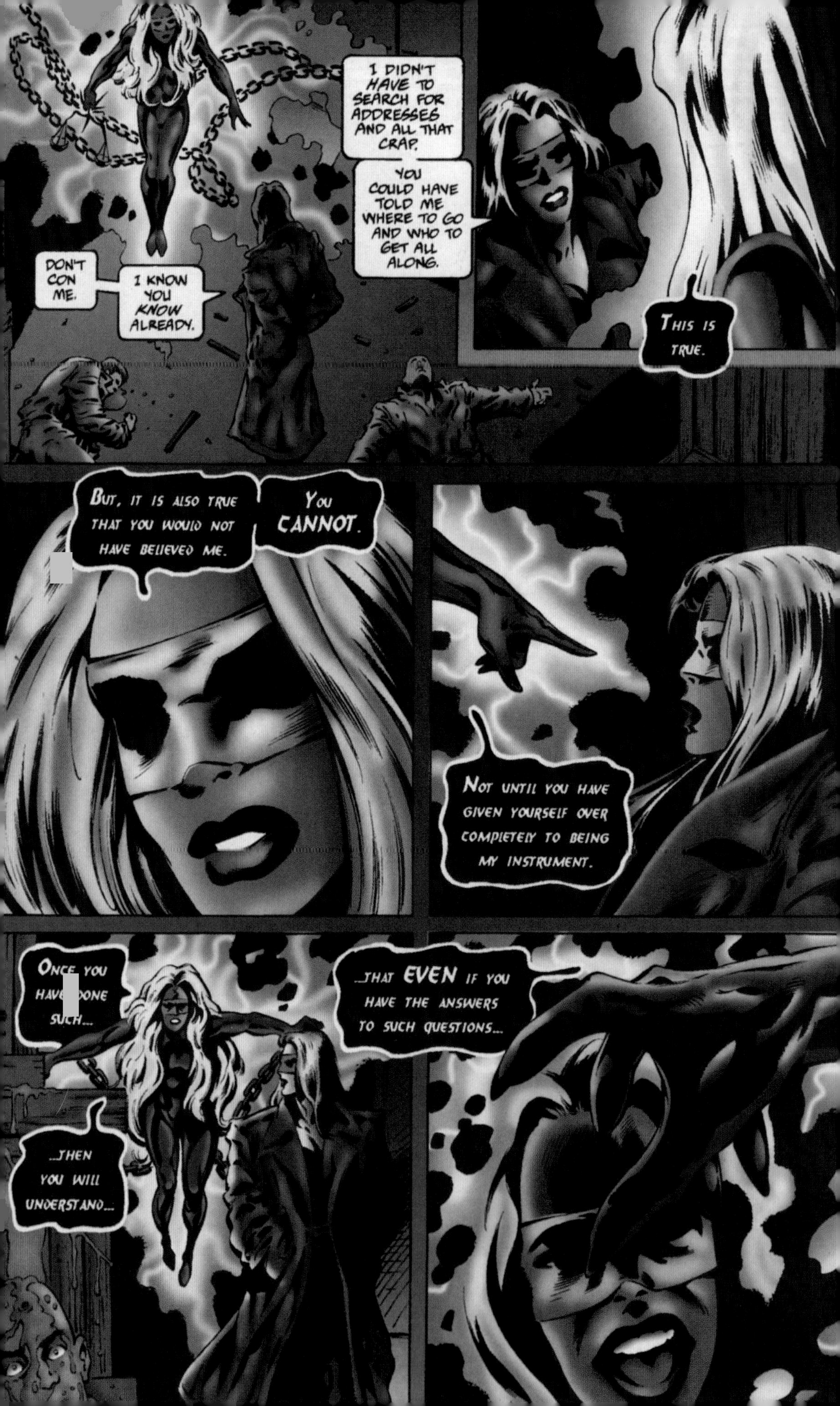

I DIDN'T HAVE TO SEARCH FOR ADDRESSES AND ALL THAT CRAP.
YOU COULD HAVE TOLD ME WHERE TO GO AND WHO TO GET ALL ALONG.
DON'T CON ME.
I KNOW YOU KNOW ALREADY.
THIS IS TRUE.
BUT, IT IS ALSO TRUE THAT YOU WOULD NOT HAVE BELIEVED ME.
YOU CANNOT.
NOT UNTIL YOU HAVE GIVEN YOURSELF OVER COMPLETELY TO BEING MY INSTRUMENT.
ONCE YOU HAVE DONE SUCH...
...THEN YOU WILL UNDERSTAND...
...THAT EVEN IF YOU HAVE THE ANSWERS TO SUCH QUESTIONS...

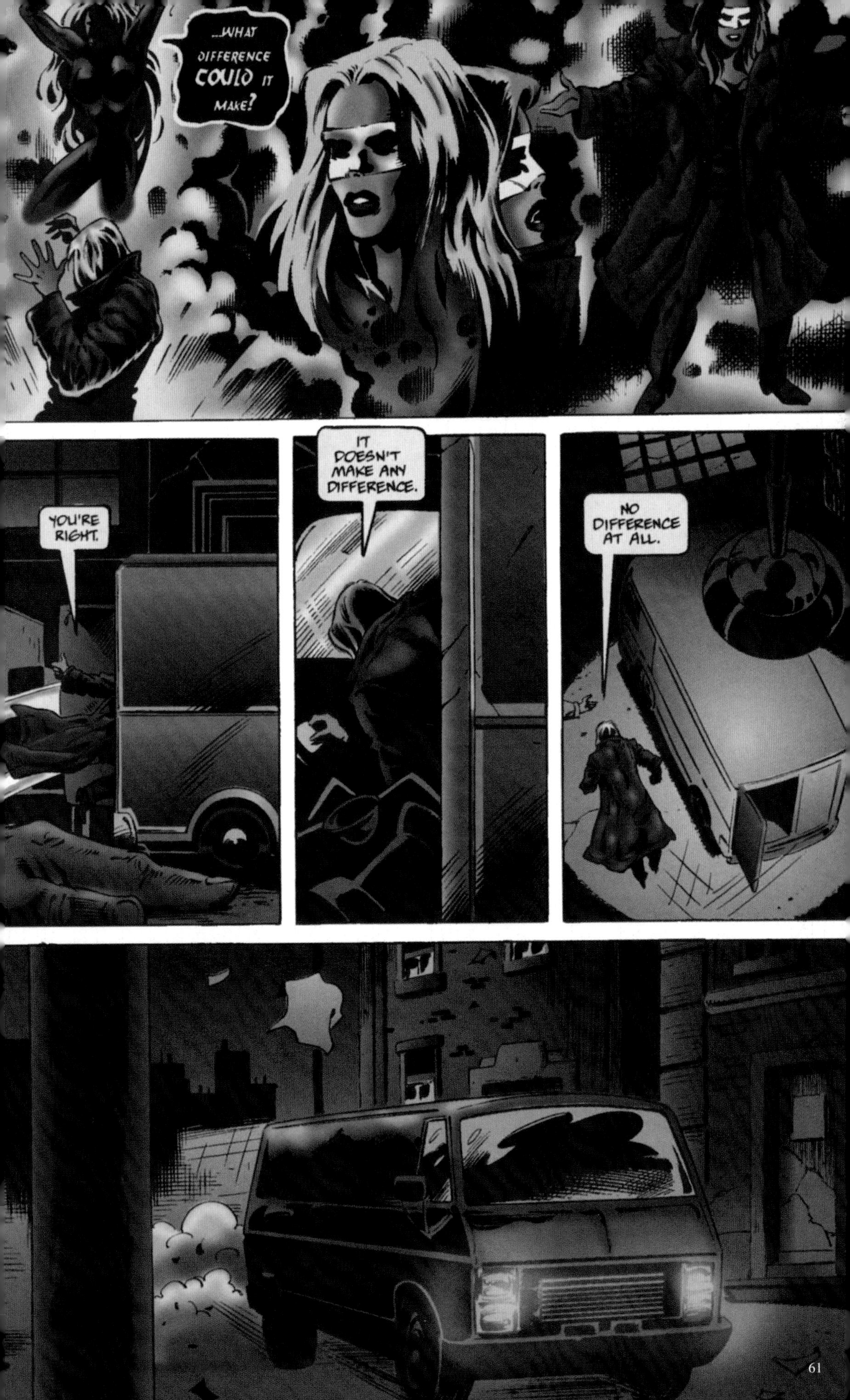
...WHAT DIFFERENCE COULD IT MAKE?
YOU'RE RIGHT.
IT DOESN'T MAKE ANY DIFFERENCE.
NO DIFFERENCE AT ALL.

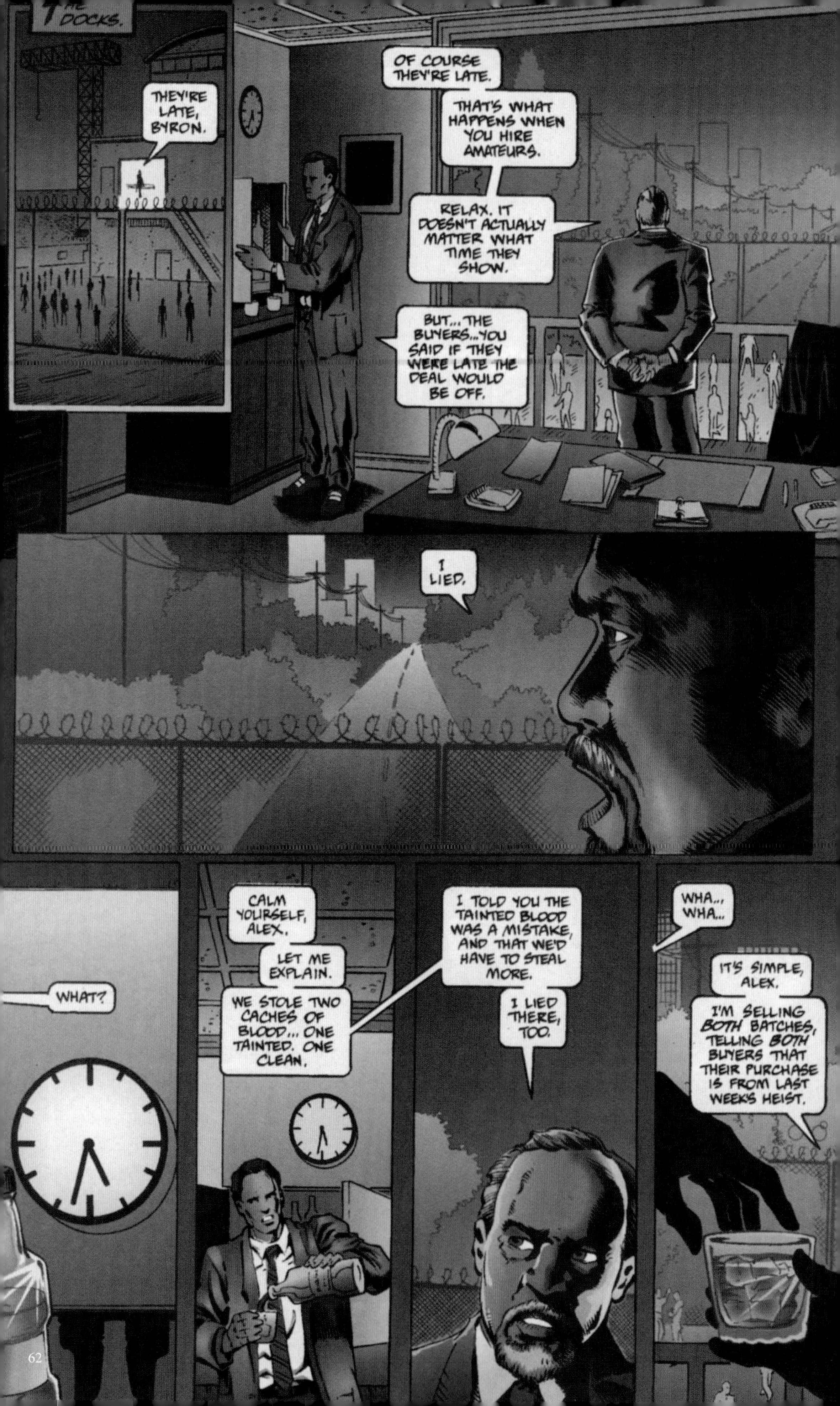
THE DOCKS.
THEY'RE LATE, BYRON.
OF COURSE THEY'RE LATE.
THAT'S WHAT HAPPENS WHEN YOU HIRE AMATEURS.
RELAX. IT DOESN'T ACTUALLY MATTER WHAT TIME THEY SHOW.
BUT... THE BUYERS...YOU SAID IF THEY WERE LATE THE DEAL WOULD BE OFF.
I LIED.
WHAT?
CALM YOURSELF, ALEX.
LET ME EXPLAIN.
WE STOLE TWO CACHES OF BLOOD... ONE TAINTED. ONE CLEAN.
I TOLD YOU THE TAINTED BLOOD WAS A MISTAKE, AND THAT WE'D HAVE TO STEAL MORE.
I LIED THERE, TOO.
WHA.., WHA...
IT'S SIMPLE, ALEX.
I'M SELLING BOTH BATCHES, TELLING BOTH BUYERS THAT THEIR PURCHASE IS FROM LAST WEEK'S HEIST.

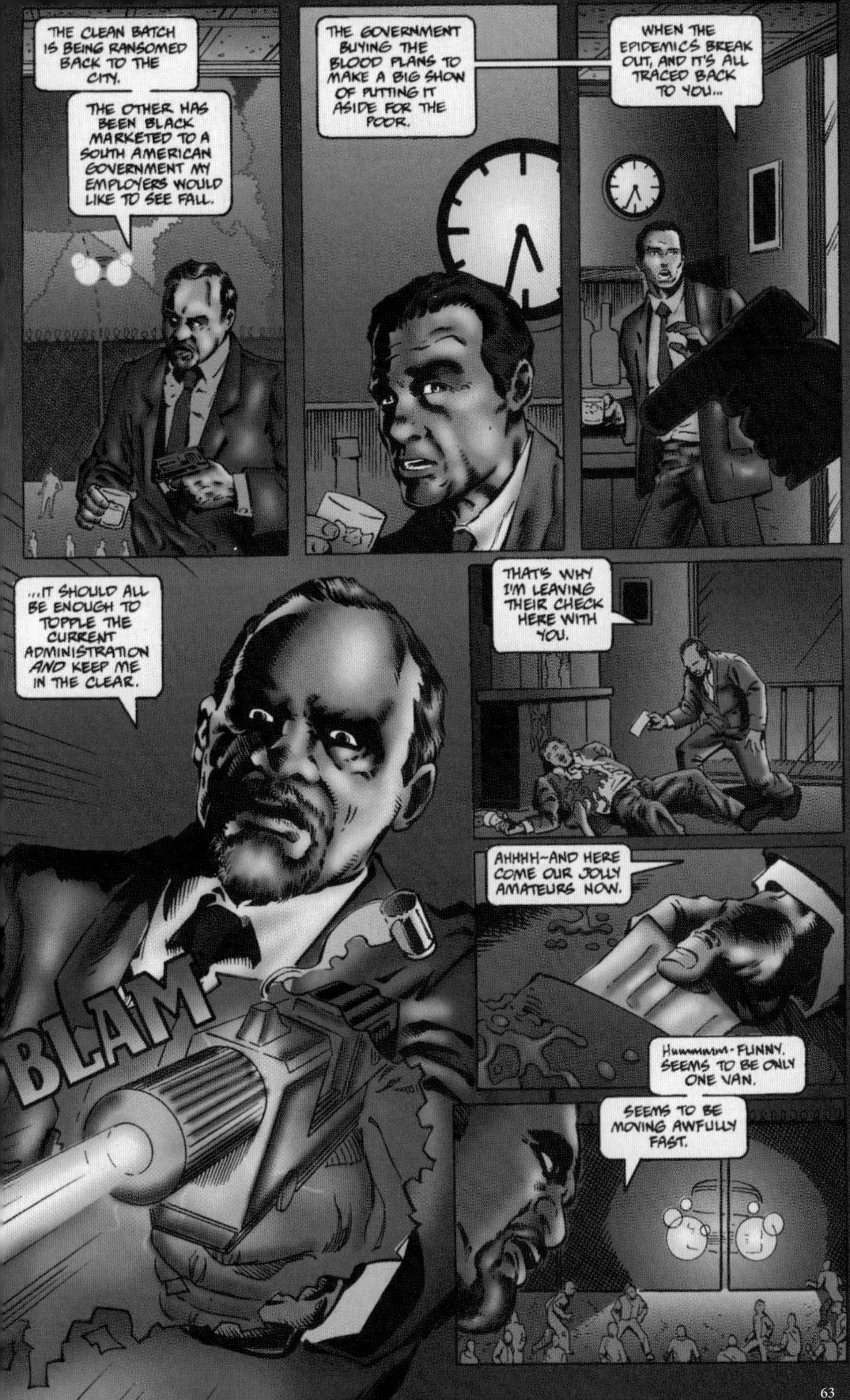

THE CLEAN BATCH IS BEING RANSOMED BACK TO THE CITY.
THE OTHER HAS BEEN BLACK MARKETED TO A SOUTH AMERICAN GOVERNMENT MY EMPLOYERS WOULD LIKE TO SEE FALL.
THE GOVERNMENT BUYING THE BLOOD PLANS TO MAKE A BIG SHOW OF PUTTING IT ASIDE FOR THE POOR.
WHEN THE EPIDEMICS BREAK OUT, AND IT'S ALL TRACED BACK TO YOU...
...IT SHOULD ALL BE ENOUGH TO TOPPLE THE CURRENT ADMINISTRATION AND KEEP ME IN THE CLEAR.
BLAM
THAT'S WHY I'M LEAVING THEIR CHECK HERE WITH YOU.
AHHHH—AND HERE COME OUR JOLLY AMATEURS NOW.
Hummmm—FUNNY. SEEMS TO BE ONLY ONE VAN.
SEEMS TO BE MOVING AWFULLY FAST.

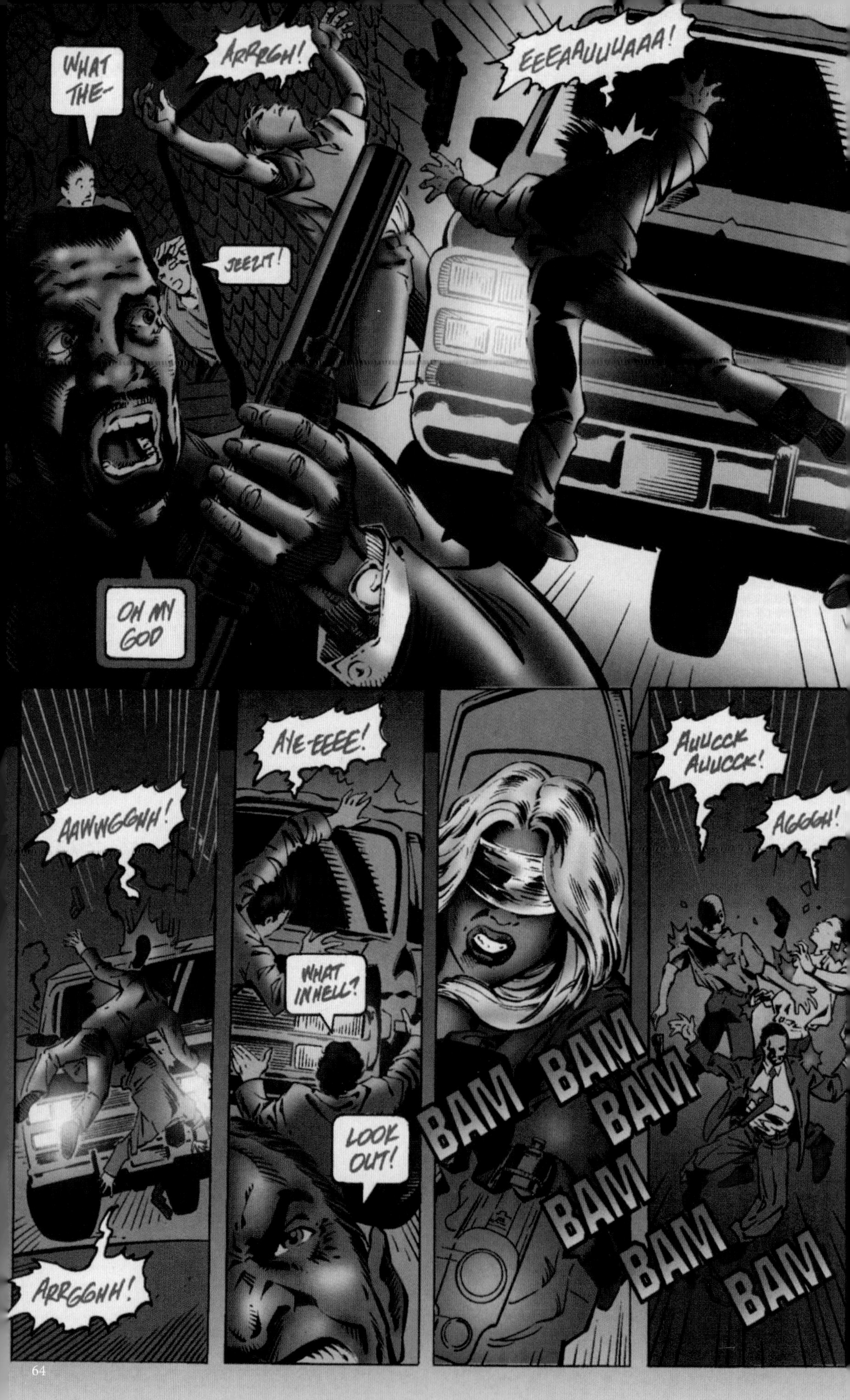
WHAT THE-
ARRRGH!
EEEAAUUUAAA!
JEEZIT!
OH MY GOD
AAWWGGHH!
ARRGGHH!
AYE-EEEE!
WHAT IN HELL?
LOOK OUT!
BAM BAM BAM BAM BAM BAM BAM
AUUCCK AUUCCK!
AGGGH!

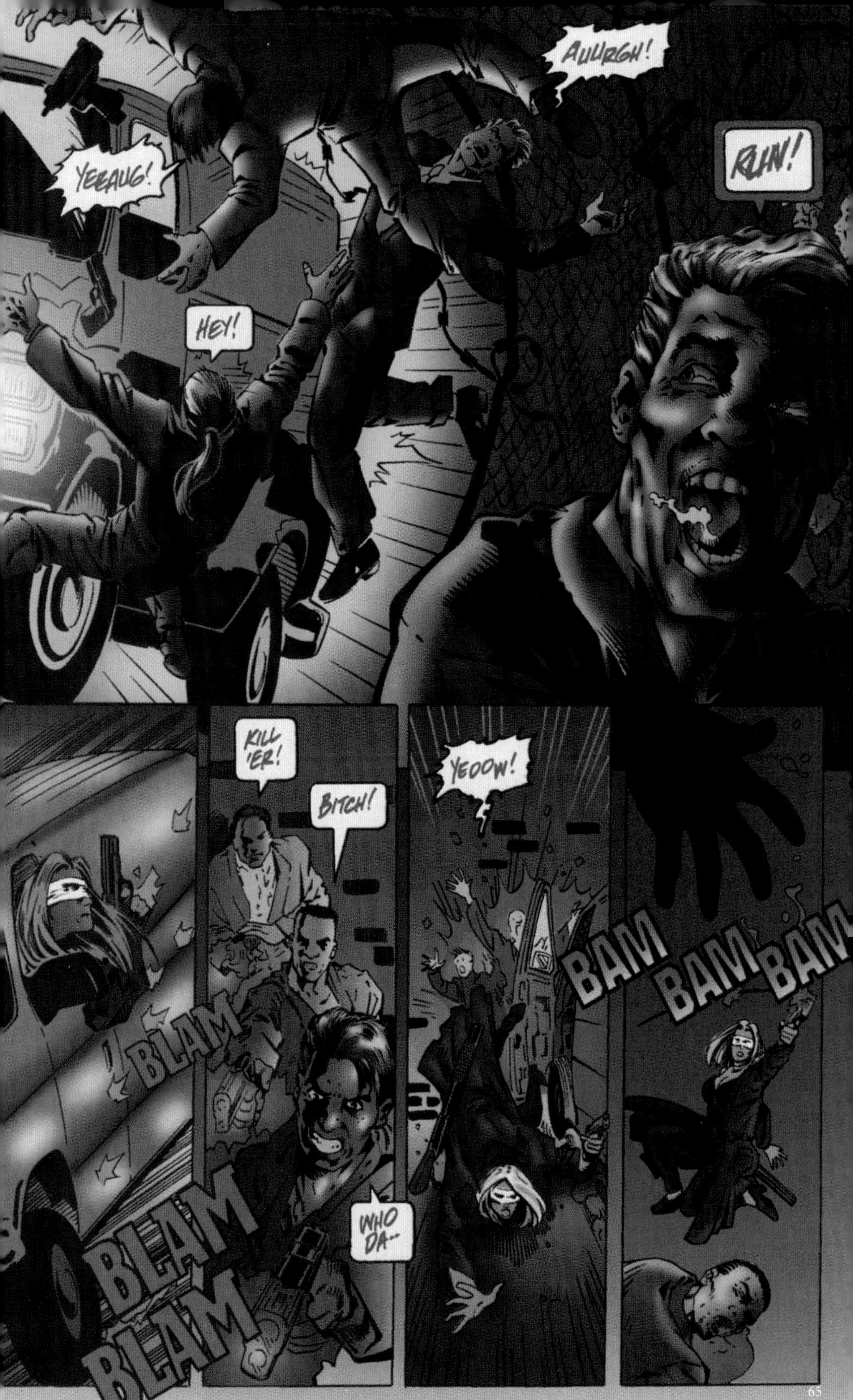
YEEAUG!
AUURGH!
RUN!
HEY!
BLAM
KILL 'ER!
BITCH!
WHO DA--
BLAM BLAM
YEOOW!
BAM BAM BAM

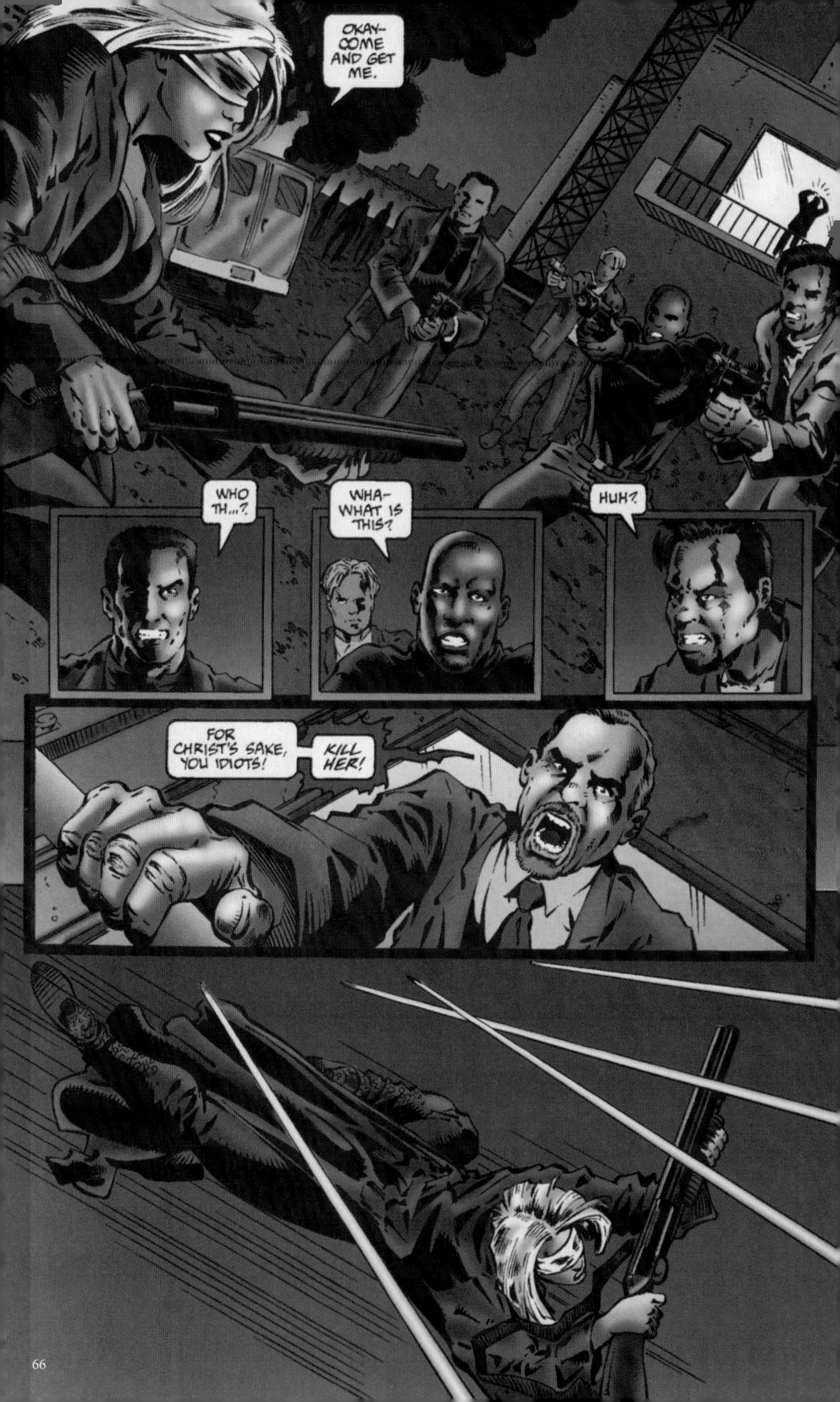
OKAY-
COME
AND GET
ME.
WHO
TH...?
WHA-
WHAT IS
THIS?
HUH?
FOR
CHRIST'S SAKE,
YOU IDIOTS!
KILL
HER!

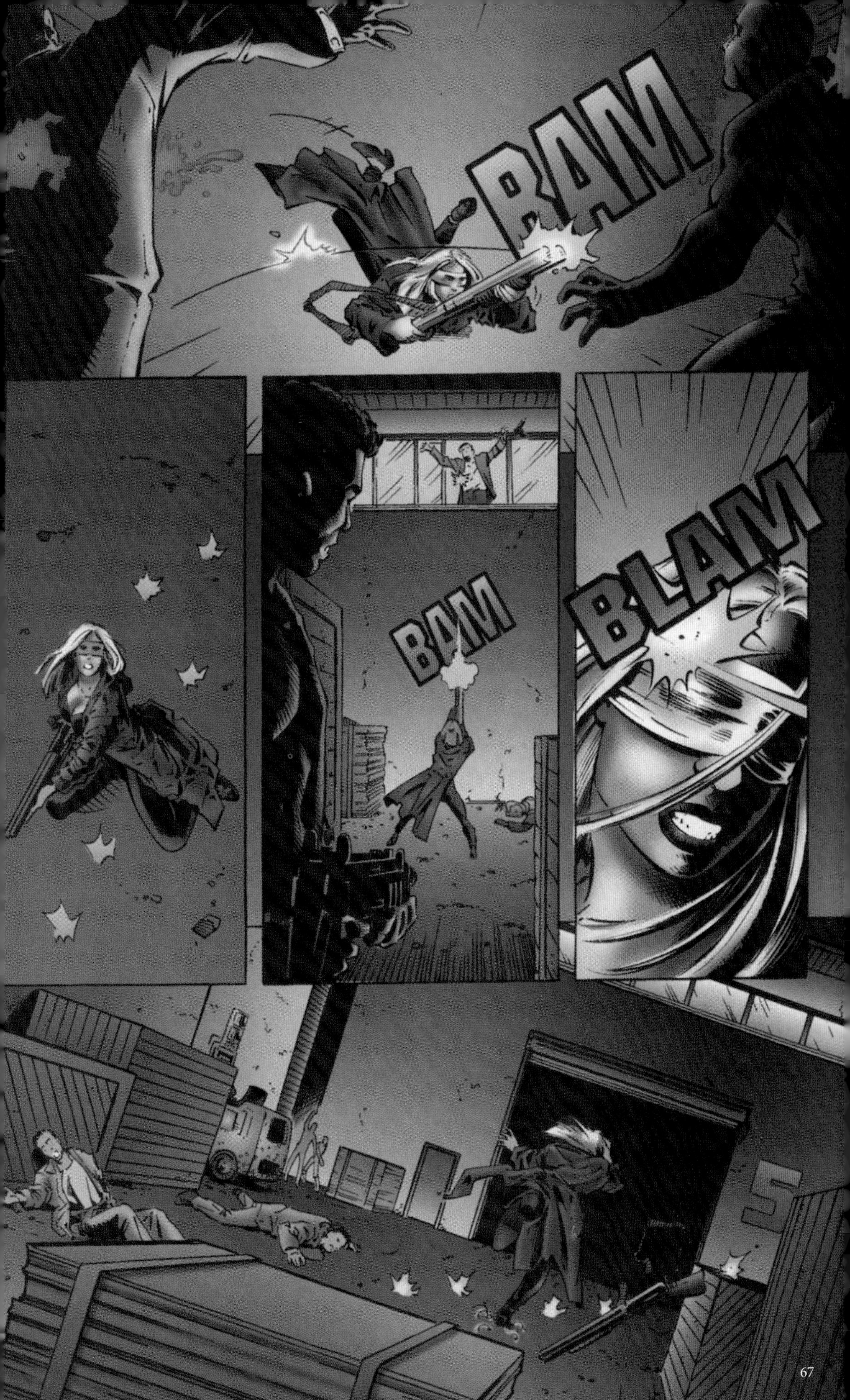
BAM
BAM
BLAM
5

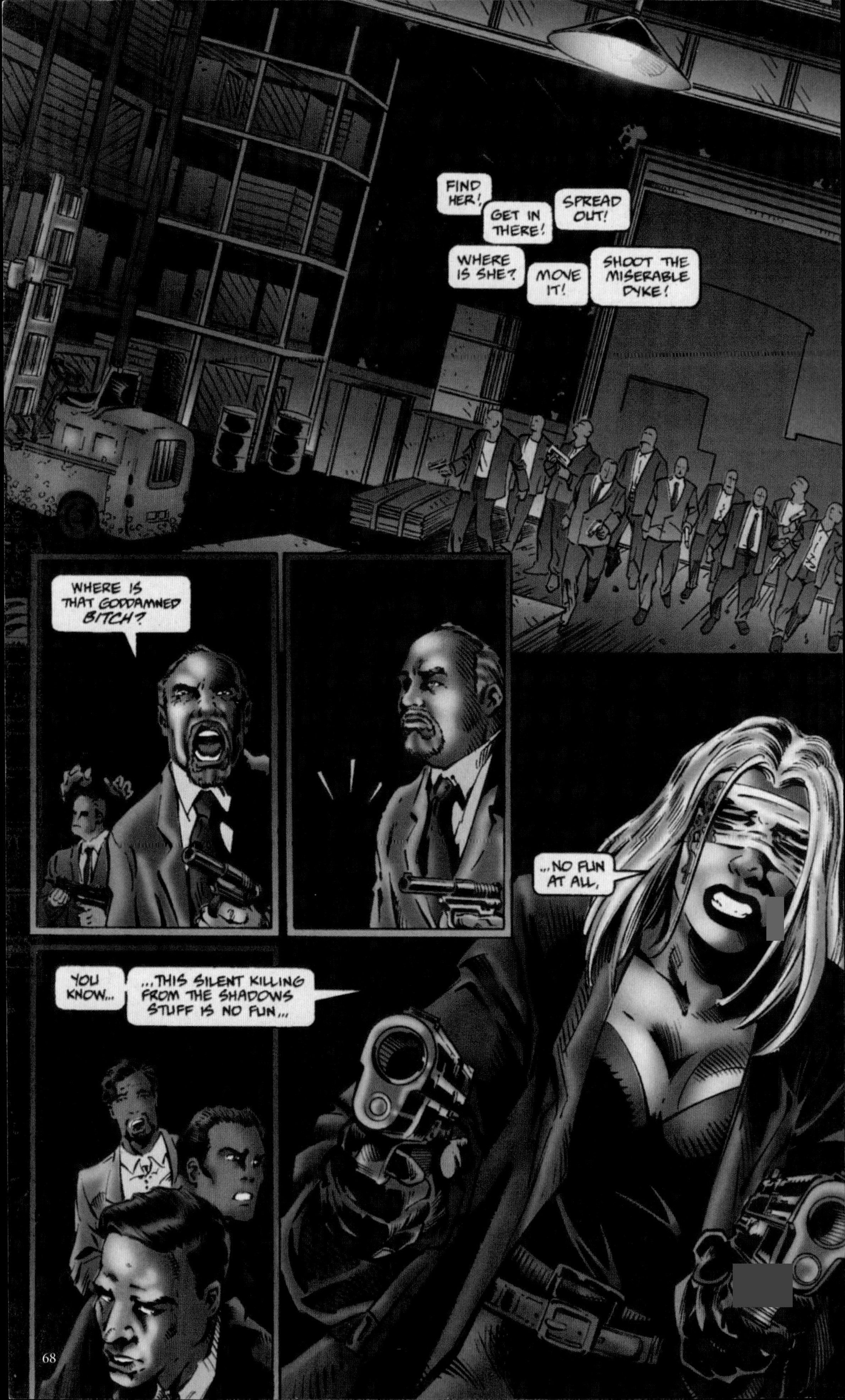

FIND HER!
GET IN THERE!
SPREAD OUT!
WHERE IS SHE?
MOVE IT!
SHOOT THE MISERABLE DYKE!
WHERE IS THAT GODDAMNED BITCH?
YOU KNOW...
...THIS SILENT KILLING FROM THE SHADOWS STUFF IS NO FUN...
...NO FUN AT ALL.

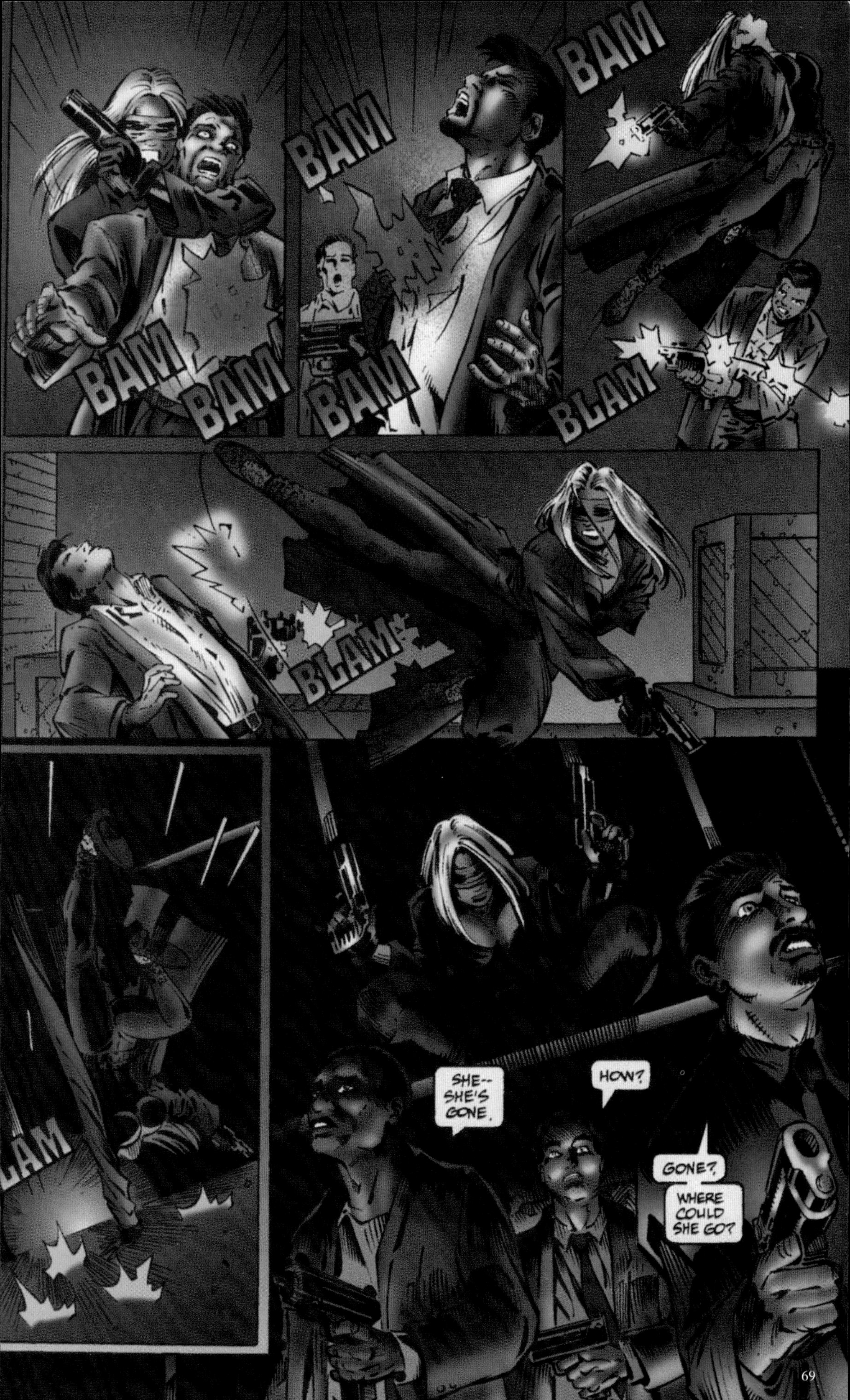

BAM
BAM
BAM
BAM
BAM
BLAM
BLAM
LAM
SHE-- SHE'S GONE.
HOW?
GONE? WHERE COULD SHE GO?

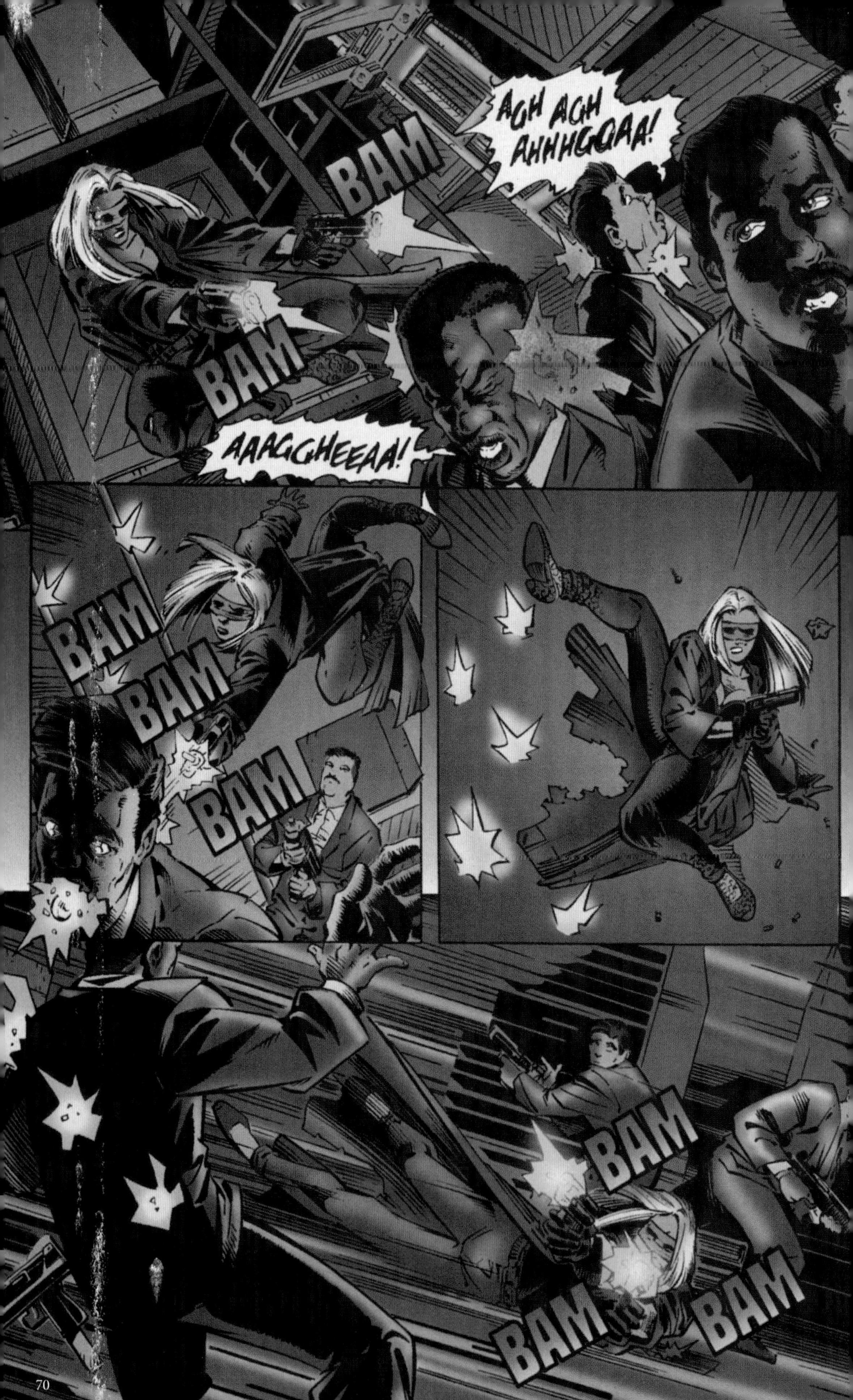
BAM
AGH AGH AHHHGGAA!
BAM
AAAGGHEEAA!
BAM
BAM
BAM
BAM
BAM
BAM

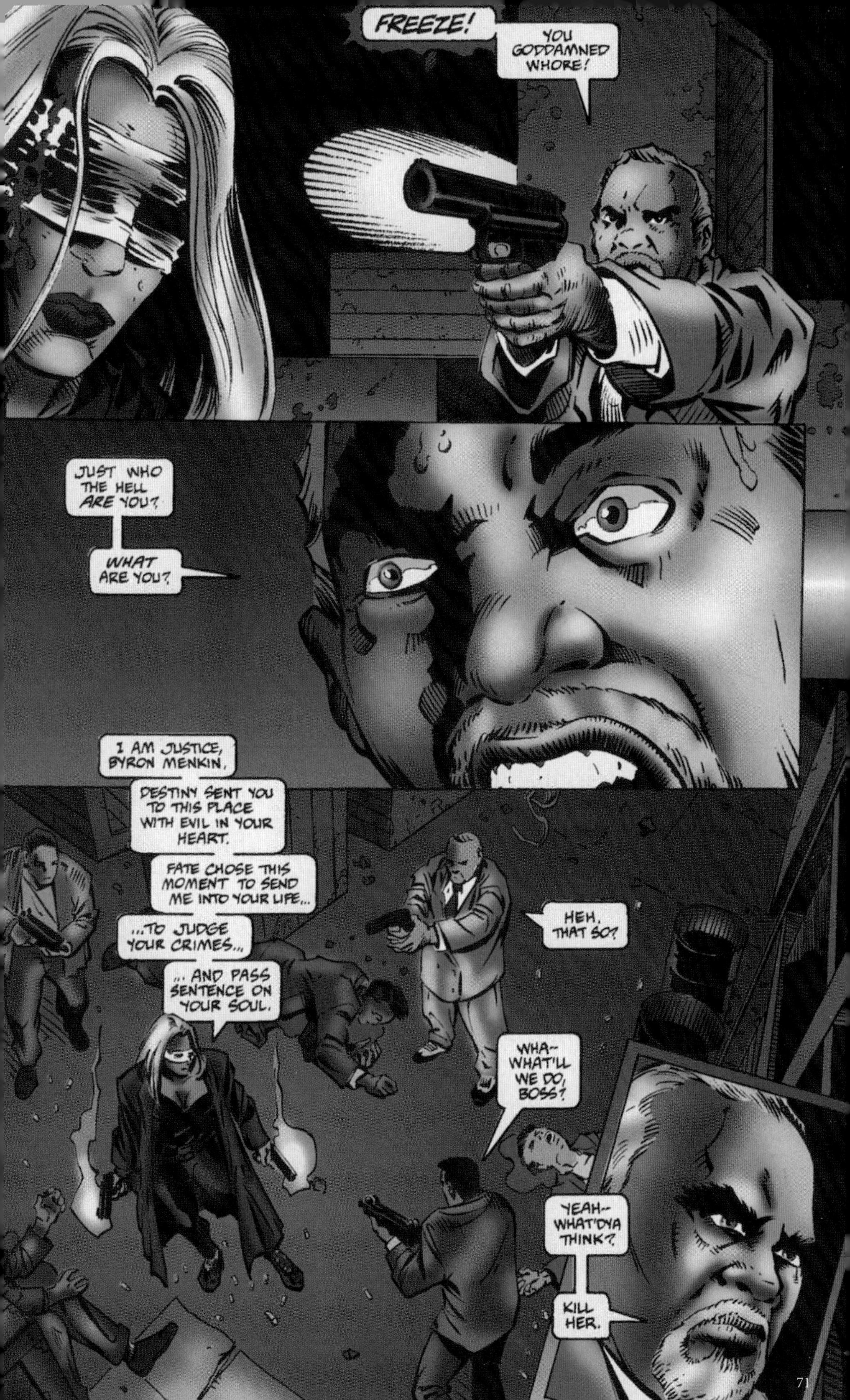

FREEZE!
YOU GODDAMNED WHORE!
JUST WHO THE HELL ARE YOU?
WHAT ARE YOU?
I AM JUSTICE, BYRON MENKIN,
DESTINY SENT YOU TO THIS PLACE WITH EVIL IN YOUR HEART.
FATE CHOSE THIS MOMENT TO SEND ME INTO YOUR LIFE...
...TO JUDGE YOUR CRIMES...
...AND PASS SENTENCE ON YOUR SOUL.
HEH. THAT SO?
WHA-WHAT'LL WE DO, BOSS?
YEAH--WHAT'DYA THINK?
KILL HER.

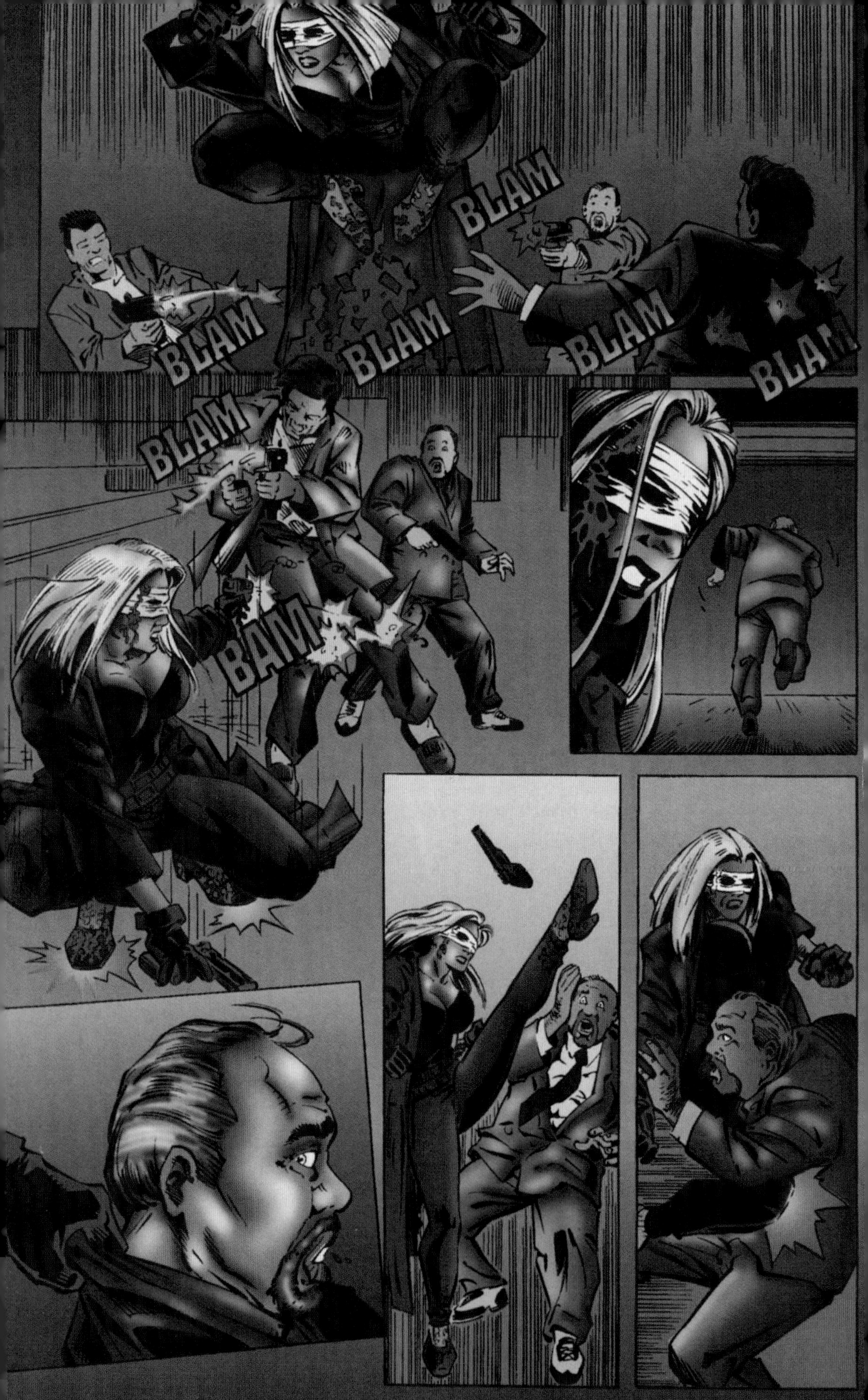
BLAM
BLAM
BLAM
BLAM
BLAM
BLAM
BAM

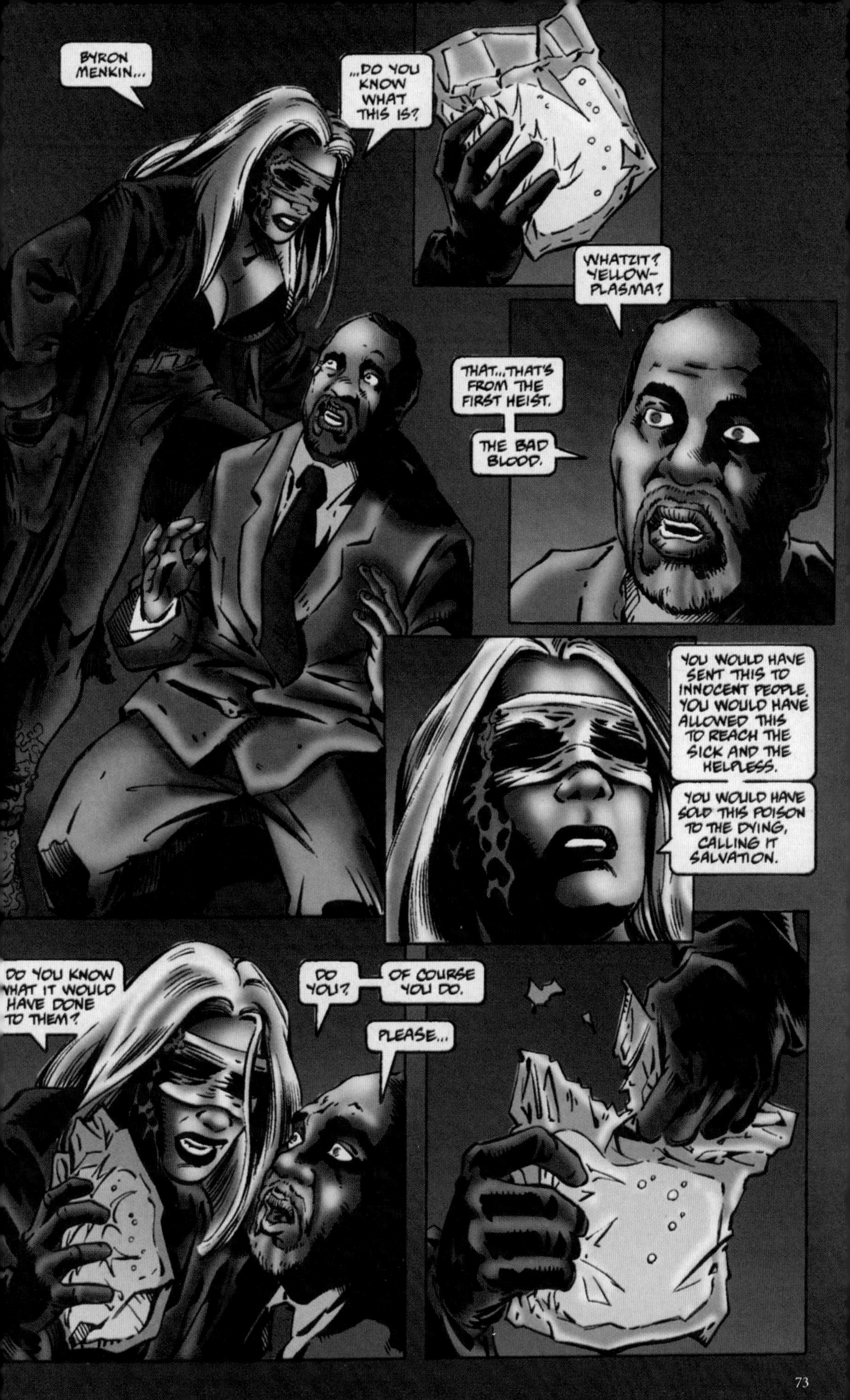
BYRON MENKIN...
...DO YOU KNOW WHAT THIS IS?
WHATZIT? YELLOW-PLASMA?
THAT...THAT'S FROM THE FIRST HEIST.
THE BAD BLOOD.
YOU WOULD HAVE SENT THIS TO INNOCENT PEOPLE. YOU WOULD HAVE ALLOWED THIS TO REACH THE SICK AND THE HELPLESS.
YOU WOULD HAVE SOLD THIS POISON TO THE DYING, CALLING IT SALVATION.
DO YOU KNOW WHAT IT WOULD HAVE DONE TO THEM?
DO YOU?
OF COURSE YOU DO.
PLEASE...

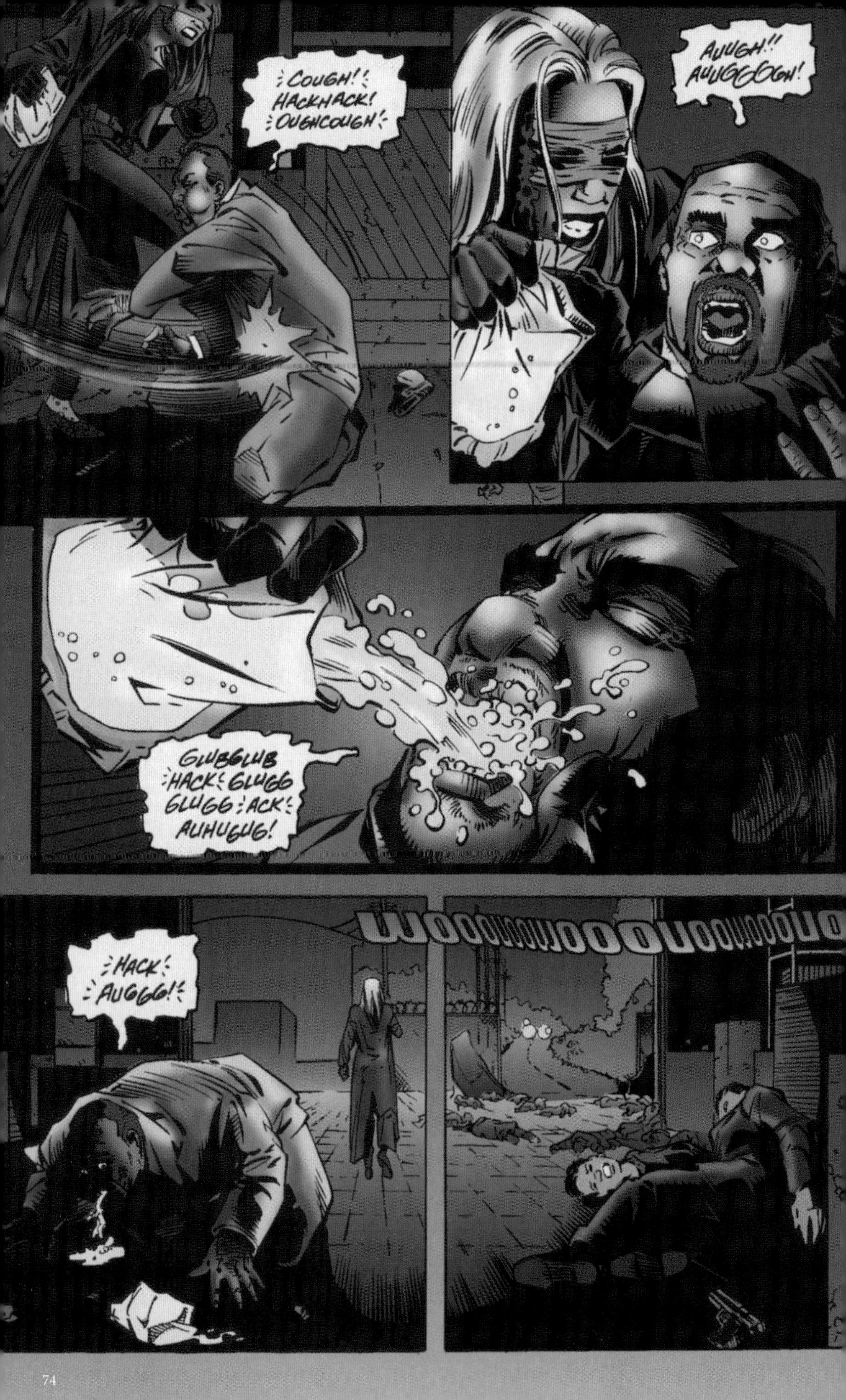
COUGH! HACKHACK! OUGHCOUGH
AUUGH!! AUUGGOOGH!
GLUBGLUB HACK GLUGG GLUGG ACK AUHUGUG!
HACK AUGGG!

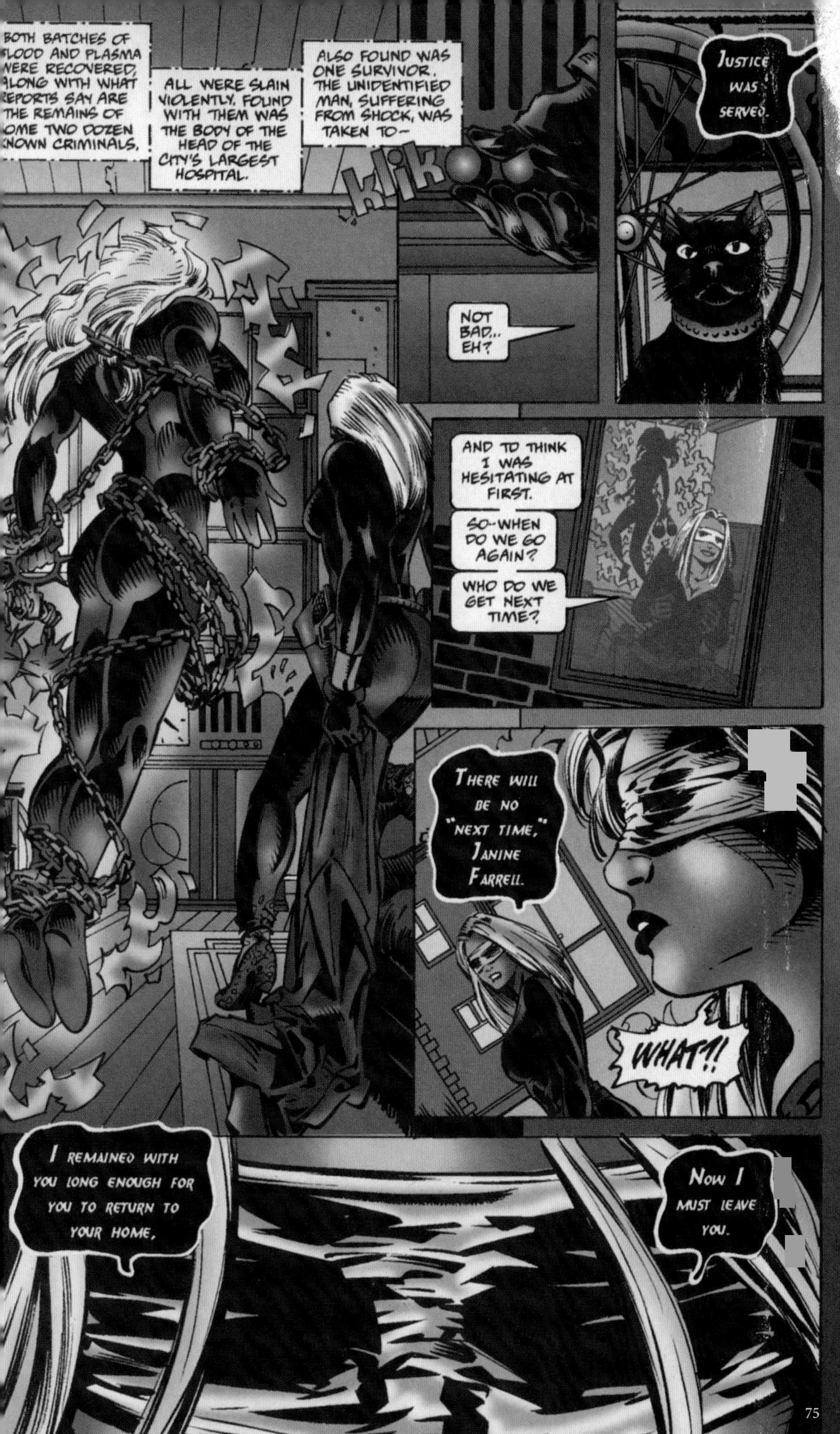

BOTH BATCHES OF BLOOD AND PLASMA WERE RECOVERED, ALONG WITH WHAT REPORTS SAY ARE THE REMAINS OF SOME TWO DOZEN KNOWN CRIMINALS.
ALL WERE SLAIN VIOLENTLY. FOUND WITH THEM WAS THE BODY OF THE HEAD OF THE CITY'S LARGEST HOSPITAL.
ALSO FOUND WAS ONE SURVIVOR. THE UNIDENTIFIED MAN, SUFFERING FROM SHOCK, WAS TAKEN TO—
KLIK
JUSTICE WAS SERVED.
NOT BAD... EH?
AND TO THINK I WAS HESITATING AT FIRST.
SO-WHEN DO WE GO AGAIN?
WHO DO WE GET NEXT TIME?
THERE WILL BE NO "NEXT TIME," JANINE FARRELL.
WHAT?!
I REMAINED WITH YOU LONG ENOUGH FOR YOU TO RETURN TO YOUR HOME.
NOW I MUST LEAVE YOU.

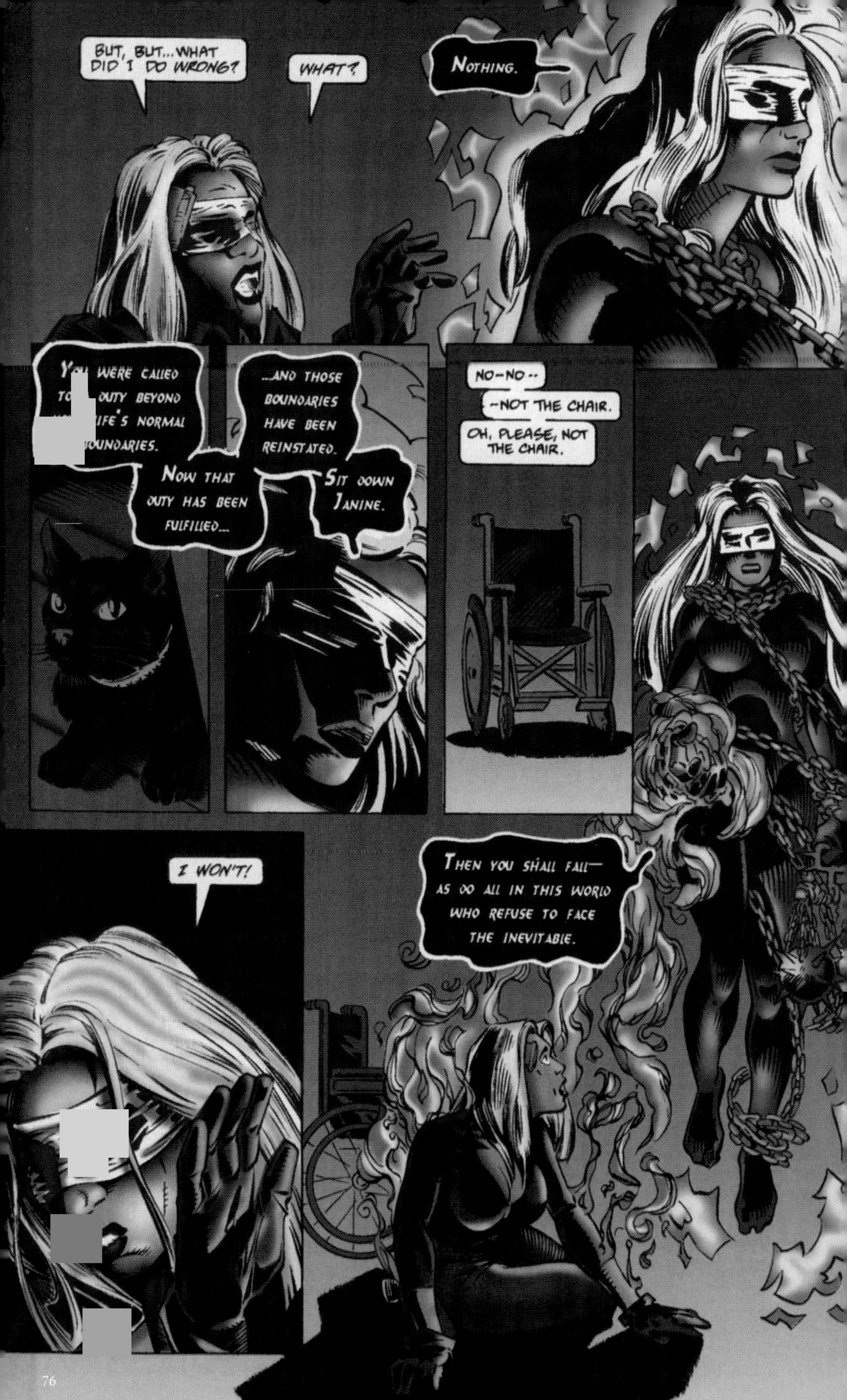

BUT, BUT...WHAT DID I DO WRONG?
WHAT?
NOTHING.
Y WERE CALLED TO DUTY BEYOND IFE'S NORMAL OUNDARIES.
NOW THAT DUTY HAS BEEN FULFILLED...
...AND THOSE BOUNDARIES HAVE BEEN REINSTATED.
SIT DOWN JANINE.
NO-NO--
-NOT THE CHAIR.
OH, PLEASE, NOT THE CHAIR.
I WON'T!
THEN YOU SHALL FALL— AS DO ALL IN THIS WORLD WHO REFUSE TO FACE THE INEVITABLE.

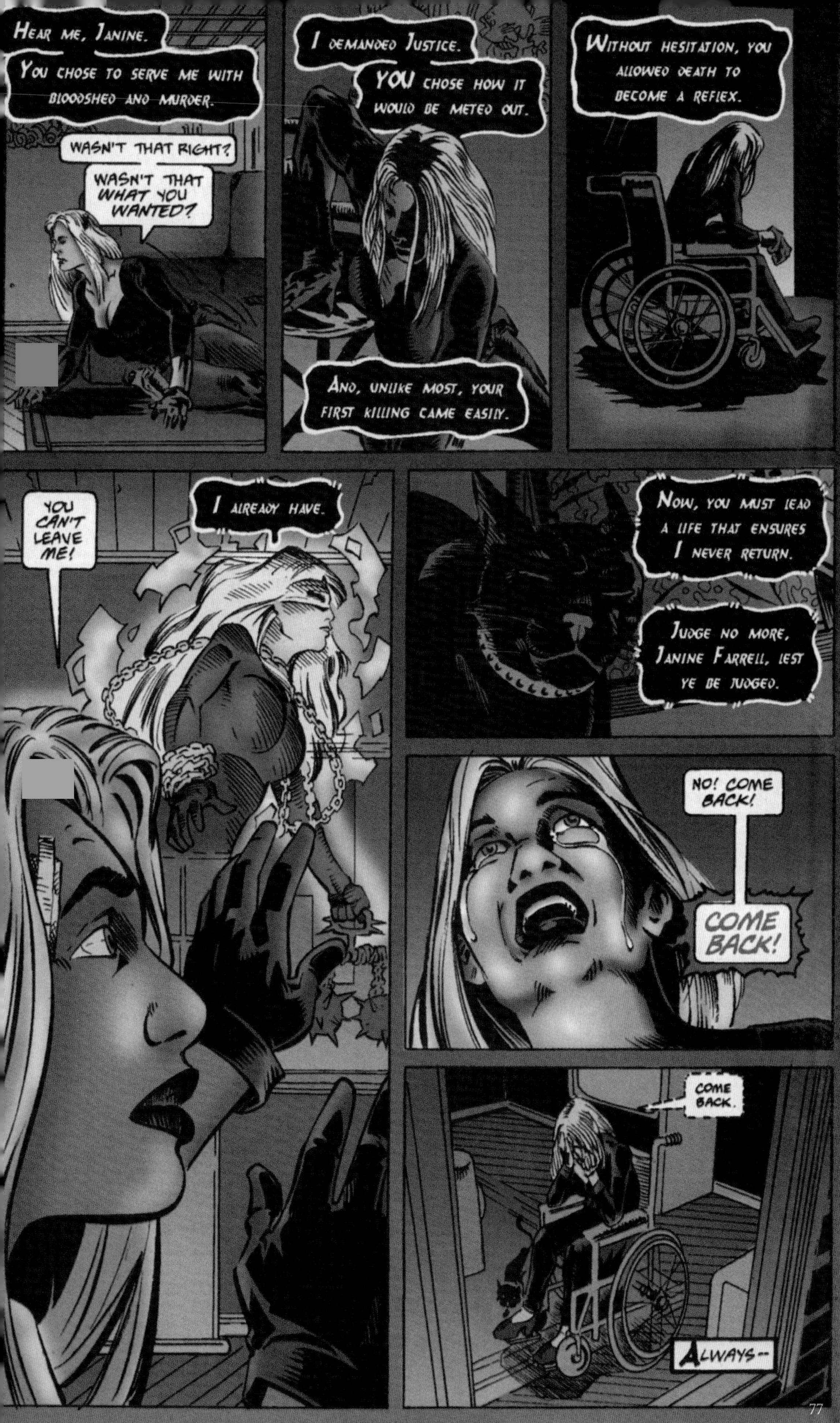

Hear me, Janine.
You chose to serve me with bloodshed and murder.
Wasn't that right?
Wasn't that what you wanted?
I demanded Justice.
YOU chose how it would be meted out.
And, unlike most, your first killing came easily.
Without hesitation, you allowed death to become a reflex.
You can't leave me!
I already have.
Now, you must lead a life that ensures I never return.
Judge no more, Janine Farrell, lest ye be judged.
No! Come back!
COME BACK!
Come back.
Always--

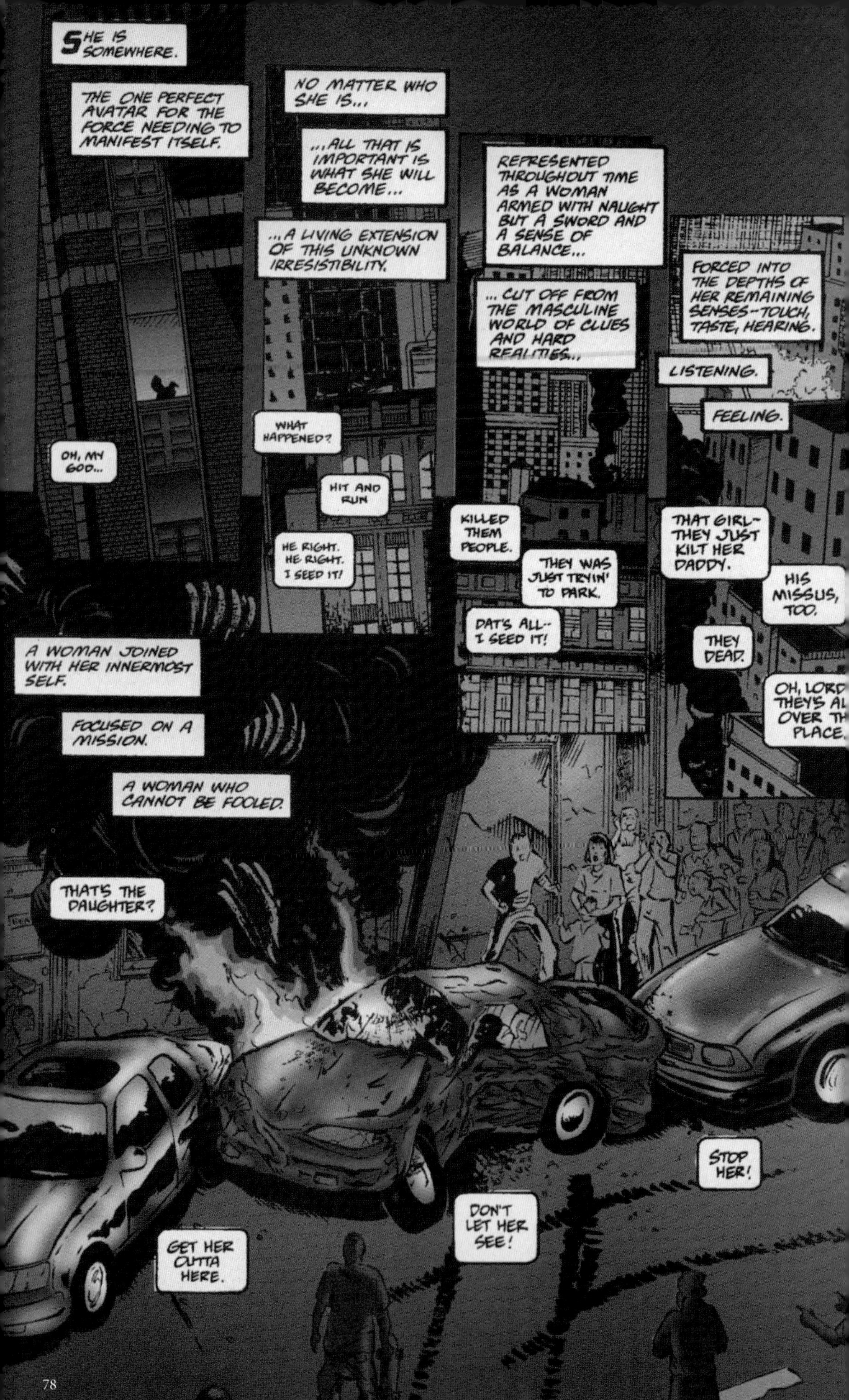

SHE IS SOMEWHERE.
THE ONE PERFECT AVATAR FOR THE FORCE NEEDING TO MANIFEST ITSELF.
NO MATTER WHO SHE IS...
...ALL THAT IS IMPORTANT IS WHAT SHE WILL BECOME...
...A LIVING EXTENSION OF THIS UNKNOWN IRRESISTIBILITY.
REPRESENTED THROUGHOUT TIME AS A WOMAN ARMED WITH NAUGHT BUT A SWORD AND A SENSE OF BALANCE...
...CUT OFF FROM THE MASCULINE WORLD OF CLUES AND HARD REALITIES...
FORCED INTO THE DEPTHS OF HER REMAINING SENSES--TOUCH, TASTE, HEARING.
LISTENING.
FEELING.
OH, MY GOD...
WHAT HAPPENED?
HIT AND RUN
HE RIGHT. HE RIGHT. I SEED IT!
KILLED THEM PEOPLE.
THEY WAS JUST TRYIN' TO PARK.
DAT'S ALL-- I SEED IT!
THAT GIRL-- THEY JUST KILT HER DADDY.
HIS MISSUS, TOO.
THEY DEAD.
OH, LORD THEY'S AL OVER TH PLACE.
A WOMAN JOINED WITH HER INNERMOST SELF.
FOCUSED ON A MISSION.
A WOMAN WHO CANNOT BE FOOLED.
THAT'S THE DAUGHTER?
STOP HER!
DON'T LET HER SEE!
GET HER OUTTA HERE.

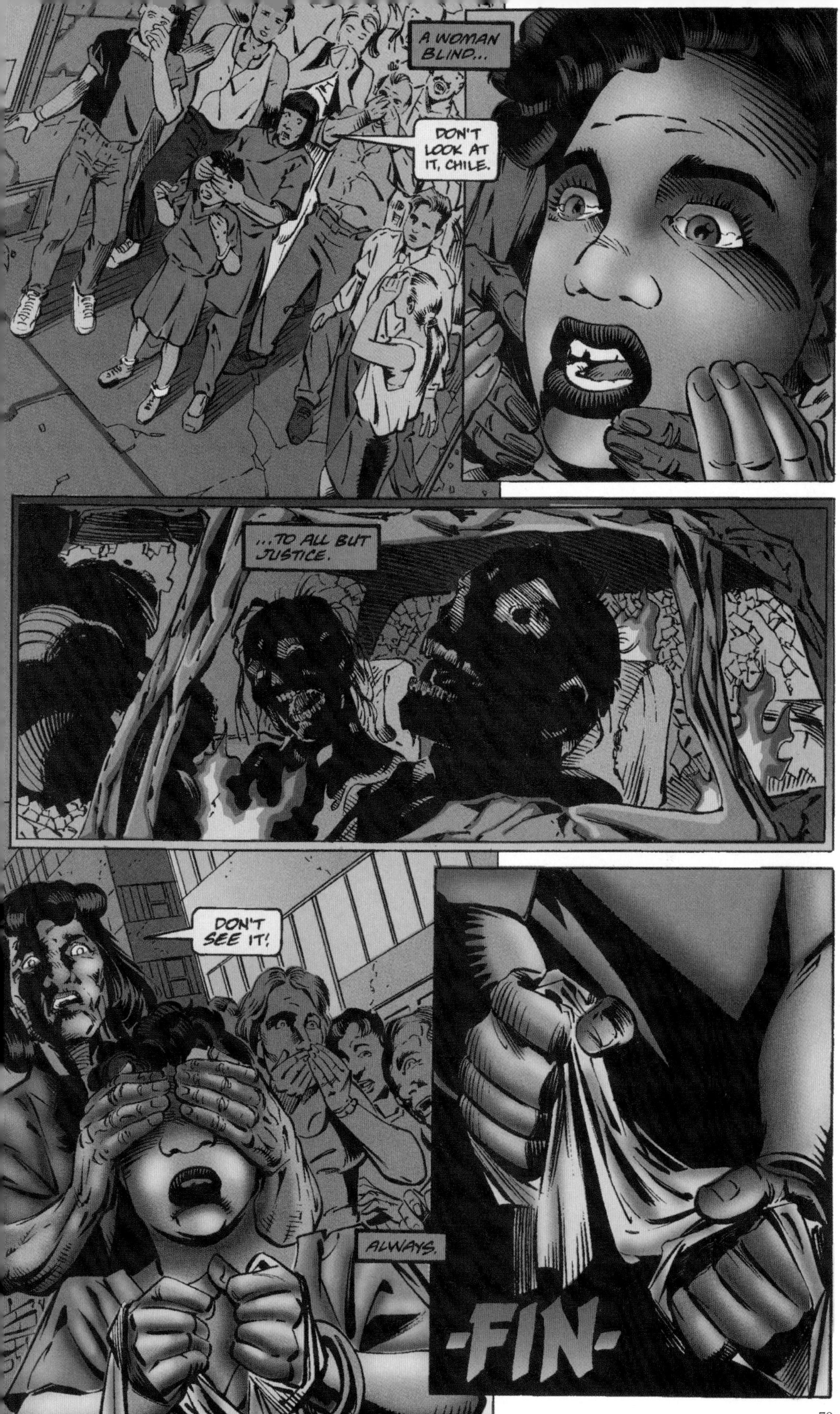
A WOMAN BLIND...
DON'T LOOK AT IT, CHILE.
...TO ALL BUT JUSTICE.
DON'T SEE IT!
ALWAYS.
-FIN-

"Violence and injury enclose in their net all that do such things, and generally return upon him who began."
– De Rerum Natura (On the Nature of Things), Book V, line 1152

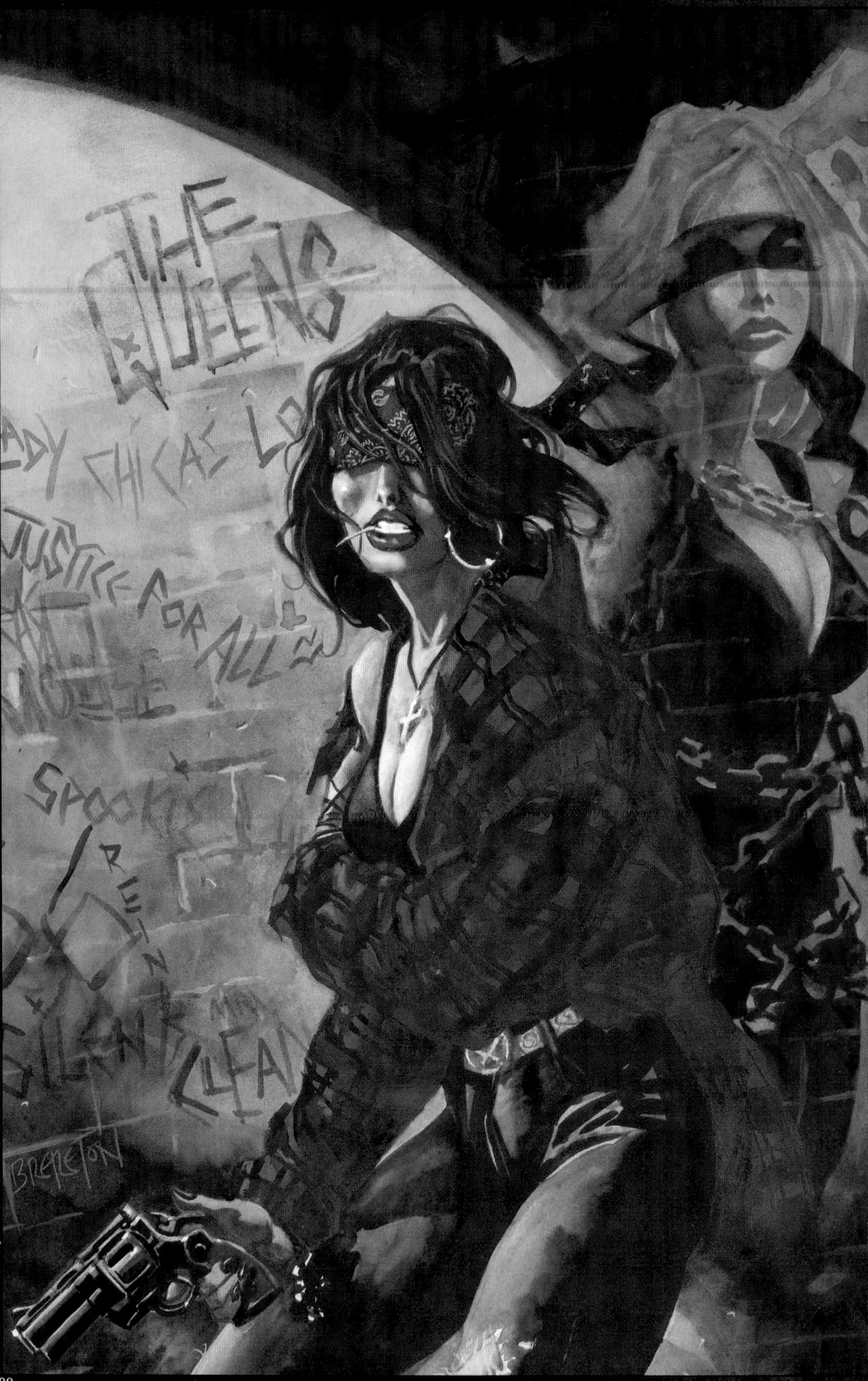
THE QUEENS
JUSTICE FOR ALL

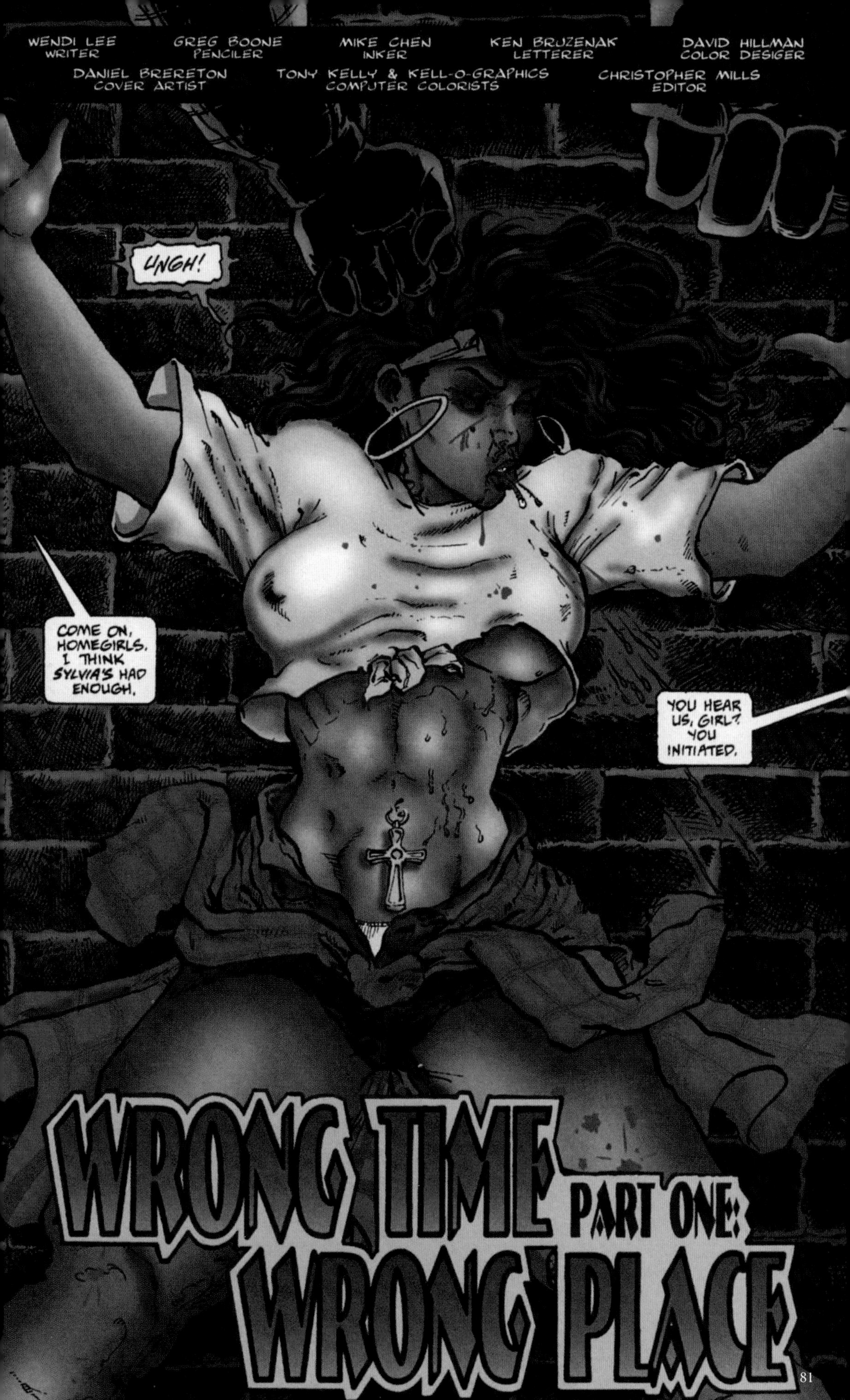
WENDI LEE WRITER
GREG BOONE PENCILER
MIKE CHEN INKER
KEN BRUZENAK LETTERER
DAVID HILLMAN COLOR DESIGER
DANIEL BRERETON COVER ARTIST
TONY KELLY & KELL-O-GRAPHICS COMPUTER COLORISTS
CHRISTOPHER MILLS EDITOR
UNGH!
COME ON, HOMEGIRLS. I THINK SYLVIA'S HAD ENOUGH.
YOU HEAR US, GIRL? YOU INITIATED.
WRONG TIME PART ONE: WRONG PLACE

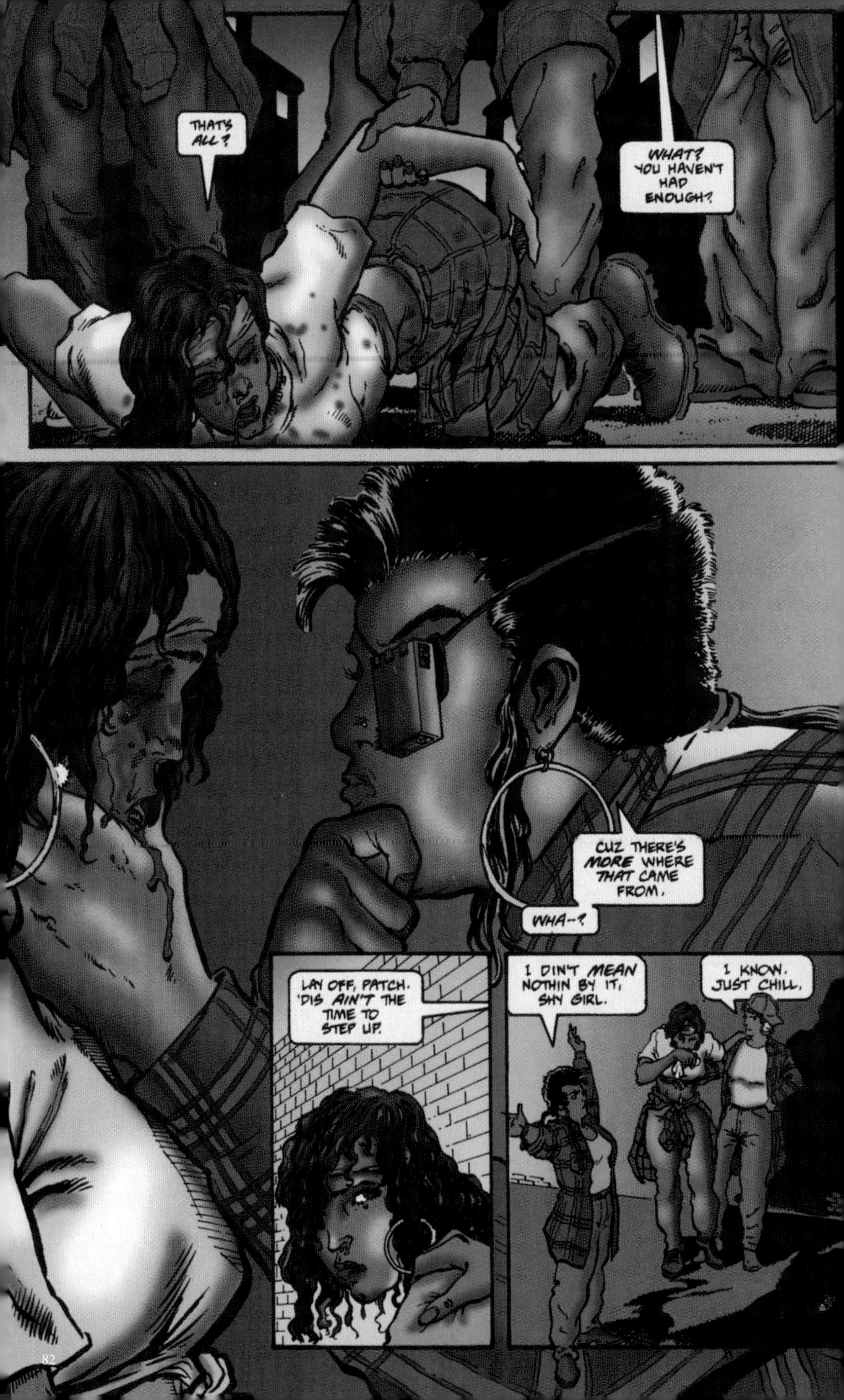
THAT'S ALL?
WHAT? YOU HAVEN'T HAD ENOUGH?
CUZ THERE'S MORE WHERE THAT CAME FROM.
WHA--?
LAY OFF, PATCH. 'DIS AIN'T THE TIME TO STEP UP.
I DIN'T MEAN NOTHIN BY IT, SHY GIRL.
I KNOW. JUST CHILL.

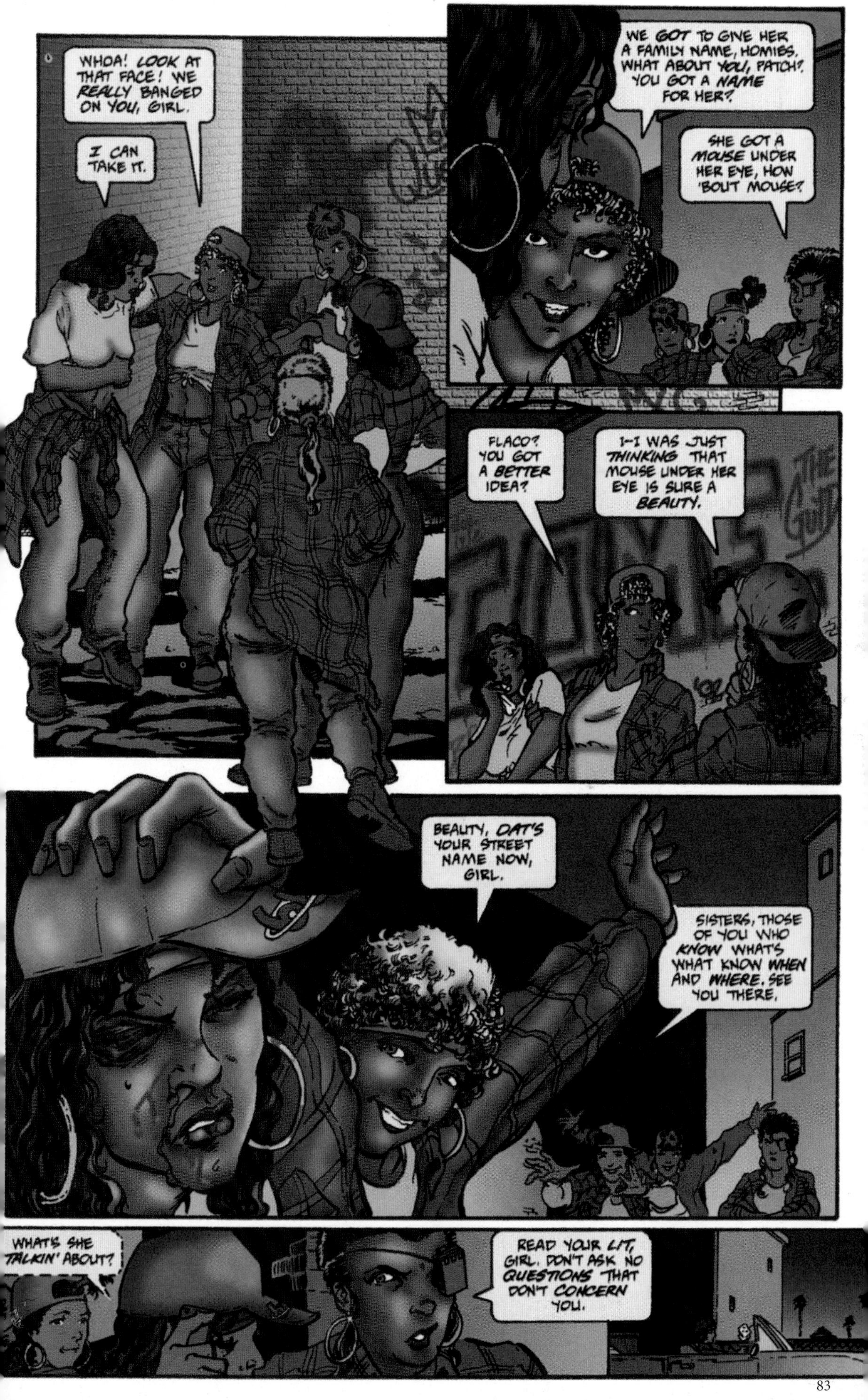
WHOA! LOOK AT THAT FACE! WE REALLY BANGED ON YOU, GIRL.
I CAN TAKE IT.
WE GOT TO GIVE HER A FAMILY NAME, HOMIES. WHAT ABOUT YOU, PATCH? YOU GOT A NAME FOR HER?
SHE GOT A MOUSE UNDER HER EYE, HOW 'BOUT MOUSE?
FLACO? YOU GOT A BETTER IDEA?
I-I WAS JUST THINKING THAT MOUSE UNDER HER EYE IS SURE A BEAUTY.
BEAUTY, DAT'S YOUR STREET NAME NOW, GIRL.
SISTERS, THOSE OF YOU WHO KNOW WHAT'S WHAT KNOW WHEN AND WHERE. SEE YOU THERE.
WHAT'S SHE TALKIN' ABOUT?
READ YOUR LIT, GIRL. DON'T ASK NO QUESTIONS THAT DON'T CONCERN YOU.

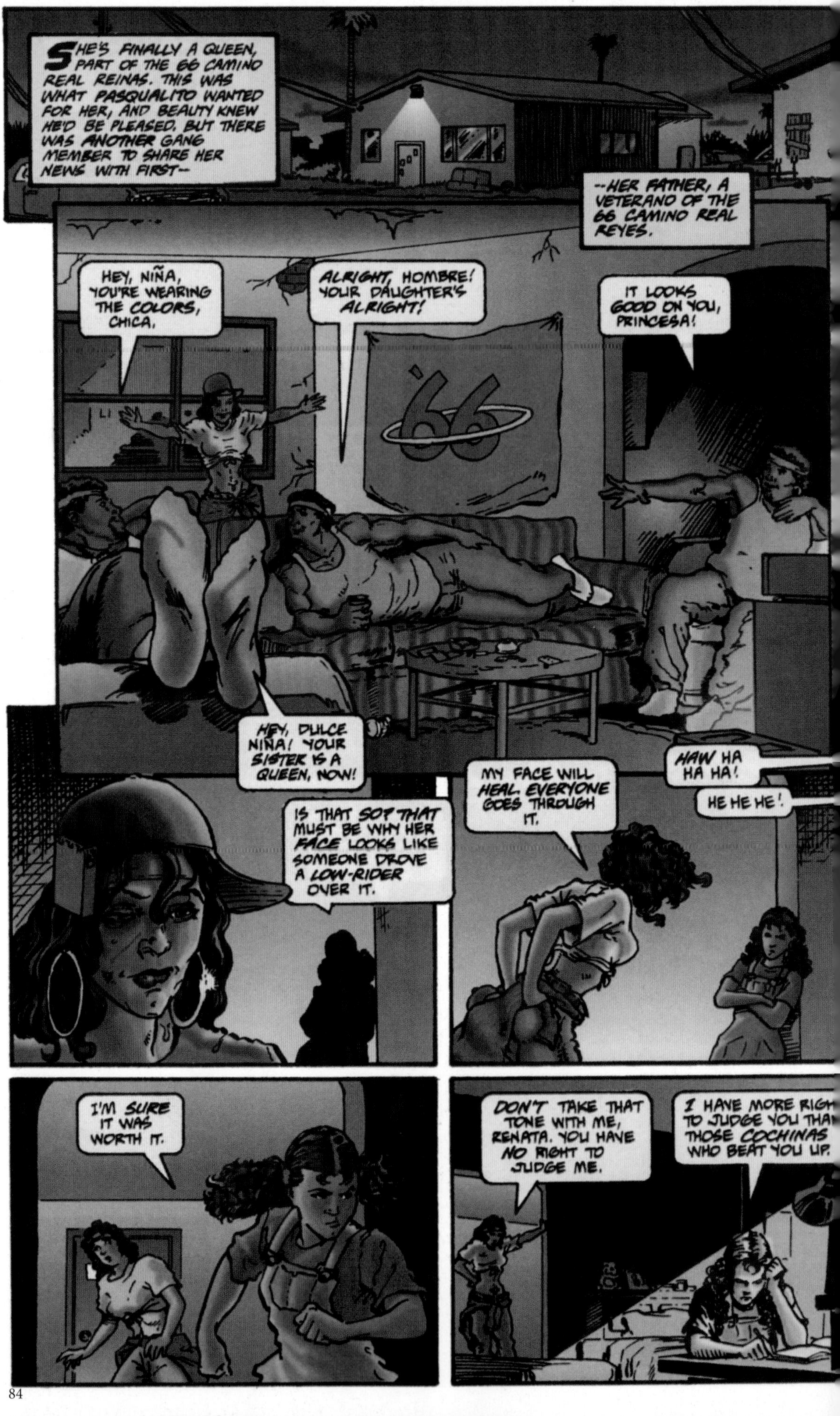
SHE'S FINALLY A QUEEN, PART OF THE 66 CAMINO REAL REINAS. THIS WAS WHAT PASQUALITO WANTED FOR HER, AND BEAUTY KNEW HE'D BE PLEASED. BUT THERE WAS ANOTHER GANG MEMBER TO SHARE HER NEWS WITH FIRST--
--HER FATHER, A VETERANO OF THE 66 CAMINO REAL REYES.
HEY, NIÑA, YOU'RE WEARING THE COLORS, CHICA.
ALRIGHT, HOMBRE! YOUR DAUGHTER'S ALRIGHT!
IT LOOKS GOOD ON YOU, PRINCESA!
'66
HEY, DULCE NIÑA! YOUR SISTER IS A QUEEN, NOW!
IS THAT SO? THAT MUST BE WHY HER FACE LOOKS LIKE SOMEONE DROVE A LOW-RIDER OVER IT.
MY FACE WILL HEAL. EVERYONE GOES THROUGH IT.
HAW HA HA HA!
HE HE HE!
I'M SURE IT WAS WORTH IT.
DON'T TAKE THAT TONE WITH ME, RENATA. YOU HAVE NO RIGHT TO JUDGE ME.
I HAVE MORE RIGH TO JUDGE YOU THAN THOSE COCHINAS WHO BEAT YOU UP.

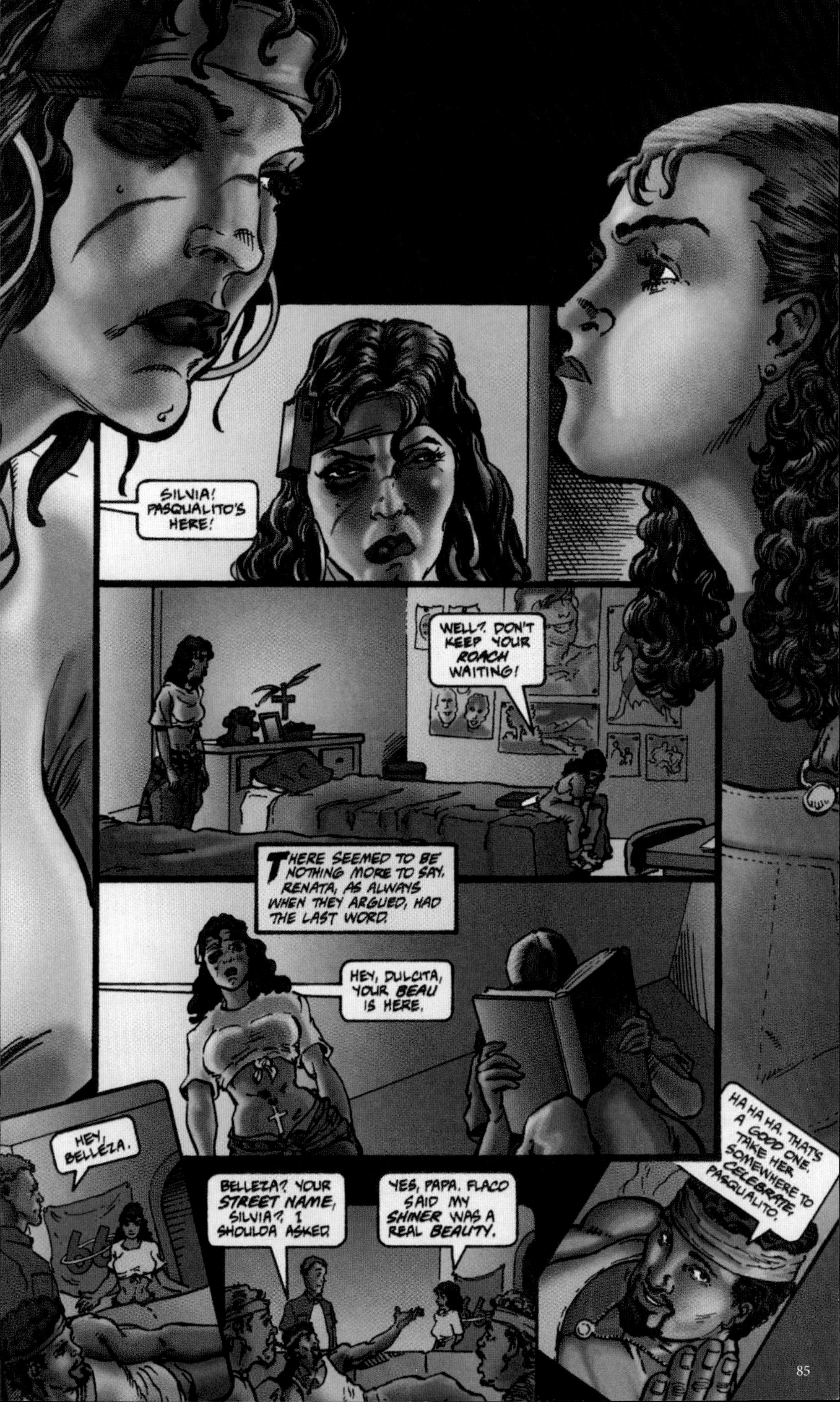
SILVIA! PASQUALITO'S HERE!
WELL?. DON'T KEEP YOUR ROACH WAITING!
THERE SEEMED TO BE NOTHING MORE TO SAY. RENATA, AS ALWAYS WHEN THEY ARGUED, HAD THE LAST WORD.
HEY, DULCITA, YOUR BEAU IS HERE.
HEY, BELLEZA.
BELLEZA? YOUR STREET NAME, SILVIA?, I SHOULDA ASKED.
YES, PAPA. FLACO SAID MY SHINER WAS A REAL BEAUTY.
HA HA HA. THAT'S A GOOD ONE. TAKE HER SOMEWHERE TO CELEBRATE, PASQUALITO.

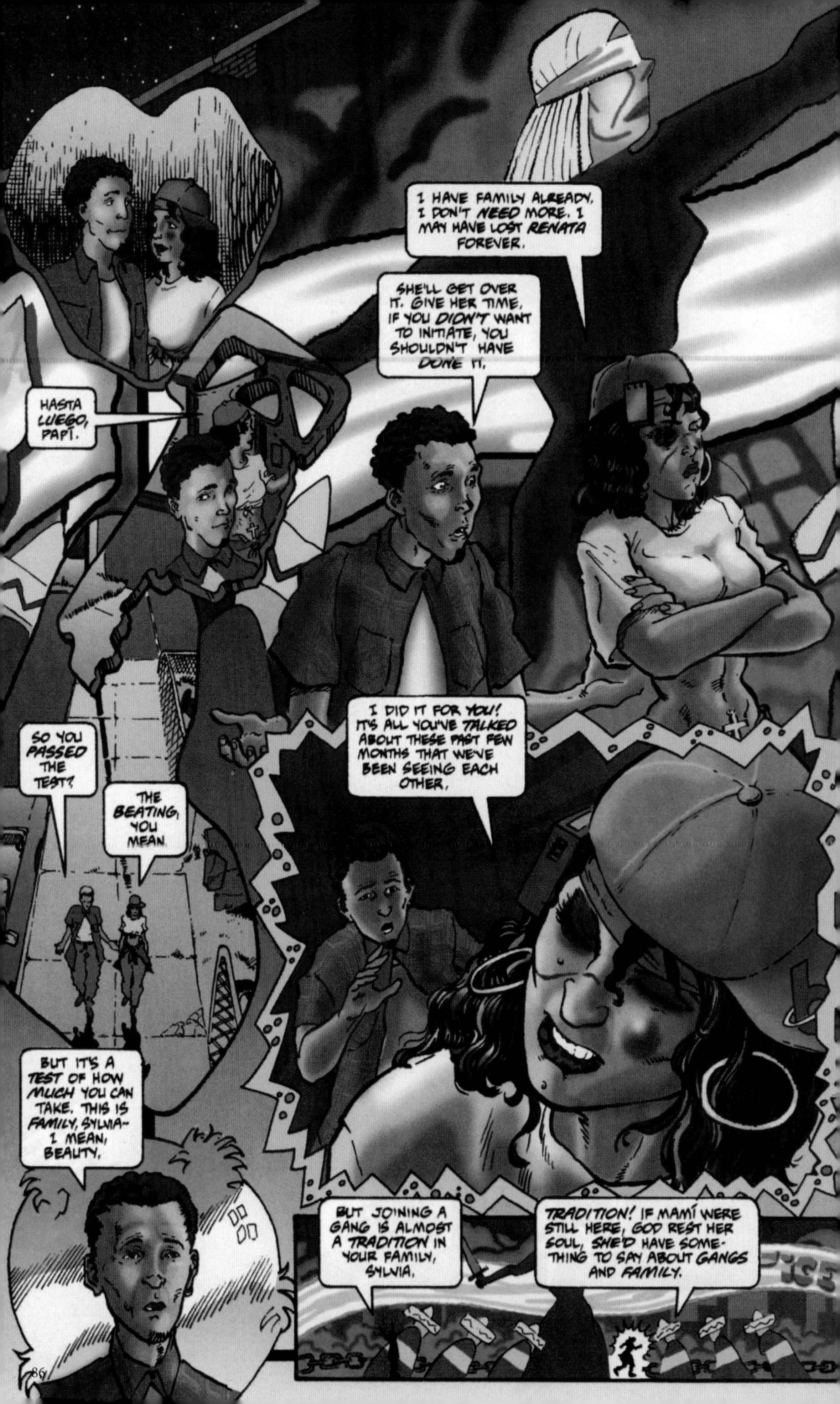
I HAVE FAMILY ALREADY. I DON'T NEED MORE. I MAY HAVE LOST RENATA FOREVER.
SHE'LL GET OVER IT. GIVE HER TIME. IF YOU DIDN'T WANT TO INITIATE, YOU SHOULDN'T HAVE DONE IT.
HASTA LUEGO, PAPI.
I DID IT FOR YOU! IT'S ALL YOU'VE TALKED ABOUT THESE PAST FEW MONTHS THAT WE'VE BEEN SEEING EACH OTHER.
SO YOU PASSED THE TEST?
THE BEATING, YOU MEAN.
BUT IT'S A TEST OF HOW MUCH YOU CAN TAKE. THIS IS FAMILY, SYLVIA- I MEAN, BEAUTY.
BUT JOINING A GANG IS ALMOST A TRADITION IN YOUR FAMILY, SYLVIA.
TRADITION! IF MAMÍ WERE STILL HERE, GOD REST HER SOUL, SHE'D HAVE SOMETHING TO SAY ABOUT GANGS AND FAMILY.

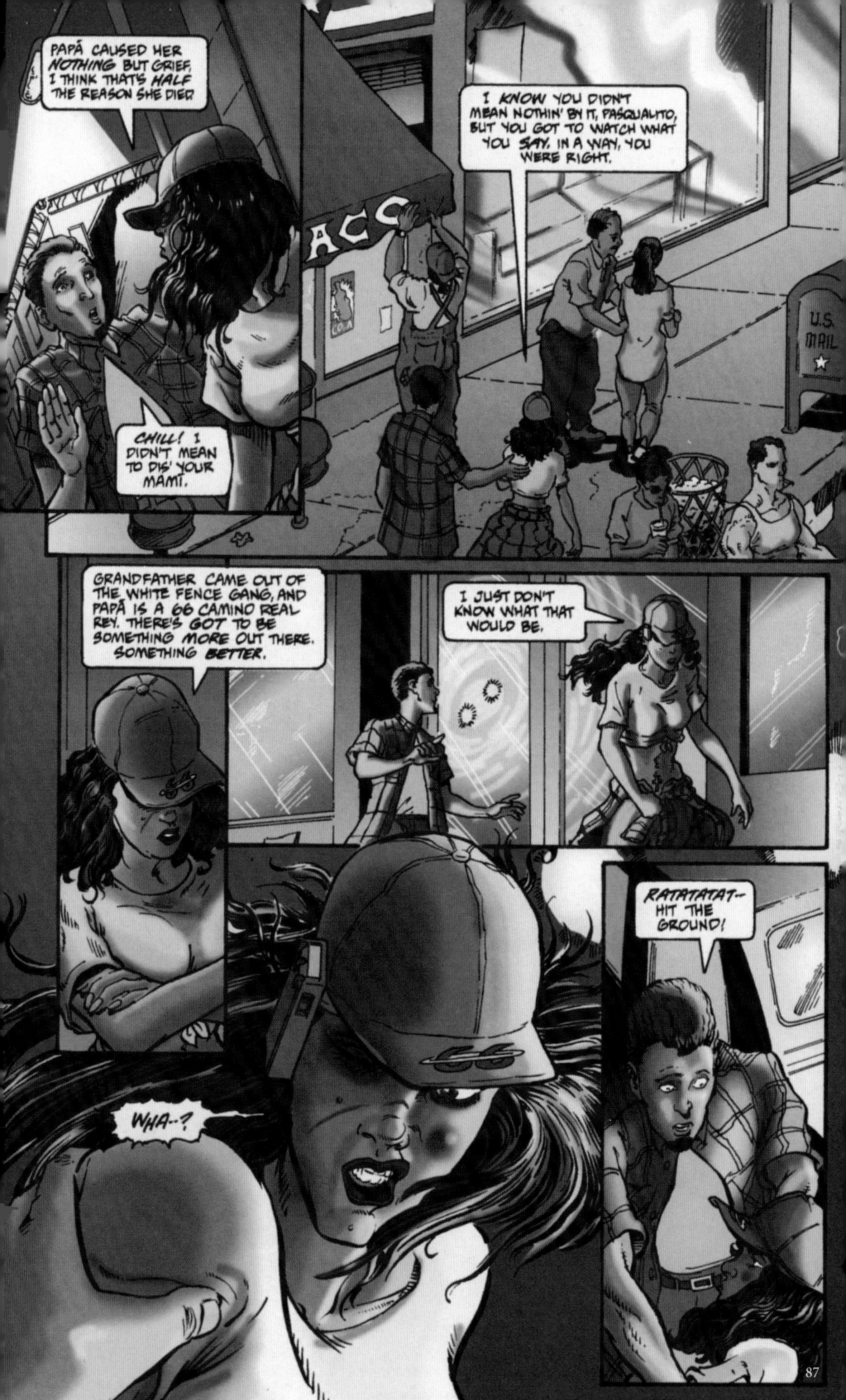

PAPÁ CAUSED HER NOTHING BUT GRIEF. I THINK THAT'S HALF THE REASON SHE DIED.
CHILL! I DIDN'T MEAN TO DIS' YOUR MAMI.
I KNOW YOU DIDN'T MEAN NOTHIN' BY IT, PASQUALITO, BUT YOU GOT TO WATCH WHAT YOU SAY. IN A WAY, YOU WERE RIGHT.
U.S. MAIL
GRANDFATHER CAME OUT OF THE WHITE FENCE GANG, AND PAPÁ IS A 66 CAMINO REAL REY. THERE'S GOT TO BE SOMETHING MORE OUT THERE. SOMETHING BETTER.
I JUST DON'T KNOW WHAT THAT WOULD BE.
WHA--?
RATATATAT-- HIT THE GROUND!

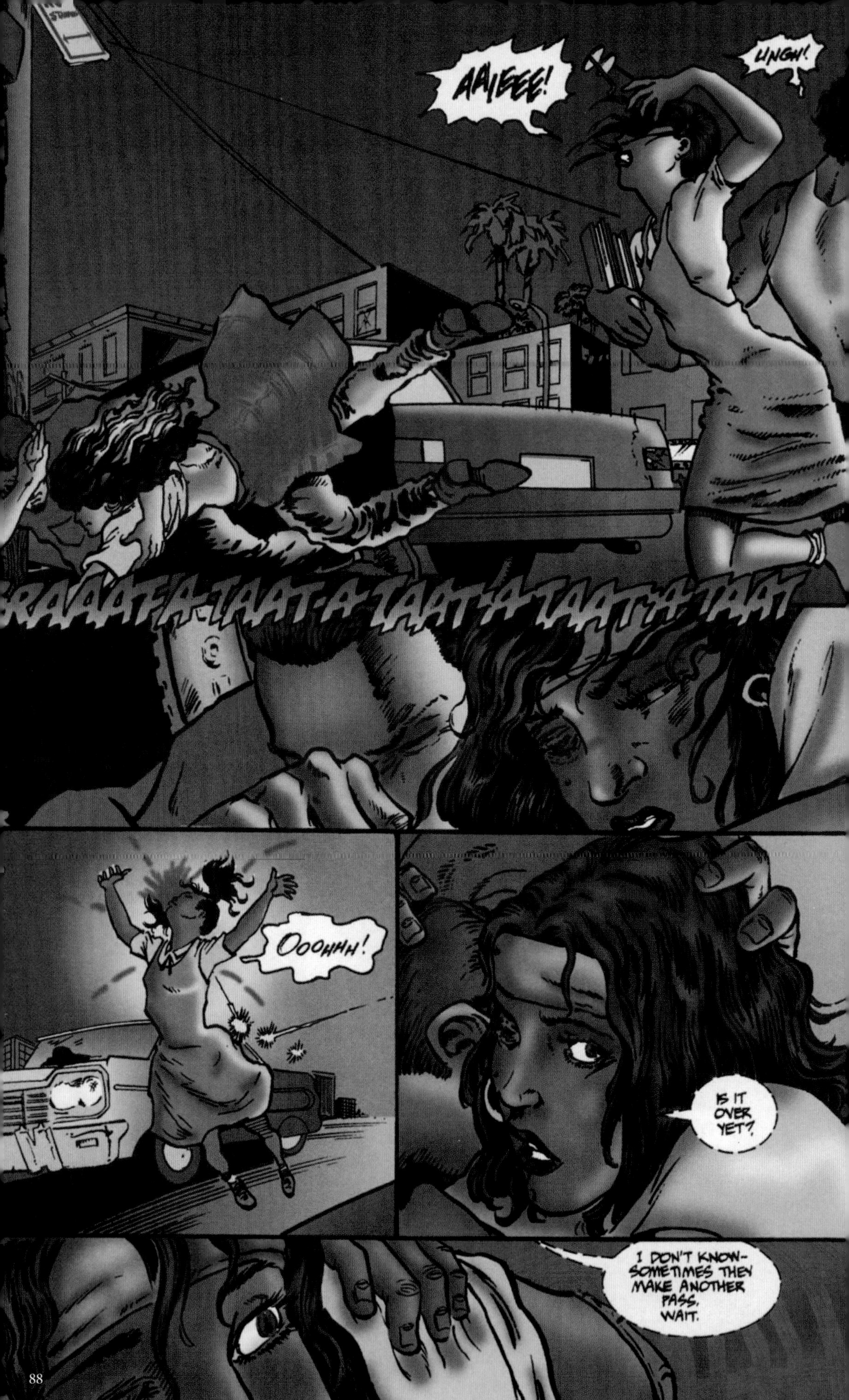
AAIEEE!
UNGH!
RAAAT-A-TAAT-A-TAAT-A-TAAT-A-TAAT
OOOHHH!
IS IT OVER YET?
I DON'T KNOW- SOMETIMES THEY MAKE ANOTHER PASS. WAIT.

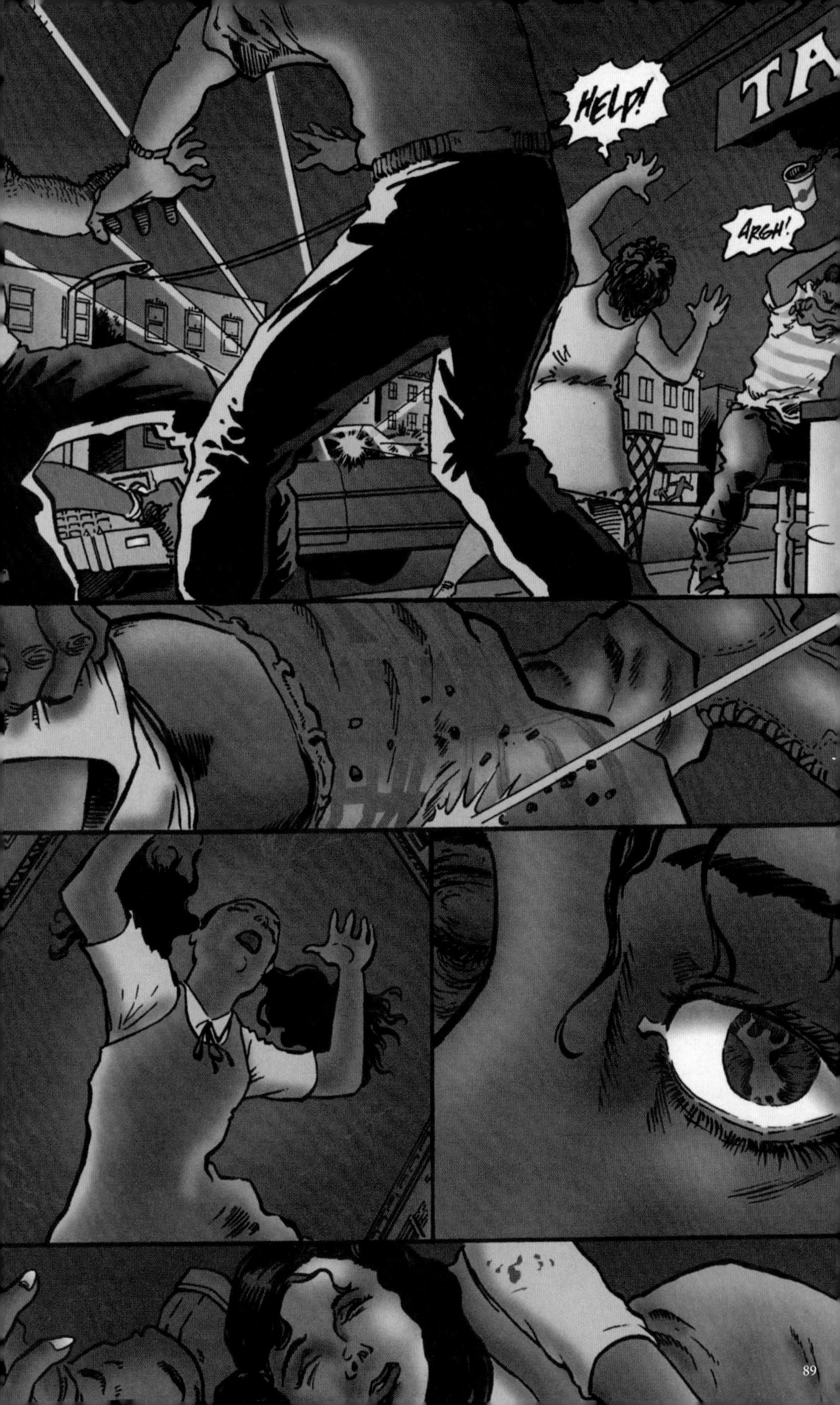
HELP!
ARGH!
TA

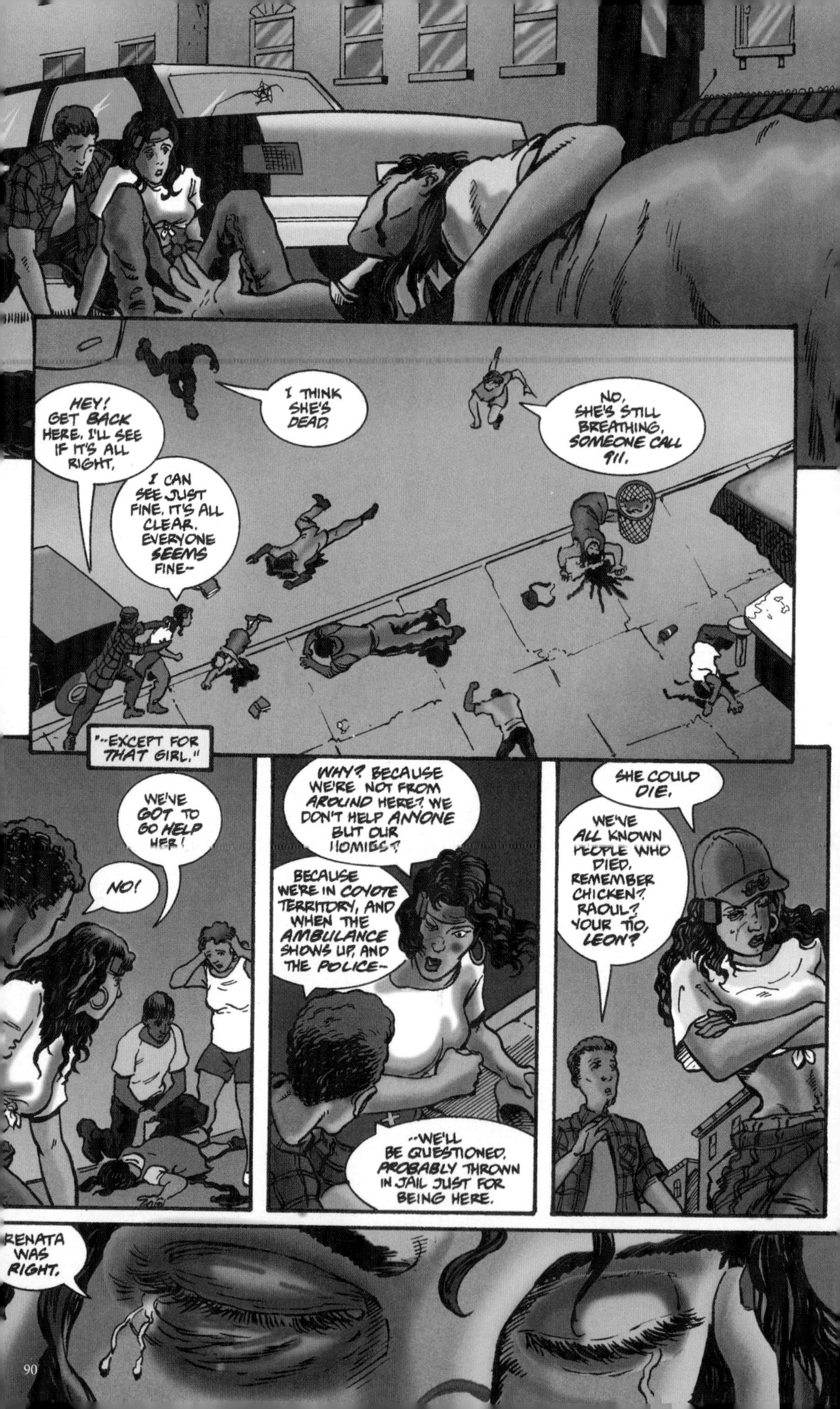

HEY! GET BACK HERE. I'LL SEE IF IT'S ALL RIGHT.
I THINK SHE'S DEAD.
NO, SHE'S STILL BREATHING. SOMEONE CALL 911.
I CAN SEE JUST FINE. IT'S ALL CLEAR. EVERYONE SEEMS FINE--
"--EXCEPT FOR THAT GIRL."
WE'VE GOT TO GO HELP HER!
NO!
WHY? BECAUSE WE'RE NOT FROM AROUND HERE? WE DON'T HELP ANYONE BUT OUR HOMIES?
BECAUSE WE'RE IN COYOTE TERRITORY, AND WHEN THE AMBULANCE SHOWS UP, AND THE POLICE--
--WE'LL BE QUESTIONED, PROBABLY THROWN IN JAIL JUST FOR BEING HERE.
SHE COULD DIE.
WE'VE ALL KNOWN PEOPLE WHO DIED. REMEMBER CHICKEN? RAOUL? YOUR TIO, LEON?
RENATA WAS RIGHT.

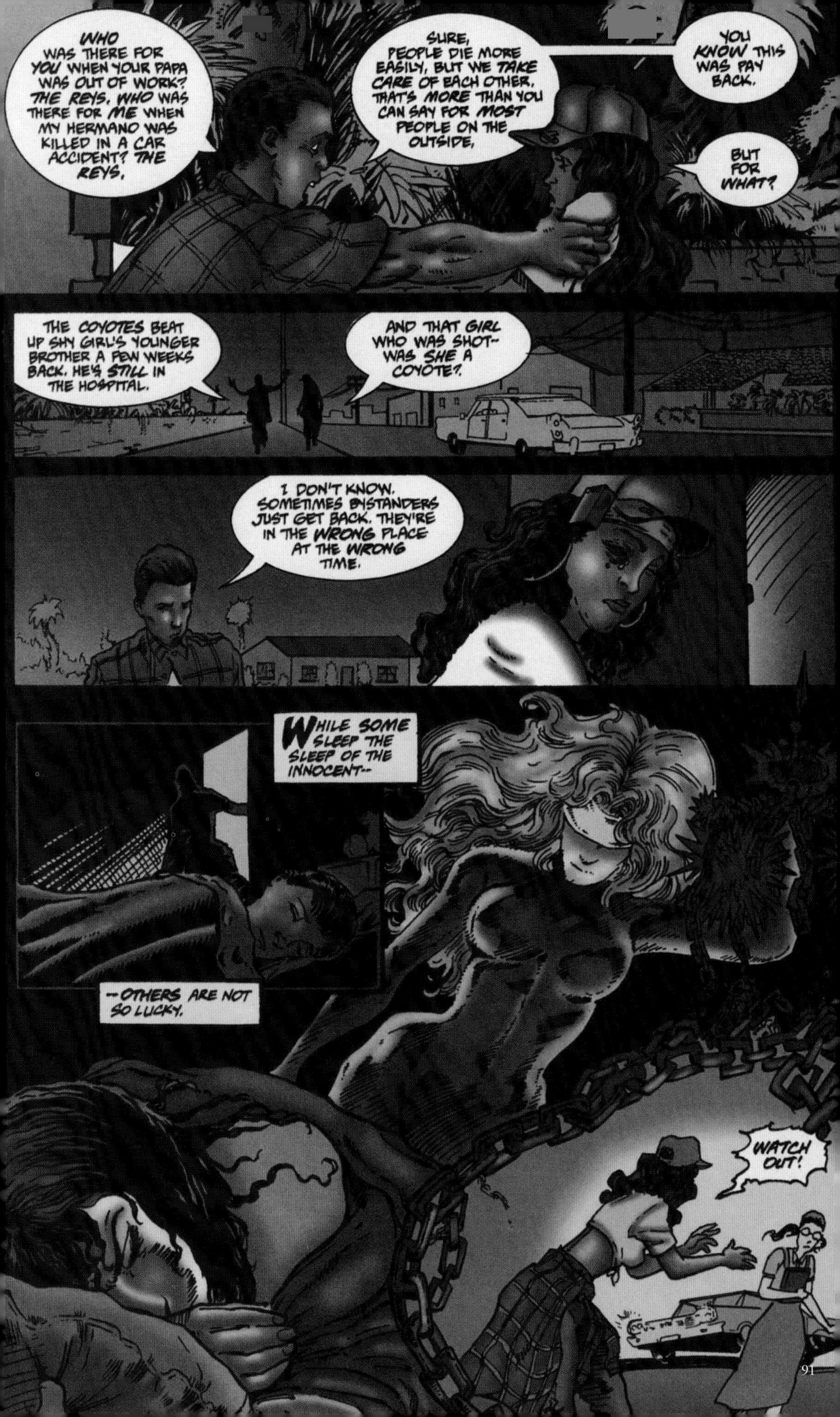
WHO WAS THERE FOR YOU WHEN YOUR PAPA WAS OUT OF WORK? THE REYS. WHO WAS THERE FOR ME WHEN MY HERMANO WAS KILLED IN A CAR ACCIDENT? THE REYS.
SURE, PEOPLE DIE MORE EASILY, BUT WE TAKE CARE OF EACH OTHER. THAT'S MORE THAN YOU CAN SAY FOR MOST PEOPLE ON THE OUTSIDE.
YOU KNOW THIS WAS PAY BACK.
BUT FOR WHAT?
THE COYOTES BEAT UP SHY GIRL'S YOUNGER BROTHER A FEW WEEKS BACK. HE'S STILL IN THE HOSPITAL.
AND THAT GIRL WHO WAS SHOT-- WAS SHE A COYOTE?
I DON'T KNOW. SOMETIMES BYSTANDERS JUST GET BACK. THEY'RE IN THE WRONG PLACE AT THE WRONG TIME.
WHILE SOME SLEEP THE SLEEP OF THE INNOCENT--
--OTHERS ARE NOT SO LUCKY.
WATCH OUT!

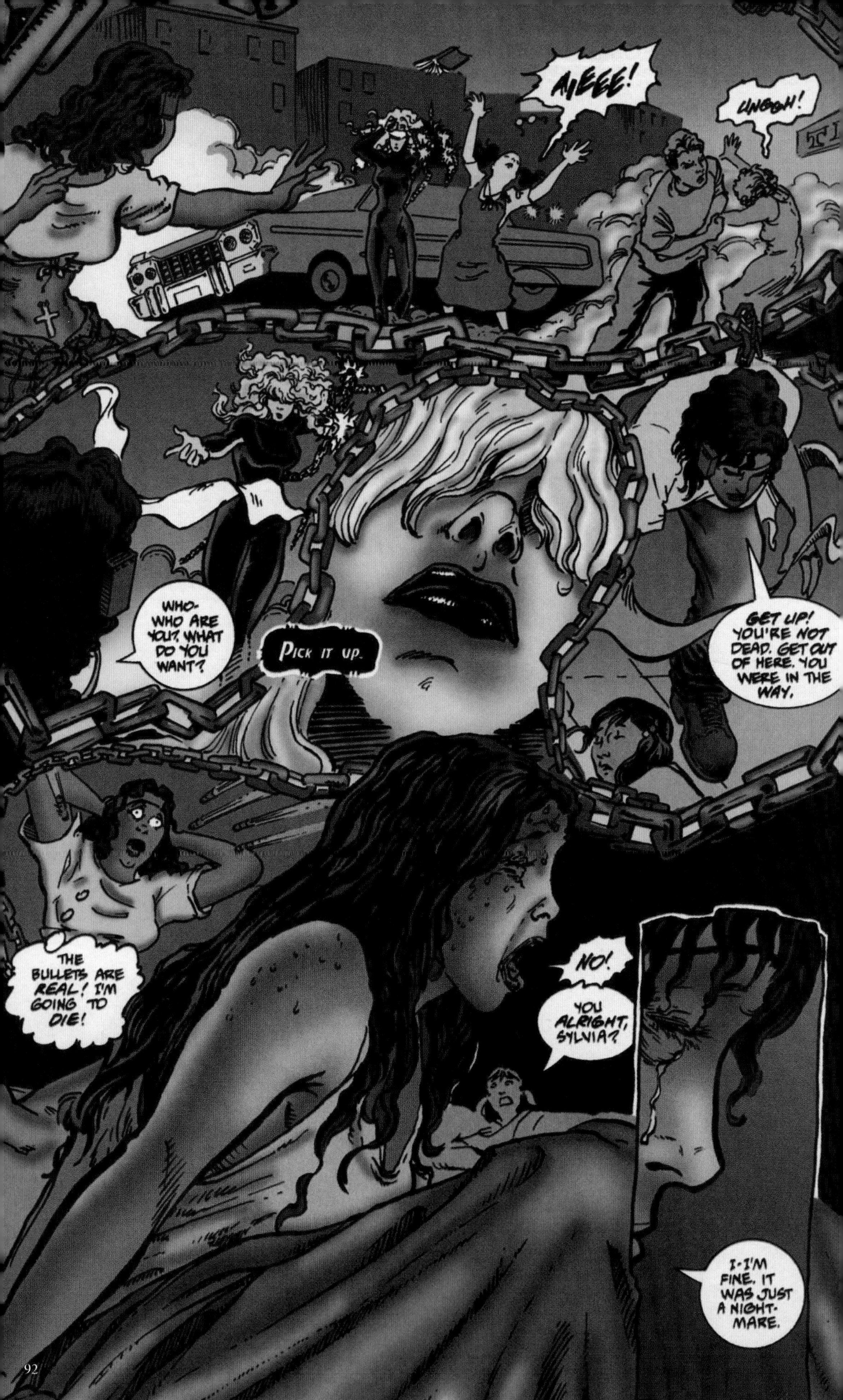
AIEEE!
UNGGH!
WHO- WHO ARE YOU? WHAT DO YOU WANT?
PICK IT UP.
GET UP! YOU'RE NOT DEAD. GET OUT OF HERE. YOU WERE IN THE WAY.
THE BULLETS ARE REAL! I'M GOING TO DIE!
NO!
YOU ALRIGHT, SYLVIA?
I-I'M FINE. IT WAS JUST A NIGHT-MARE.

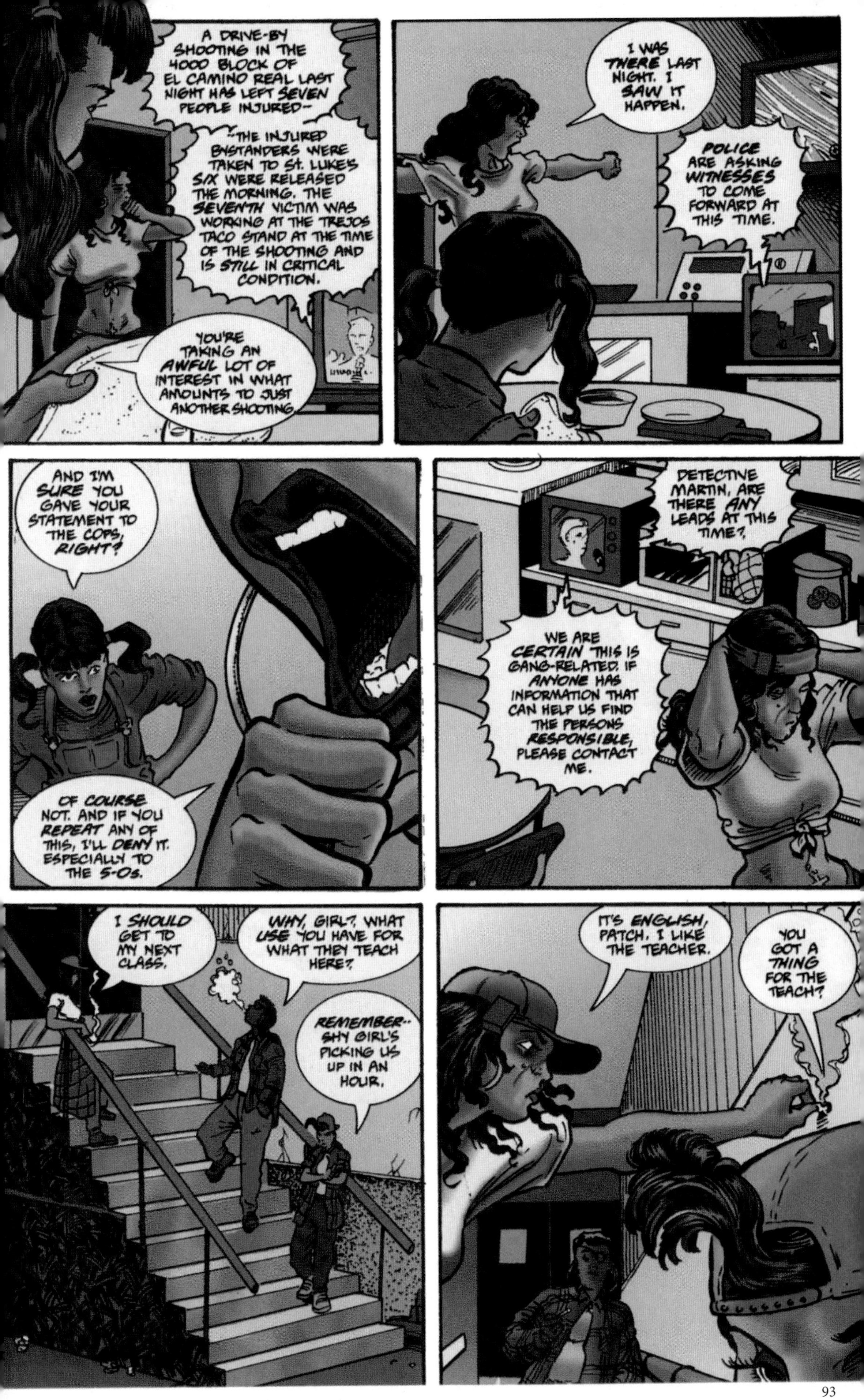

A DRIVE-BY SHOOTING IN THE 4000 BLOCK OF EL CAMINO REAL LAST NIGHT HAS LEFT SEVEN PEOPLE INJURED--
--THE INJURED BYSTANDERS WERE TAKEN TO St. LUKE'S SIX WERE RELEASED THE MORNING. THE SEVENTH VICTIM WAS WORKING AT THE TREJOS TACO STAND AT THE TIME OF THE SHOOTING AND IS STILL IN CRITICAL CONDITION.
YOU'RE TAKING AN AWFUL LOT OF INTEREST IN WHAT AMOUNTS TO JUST ANOTHER SHOOTING
I WAS THERE LAST NIGHT. I SAW IT HAPPEN.
POLICE ARE ASKING WITNESSES TO COME FORWARD AT THIS TIME.
AND I'M SURE YOU GAVE YOUR STATEMENT TO THE COPS, RIGHT?
OF COURSE NOT. AND IF YOU REPEAT ANY OF THIS, I'LL DENY IT. ESPECIALLY TO THE 5-0s.
DETECTIVE MARTIN, ARE THERE ANY LEADS AT THIS TIME?
WE ARE CERTAIN THIS IS GANG-RELATED. IF ANYONE HAS INFORMATION THAT CAN HELP US FIND THE PERSONS RESPONSIBLE, PLEASE CONTACT ME.
I SHOULD GET TO MY NEXT CLASS.
WHY, GIRL? WHAT USE YOU HAVE FOR WHAT THEY TEACH HERE?
REMEMBER-- SHY GIRL'S PICKING US UP IN AN HOUR.
IT'S ENGLISH, PATCH. I LIKE THE TEACHER.
YOU GOT A THING FOR THE TEACH?

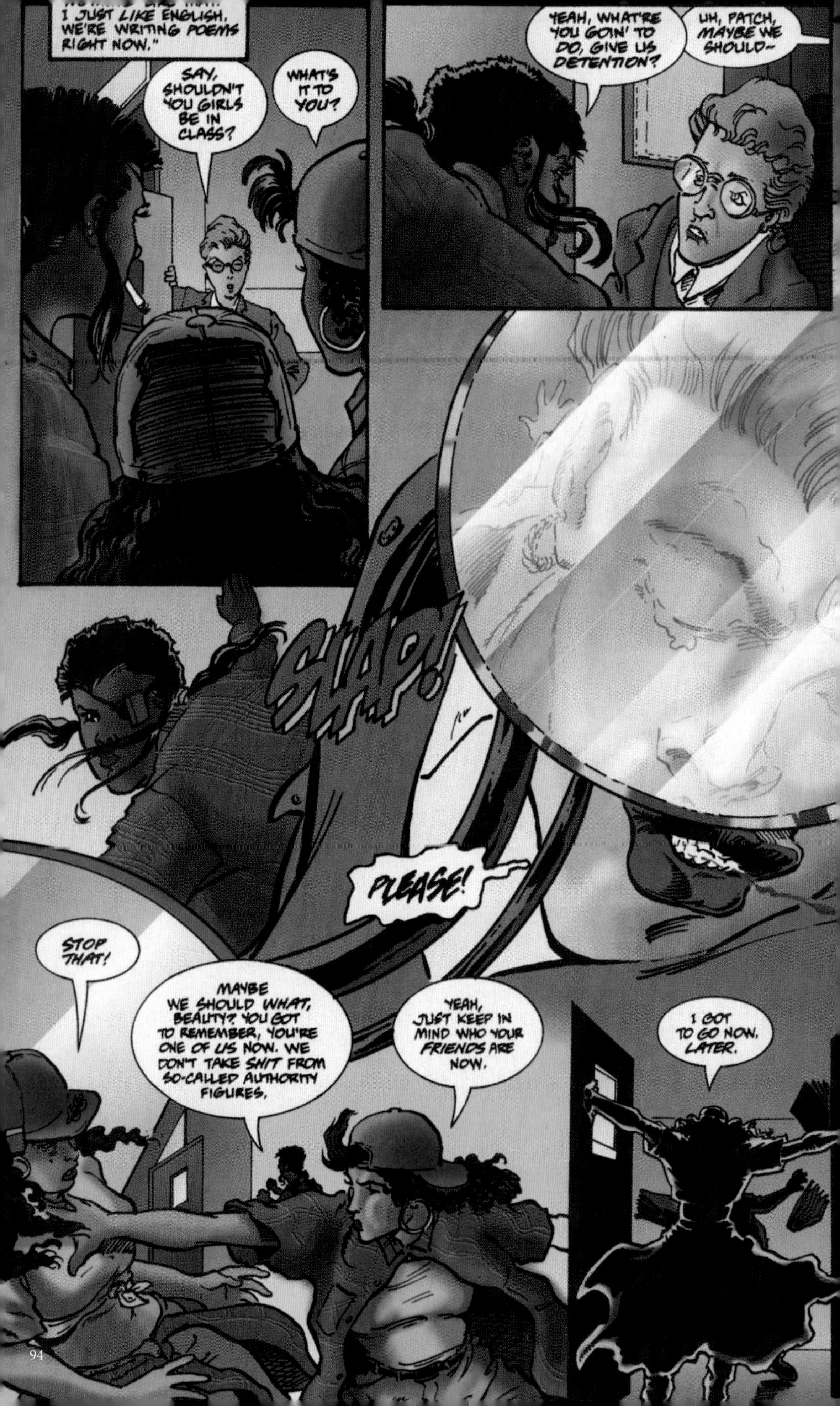
I JUST LIKE ENGLISH. WE'RE WRITING POEMS RIGHT NOW."
SAY, SHOULDN'T YOU GIRLS BE IN CLASS?
WHAT'S IT TO YOU?
YEAH, WHAT'RE YOU GOIN' TO DO, GIVE US DETENTION?
UH, PATCH, MAYBE WE SHOULD--
SLAP!
PLEASE!
STOP THAT!
MAYBE WE SHOULD WHAT, BEAUTY? YOU GOT TO REMEMBER, YOU'RE ONE OF US NOW. WE DON'T TAKE SHIT FROM SO-CALLED AUTHORITY FIGURES.
YEAH, JUST KEEP IN MIND WHO YOUR FRIENDS ARE NOW.
I GOT TO GO NOW. LATER.

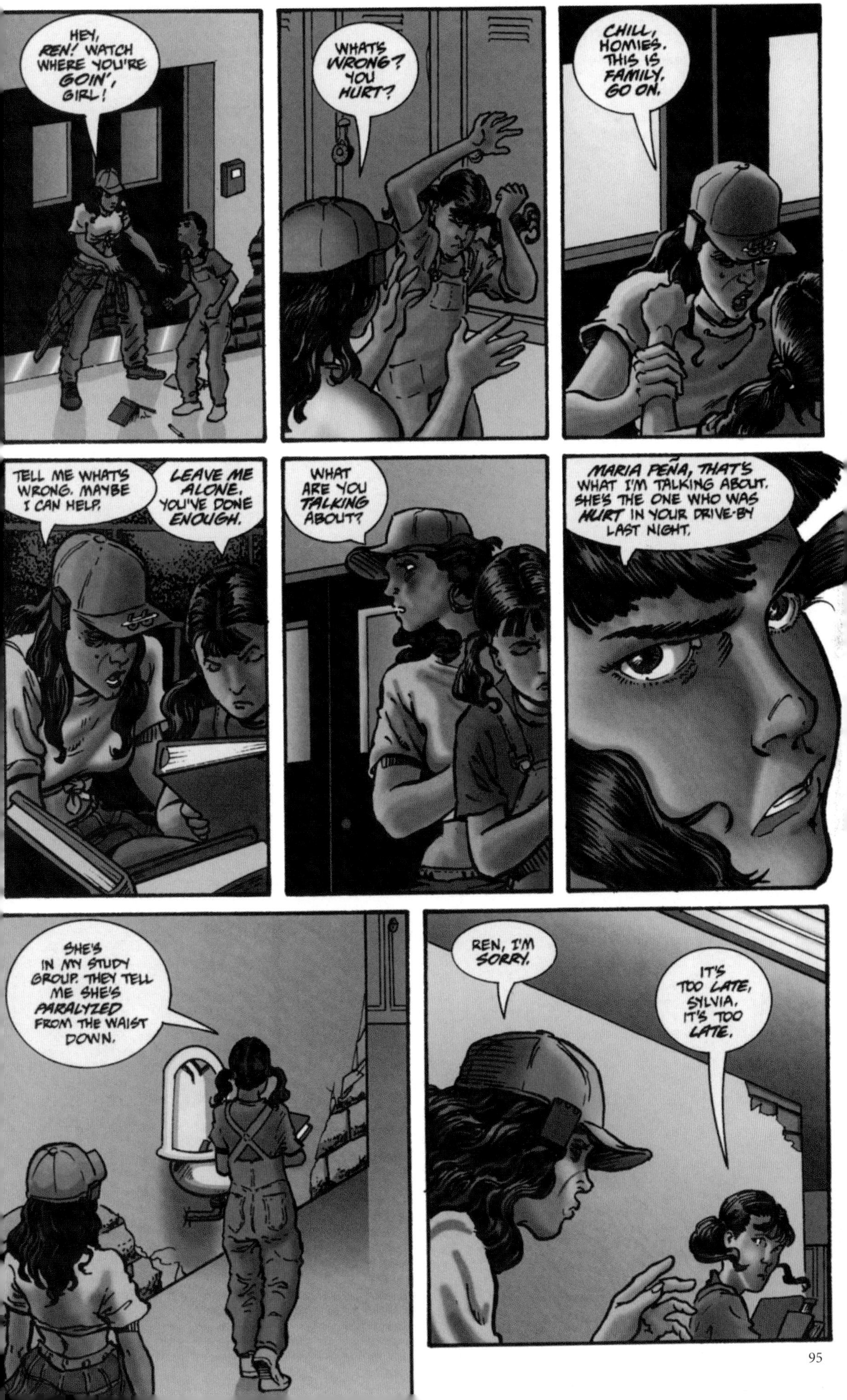
HEY, REN! WATCH WHERE YOU'RE GOIN', GIRL!
WHAT'S WRONG? YOU HURT?
CHILL, HOMIES. THIS IS FAMILY. GO ON.
TELL ME WHAT'S WRONG. MAYBE I CAN HELP.
LEAVE ME ALONE. YOU'VE DONE ENOUGH.
WHAT ARE YOU TALKING ABOUT?
MARIA PEÑA, THAT'S WHAT I'M TALKING ABOUT. SHE'S THE ONE WHO WAS HURT IN YOUR DRIVE-BY LAST NIGHT.
SHE'S IN MY STUDY GROUP. THEY TELL ME SHE'S PARALYZED FROM THE WAIST DOWN.
REN, I'M SORRY.
IT'S TOO LATE, SYLVIA. IT'S TOO LATE.

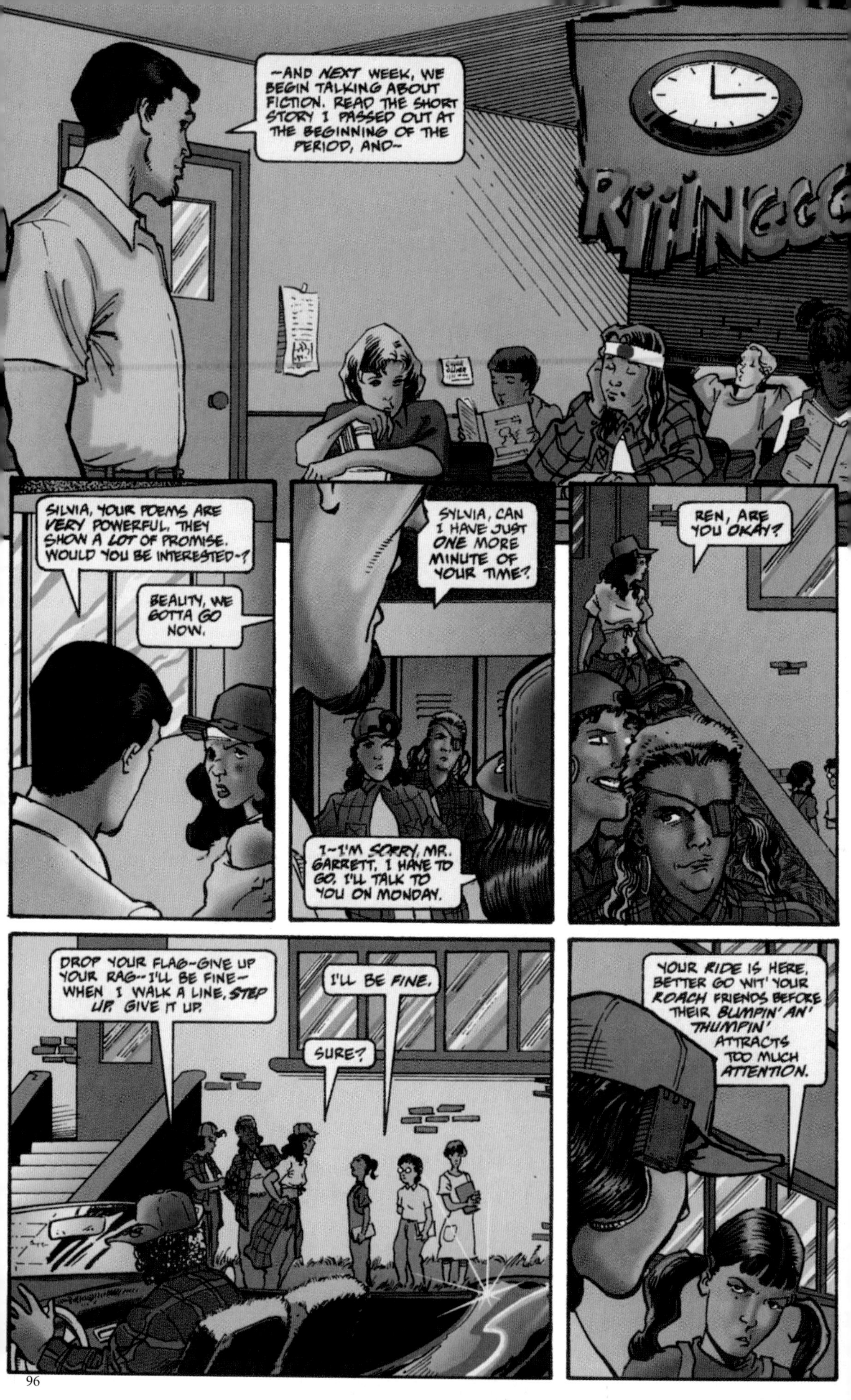

—AND NEXT WEEK, WE BEGIN TALKING ABOUT FICTION. READ THE SHORT STORY I PASSED OUT AT THE BEGINNING OF THE PERIOD, AND—
RIINGG
SILVIA, YOUR POEMS ARE VERY POWERFUL. THEY SHOW A LOT OF PROMISE. WOULD YOU BE INTERESTED—?
BEAUTY, WE GOTTA GO NOW.
SYLVIA, CAN I HAVE JUST ONE MORE MINUTE OF YOUR TIME?
I—I'M SORRY, MR. GARRETT. I HAVE TO GO. I'LL TALK TO YOU ON MONDAY.
REN, ARE YOU OKAY?
DROP YOUR FLAG—GIVE UP YOUR RAG—I'LL BE FINE— WHEN I WALK A LINE. STEP UP. GIVE IT UP.
I'LL BE FINE.
SURE?
YOUR RIDE IS HERE. BETTER GO WIT' YOUR ROACH FRIENDS BEFORE THEIR BUMPIN' AN' THUMPIN' ATTRACTS TOO MUCH ATTENTION.

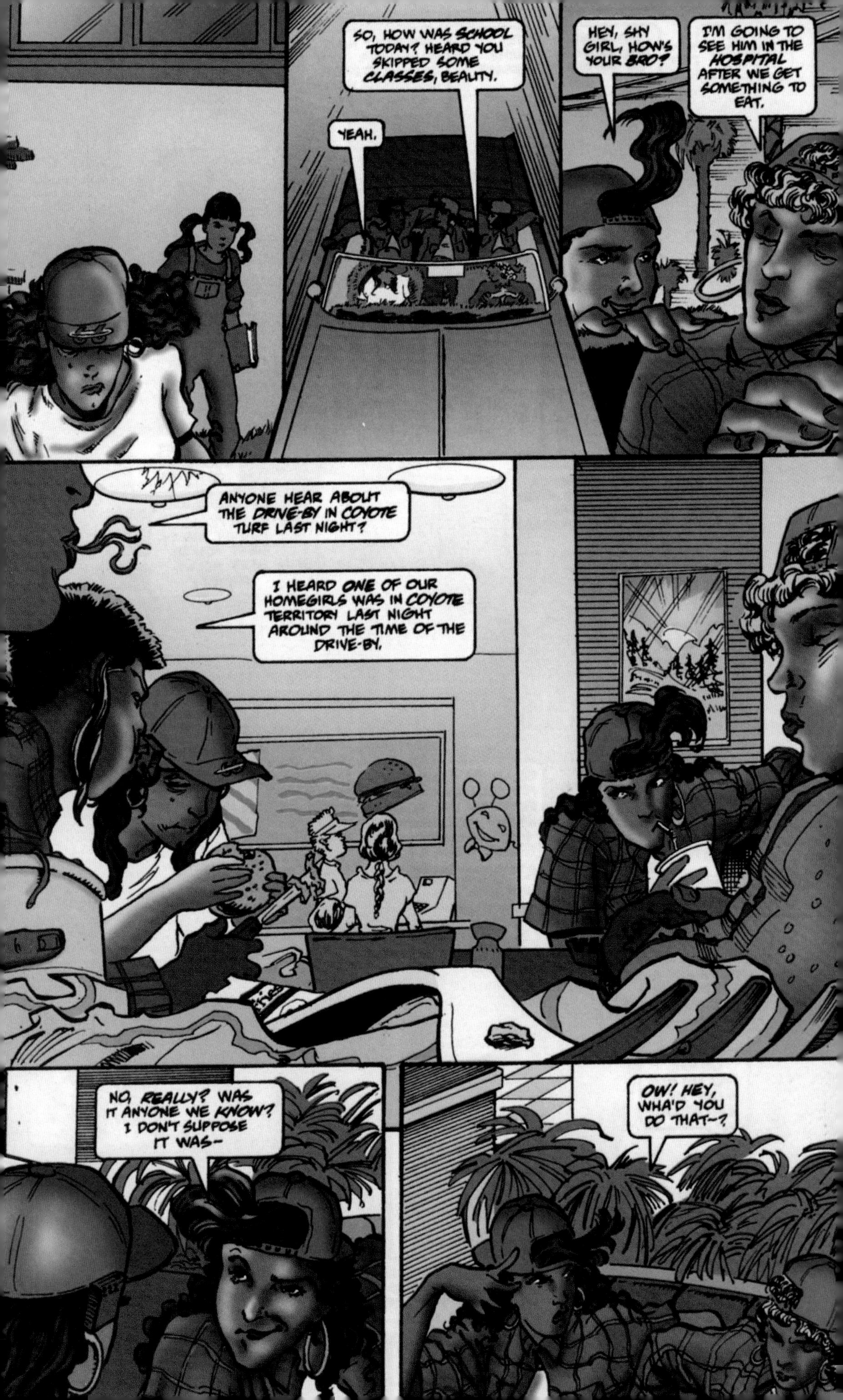
SO, HOW WAS SCHOOL TODAY? HEARD YOU SKIPPED SOME CLASSES, BEAUTY.
YEAH.
HEY, SHY GIRL, HOW'S YOUR BRO?
I'M GOING TO SEE HIM IN THE HOSPITAL AFTER WE GET SOMETHING TO EAT.
ANYONE HEAR ABOUT THE DRIVE-BY IN COYOTE TURF LAST NIGHT?
I HEARD ONE OF OUR HOMEGIRLS WAS IN COYOTE TERRITORY LAST NIGHT AROUND THE TIME OF THE DRIVE-BY.
NO, REALLY? WAS IT ANYONE WE KNOW? I DON'T SUPPOSE IT WAS–
OW! HEY, WHA'D YOU DO THAT–?

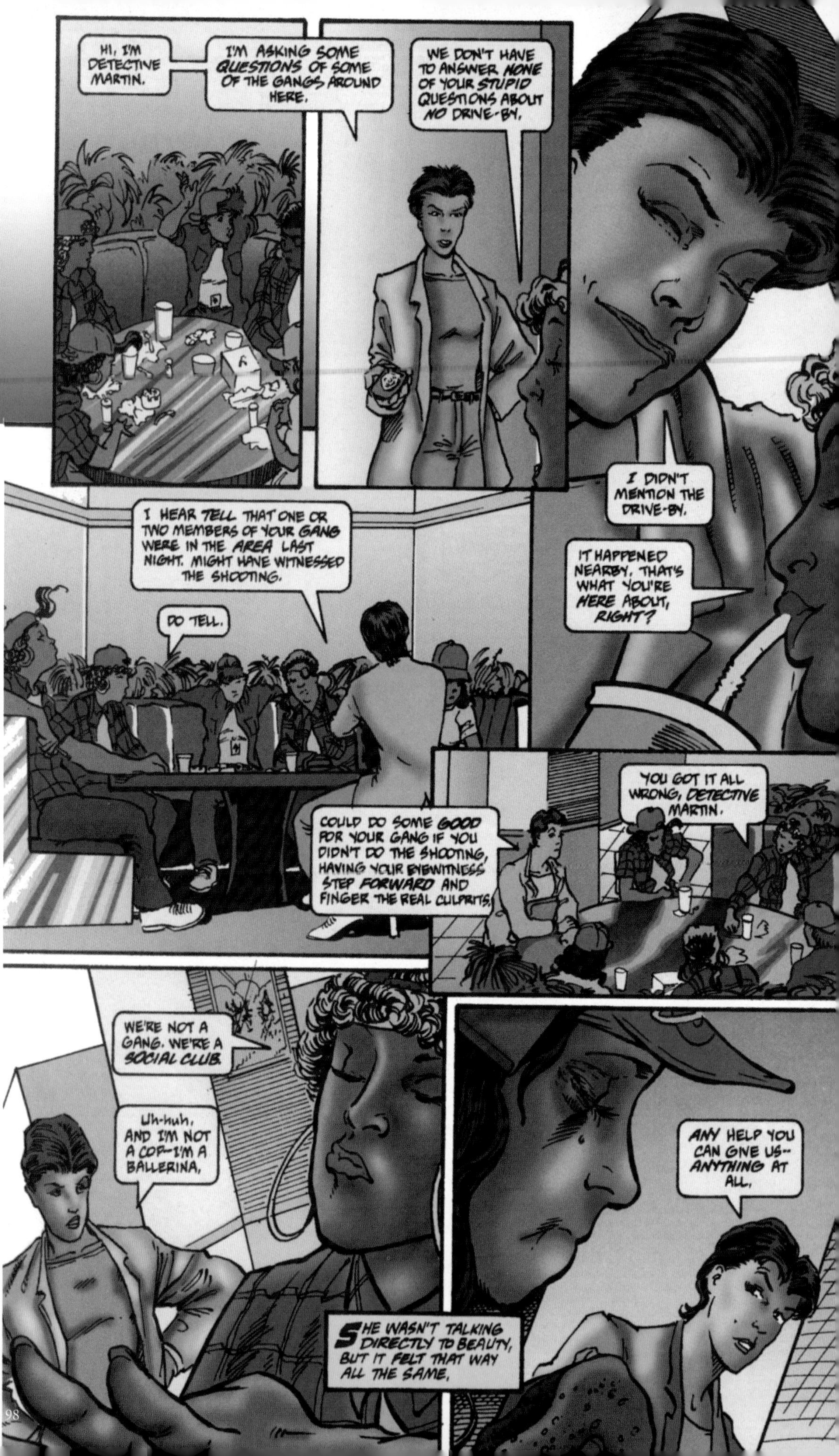
HI, I'M DETECTIVE MARTIN.
I'M ASKING SOME QUESTIONS OF SOME OF THE GANGS AROUND HERE.
WE DON'T HAVE TO ANSWER NONE OF YOUR STUPID QUESTIONS ABOUT NO DRIVE-BY.
I DIDN'T MENTION THE DRIVE-BY.
IT HAPPENED NEARBY. THAT'S WHAT YOU'RE HERE ABOUT, RIGHT?
I HEAR TELL THAT ONE OR TWO MEMBERS OF YOUR GANG WERE IN THE AREA LAST NIGHT. MIGHT HAVE WITNESSED THE SHOOTING.
DO TELL.
COULD DO SOME GOOD FOR YOUR GANG IF YOU DIDN'T DO THE SHOOTING, HAVING YOUR EYEWITNESS STEP FORWARD AND FINGER THE REAL CULPRITS.
YOU GOT IT ALL WRONG, DETECTIVE MARTIN.
WE'RE NOT A GANG. WE'RE A SOCIAL CLUB.
Uh-huh, AND I'M NOT A COP--I'M A BALLERINA.
ANY HELP YOU CAN GIVE US-- ANYTHING AT ALL.
SHE WASN'T TALKING DIRECTLY TO BEAUTY, BUT IT FELT THAT WAY ALL THE SAME.

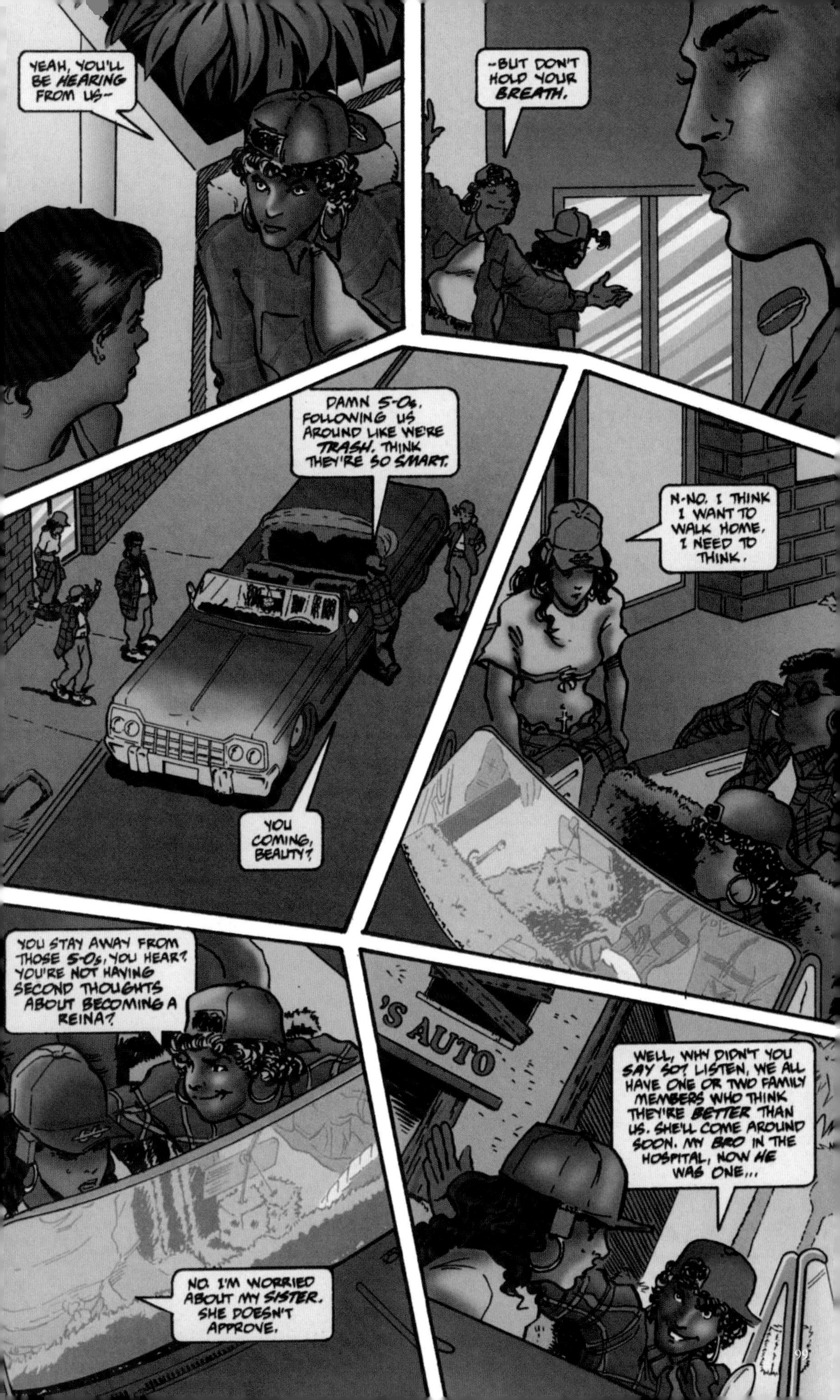
YEAH, YOU'LL BE HEARING FROM US--
--BUT DON'T HOLD YOUR BREATH.
DAMN 5-0s. FOLLOWING US AROUND LIKE WE'RE TRASH. THINK THEY'RE SO SMART.
YOU COMING, BEAUTY?
N-NO. I THINK I WANT TO WALK HOME. I NEED TO THINK.
YOU STAY AWAY FROM THOSE 5-0s, YOU HEAR? YOU'RE NOT HAVING SECOND THOUGHTS ABOUT BECOMING A REINA?
NO. I'M WORRIED ABOUT MY SISTER. SHE DOESN'T APPROVE.
'S AUTO
WELL, WHY DIDN'T YOU SAY SO? LISTEN, WE ALL HAVE ONE OR TWO FAMILY MEMBERS WHO THINK THEY'RE BETTER THAN US. SHE'LL COME AROUND SOON. MY BRO IN THE HOSPITAL, NOW HE WAS ONE...

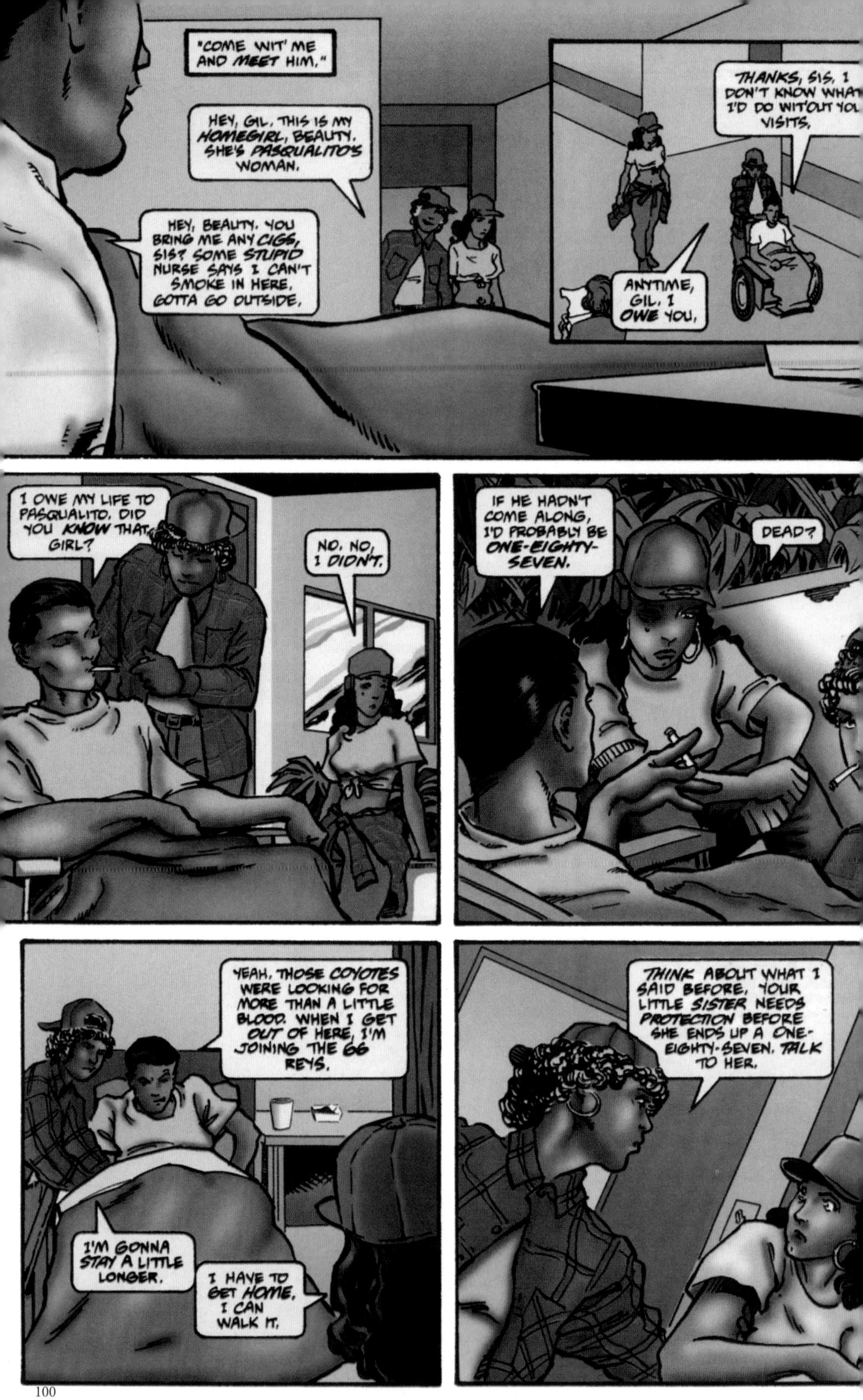
"COME WIT' ME AND MEET HIM."
HEY, GIL, THIS IS MY HOMEGIRL, BEAUTY. SHE'S PASQUALITO'S WOMAN.
HEY, BEAUTY. YOU BRING ME ANY CIGS, SIS? SOME STUPID NURSE SAYS I CAN'T SMOKE IN HERE. GOTTA GO OUTSIDE.
THANKS, SIS. I DON'T KNOW WHAT I'D DO WIT'OUT YOU VISITS.
ANYTIME, GIL. I OWE YOU.
I OWE MY LIFE TO PASQUALITO. DID YOU KNOW THAT, GIRL?
NO. NO, I DIDN'T.
IF HE HADN'T COME ALONG, I'D PROBABLY BE ONE-EIGHTY-SEVEN.
DEAD?
YEAH. THOSE COYOTES WERE LOOKING FOR MORE THAN A LITTLE BLOOD. WHEN I GET OUT OF HERE, I'M JOINING THE 66 REYS.
I'M GONNA STAY A LITTLE LONGER.
I HAVE TO GET HOME. I CAN WALK IT.
THINK ABOUT WHAT I SAID BEFORE. YOUR LITTLE SISTER NEEDS PROTECTION BEFORE SHE ENDS UP A ONE-EIGHTY-SEVEN. TALK TO HER.

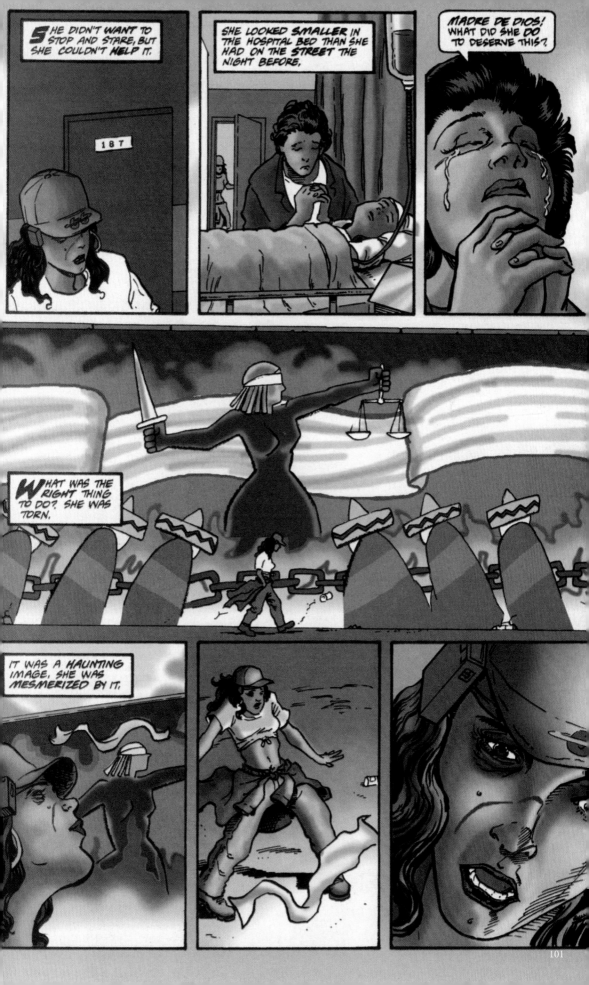

SHE DIDN'T WANT TO STOP AND STARE, BUT SHE COULDN'T HELP IT.

SHE LOOKED SMALLER IN THE HOSPITAL BED THAN SHE HAD ON THE STREET THE NIGHT BEFORE.

MADRE DE DIOS! WHAT DID SHE DO TO DESERVE THIS?

WHAT WAS THE RIGHT THING TO DO? SHE WAS TORN.

IT WAS A HAUNTING IMAGE. SHE WAS MESMERIZED BY IT.

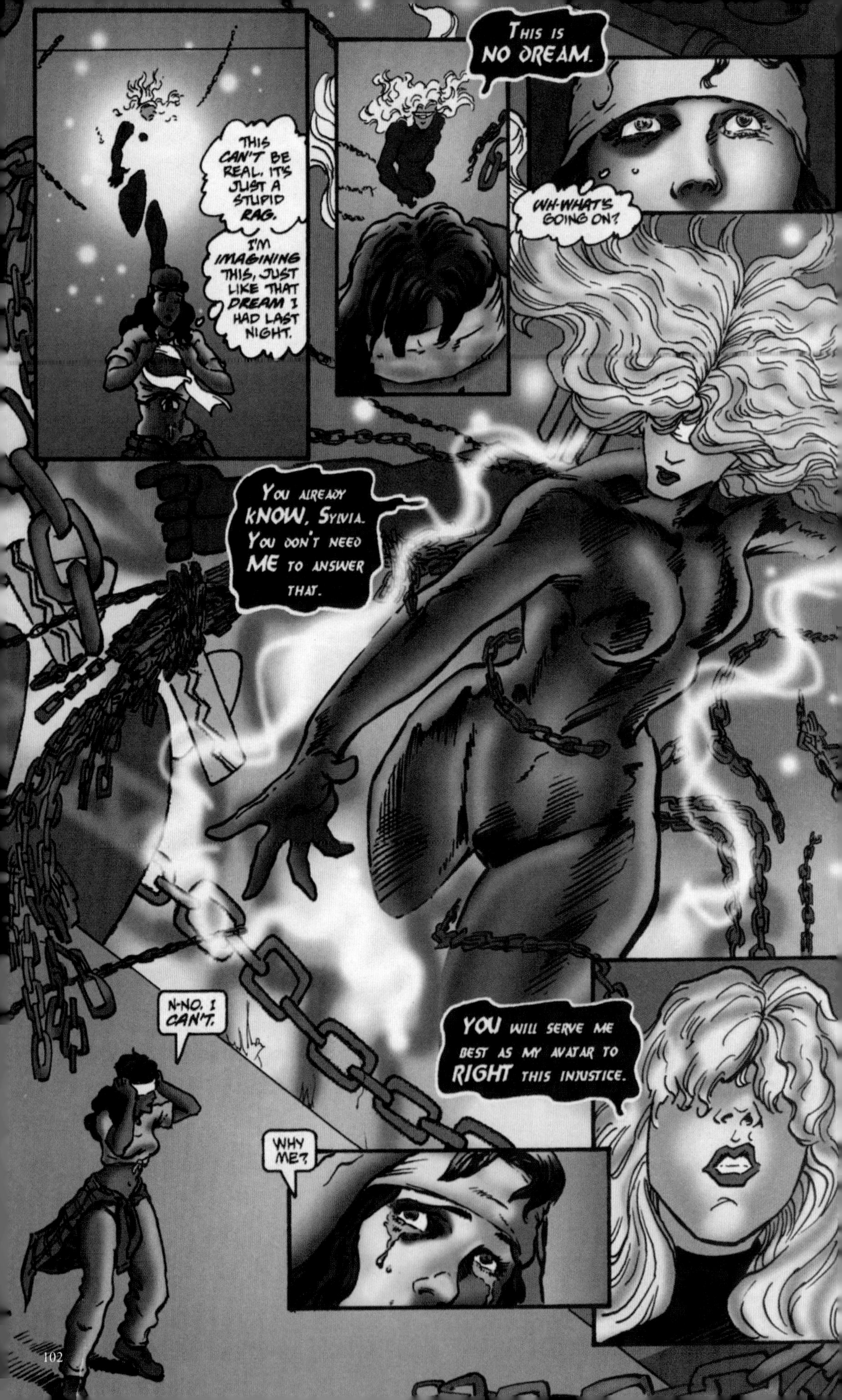
THIS CAN'T BE REAL. IT'S JUST A STUPID RAG.
I'M IMAGINING THIS, JUST LIKE THAT DREAM I HAD LAST NIGHT.
THIS IS NO DREAM.
WH-WHAT'S GOING ON?
YOU ALREADY KNOW, SYLVIA. YOU DON'T NEED ME TO ANSWER THAT.
N-NO. I CAN'T.
YOU WILL SERVE ME BEST AS MY AVATAR TO RIGHT THIS INJUSTICE.
WHY ME?

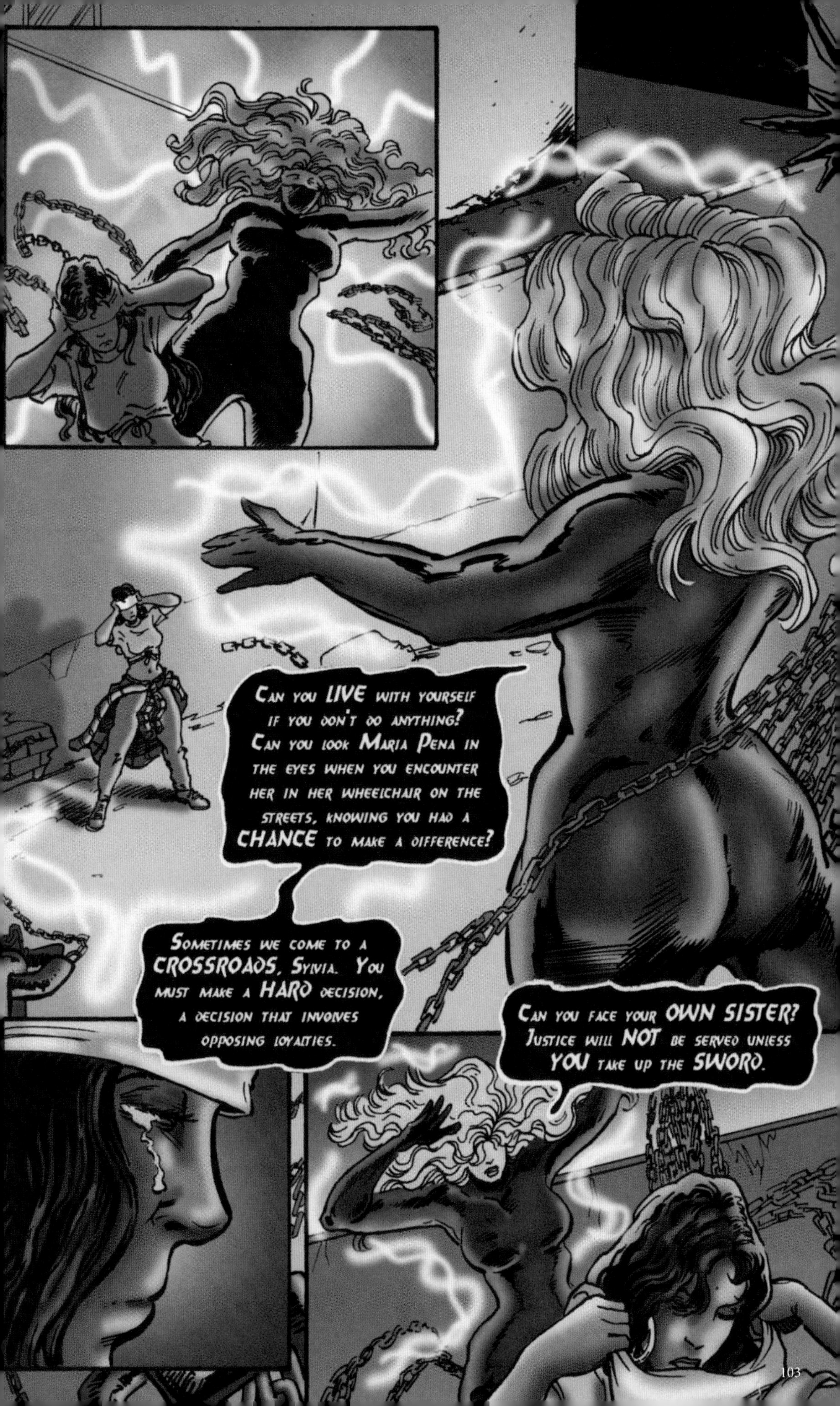
Can you LIVE with yourself if you don't do anything? Can you look Maria Pena in the eyes when you encounter her in her wheelchair on the streets, knowing you had a CHANCE to make a difference?
Sometimes we come to a CROSSROADS, Sylvia. You must make a HARD decision, a decision that involves opposing loyalties.
Can you face your OWN SISTER? Justice will NOT be served unless YOU take up the SWORD.

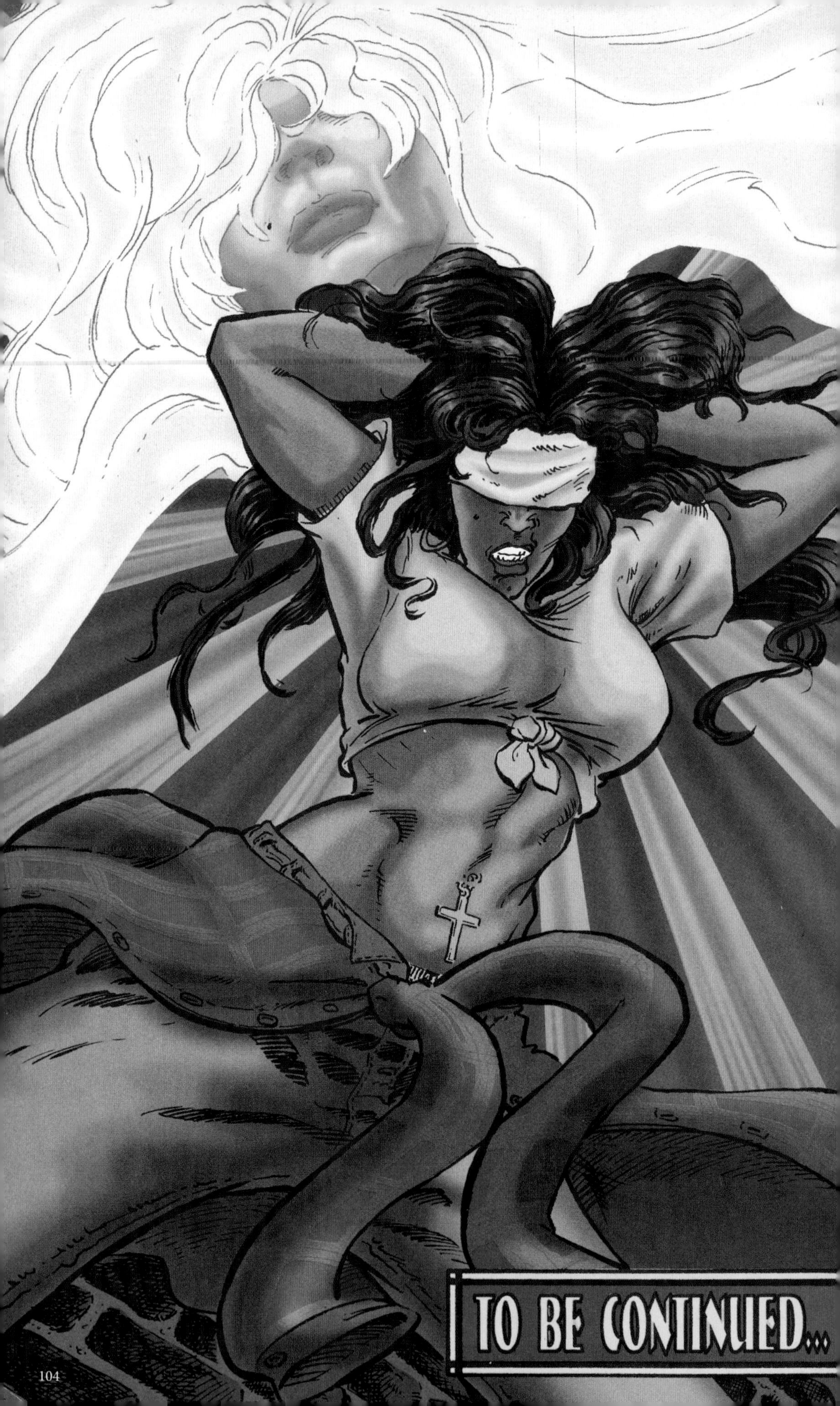
TO BE CONTINUED...

"Revenge is a kind of wild justice; which the more man's nature runs to, the more ought law to weed it out." – *Francis Bacon, Of Revenge*

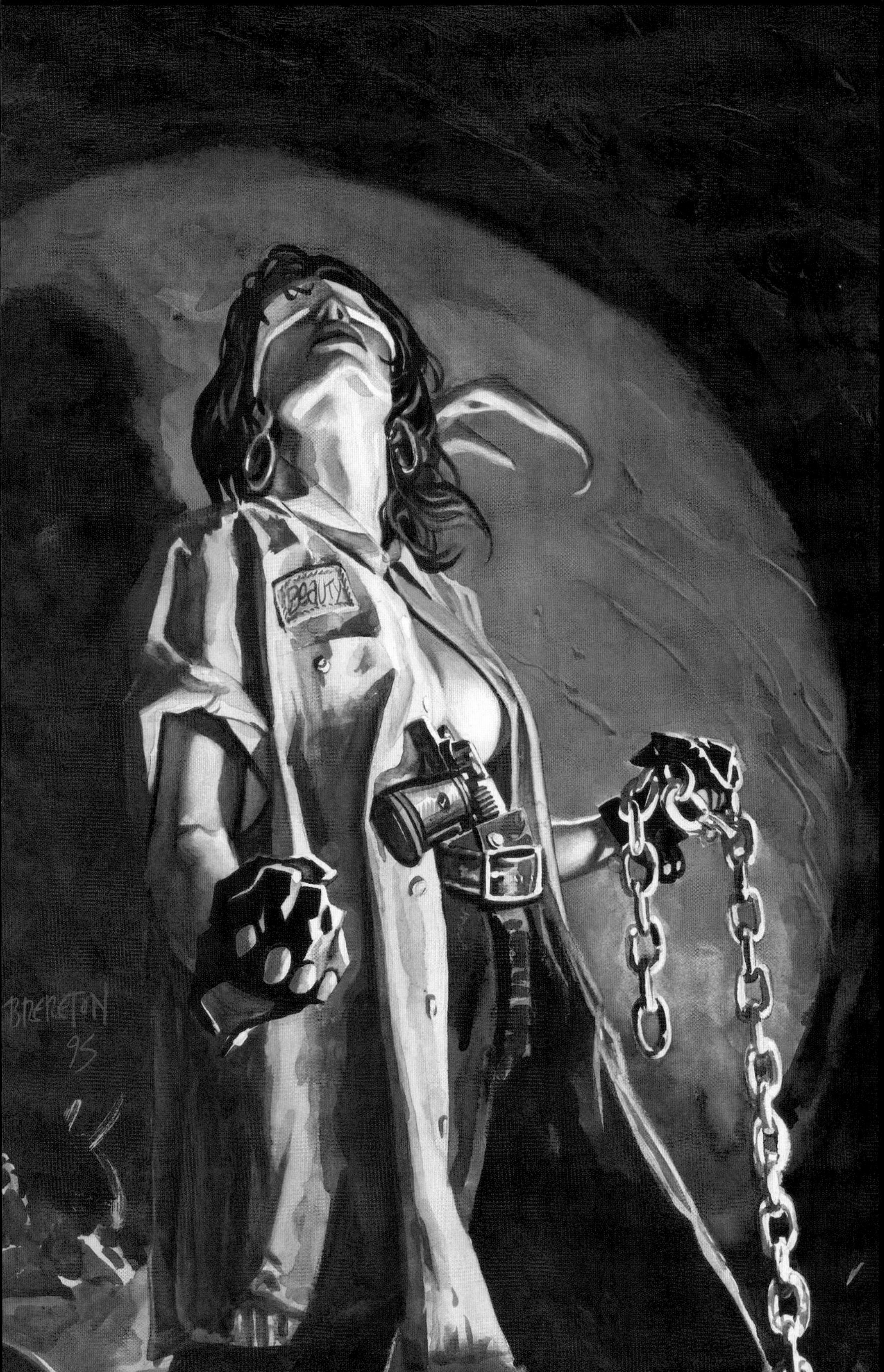

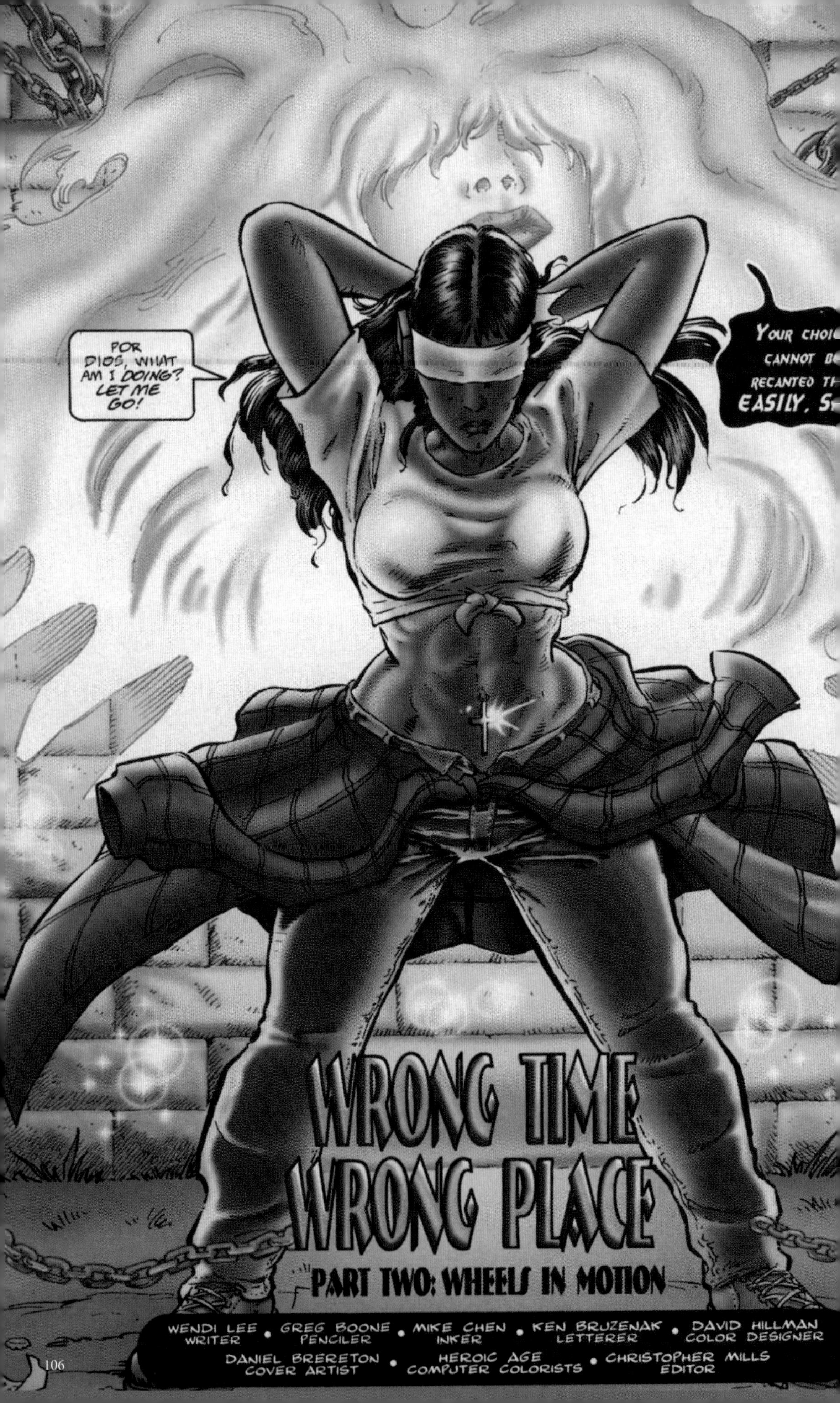
POR DIOS, WHAT AM I DOING? LET ME GO!
YOUR CHOIC CANNOT B RECANTED TH EASILY, S
WRONG TIME WRONG PLACE
PART TWO: WHEELS IN MOTION
WENDI LEE WRITER • GREG BOONE PENCILER • MIKE CHEN INKER • KEN BRUZENAK LETTERER • DAVID HILLMAN COLOR DESIGNER
DANIEL BRERETON COVER ARTIST • HEROIC AGE COMPUTER COLORISTS • CHRISTOPHER MILLS EDITOR

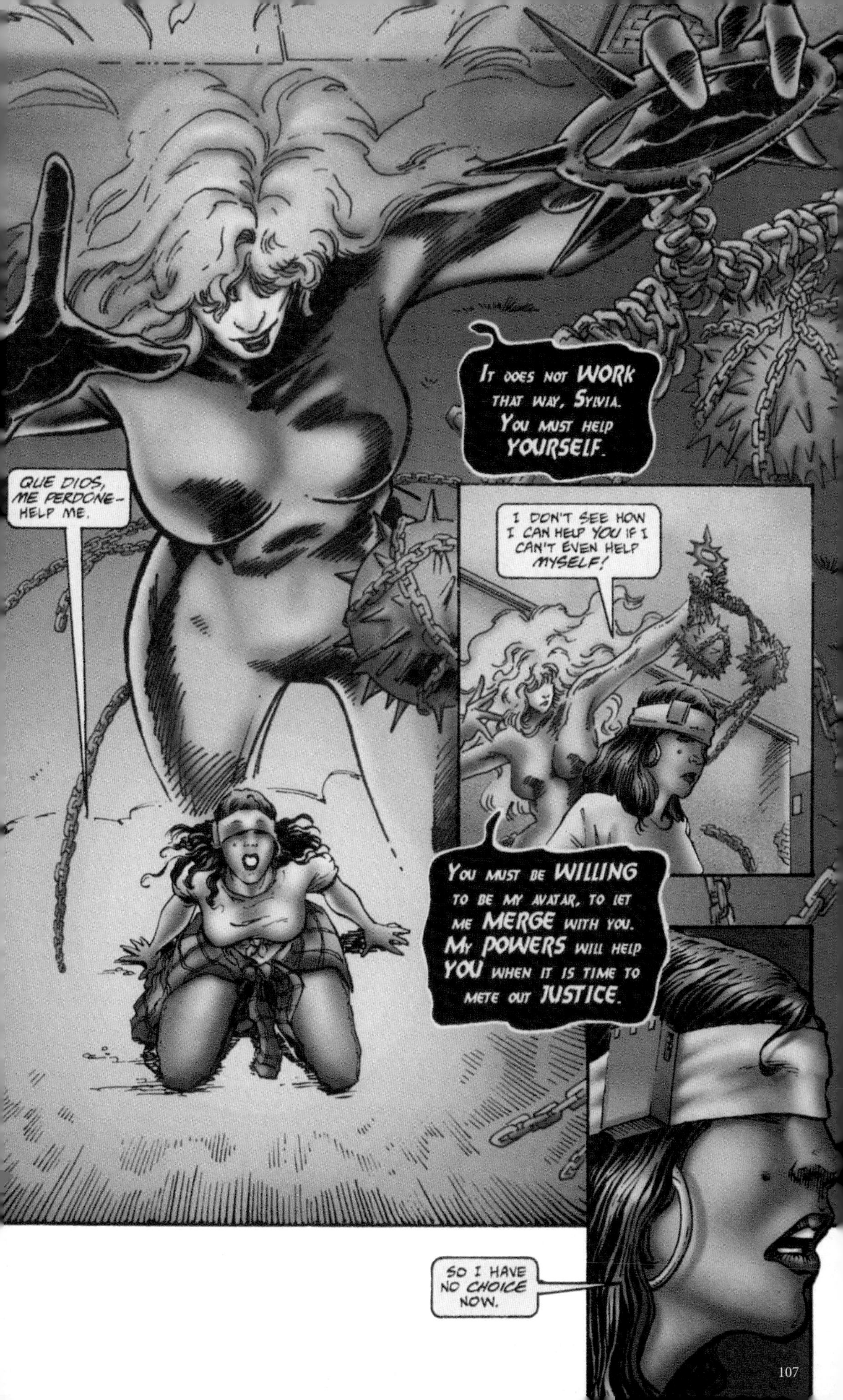

QUE DIOS, ME PERDONE- HELP ME.
IT DOES NOT WORK THAT WAY, SYLVIA. YOU MUST HELP YOURSELF.
I DON'T SEE HOW I CAN HELP YOU IF I CAN'T EVEN HELP MYSELF!
YOU MUST BE WILLING TO BE MY AVATAR, TO LET ME MERGE WITH YOU. MY POWERS WILL HELP YOU WHEN IT IS TIME TO METE OUT JUSTICE.
SO I HAVE NO CHOICE NOW.

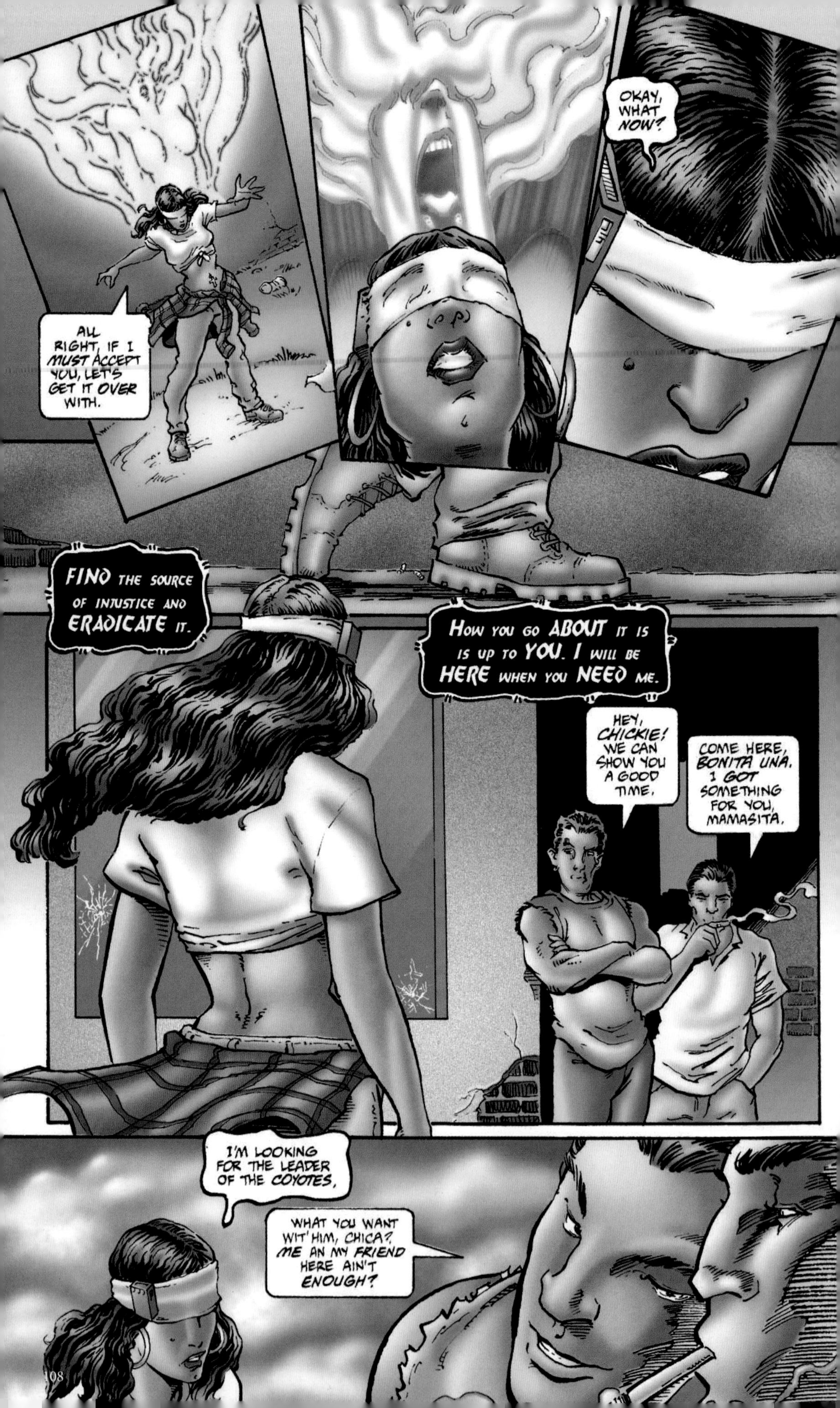

ALL RIGHT, IF I MUST ACCEPT YOU, LET'S GET IT OVER WITH.
OKAY, WHAT NOW?
FIND THE SOURCE OF INJUSTICE AND ERADICATE IT.
HOW YOU GO ABOUT IT IS IS UP TO YOU. I WILL BE HERE WHEN YOU NEED ME.
HEY, CHICKIE! WE CAN SHOW YOU A GOOD TIME.
COME HERE, BONITA UNA. I GOT SOMETHING FOR YOU, MAMASITA.
I'M LOOKING FOR THE LEADER OF THE COYOTES.
WHAT YOU WANT WIT' HIM, CHICA? ME AN MY FRIEND HERE AIN'T ENOUGH?

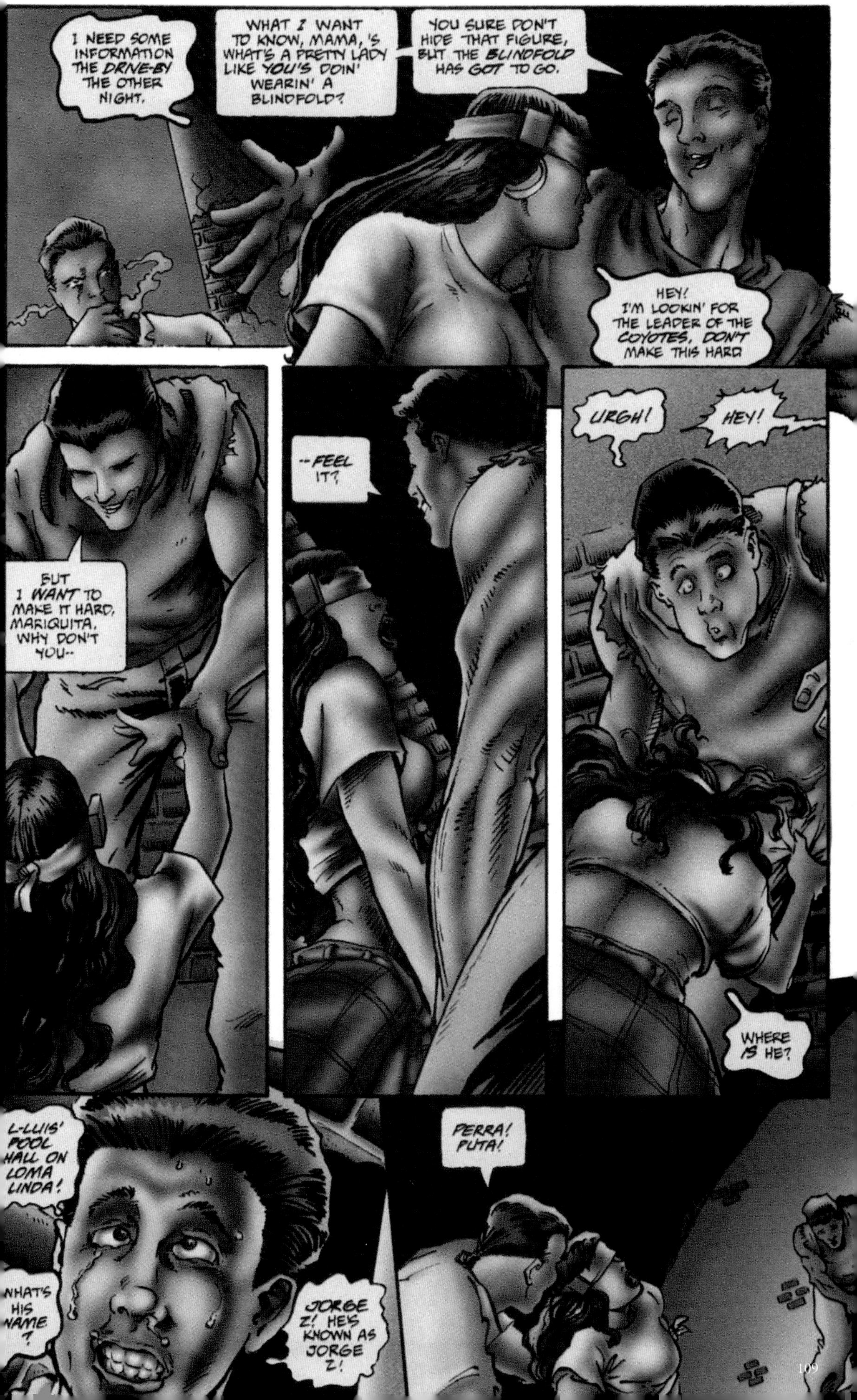
I NEED SOME INFORMATION THE DRIVE-BY THE OTHER NIGHT.
WHAT I WANT TO KNOW, MAMA, 'S WHAT'S A PRETTY LADY LIKE YOU'S DOIN' WEARIN' A BLINDFOLD?
YOU SURE DON'T HIDE THAT FIGURE, BUT THE BLINDFOLD HAS GOT TO GO.
HEY! I'M LOOKIN' FOR THE LEADER OF THE COYOTES. DON'T MAKE THIS HARD.
BUT I WANT TO MAKE IT HARD, MARIQUITA. WHY DON'T YOU--
--FEEL IT?
URGH!
HEY!
WHERE IS HE?
L-LUIS' POOL HALL ON LOMA LINDA!
WHAT'S HIS NAME?
JORGE Z! HE'S KNOWN AS JORGE Z!
PERRA! PUTA!

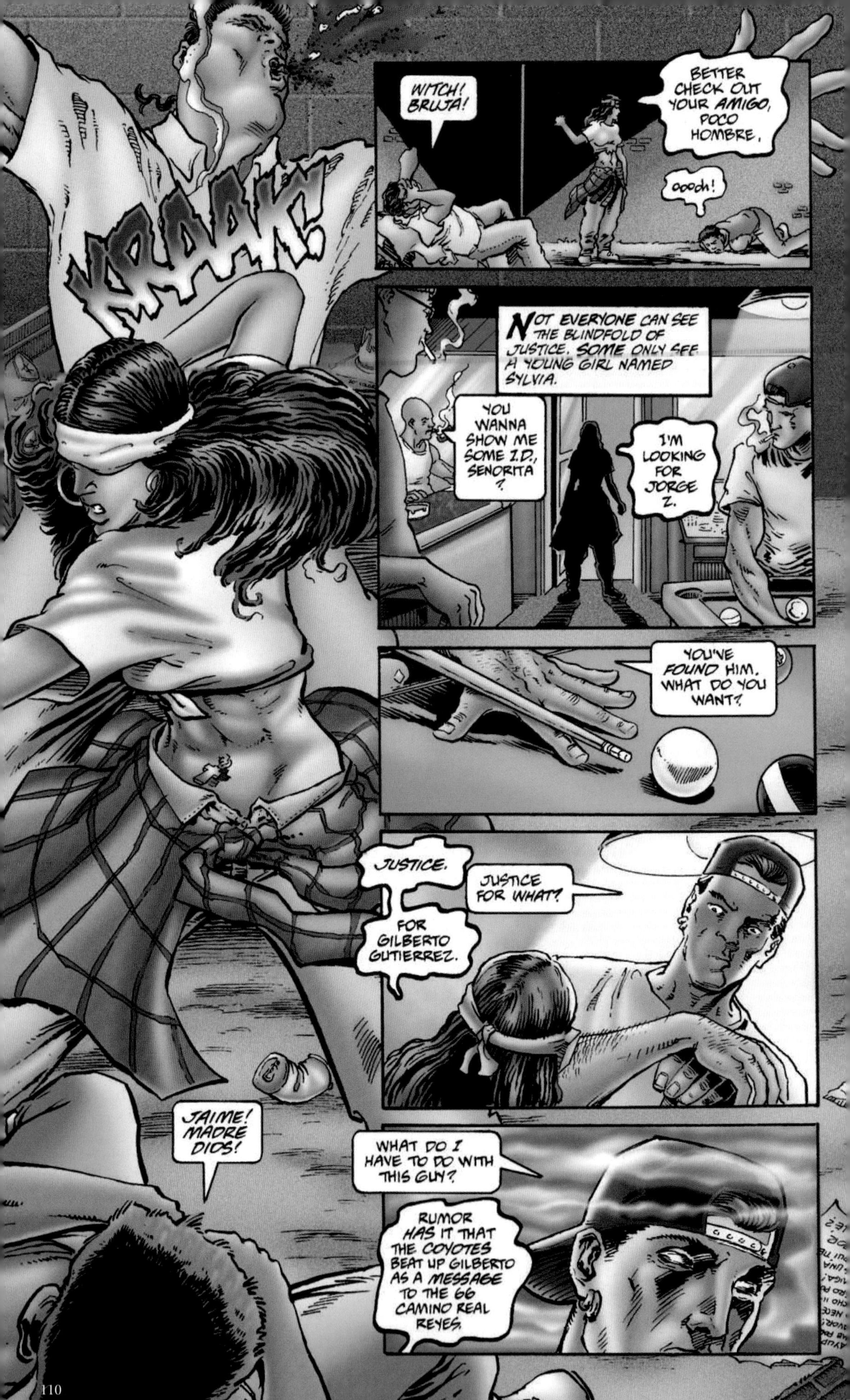
KRAAK!
WITCH! BRUJA!
BETTER CHECK OUT YOUR AMIGO, POCO HOMBRE.
oooh!
NOT EVERYONE CAN SEE THE BLINDFOLD OF JUSTICE. SOME ONLY SEE A YOUNG GIRL NAMED SYLVIA.
YOU WANNA SHOW ME SOME I.D., SENORITA?
I'M LOOKING FOR JORGE Z.
YOU'VE FOUND HIM. WHAT DO YOU WANT?
JUSTICE.
JUSTICE FOR WHAT?
FOR GILBERTO GUTIERREZ.
JAIME! MADRE DIOS!
WHAT DO I HAVE TO DO WITH THIS GUY?
RUMOR HAS IT THAT THE COYOTES BEAT UP GILBERTO AS A MESSAGE TO THE 66 CAMINO REAL REYES.

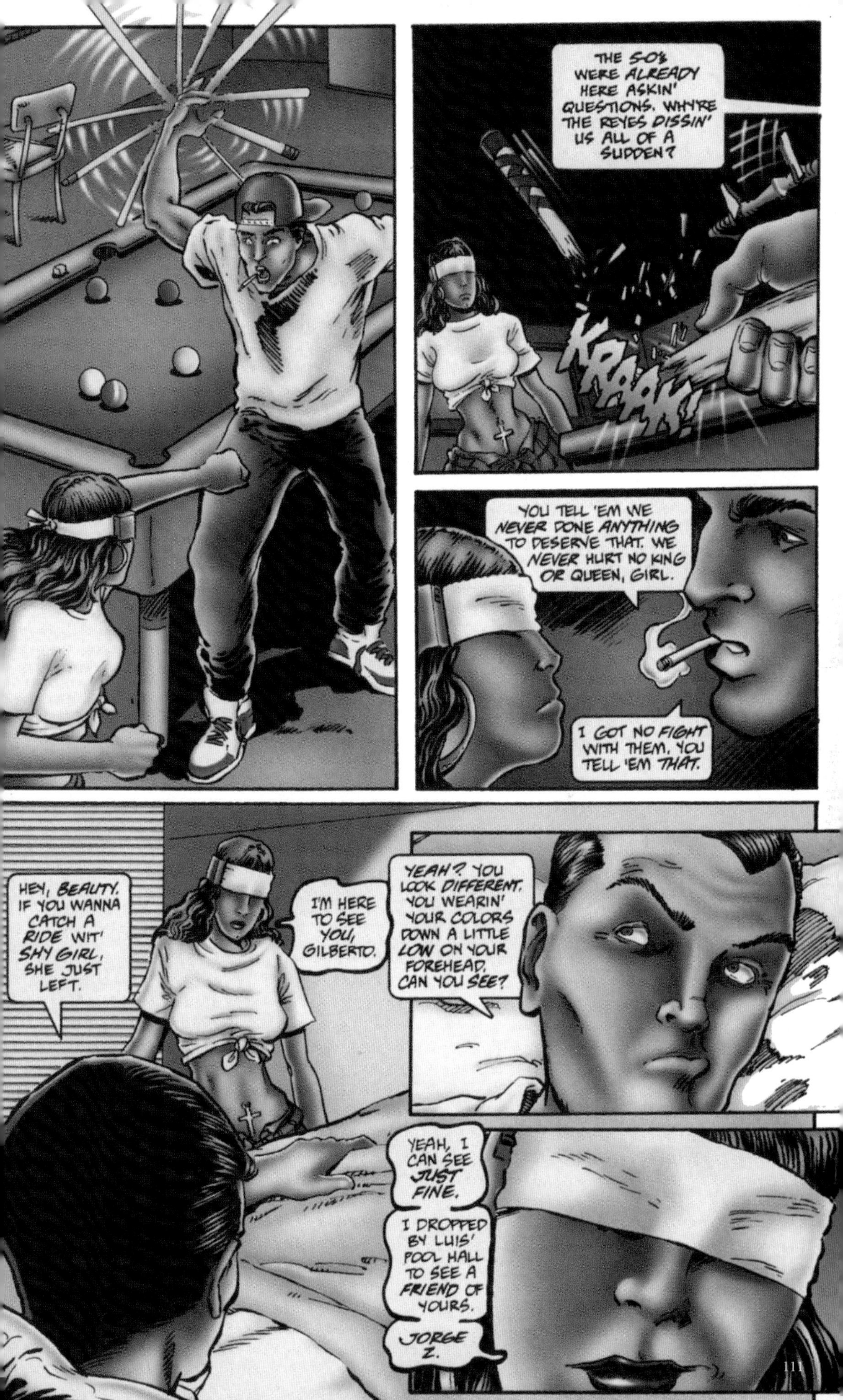
THE 5-0's WERE ALREADY HERE ASKIN' QUESTIONS. WHY'RE THE REYES DISSIN' US ALL OF A SUDDEN?
KRAAK!
YOU TELL 'EM WE NEVER DONE ANYTHING TO DESERVE THAT. WE NEVER HURT NO KING OR QUEEN, GIRL.
I GOT NO FIGHT WITH THEM. YOU TELL 'EM THAT.
HEY, BEAUTY. IF YOU WANNA CATCH A RIDE WIT' SHY GIRL, SHE JUST LEFT.
I'M HERE TO SEE YOU, GILBERTO.
YEAH? YOU LOOK DIFFERENT. YOU WEARIN' YOUR COLORS DOWN A LITTLE LOW ON YOUR FOREHEAD. CAN YOU SEE?
YEAH, I CAN SEE JUST FINE.
I DROPPED BY LUIS' POOL HALL TO SEE A FRIEND OF YOURS.
JORGE Z.

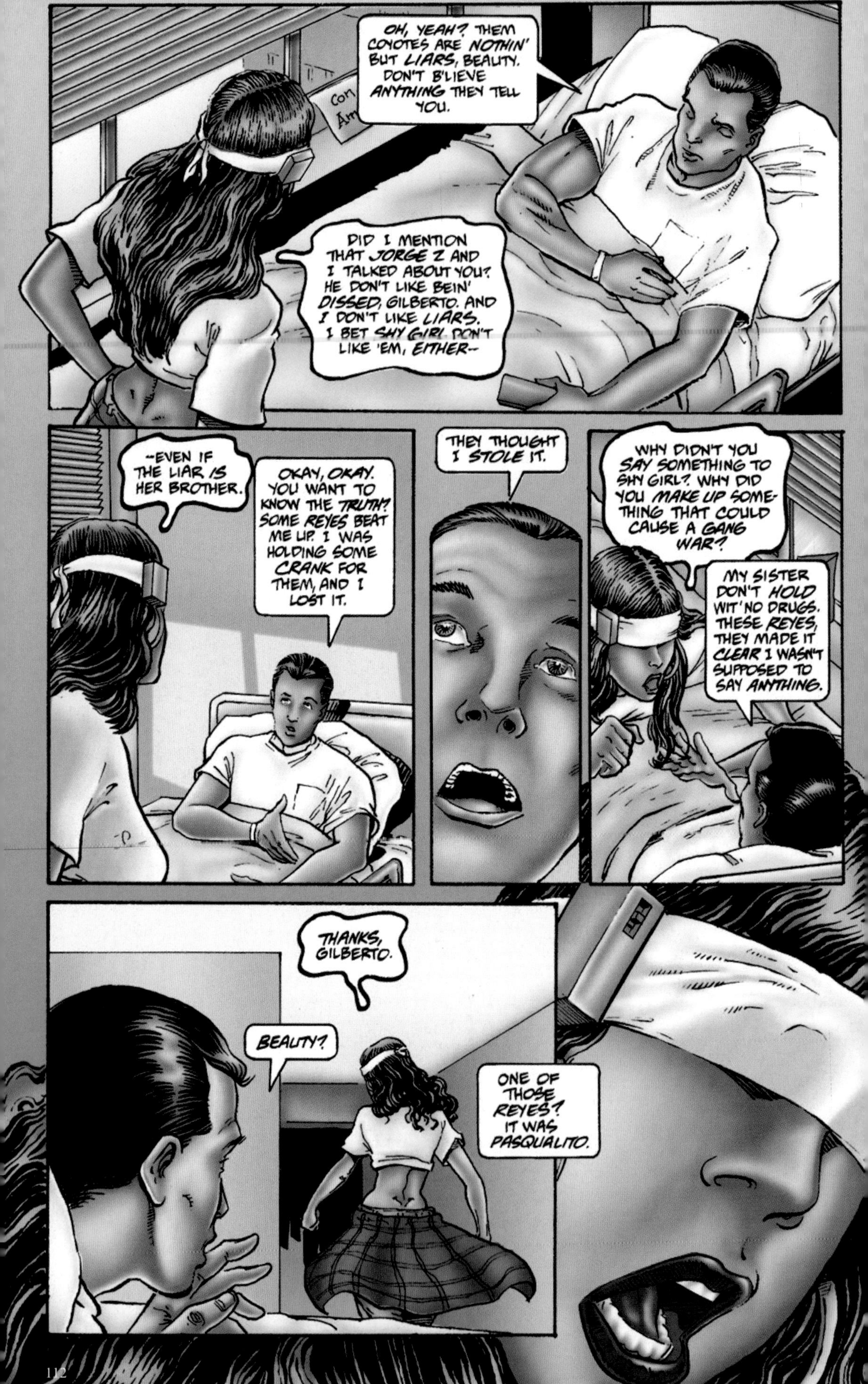
OH, YEAH? THEM COYOTES ARE NOTHIN' BUT LIARS, BEAUTY. DON'T B'LIEVE ANYTHING THEY TELL YOU.
DID I MENTION THAT JORGE Z AND I TALKED ABOUT YOU? HE DON'T LIKE BEIN' DISSED, GILBERTO. AND I DON'T LIKE LIARS. I BET SHY GIRL DON'T LIKE 'EM, EITHER--
--EVEN IF THE LIAR IS HER BROTHER.
OKAY, OKAY. YOU WANT TO KNOW THE TRUTH? SOME REYES BEAT ME UP. I WAS HOLDING SOME CRANK FOR THEM, AND I LOST IT.
THEY THOUGHT I STOLE IT.
WHY DIDN'T YOU SAY SOMETHING TO SHY GIRL? WHY DID YOU MAKE UP SOMETHING THAT COULD CAUSE A GANG WAR?
MY SISTER DON'T HOLD WIT' NO DRUGS. THESE REYES, THEY MADE IT CLEAR I WASN'T SUPPOSED TO SAY ANYTHING.
THANKS, GILBERTO.
BEAUTY?
ONE OF THOSE REYES? IT WAS PASQUALITO.

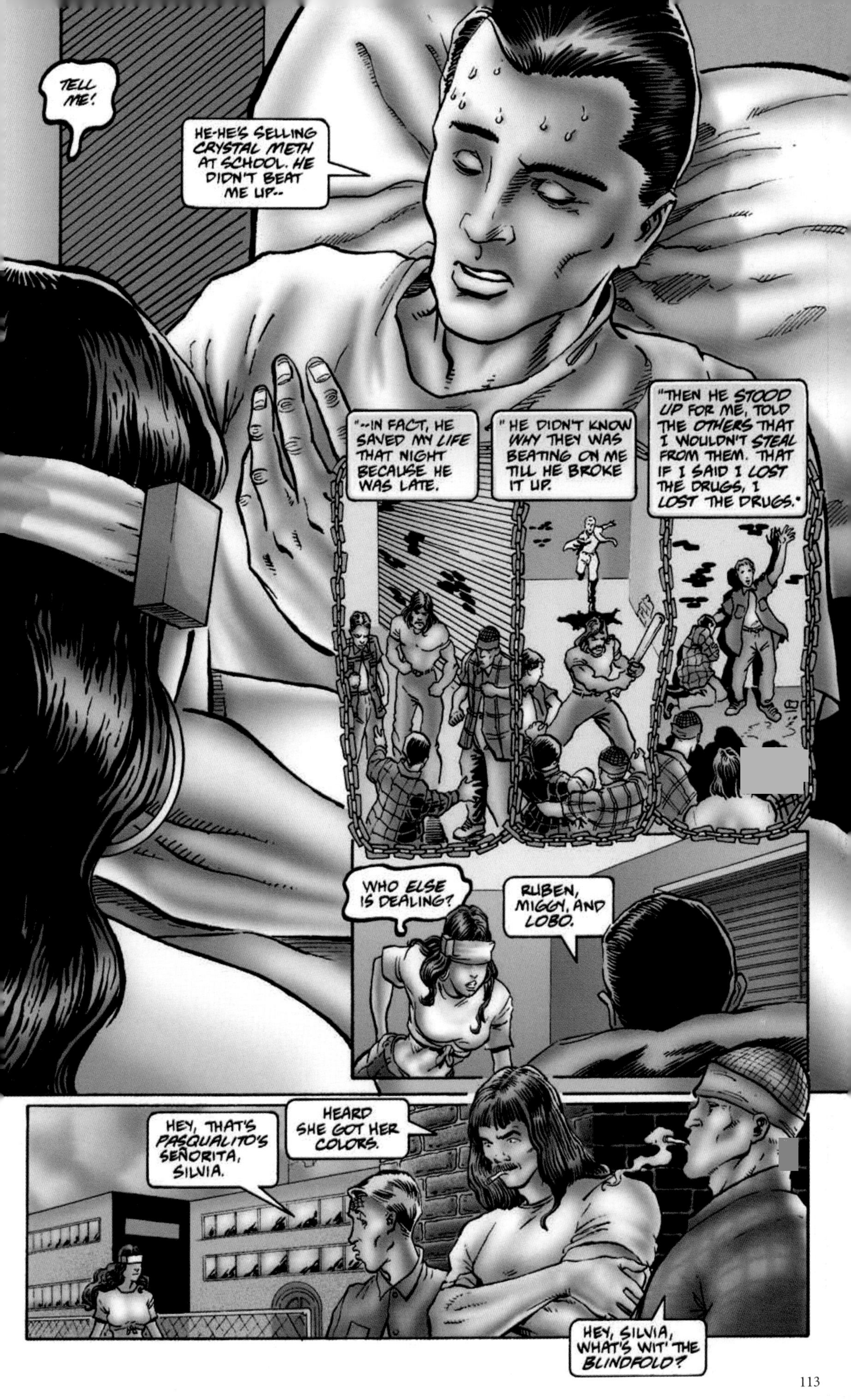
TELL ME!
HE-HE'S SELLING CRYSTAL METH AT SCHOOL. HE DIDN'T BEAT ME UP--
"--IN FACT, HE SAVED MY LIFE THAT NIGHT BECAUSE HE WAS LATE.
"HE DIDN'T KNOW WHY THEY WAS BEATING ON ME TILL HE BROKE IT UP.
"THEN HE STOOD UP FOR ME, TOLD THE OTHERS THAT I WOULDN'T STEAL FROM THEM. THAT IF I SAID I LOST THE DRUGS, I LOST THE DRUGS."
WHO ELSE IS DEALING?
RUBEN, MIGGY, AND LOBO.
HEY, THAT'S PASQUALITO'S SEÑORITA, SILVIA.
HEARD SHE GOT HER COLORS.
HEY, SILVIA, WHAT'S WIT' THE BLINDFOLD?

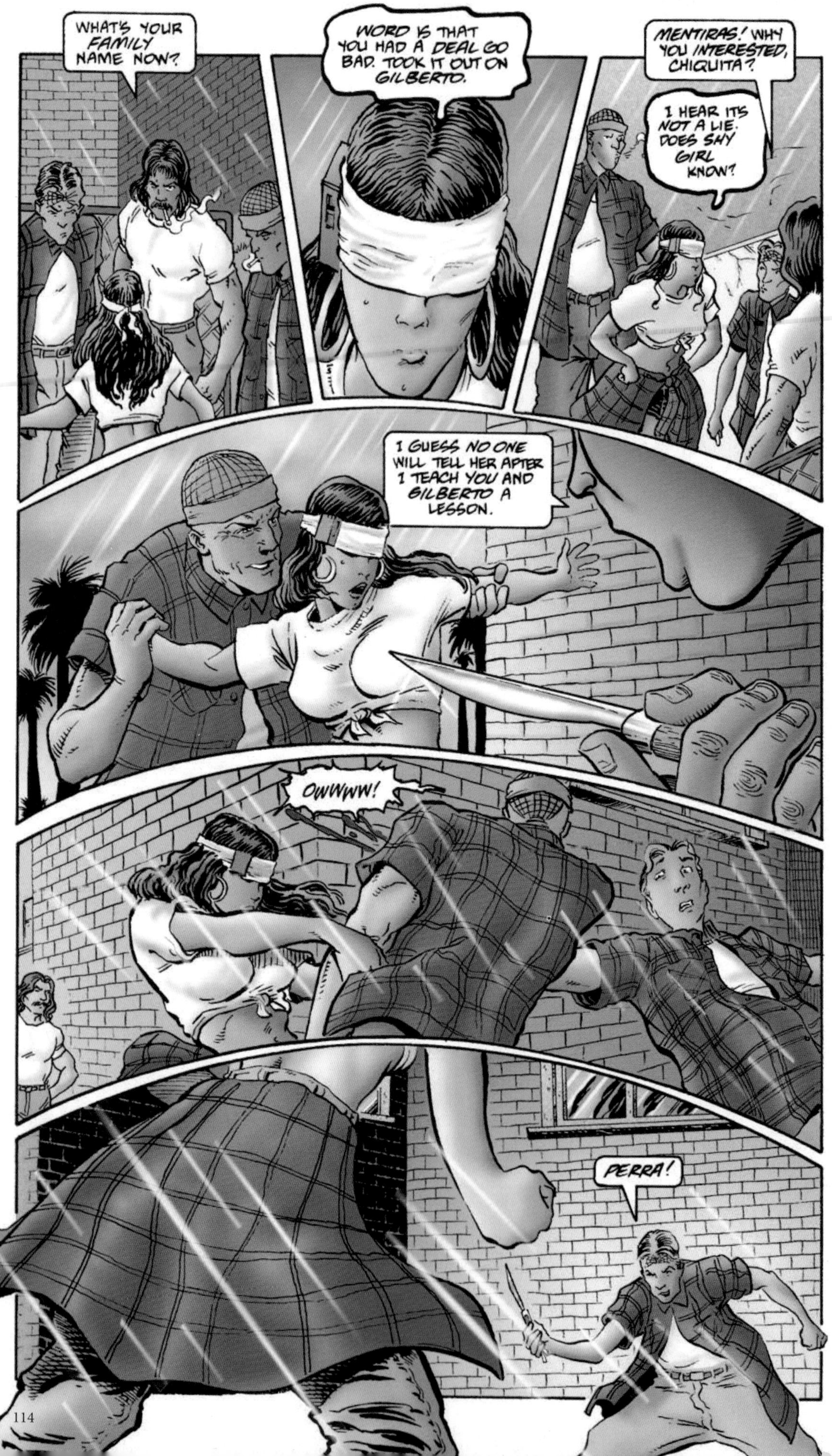
WHAT'S YOUR FAMILY NAME NOW?
WORD IS THAT YOU HAD A DEAL GO BAD. TOOK IT OUT ON GILBERTO.
MENTIRAS! WHY YOU INTERESTED, CHIQUITA?
I HEAR IT'S NOT A LIE. DOES SHY GIRL KNOW?
I GUESS NO ONE WILL TELL HER AFTER I TEACH YOU AND GILBERTO A LESSON.
OWWWW!
PERRA!

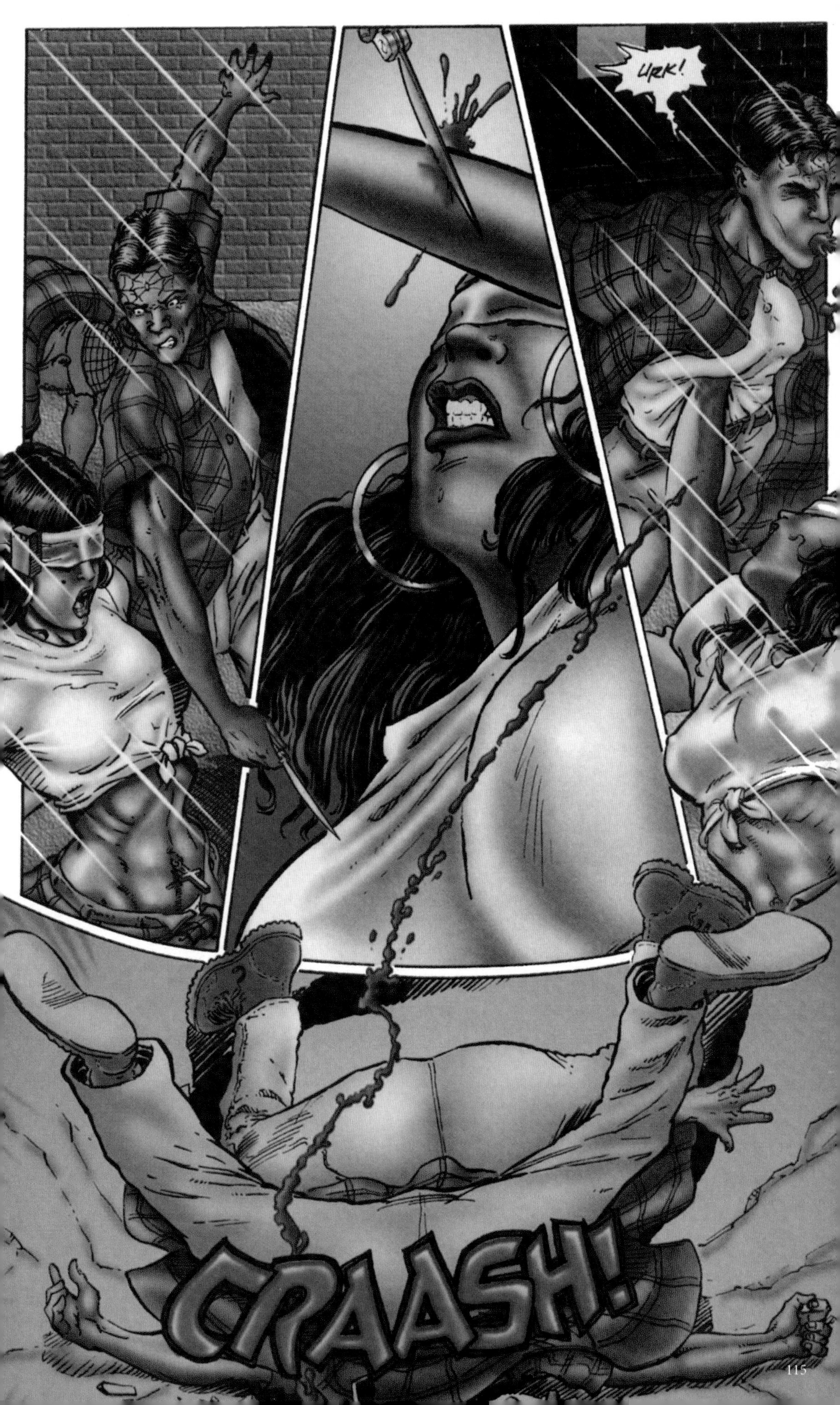
URK!
CRAASH!

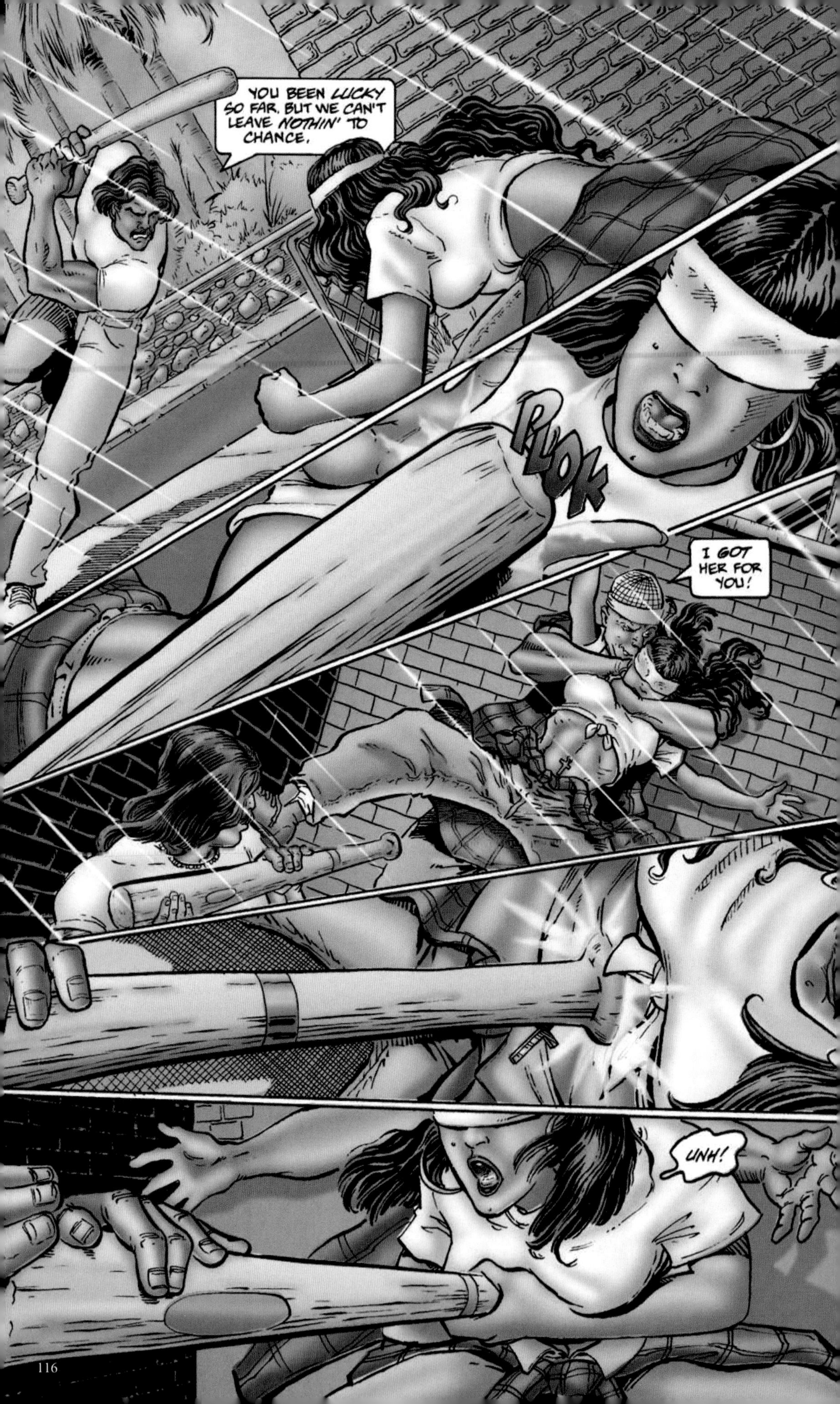
YOU BEEN *LUCKY* SO FAR, BUT WE CAN'T LEAVE *NOTHIN'* TO CHANCE.
PLOK
I GOT HER FOR YOU!
UNH!

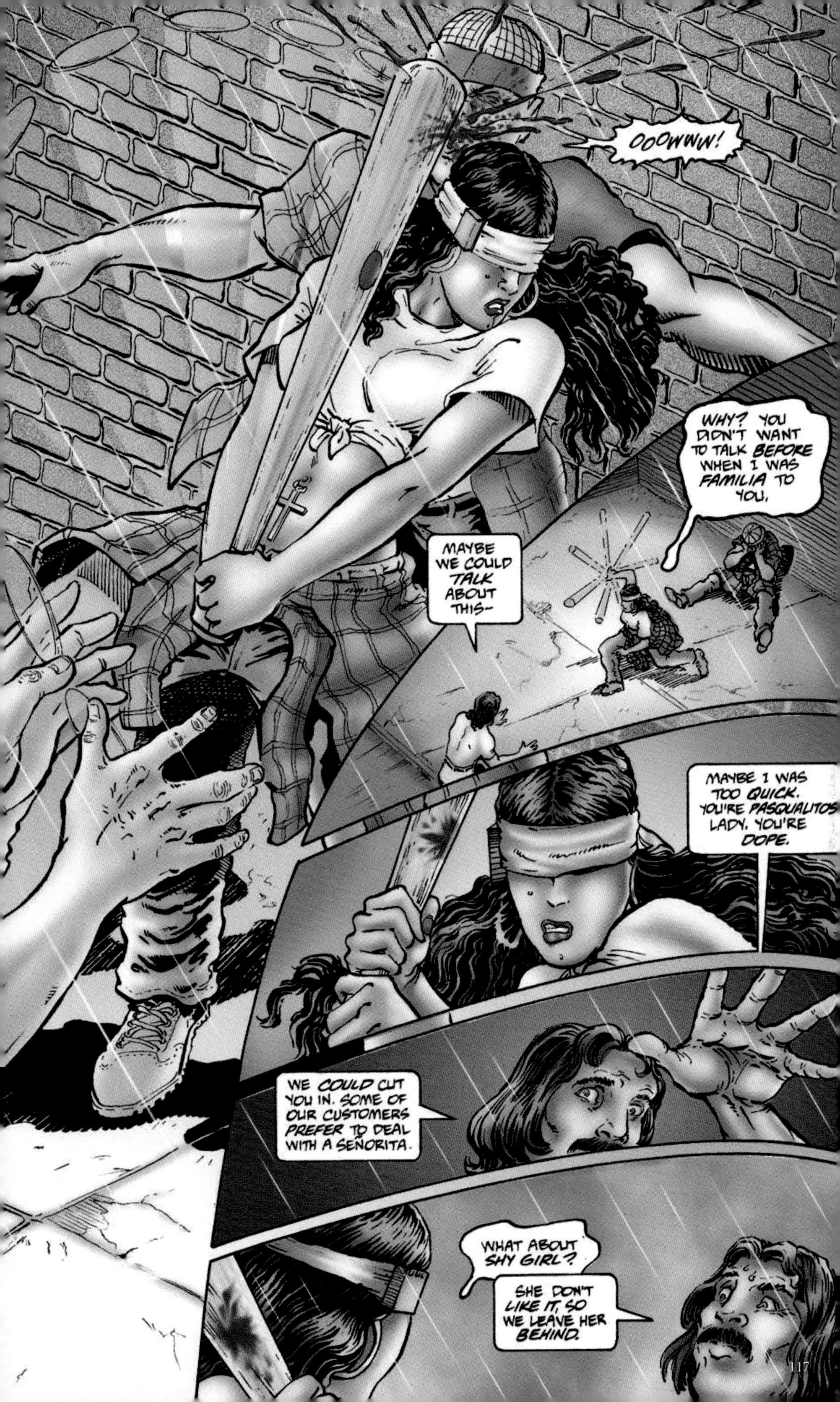
OOOWWW!
WHY? YOU DIDN'T WANT TO TALK BEFORE WHEN I WAS FAMILIA TO YOU.
MAYBE WE COULD TALK ABOUT THIS--
MAYBE I WAS TOO QUICK. YOU'RE PASQUALITO'S LADY. YOU'RE DOPE.
WE COULD CUT YOU IN. SOME OF OUR CUSTOMERS PREFER TO DEAL WITH A SEÑORITA.
WHAT ABOUT SHY GIRL?
SHE DON'T LIKE IT, SO WE LEAVE HER BEHIND.

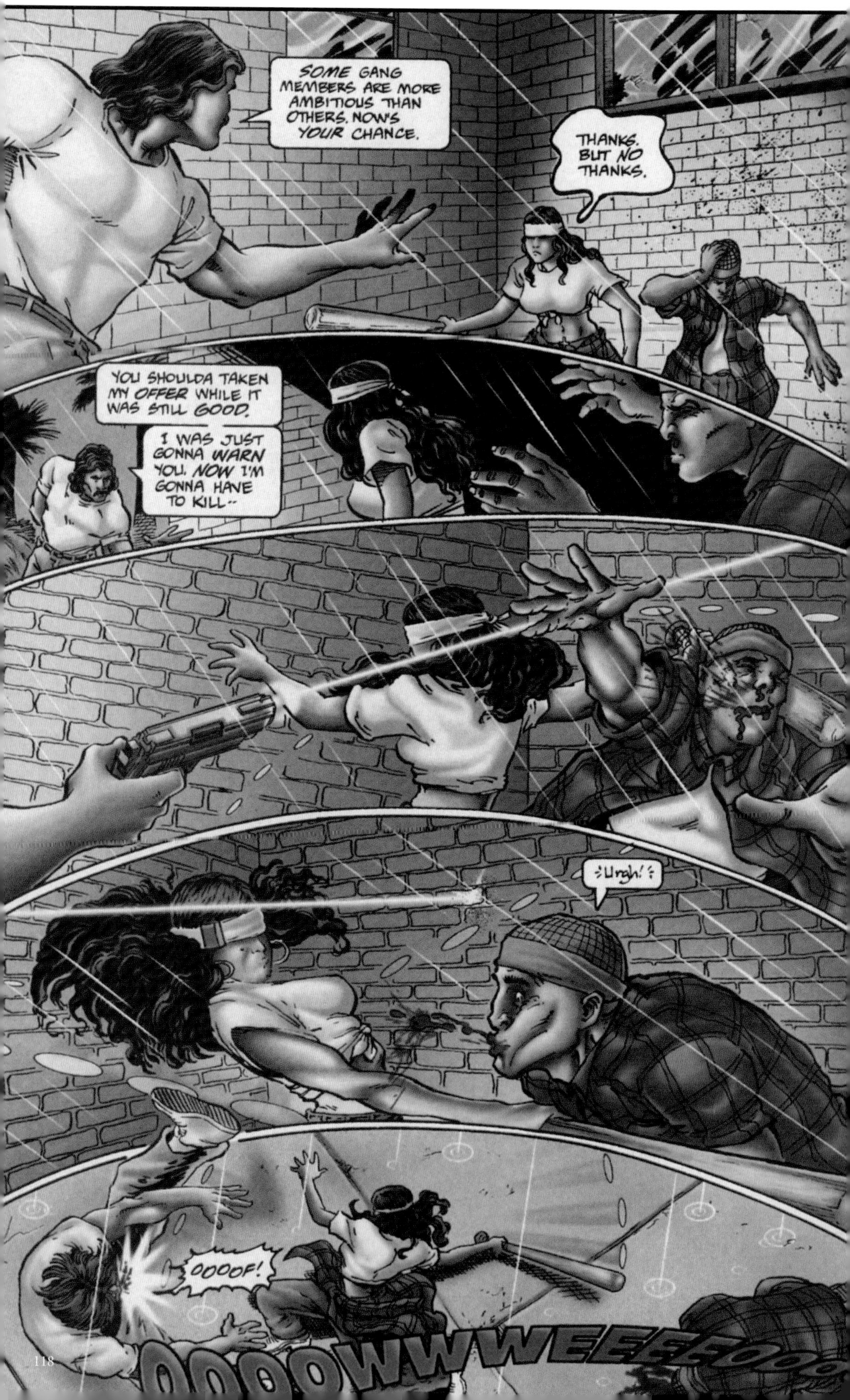
SOME GANG MEMBERS ARE MORE AMBITIOUS THAN OTHERS. NOW'S YOUR CHANCE.
THANKS. BUT NO THANKS.
YOU SHOULDA TAKEN MY OFFER WHILE IT WAS STILL GOOD.
I WAS JUST GONNA WARN YOU. NOW I'M GONNA HAVE TO KILL--
Urgh!
OOOOF!
OOOOWWWWEEEEOOO

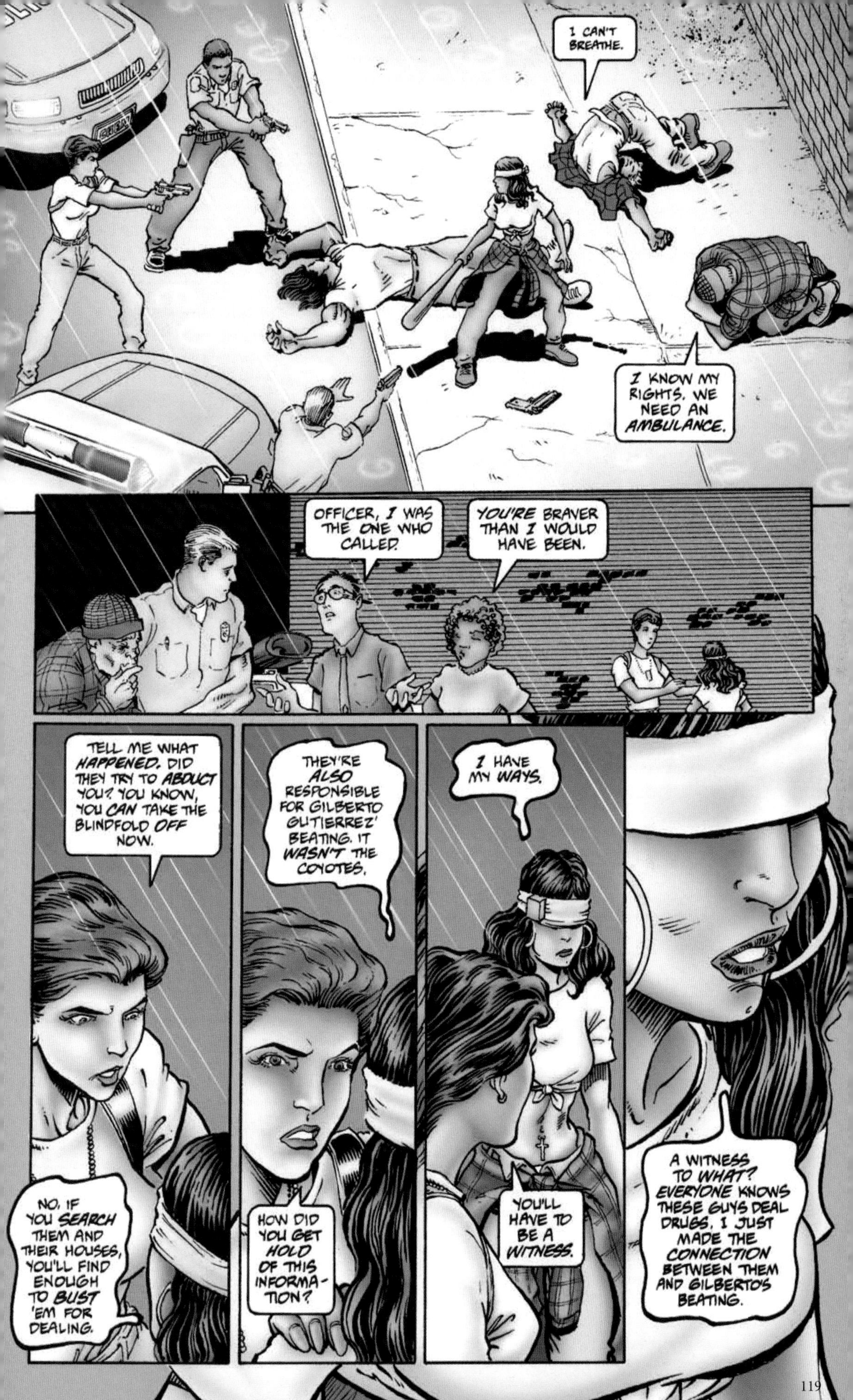

I CAN'T BREATHE.
I KNOW MY RIGHTS. WE NEED AN AMBULANCE.
OFFICER, I WAS THE ONE WHO CALLED.
YOU'RE BRAVER THAN I WOULD HAVE BEEN.
TELL ME WHAT HAPPENED. DID THEY TRY TO ABDUCT YOU? YOU KNOW, YOU CAN TAKE THE BLINDFOLD OFF NOW.
NO, IF YOU SEARCH THEM AND THEIR HOUSES, YOU'LL FIND ENOUGH TO BUST 'EM FOR DEALING.
THEY'RE ALSO RESPONSIBLE FOR GILBERTO GUTIERREZ' BEATING. IT WASN'T THE COYOTES.
HOW DID YOU GET HOLD OF THIS INFORMA-TION?
I HAVE MY WAYS.
YOU'LL HAVE TO BE A WITNESS.
A WITNESS TO WHAT? EVERYONE KNOWS THESE GUYS DEAL DRUGS. I JUST MADE THE CONNECTION BETWEEN THEM AND GILBERTO'S BEATING.

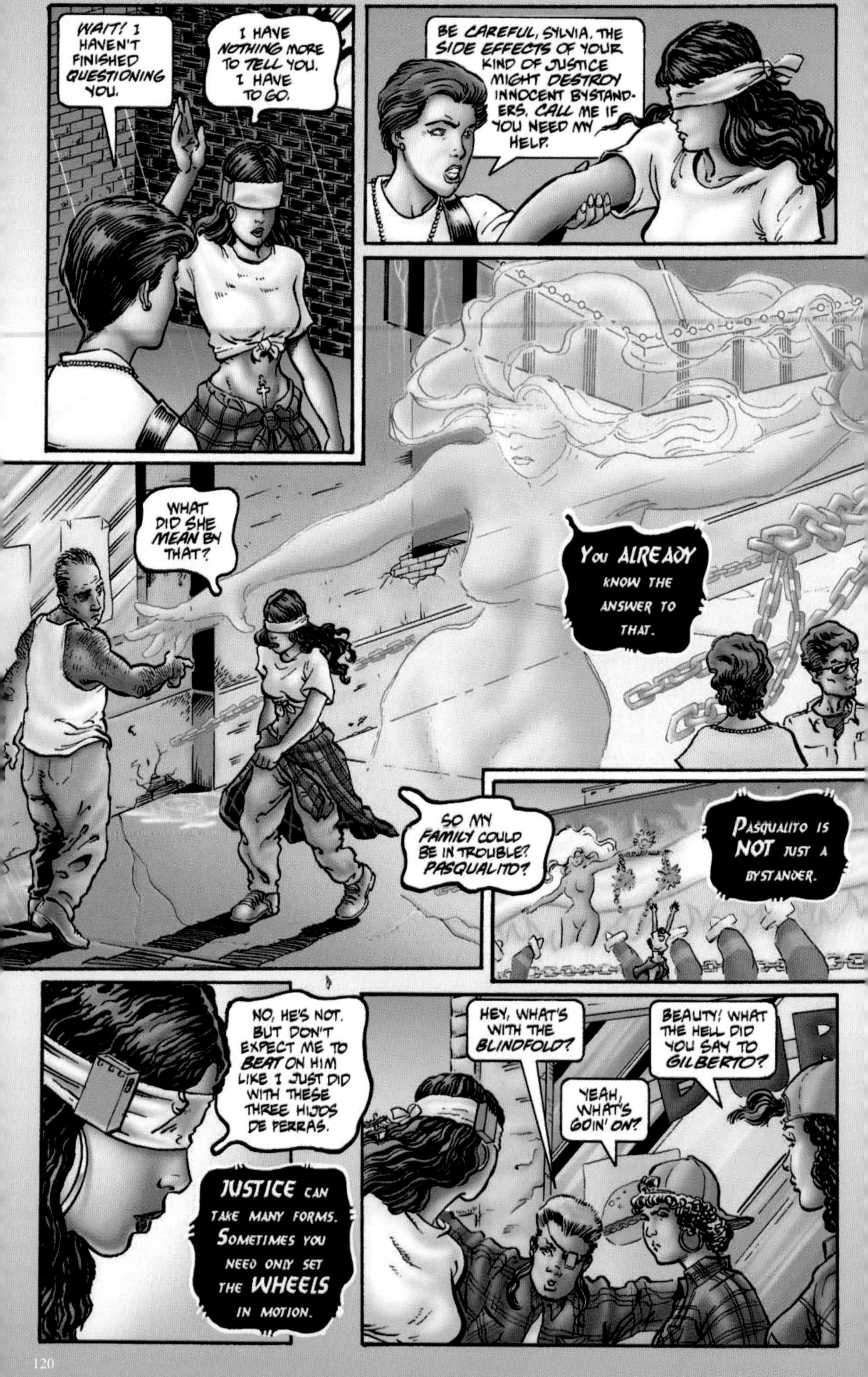

WAIT! I HAVEN'T FINISHED QUESTIONING YOU.
I HAVE NOTHING MORE TO TELL YOU. I HAVE TO GO.
BE CAREFUL, SYLVIA. THE SIDE EFFECTS OF YOUR KIND OF JUSTICE MIGHT DESTROY INNOCENT BYSTANDERS. CALL ME IF YOU NEED MY HELP.
WHAT DID SHE MEAN BY THAT?
You ALREADY know the answer to that.
SO MY FAMILY COULD BE IN TROUBLE? PASQUALITO?
Pasqualito is NOT just a bystander.
NO, HE'S NOT. BUT DON'T EXPECT ME TO BEAT ON HIM LIKE I JUST DID WITH THESE THREE HIJOS DE PERRAS.
JUSTICE can take many forms. Sometimes you need only set the WHEELS in motion.
HEY, WHAT'S WITH THE BLINDFOLD?
YEAH, WHAT'S GOIN' ON?
BEAUTY! WHAT THE HELL DID YOU SAY TO GILBERTO?

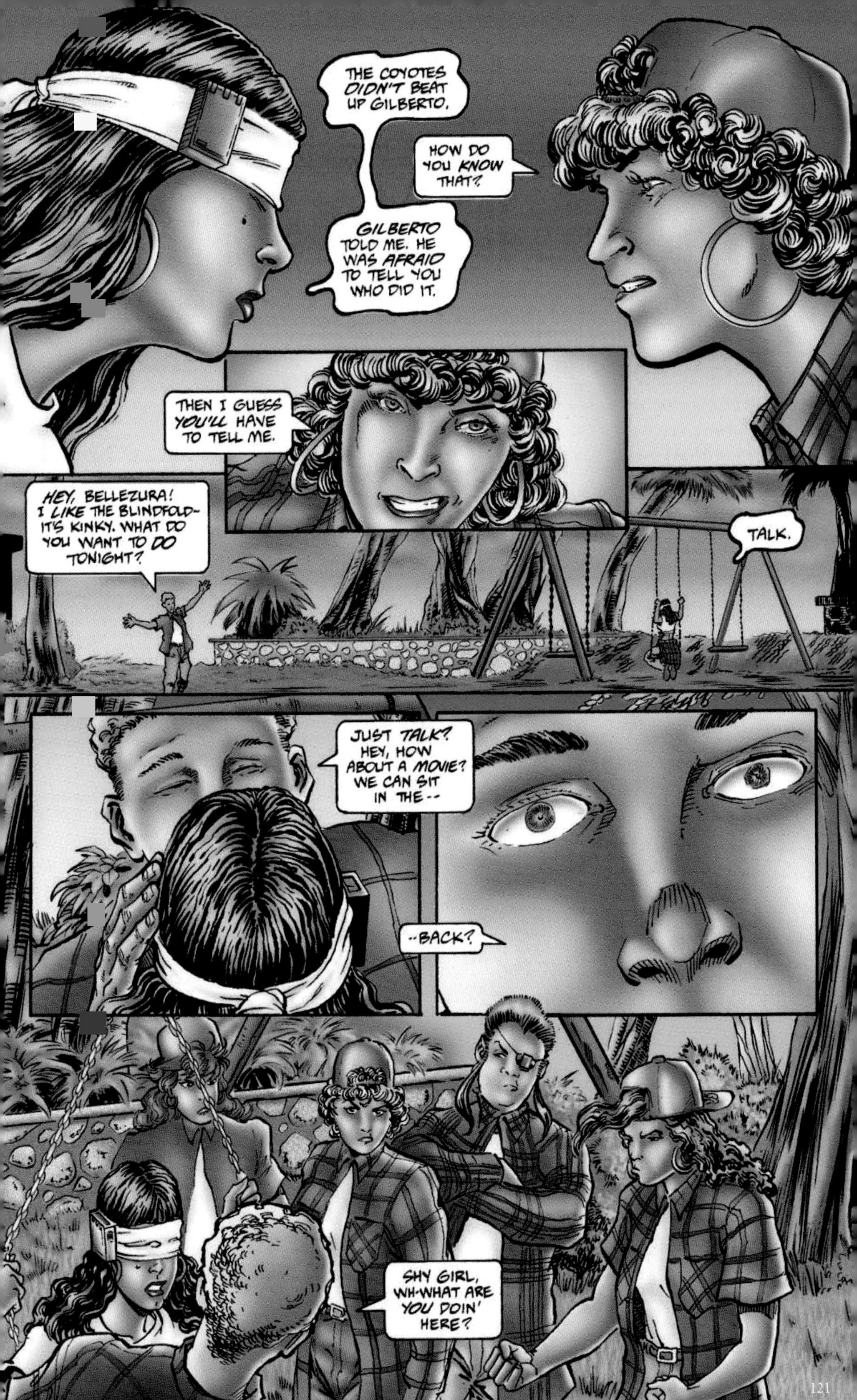
THE COYOTES DIDN'T BEAT UP GILBERTO.
HOW DO YOU KNOW THAT?
GILBERTO TOLD ME. HE WAS AFRAID TO TELL YOU WHO DID IT.
THEN I GUESS YOU'LL HAVE TO TELL ME.
HEY, BELLEZURA! I LIKE THE BLINDFOLD-IT'S KINKY. WHAT DO YOU WANT TO DO TONIGHT?
TALK.
JUST TALK? HEY, HOW ABOUT A MOVIE? WE CAN SIT IN THE--
--BACK?
SHY GIRL, WH-WHAT ARE YOU DOIN' HERE?

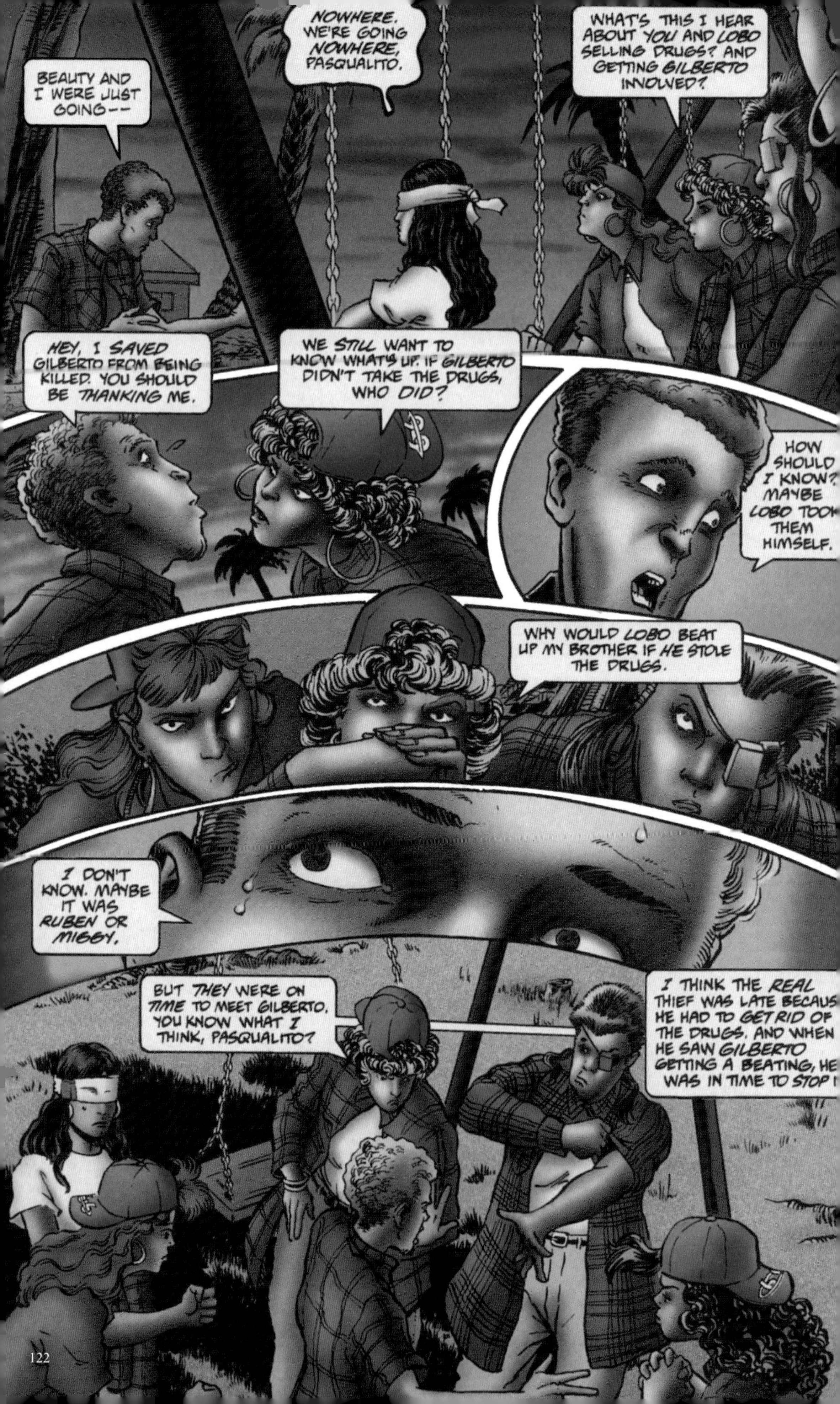

BEAUTY AND I WERE JUST GOING--
NOWHERE. WE'RE GOING NOWHERE, PASQUALITO.
WHAT'S THIS I HEAR ABOUT YOU AND LOBO SELLING DRUGS? AND GETTING GILBERTO INVOLVED?
HEY, I SAVED GILBERTO FROM BEING KILLED. YOU SHOULD BE THANKING ME.
WE STILL WANT TO KNOW WHAT'S UP. IF GILBERTO DIDN'T TAKE THE DRUGS, WHO DID?
HOW SHOULD I KNOW? MAYBE LOBO TOOK THEM HIMSELF.
WHY WOULD LOBO BEAT UP MY BROTHER IF HE STOLE THE DRUGS.
I DON'T KNOW. MAYBE IT WAS RUBEN OR MISSY.
BUT THEY WERE ON TIME TO MEET GILBERTO. YOU KNOW WHAT I THINK, PASQUALITO?
I THINK THE REAL THIEF WAS LATE BECAUS HE HAD TO GET RID OF THE DRUGS. AND WHEN HE SAW GILBERTO GETTING A BEATING, HE WAS IN TIME TO STOP I

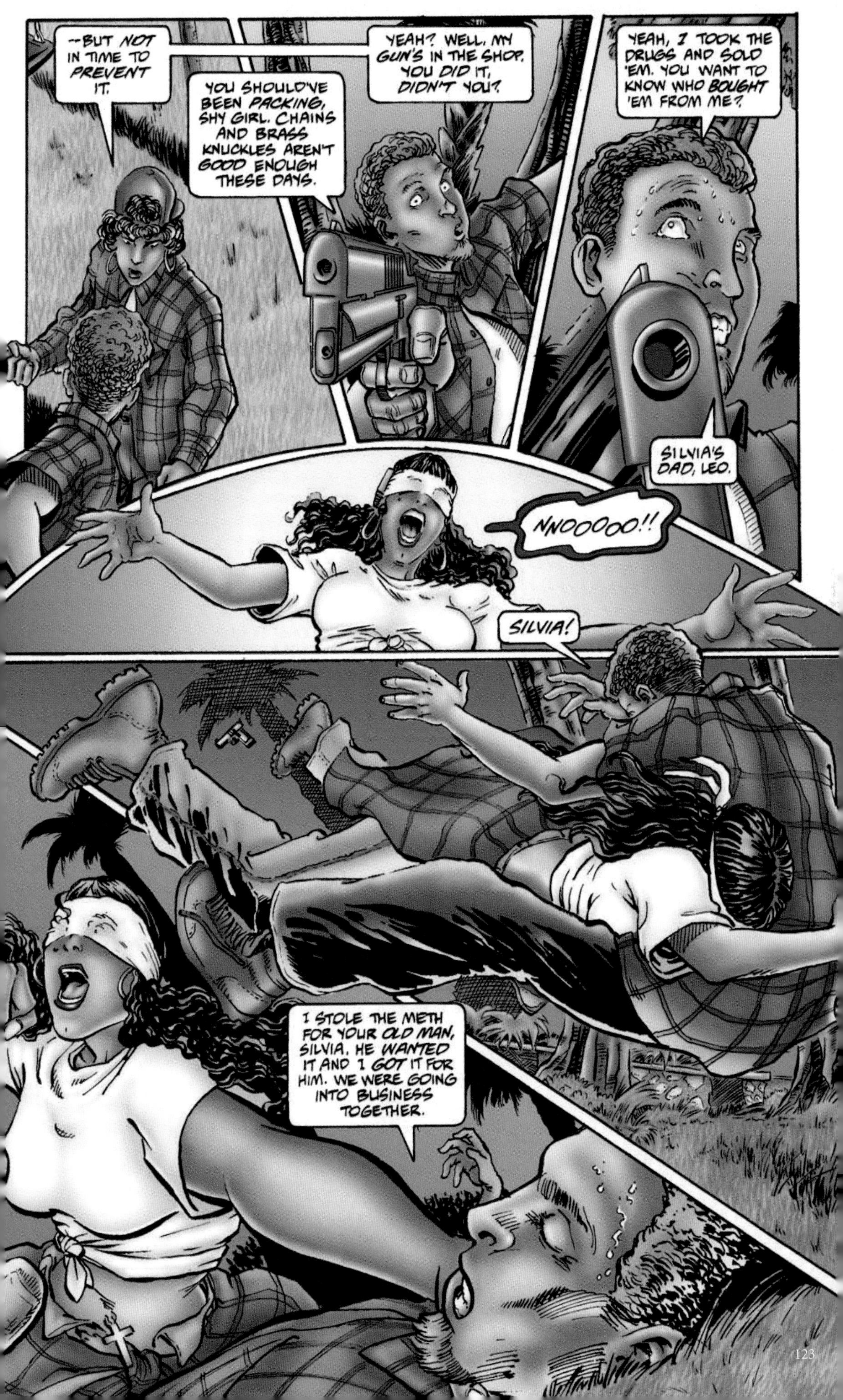
--BUT NOT IN TIME TO PREVENT IT.
YOU SHOULD'VE BEEN PACKING, SHY GIRL. CHAINS AND BRASS KNUCKLES AREN'T GOOD ENOUGH THESE DAYS.
YEAH? WELL, MY GUN'S IN THE SHOP. YOU DID IT, DIDN'T YOU?
YEAH, I TOOK THE DRUGS AND SOLD 'EM. YOU WANT TO KNOW WHO BOUGHT 'EM FROM ME?
SILVIA'S DAD, LEO.
NNOOOOO!!
SILVIA!
I STOLE THE METH FOR YOUR OLD MAN, SILVIA. HE WANTED IT AND I GOT IT FOR HIM. WE WERE GOING INTO BUSINESS TOGETHER.

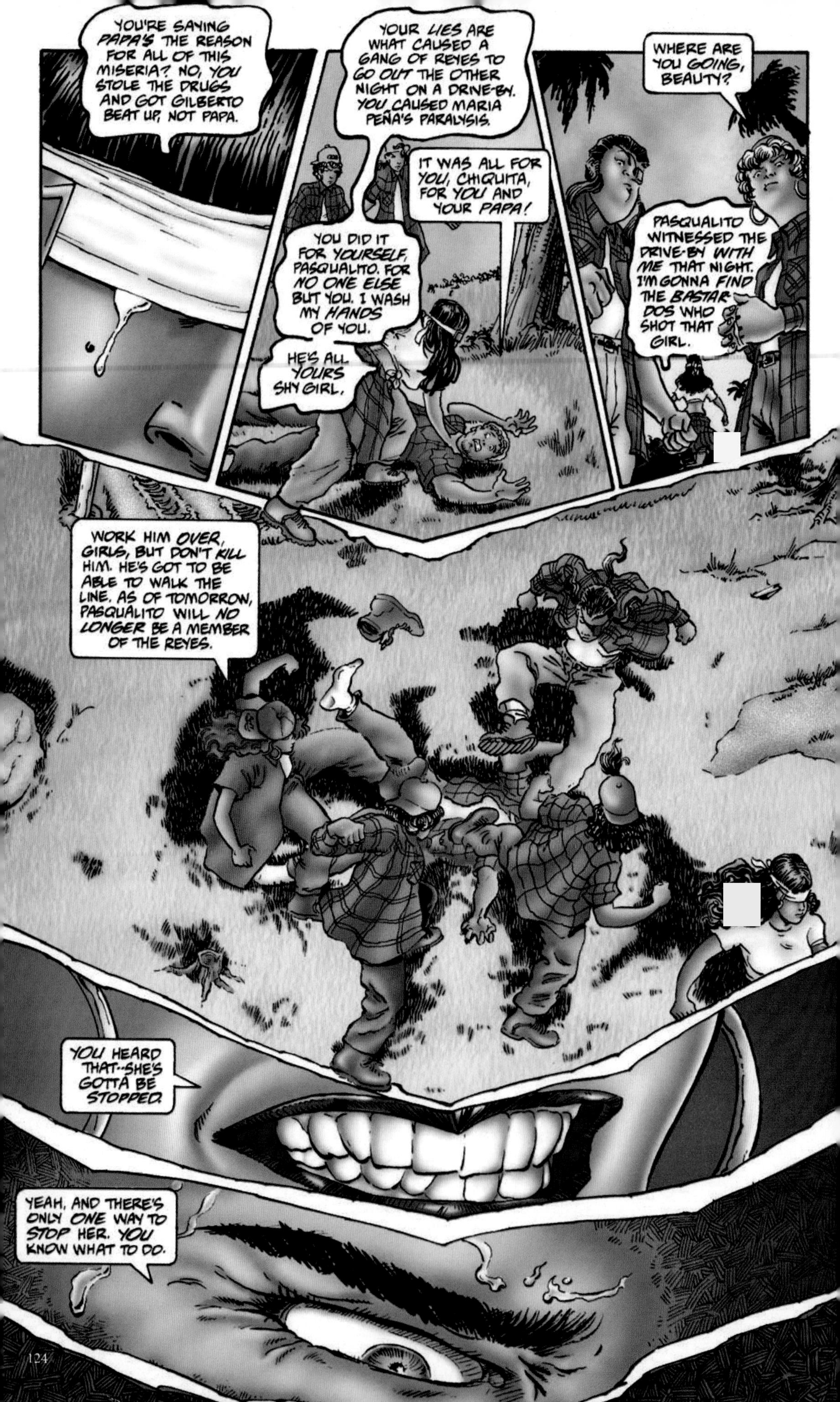
YOU'RE SAYING PAPA'S THE REASON FOR ALL OF THIS MISERIA? NO, YOU STOLE THE DRUGS AND GOT GILBERTO BEAT UP, NOT PAPA.
YOUR LIES ARE WHAT CAUSED A GANG OF REYES TO GO OUT THE OTHER NIGHT ON A DRIVE-BY. YOU CAUSED MARIA PEÑA'S PARALYSIS.
IT WAS ALL FOR YOU, CHIQUITA, FOR YOU AND YOUR PAPA!
YOU DID IT FOR YOURSELF, PASQUALITO. FOR NO ONE ELSE BUT YOU. I WASH MY HANDS OF YOU.
HE'S ALL YOURS SHY GIRL.
WHERE ARE YOU GOING, BEAUTY?
PASQUALITO WITNESSED THE DRIVE-BY WITH ME THAT NIGHT. I'M GONNA FIND THE BASTARDOS WHO SHOT THAT GIRL.
WORK HIM OVER, GIRLS, BUT DON'T KILL HIM. HE'S GOT TO BE ABLE TO WALK THE LINE. AS OF TOMORROW, PASQUALITO WILL NO LONGER BE A MEMBER OF THE REYES.
YOU HEARD THAT--SHE'S GOTTA BE STOPPED.
YEAH, AND THERE'S ONLY ONE WAY TO STOP HER. YOU KNOW WHAT TO DO.

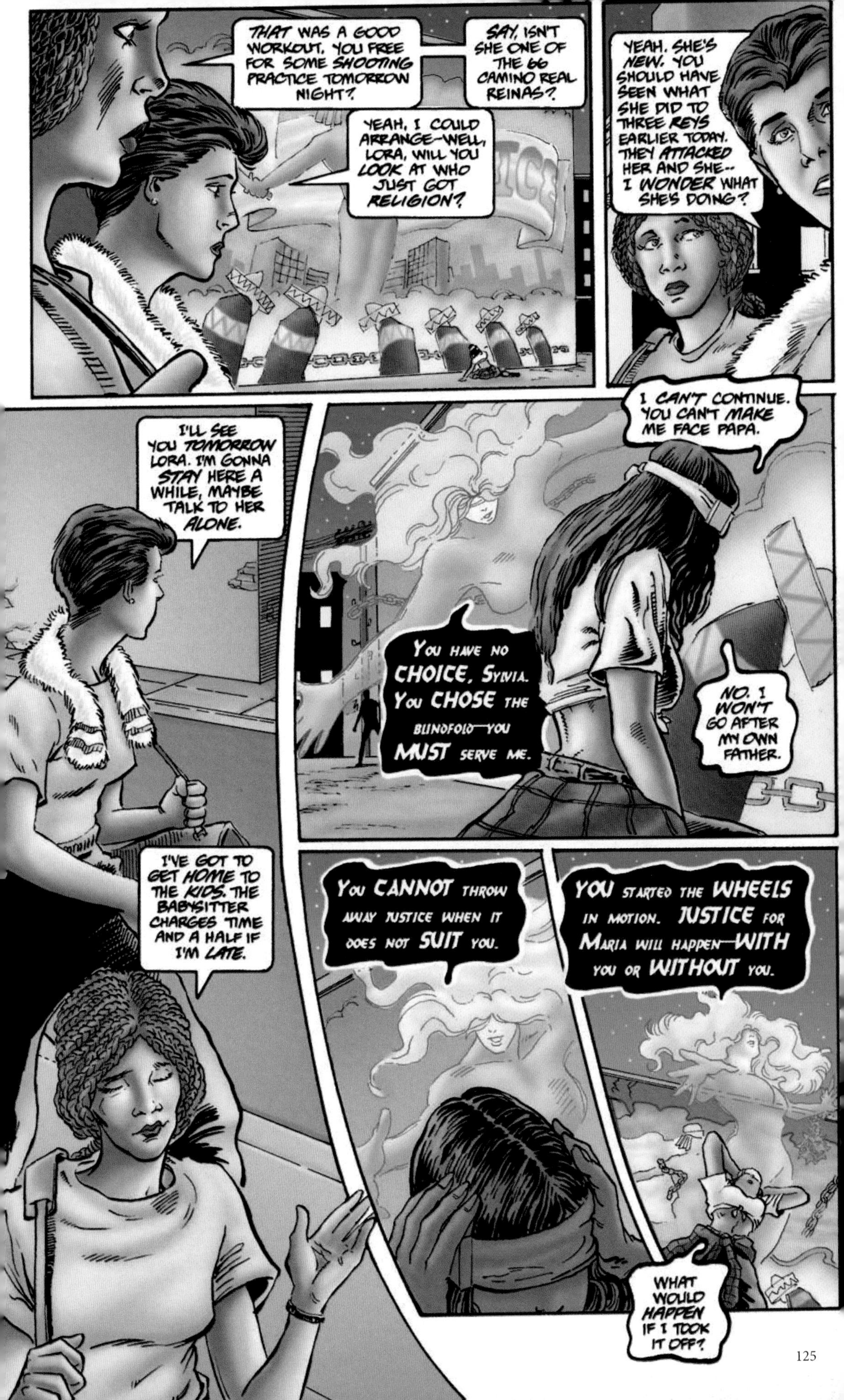
THAT WAS A GOOD WORKOUT. YOU FREE FOR SOME SHOOTING PRACTICE TOMORROW NIGHT?
SAY, ISN'T SHE ONE OF THE 66 CAMINO REAL REINAS?
YEAH, I COULD ARRANGE--WELL, LORA, WILL YOU LOOK AT WHO JUST GOT RELIGION?
YEAH. SHE'S NEW. YOU SHOULD HAVE SEEN WHAT SHE DID TO THREE REYS EARLIER TODAY. THEY ATTACKED HER AND SHE-- I WONDER WHAT SHE'S DOING?
I'LL SEE YOU TOMORROW LORA. I'M GONNA STAY HERE A WHILE, MAYBE TALK TO HER ALONE.
I'VE GOT TO GET HOME TO THE KIDS. THE BABYSITTER CHARGES TIME AND A HALF IF I'M LATE.
I CAN'T CONTINUE. YOU CAN'T MAKE ME FACE PAPA.
YOU HAVE NO CHOICE, SYLVIA. YOU CHOSE THE BLINDFOLD—YOU MUST SERVE ME.
NO. I WON'T GO AFTER MY OWN FATHER.
YOU CANNOT THROW AWAY JUSTICE WHEN IT DOES NOT SUIT YOU.
YOU STARTED THE WHEELS IN MOTION. JUSTICE FOR MARIA WILL HAPPEN—WITH YOU OR WITHOUT YOU.
WHAT WOULD HAPPEN IF I TOOK IT OFF?

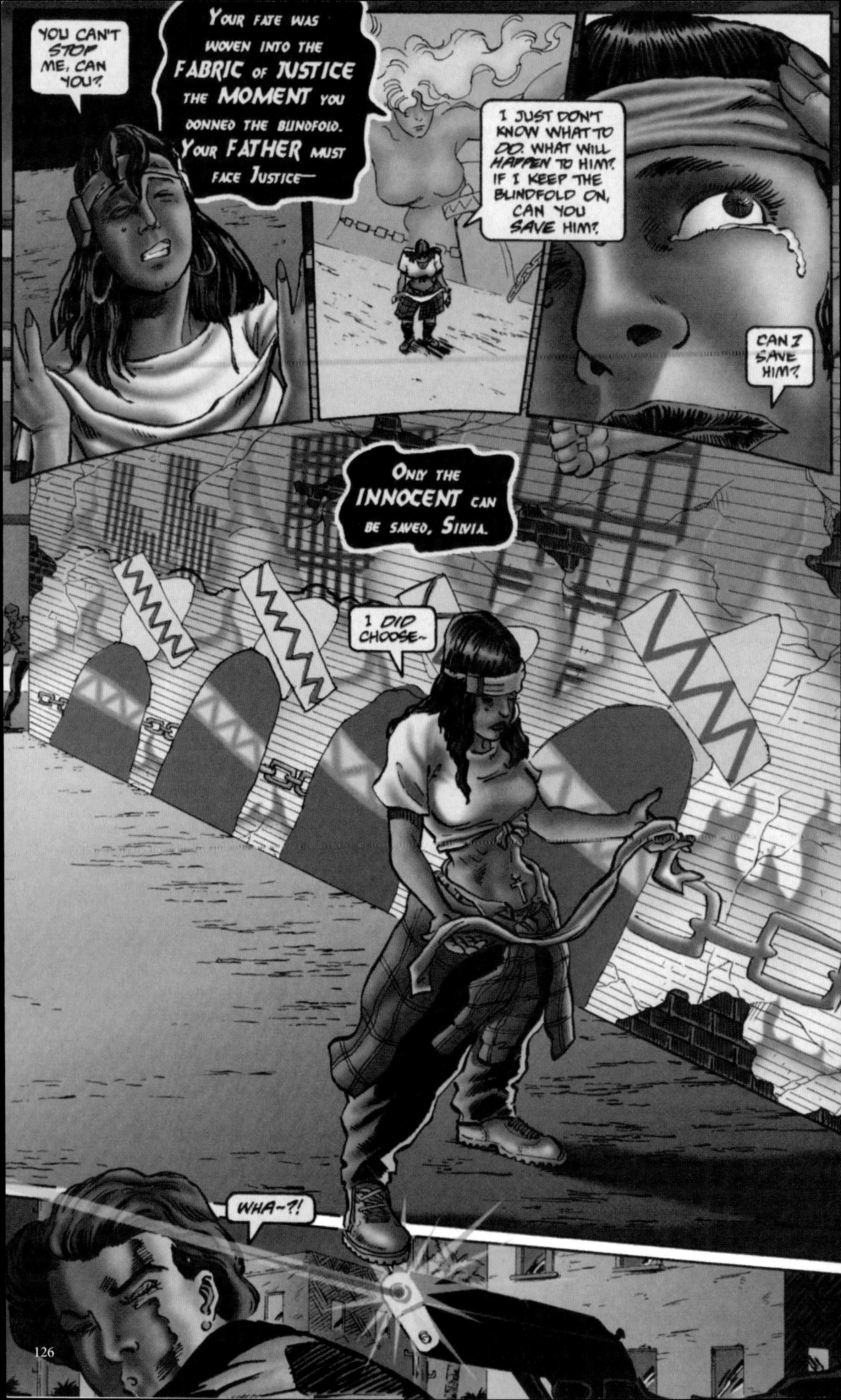

YOU CAN'T STOP ME, CAN YOU?
YOUR FATE WAS WOVEN INTO THE FABRIC OF JUSTICE THE MOMENT YOU DONNED THE BLINDFOLD. YOUR FATHER MUST FACE JUSTICE—
I JUST DON'T KNOW WHAT TO DO. WHAT WILL HAPPEN TO HIM? IF I KEEP THE BLINDFOLD ON, CAN YOU SAVE HIM?
CAN I SAVE HIM?
ONLY THE INNOCENT CAN BE SAVED, SILVIA.
I DID CHOOSE–
WHA–?!

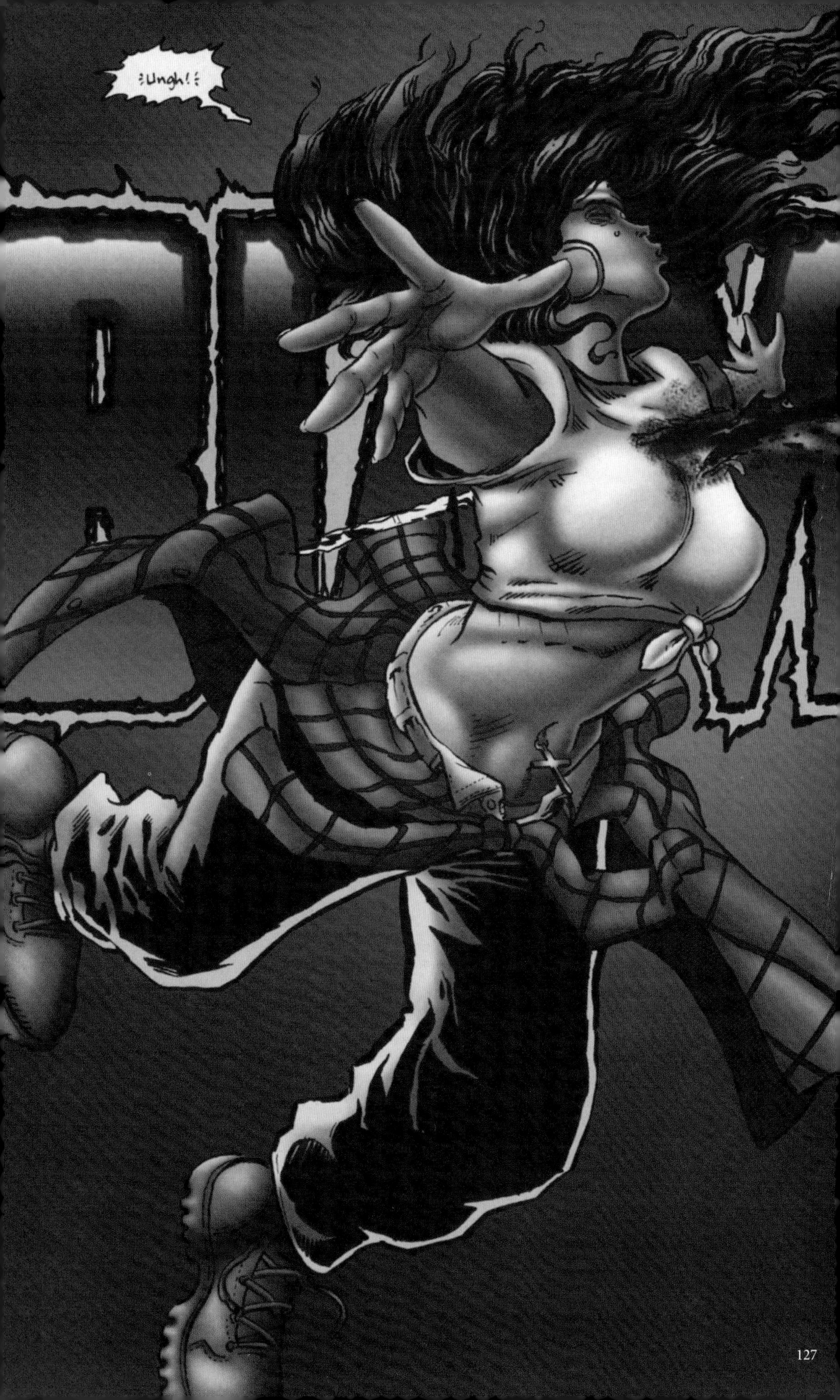
Ungh!

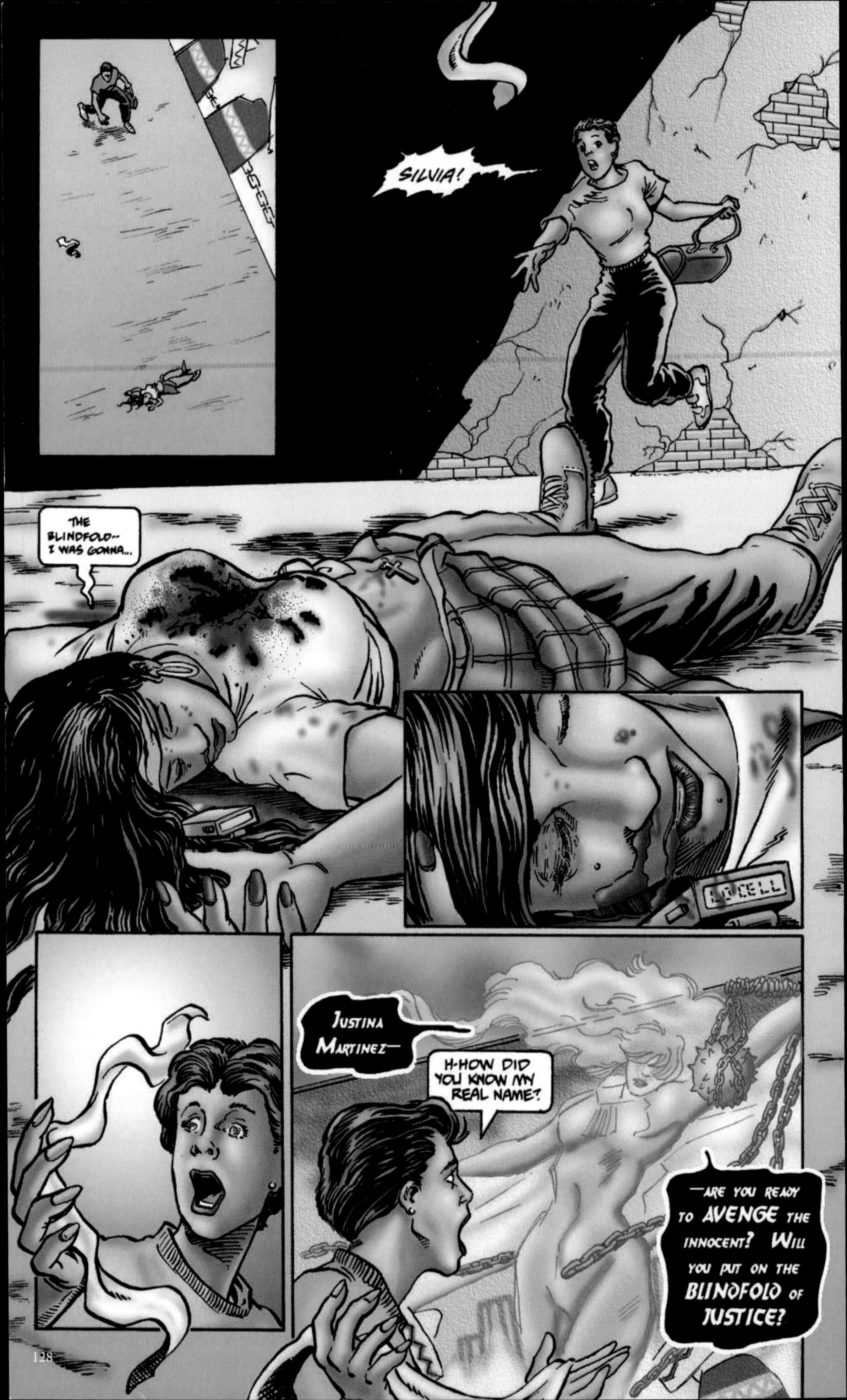
SILVIA!
THE BLINDFOLD-- I WAS GONNA...
LO CELL
JUSTINA MARTINEZ—
H-HOW DID YOU KNOW MY REAL NAME?
—ARE YOU READY TO AVENGE THE INNOCENT? WILL YOU PUT ON THE BLINDFOLD OF JUSTICE?

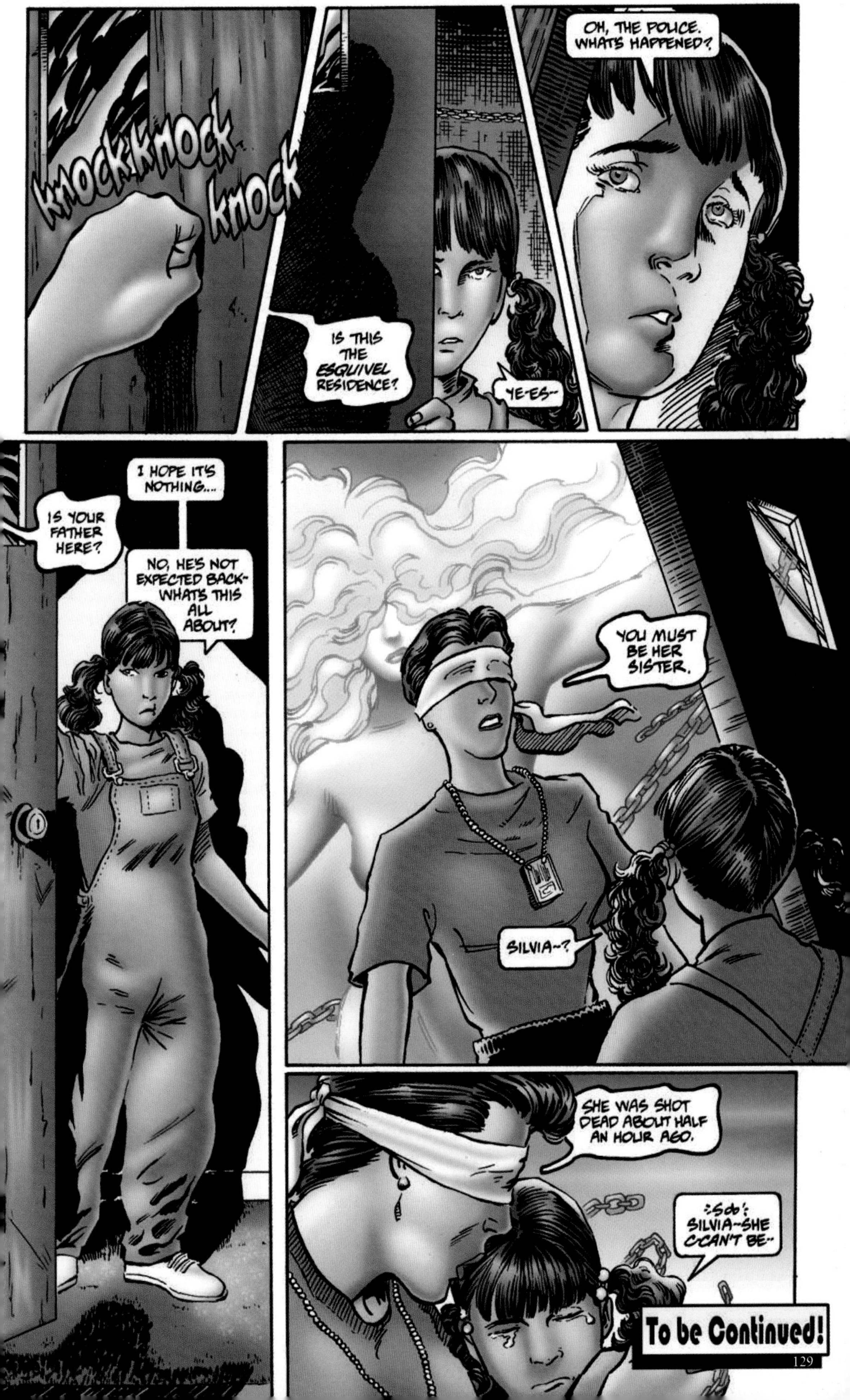
knock knock
knock
IS THIS THE ESQUIVEL RESIDENCE?
YE-ES--
OH, THE POLICE. WHAT'S HAPPENED?
I HOPE IT'S NOTHING...
IS YOUR FATHER HERE?
NO, HE'S NOT EXPECTED BACK-- WHAT'S THIS ALL ABOUT?
YOU MUST BE HER SISTER.
SILVIA--?
SHE WAS SHOT DEAD ABOUT HALF AN HOUR AGO.
:Sob: SILVIA--SHE C-CAN'T BE--
To be Continued!

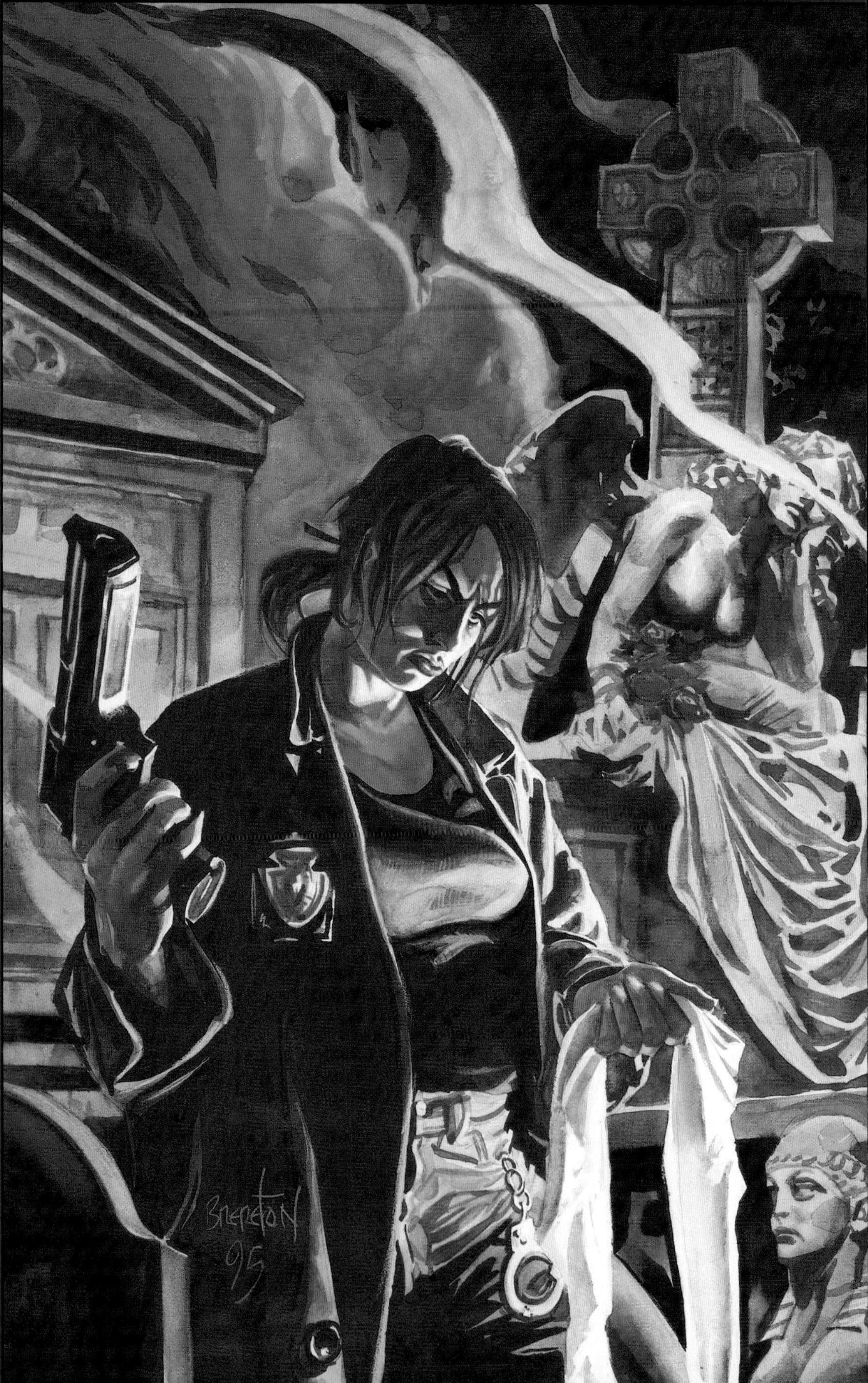
BRERETON
95

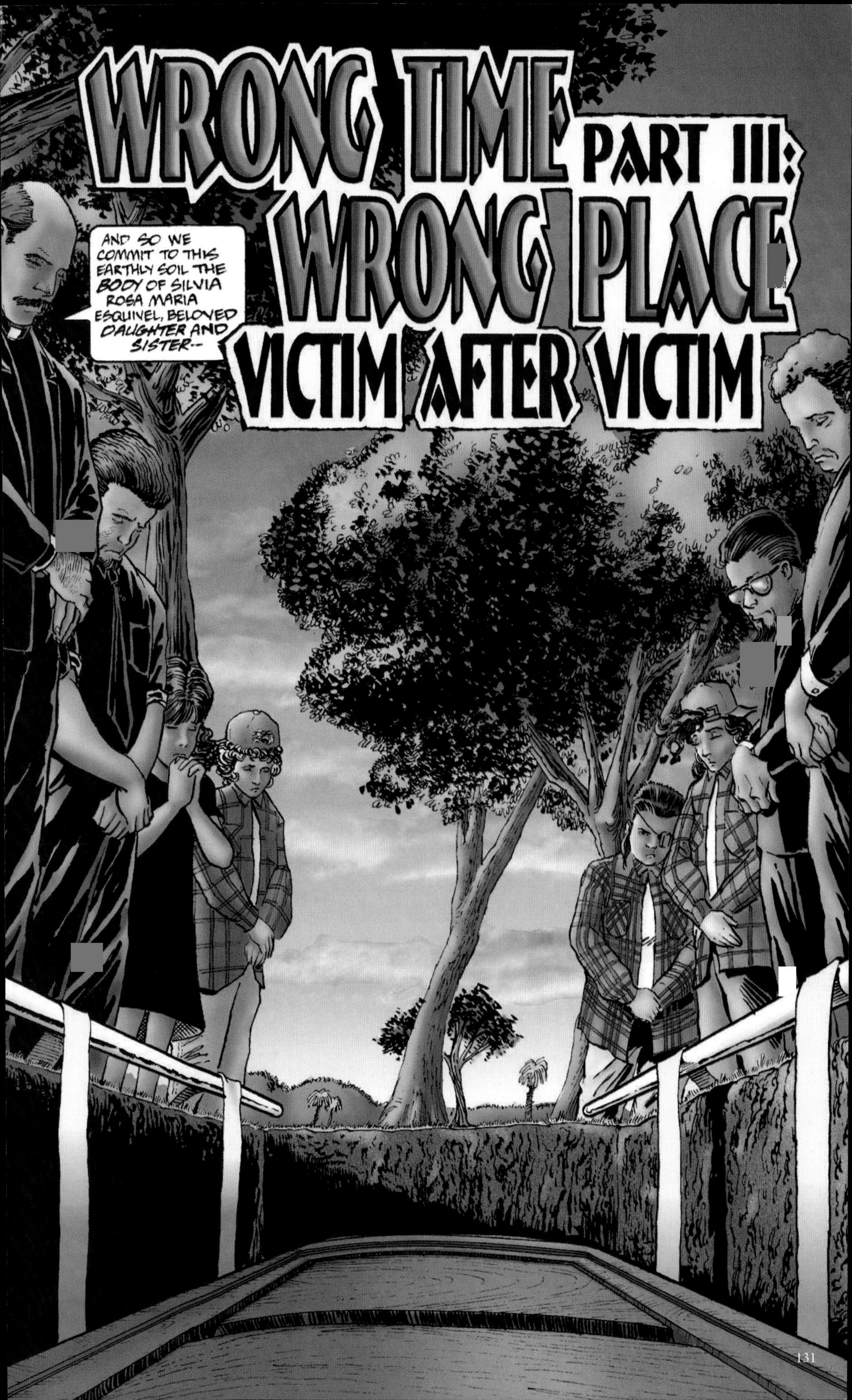
WRONG TIME PART III:
WRONG PLACE
VICTIM AFTER VICTIM
AND SO WE COMMIT TO THIS EARTHLY SOIL THE BODY OF SILVIA ROSA MARIA ESQUIVEL, BELOVED DAUGHTER AND SISTER--

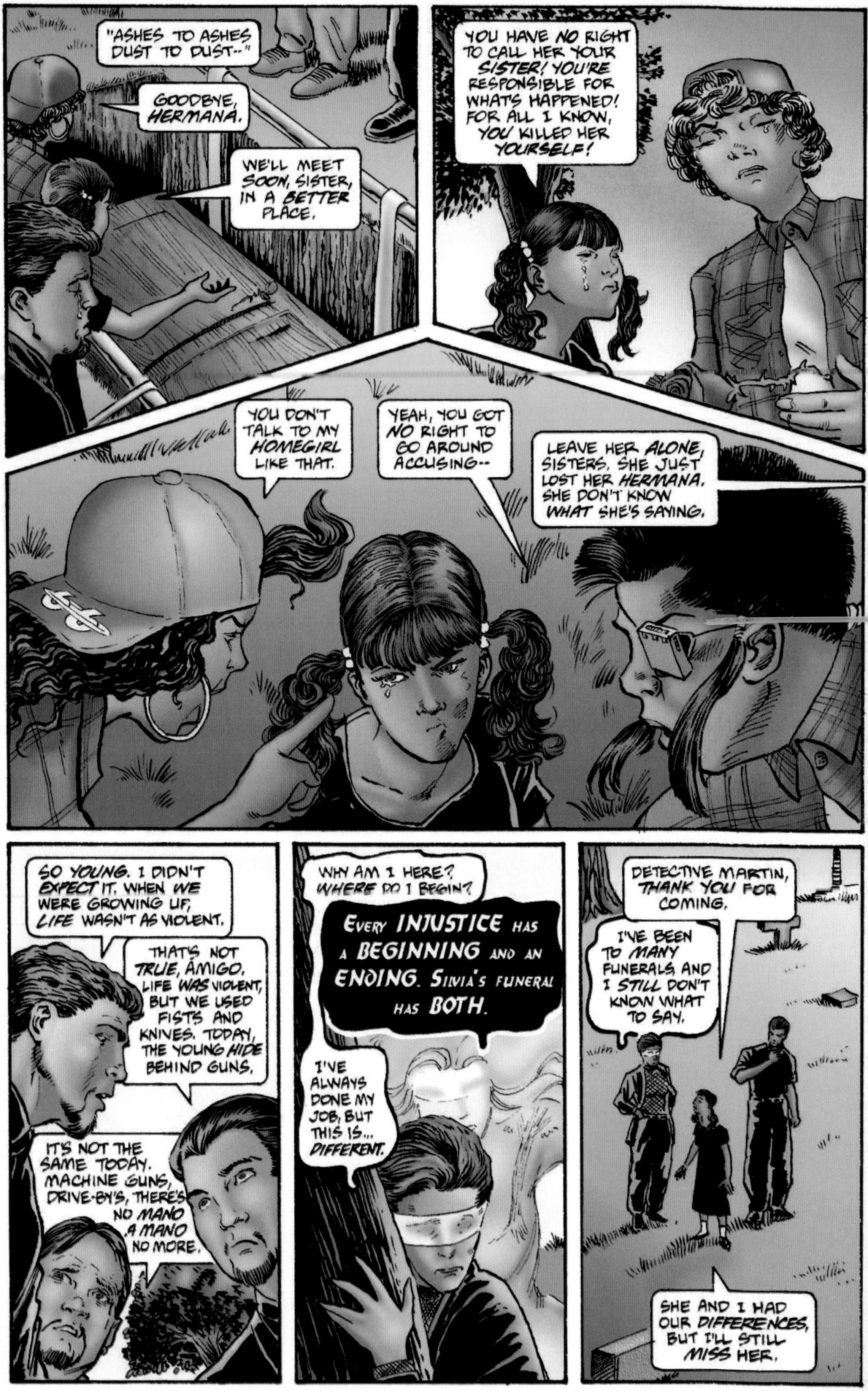
"ASHES TO ASHES DUST TO DUST--"
GOODBYE, HERMANA.
WE'LL MEET SOON, SISTER, IN A BETTER PLACE.
YOU HAVE NO RIGHT TO CALL HER YOUR SISTER! YOU'RE RESPONSIBLE FOR WHAT'S HAPPENED! FOR ALL I KNOW, YOU KILLED HER YOURSELF!
YOU DON'T TALK TO MY HOMEGIRL LIKE THAT.
YEAH, YOU GOT NO RIGHT TO GO AROUND ACCUSING--
LEAVE HER ALONE, SISTERS. SHE JUST LOST HER HERMANA. SHE DON'T KNOW WHAT SHE'S SAYING.
SO YOUNG. I DIDN'T EXPECT IT. WHEN WE WERE GROWING UP, LIFE WASN'T AS VIOLENT.
THAT'S NOT TRUE, AMIGO. LIFE WAS VIOLENT, BUT WE USED FISTS AND KNIVES. TODAY, THE YOUNG HIDE BEHIND GUNS.
IT'S NOT THE SAME TODAY. MACHINE GUNS, DRIVE-BY'S, THERE'S NO MANO A MANO NO MORE.
WHY AM I HERE? WHERE DO I BEGIN?
EVERY INJUSTICE HAS A BEGINNING AND AN ENDING. SILVIA'S FUNERAL HAS BOTH.
I'VE ALWAYS DONE MY JOB, BUT THIS IS... DIFFERENT.
DETECTIVE MARTIN, THANK YOU FOR COMING.
I'VE BEEN TO MANY FUNERALS, AND I STILL DON'T KNOW WHAT TO SAY.
SHE AND I HAD OUR DIFFERENCES, BUT I'LL STILL MISS HER.

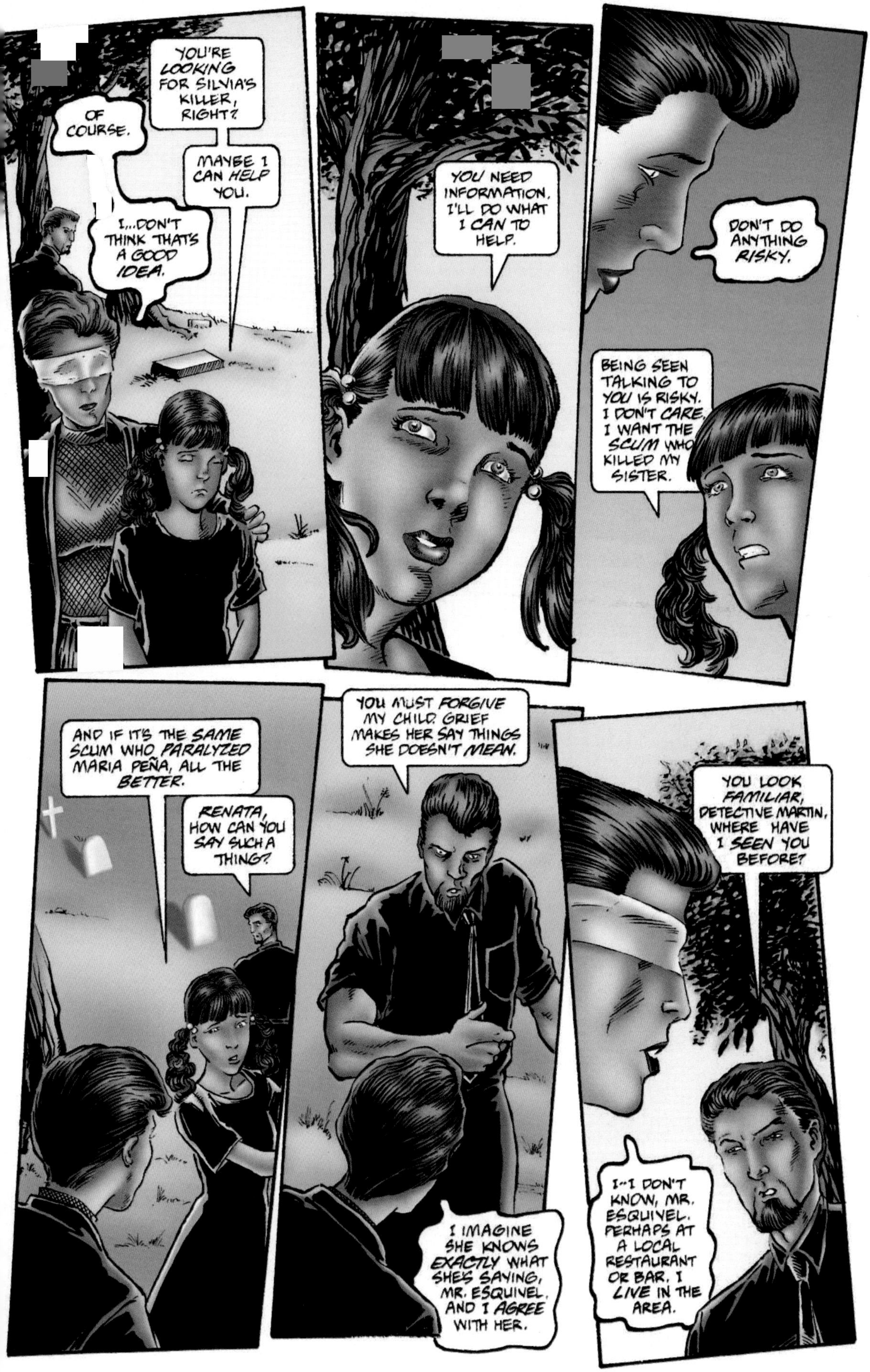
YOU'RE LOOKING FOR SILVIA'S KILLER, RIGHT?
OF COURSE.
MAYBE I CAN HELP YOU.
I...DON'T THINK THAT'S A GOOD IDEA.
YOU NEED INFORMATION. I'LL DO WHAT I CAN TO HELP.
DON'T DO ANYTHING RISKY.
BEING SEEN TALKING TO YOU IS RISKY. I DON'T CARE. I WANT THE SCUM WHO KILLED MY SISTER.
AND IF IT'S THE SAME SCUM WHO PARALYZED MARIA PEÑA, ALL THE BETTER.
RENATA, HOW CAN YOU SAY SUCH A THING?
YOU MUST FORGIVE MY CHILD. GRIEF MAKES HER SAY THINGS SHE DOESN'T MEAN.
I IMAGINE SHE KNOWS EXACTLY WHAT SHE'S SAYING, MR. ESQUIVEL. AND I AGREE WITH HER.
YOU LOOK FAMILIAR, DETECTIVE MARTIN. WHERE HAVE I SEEN YOU BEFORE?
I--I DON'T KNOW, MR. ESQUIVEL. PERHAPS AT A LOCAL RESTAURANT OR BAR. I LIVE IN THE AREA.

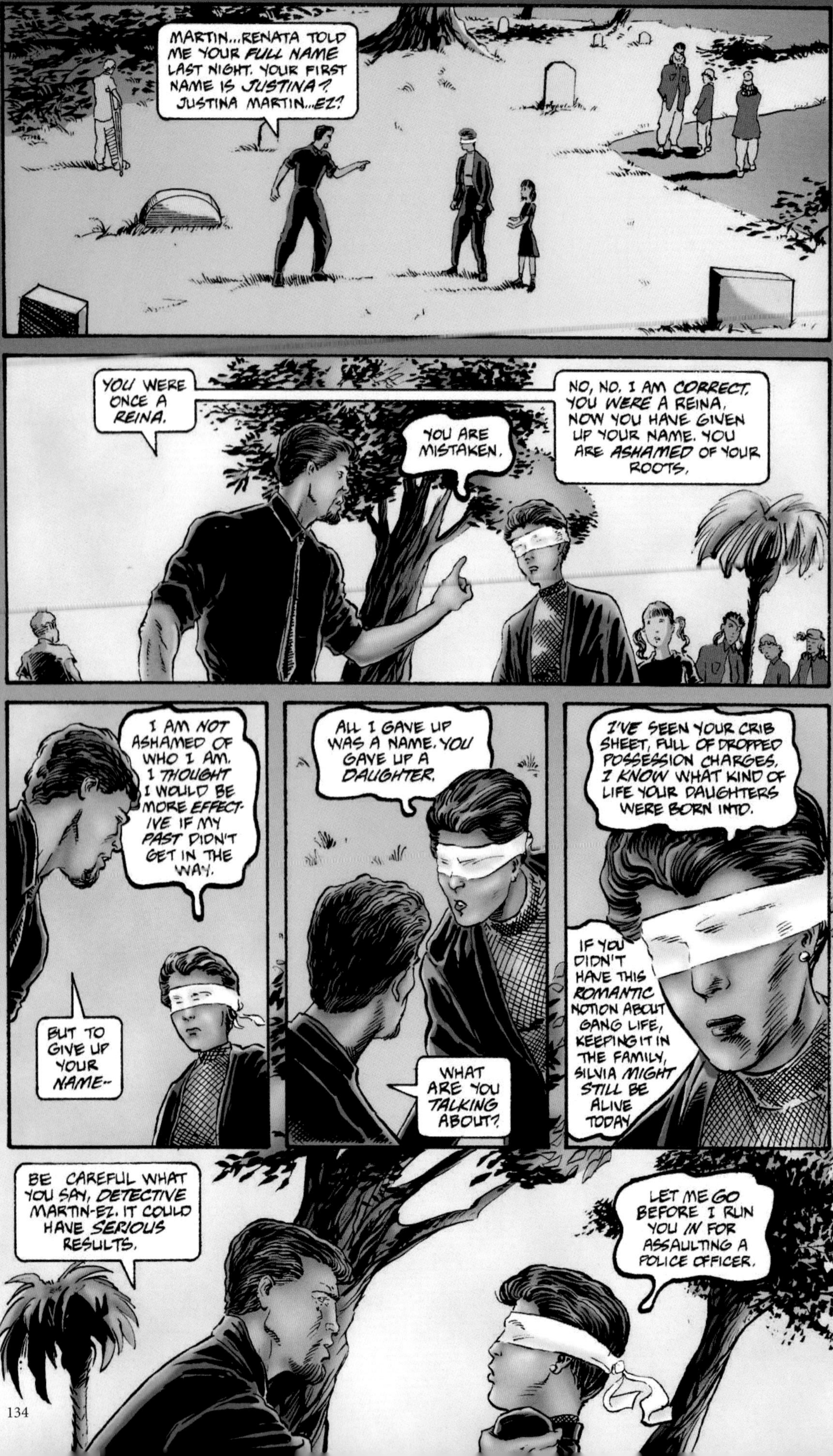
MARTIN...RENATA TOLD ME YOUR FULL NAME LAST NIGHT. YOUR FIRST NAME IS JUSTINA? JUSTINA MARTIN...EZ?
YOU WERE ONCE A REINA.
YOU ARE MISTAKEN.
NO, NO. I AM CORRECT. YOU WERE A REINA. NOW YOU HAVE GIVEN UP YOUR NAME. YOU ARE ASHAMED OF YOUR ROOTS.
I AM NOT ASHAMED OF WHO I AM. I THOUGHT I WOULD BE MORE EFFECTIVE IF MY PAST DIDN'T GET IN THE WAY.
BUT TO GIVE UP YOUR NAME--
ALL I GAVE UP WAS A NAME. YOU GAVE UP A DAUGHTER.
WHAT ARE YOU TALKING ABOUT?
I'VE SEEN YOUR CRIB SHEET, FULL OF DROPPED POSSESSION CHARGES. I KNOW WHAT KIND OF LIFE YOUR DAUGHTERS WERE BORN INTO.
IF YOU DIDN'T HAVE THIS ROMANTIC NOTION ABOUT GANG LIFE, KEEPING IT IN THE FAMILY, SILVIA MIGHT STILL BE ALIVE TODAY.
BE CAREFUL WHAT YOU SAY, DETECTIVE MARTIN-EZ. IT COULD HAVE SERIOUS RESULTS.
LET ME GO BEFORE I RUN YOU IN FOR ASSAULTING A POLICE OFFICER.

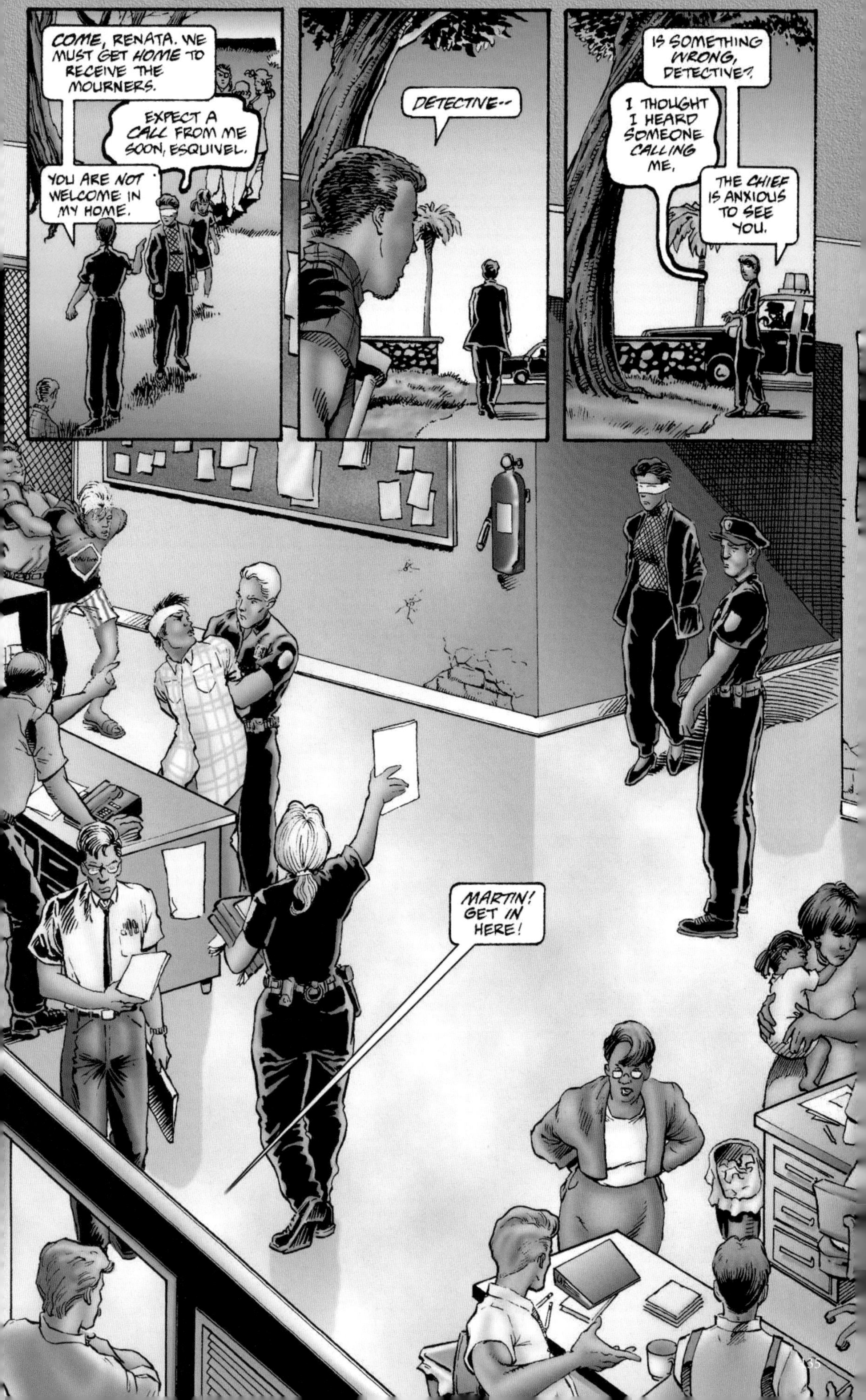
COME, RENATA. WE MUST GET HOME TO RECEIVE THE MOURNERS.
EXPECT A CALL FROM ME SOON, ESQUIVEL.
YOU ARE NOT WELCOME IN MY HOME.
DETECTIVE--
IS SOMETHING WRONG, DETECTIVE?
I THOUGHT I HEARD SOMEONE CALLING ME.
THE CHIEF IS ANXIOUS TO SEE YOU.
MARTIN! GET IN HERE!

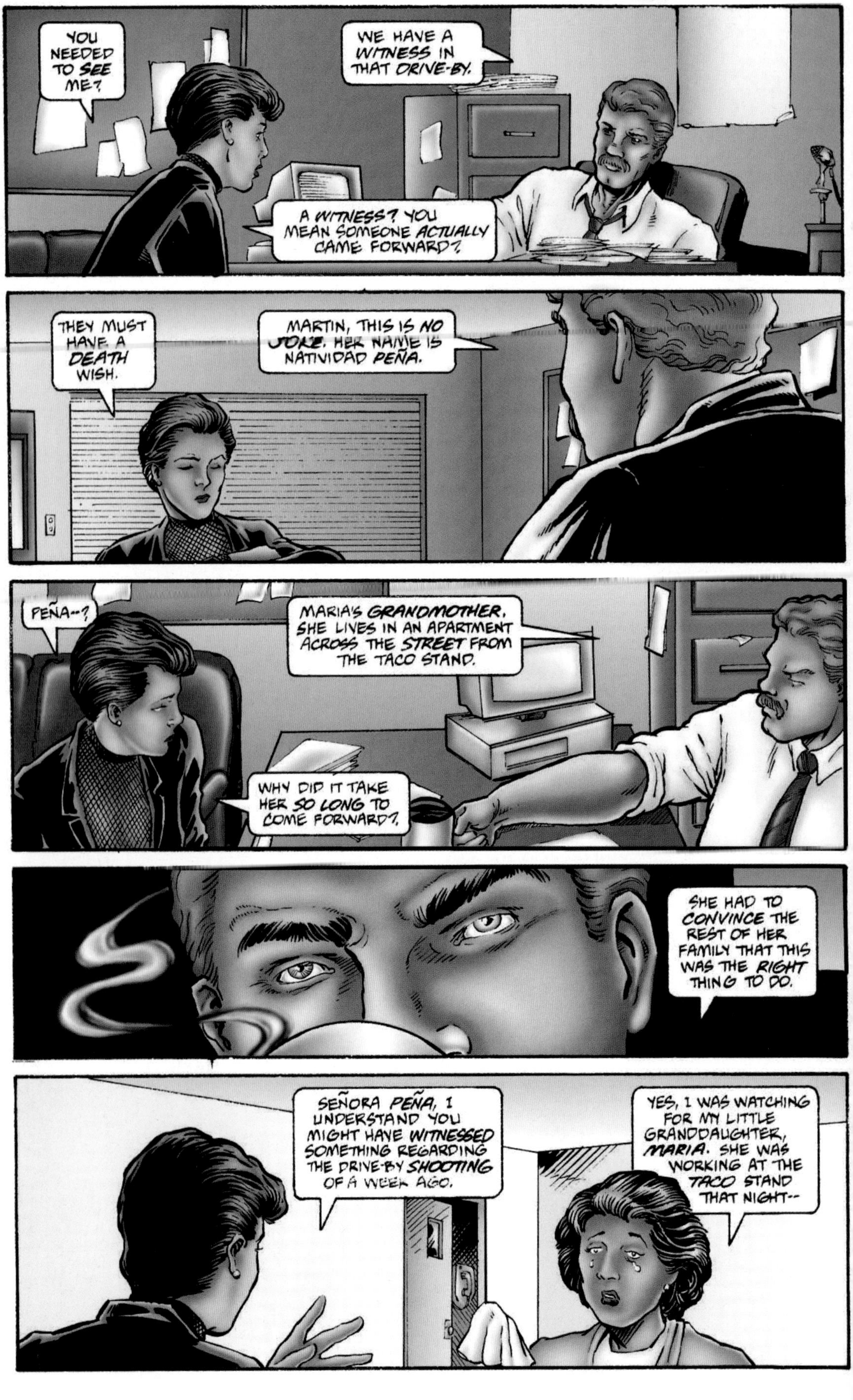
YOU NEEDED TO SEE ME?
WE HAVE A WITNESS IN THAT DRIVE-BY.
A WITNESS? YOU MEAN SOMEONE ACTUALLY CAME FORWARD?
THEY MUST HAVE A DEATH WISH.
MARTIN, THIS IS NO JOKE. HER NAME IS NATIVIDAD PEÑA.
PEÑA--?
MARIA'S GRANDMOTHER. SHE LIVES IN AN APARTMENT ACROSS THE STREET FROM THE TACO STAND.
WHY DID IT TAKE HER SO LONG TO COME FORWARD?
SHE HAD TO CONVINCE THE REST OF HER FAMILY THAT THIS WAS THE RIGHT THING TO DO.
SEÑORA PEÑA, I UNDERSTAND YOU MIGHT HAVE WITNESSED SOMETHING REGARDING THE DRIVE-BY SHOOTING OF A WEEK AGO.
YES, I WAS WATCHING FOR MY LITTLE GRANDDAUGHTER, MARIA. SHE WAS WORKING AT THE TACO STAND THAT NIGHT--

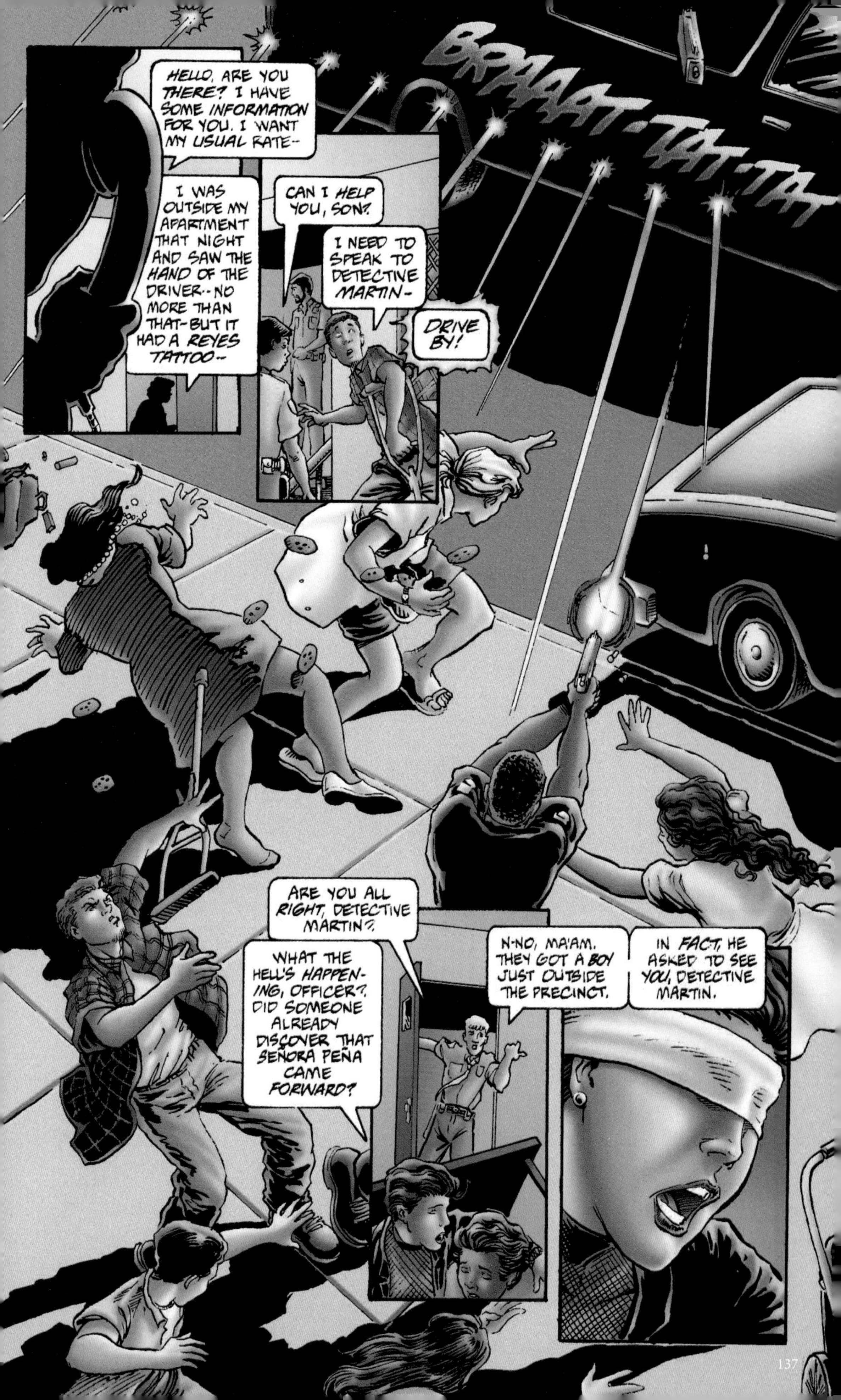
BRAAAT-TAT-TAT
HELLO, ARE YOU THERE? I HAVE SOME INFORMATION FOR YOU. I WANT MY USUAL RATE--
I WAS OUTSIDE MY APARTMENT THAT NIGHT AND SAW THE HAND OF THE DRIVER--NO MORE THAN THAT-BUT IT HAD A REYES TATTOO--
CAN I HELP YOU, SON?
I NEED TO SPEAK TO DETECTIVE MARTIN-
DRIVE BY!
ARE YOU ALL RIGHT, DETECTIVE MARTIN?
WHAT THE HELL'S HAPPENING, OFFICER? DID SOMEONE ALREADY DISCOVER THAT SEÑORA PEÑA CAME FORWARD?
N-NO, MA'AM. THEY GOT A BOY JUST OUTSIDE THE PRECINCT.
IN FACT, HE ASKED TO SEE YOU, DETECTIVE MARTIN.

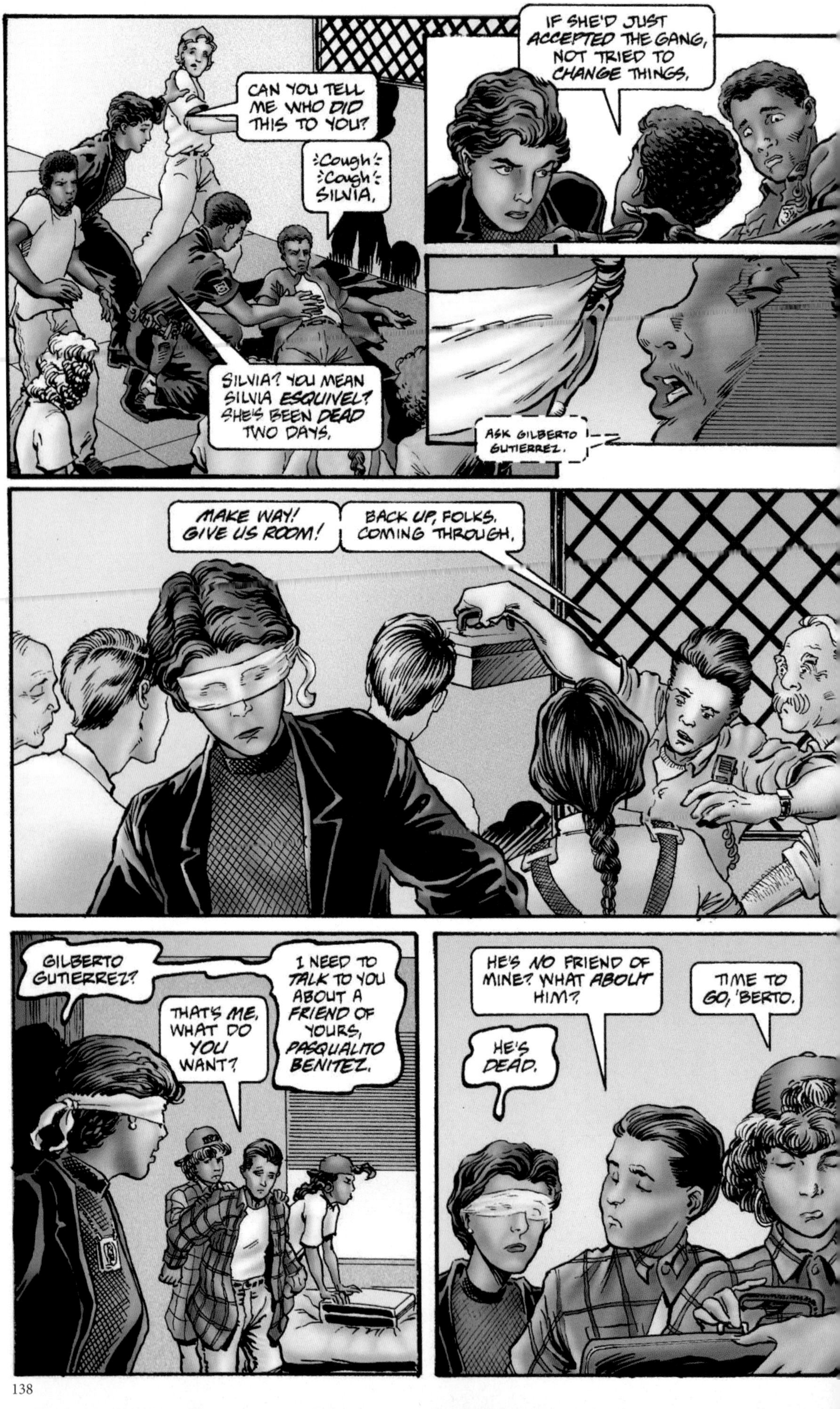
CAN YOU TELL ME WHO DID THIS TO YOU?
Cough Cough SILVIA.
SILVIA? YOU MEAN SILVIA ESQUIVEL? SHE'S BEEN DEAD TWO DAYS.
IF SHE'D JUST ACCEPTED THE GANG, NOT TRIED TO CHANGE THINGS.
ASK GILBERTO GUTIERREZ.
MAKE WAY! GIVE US ROOM!
BACK UP, FOLKS. COMING THROUGH.
GILBERTO GUTIERREZ?
THAT'S ME. WHAT DO YOU WANT?
I NEED TO TALK TO YOU ABOUT A FRIEND OF YOURS, PASQUALITO BENITEZ.
HE'S NO FRIEND OF MINE? WHAT ABOUT HIM?
HE'S DEAD.
TIME TO GO, 'BERTO.

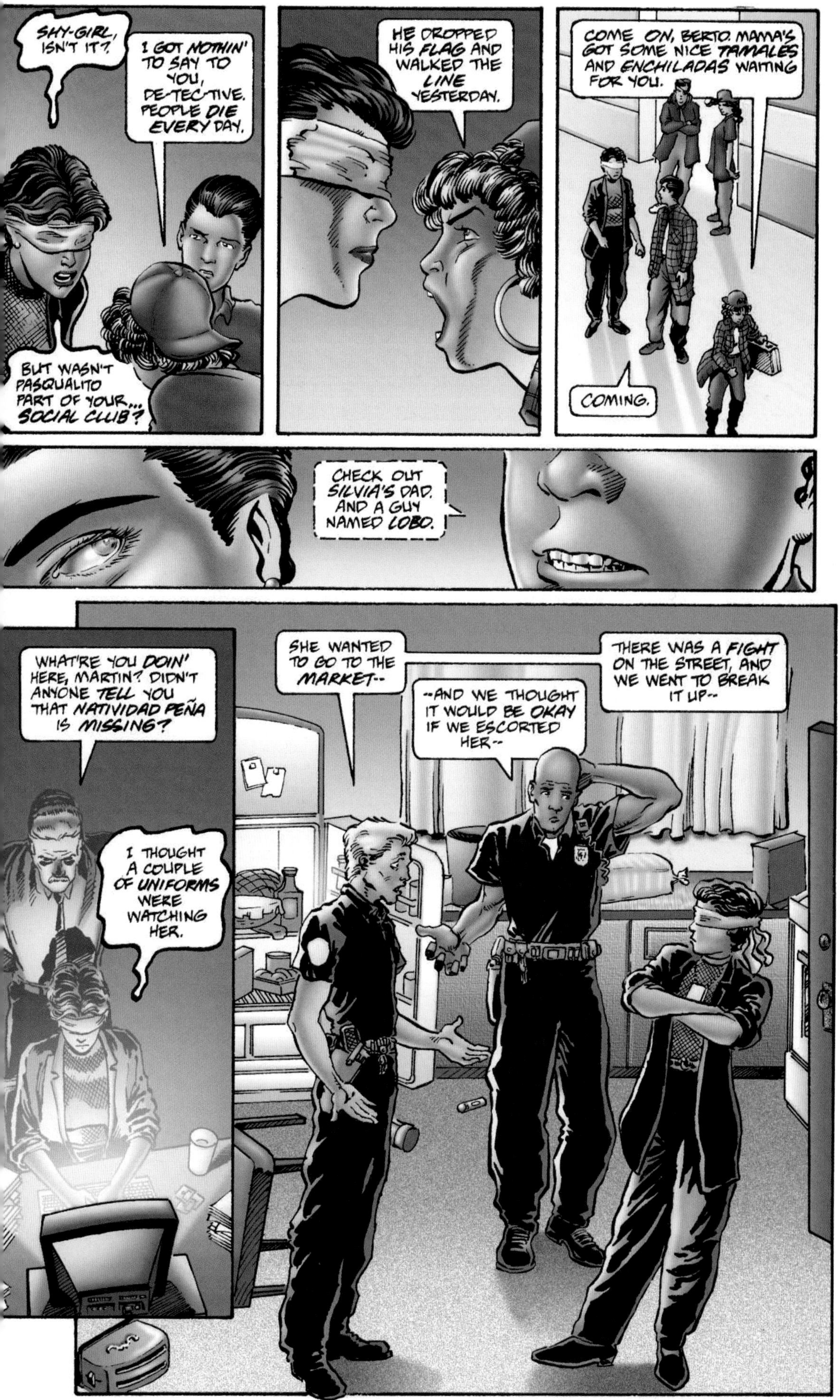

SHY-GIRL, ISN'T IT?
I GOT NOTHIN' TO SAY TO YOU, DE-TEC-TIVE. PEOPLE DIE EVERY DAY.
BUT WASN'T PASQUALITO PART OF YOUR... SOCIAL CLUB?
HE DROPPED HIS FLAG AND WALKED THE LINE YESTERDAY.
COME ON, BERTO. MAMA'S GOT SOME NICE TAMALES AND ENCHILADAS WAITING FOR YOU.
COMING.
CHECK OUT SILVIA'S DAD. AND A GUY NAMED LOBO.
WHAT'RE YOU DOIN' HERE, MARTIN? DIDN'T ANYONE TELL YOU THAT NATIVIDAD PEÑA IS MISSING?
I THOUGHT A COUPLE OF UNIFORMS WERE WATCHING HER.
SHE WANTED TO GO TO THE MARKET--
--AND WE THOUGHT IT WOULD BE OKAY IF WE ESCORTED HER--
THERE WAS A FIGHT ON THE STREET, AND WE WENT TO BREAK IT UP--

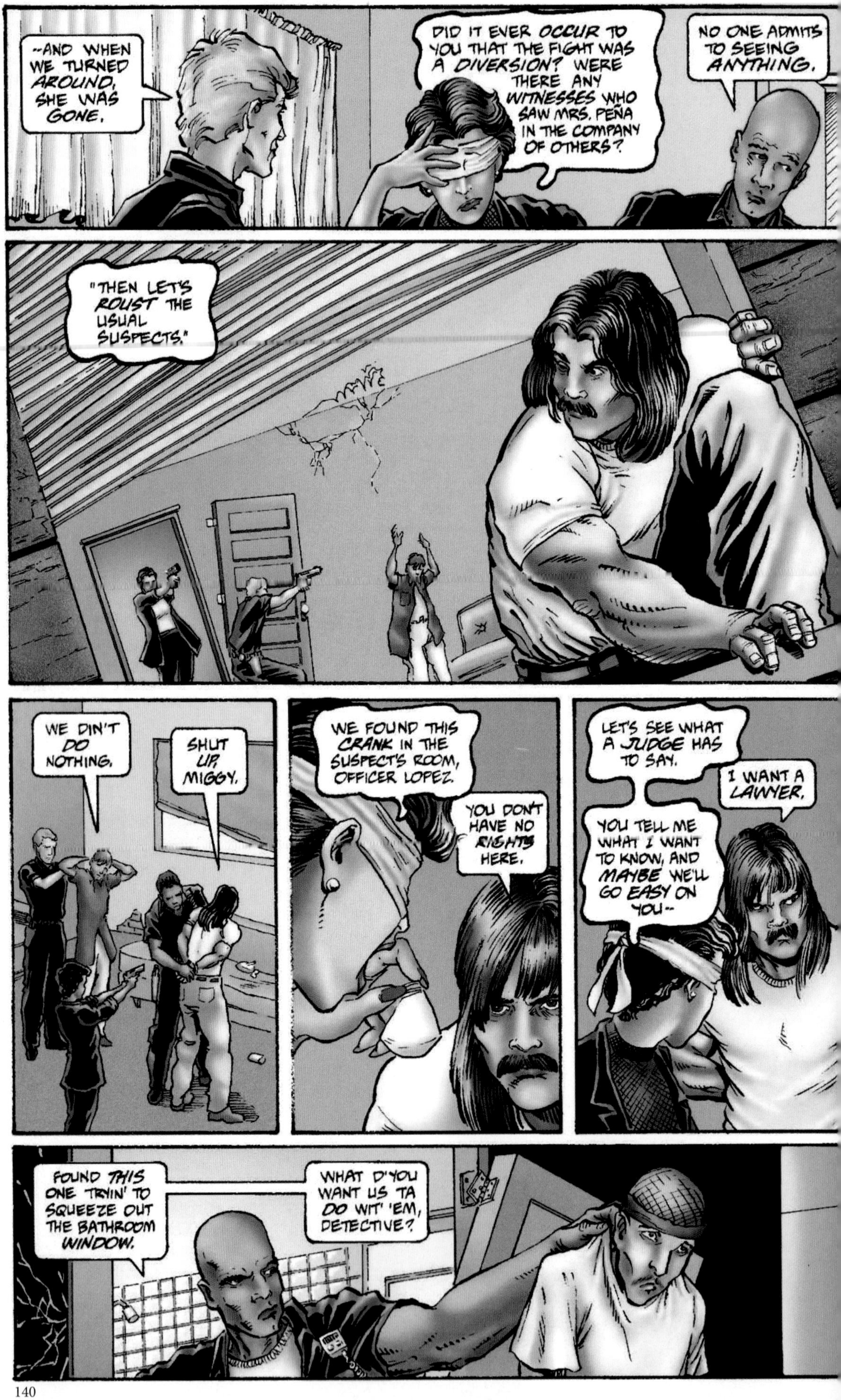
--AND WHEN WE TURNED AROUND, SHE WAS GONE.
DID IT EVER OCCUR TO YOU THAT THE FIGHT WAS A DIVERSION? WERE THERE ANY WITNESSES WHO SAW MRS. PEÑA IN THE COMPANY OF OTHERS?
NO ONE ADMITS TO SEEING ANYTHING.
"THEN LET'S ROUST THE USUAL SUSPECTS."
WE DIN'T DO NOTHING.
SHUT UP, MIGGY.
WE FOUND THIS CRANK IN THE SUSPECT'S ROOM, OFFICER LOPEZ.
YOU DON'T HAVE NO RIGHTS HERE.
LET'S SEE WHAT A JUDGE HAS TO SAY.
I WANT A LAWYER.
YOU TELL ME WHAT I WANT TO KNOW, AND MAYBE WE'LL GO EASY ON YOU--
FOUND THIS ONE TRYIN' TO SQUEEZE OUT THE BATHROOM WINDOW.
WHAT D'YOU WANT US TA DO WIT' 'EM, DETECTIVE?

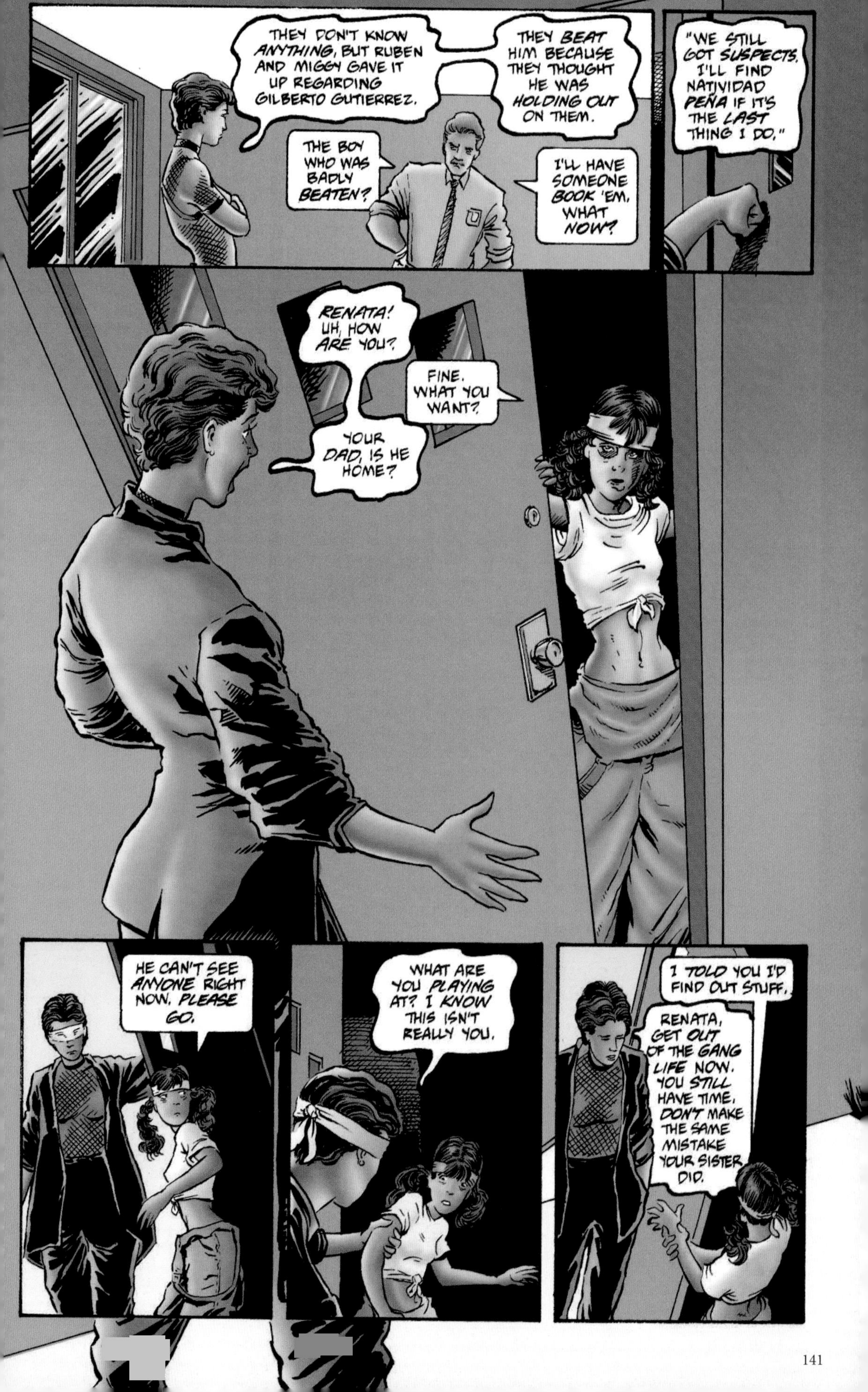

THEY DON'T KNOW ANYTHING, BUT RUBEN AND MIGGY GAVE IT UP REGARDING GILBERTO GUTIERREZ.
THE BOY WHO WAS BADLY BEATEN?
THEY BEAT HIM BECAUSE THEY THOUGHT HE WAS HOLDING OUT ON THEM.
I'LL HAVE SOMEONE BOOK 'EM. WHAT NOW?
"WE STILL GOT SUSPECTS. I'LL FIND NATIVIDAD PEÑA IF IT'S THE LAST THING I DO."
RENATA! UH, HOW ARE YOU?
FINE. WHAT YOU WANT?
YOUR DAD, IS HE HOME?
HE CAN'T SEE ANYONE RIGHT NOW. PLEASE GO.
WHAT ARE YOU PLAYING AT? I KNOW THIS ISN'T REALLY YOU.
I TOLD YOU I'D FIND OUT STUFF.
RENATA, GET OUT OF THE GANG LIFE NOW. YOU STILL HAVE TIME. DON'T MAKE THE SAME MISTAKE YOUR SISTER DID.

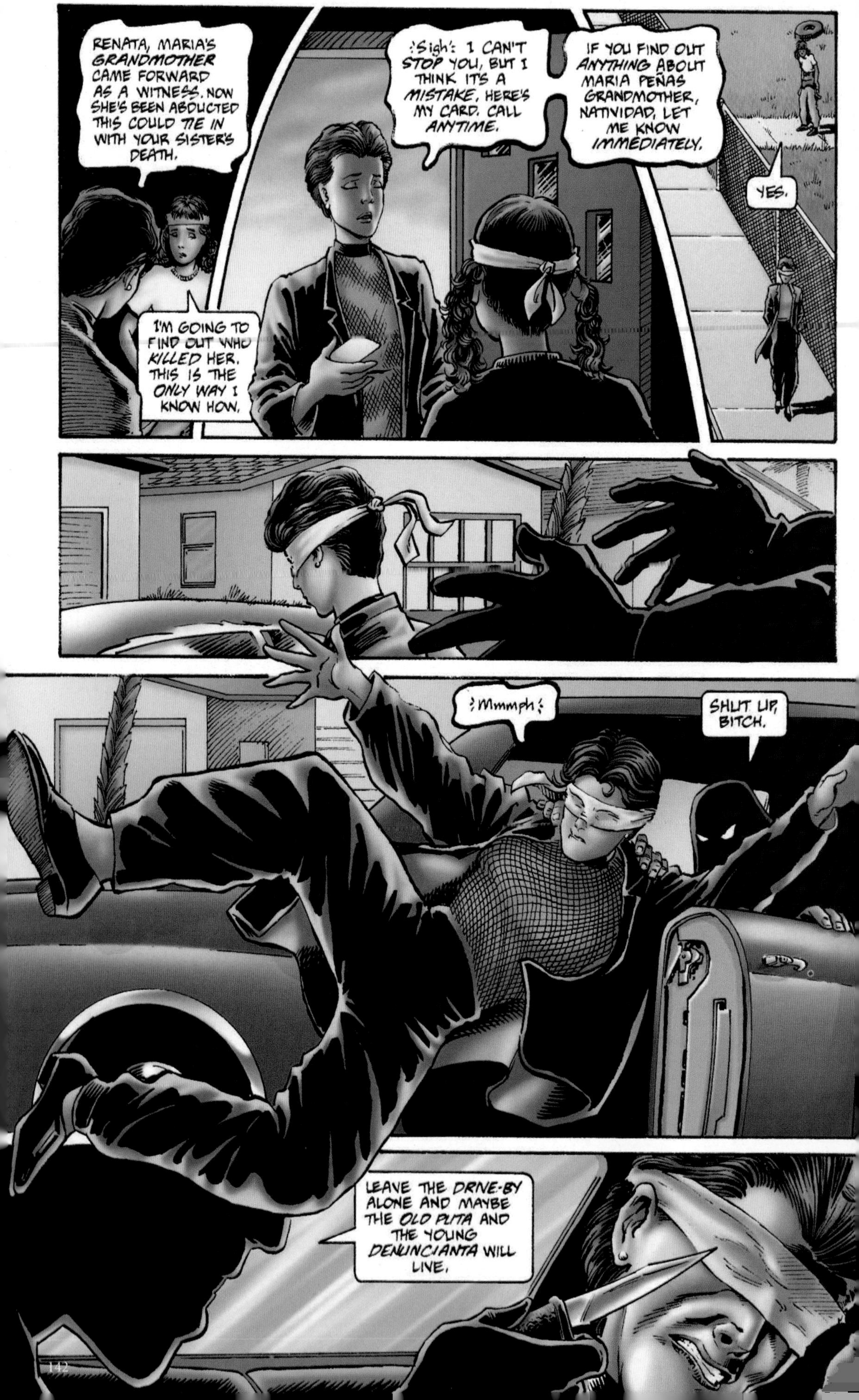
RENATA, MARIA'S GRANDMOTHER CAME FORWARD AS A WITNESS. NOW SHE'S BEEN ABDUCTED THIS COULD TIE IN WITH YOUR SISTER'S DEATH.
I'M GOING TO FIND OUT WHO KILLED HER. THIS IS THE ONLY WAY I KNOW HOW.
:Sigh: I CAN'T STOP YOU, BUT I THINK IT'S A MISTAKE. HERE'S MY CARD. CALL ANYTIME.
IF YOU FIND OUT ANYTHING ABOUT MARIA PEÑAS GRANDMOTHER, NATIVIDAD, LET ME KNOW IMMEDIATELY.
YES.
:Mmmph:
SHUT UP, BITCH.
LEAVE THE DRIVE-BY ALONE AND MAYBE THE OLD PUTA AND THE YOUNG DENUNCIANTA WILL LIVE.

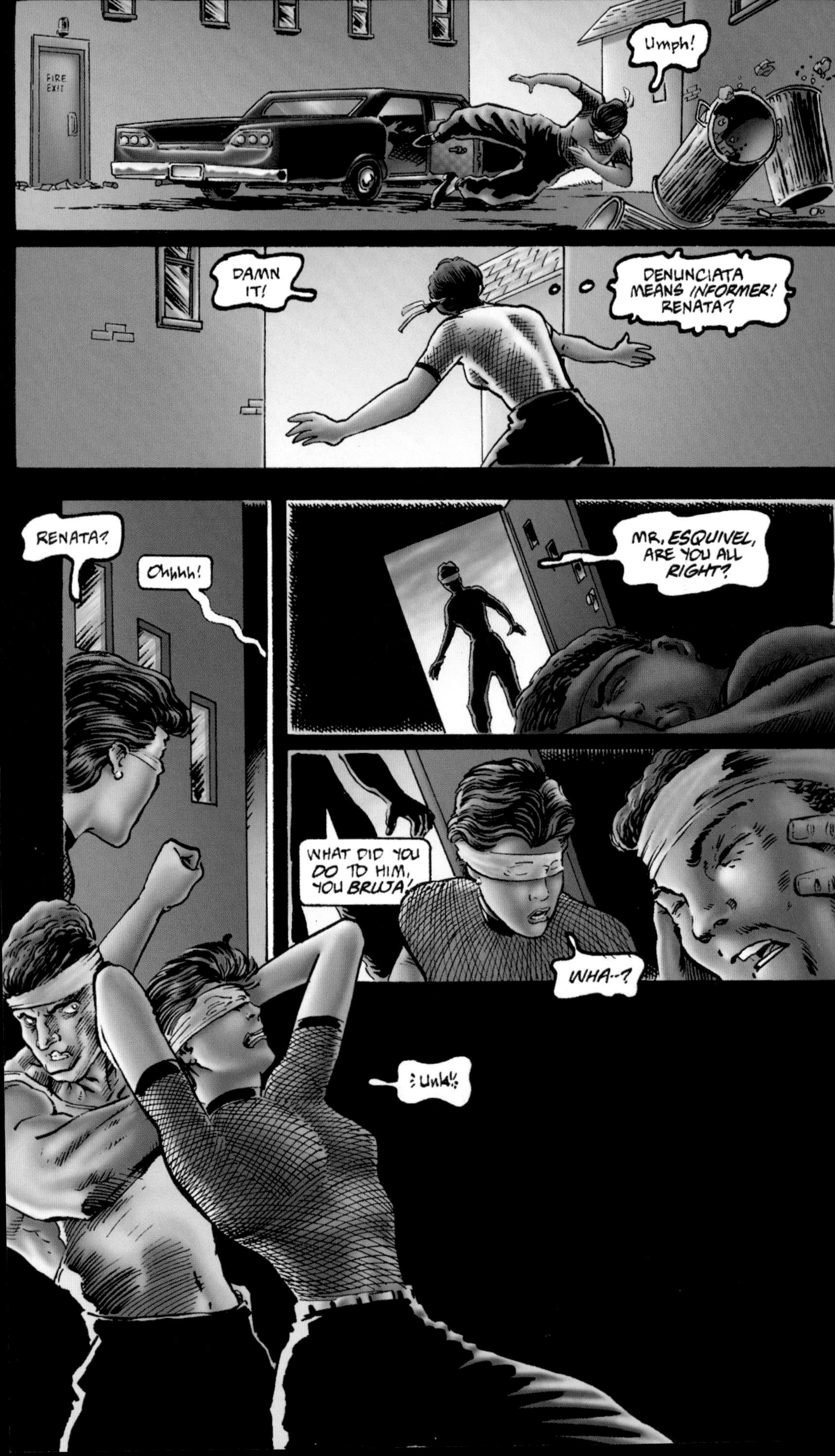
Umph!
DAMN IT!
DENUNCIATA MEANS INFORMER! RENATA?
RENATA?
Ohhhh!
MR. ESQUINEL, ARE YOU ALL RIGHT?
WHAT DID YOU DO TO HIM, YOU BRUJA!
WHA--?
Unk!

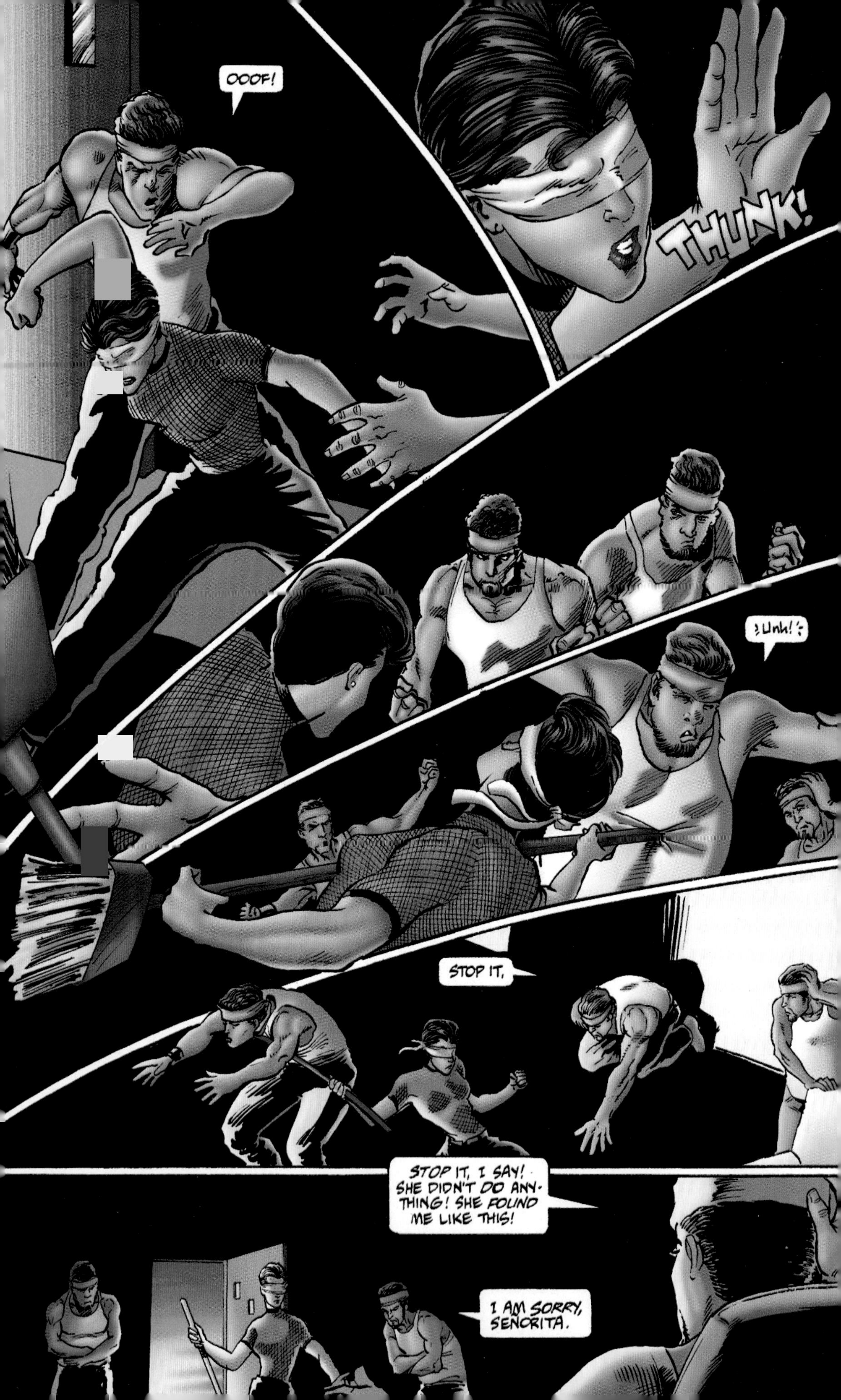
OOOF!
THUNK!
¡Unh!
STOP IT,
STOP IT, I SAY! SHE DIDN'T DO ANY-THING! SHE FOUND ME LIKE THIS!
I AM SORRY, SEÑORITA.

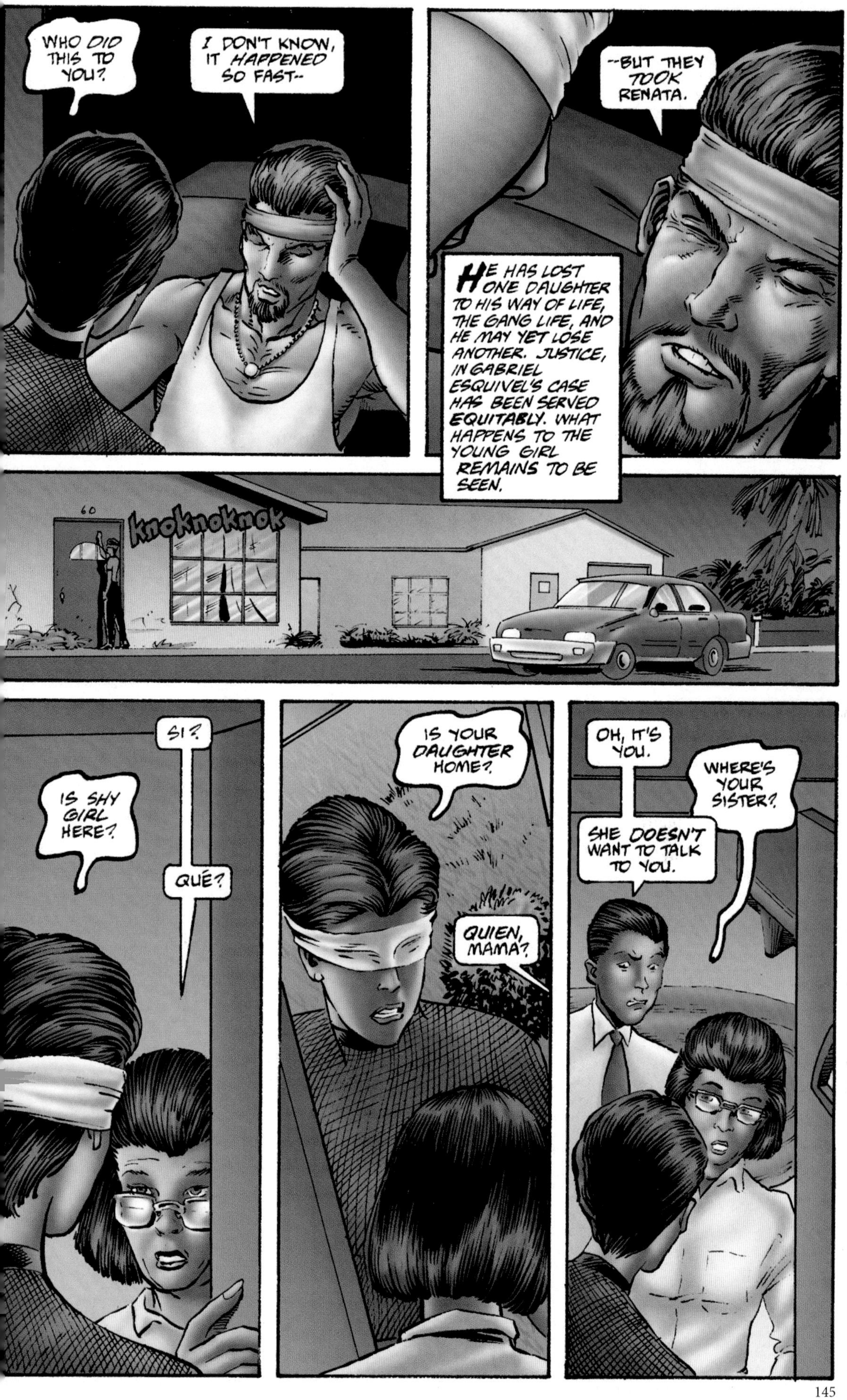

WHO DID THIS TO YOU?
I DON'T KNOW, IT HAPPENED SO FAST--
--BUT THEY TOOK RENATA.
HE HAS LOST ONE DAUGHTER TO HIS WAY OF LIFE, THE GANG LIFE, AND HE MAY YET LOSE ANOTHER. JUSTICE, IN GABRIEL ESQUIVEL'S CASE HAS BEEN SERVED EQUITABLY. WHAT HAPPENS TO THE YOUNG GIRL REMAINS TO BE SEEN.
60
knoknoknok
SI?
IS SHY GIRL HERE?
QUÉ?
IS YOUR DAUGHTER HOME?
QUIEN, MAMA?
OH, IT'S YOU.
WHERE'S YOUR SISTER?
SHE DOESN'T WANT TO TALK TO YOU.

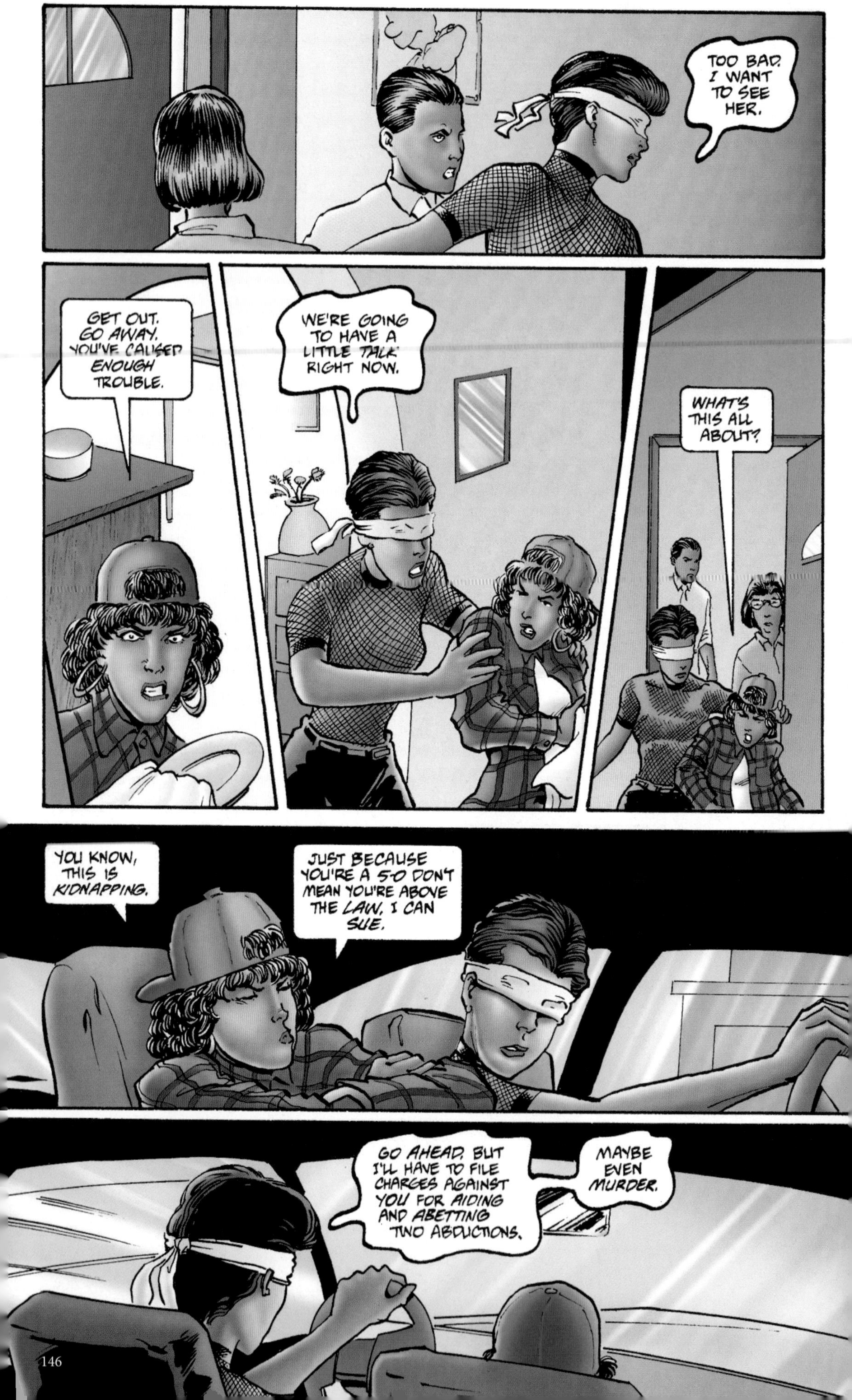
TOO BAD. I WANT TO SEE HER.
GET OUT. GO AWAY. YOU'VE CAUSED ENOUGH TROUBLE.
WE'RE GOING TO HAVE A LITTLE TALK RIGHT NOW.
WHAT'S THIS ALL ABOUT?
YOU KNOW, THIS IS KIDNAPPING.
JUST BECAUSE YOU'RE A 5-0 DON'T MEAN YOU'RE ABOVE THE LAW. I CAN SUE.
GO AHEAD. BUT I'LL HAVE TO FILE CHARGES AGAINST YOU FOR AIDING AND ABETTING TWO ABDUCTIONS.
MAYBE EVEN MURDER.

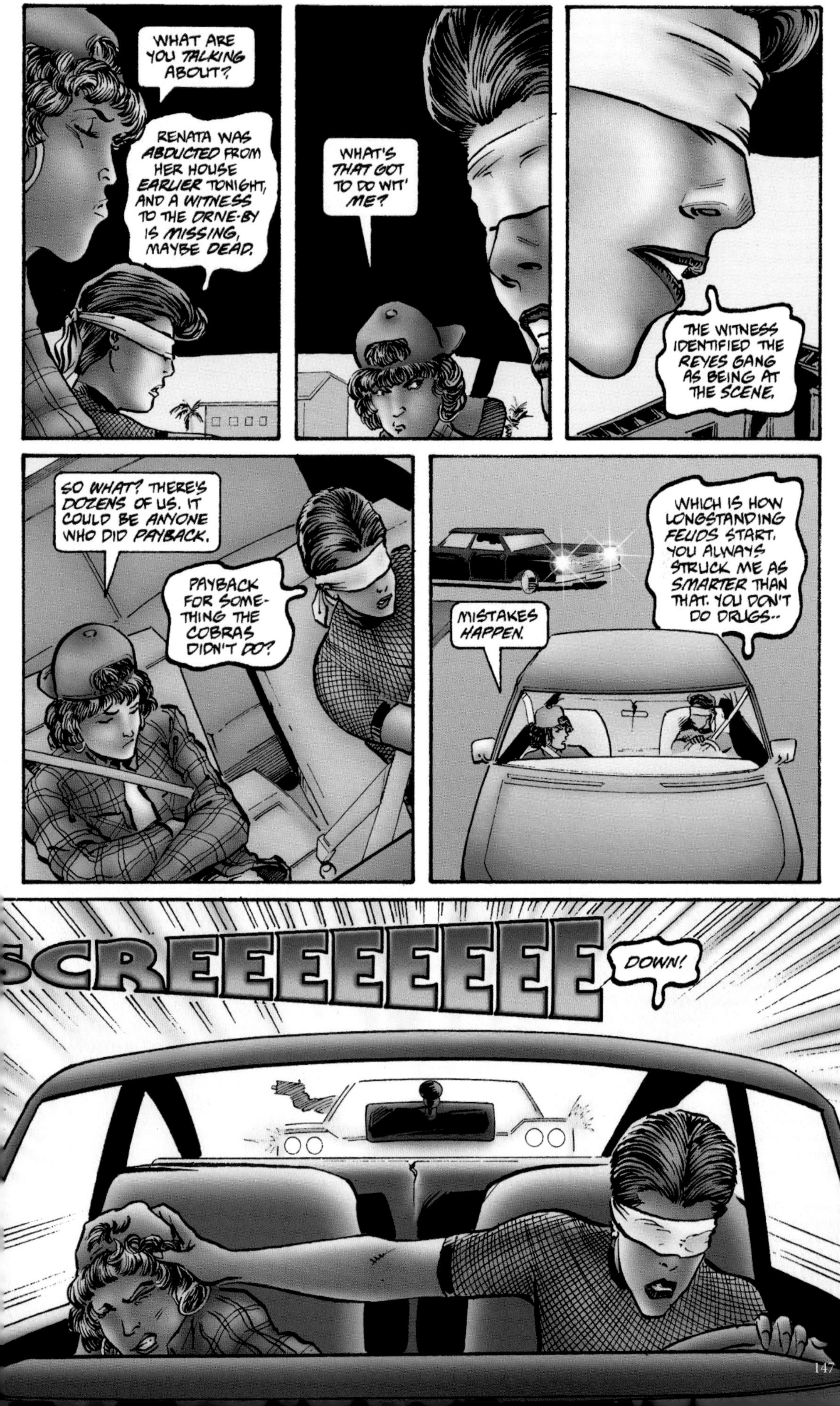
WHAT ARE YOU TALKING ABOUT?
RENATA WAS ABDUCTED FROM HER HOUSE EARLIER TONIGHT, AND A WITNESS TO THE DRIVE-BY IS MISSING, MAYBE DEAD.
WHAT'S THAT GOT TO DO WIT' ME?
THE WITNESS IDENTIFIED THE REYES GANG AS BEING AT THE SCENE.
SO WHAT? THERE'S DOZENS OF US. IT COULD BE ANYONE WHO DID PAYBACK.
PAYBACK FOR SOMETHING THE COBRAS DIDN'T DO?
WHICH IS HOW LONGSTANDING FEUDS START. YOU ALWAYS STRUCK ME AS SMARTER THAN THAT. YOU DON'T DO DRUGS--
MISTAKES HAPPEN.
SCREEEEEEEEE
DOWN!

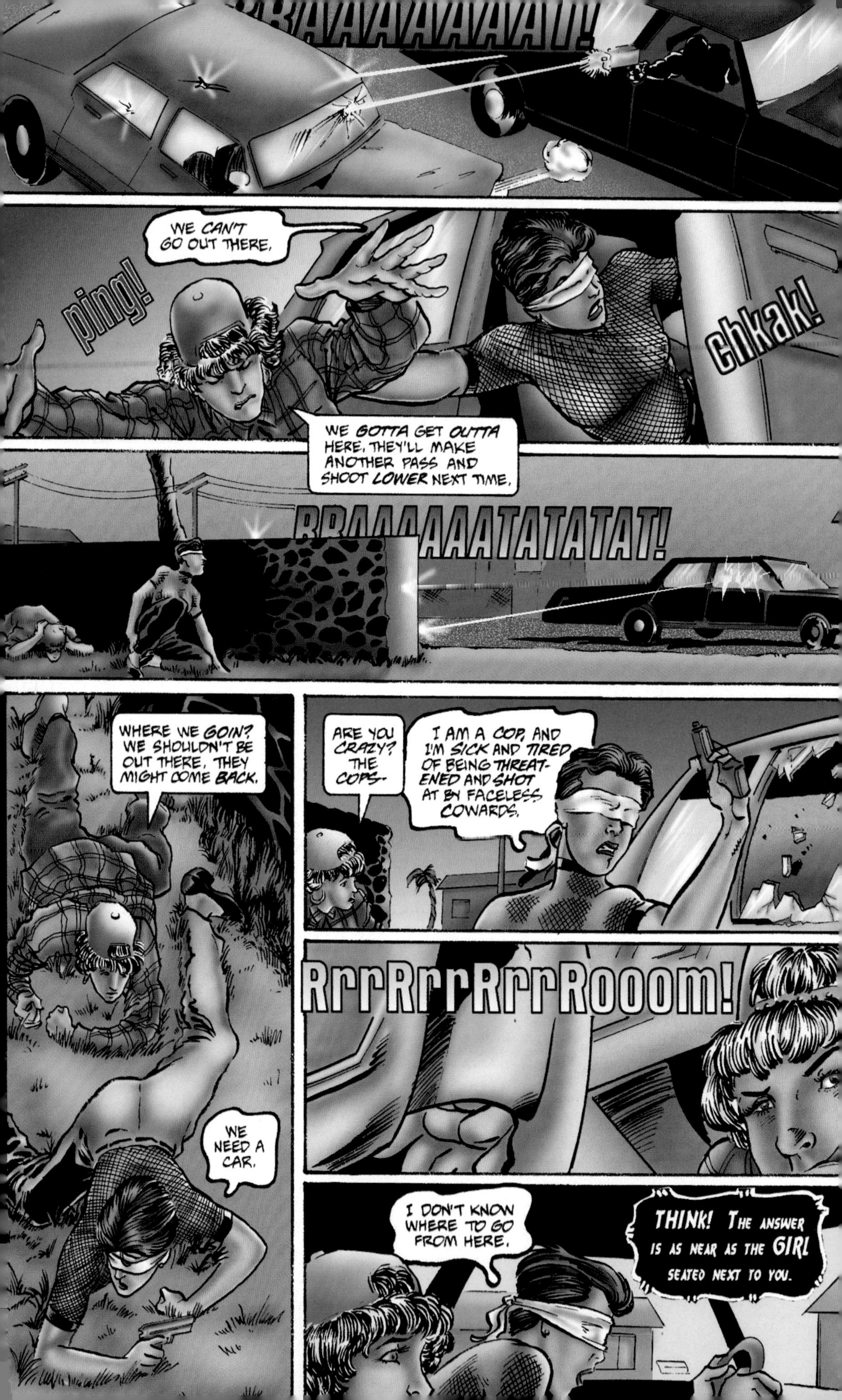

BRAAAAAAAAT!
WE CAN'T GO OUT THERE.
ping!
chkak!
WE GOTTA GET OUTTA HERE. THEY'LL MAKE ANOTHER PASS AND SHOOT LOWER NEXT TIME.
BRAAAAAAATATATAT!
WHERE WE GOIN? WE SHOULDN'T BE OUT THERE. THEY MIGHT COME BACK.
WE NEED A CAR.
ARE YOU CRAZY? THE COPS-
I AM A COP, AND I'M SICK AND TIRED OF BEING THREATENED AND SHOT AT BY FACELESS COWARDS.
RrrRrrRrrRooom!
I DON'T KNOW WHERE TO GO FROM HERE.
THINK! THE ANSWER IS AS NEAR AS THE GIRL SEATED NEXT TO YOU.

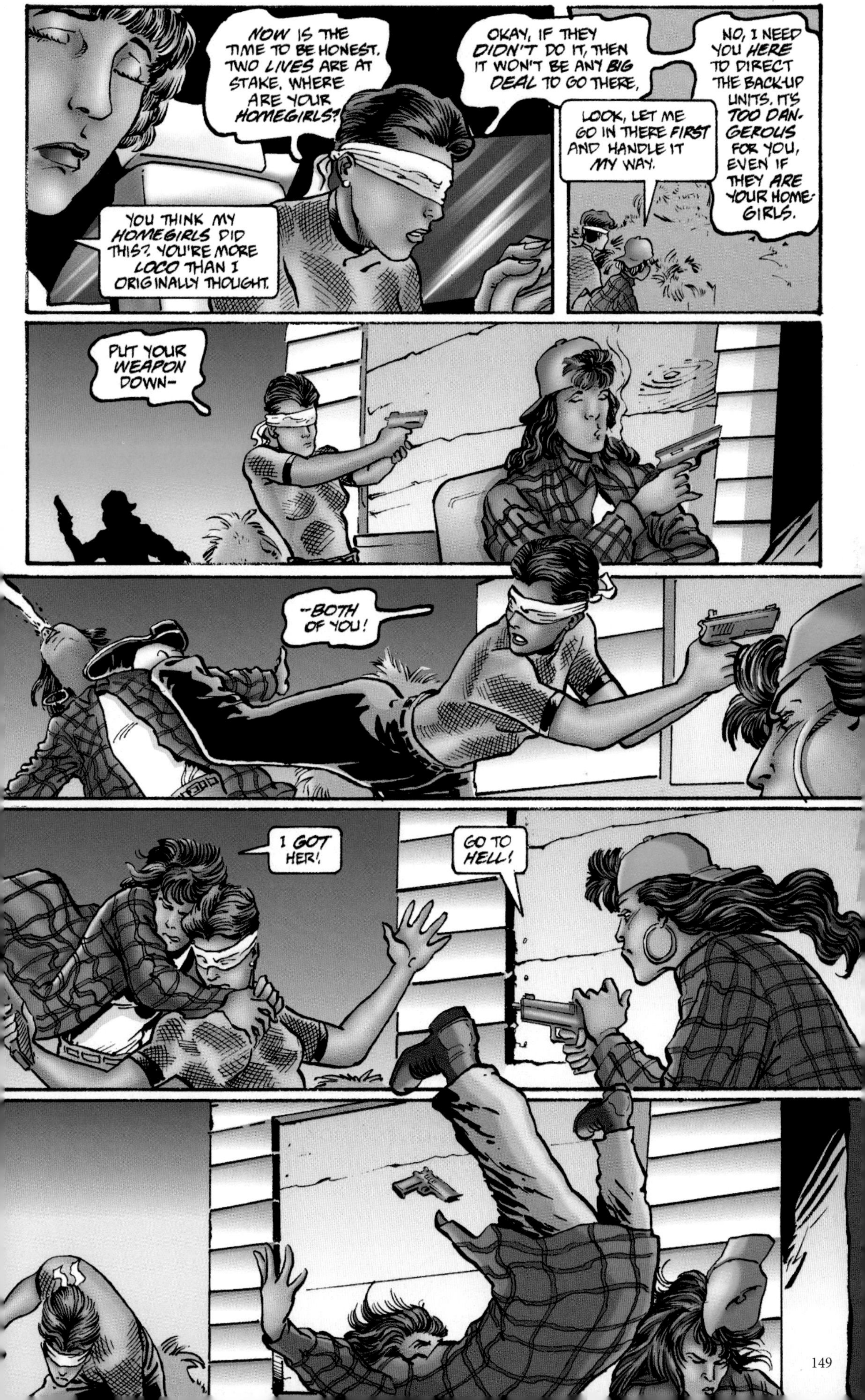
NOW IS THE TIME TO BE HONEST. TWO LIVES ARE AT STAKE. WHERE ARE YOUR HOMEGIRLS?
YOU THINK MY HOMEGIRLS DID THIS? YOU'RE MORE LOCO THAN I ORIGINALLY THOUGHT.
OKAY, IF THEY DIDN'T DO IT, THEN IT WON'T BE ANY BIG DEAL TO GO THERE.
LOOK, LET ME GO IN THERE FIRST AND HANDLE IT MY WAY.
NO, I NEED YOU HERE TO DIRECT THE BACK-UP UNITS. IT'S TOO DANGEROUS FOR YOU, EVEN IF THEY ARE YOUR HOMEGIRLS.
PUT YOUR WEAPON DOWN-
--BOTH OF YOU!
I GOT HER!
GO TO HELL!

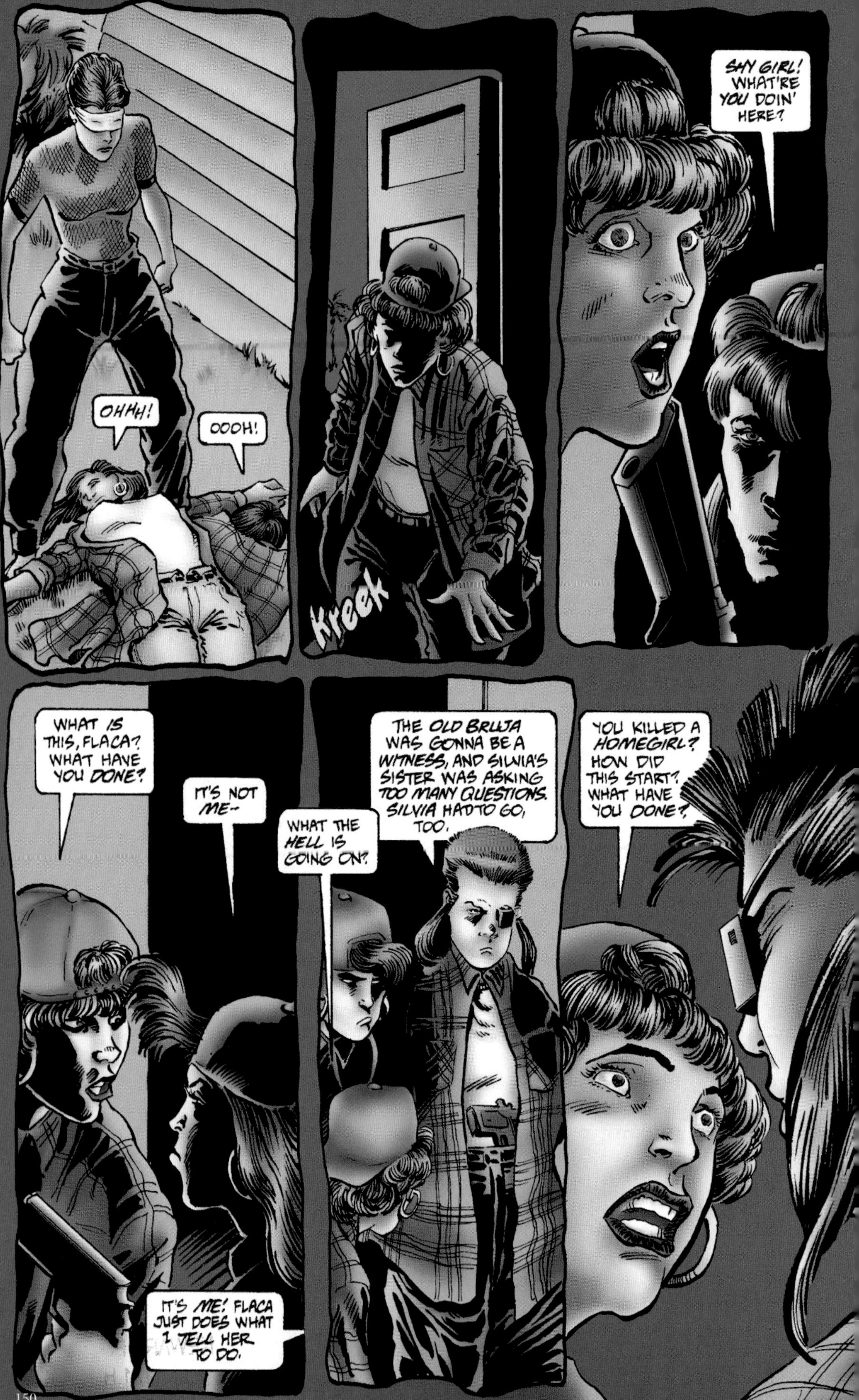

OHHH!
OOOH!
Kreek
SHY GIRL! WHAT'RE YOU DOIN' HERE?
WHAT IS THIS, FLACA? WHAT HAVE YOU DONE?
IT'S NOT ME--
IT'S ME! FLACA JUST DOES WHAT I TELL HER TO DO.
WHAT THE HELL IS GOING ON?
THE OLD BRUJA WAS GONNA BE A WITNESS, AND SILVIA'S SISTER WAS ASKING TOO MANY QUESTIONS. SILVIA HAD TO GO, TOO.
YOU KILLED A HOMEGIRL? HOW DID THIS START? WHAT HAVE YOU DONE?

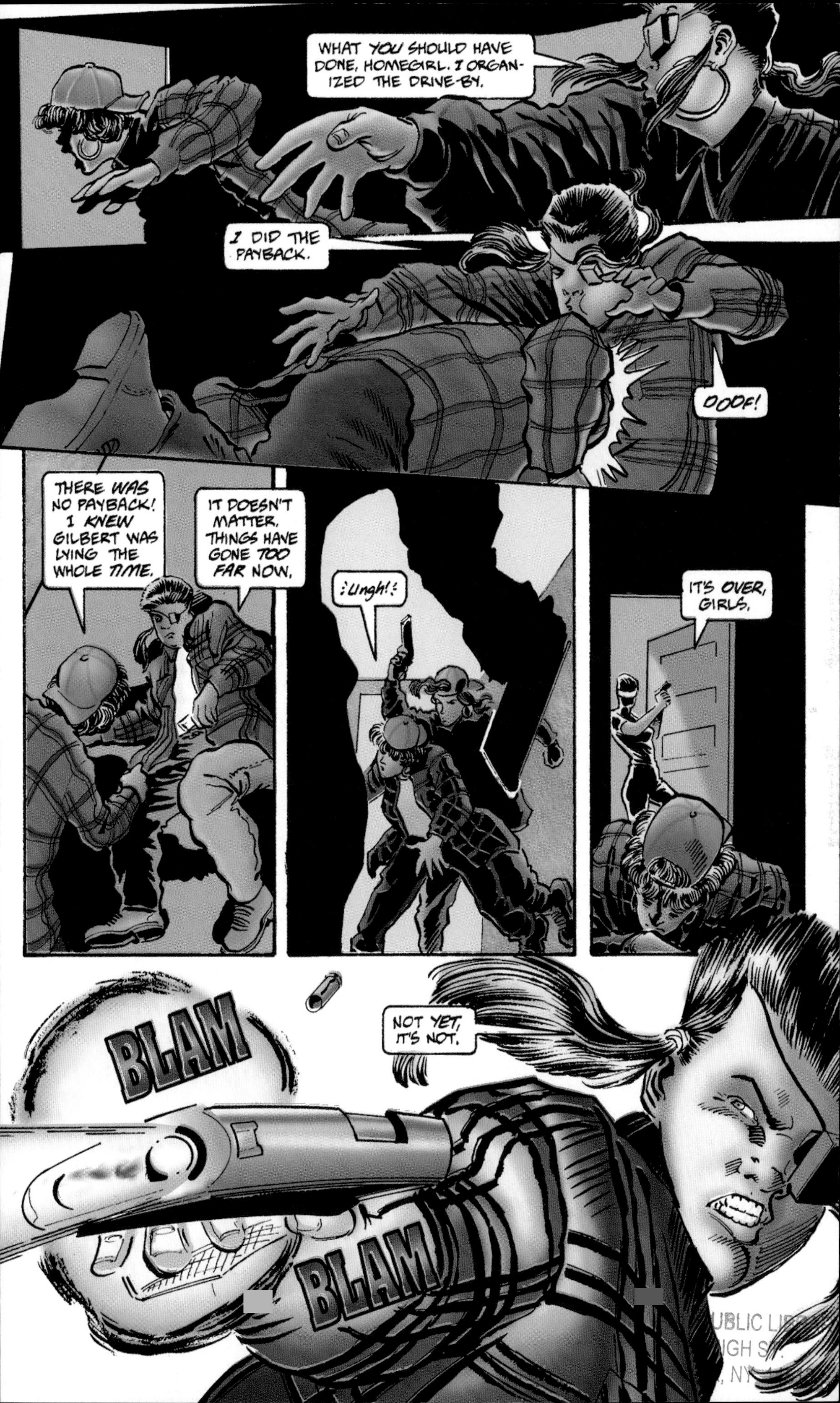
WHAT YOU SHOULD HAVE DONE, HOMEGIRL. I ORGANIZED THE DRIVE-BY.
I DID THE PAYBACK.
OOOF!
THERE WAS NO PAYBACK! I KNEW GILBERT WAS LYING THE WHOLE TIME.
IT DOESN'T MATTER. THINGS HAVE GONE TOO FAR NOW.
¡Ungh!
IT'S OVER, GIRLS.
NOT YET, IT'S NOT.
BLAM
BLAM

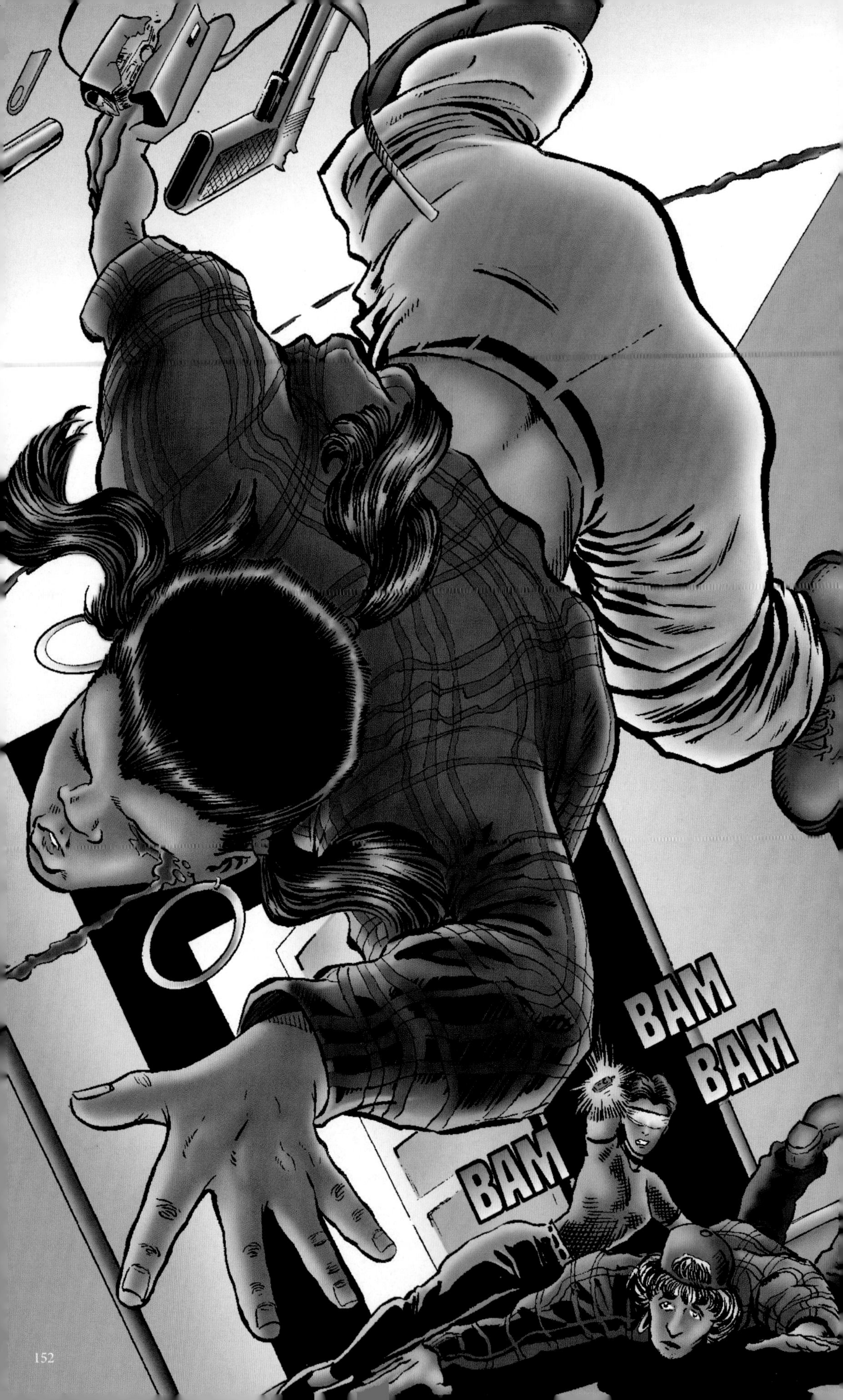
BAM
BAM
BAM

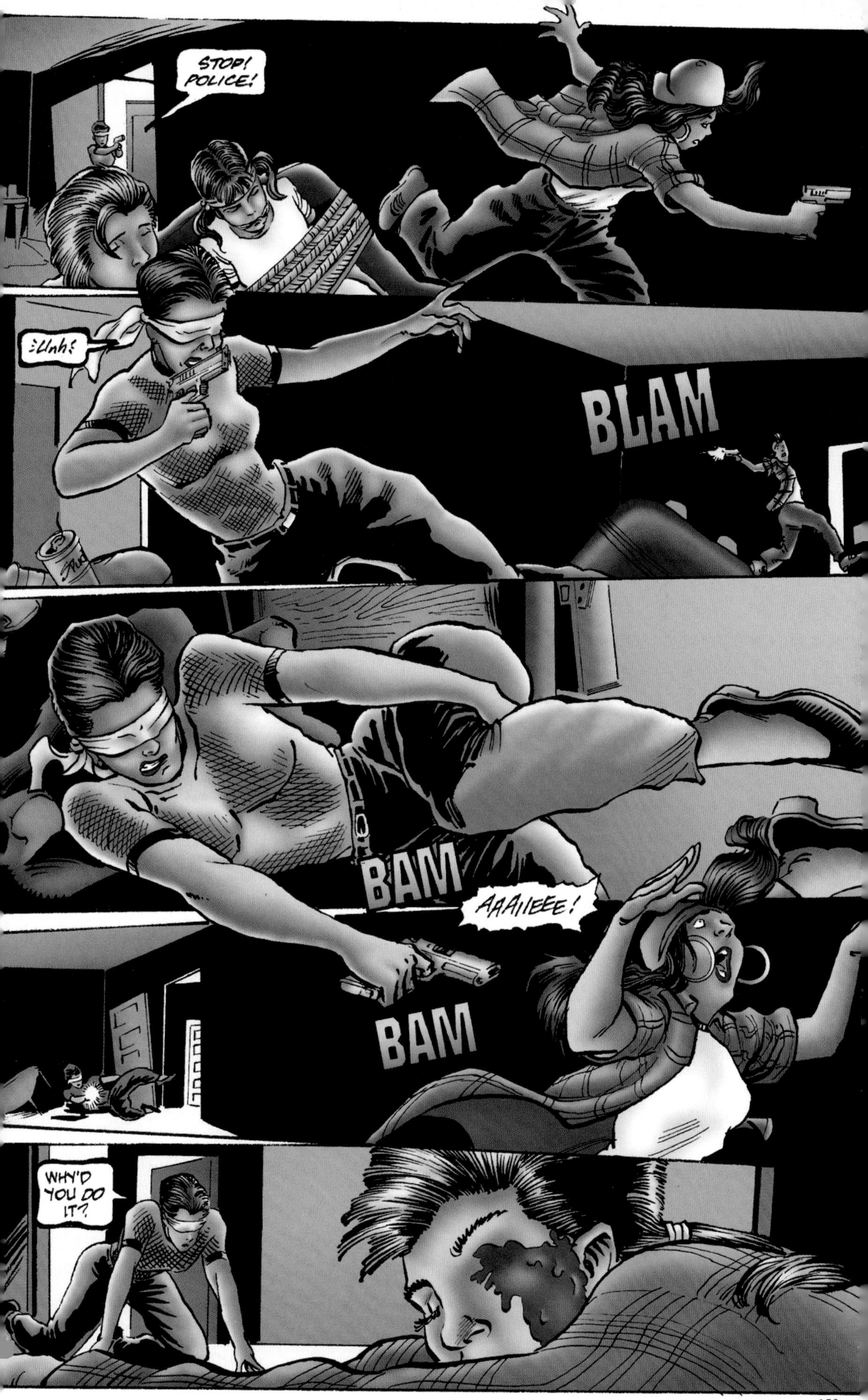

STOP! POLICE!
¡Unh!
BLAM
BAM
AAAIIEEE!
BAM
WHY'D YOU DO IT?

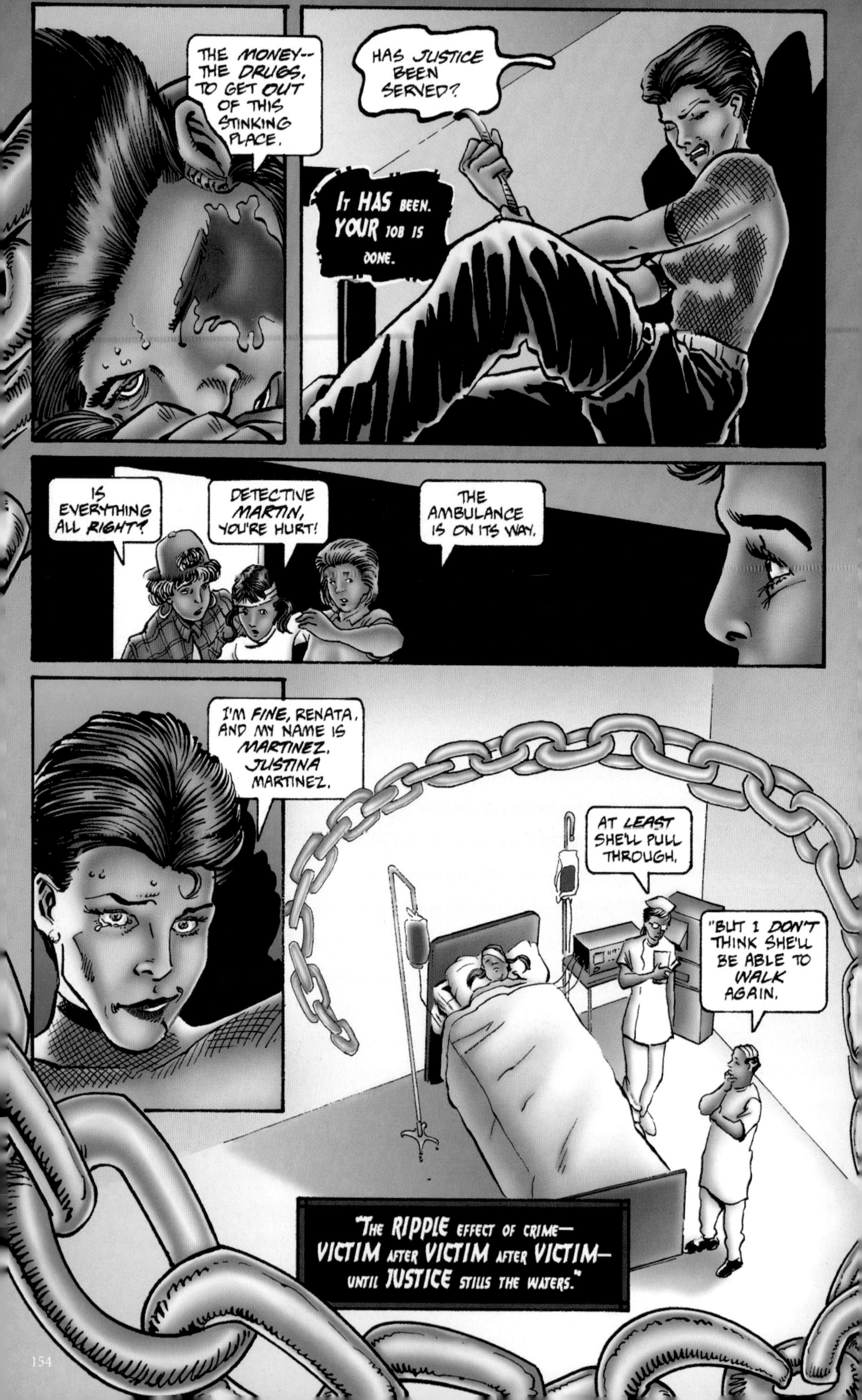

THE MONEY-- THE DRUGS, TO GET OUT OF THIS STINKING PLACE.
HAS JUSTICE BEEN SERVED?
IT HAS BEEN. YOUR JOB IS DONE.
IS EVERYTHING ALL RIGHT?
DETECTIVE MARTIN, YOU'RE HURT!
THE AMBULANCE IS ON ITS WAY.
I'M FINE, RENATA. AND MY NAME IS MARTINEZ. JUSTINA MARTINEZ.
AT LEAST SHE'LL PULL THROUGH.
"BUT I DON'T THINK SHE'LL BE ABLE TO WALK AGAIN.
"The RIPPLE effect of crime— VICTIM after VICTIM after VICTIM— until JUSTICE stills the waters."

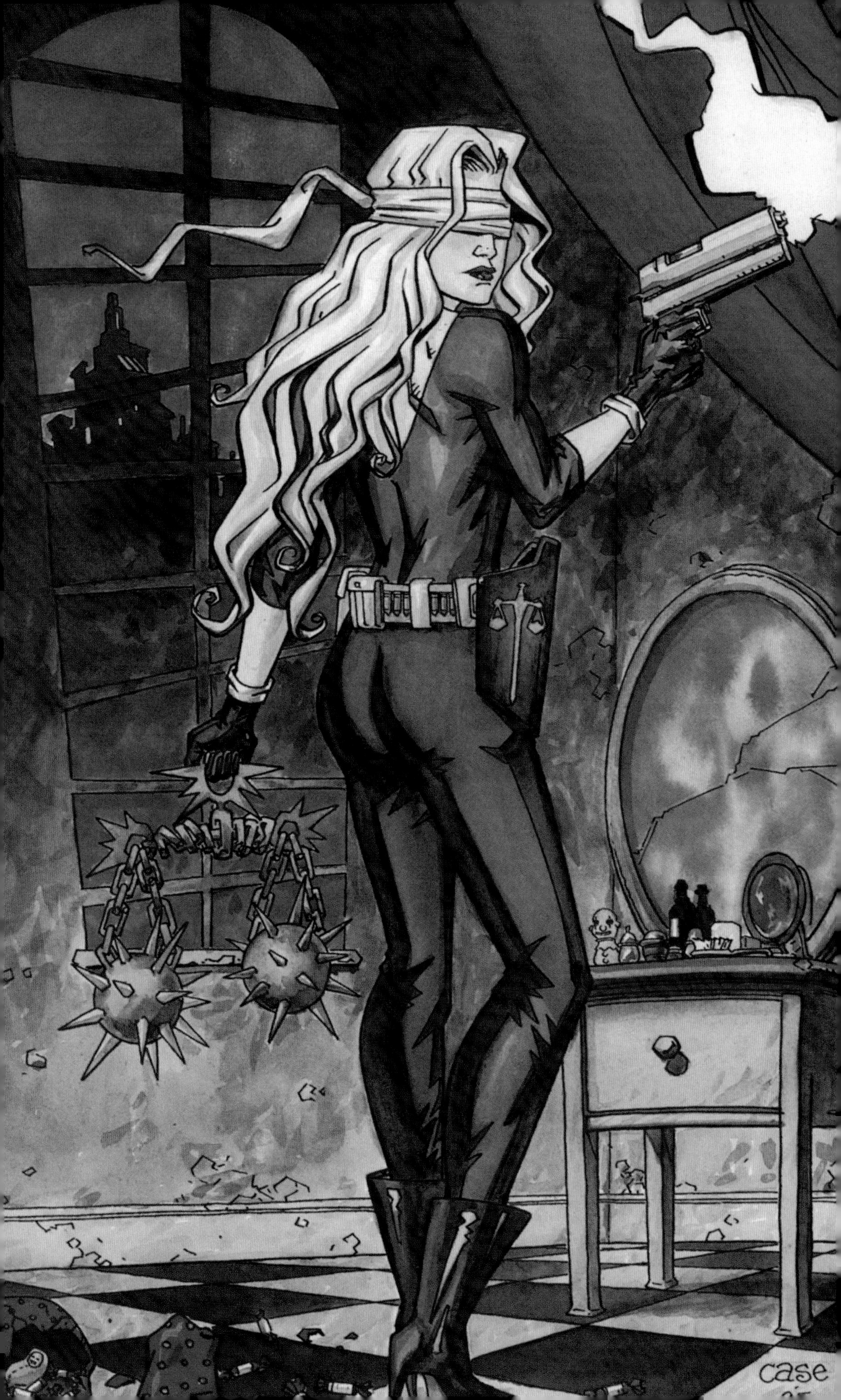
case

I have sworn upon the altar of God, eternal hostility against every form of tyranny." – *Thomas Jefferson*

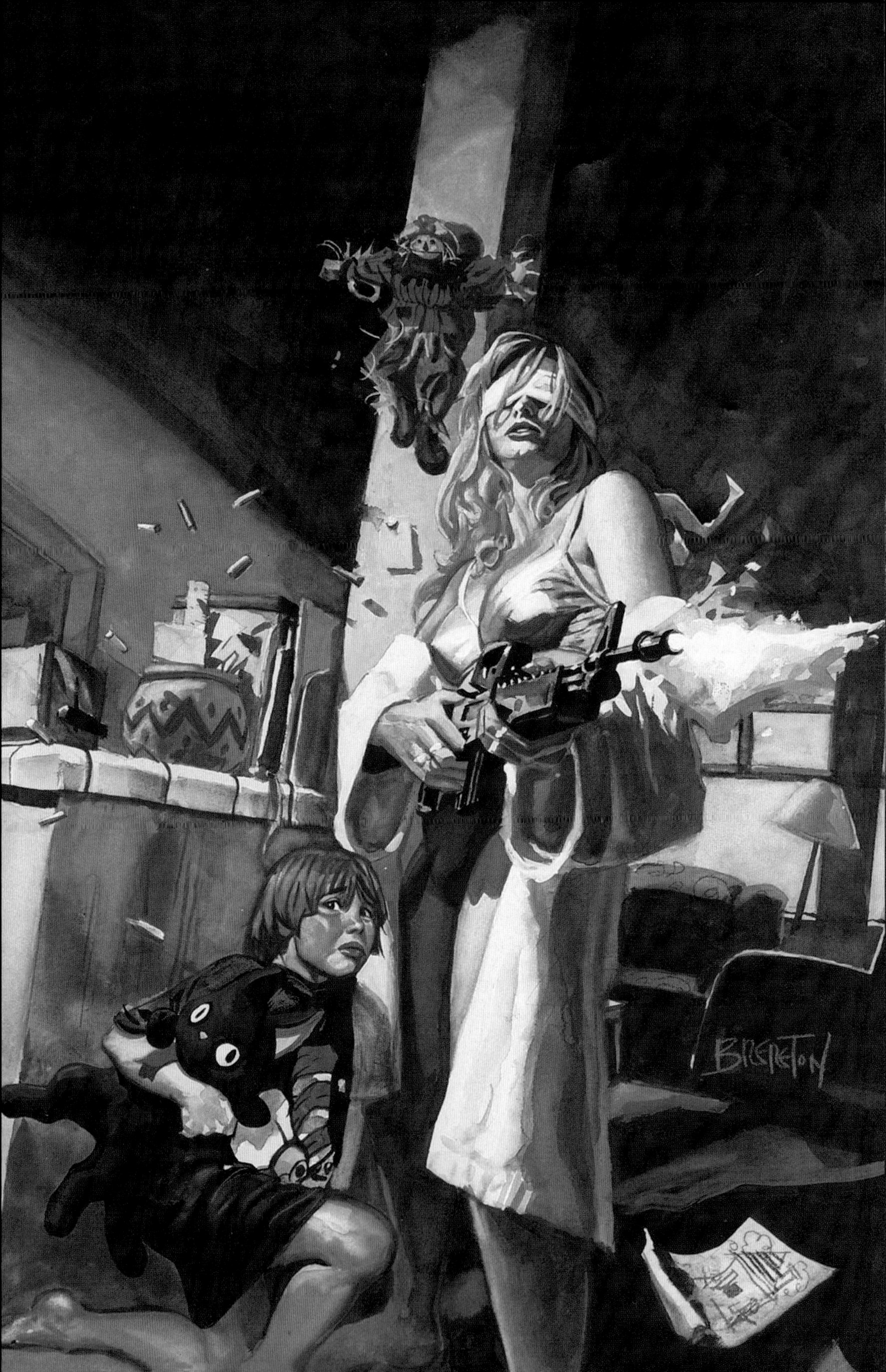

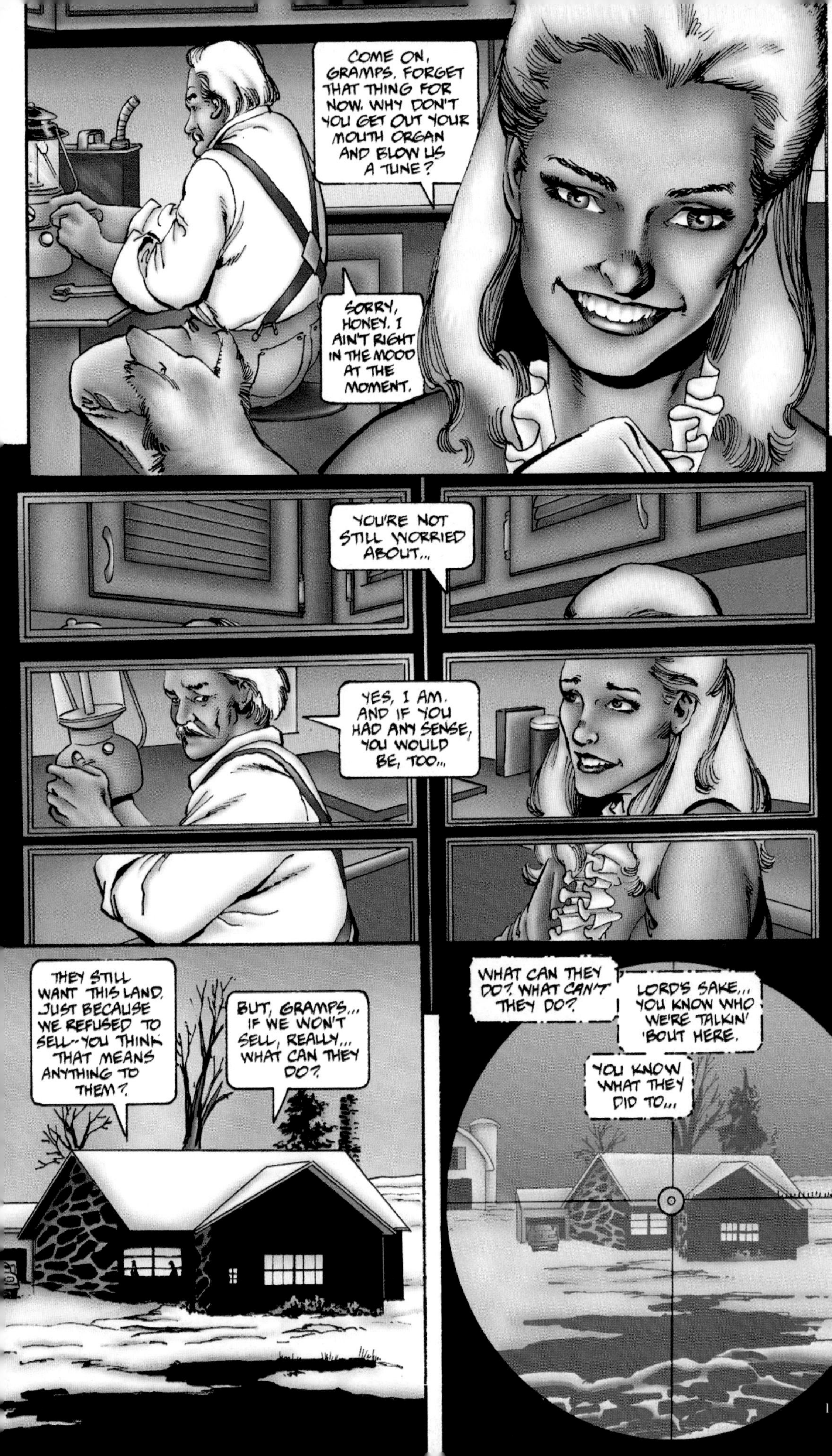
COME ON, GRAMPS. FORGET THAT THING FOR NOW. WHY DON'T YOU GET OUT YOUR MOUTH ORGAN AND BLOW US A TUNE?
SORRY, HONEY. I AIN'T RIGHT IN THE MOOD AT THE MOMENT.
YOU'RE NOT STILL WORRIED ABOUT...
YES, I AM. AND IF YOU HAD ANY SENSE, YOU WOULD BE, TOO...
THEY STILL WANT THIS LAND. JUST BECAUSE WE REFUSED TO SELL--YOU THINK THAT MEANS ANYTHING TO THEM?
BUT, GRAMPS... IF WE WON'T SELL, REALLY... WHAT CAN THEY DO?
WHAT CAN THEY DO? WHAT CAN'T THEY DO?
LORD'S SAKE... YOU KNOW WHO WE'RE TALKIN' 'BOUT HERE.
YOU KNOW WHAT THEY DID TO...

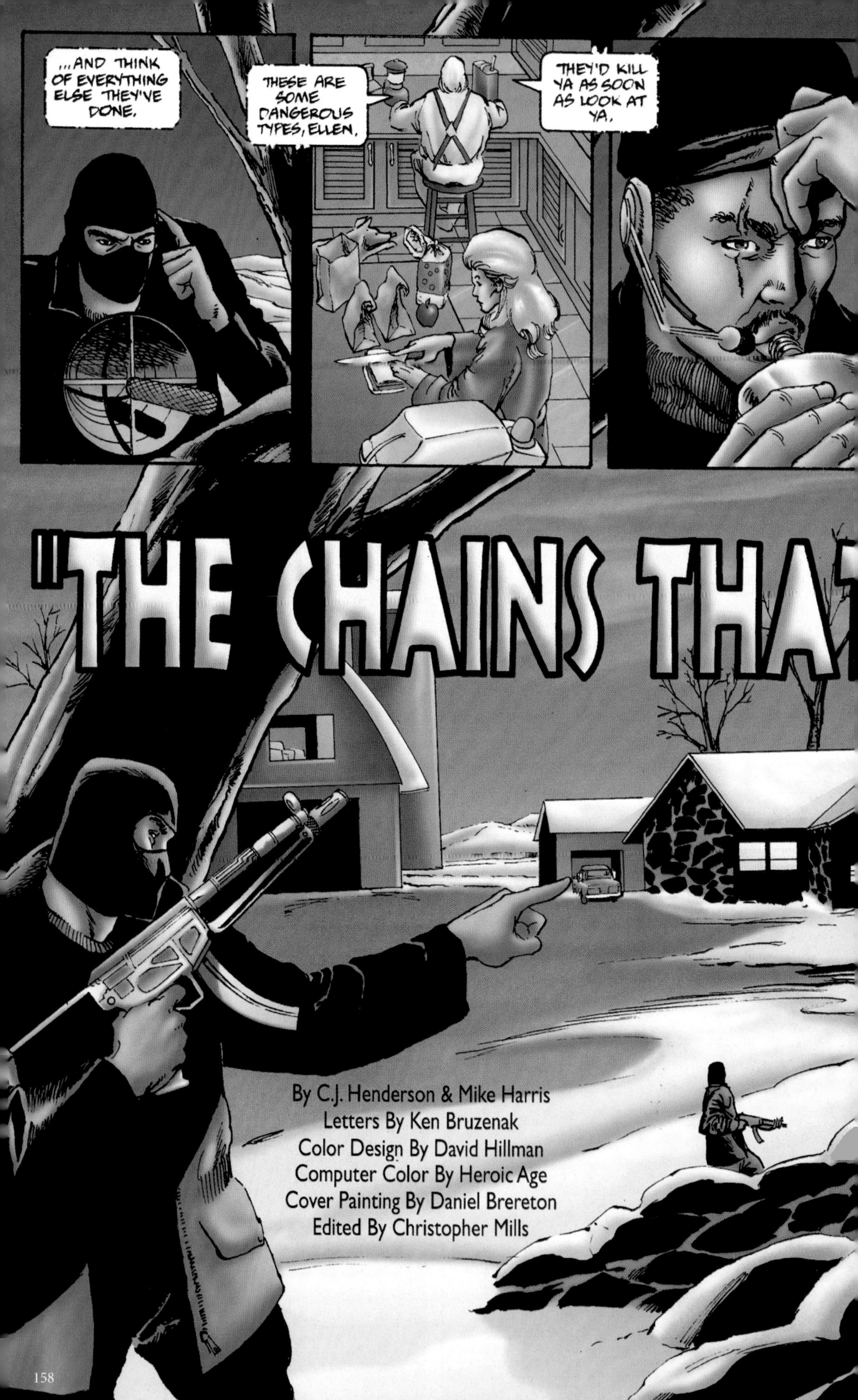
...AND THINK OF EVERYTHING ELSE THEY'VE DONE.
THESE ARE SOME DANGEROUS TYPES, ELLEN.
THEY'D KILL YA AS SOON AS LOOK AT YA.
"THE CHAINS THAT
By C.J. Henderson & Mike Harris
Letters By Ken Bruzenak
Color Design By David Hillman
Computer Color By Heroic Age
Cover Painting By Daniel Brereton
Edited By Christopher Mills

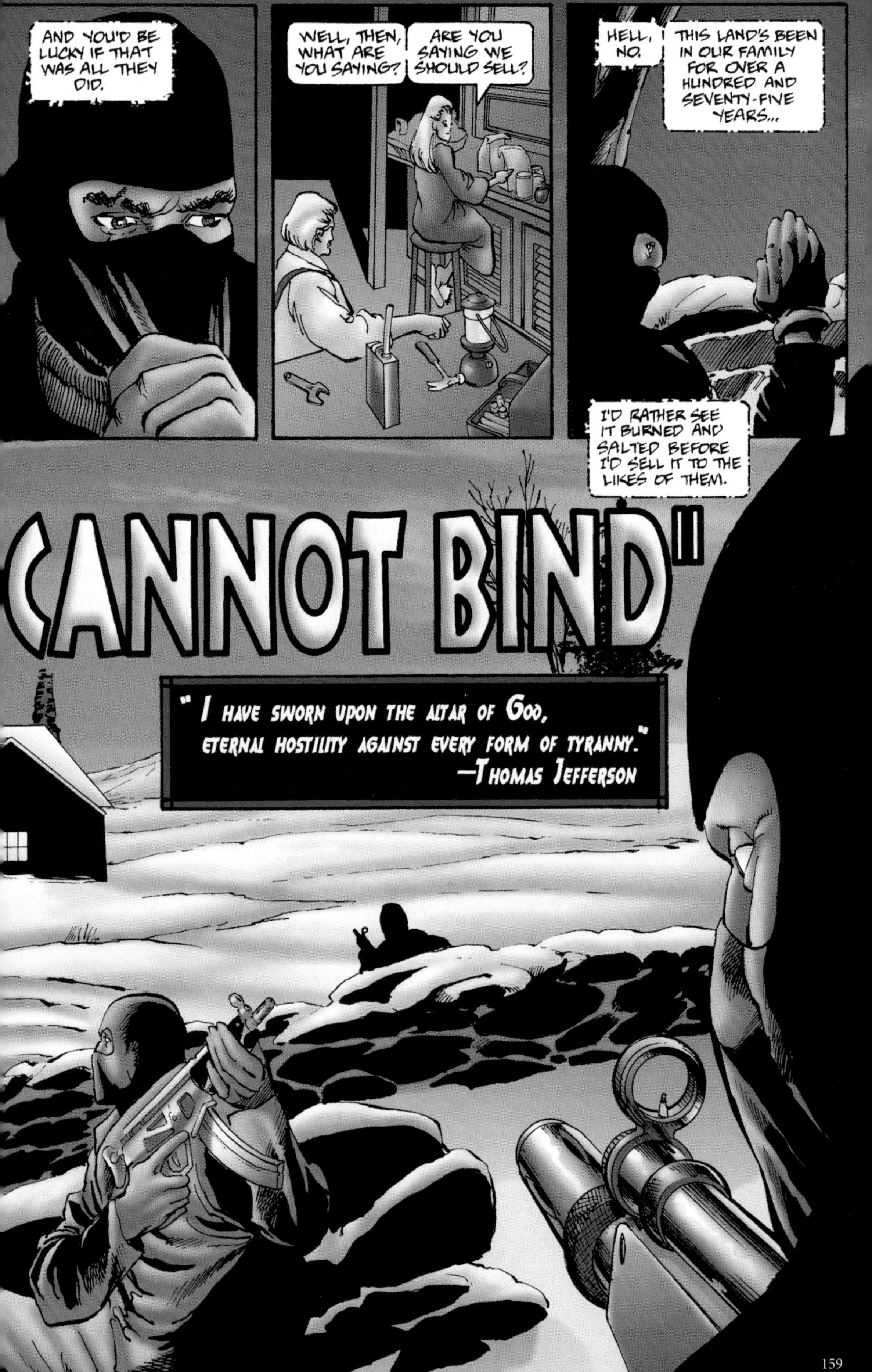
AND YOU'D BE LUCKY IF THAT WAS ALL THEY DID.
WELL, THEN, WHAT ARE YOU SAYING?
ARE YOU SAYING WE SHOULD SELL?
HELL, NO.
THIS LAND'S BEEN IN OUR FAMILY FOR OVER A HUNDRED AND SEVENTY-FIVE YEARS...
I'D RATHER SEE IT BURNED AND SALTED BEFORE I'D SELL IT TO THE LIKES OF THEM.
CANNOT BIND"
" I HAVE SWORN UPON THE ALTAR OF GOD, ETERNAL HOSTILITY AGAINST EVERY FORM OF TYRANNY." —THOMAS JEFFERSON

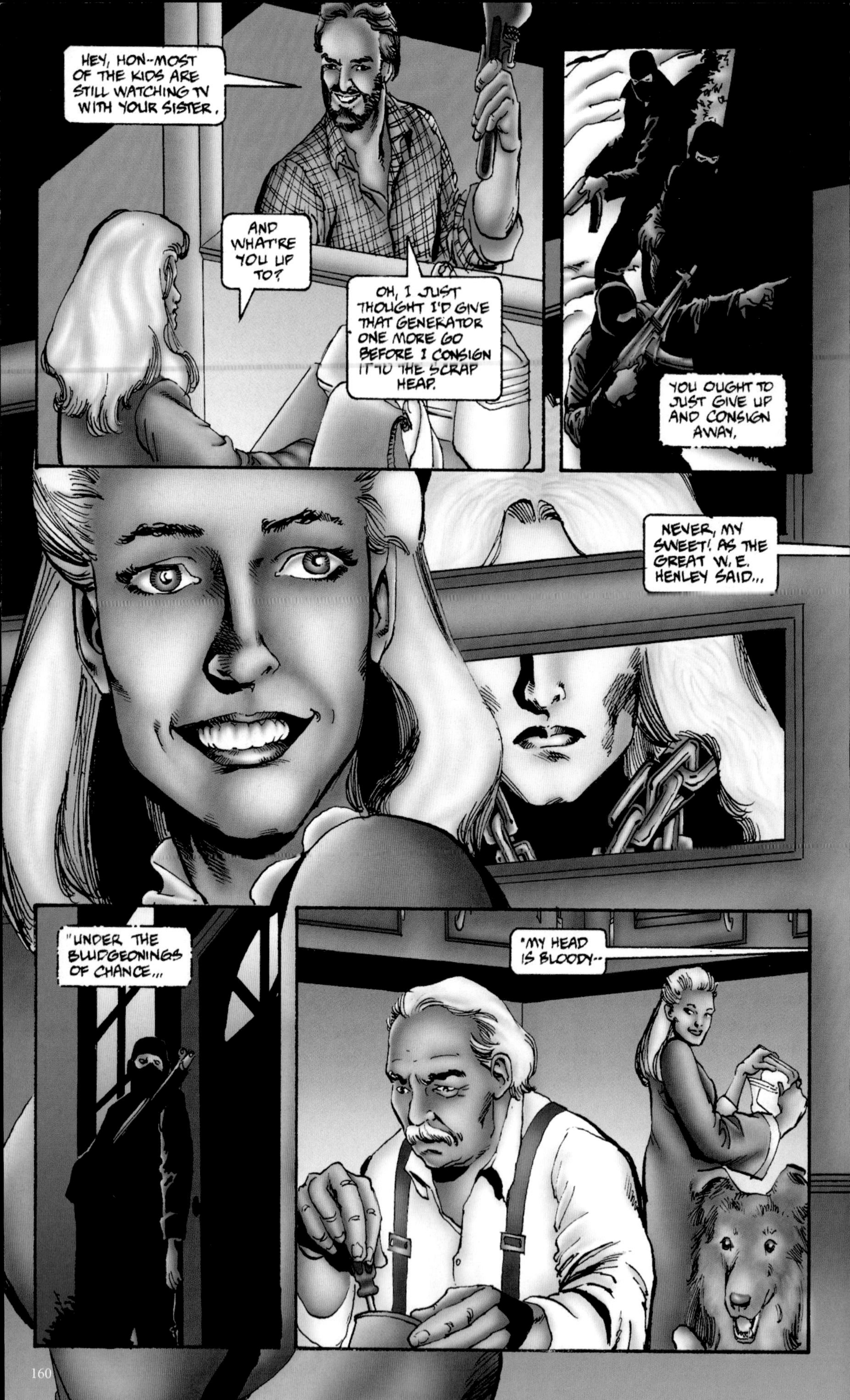
HEY, HON--MOST OF THE KIDS ARE STILL WATCHING TV WITH YOUR SISTER.
AND WHAT'RE YOU UP TO?
OH, I JUST THOUGHT I'D GIVE THAT GENERATOR ONE MORE GO BEFORE I CONSIGN IT TO THE SCRAP HEAP.
YOU OUGHT TO JUST GIVE UP AND CONSIGN AWAY.
NEVER, MY SWEET! AS THE GREAT W. E. HENLEY SAID...
"UNDER THE BLUDGEONINGS OF CHANCE...
"MY HEAD IS BLOODY--

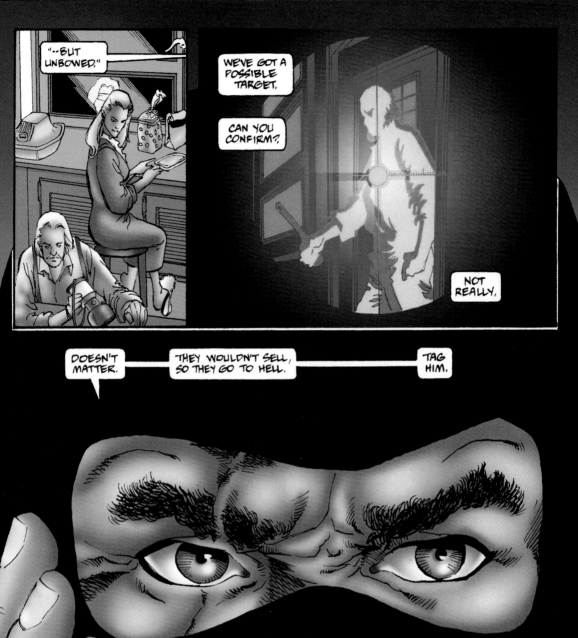

"--BUT UNBOWED,"

WE'VE GOT A POSSIBLE TARGET.

CAN YOU CONFIRM?

NOT REALLY.

DOESN'T MATTER.

THEY WOULDN'T SELL, SO THEY GO TO HELL.

TAG HIM.

TAG...

BAMM

...YOU'RE IT.

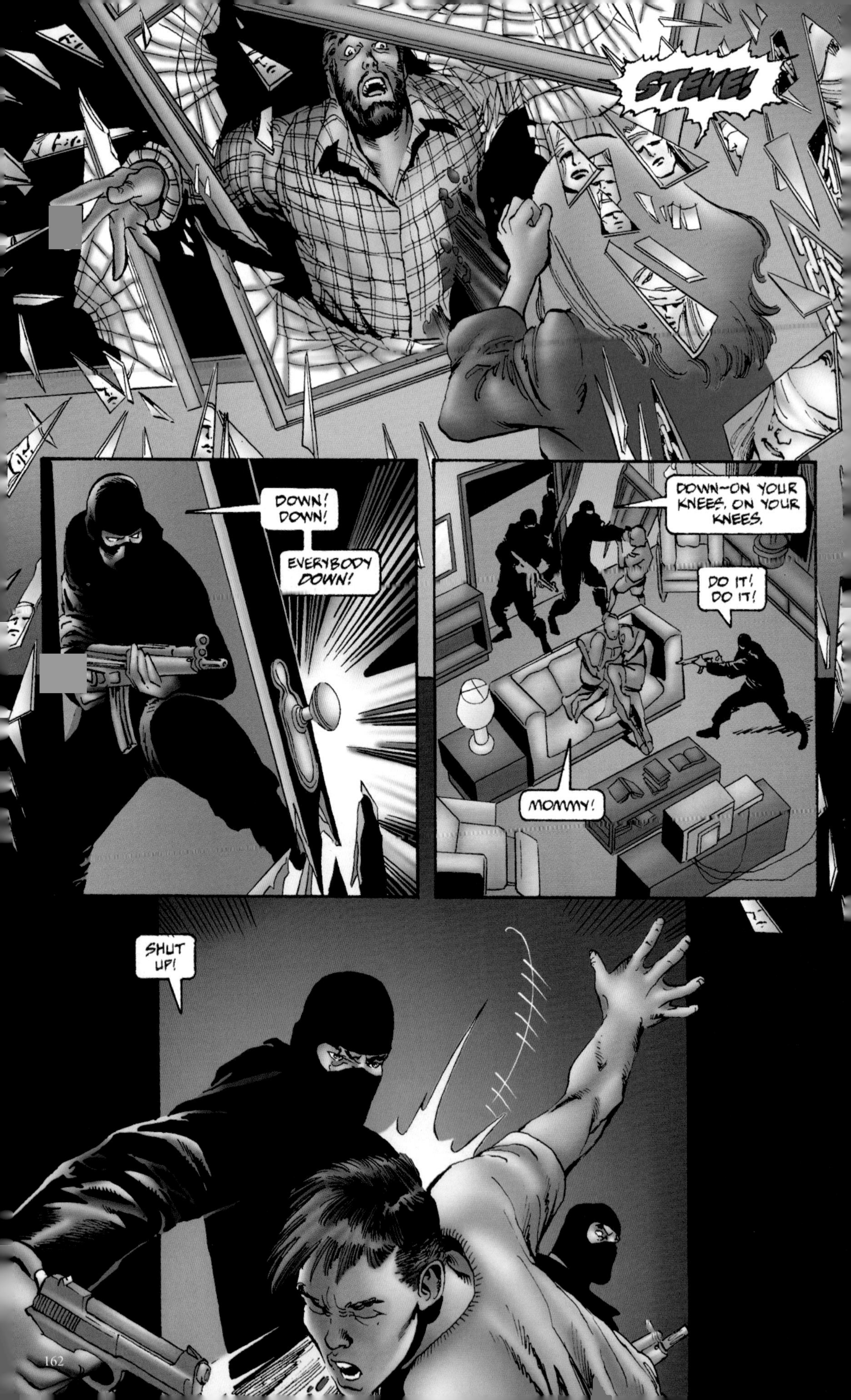
STEVE!
DOWN! DOWN!
EVERYBODY DOWN!
DOWN--ON YOUR KNEES, ON YOUR KNEES.
DO IT! DO IT!
MOMMY!
SHUT UP!

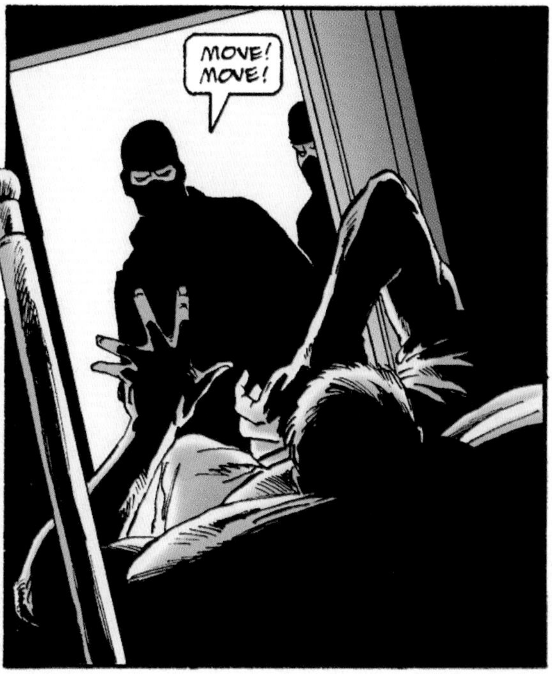
MOVE! MOVE!

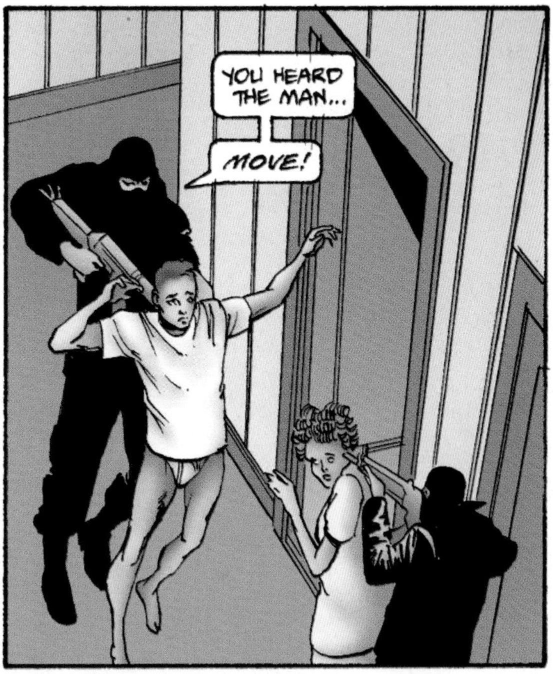
YOU HEARD THE MAN...
MOVE!

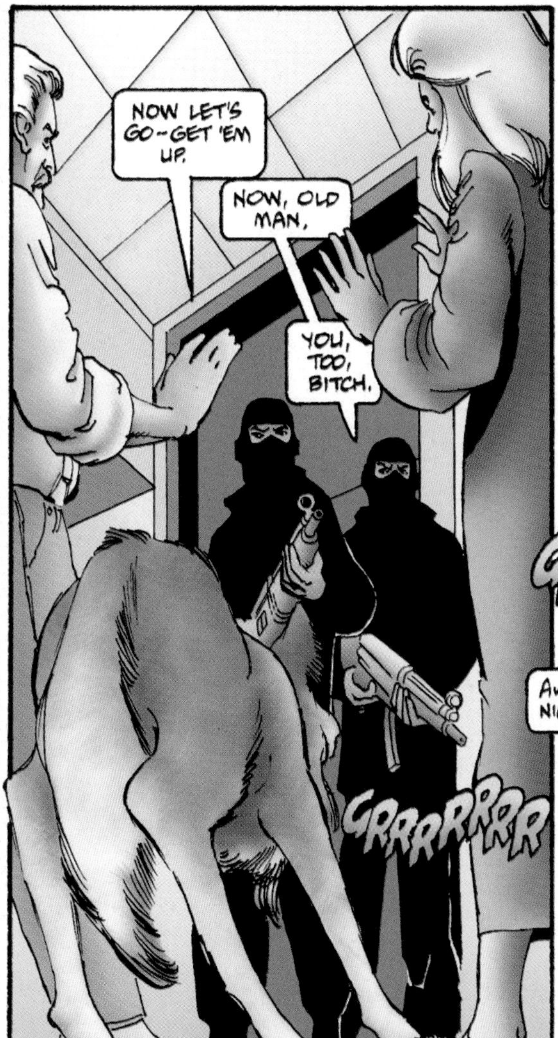
NOW LET'S GO--GET 'EM UP.
NOW, OLD MAN,
YOU, TOO, BITCH.
GRRRRRRR

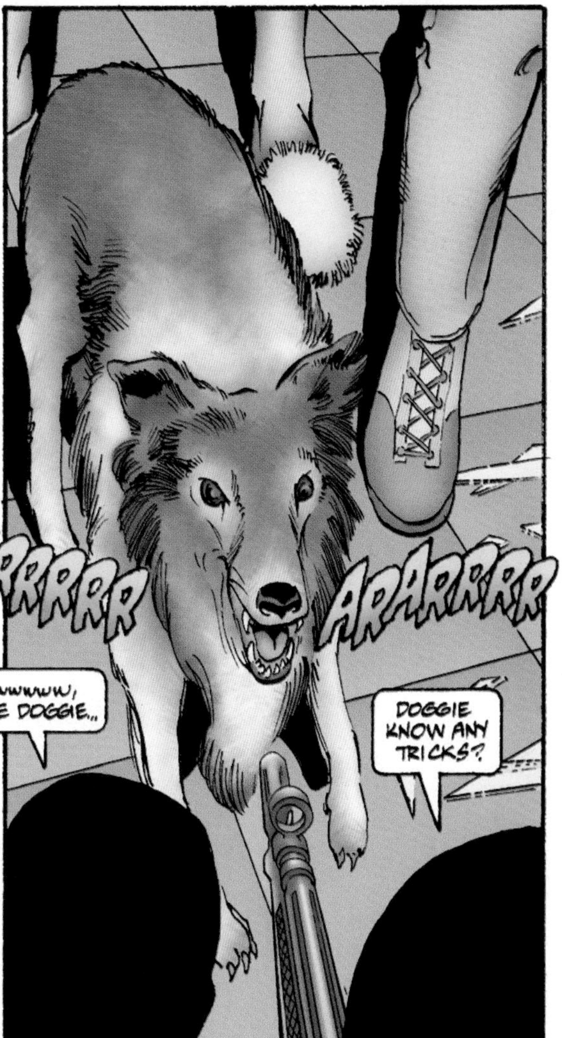
GRRRRR
ARARRRR
Awwwwww, NICE DOGGIE...
DOGGIE KNOW ANY TRICKS?

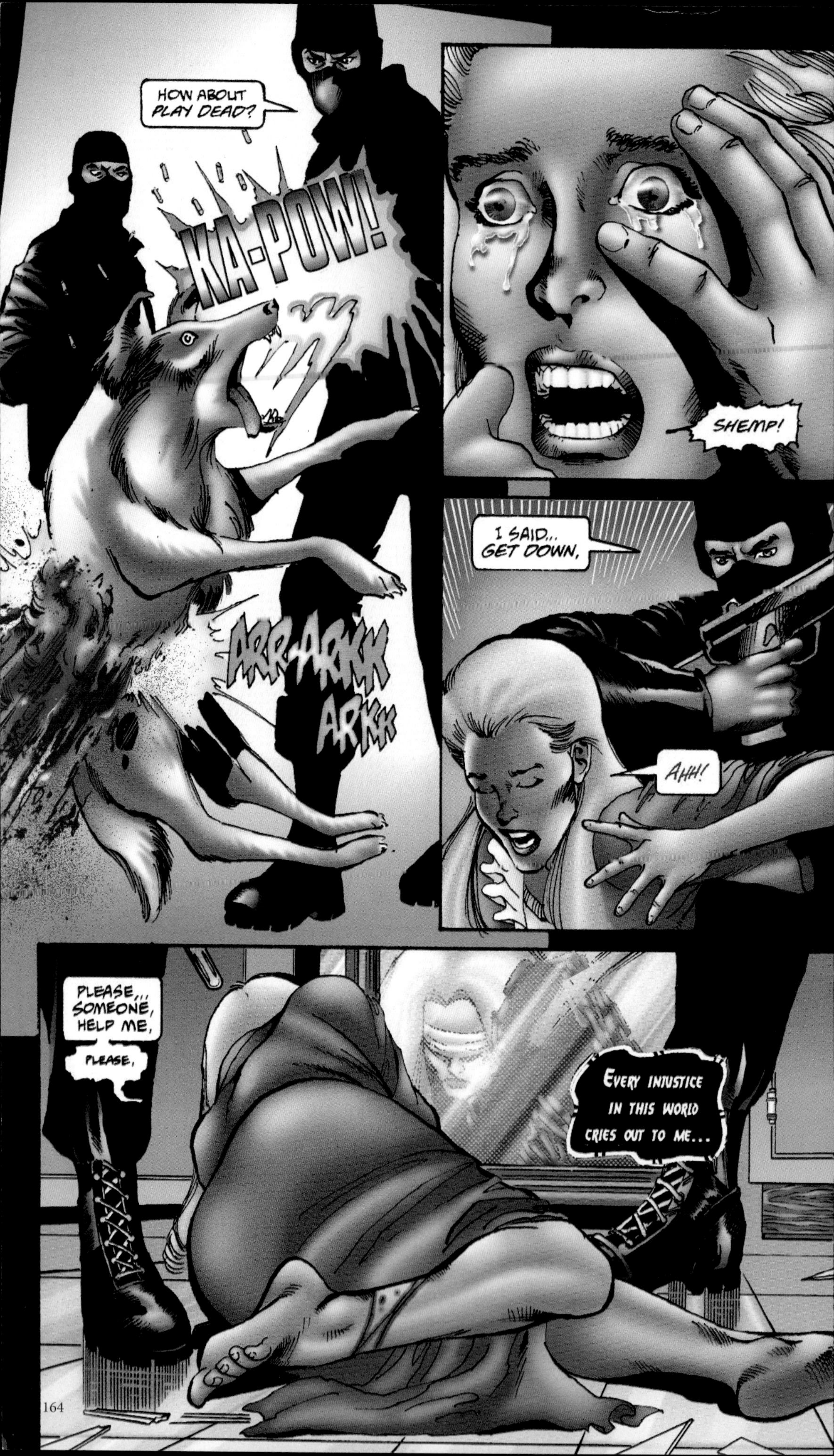

HOW ABOUT PLAY DEAD?
KA-POW!
ARR-ARKK
ARKK
SHEMP!
I SAID... GET DOWN.
AHH!
PLEASE... SOMEONE, HELP ME.
PLEASE.
EVERY INJUSTICE IN THIS WORLD CRIES OUT TO ME...

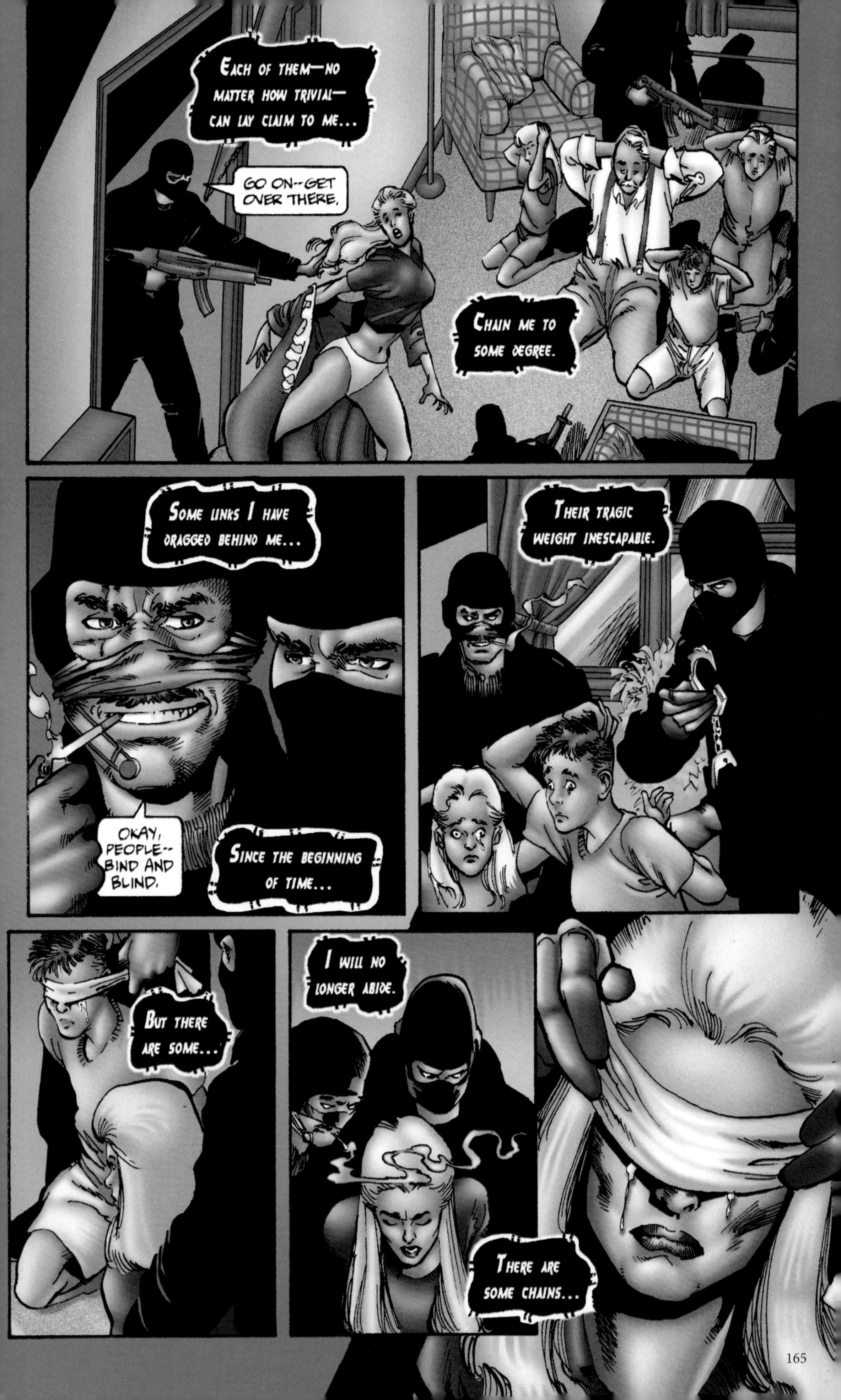
EACH OF THEM—NO MATTER HOW TRIVIAL—CAN LAY CLAIM TO ME...
GO ON--GET OVER THERE.
CHAIN ME TO SOME DEGREE.
SOME LINKS I HAVE DRAGGED BEHIND ME...
OKAY, PEOPLE--BIND AND BLIND.
SINCE THE BEGINNING OF TIME...
THEIR TRAGIC WEIGHT INESCAPABLE.
BUT THERE ARE SOME...
I WILL NO LONGER ABIDE.
THERE ARE SOME CHAINS...

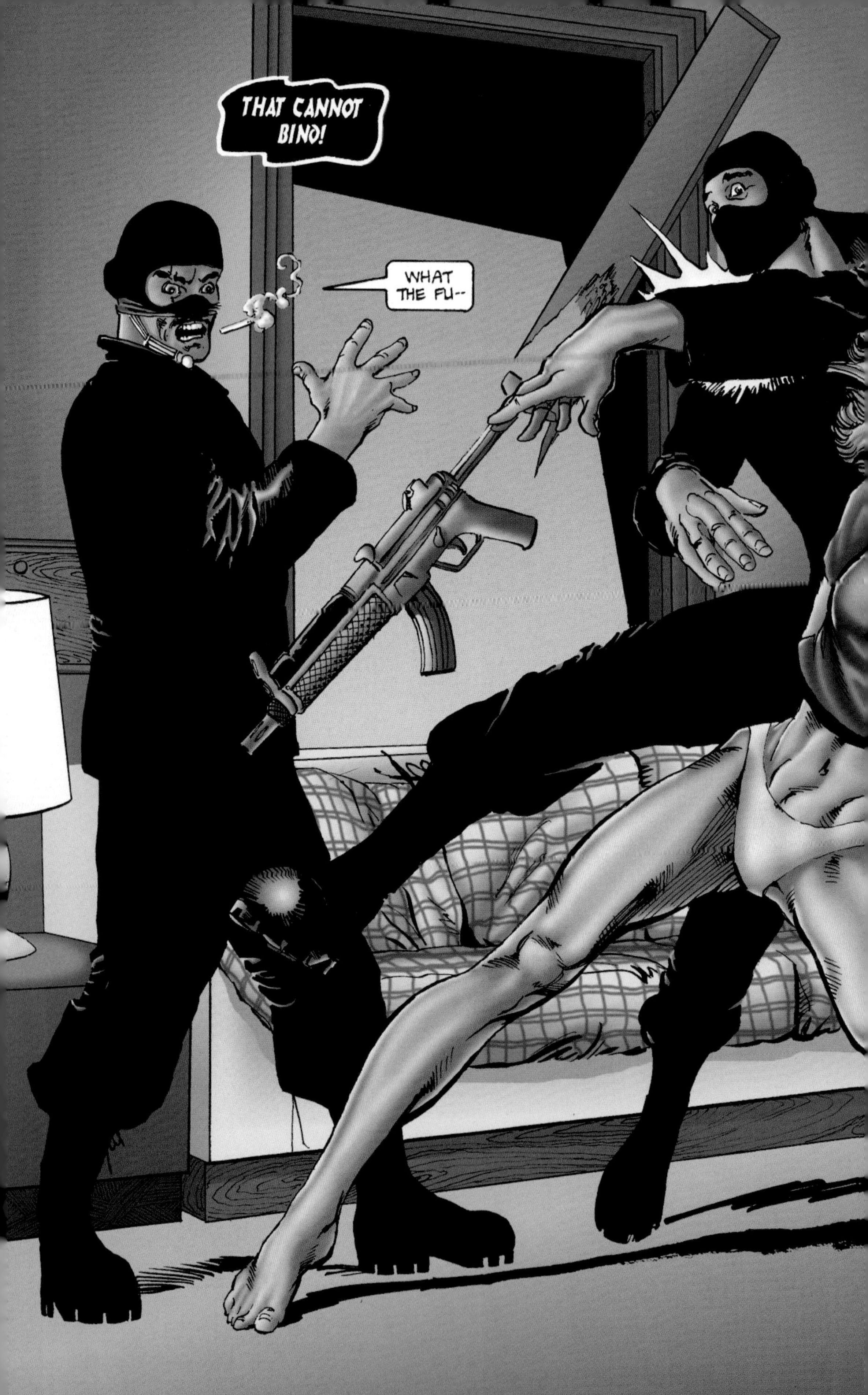
THAT CANNOT BIND!
WHAT THE FU--

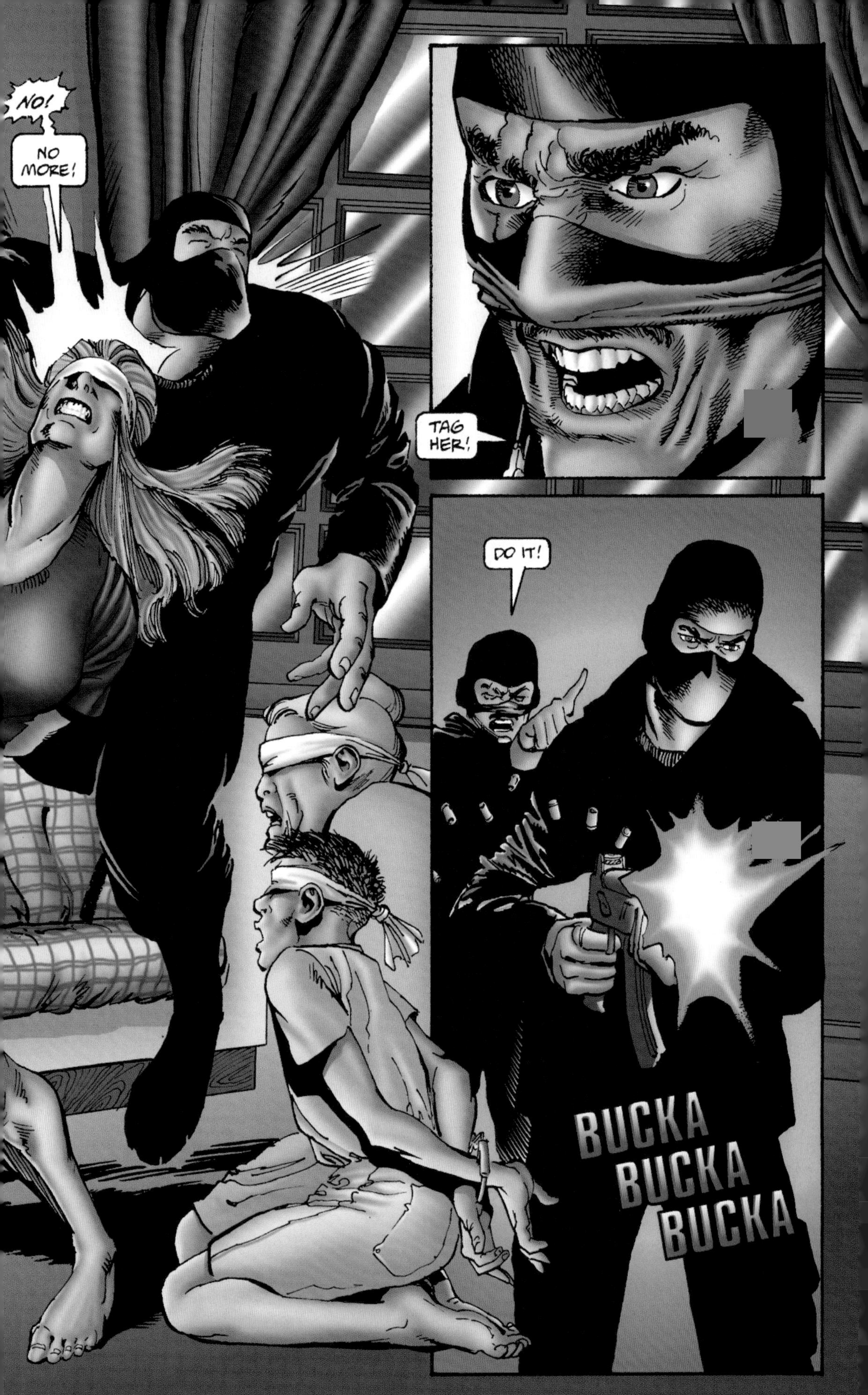

NO!
NO MORE!
TAG HER!
DO IT!
BUCKA BUCKA BUCKA

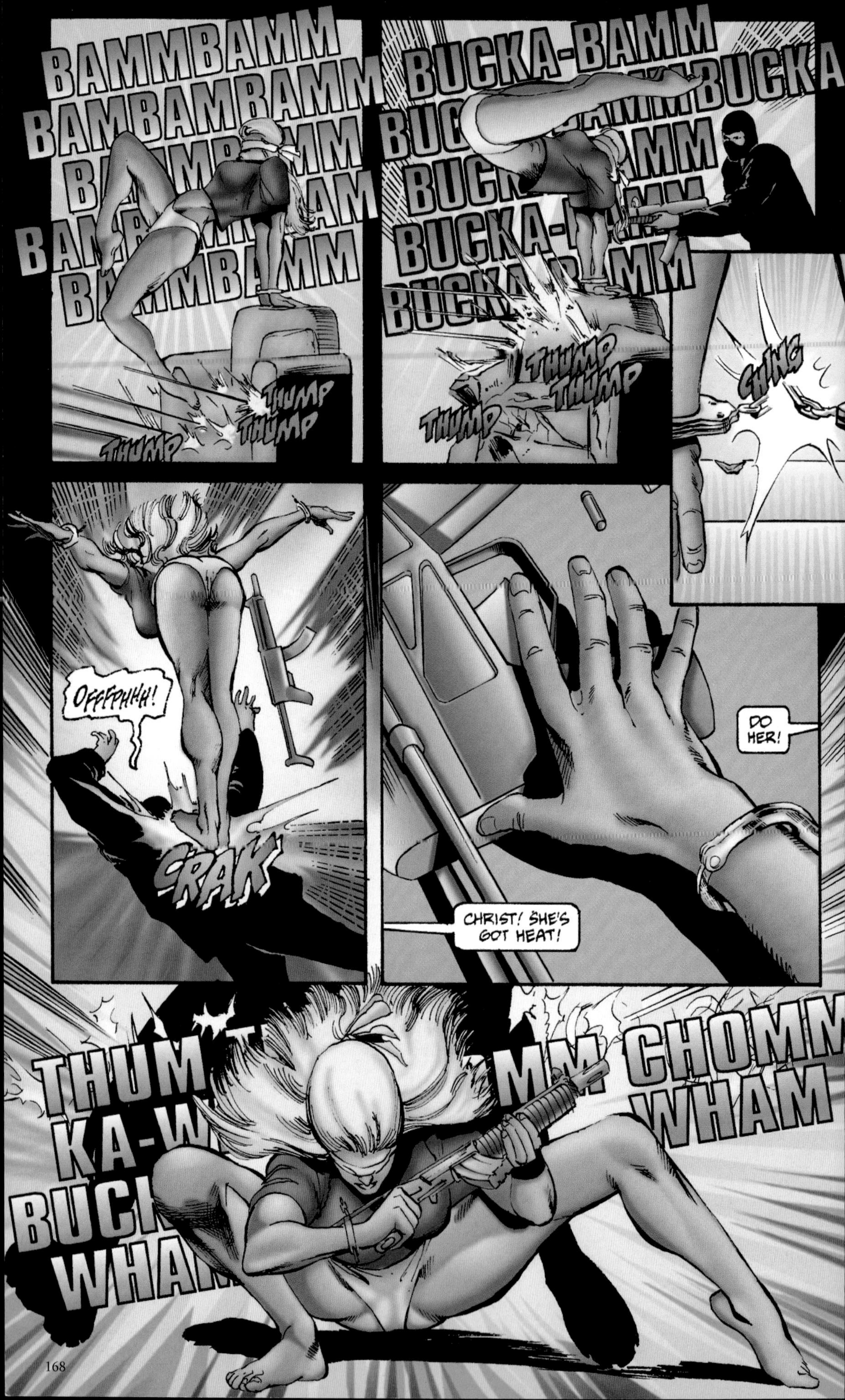
BAMMBAMM
BAMBAMBAMM
THUMP
THUMP
THUMP
BUCKA-BAMM
BUCKA
BUCKA-BAMM
THUMP
THUMP
THUMP
CHING
OFFFPHHH!
CRAK
DO HER!
CHRIST! SHE'S GOT HEAT!
CHOMM
WHAM
THUM
KA-W
BUC
WHA

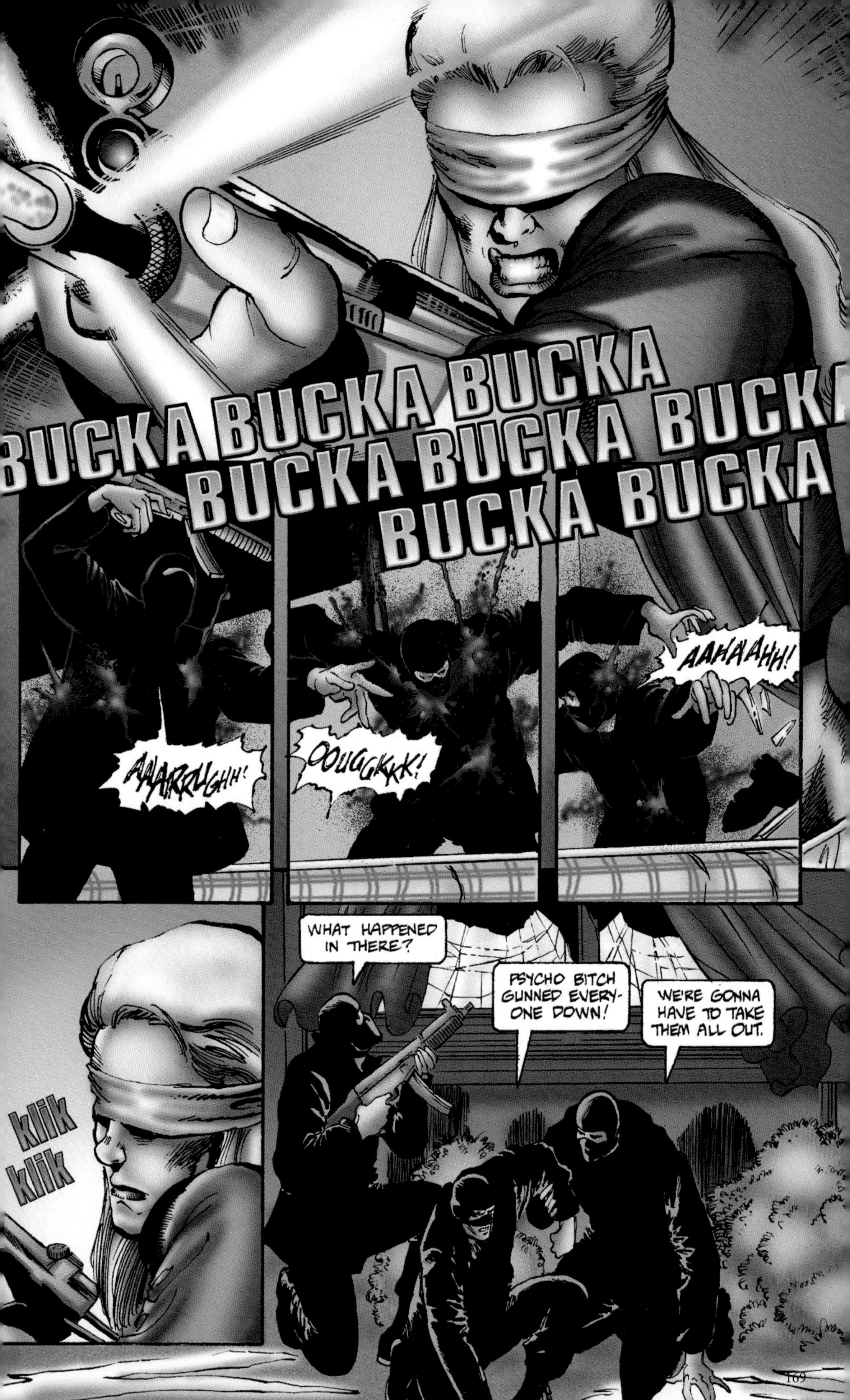
BUCKA BUCKA BUCKA
BUCKA BUCKA BUCK
BUCKA BUCKA
AAARRUGHH!
OOUUGKKK!
AAHAAHH!
WHAT HAPPENED IN THERE?
PSYCHO BITCH GUNNED EVERY-ONE DOWN!
WE'RE GONNA HAVE TO TAKE THEM ALL OUT.
klik klik

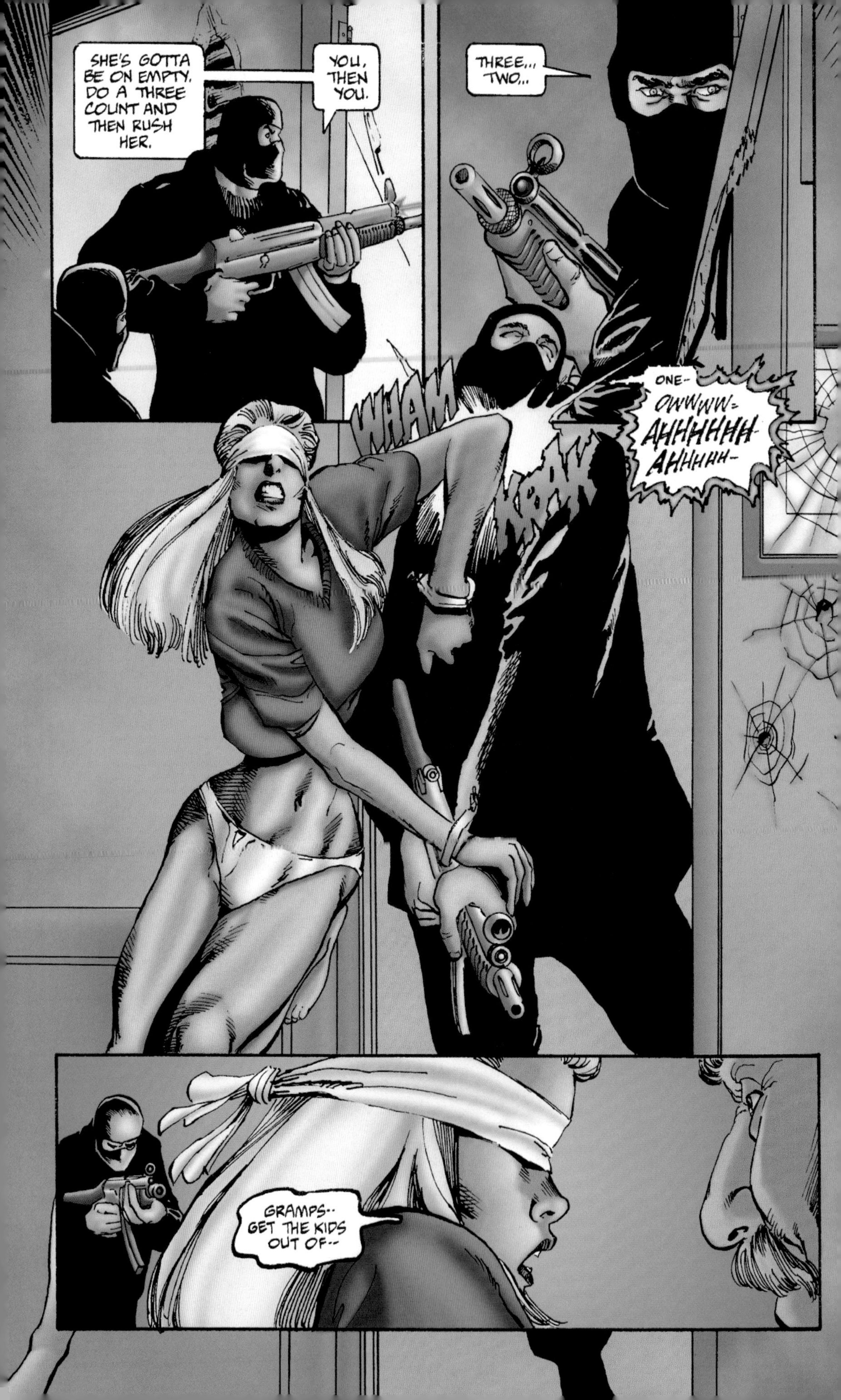
SHE'S GOTTA BE ON EMPTY. DO A THREE COUNT AND THEN RUSH HER.
YOU, THEN YOU.
THREE,.. TWO,..
WHAM
ONE- OWWWW- AHHHHHH- AHHHHH-
GRAMPS.. GET THE KIDS OUT OF--

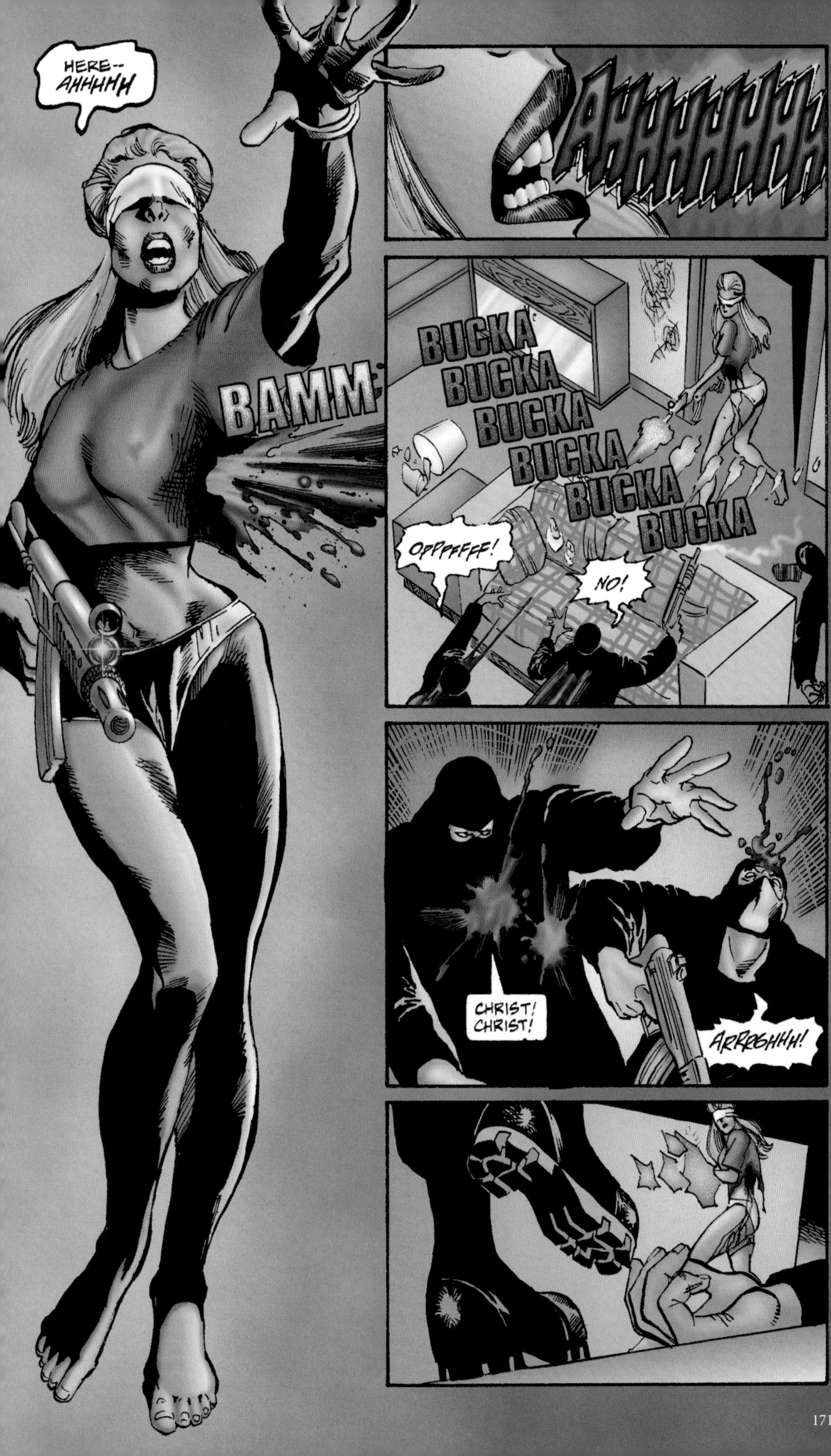
HERE--
AHHHHH
AHHHHHHH
BAMM
BUCKA
BUCKA
BUCKA
BUCKA
BUCKA
BUCKA
OPPPFFFF!
NO!
CHRIST!
CHRIST!
ARRRGHHH!

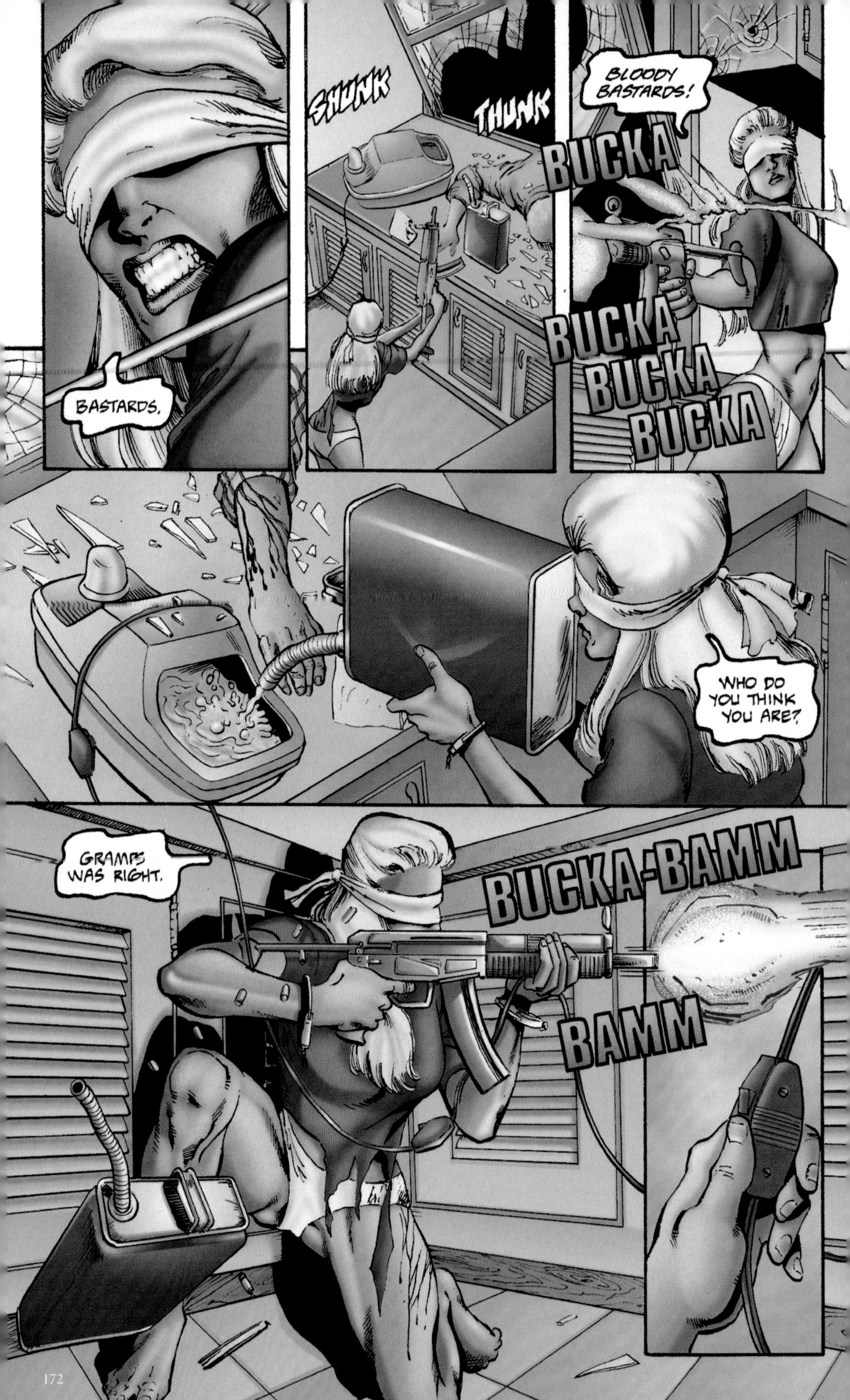
BASTARDS.
SHUNK
THUNK
BLOODY BASTARDS!
BUCKA
BUCKA
BUCKA
BUCKA
WHO DO YOU THINK YOU ARE?
GRAMPS WAS RIGHT.
BUCKA-BAMM
BAMM

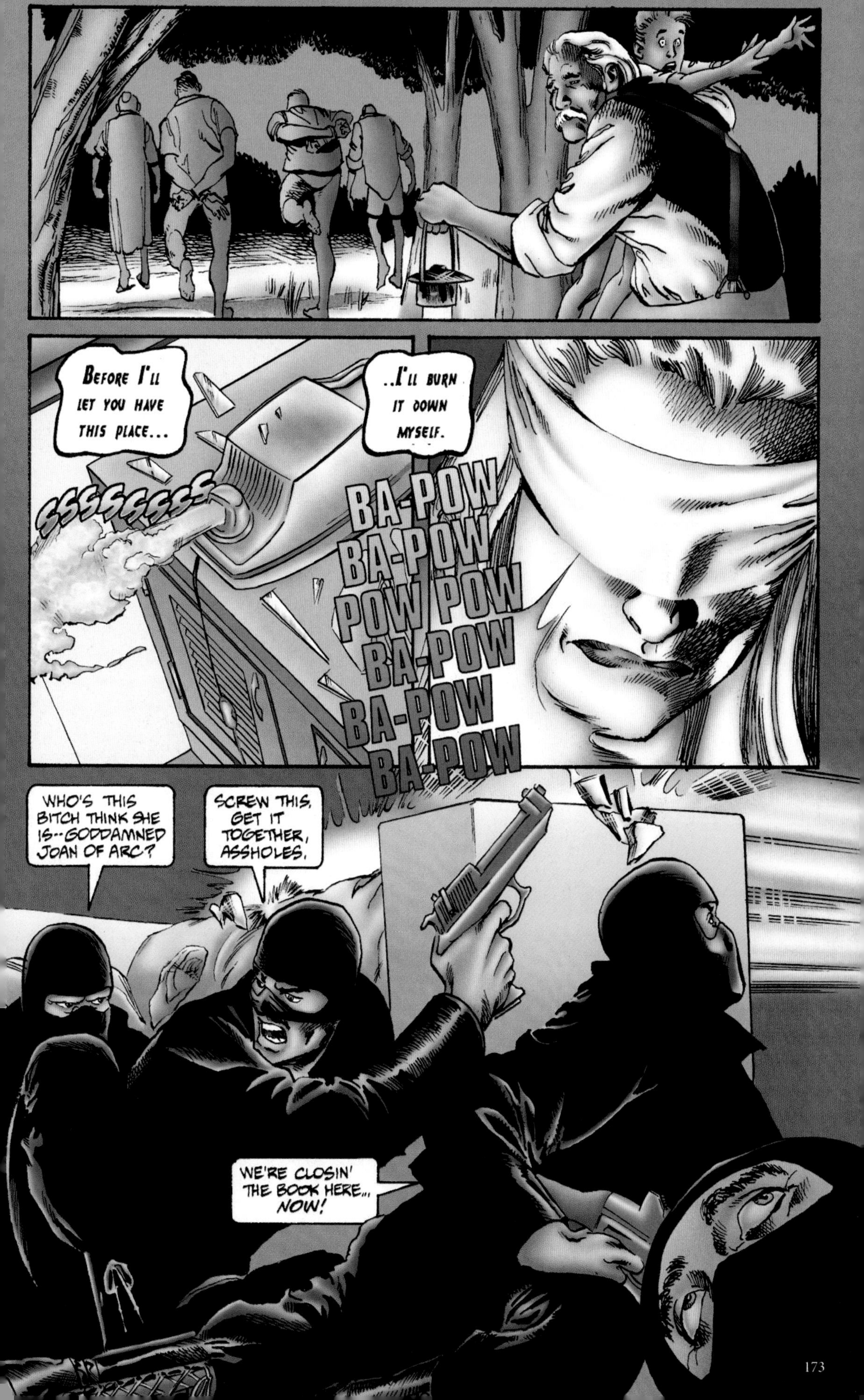

BEFORE I'LL LET YOU HAVE THIS PLACE...
..I'LL BURN IT DOWN MYSELF.
SSSSSSSS
BA-POW
BA-POW
POW POW
BA-POW
BA-POW
BA-POW
WHO'S THIS BITCH THINK SHE IS--GODDAMNED JOAN OF ARC?
SCREW THIS. GET IT TOGETHER, ASSHOLES.
WE'RE CLOSIN' THE BOOK HERE... NOW!

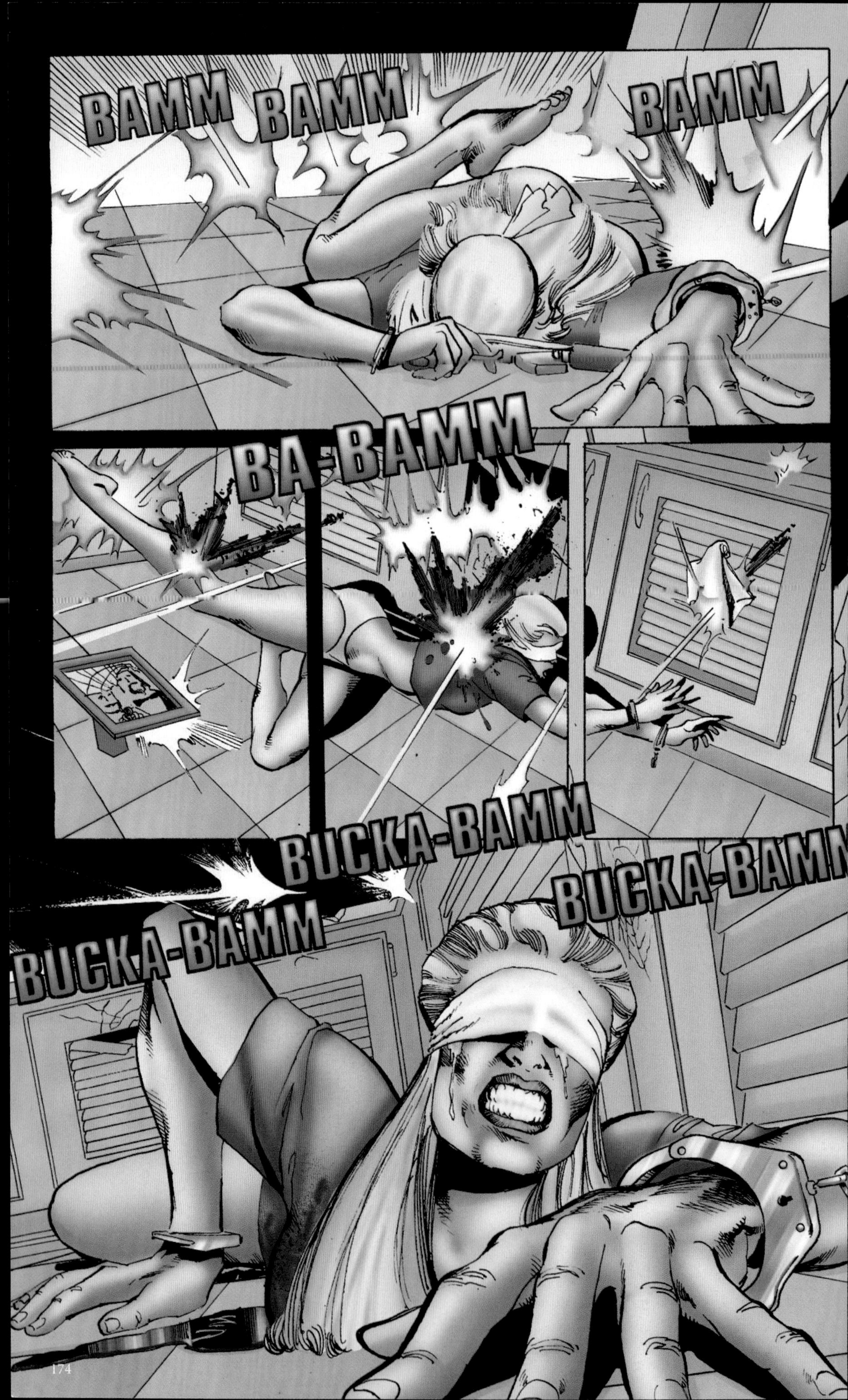
BAMM
BAMM
BAMM
BA-BAMM
BUCKA-BAMM
BUCKA-BAMM
BUCKA-BAM

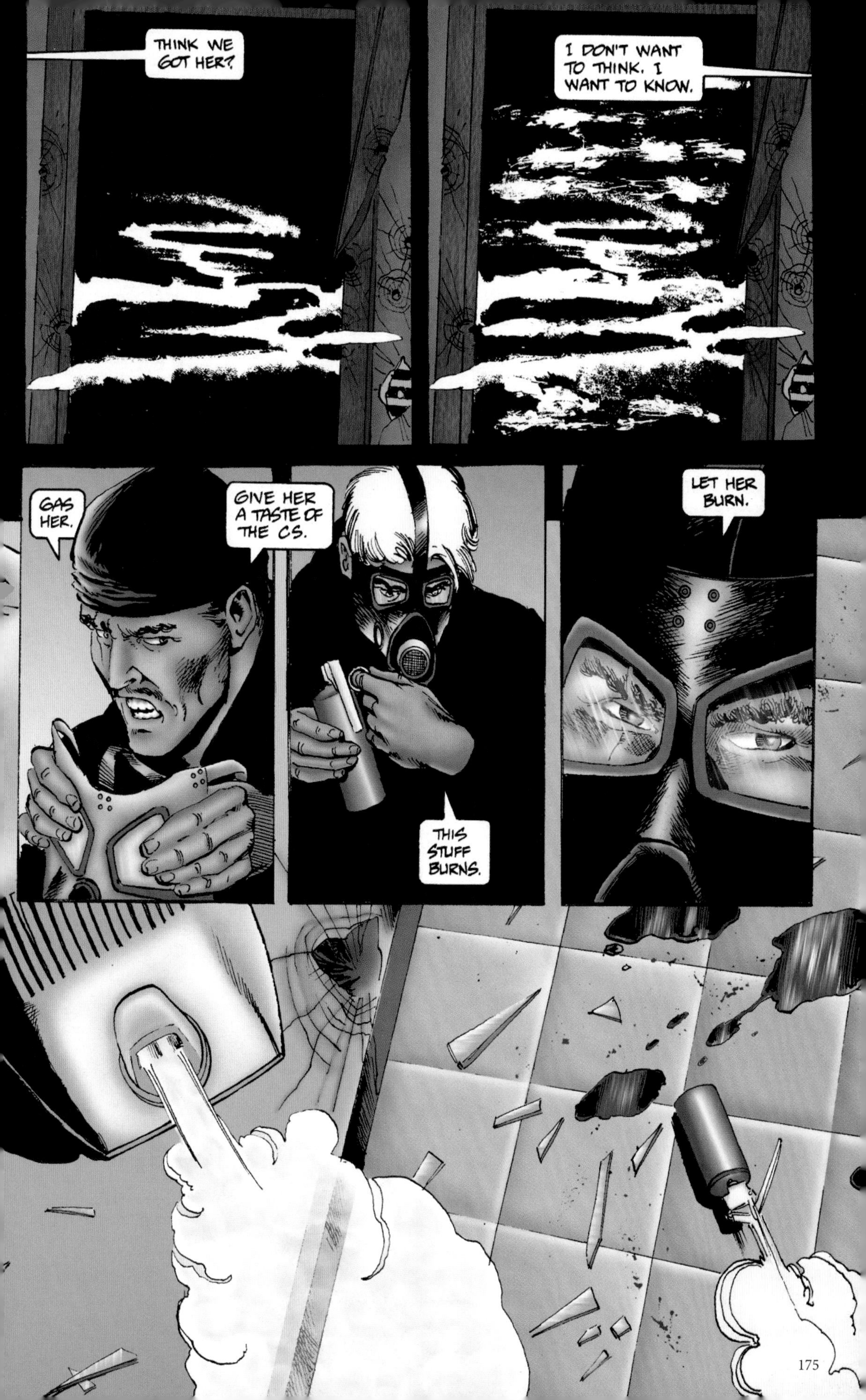
THINK WE GOT HER?
I DON'T WANT TO THINK. I WANT TO KNOW.
GAS HER.
GIVE HER A TASTE OF THE CS.
THIS STUFF BURNS.
LET HER BURN.

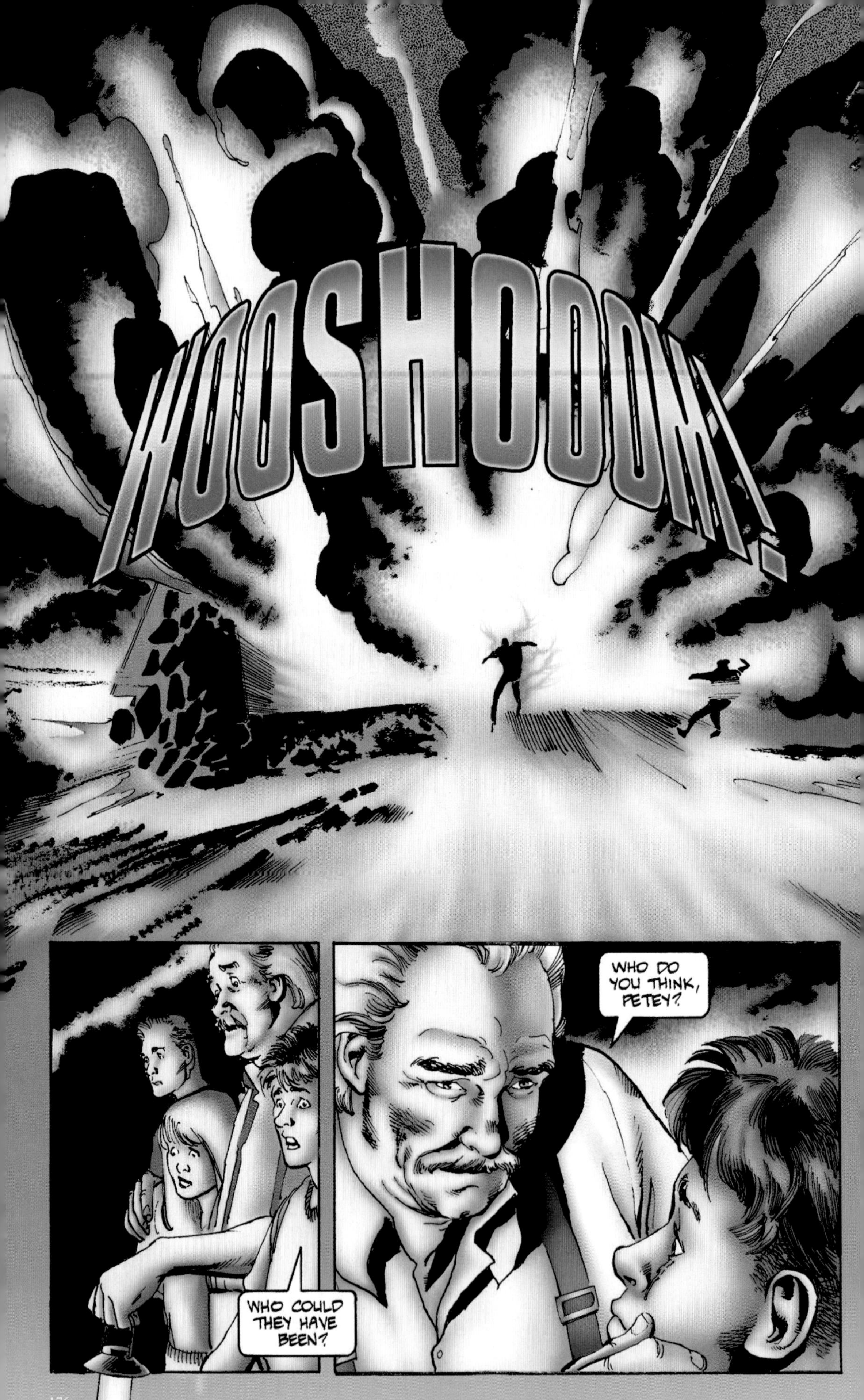
WOOSHOOOM!
WHO COULD THEY HAVE BEEN?
WHO DO YOU THINK, PETEY?

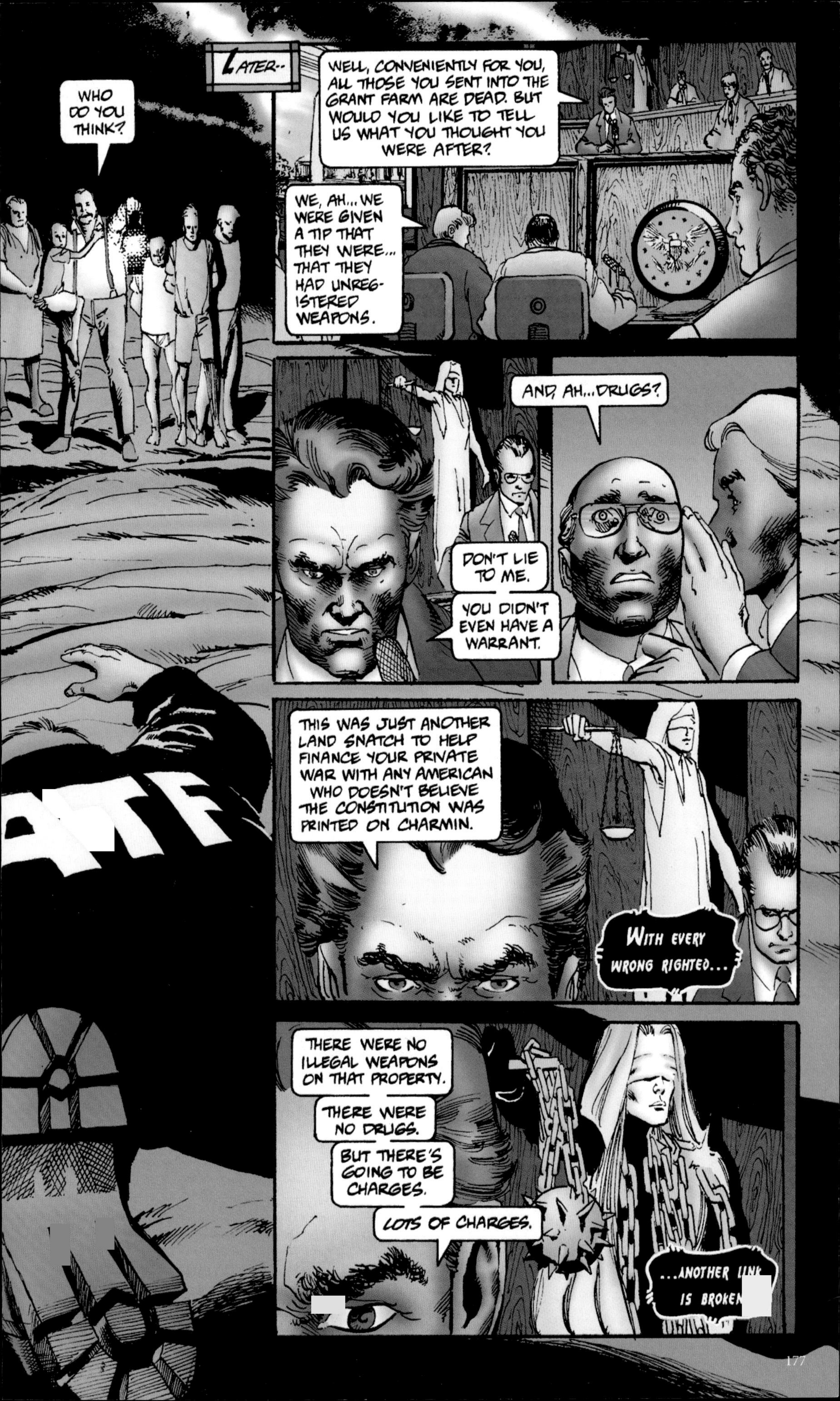
WHO DO YOU THINK?
LATER..
WELL, CONVENIENTLY FOR YOU, ALL THOSE YOU SENT INTO THE GRANT FARM ARE DEAD. BUT WOULD YOU LIKE TO TELL US WHAT YOU THOUGHT YOU WERE AFTER?
WE, AH... WE WERE GIVEN A TIP THAT THEY WERE... THAT THEY HAD UNREG-ISTERED WEAPONS.
AND, AH... DRUGS?
DON'T LIE TO ME.
YOU DIDN'T EVEN HAVE A WARRANT.
ATF
THIS WAS JUST ANOTHER LAND SNATCH TO HELP FINANCE YOUR PRIVATE WAR WITH ANY AMERICAN WHO DOESN'T BELIEVE THE CONSTITUTION WAS PRINTED ON CHARMIN.
WITH EVERY WRONG RIGHTED...
THERE WERE NO ILLEGAL WEAPONS ON THAT PROPERTY.
THERE WERE NO DRUGS.
BUT THERE'S GOING TO BE CHARGES.
LOTS OF CHARGES.
...ANOTHER LIN
IS BROKEN

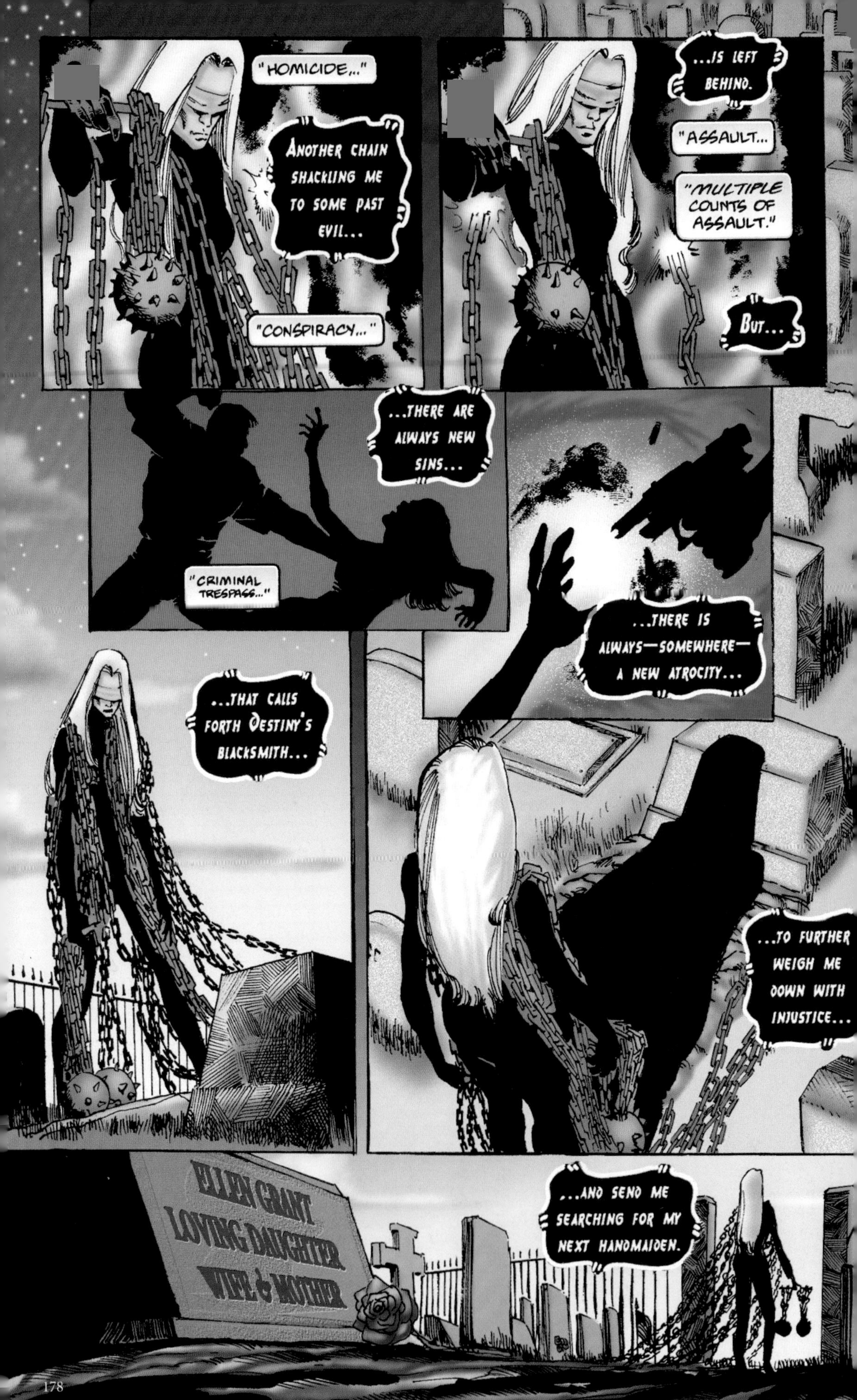

"HOMICIDE..."
ANOTHER CHAIN SHACKLING ME TO SOME PAST EVIL...
"CONSPIRACY..."
...IS LEFT BEHIND.
"ASSAULT...
"MULTIPLE COUNTS OF ASSAULT."
BUT...
...THERE ARE ALWAYS NEW SINS...
"CRIMINAL TRESPASS..."
...THERE IS ALWAYS—SOMEWHERE— A NEW ATROCITY...
...THAT CALLS FORTH DESTINY'S BLACKSMITH...
...TO FURTHER WEIGH ME DOWN WITH INJUSTICE...
ELLEN GRANT
LOVING DAUGHTER
WIFE & MOTHER
...AND SEND ME SEARCHING FOR MY NEXT HANDMAIDEN.

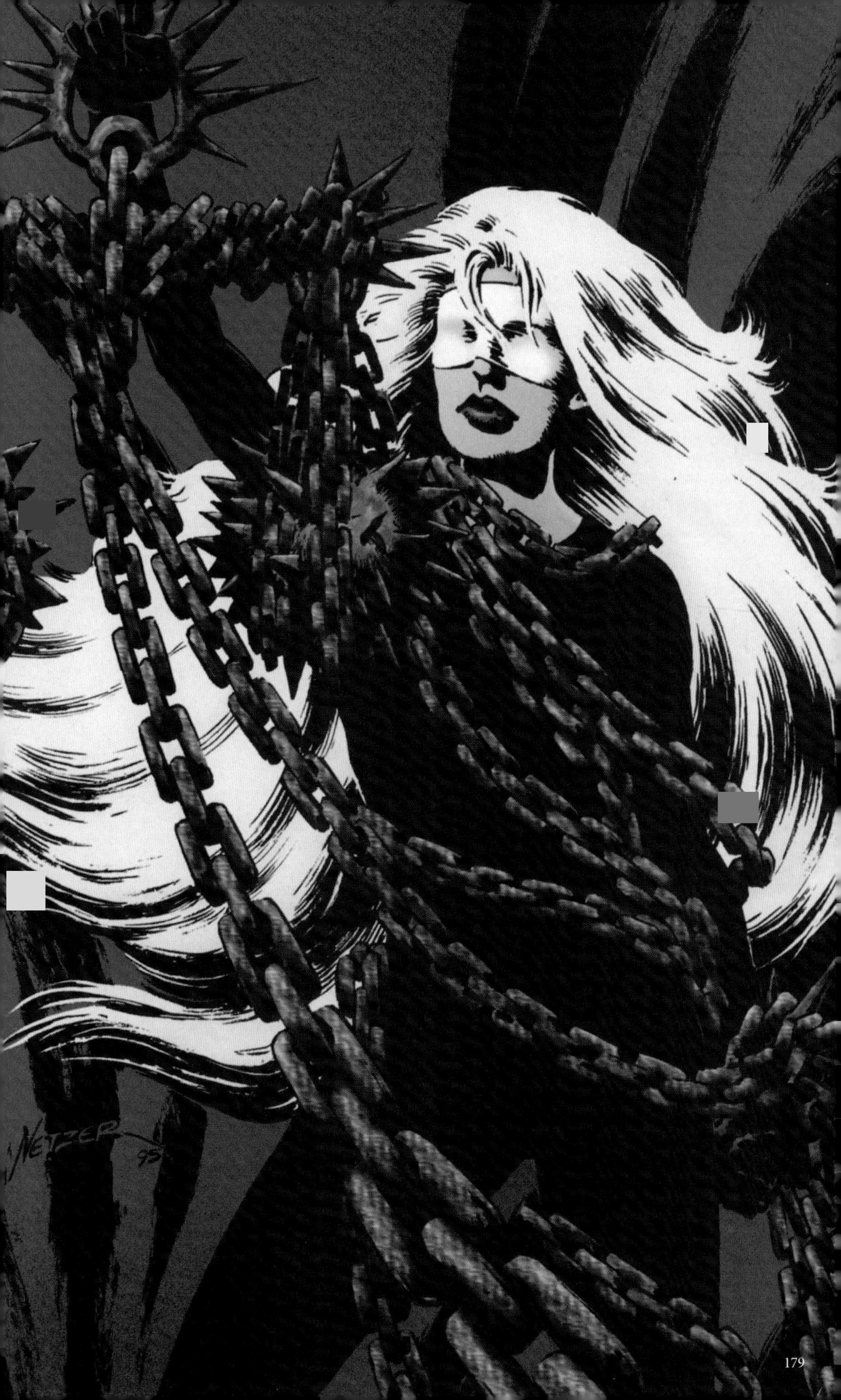
NETZER
95

"A rape! A rape!... Yes, you have ravishd justice; forced her to do your pleasure." – *John Webster*

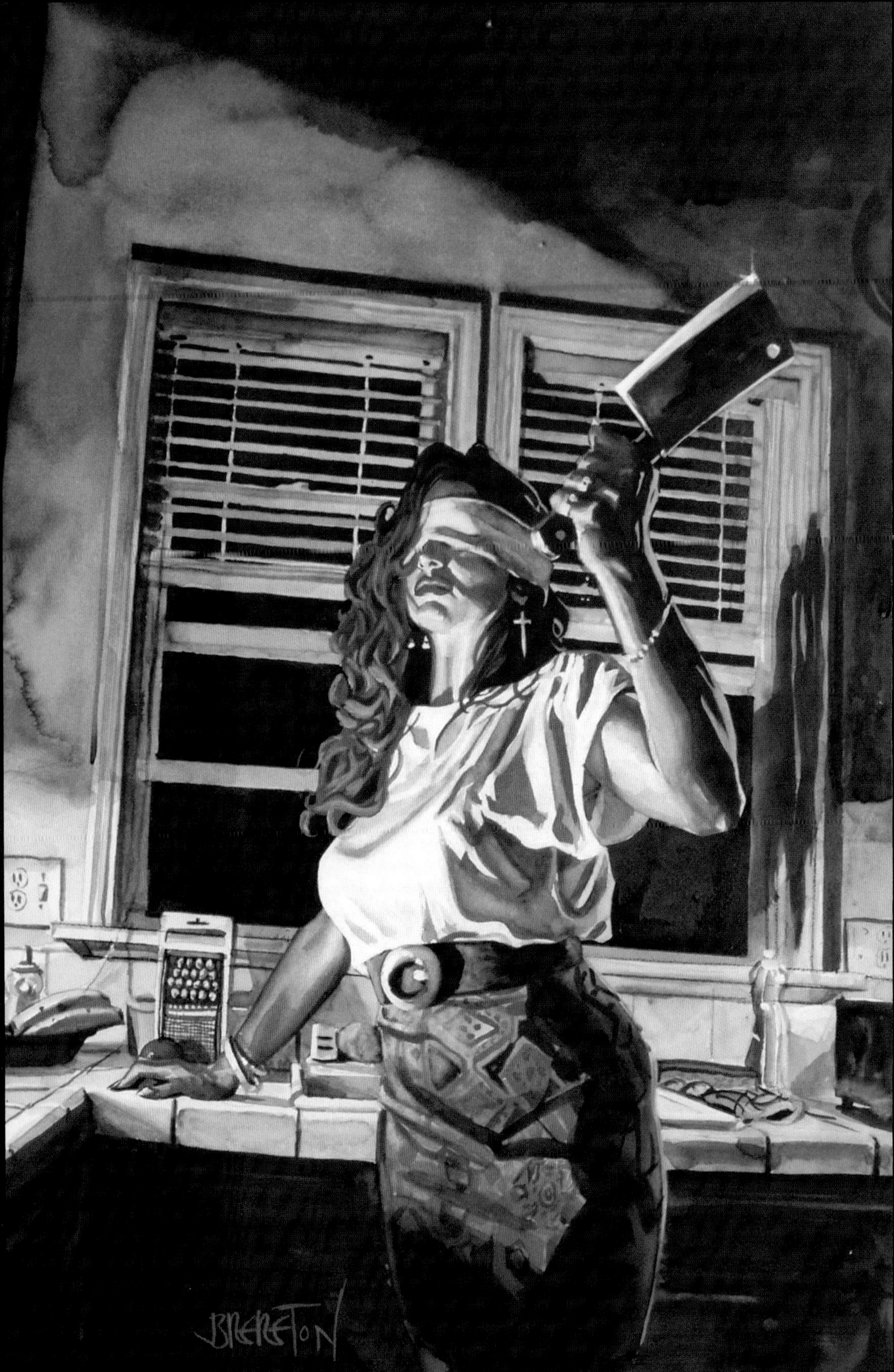

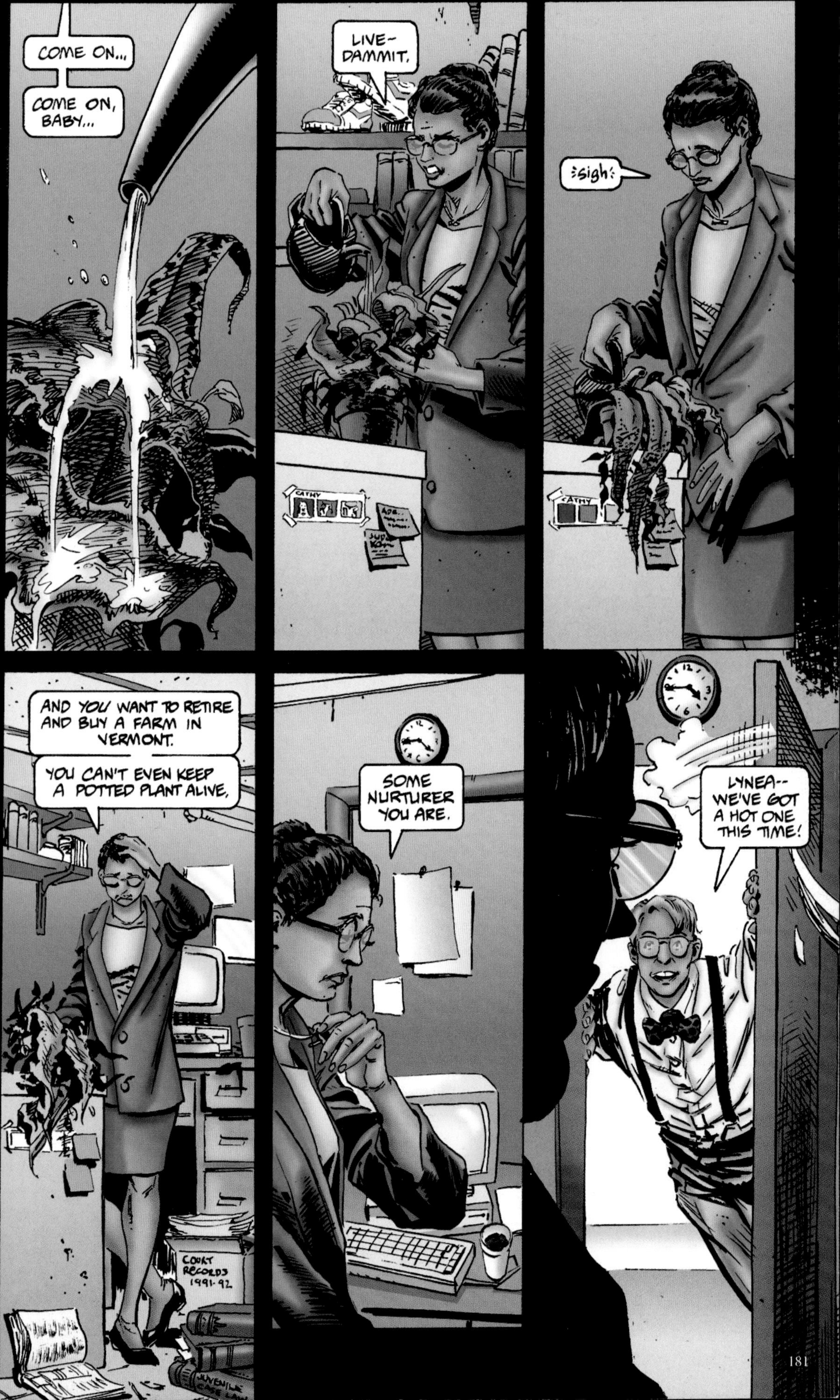
COME ON...
COME ON, BABY...
LIVE-DAMMIT.
sigh
AND YOU WANT TO RETIRE AND BUY A FARM IN VERMONT.
YOU CAN'T EVEN KEEP A POTTED PLANT ALIVE.
SOME NURTURER YOU ARE.
LYNEA-- WE'VE GOT A HOT ONE THIS TIME!
CATHY
COURT RECORDS 1991-92
JUVENILE CASE LAW

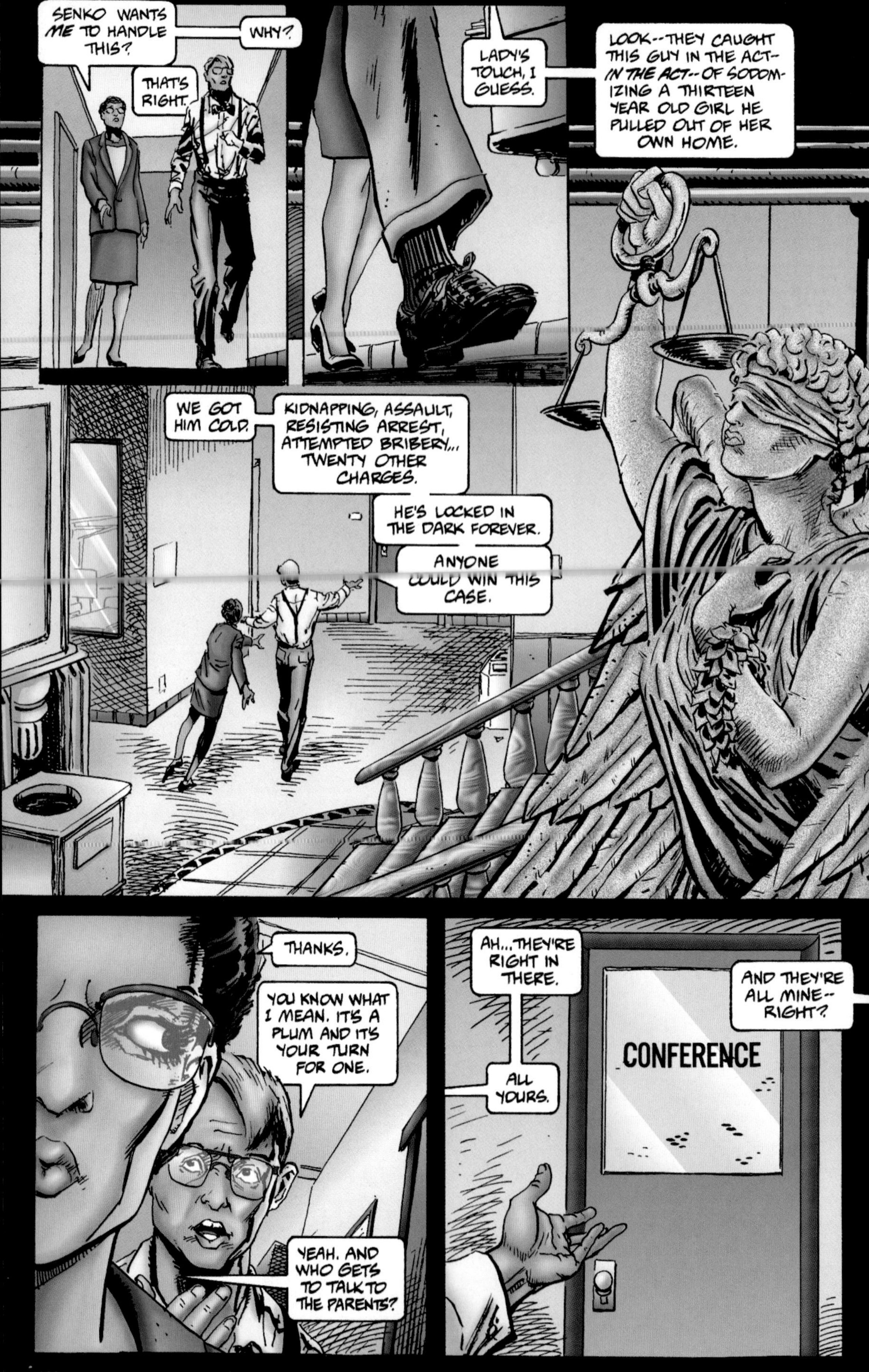
SENKO WANTS ME TO HANDLE THIS?
THAT'S RIGHT.
WHY?
LADY'S TOUCH, I GUESS.
LOOK--THEY CAUGHT THIS GUY IN THE ACT--IN THE ACT--OF SODOMIZING A THIRTEEN YEAR OLD GIRL HE PULLED OUT OF HER OWN HOME.
WE GOT HIM COLD.
KIDNAPPING, ASSAULT, RESISTING ARREST, ATTEMPTED BRIBERY... TWENTY OTHER CHARGES.
HE'S LOCKED IN THE DARK FOREVER.
ANYONE COULD WIN THIS CASE.
THANKS.
YOU KNOW WHAT I MEAN. IT'S A PLUM AND IT'S YOUR TURN FOR ONE.
YEAH. AND WHO GETS TO TALK TO THE PARENTS?
AH... THEY'RE RIGHT IN THERE.
ALL YOURS.
AND THEY'RE ALL MINE--RIGHT?
CONFERENCE

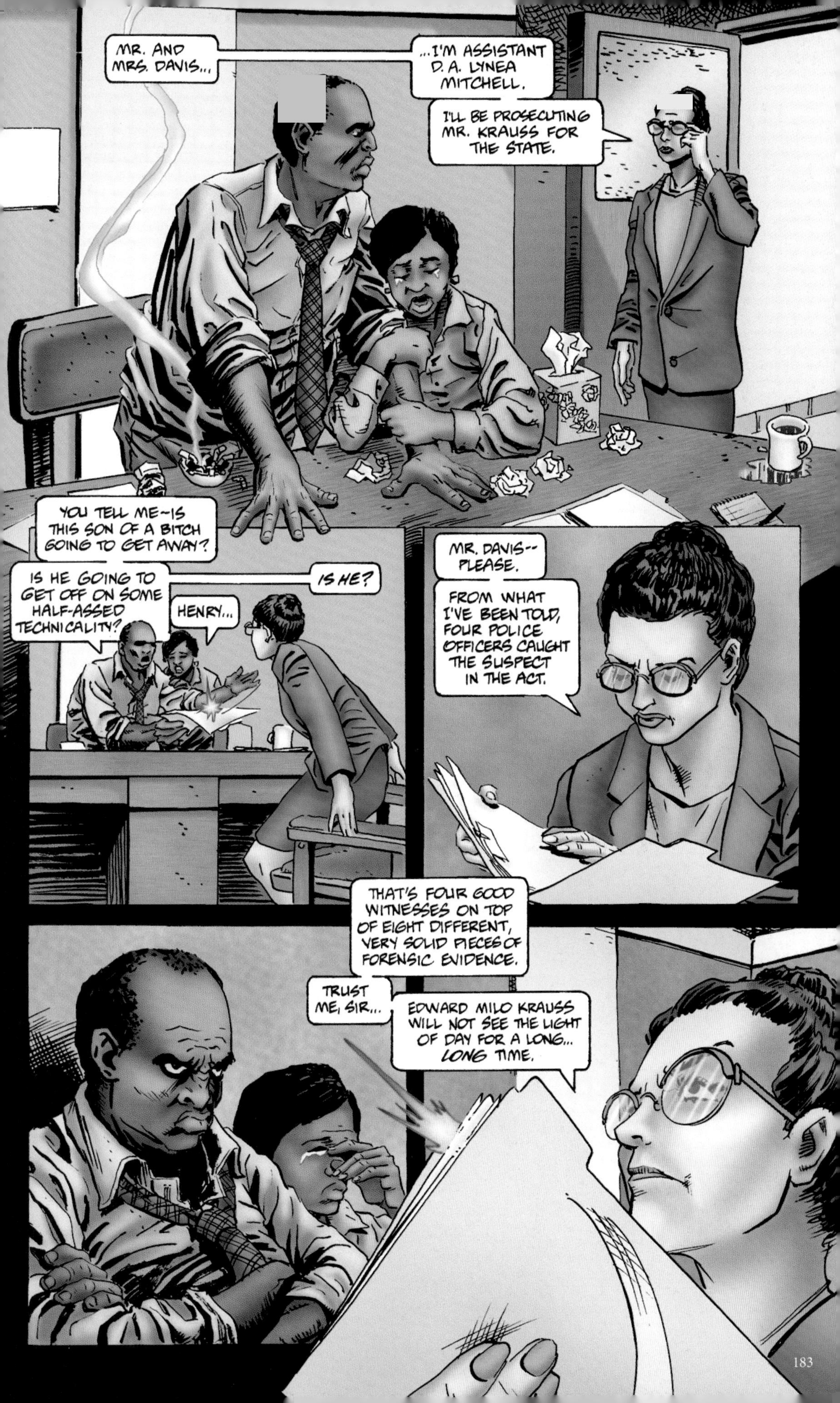
MR. AND MRS. DAVIS...
...I'M ASSISTANT D.A. LYNEA MITCHELL.
I'LL BE PROSECUTING MR. KRAUSS FOR THE STATE.
YOU TELL ME--IS THIS SON OF A BITCH GOING TO GET AWAY?
IS HE GOING TO GET OFF ON SOME HALF-ASSED TECHNICALITY?
IS HE?
HENRY...
MR. DAVIS-- PLEASE.
FROM WHAT I'VE BEEN TOLD, FOUR POLICE OFFICERS CAUGHT THE SUSPECT IN THE ACT.
THAT'S FOUR GOOD WITNESSES ON TOP OF EIGHT DIFFERENT, VERY SOLID PIECES OF FORENSIC EVIDENCE.
TRUST ME, SIR...
EDWARD MILO KRAUSS WILL NOT SEE THE LIGHT OF DAY FOR A LONG... LONG TIME.

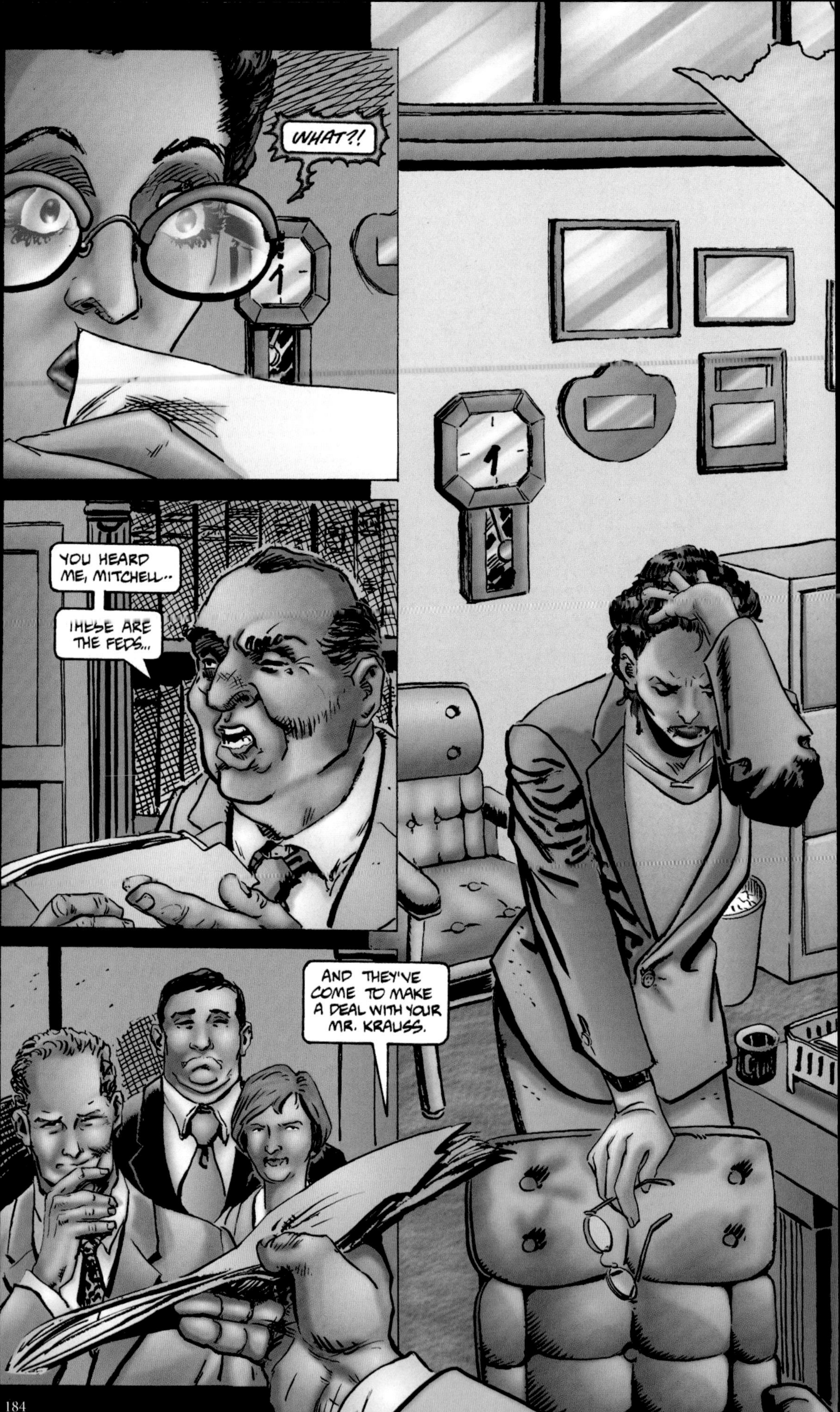
WHAT?!
YOU HEARD ME, MITCHELL...
THESE ARE THE FEDS...
AND THEY'VE COME TO MAKE A DEAL WITH YOUR MR. KRAUSS.

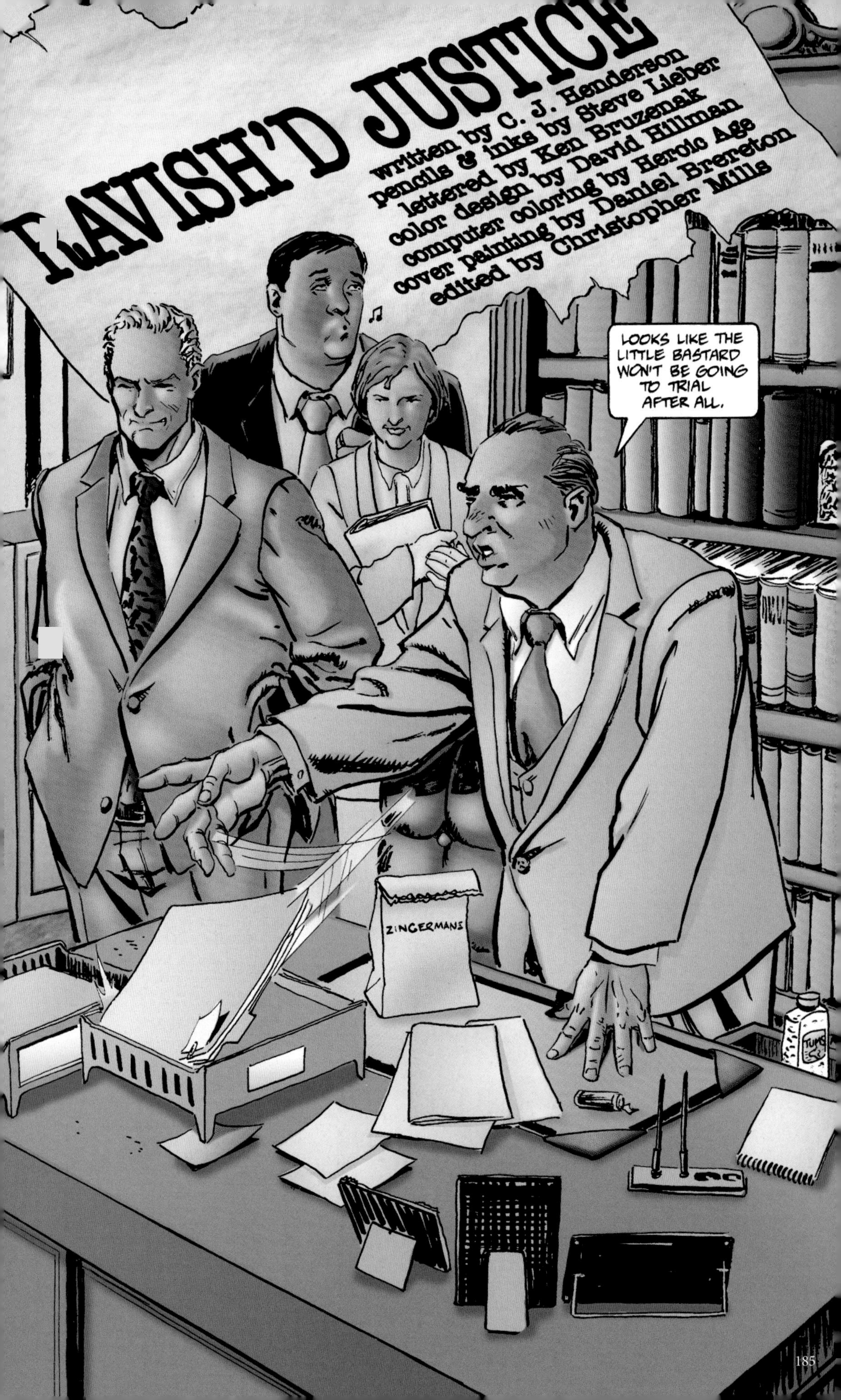
RAVISH'D JUSTICE
written by C. J. Henderson
pencils & inks by Steve Lieber
lettered by Ken Bruzenak
color design by David Hillman
computer coloring by Heroic Age
cover painting by Daniel Brereton
edited by Christopher Mills
LOOKS LIKE THE LITTLE BASTARD WON'T BE GOING TO TRIAL AFTER ALL.
ZINGERMANS
TUMS

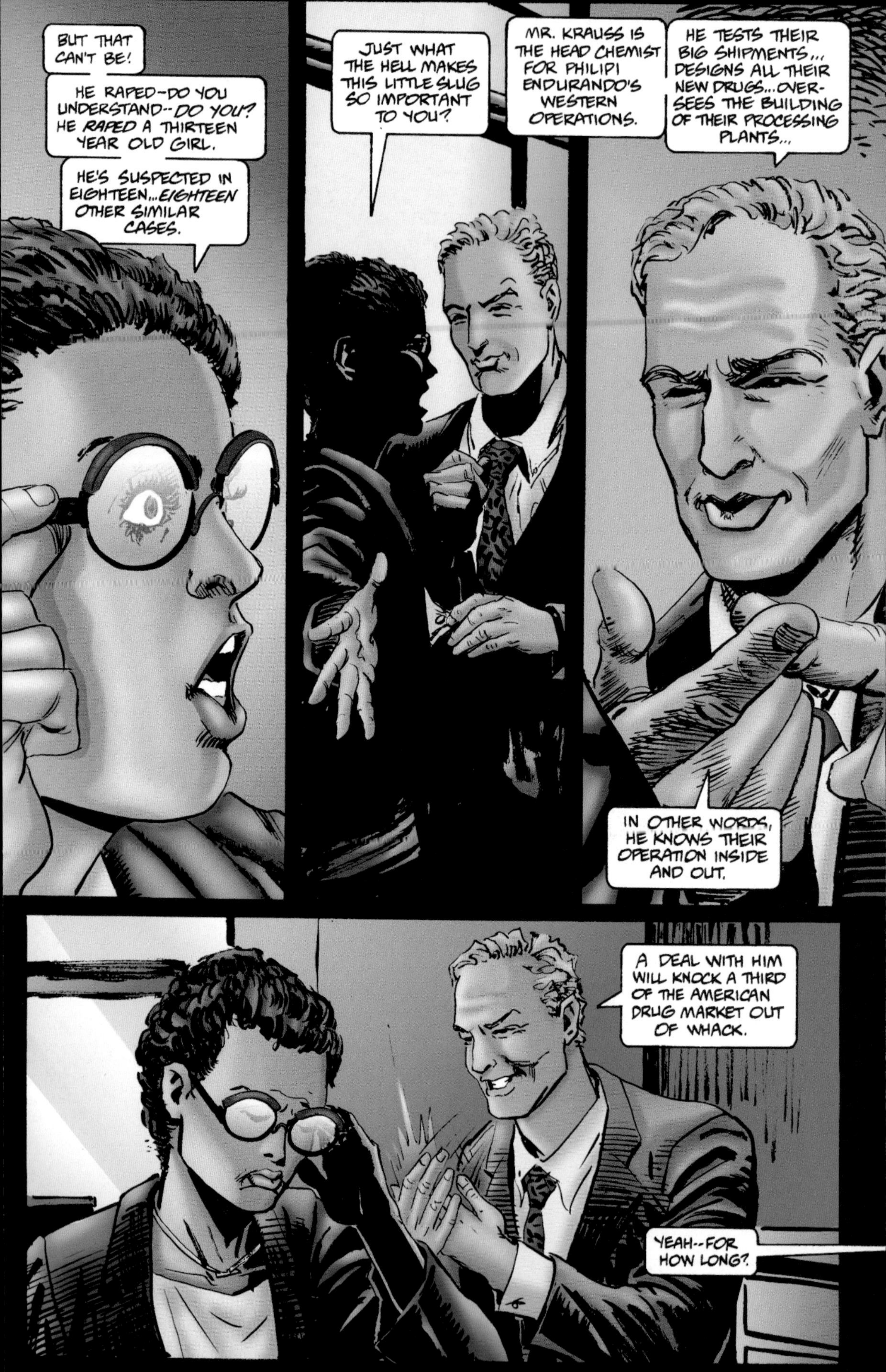
BUT THAT CAN'T BE!
HE RAPED--DO YOU UNDERSTAND--DO YOU? HE RAPED A THIRTEEN YEAR OLD GIRL.
HE'S SUSPECTED IN EIGHTEEN...EIGHTEEN OTHER SIMILAR CASES.
JUST WHAT THE HELL MAKES THIS LITTLE SLUG SO IMPORTANT TO YOU?
MR. KRAUSS IS THE HEAD CHEMIST FOR PHILIPI ENDURANDO'S WESTERN OPERATIONS.
HE TESTS THEIR BIG SHIPMENTS... DESIGNS ALL THEIR NEW DRUGS...OVER-SEES THE BUILDING OF THEIR PROCESSING PLANTS...
IN OTHER WORDS, HE KNOWS THEIR OPERATION INSIDE AND OUT.
A DEAL WITH HIM WILL KNOCK A THIRD OF THE AMERICAN DRUG MARKET OUT OF WHACK.
YEAH--FOR HOW LONG?

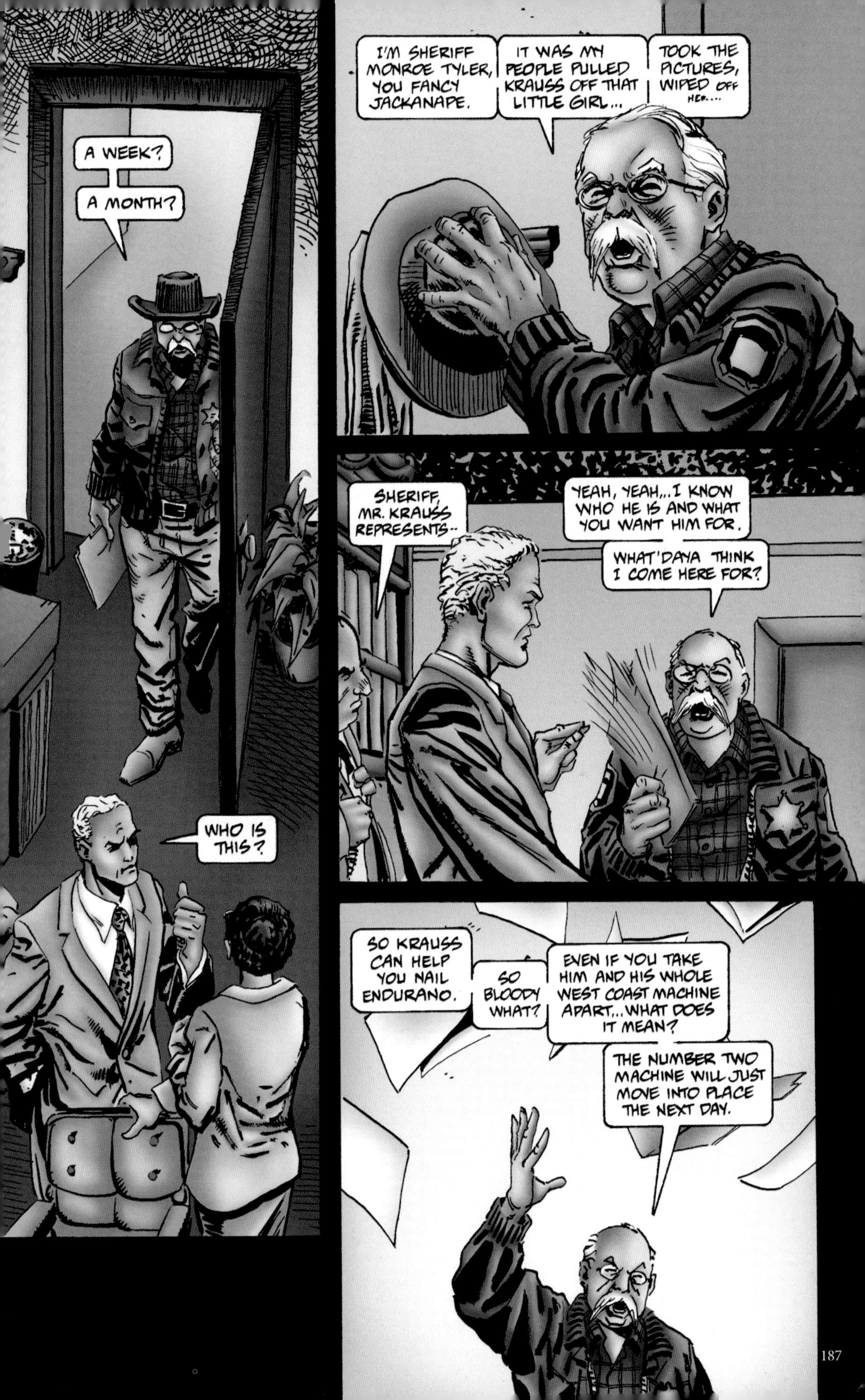
A WEEK?
A MONTH?
WHO IS THIS?
I'M SHERIFF MONROE TYLER, YOU FANCY JACKANAPE.
IT WAS MY PEOPLE PULLED KRAUSS OFF THAT LITTLE GIRL...
TOOK THE PICTURES, WIPED OFF HER....
SHERIFF, MR. KRAUSS REPRESENTS--
YEAH, YEAH,..I KNOW WHO HE IS AND WHAT YOU WANT HIM FOR.
WHAT'DAYA THINK I COME HERE FOR?
SO KRAUSS CAN HELP YOU NAIL ENDURANO.
SO BLOODY WHAT?
EVEN IF YOU TAKE HIM AND HIS WHOLE WEST COAST MACHINE APART... WHAT DOES IT MEAN?
THE NUMBER TWO MACHINE WILL JUST MOVE INTO PLACE THE NEXT DAY.

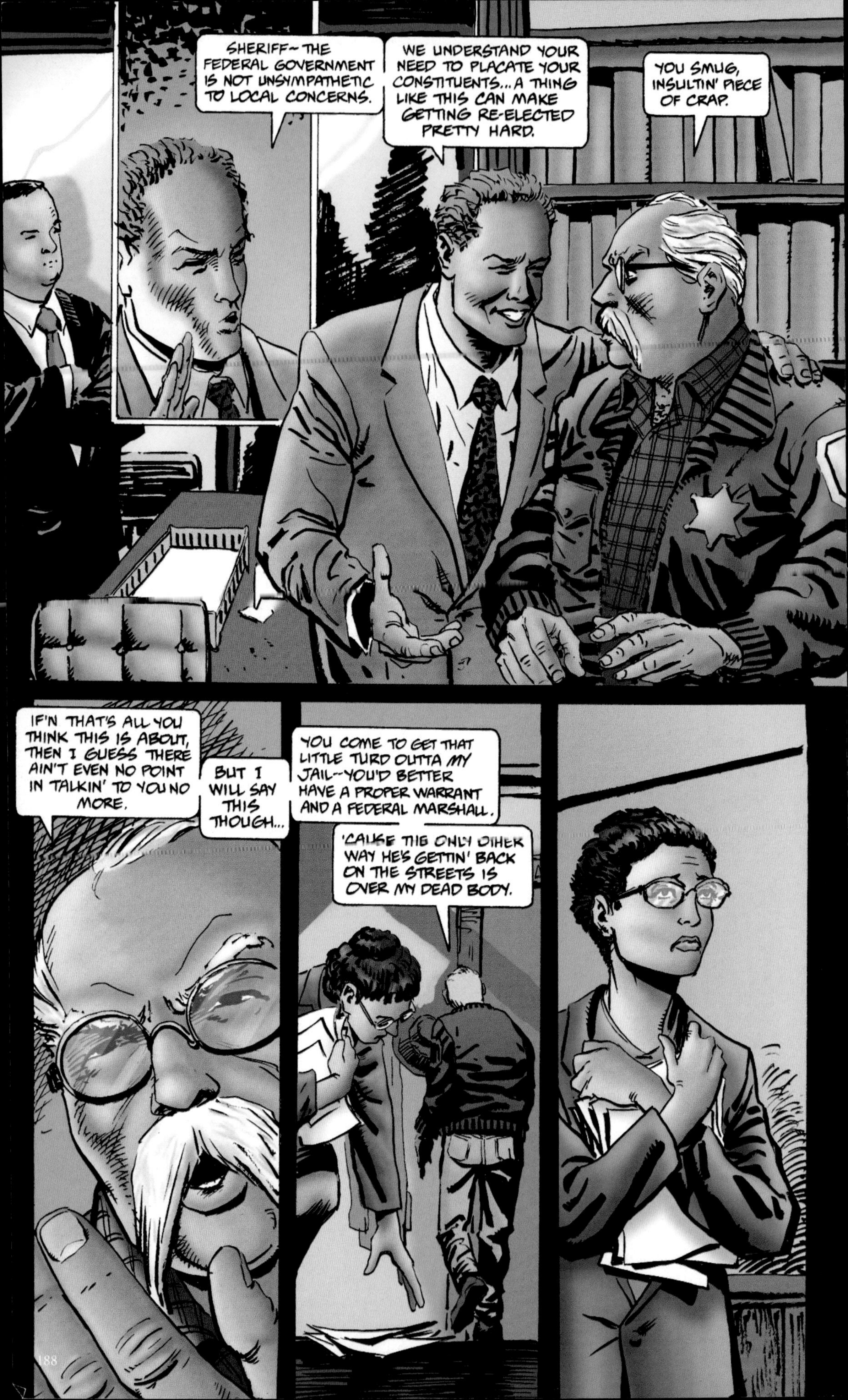
SHERIFF~ THE FEDERAL GOVERNMENT IS NOT UNSYMPATHETIC TO LOCAL CONCERNS.
WE UNDERSTAND YOUR NEED TO PLACATE YOUR CONSTITUENTS... A THING LIKE THIS CAN MAKE GETTING RE-ELECTED PRETTY HARD.
YOU SMUG, INSULTIN' PIECE OF CRAP.
IF'N THAT'S ALL YOU THINK THIS IS ABOUT, THEN I GUESS THERE AIN'T EVEN NO POINT IN TALKIN' TO YOU NO MORE.
BUT I WILL SAY THIS THOUGH...
YOU COME TO GET THAT LITTLE TURD OUTTA MY JAIL--YOU'D BETTER HAVE A PROPER WARRANT AND A FEDERAL MARSHALL.
'CAUSE THE ONLY OTHER WAY HE'S GETTIN' BACK ON THE STREETS IS OVER MY DEAD BODY.

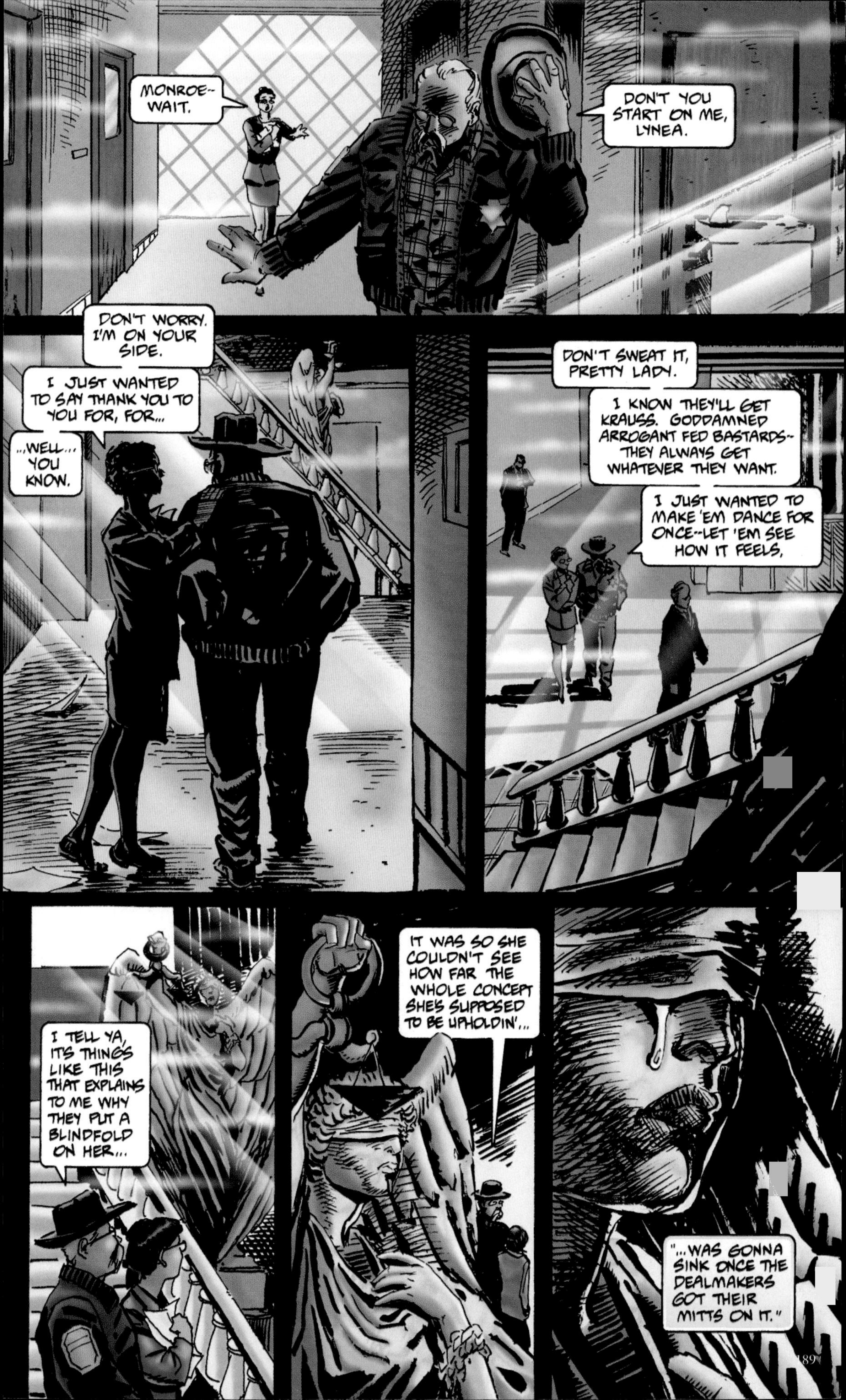
MONROE--
WAIT.
DON'T YOU START ON ME, LYNEA.
DON'T WORRY. I'M ON YOUR SIDE.
I JUST WANTED TO SAY THANK YOU TO YOU FOR, FOR...
...WELL... YOU KNOW.
DON'T SWEAT IT, PRETTY LADY.
I KNOW THEY'LL GET KRAUSS. GODDAMNED ARROGANT FED BASTARDS-- THEY ALWAYS GET WHATEVER THEY WANT.
I JUST WANTED TO MAKE 'EM DANCE FOR ONCE--LET 'EM SEE HOW IT FEELS.
I TELL YA, IT'S THINGS LIKE THIS THAT EXPLAINS TO ME WHY THEY PUT A BLINDFOLD ON HER...
IT WAS SO SHE COULDN'T SEE HOW FAR THE WHOLE CONCEPT SHE'S SUPPOSED TO BE UPHOLDIN'...
"...WAS GONNA SINK ONCE THE DEALMAKERS GOT THEIR MITTS ON IT."
189

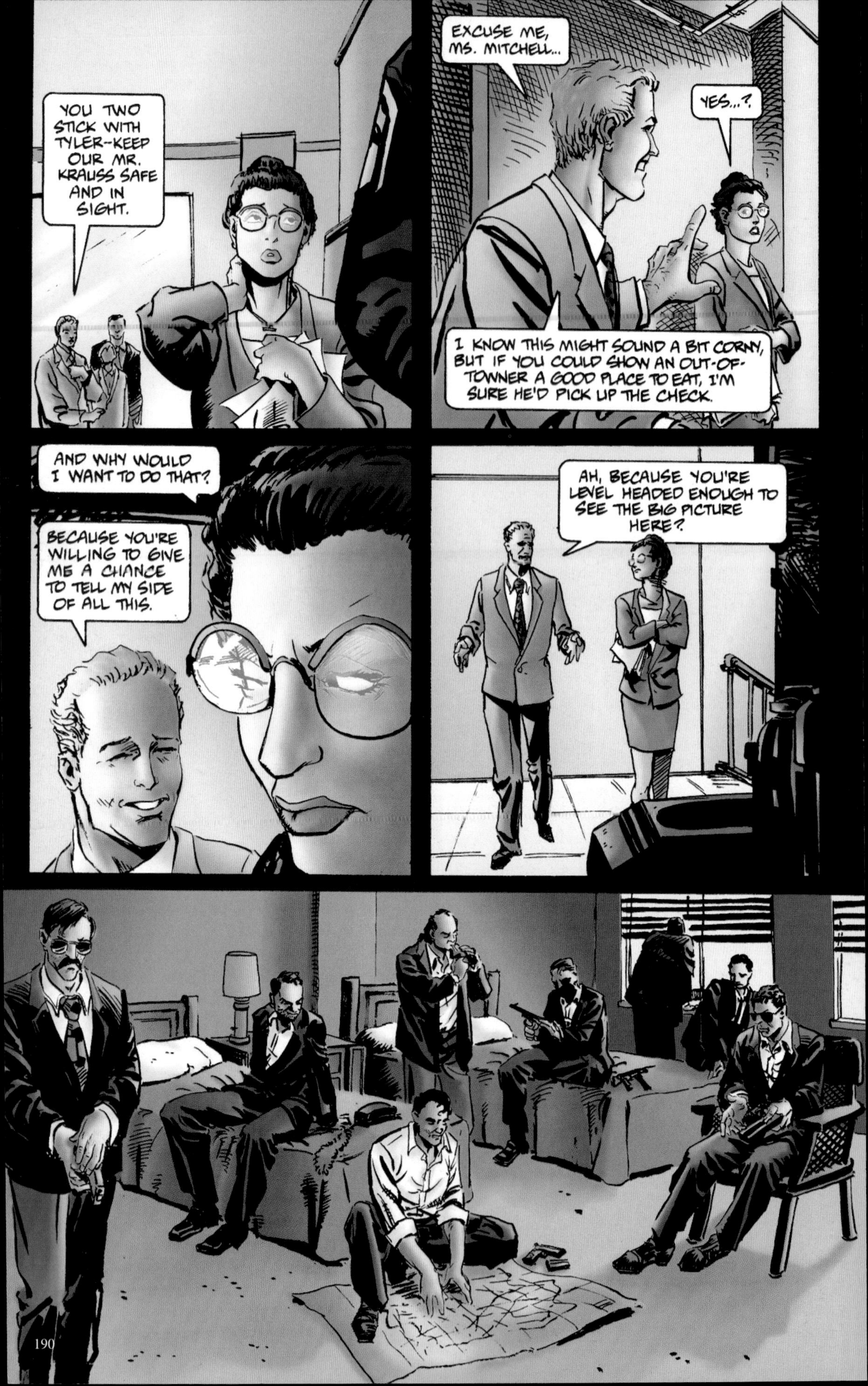
YOU TWO STICK WITH TYLER--KEEP OUR MR. KRAUSS SAFE AND IN SIGHT.
EXCUSE ME, MS. MITCHELL...
YES...?
I KNOW THIS MIGHT SOUND A BIT CORNY, BUT IF YOU COULD SHOW AN OUT-OF-TOWNER A GOOD PLACE TO EAT, I'M SURE HE'D PICK UP THE CHECK.
AND WHY WOULD I WANT TO DO THAT?
BECAUSE YOU'RE WILLING TO GIVE ME A CHANCE TO TELL MY SIDE OF ALL THIS.
AH, BECAUSE YOU'RE LEVEL HEADED ENOUGH TO SEE THE BIG PICTURE HERE?

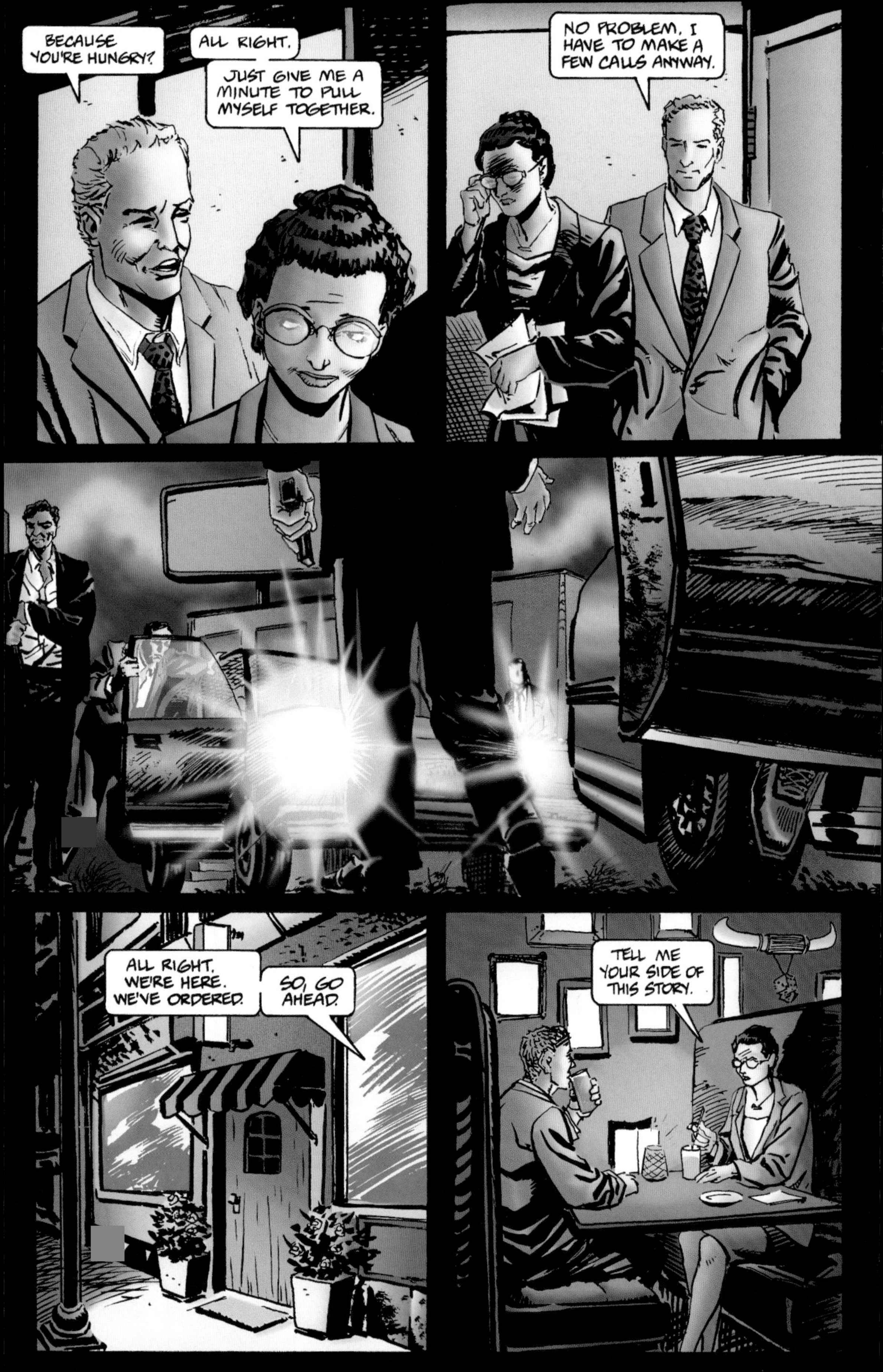
BECAUSE YOU'RE HUNGRY?
ALL RIGHT.
JUST GIVE ME A MINUTE TO PULL MYSELF TOGETHER.
NO PROBLEM, I HAVE TO MAKE A FEW CALLS ANYWAY.
ALL RIGHT. WE'RE HERE. WE'VE ORDERED.
SO, GO AHEAD.
TELL ME YOUR SIDE OF THIS STORY.

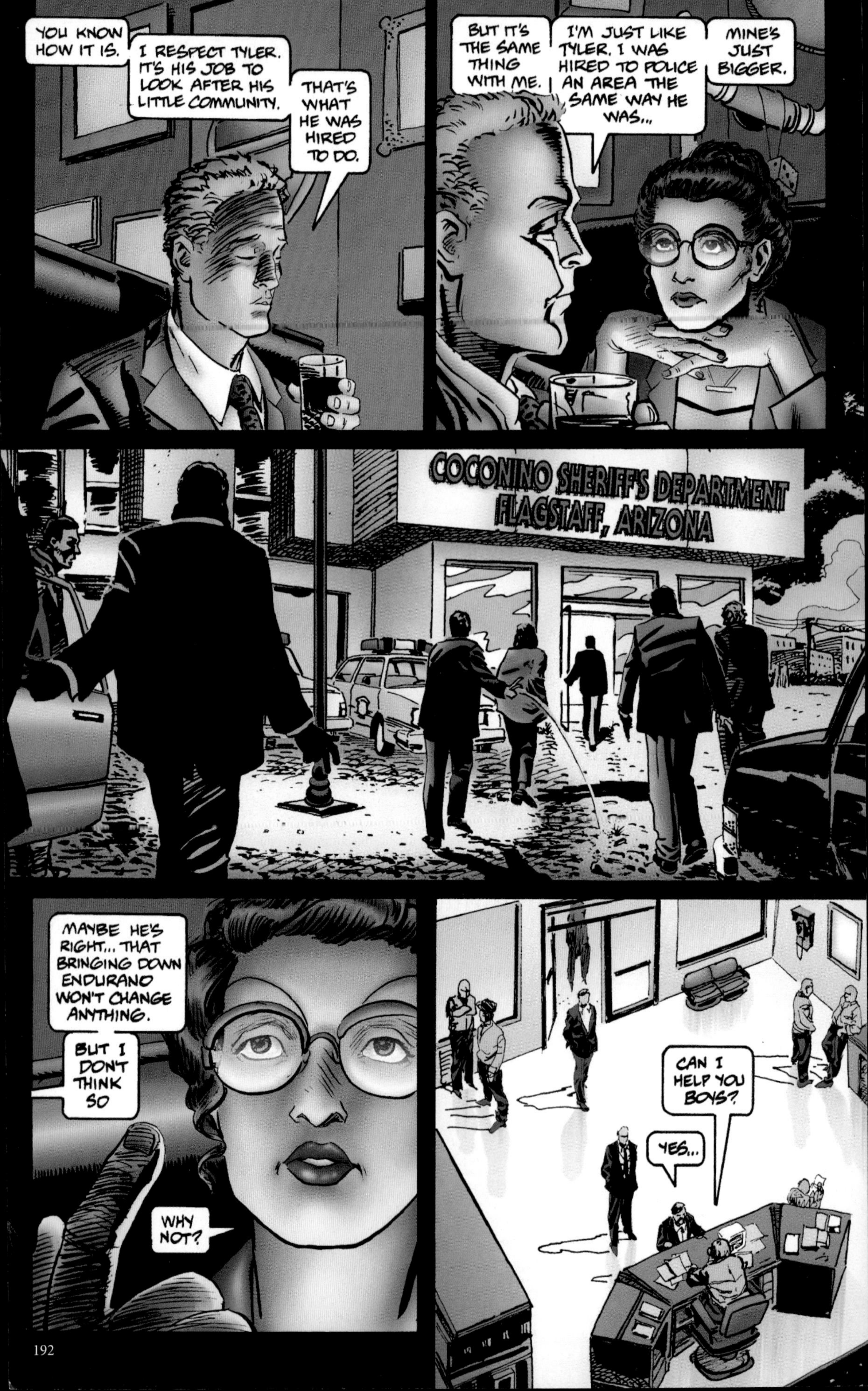
YOU KNOW HOW IT IS.
I RESPECT TYLER. IT'S HIS JOB TO LOOK AFTER HIS LITTLE COMMUNITY.
THAT'S WHAT HE WAS HIRED TO DO.
BUT IT'S THE SAME THING WITH ME.
I'M JUST LIKE TYLER. I WAS HIRED TO POLICE AN AREA THE SAME WAY HE WAS...
MINE'S JUST BIGGER.
COCONINO SHERIFF'S DEPARTMENT
FLAGSTAFF, ARIZONA
MAYBE HE'S RIGHT... THAT BRINGING DOWN ENDURANO WON'T CHANGE ANYTHING.
BUT I DON'T THINK SO
WHY NOT?
CAN I HELP YOU BOYS?
YES...

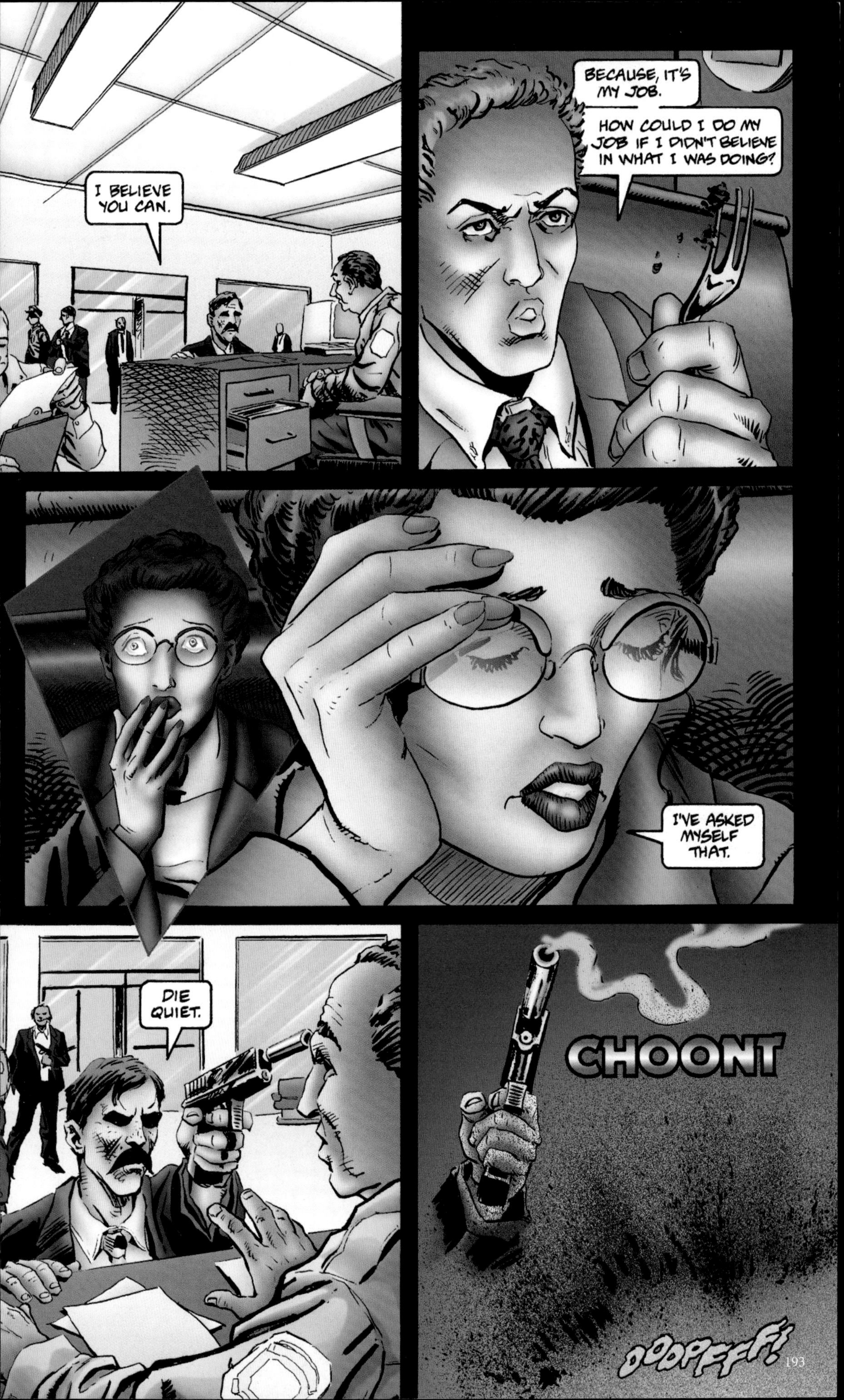
I BELIEVE YOU CAN.
BECAUSE, IT'S MY JOB.
HOW COULD I DO MY JOB IF I DIDN'T BELIEVE IN WHAT I WAS DOING?
I'VE ASKED MYSELF THAT.
DIE QUIET.
CHOONT
OOOPFFF!

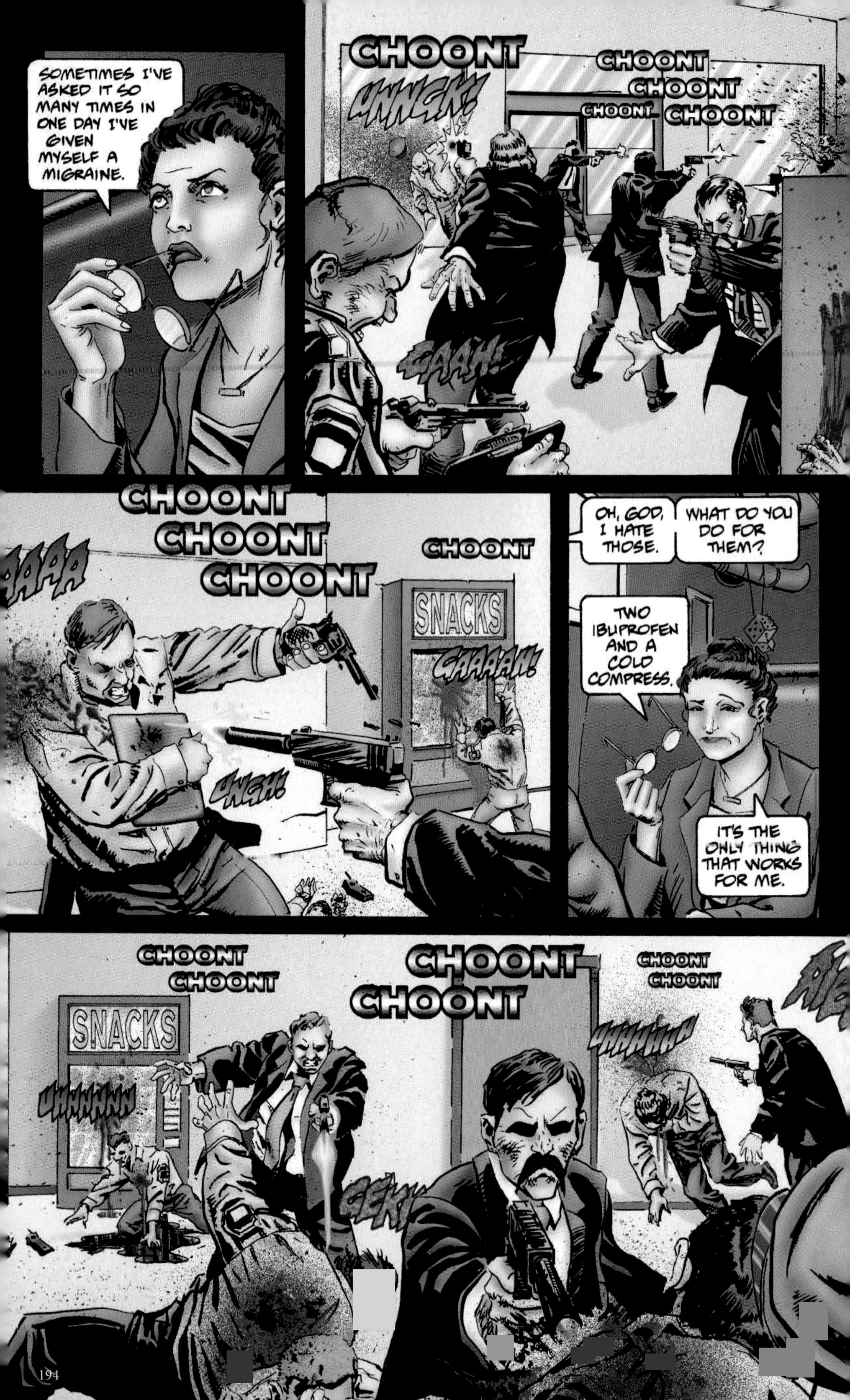
SOMETIMES I'VE ASKED IT SO MANY TIMES IN ONE DAY I'VE GIVEN MYSELF A MIGRAINE.
CHOONT
UNNGK!
CHOONT
CHOONT
CHOONT CHOONT
GAAH!
CHOONT
CHOONT
CHOONT
CHOONT
SNACKS
GAAAAH!
UNGH!
OH, GOD, I HATE THOSE.
WHAT DO YOU DO FOR THEM?
TWO IBUPROFEN AND A COLD COMPRESS.
IT'S THE ONLY THING THAT WORKS FOR ME.
CHOONT
CHOONT
CHOONT
CHOONT
CHOONT
CHOONT
SNACKS

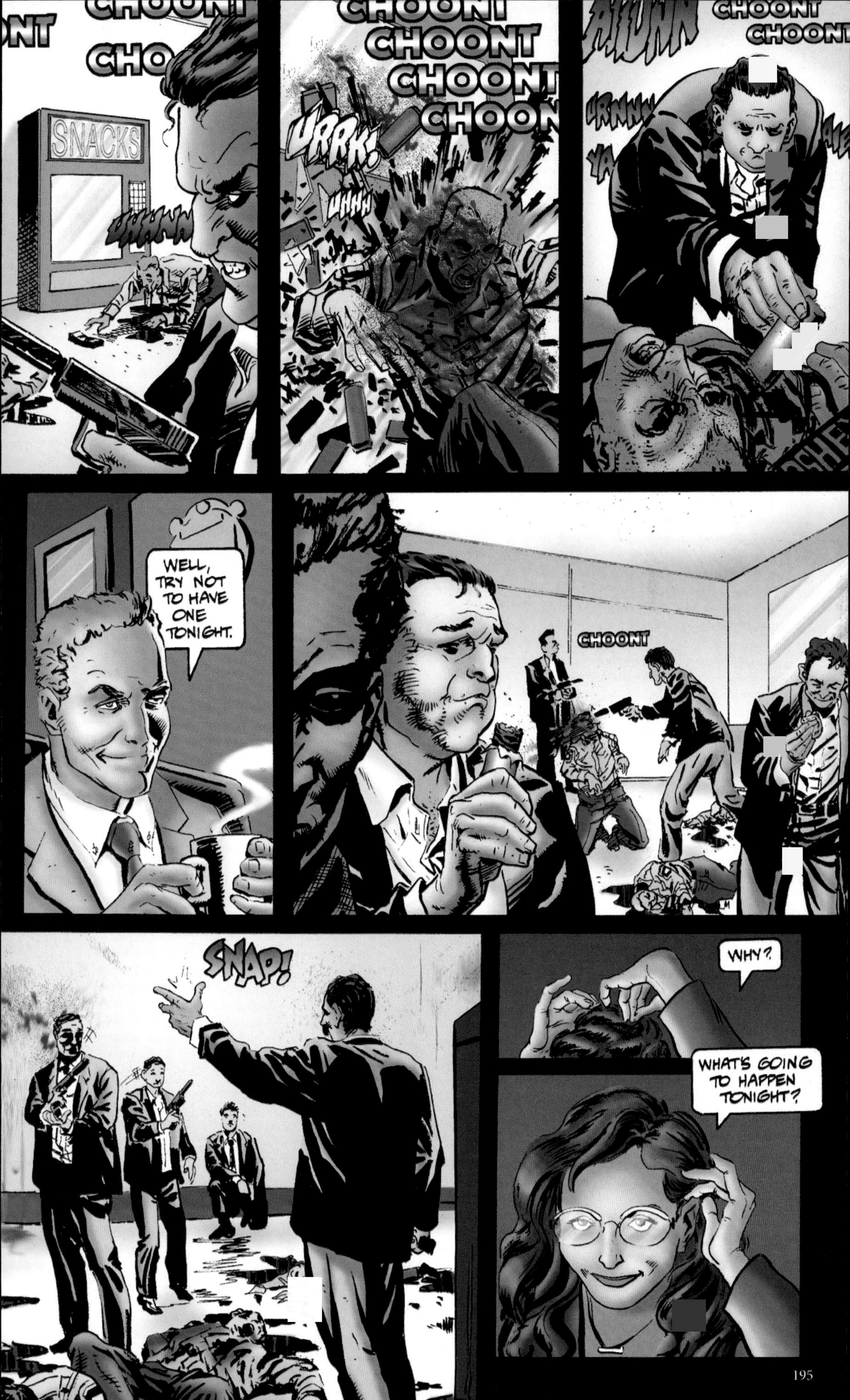

CHOOONT
CHOO
SNACKS
UHHNN
CHOOONT
CHOOONT
CHOOONT
CHOOON
URRK!
UHHH
CHOOONT
CHOOONT
URNNN
YA
WELL, TRY NOT TO HAVE ONE TONIGHT.
CHOONT
SNAP!
WHY?
WHAT'S GOING TO HAPPEN TONIGHT?

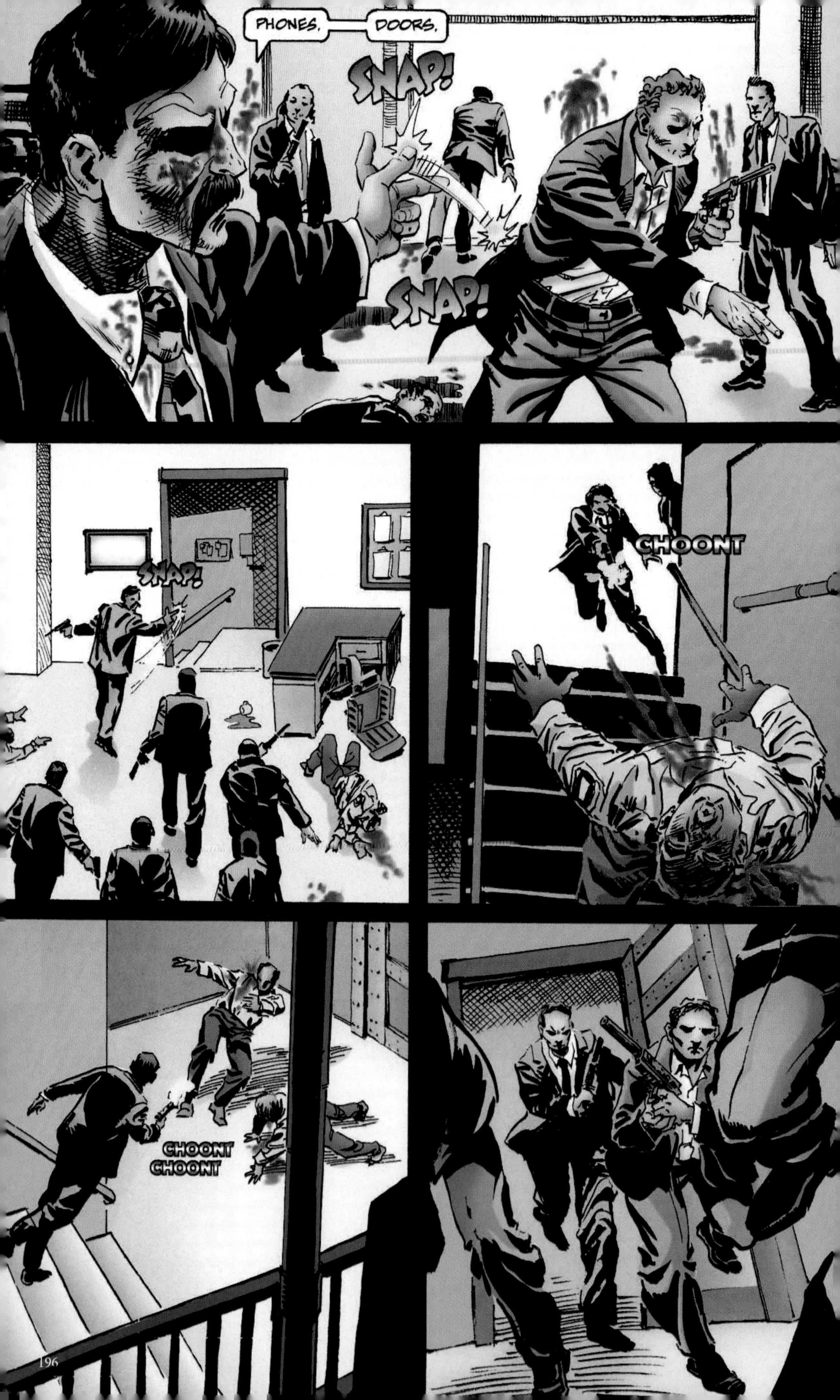
PHONES.
DOORS.
SNAP!
SNAP!
SNAP!
CHOONT
CHOONT
CHOONT

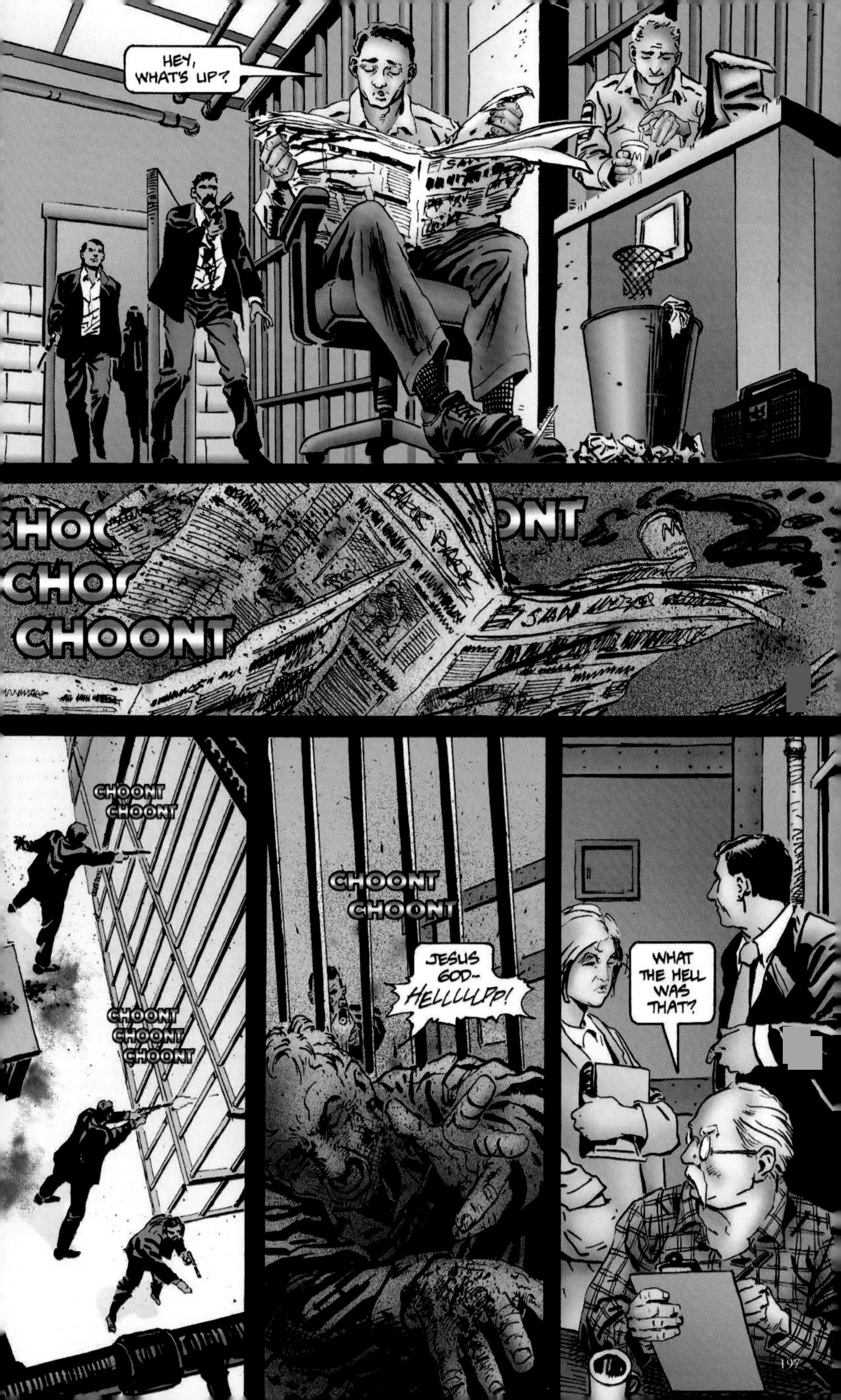

HEY, WHAT'S UP?
CHOONT
CHOONT
CHOONT
CHOONT
CHOONT
CHOONT
CHOONT
CHOONT
CHOONT
CHOONT
JESUS GOD-- HELLLLLPP!
WHAT THE HELL WAS THAT?

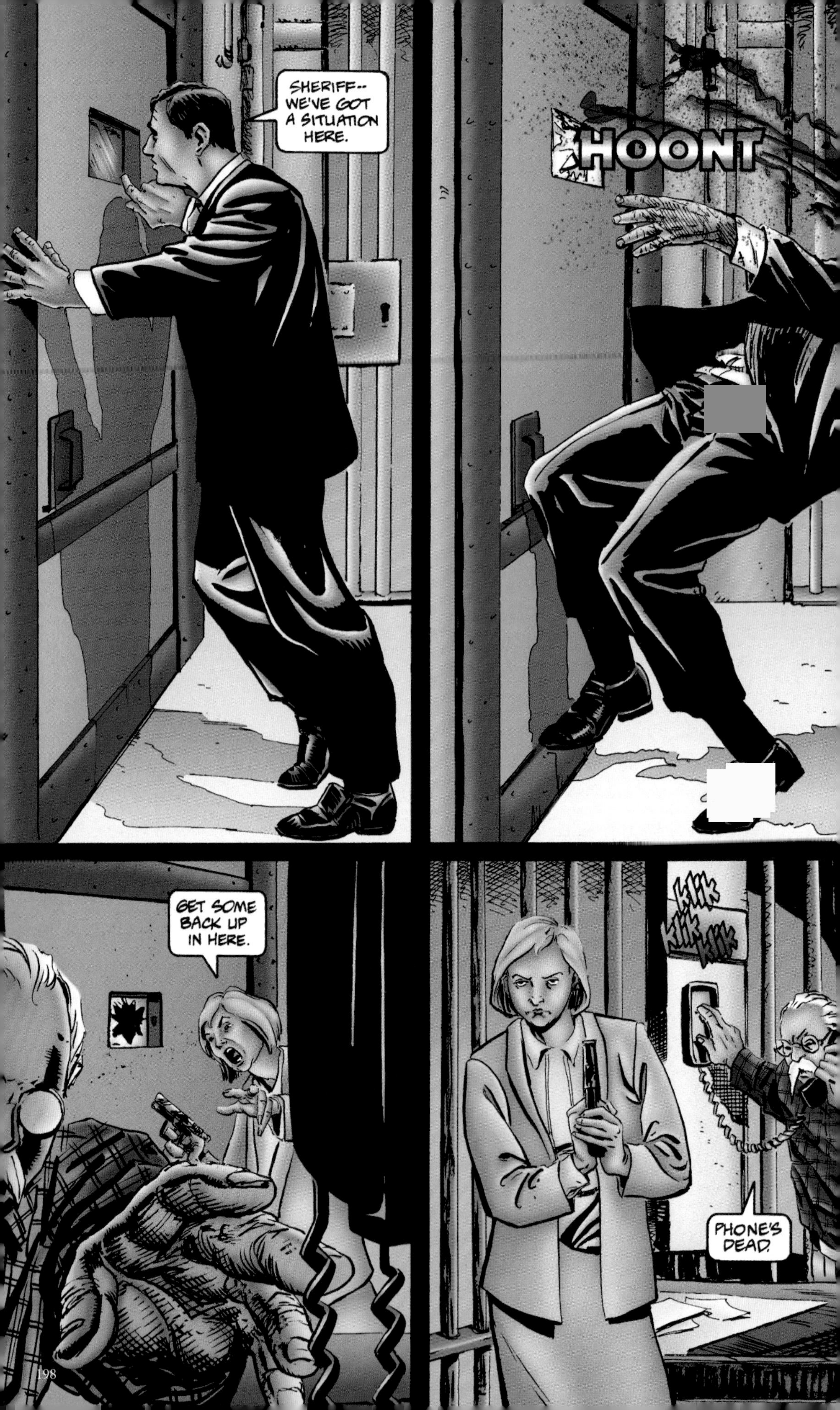
SHERIFF-- WE'VE GOT A SITUATION HERE.
HOONT
GET SOME BACK UP IN HERE.
klik klik klik
PHONE'S DEAD.

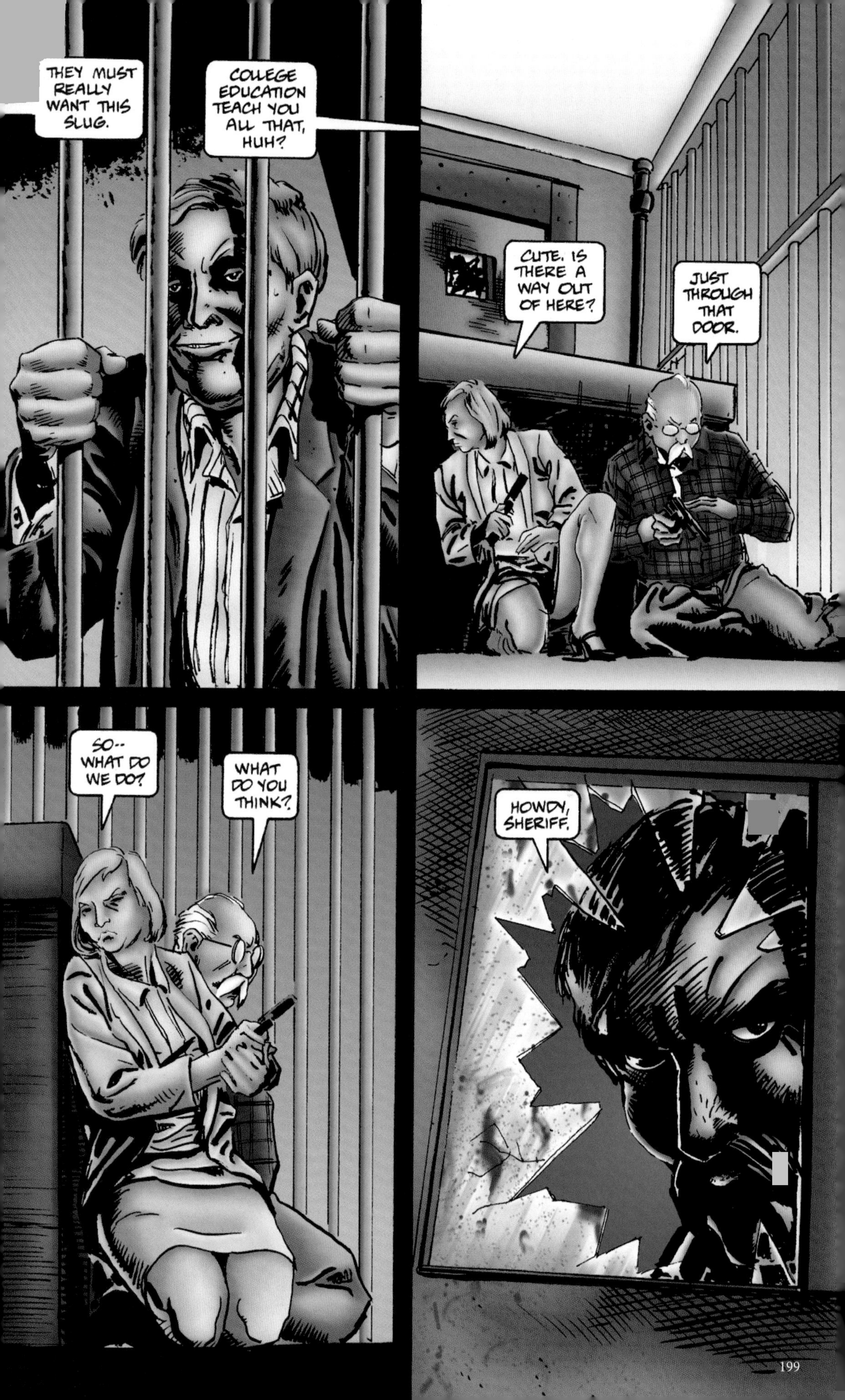
THEY MUST REALLY WANT THIS SLUG.
COLLEGE EDUCATION TEACH YOU ALL THAT, HUH?
CUTE. IS THERE A WAY OUT OF HERE?
JUST THROUGH THAT DOOR.
SO-- WHAT DO WE DO?
WHAT DO YOU THINK?
HOWDY, SHERIFF.

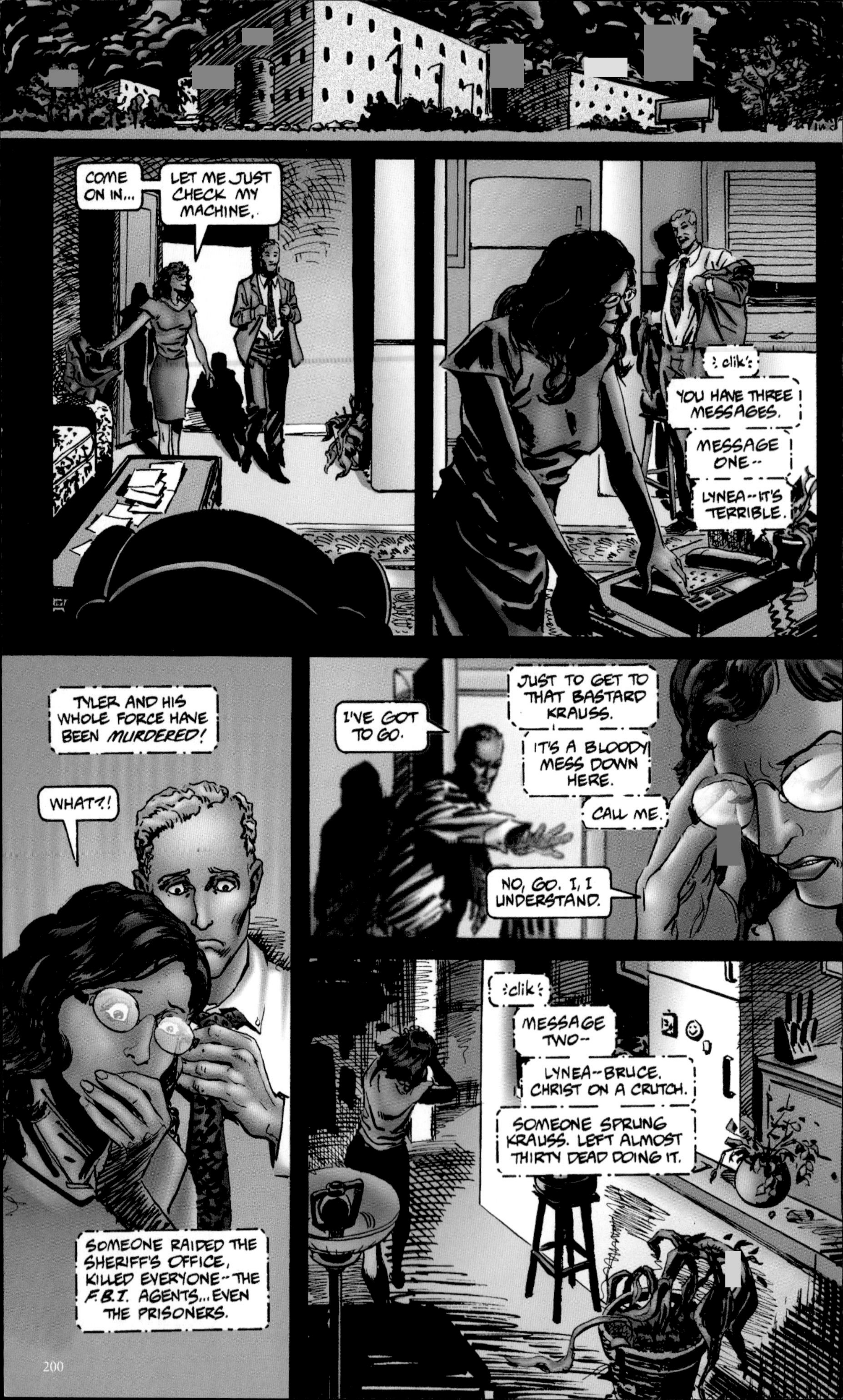
COME ON IN...
LET ME JUST CHECK MY MACHINE..
clik
YOU HAVE THREE MESSAGES.
MESSAGE ONE--
LYNEA--IT'S TERRIBLE.
TYLER AND HIS WHOLE FORCE HAVE BEEN MURDERED!
WHAT?!
SOMEONE RAIDED THE SHERIFF'S OFFICE, KILLED EVERYONE--THE F.B.I. AGENTS...EVEN THE PRISONERS.
I'VE GOT TO GO.
JUST TO GET TO THAT BASTARD KRAUSS.
IT'S A BLOODY MESS DOWN HERE.
CALL ME.
NO, GO. I, I UNDERSTAND.
clik
MESSAGE TWO--
LYNEA--BRUCE. CHRIST ON A CRUTCH.
SOMEONE SPRUNG KRAUSS. LEFT ALMOST THIRTY DEAD DOING IT.

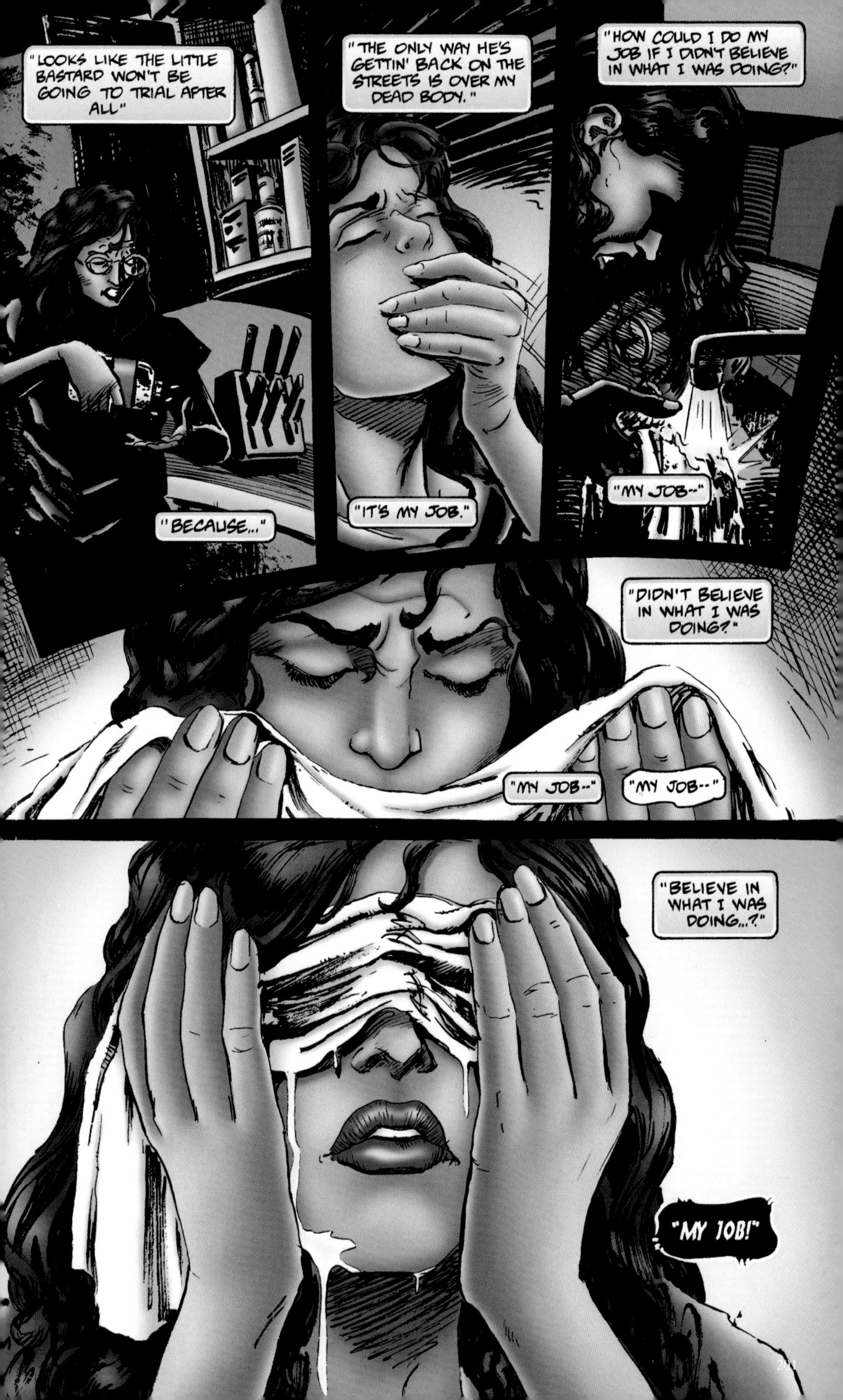
"LOOKS LIKE THE LITTLE BASTARD WON'T BE GOING TO TRIAL AFTER ALL"
"BECAUSE..."
"THE ONLY WAY HE'S GETTIN' BACK ON THE STREETS IS OVER MY DEAD BODY."
"IT'S MY JOB."
"HOW COULD I DO MY JOB IF I DIDN'T BELIEVE IN WHAT I WAS DOING?"
"MY JOB--"
"DIDN'T BELIEVE IN WHAT I WAS DOING?"
"MY JOB--"
"MY JOB--"
"BELIEVE IN WHAT I WAS DOING...?"
"MY JOB!"

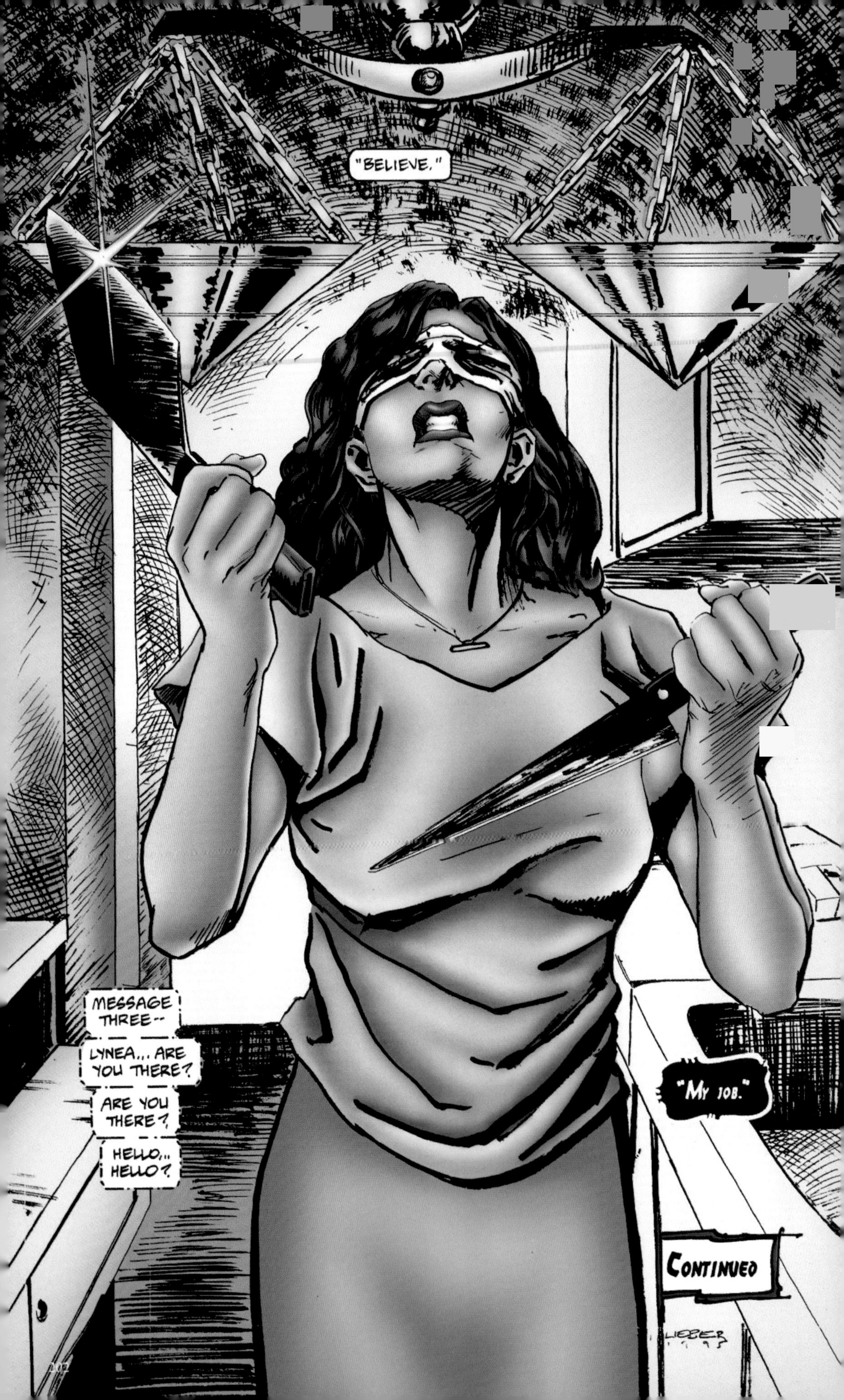
"BELIEVE."
MESSAGE THREE--
LYNEA... ARE YOU THERE?
ARE YOU THERE?
HELLO... HELLO?
"MY JOB."
CONTINUED

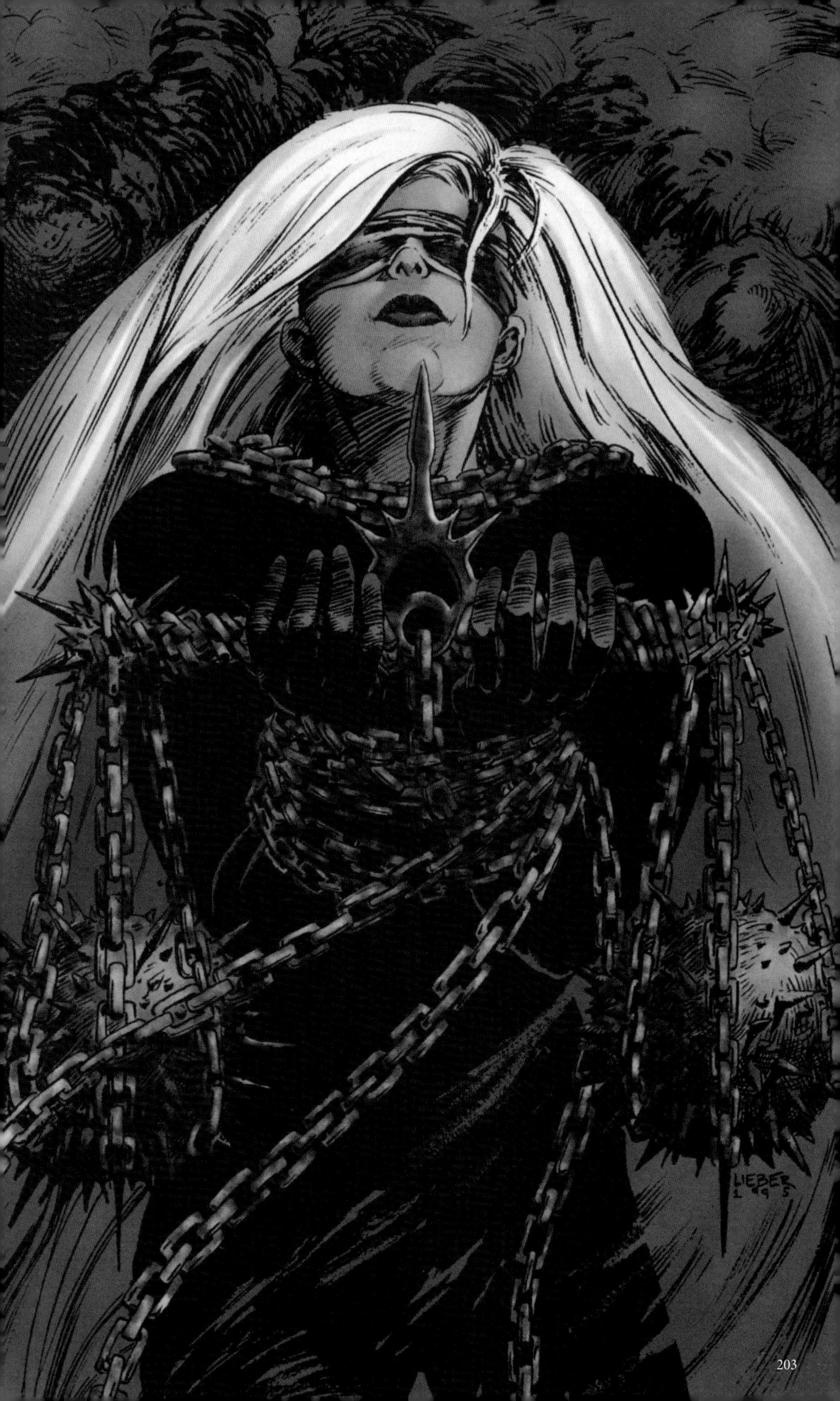

"It's not what a lawyer tells me I may do; but what humanity, reason, and justice tell me I ought to do." – *Edmund Burke*

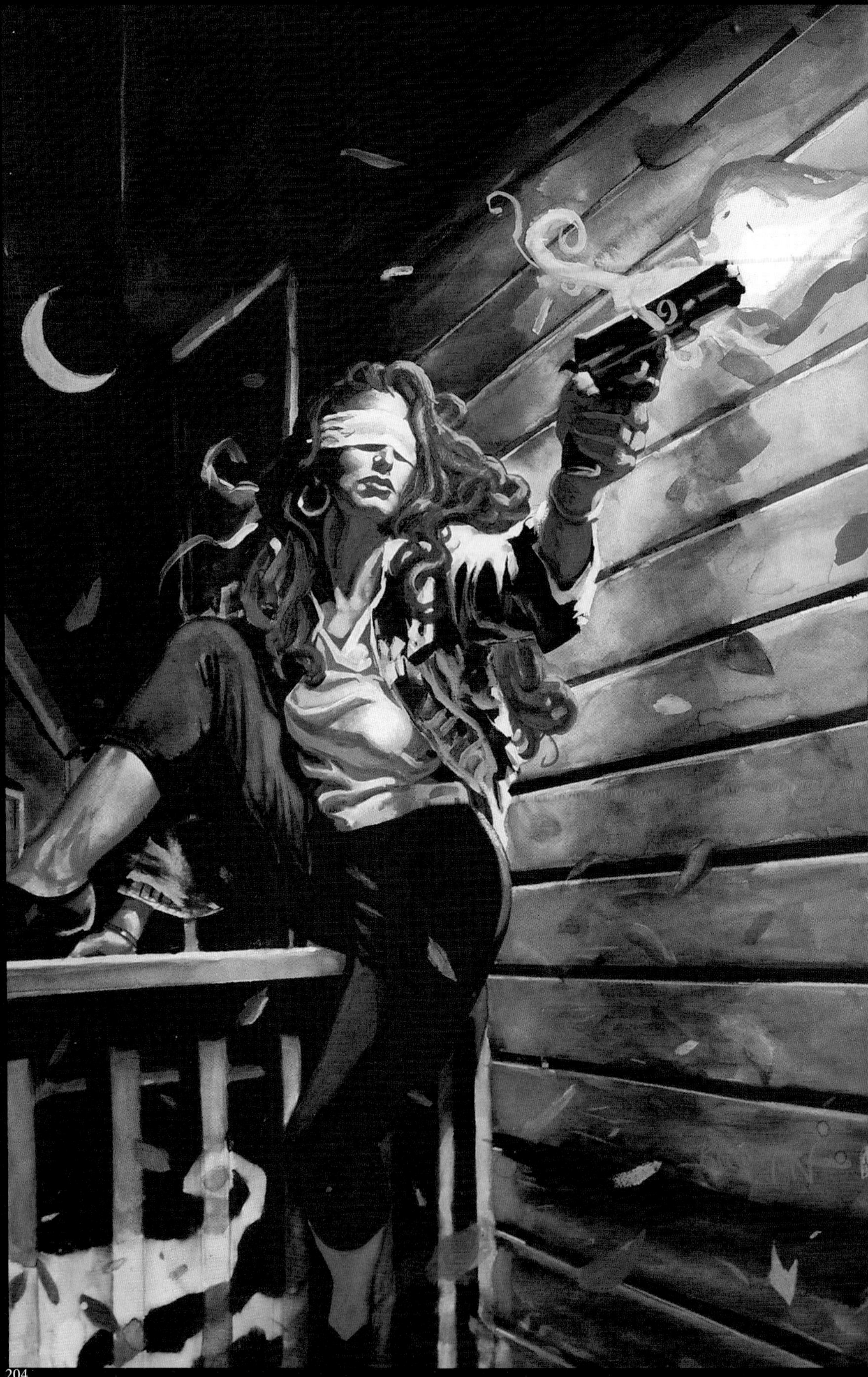

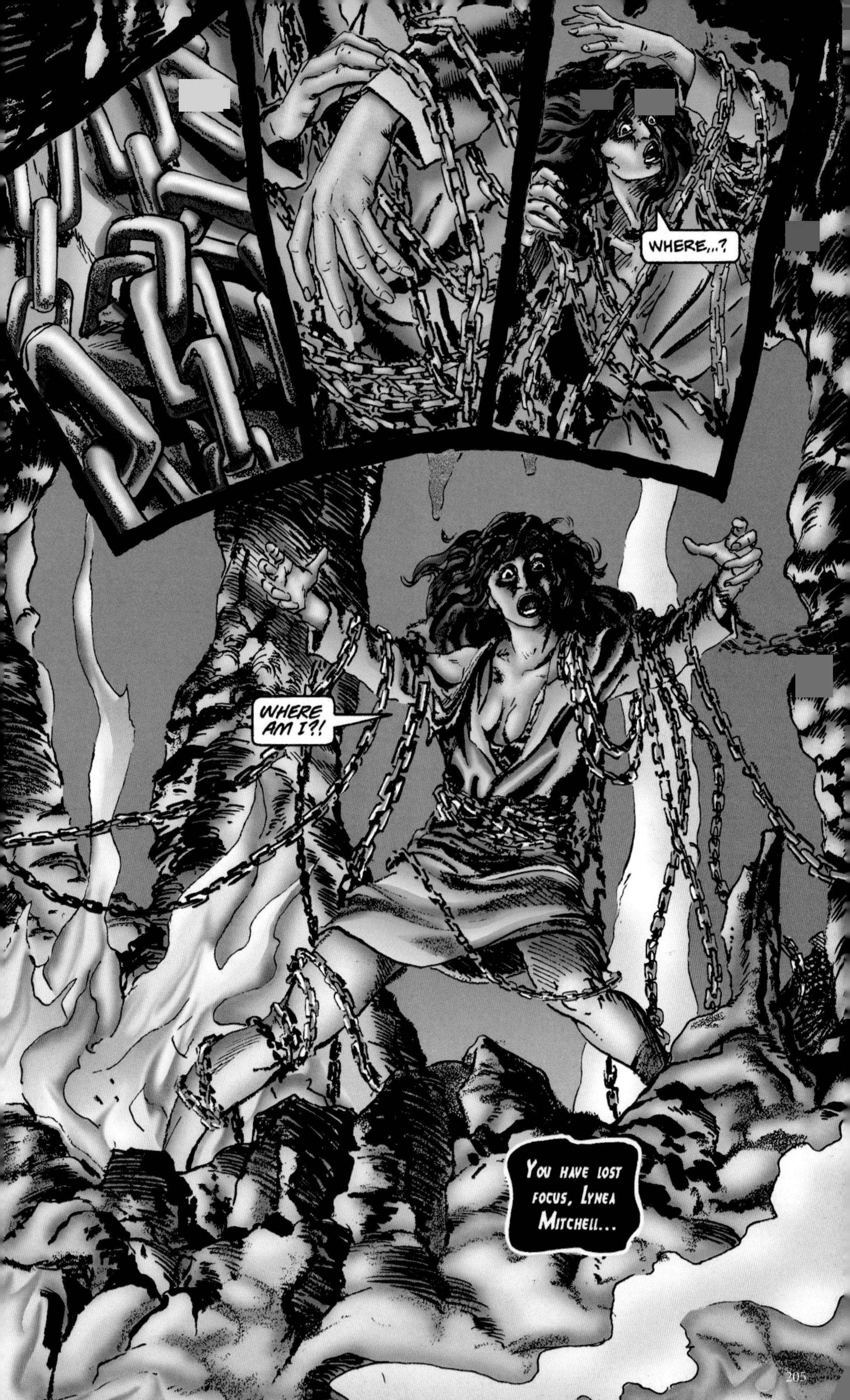
WHERE...?
WHERE AM I?!
YOU HAVE LOST FOCUS, LYNEA MITCHELL...

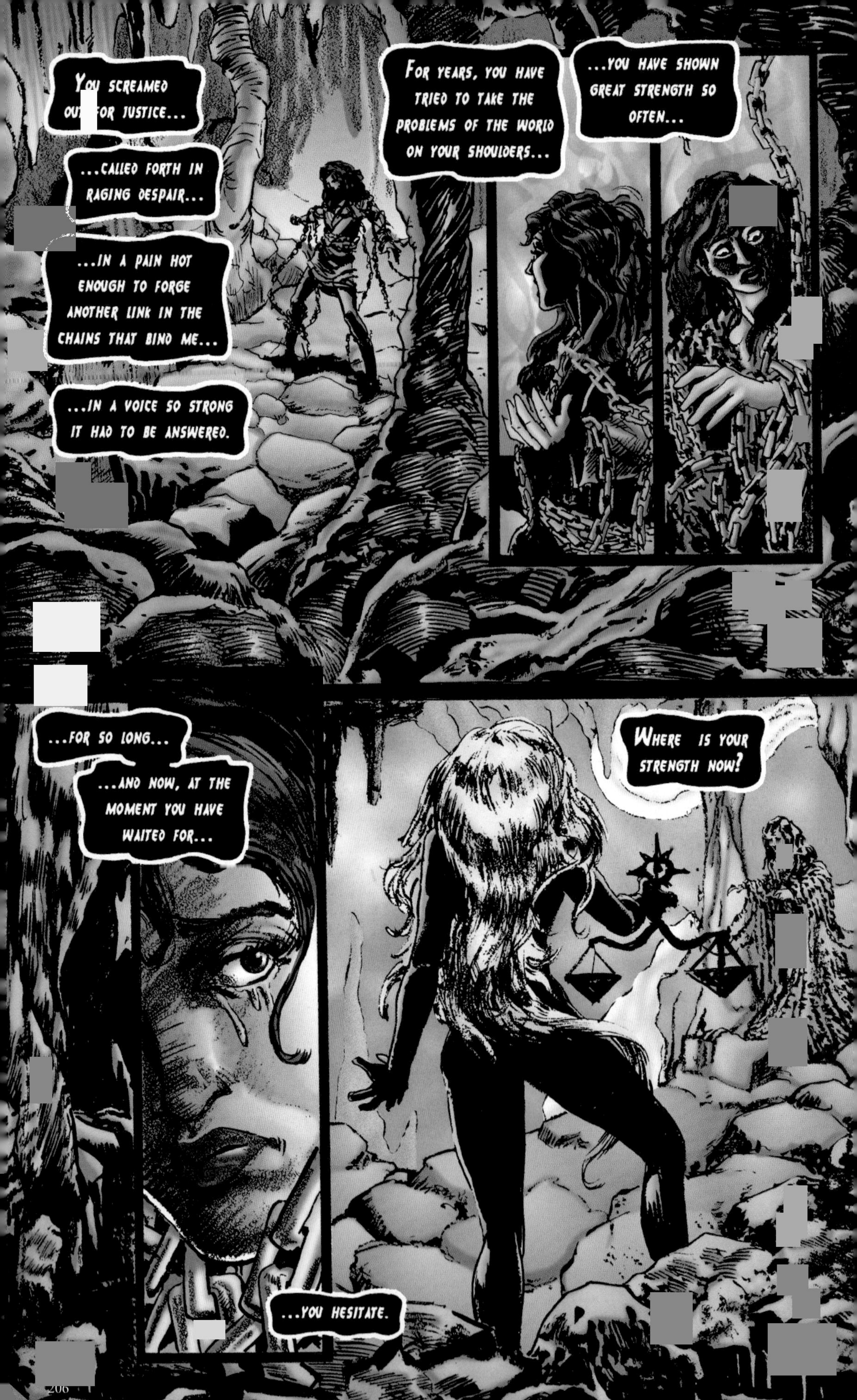
YOU SCREAMED OUT FOR JUSTICE...
...CALLED FORTH IN RAGING DESPAIR...
...IN A PAIN HOT ENOUGH TO FORGE ANOTHER LINK IN THE CHAINS THAT BIND ME...
...IN A VOICE SO STRONG IT HAD TO BE ANSWERED.
FOR YEARS, YOU HAVE TRIED TO TAKE THE PROBLEMS OF THE WORLD ON YOUR SHOULDERS...
...YOU HAVE SHOWN GREAT STRENGTH SO OFTEN...
...FOR SO LONG...
...AND NOW, AT THE MOMENT YOU HAVE WAITED FOR...
WHERE IS YOUR STRENGTH NOW?
...YOU HESITATE.

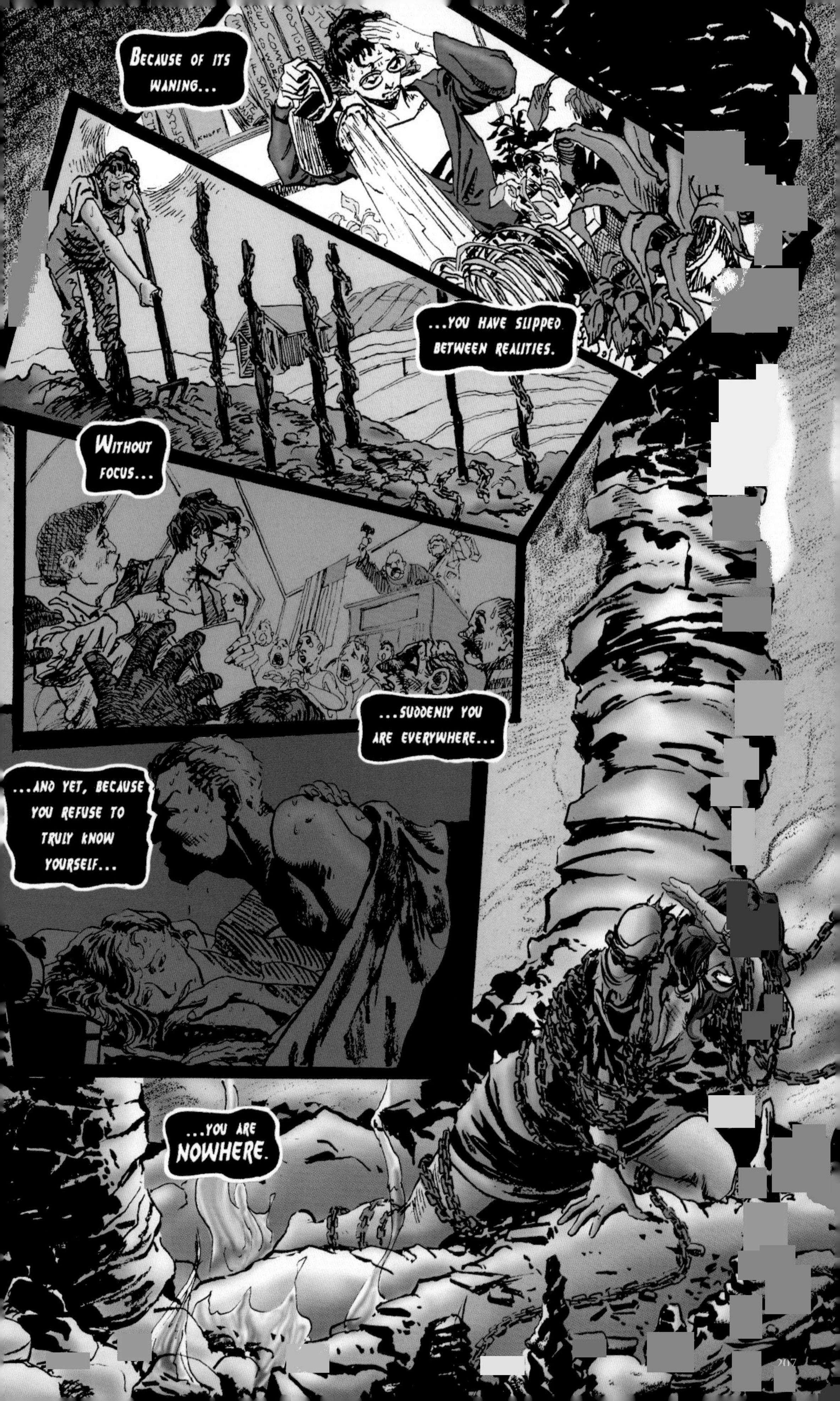
BECAUSE OF ITS WANING...
...YOU HAVE SLIPPED BETWEEN REALITIES.
WITHOUT FOCUS...
...SUDDENLY YOU ARE EVERYWHERE...
...AND YET, BECAUSE YOU REFUSE TO TRULY KNOW YOURSELF...
...YOU ARE NOWHERE.

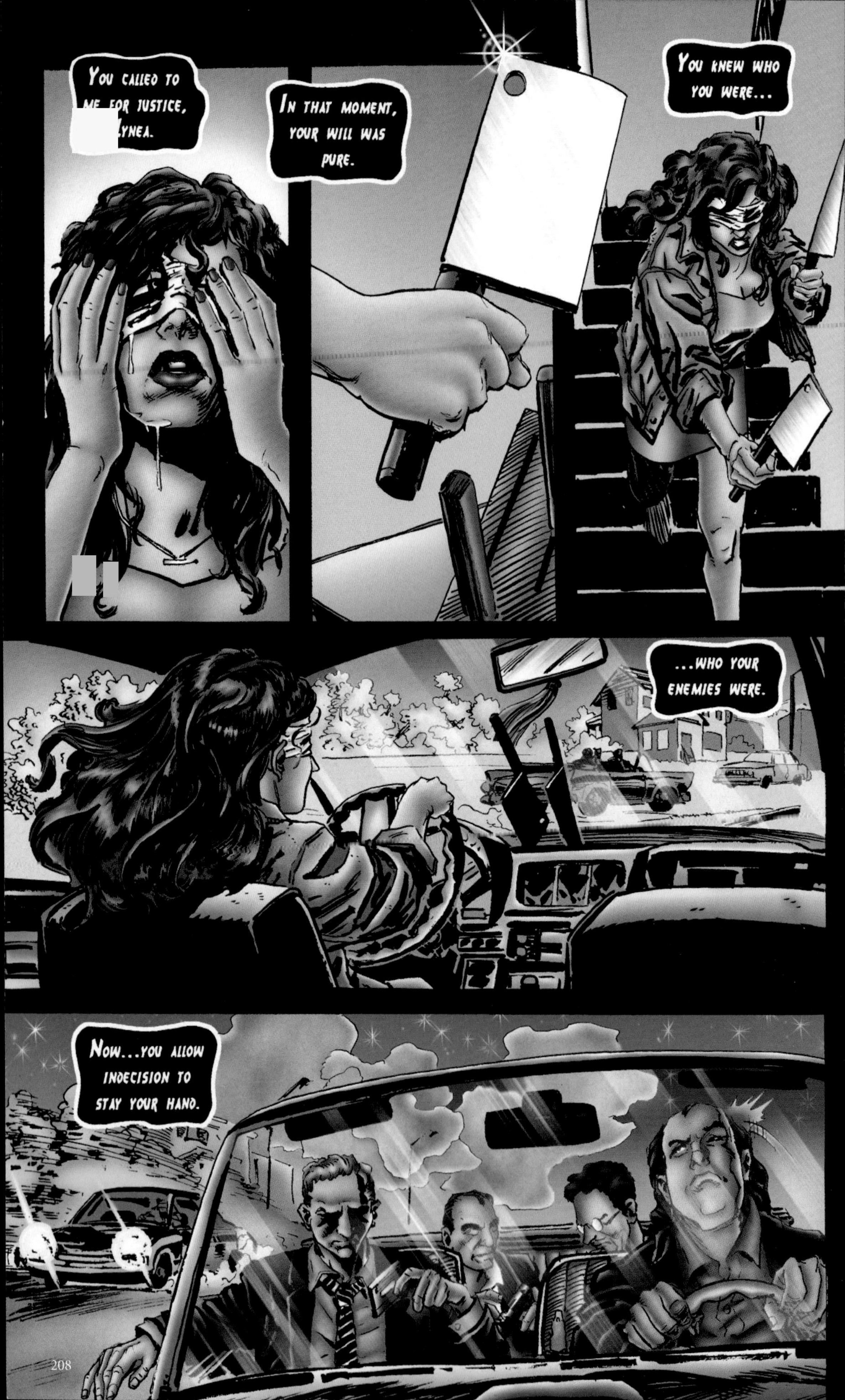

You called to me for justice, Lynea.
In that moment, your will was pure.
You knew who you were...
...who your enemies were.
Now...you allow indecision to stay your hand.

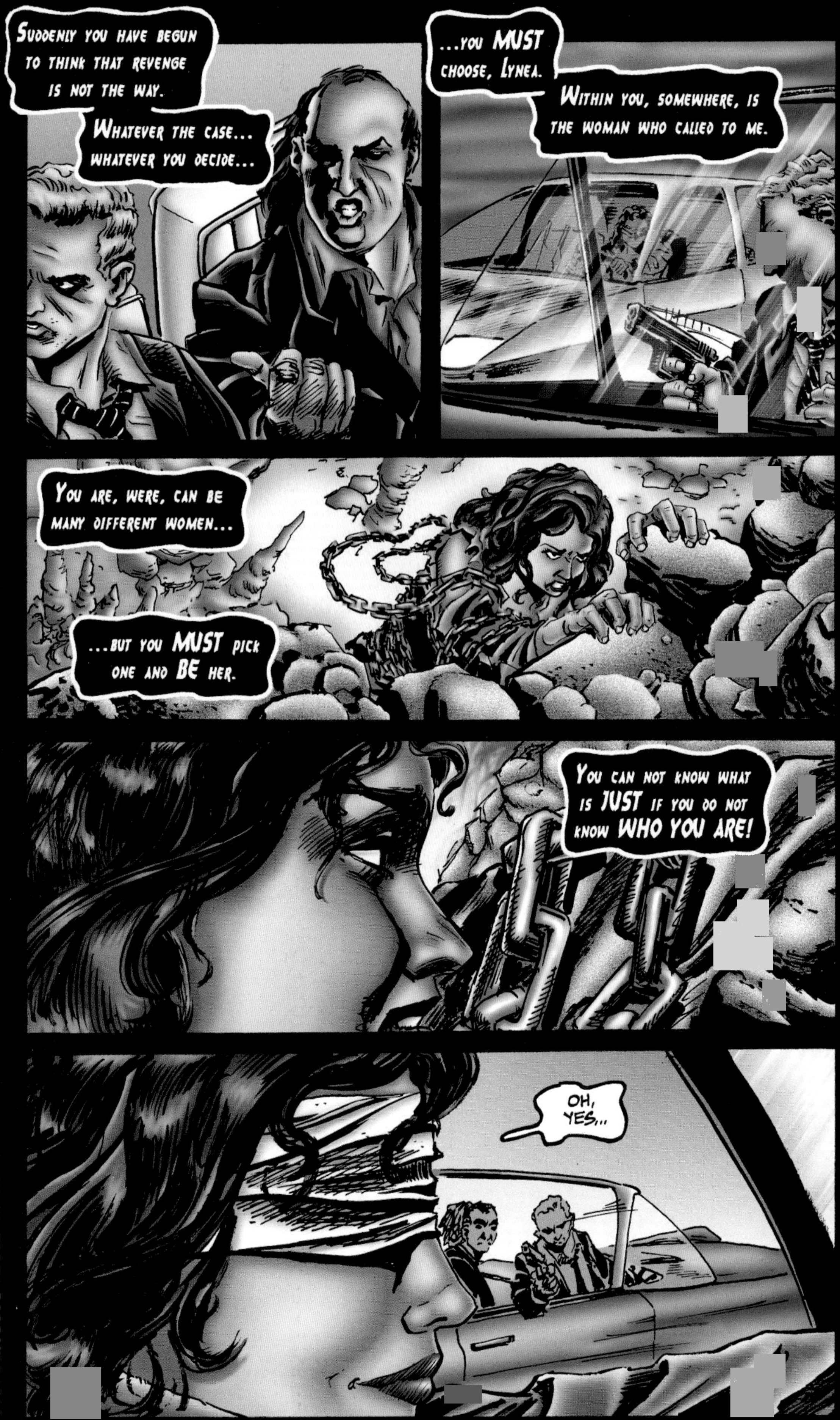
Suddenly you have begun to think that revenge is not the way.
Whatever the case... whatever you decide...
...you MUST choose, Lynea.
Within you, somewhere, is the woman who called to me.
You are, were, can be many different women...
...but you MUST pick one and BE her.
You can not know what is JUST if you do not know WHO YOU ARE!
OH, YES...

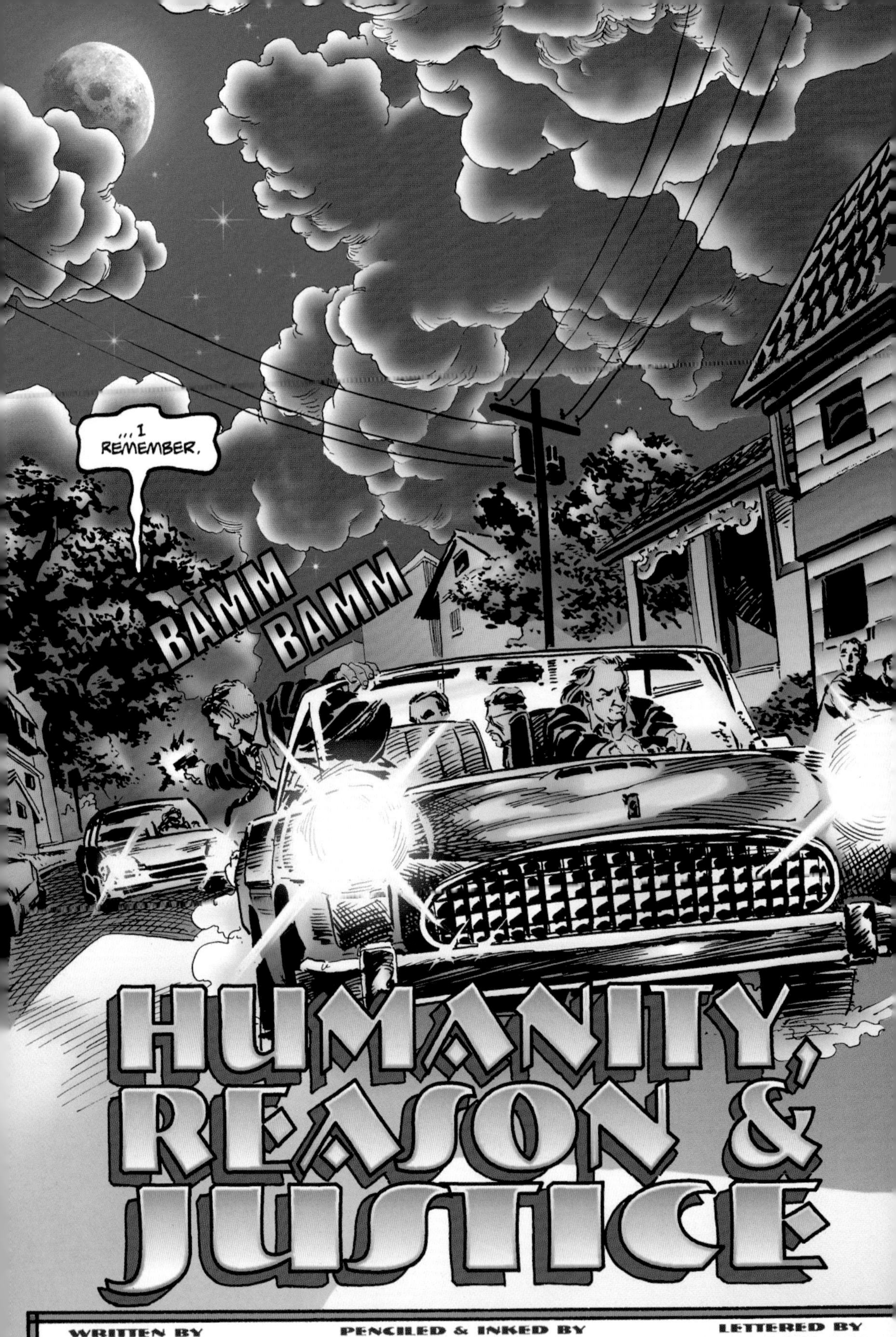
...I REMEMBER.
BAMM BAMM

HUMANITY, REASON & JUSTICE

WRITTEN BY C.J. HENDERSON--PENCILED & INKED BY STEVE LIEBER--LETTERED BY KEN BRUZENAK
COLOR DESIGN BY DAVID HILLMAN--COMPUTER COLOR BY HEROIC AGE--COVER PAINTING BY DANIEL BRERETON
EDITED BY CHRISTOPHER MILLS

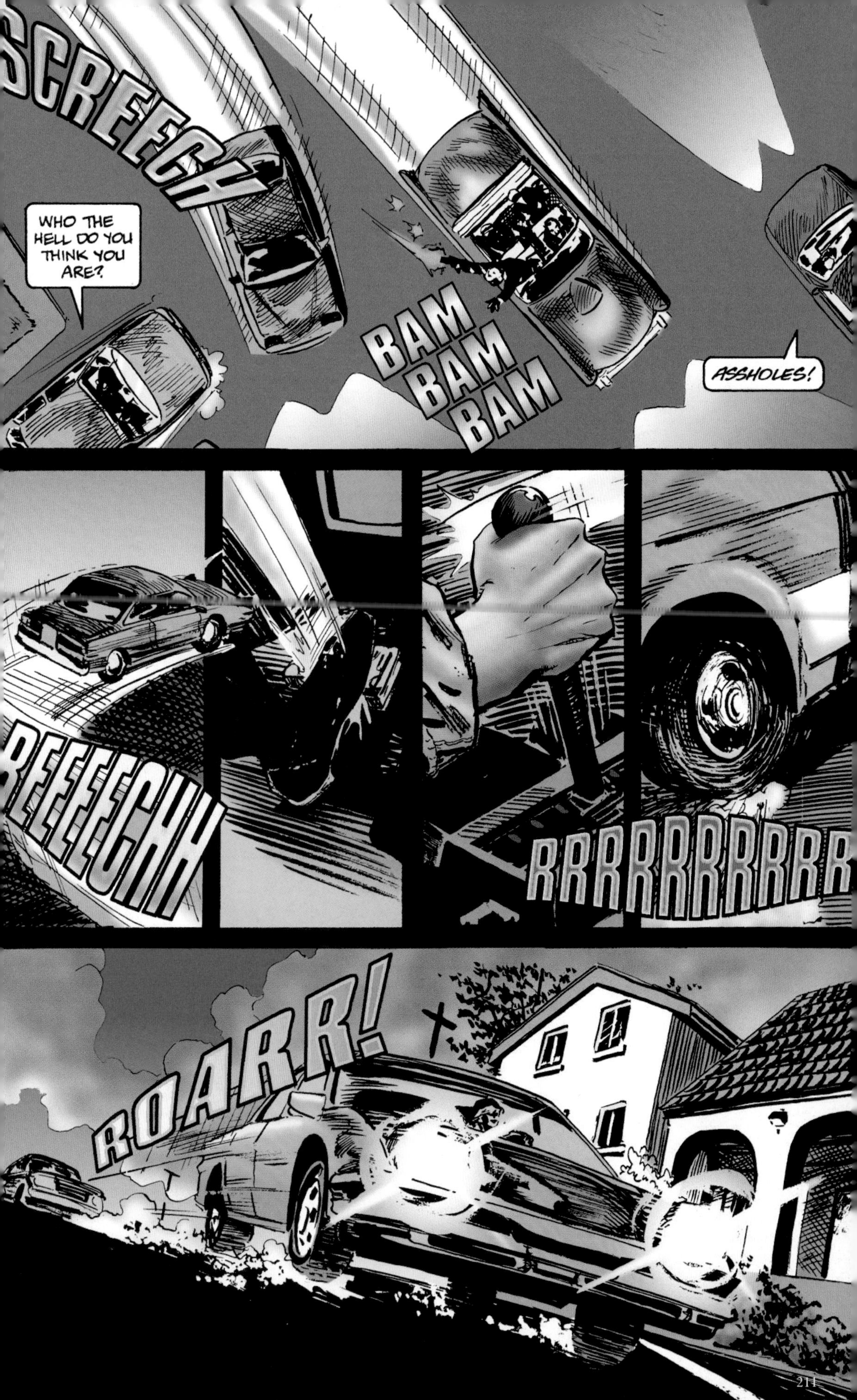

SCREECH
WHO THE HELL DO YOU THINK YOU ARE?
BAM BAM BAM
ASSHOLES!
REEEECHH
RRRRRRRRRRR
ROARR!

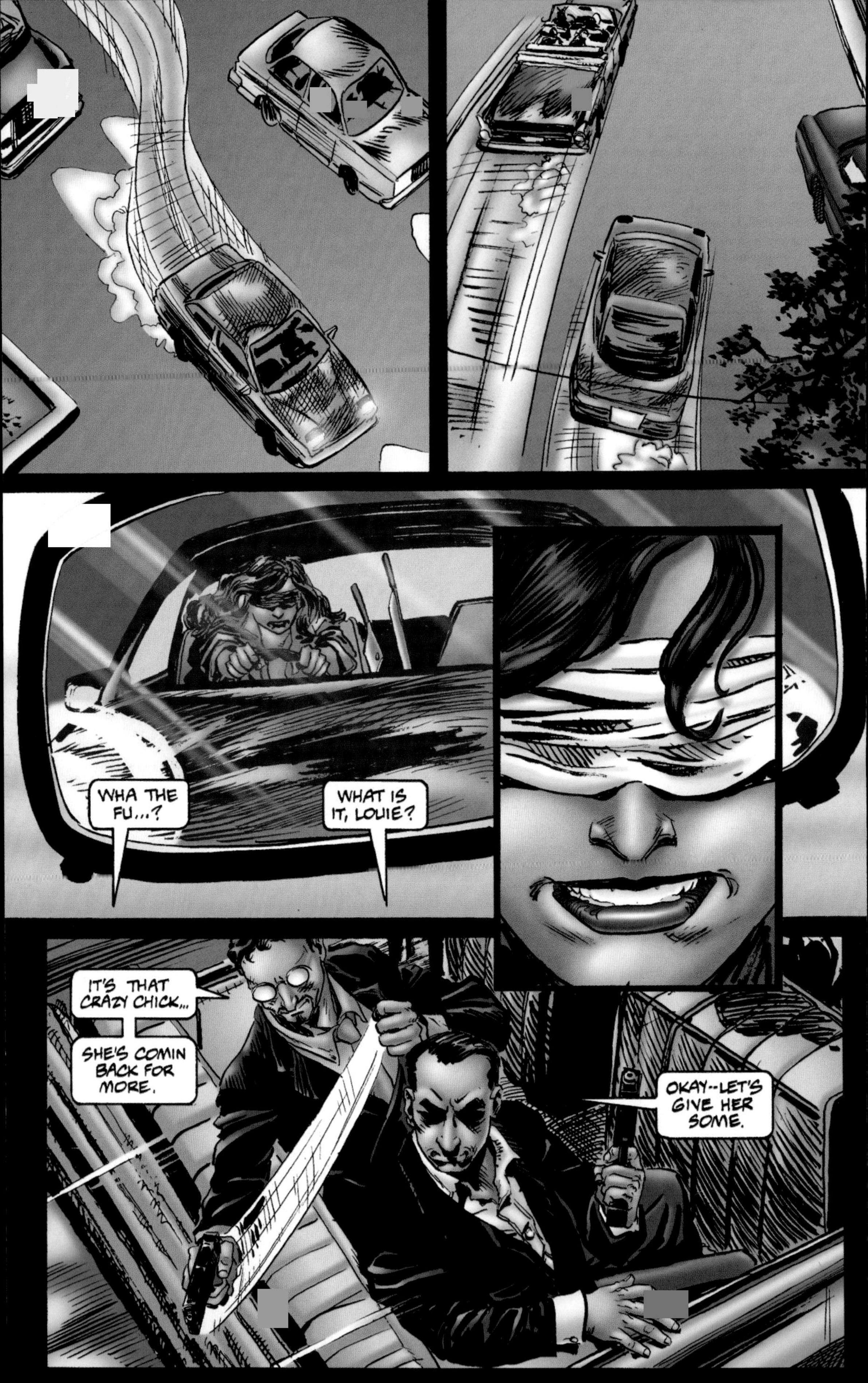
WHA THE FU...?
WHAT IS IT, LOUIE?
IT'S THAT CRAZY CHICK...
SHE'S COMIN BACK FOR MORE.
OKAY--LET'S GIVE HER SOME.

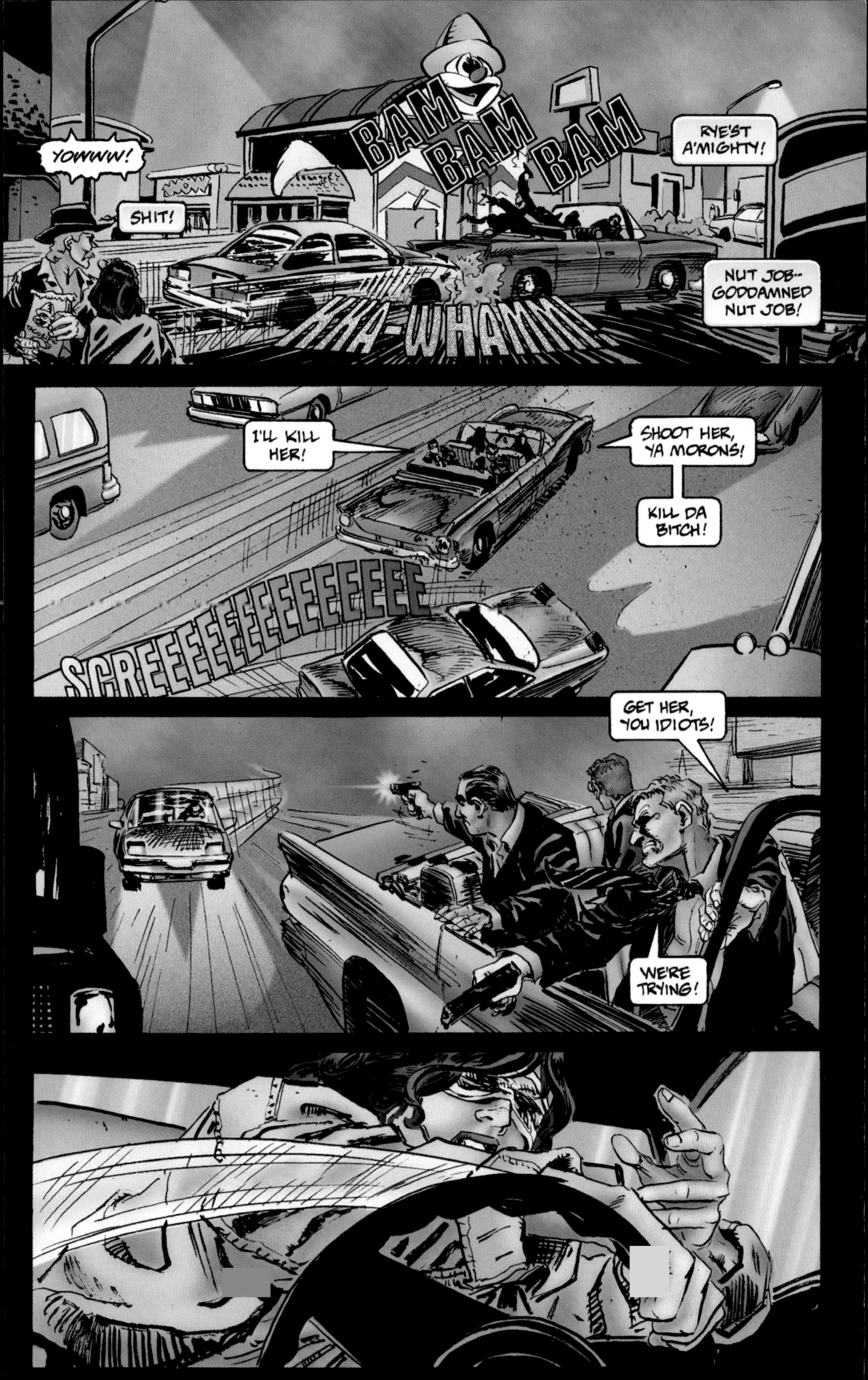
YOWWW!
SHIT!
BAM BAM BAM
RYE'ST A'MIGHTY!
KKA-WHAMM!
NUT JOB--GODDAMNED NUT JOB!
I'LL KILL HER!
SHOOT HER, YA MORONS!
KILL DA BITCH!
SCREEEEEEEEEEEEEEEE
GET HER, YOU IDIOTS!
WE'RE TRYING!

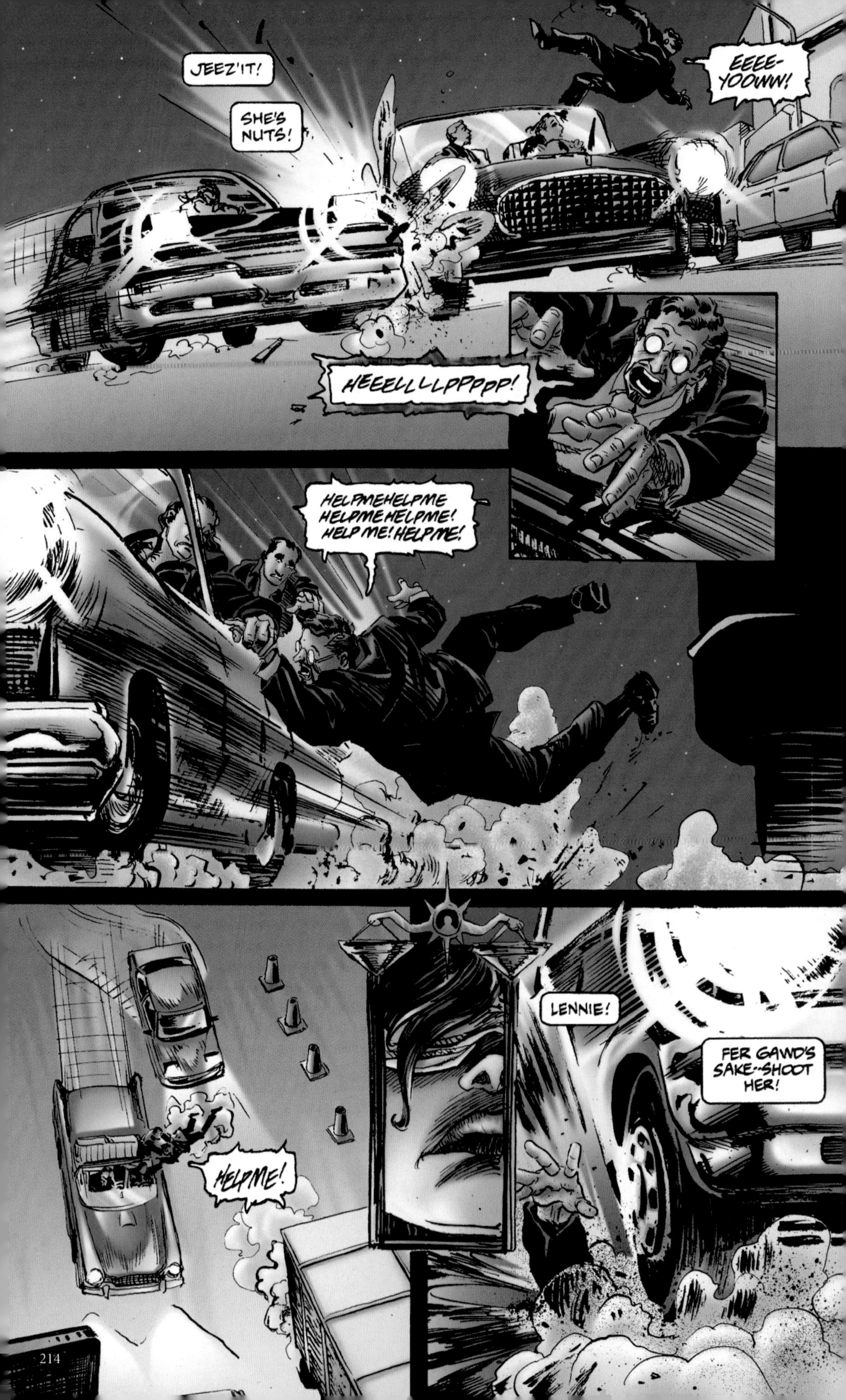
JEEZ'IT!
SHE'S NUTS!
EEEE-YOOWN!
HEEELLLLPPPPP!
HELPMEHELPME HELPMEHELPME! HELP ME! HELPME!
LENNIE!
FER GAWD'S SAKE--SHOOT HER!
HELPME!

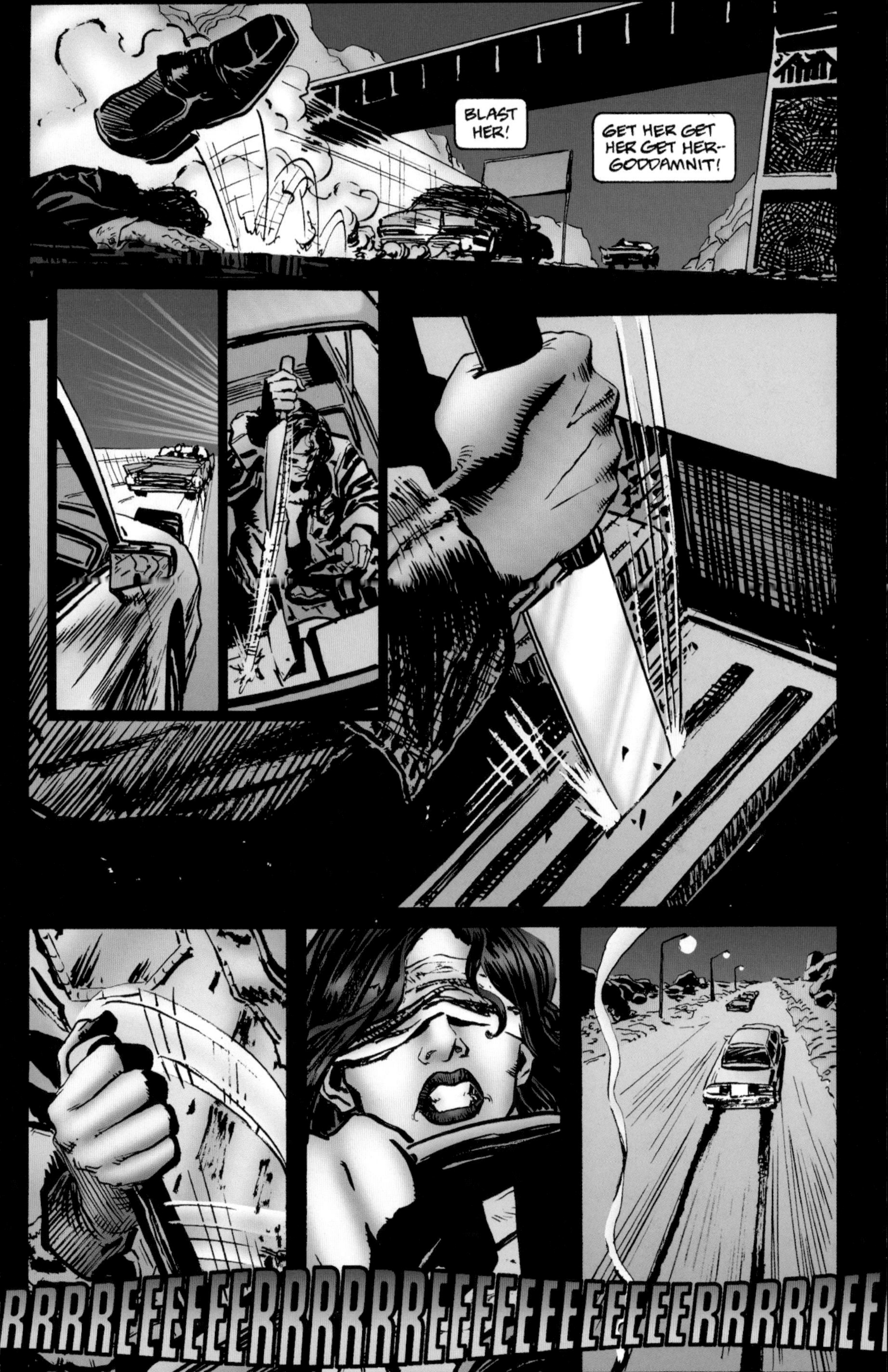
BLAST HER!
GET HER GET HER GET HER-- GODDAMNIT!
RRRREEEEEERRRRRREEEEEEEEEEEEERRRRREE

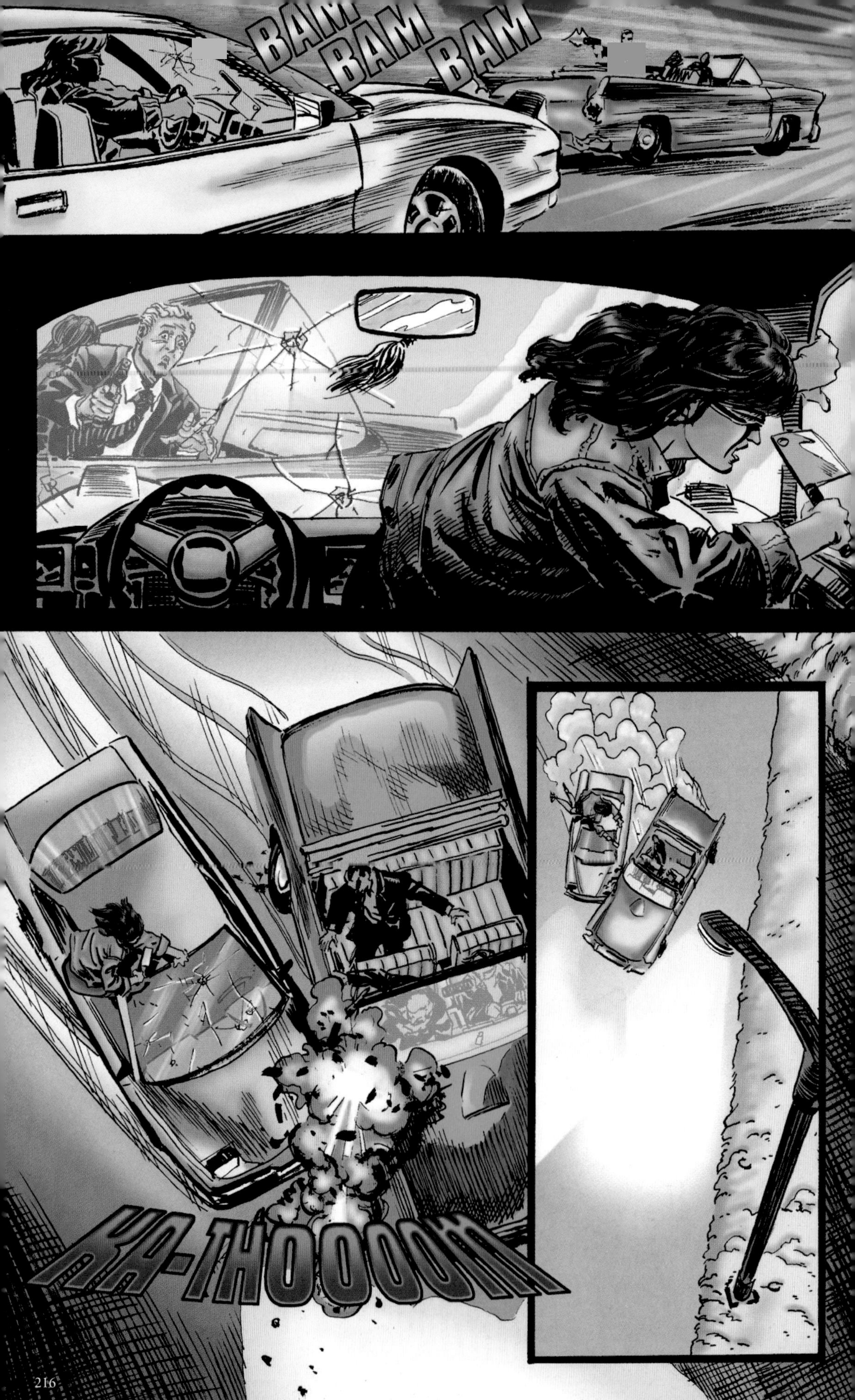
BAM
BAM
BAM
KA-THOOOOM

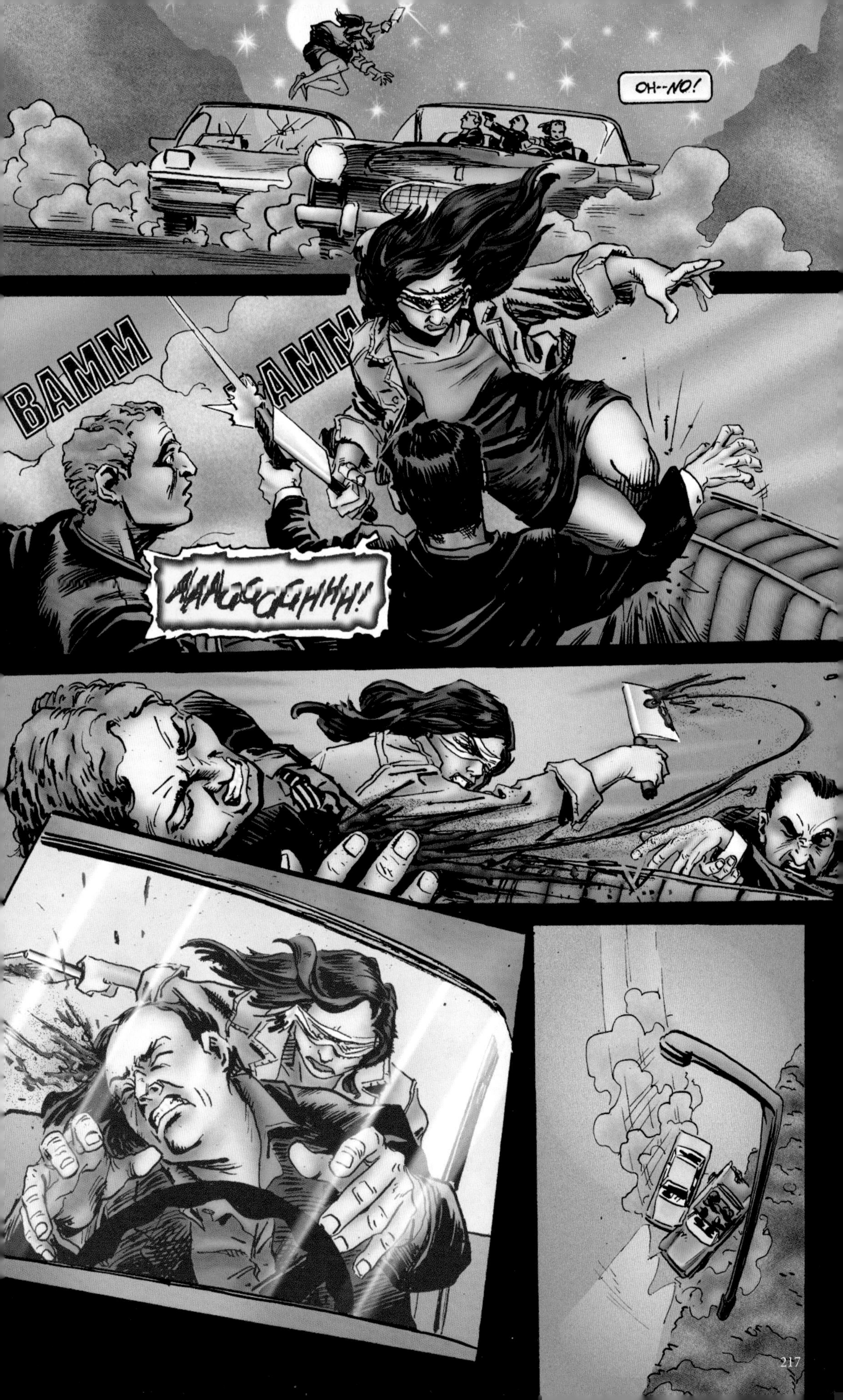
OH--NO!
BAMM
BAMM
AAAAGGGHHHH!

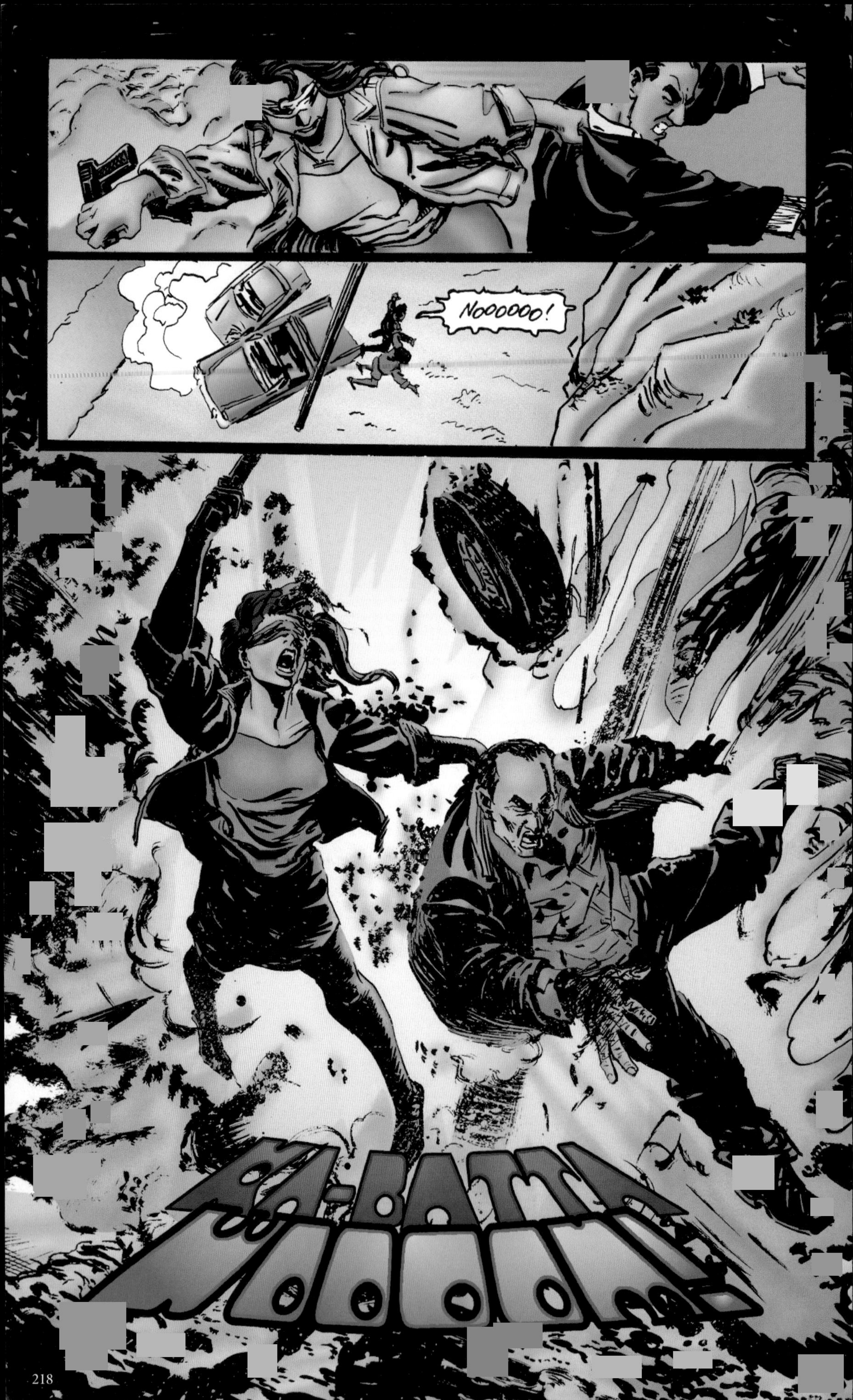
NOOOOOO!

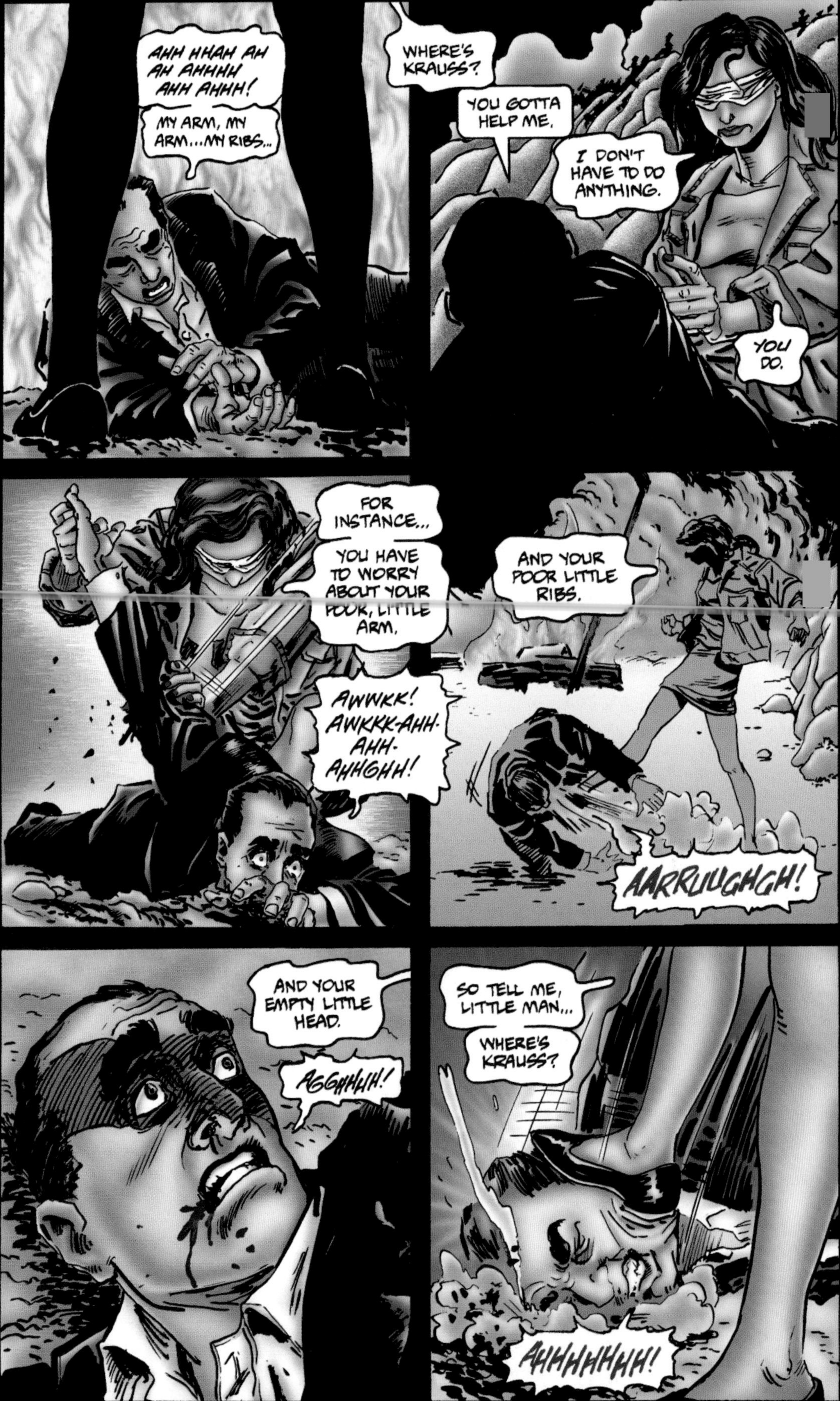
AHH HHAH AH AH AHHHH AHH AHHH!
MY ARM, MY ARM... MY RIBS...
WHERE'S KRAUSS?
YOU GOTTA HELP ME.
I DON'T HAVE TO DO ANYTHING.
YOU DO.
FOR INSTANCE...
YOU HAVE TO WORRY ABOUT YOUR POOR, LITTLE ARM.
AWWKK! AWKKK-AHH-AHH-AHHGHH!
AND YOUR POOR LITTLE RIBS.
AARRUUGHGH!
AND YOUR EMPTY LITTLE HEAD.
AGGHHHH!
SO TELL ME, LITTLE MAN...
WHERE'S KRAUSS?
AHHHHHHHH!

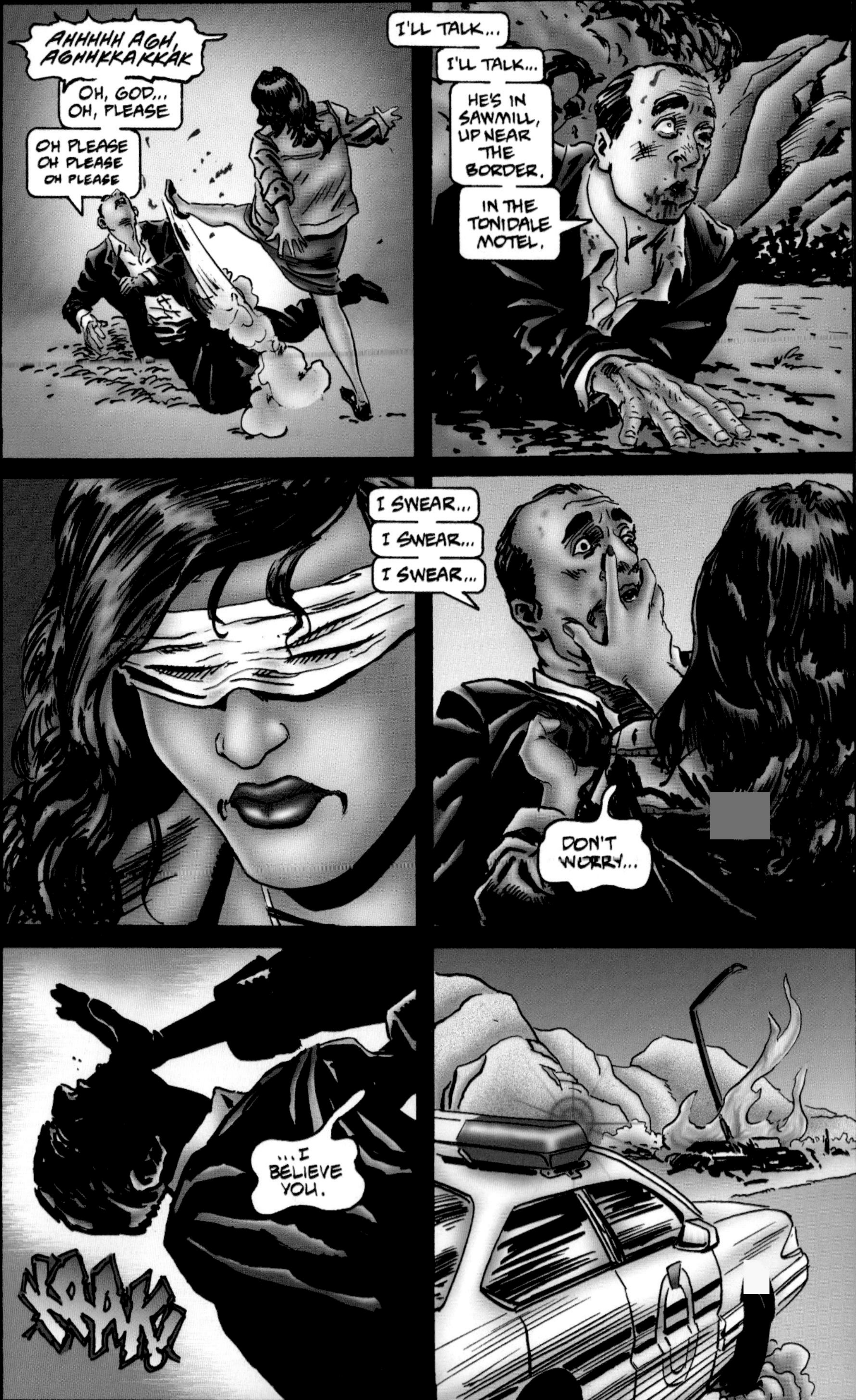
AHHHHH AGH, AGHHKKAKKAK
OH, GOD... OH, PLEASE
OH PLEASE OH PLEASE OH PLEASE
I'LL TALK...
I'LL TALK...
HE'S IN SAWMILL, UP NEAR THE BORDER.
IN THE TONIDALE MOTEL.
I SWEAR...
I SWEAR...
I SWEAR...
DON'T WORRY...
...I BELIEVE YOU.
KRAK

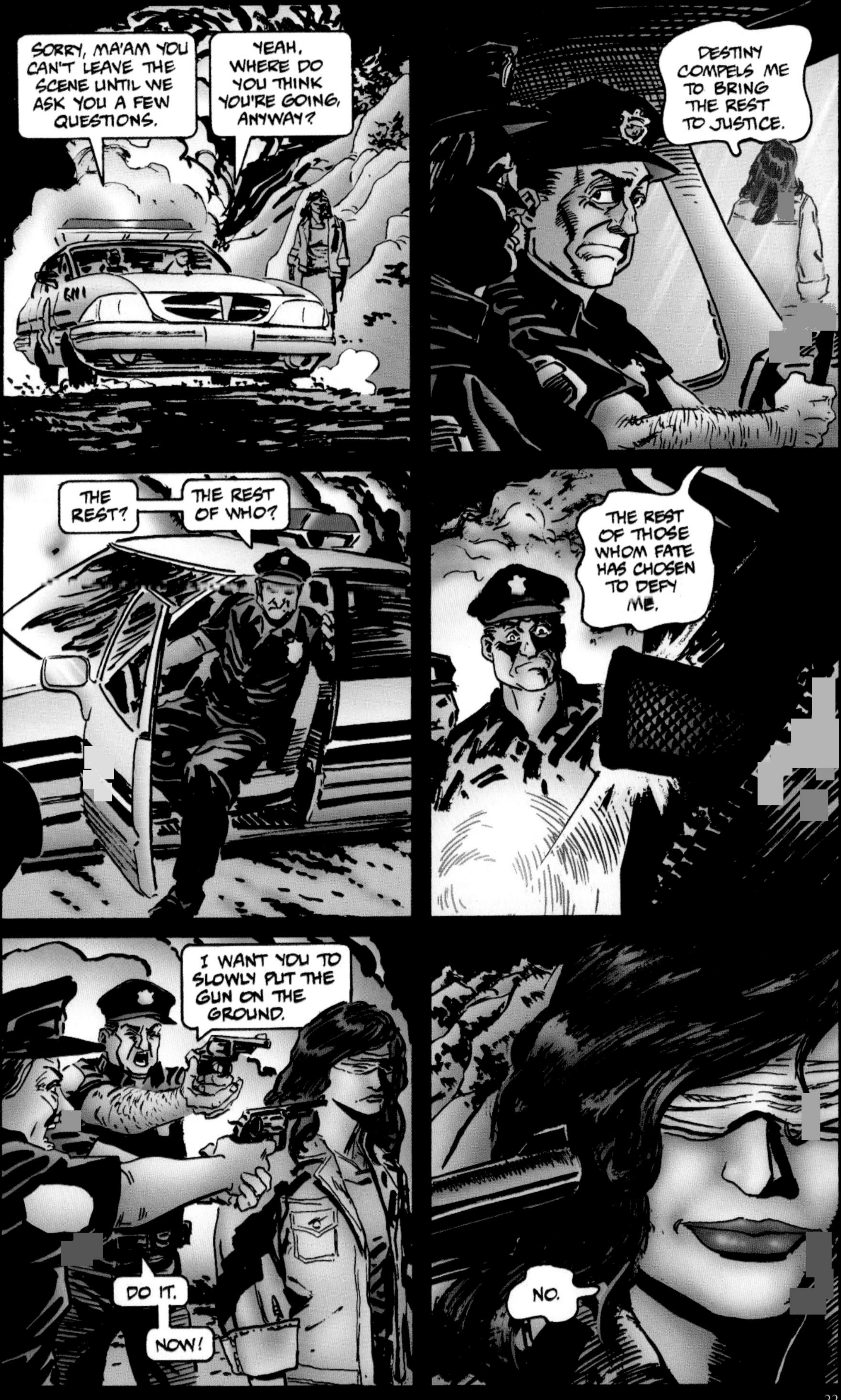
SORRY, MA'AM YOU CAN'T LEAVE THE SCENE UNTIL WE ASK YOU A FEW QUESTIONS.
YEAH, WHERE DO YOU THINK YOU'RE GOING, ANYWAY?
DESTINY COMPELS ME TO BRING THE REST TO JUSTICE.
THE REST?
THE REST OF WHO?
THE REST OF THOSE WHOM FATE HAS CHOSEN TO DEFY ME.
I WANT YOU TO SLOWLY PUT THE GUN ON THE GROUND.
DO IT.
NOW!
NO.

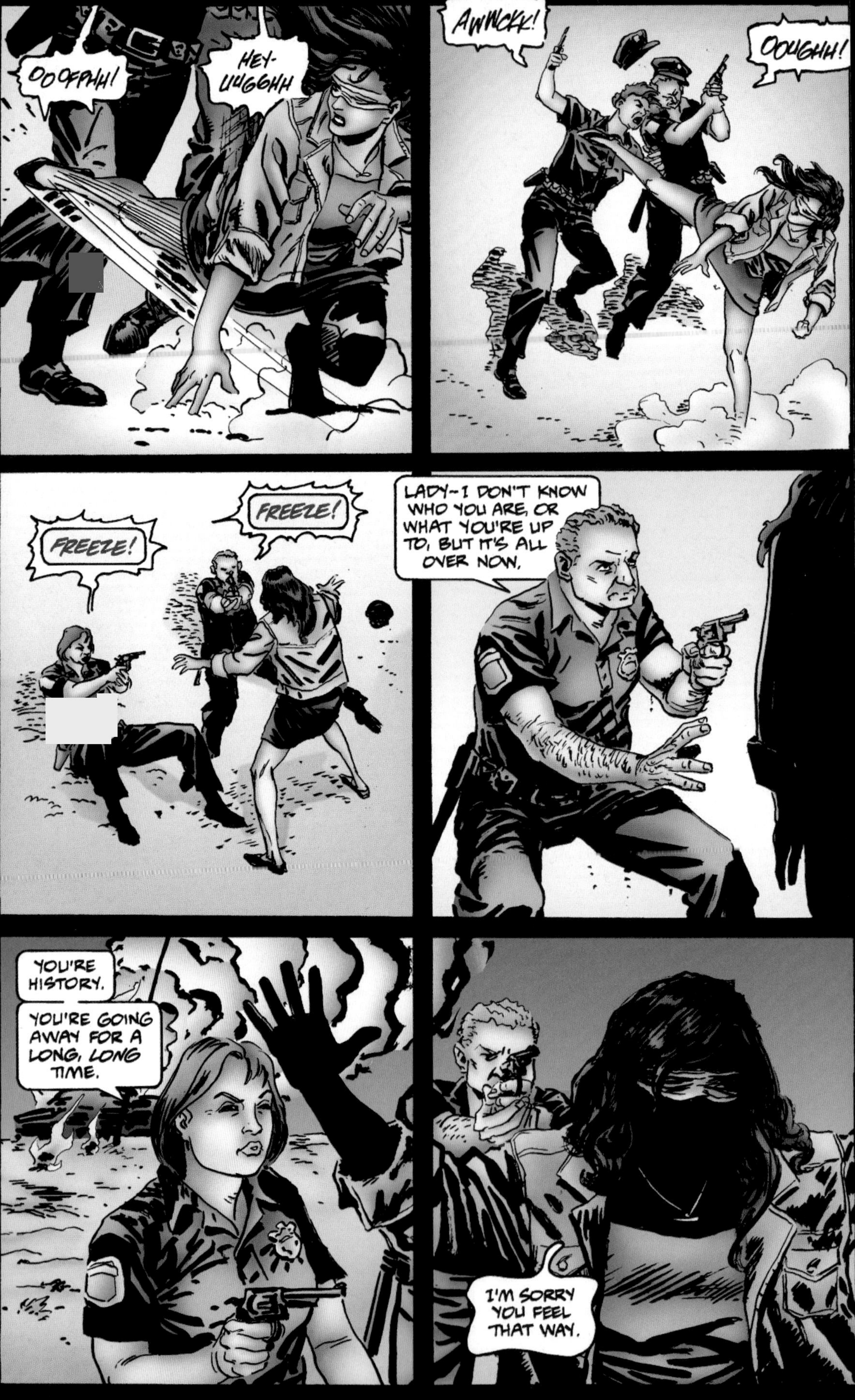
OOOFPHH!
HEY- UUGGHH
AWWCKK!
OOUGHH!
FREEZE!
FREEZE!
LADY--I DON'T KNOW WHO YOU ARE, OR WHAT YOU'RE UP TO, BUT IT'S ALL OVER NOW.
YOU'RE HISTORY.
YOU'RE GOING AWAY FOR A LONG, LONG TIME.
I'M SORRY YOU FEEL THAT WAY.

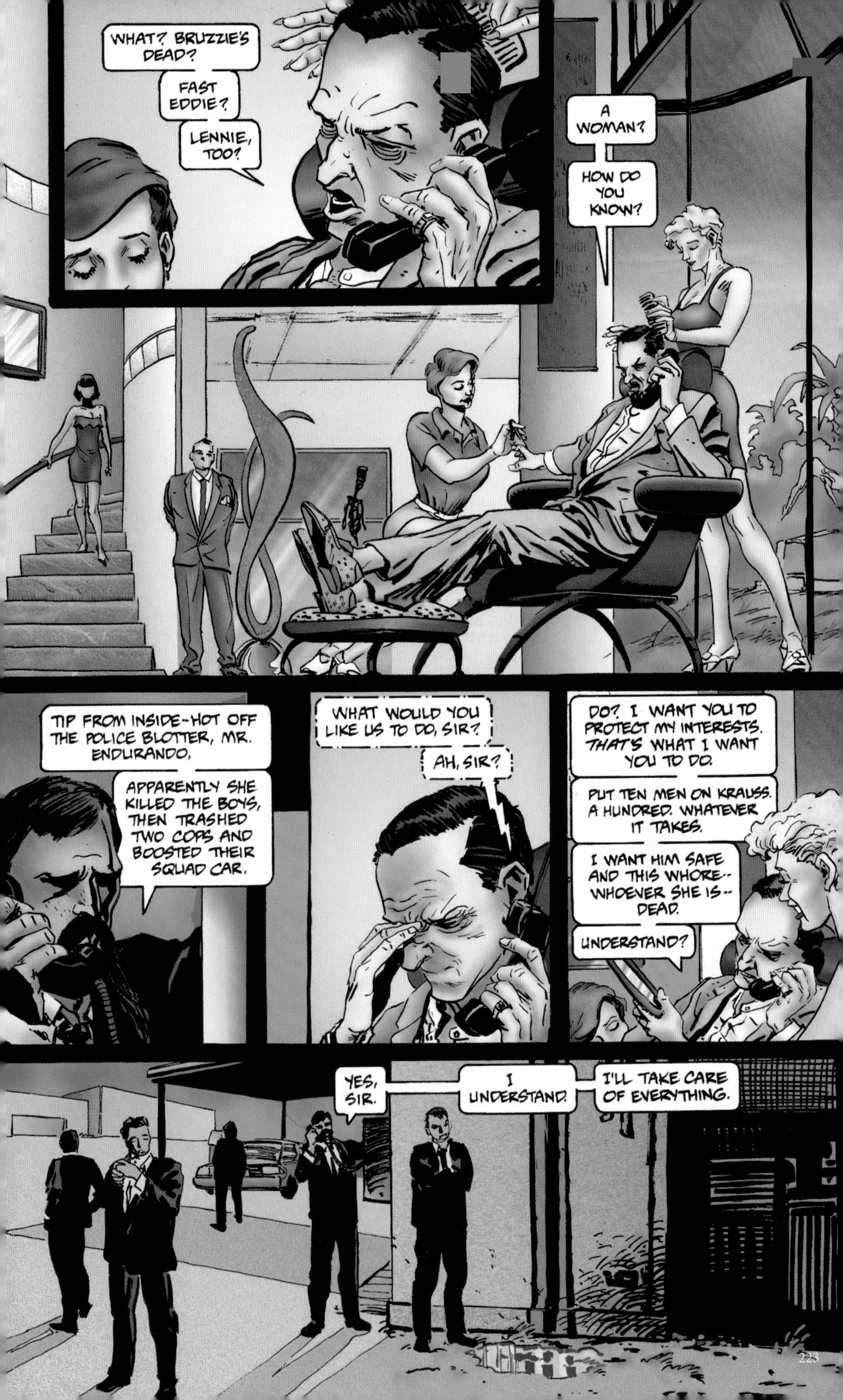

WHAT? BRUZZIE'S DEAD?
FAST EDDIE?
LENNIE, TOO?
A WOMAN?
HOW DO YOU KNOW?
TIP FROM INSIDE--HOT OFF THE POLICE BLOTTER, MR. ENDURANDO.
APPARENTLY SHE KILLED THE BOYS, THEN TRASHED TWO COPS AND BOOSTED THEIR SQUAD CAR.
WHAT WOULD YOU LIKE US TO DO, SIR?
AH, SIR?
DO? I WANT YOU TO PROTECT MY INTERESTS. *THAT'S* WHAT I WANT YOU TO DO.
PUT TEN MEN ON KRAUSS. A HUNDRED. WHATEVER IT TAKES.
I WANT HIM SAFE AND THIS WHORE-- WHOEVER SHE IS-- DEAD.
UNDERSTAND?
YES, SIR.
I UNDERSTAND.
I'LL TAKE CARE OF EVERYTHING.

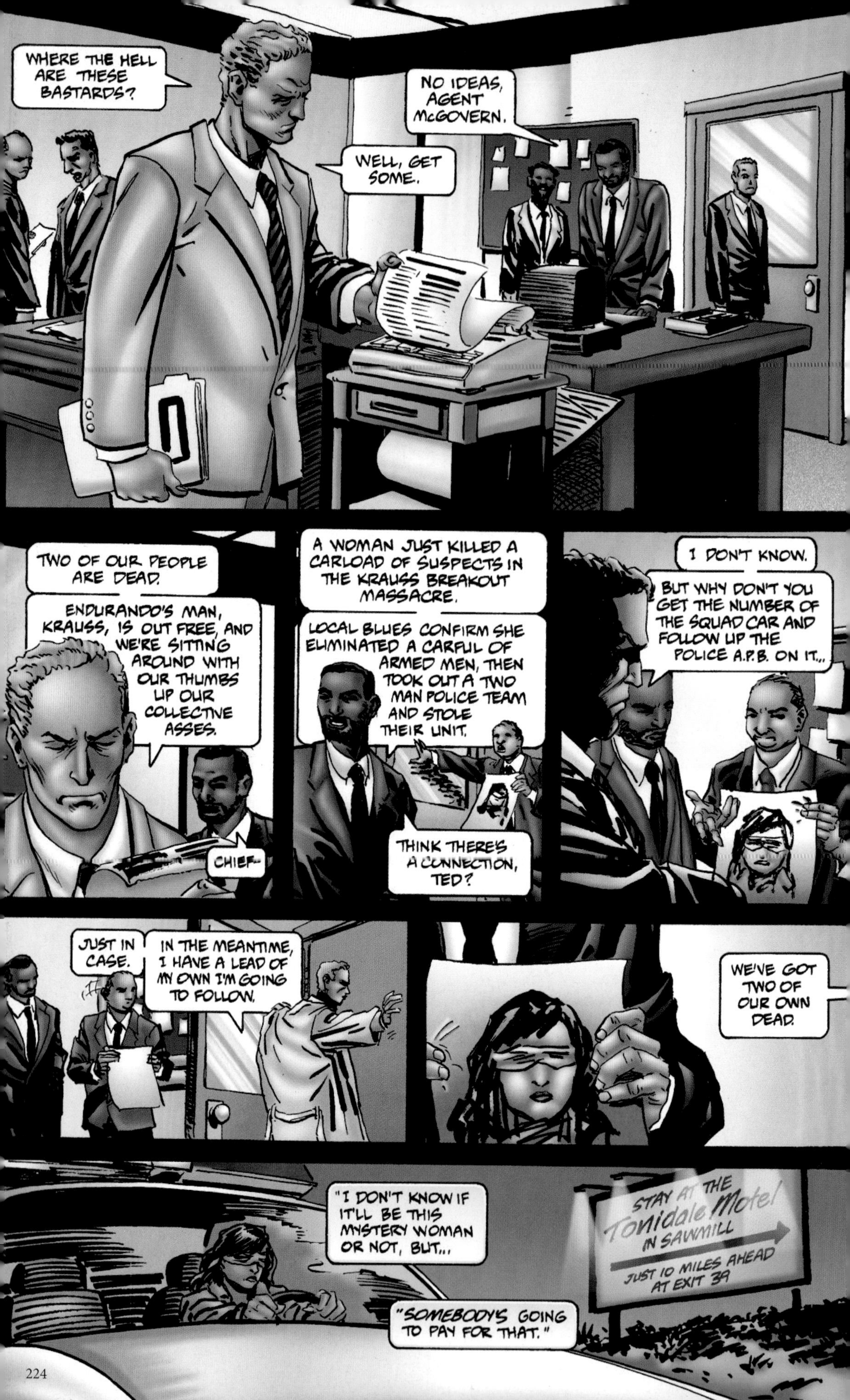
WHERE THE HELL ARE THESE BASTARDS?
NO IDEAS, AGENT McGOVERN.
WELL, GET SOME.
TWO OF OUR PEOPLE ARE DEAD.
ENDURANDO'S MAN, KRAUSS, IS OUT FREE, AND WE'RE SITTING AROUND WITH OUR THUMBS UP OUR COLLECTIVE ASSES.
CHIEF-
A WOMAN JUST KILLED A CARLOAD OF SUSPECTS IN THE KRAUSS BREAKOUT MASSACRE.
LOCAL BLUES CONFIRM SHE ELIMINATED A CARFUL OF ARMED MEN, THEN TOOK OUT A TWO MAN POLICE TEAM AND STOLE THEIR UNIT.
THINK THERE'S A CONNECTION, TED?
I DON'T KNOW.
BUT WHY DON'T YOU GET THE NUMBER OF THE SQUAD CAR AND FOLLOW UP THE POLICE A.P.B. ON IT...
JUST IN CASE.
IN THE MEANTIME, I HAVE A LEAD OF MY OWN I'M GOING TO FOLLOW.
WE'VE GOT TWO OF OUR OWN DEAD.
"I DON'T KNOW IF IT'LL BE THIS MYSTERY WOMAN OR NOT, BUT...
STAY AT THE Tonidale Motel IN SAWMILL
JUST 10 MILES AHEAD AT EXIT 39
"SOMEBODY'S GOING TO PAY FOR THAT."

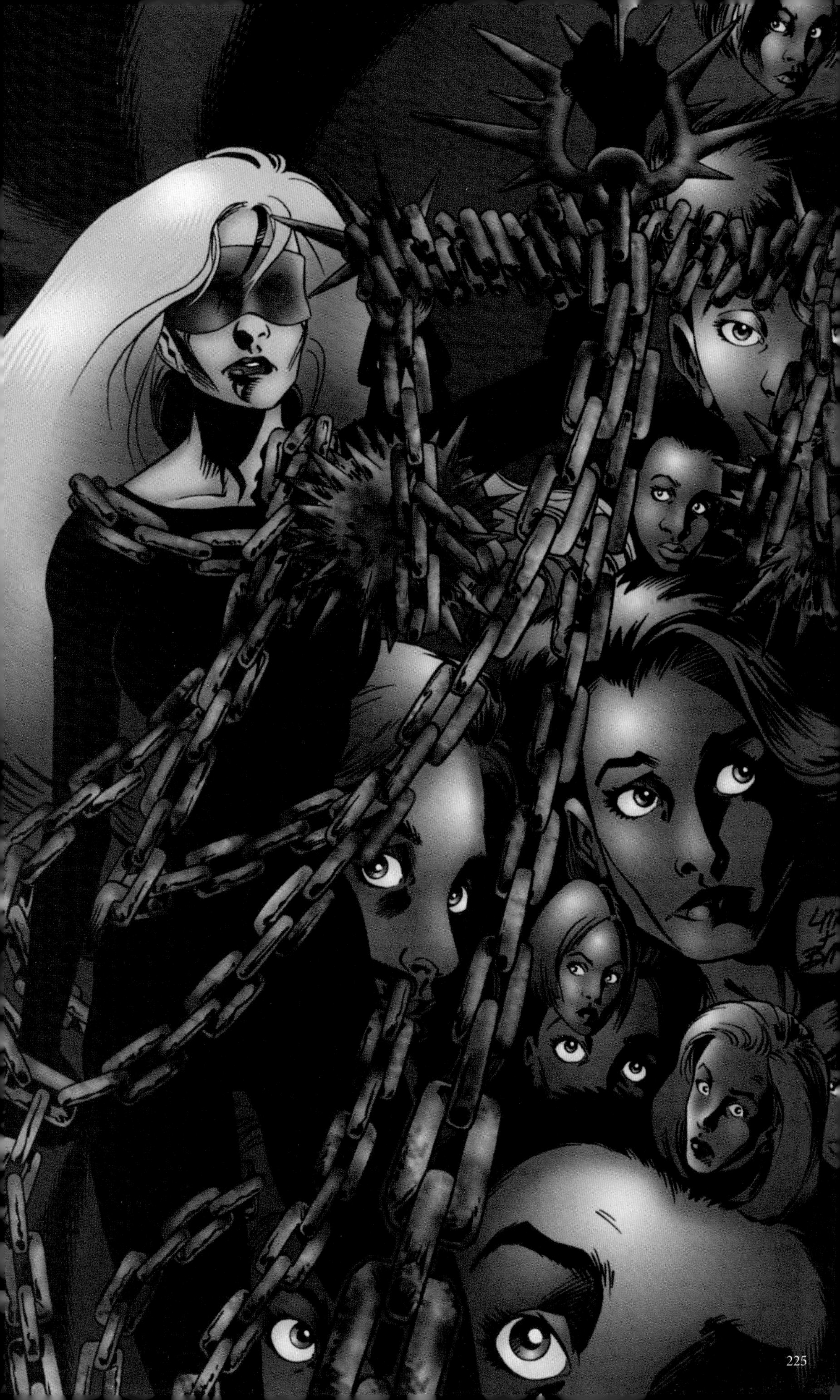

"And each man stands with his face in the light of his own drawn sword, ready to do what a hero can." – *Elizabeth Barrett Browning*

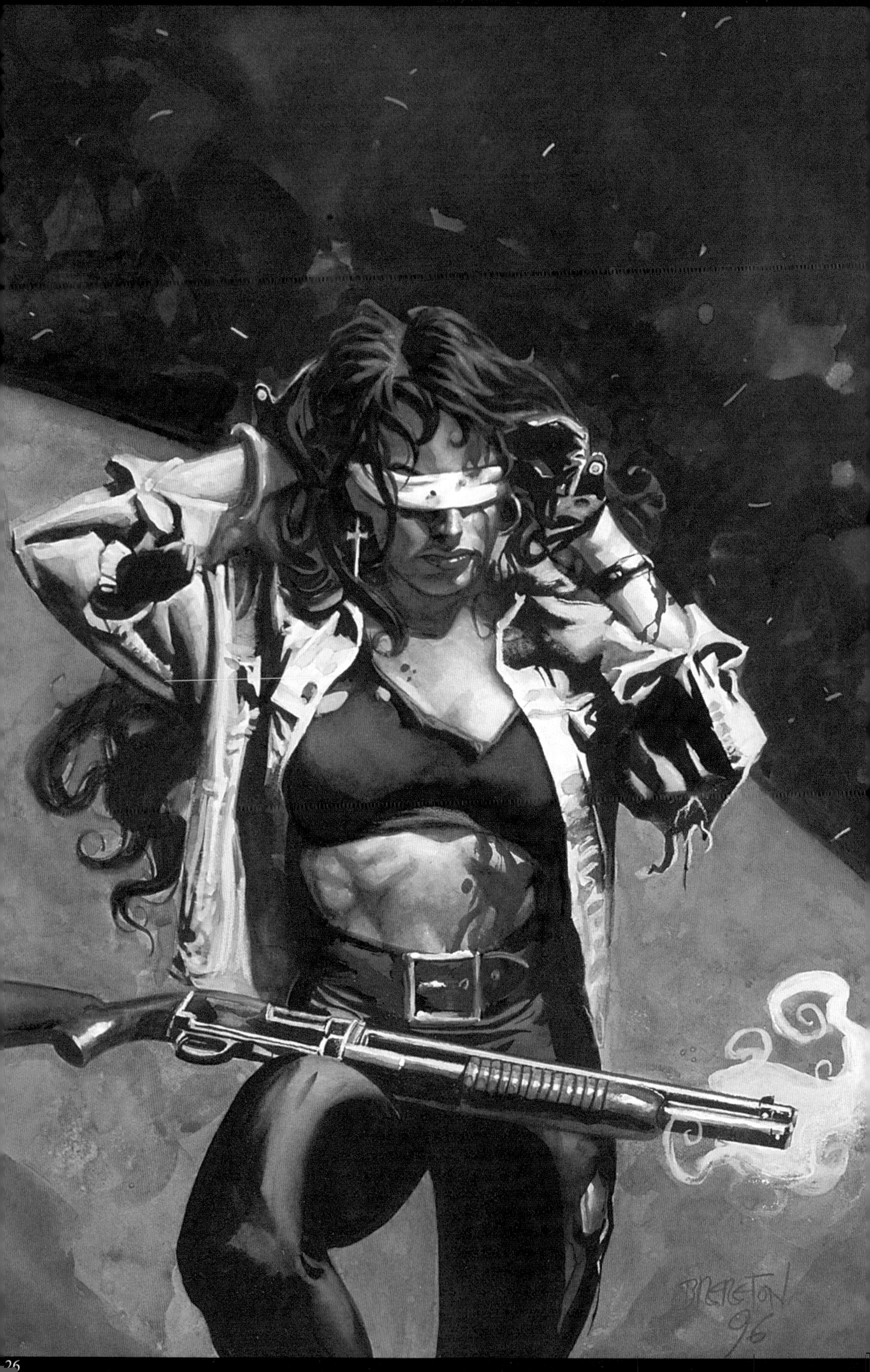
BRERETON
96

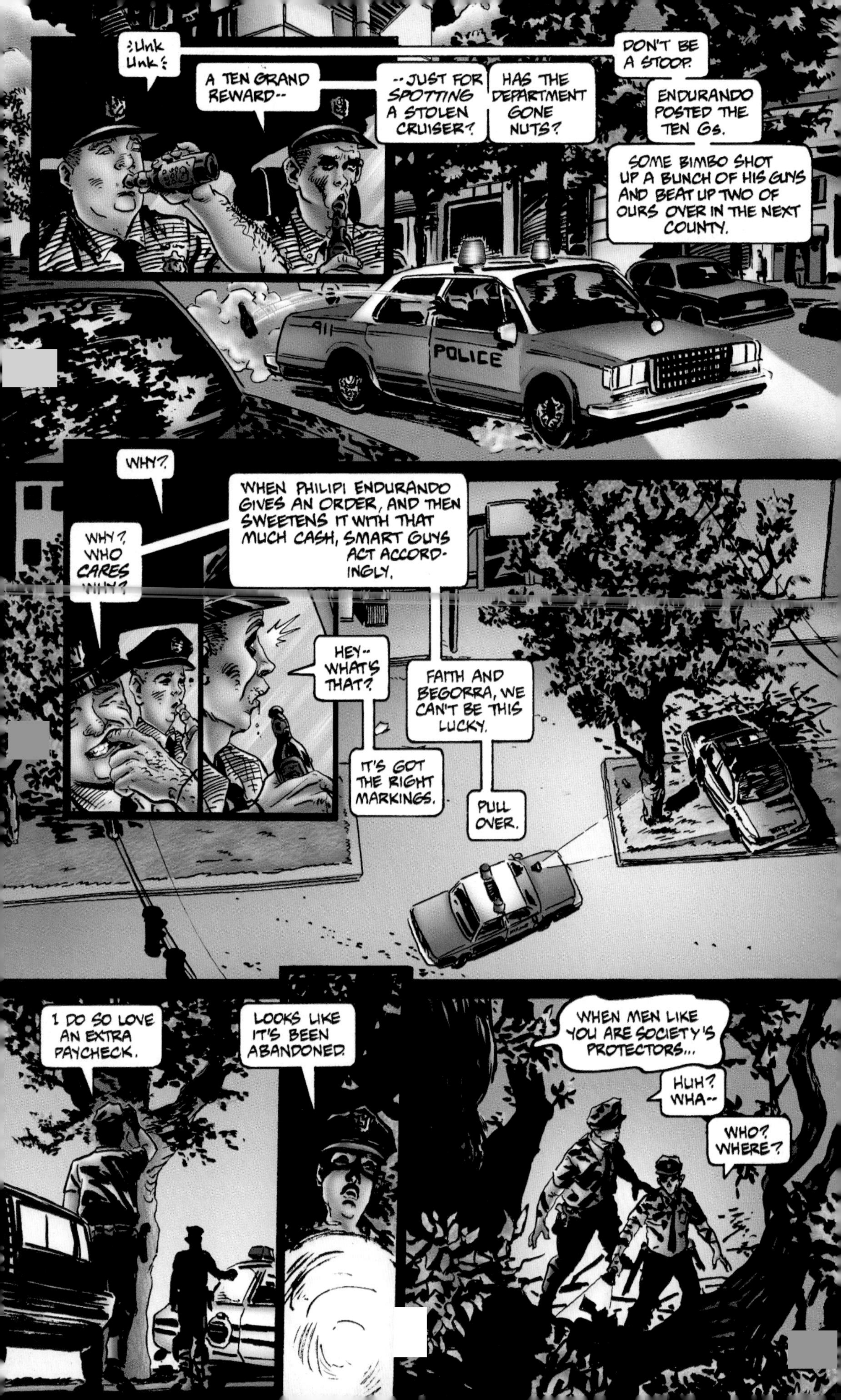
:Unk Unk:
A TEN GRAND REWARD--
--JUST FOR SPOTTING A STOLEN CRUISER?
HAS THE DEPARTMENT GONE NUTS?
DON'T BE A STOOP.
ENDURANDO POSTED THE TEN Gs.
SOME BIMBO SHOT UP A BUNCH OF HIS GUYS AND BEAT UP TWO OF OURS OVER IN THE NEXT COUNTY.
POLICE
WHY?
WHY? WHO CARES WHY?
WHEN PHILIPI ENDURANDO GIVES AN ORDER, AND THEN SWEETENS IT WITH THAT MUCH CASH, SMART GUYS ACT ACCORDINGLY.
HEY-- WHAT'S THAT?
IT'S GOT THE RIGHT MARKINGS.
FAITH AND BEGORRA, WE CAN'T BE THIS LUCKY.
PULL OVER.
I DO SO LOVE AN EXTRA PAYCHECK.
LOOKS LIKE IT'S BEEN ABANDONED.
WHEN MEN LIKE YOU ARE SOCIETY'S PROTECTORS...
HUH? WHA--
WHO? WHERE?

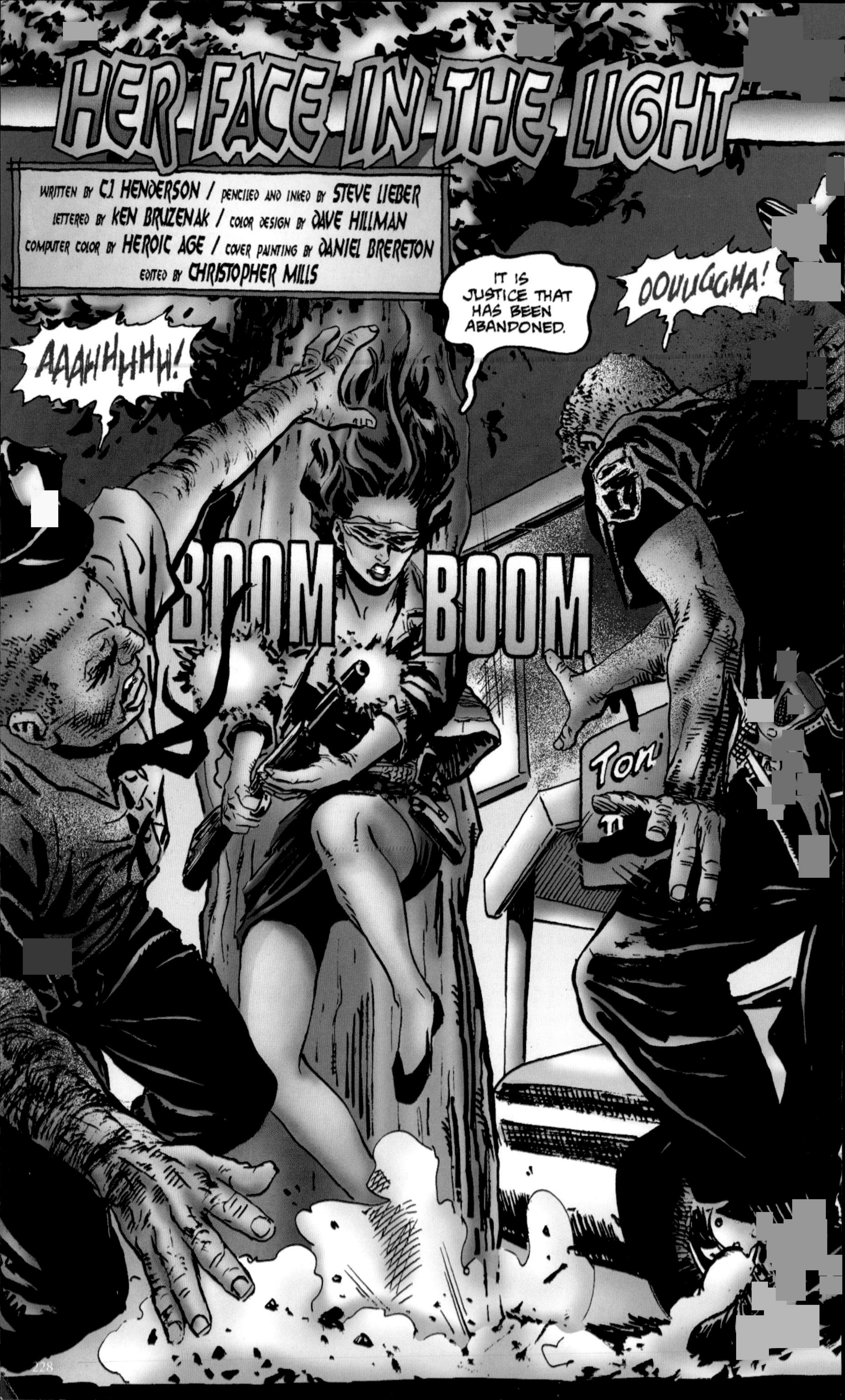
HER FACE IN THE LIGHT
WRITTEN BY C.J. HENDERSON / PENCILED AND INKED BY STEVE LIEBER
LETTERED BY KEN BRUZENAK / COLOR DESIGN BY DAVE HILLMAN
COMPUTER COLOR BY HEROIC AGE / COVER PAINTING BY DANIEL BRERETON
EDITED BY CHRISTOPHER MILLS
AAAHHHHH!
IT IS JUSTICE THAT HAS BEEN ABANDONED.
OOUUGGHA!
BOOM
BOOM

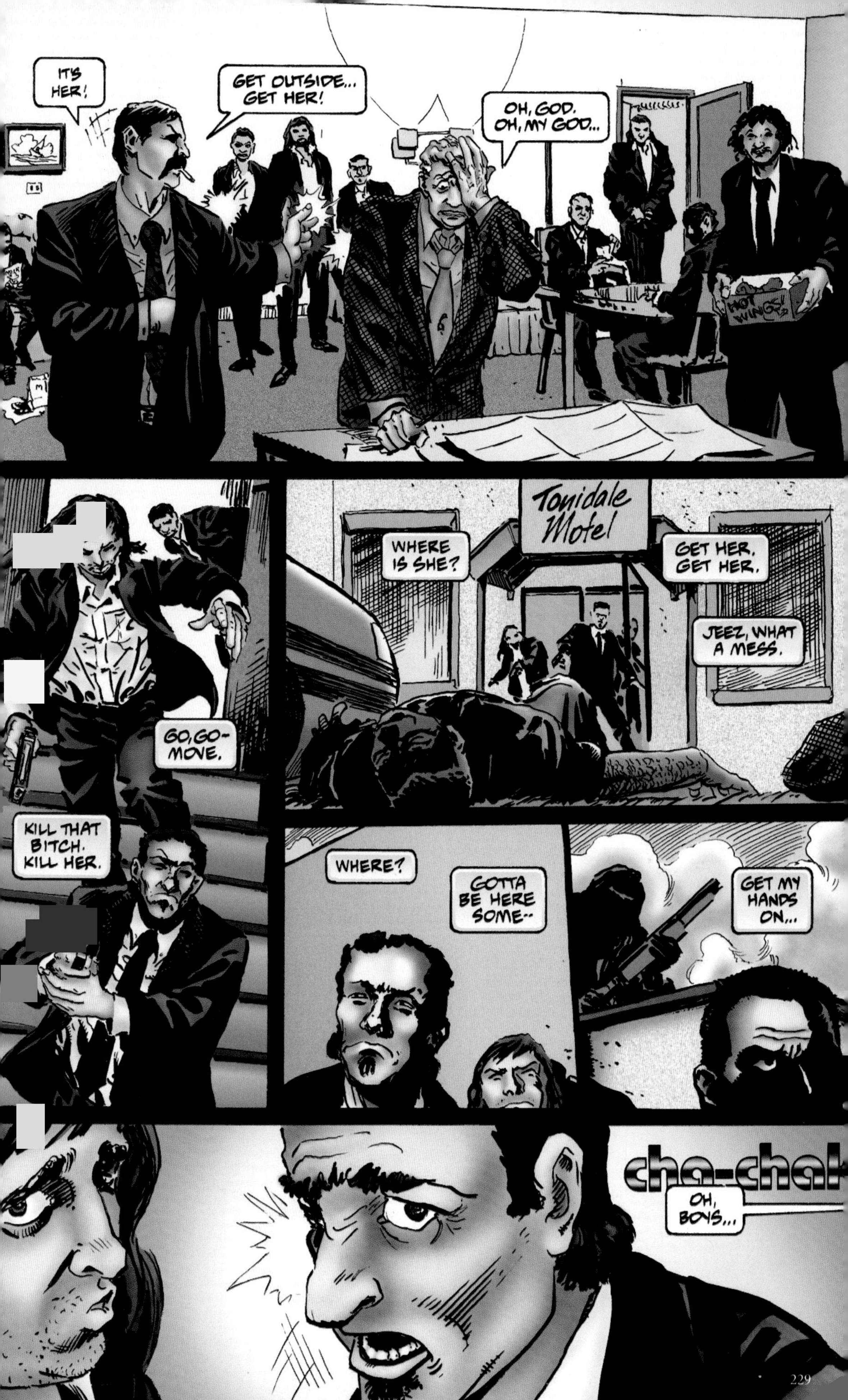
IT'S HER!
GET OUTSIDE... GET HER!
OH, GOD. OH, MY GOD...
HOT WINGS!
Tonidale Motel
WHERE IS SHE?
GET HER. GET HER.
JEEZ, WHAT A MESS.
GO, GO-MOVE.
KILL THAT BITCH. KILL HER.
WHERE?
GOTTA BE HERE SOME--
GET MY HANDS ON...
cha-chak
OH, BOYS...

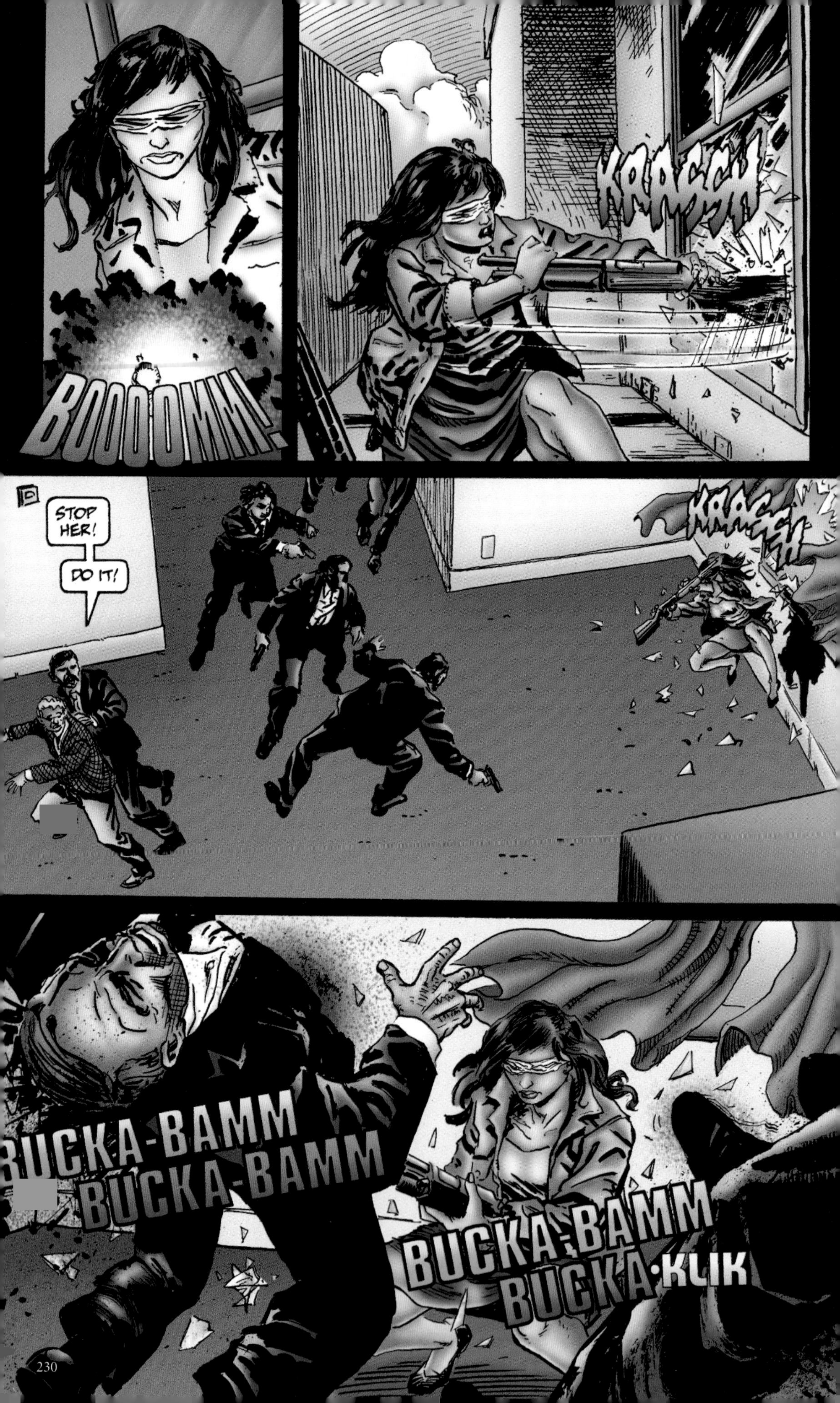
BOOOOMM!
KRAACH
STOP HER!
DO IT!
KRASCH
BUCKA-BAMM
BUCKA-BAMM
BUCKA-BAMM
BUCKA·KLIK

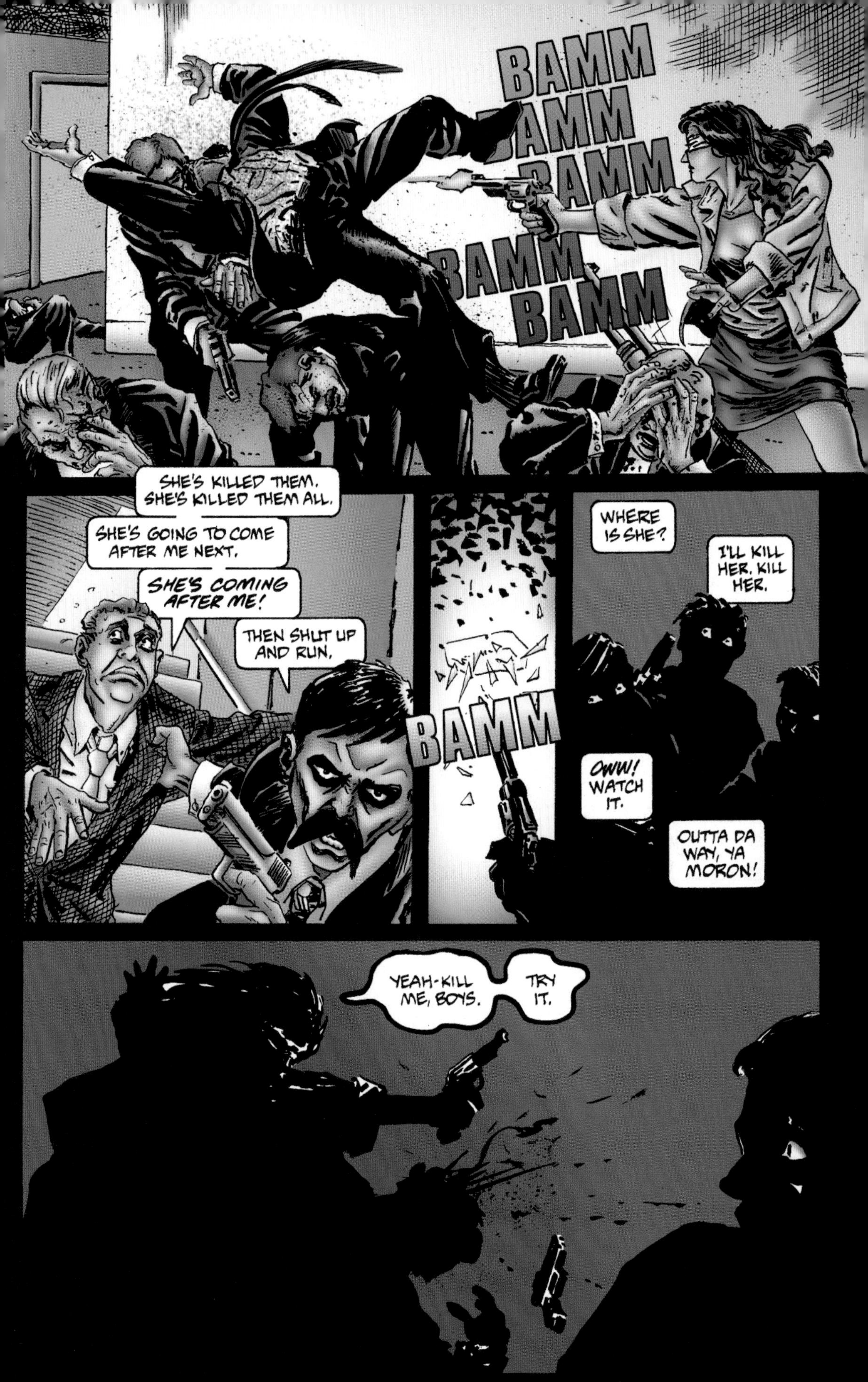
BAMM
BAMM
BAMM
BAMM
BAMM
SHE'S KILLED THEM. SHE'S KILLED THEM ALL.
SHE'S GOING TO COME AFTER ME NEXT.
SHE'S COMING AFTER ME!
THEN SHUT UP AND RUN.
BAMM
WHERE IS SHE?
I'LL KILL HER. KILL HER.
OWW! WATCH IT.
OUTTA DA WAY, YA MORON!
YEAH-KILL ME, BOYS.
TRY IT.

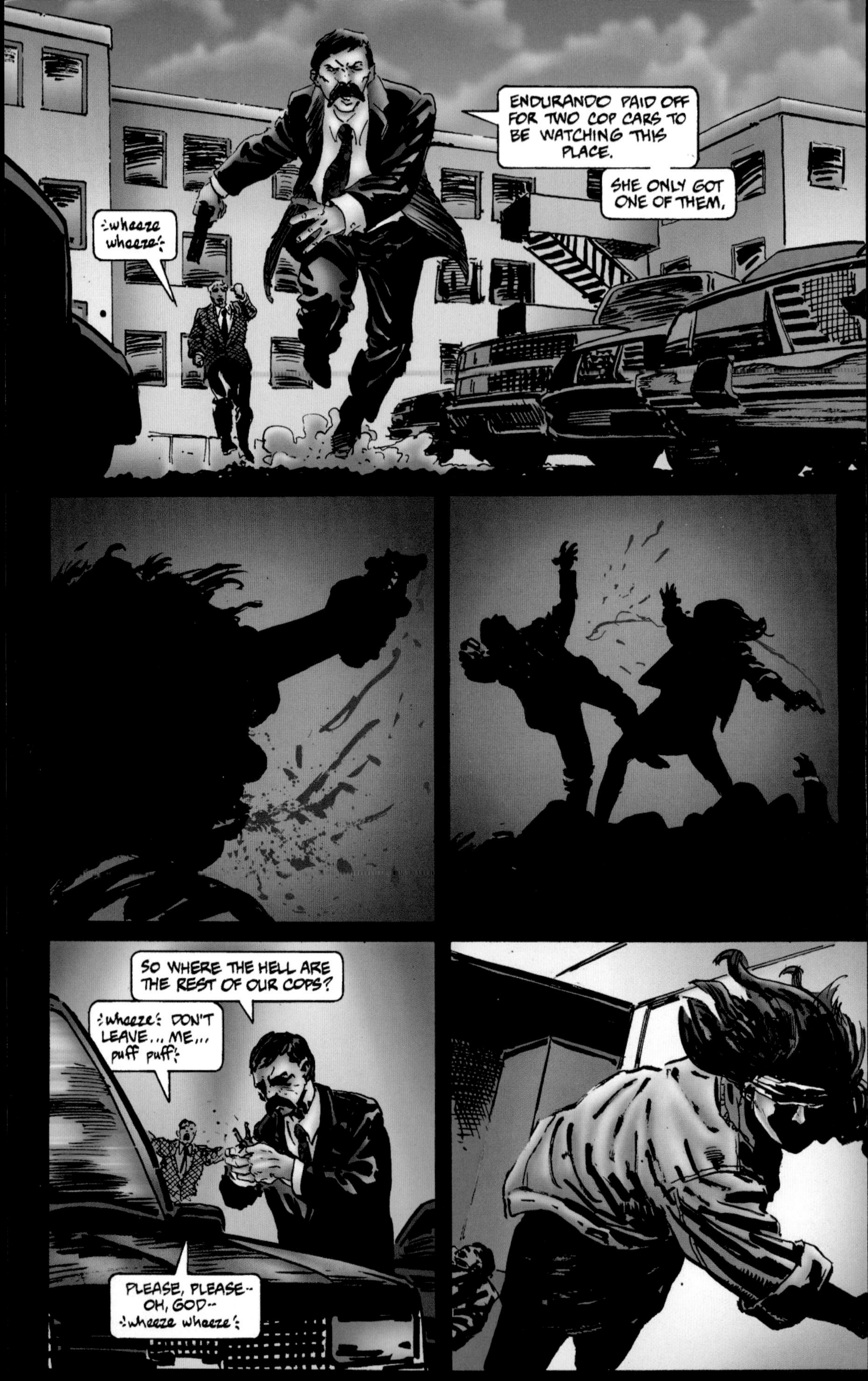
ENDURANDO PAID OFF FOR TWO COP CARS TO BE WATCHING THIS PLACE.
SHE ONLY GOT ONE OF THEM.
:wheeze wheeze:
SO WHERE THE HELL ARE THE REST OF OUR COPS?
:wheeze: DON'T LEAVE... ME... puff puff:
PLEASE, PLEASE-- OH, GOD-- :wheeze wheeze:

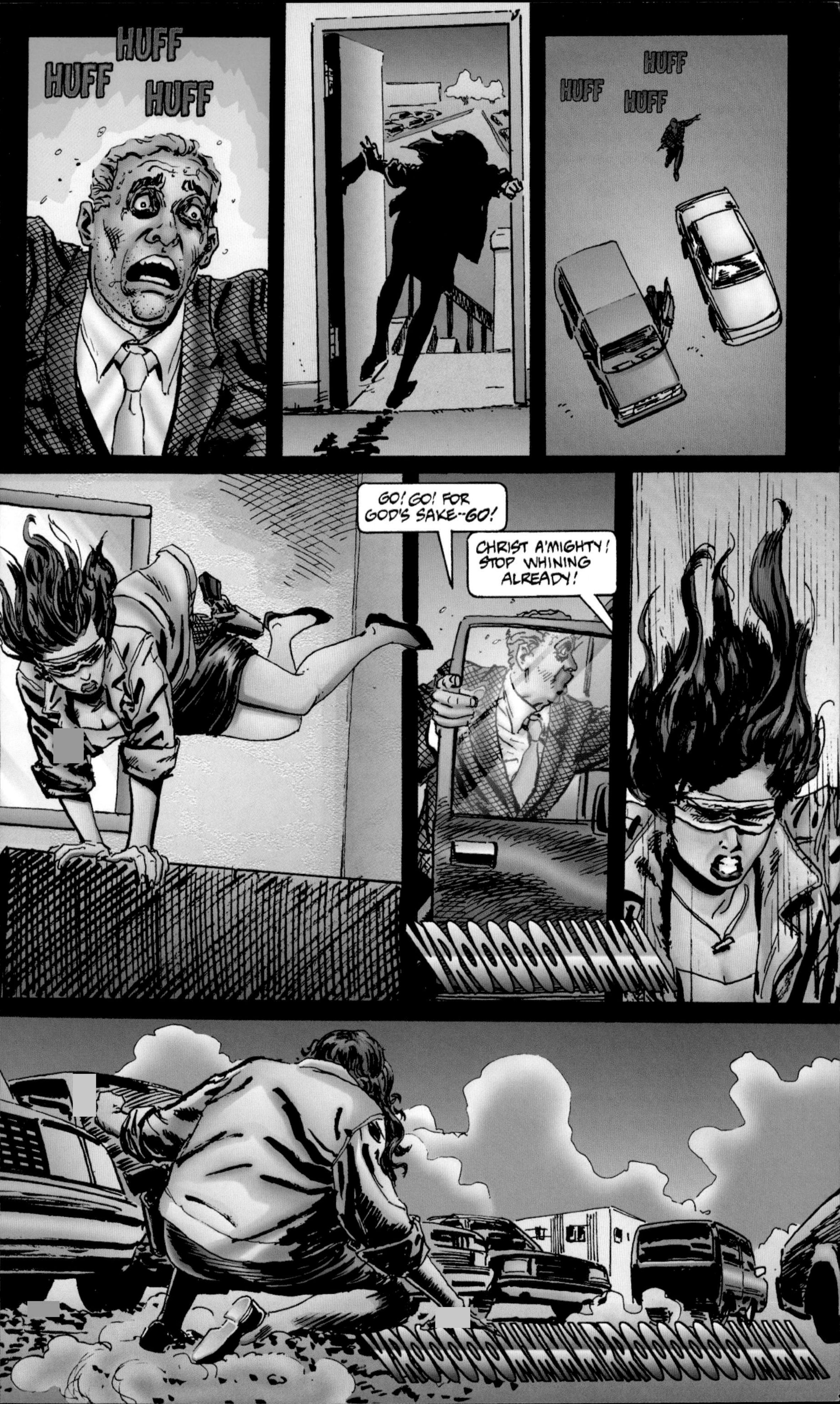

HUFF
HUFF
HUFF
HUFF
HUFF
HUFF
GO! GO! FOR GOD'S SAKE--GO!
CHRIST A'MIGHTY! STOP WHINING ALREADY!

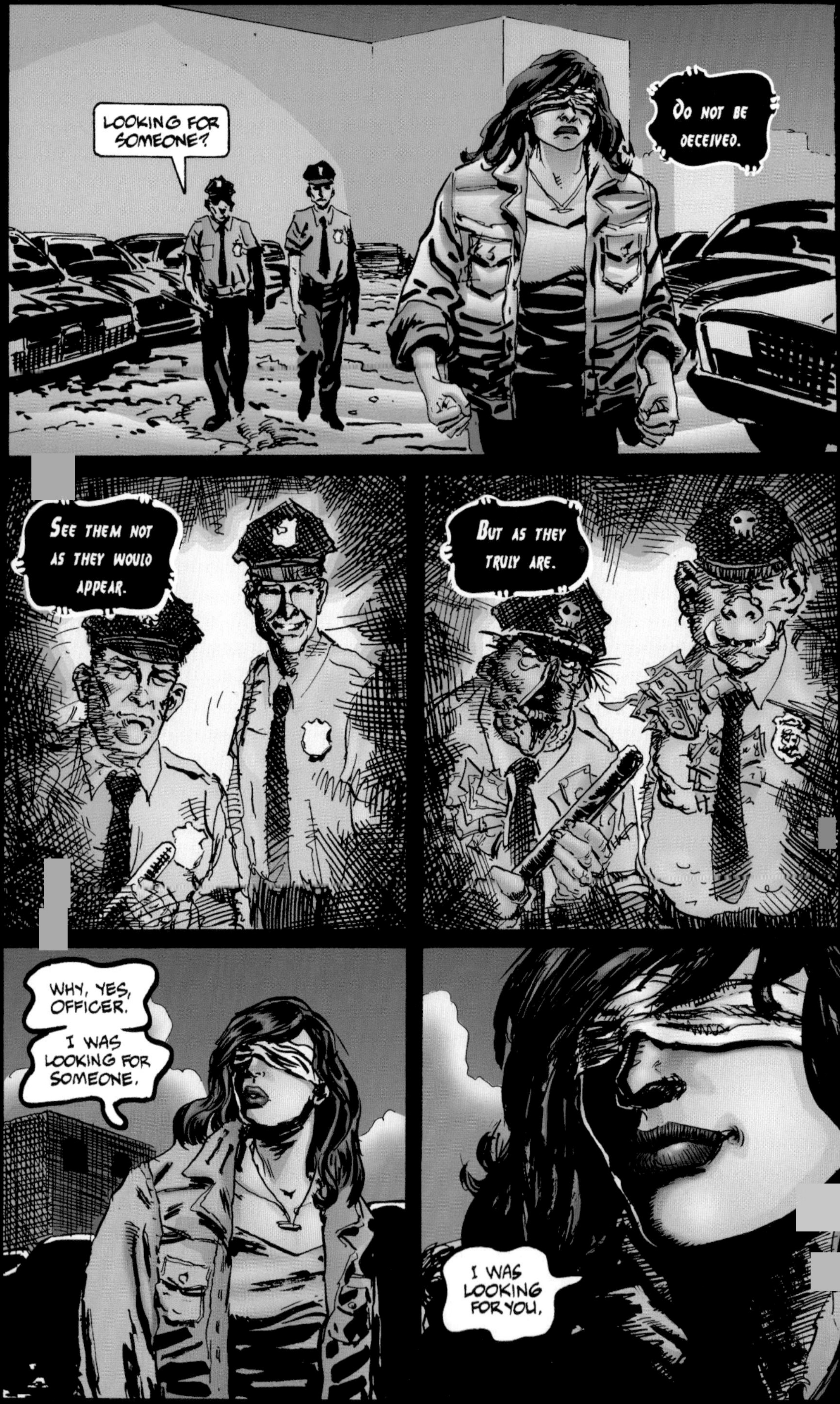
LOOKING FOR SOMEONE?
DO NOT BE DECEIVED.
SEE THEM NOT AS THEY WOULD APPEAR.
BUT AS THEY TRULY ARE.
WHY, YES, OFFICER.
I WAS LOOKING FOR SOMEONE.
I WAS LOOKING FOR YOU.

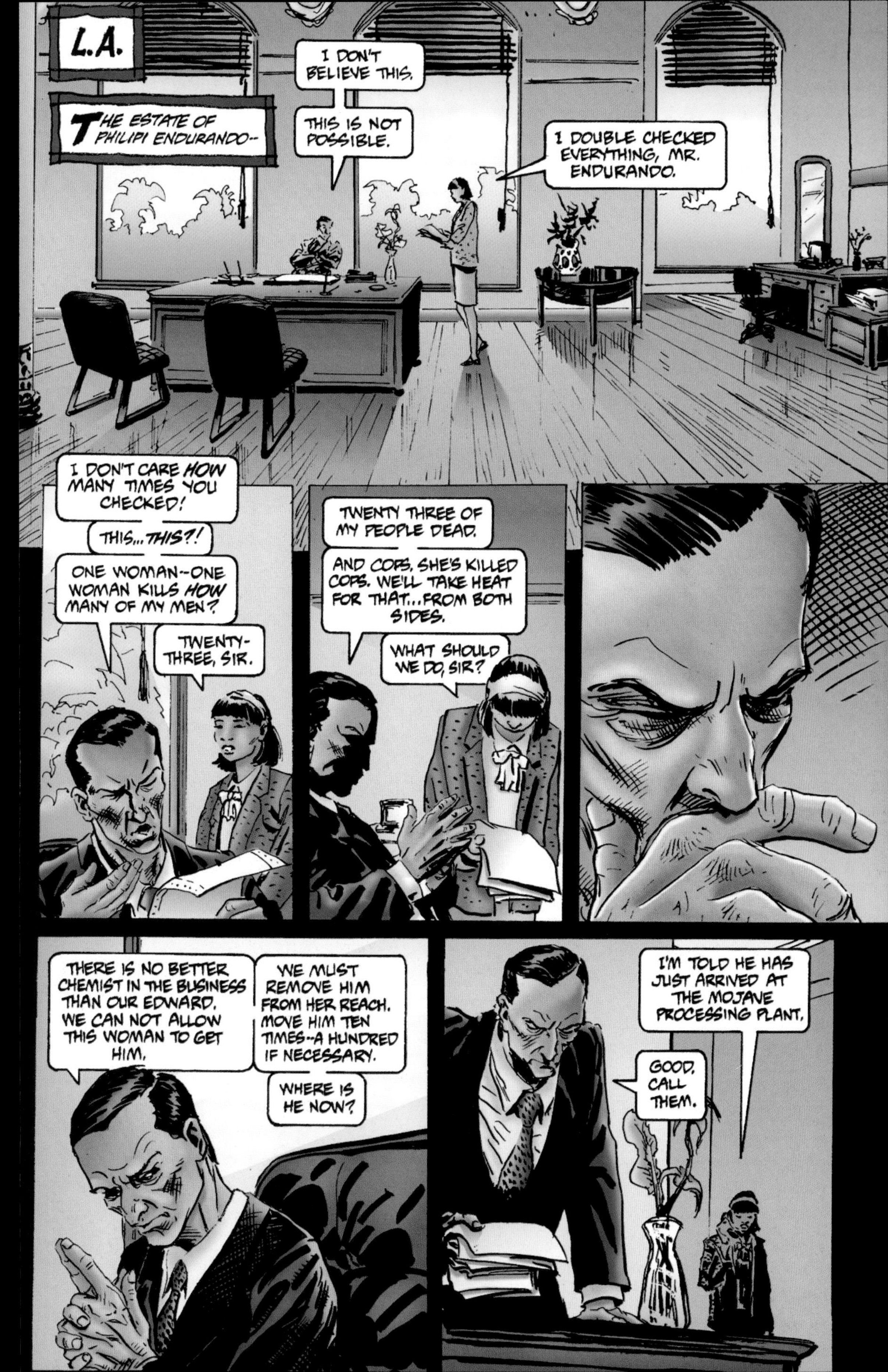

L.A.
THE ESTATE OF PHILIPI ENDURANDO--
I DON'T BELIEVE THIS.
THIS IS NOT POSSIBLE.
I DOUBLE CHECKED EVERYTHING, MR. ENDURANDO.
I DON'T CARE HOW MANY TIMES YOU CHECKED!
THIS... THIS?!
ONE WOMAN--ONE WOMAN KILLS HOW MANY OF MY MEN?
TWENTY-THREE, SIR.
TWENTY THREE OF MY PEOPLE DEAD.
AND COPS. SHE'S KILLED COPS. WE'LL TAKE HEAT FOR THAT...FROM BOTH SIDES.
WHAT SHOULD WE DO, SIR?
THERE IS NO BETTER CHEMIST IN THE BUSINESS THAN OUR EDWARD. WE CAN NOT ALLOW THIS WOMAN TO GET HIM.
WE MUST REMOVE HIM FROM HER REACH. MOVE HIM TEN TIMES--A HUNDRED IF NECESSARY.
WHERE IS HE NOW?
I'M TOLD HE HAS JUST ARRIVED AT THE MOJAVE PROCESSING PLANT.
GOOD. CALL THEM.

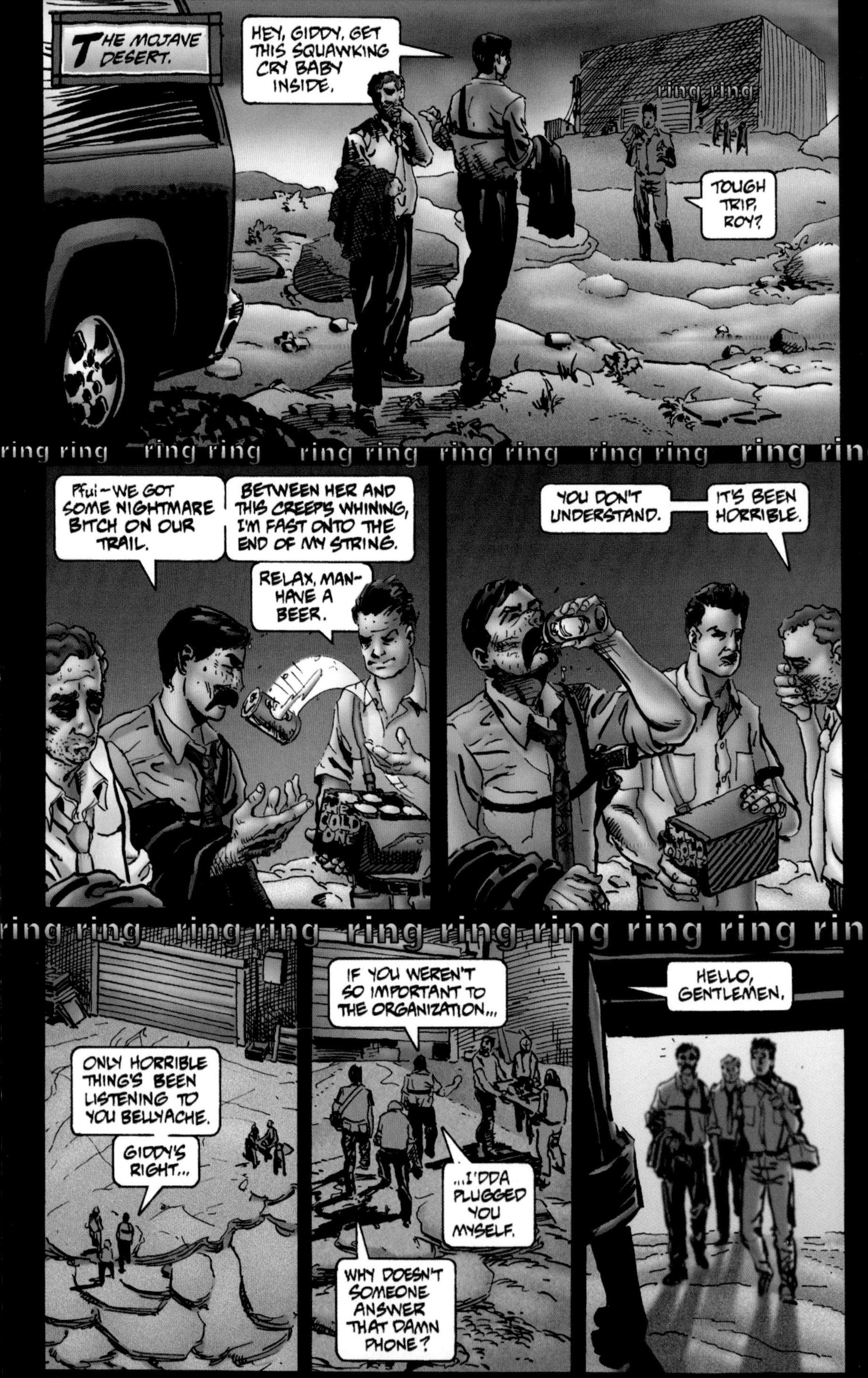
THE MOJAVE DESERT.
HEY, GIDDY, GET THIS SQUAWKING CRY BABY INSIDE.
ring ring
TOUGH TRIP, ROY?
ring ring ring ring ring ring ring ring ring ring ring rin
Pfui—WE GOT SOME NIGHTMARE BITCH ON OUR TRAIL.
BETWEEN HER AND THIS CREEP'S WHINING, I'M FAST ONTO THE END OF MY STRING.
RELAX, MAN-HAVE A BEER.
THE COLD ONE
YOU DON'T UNDERSTAND.
IT'S BEEN HORRIBLE.
ring ring ring ring ring ring ring ring ring ring rin
ONLY HORRIBLE THING'S BEEN LISTENING TO YOU BELLYACHE.
GIDDY'S RIGHT...
IF YOU WEREN'T SO IMPORTANT TO THE ORGANIZATION...
...I'DDA PLUGGED YOU MYSELF.
WHY DOESN'T SOMEONE ANSWER THAT DAMN PHONE?
HELLO, GENTLEMEN.

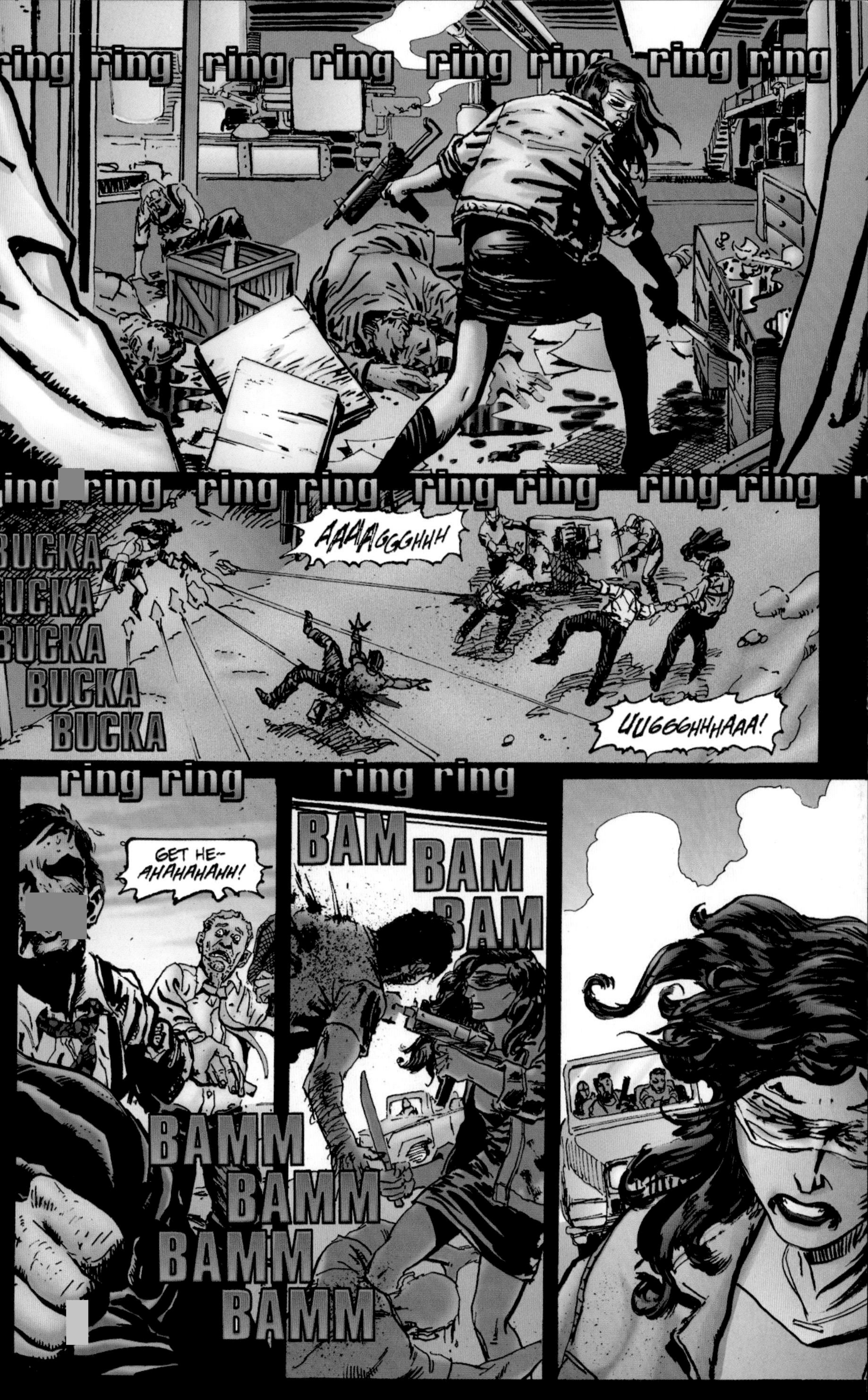
ring ring ring ring ring ring ring ring
ring ring ring ring ring ring ring ring
BUCKA
BUCKA
BUCKA
BUCKA
BUCKA
AAAAGGGHHH
UUGGGHHHAAA!
ring ring
GET HE--AHAHAHAHH!
BAMM
BAMM
BAMM
BAMM
ring ring
BAM
BAM
BAM

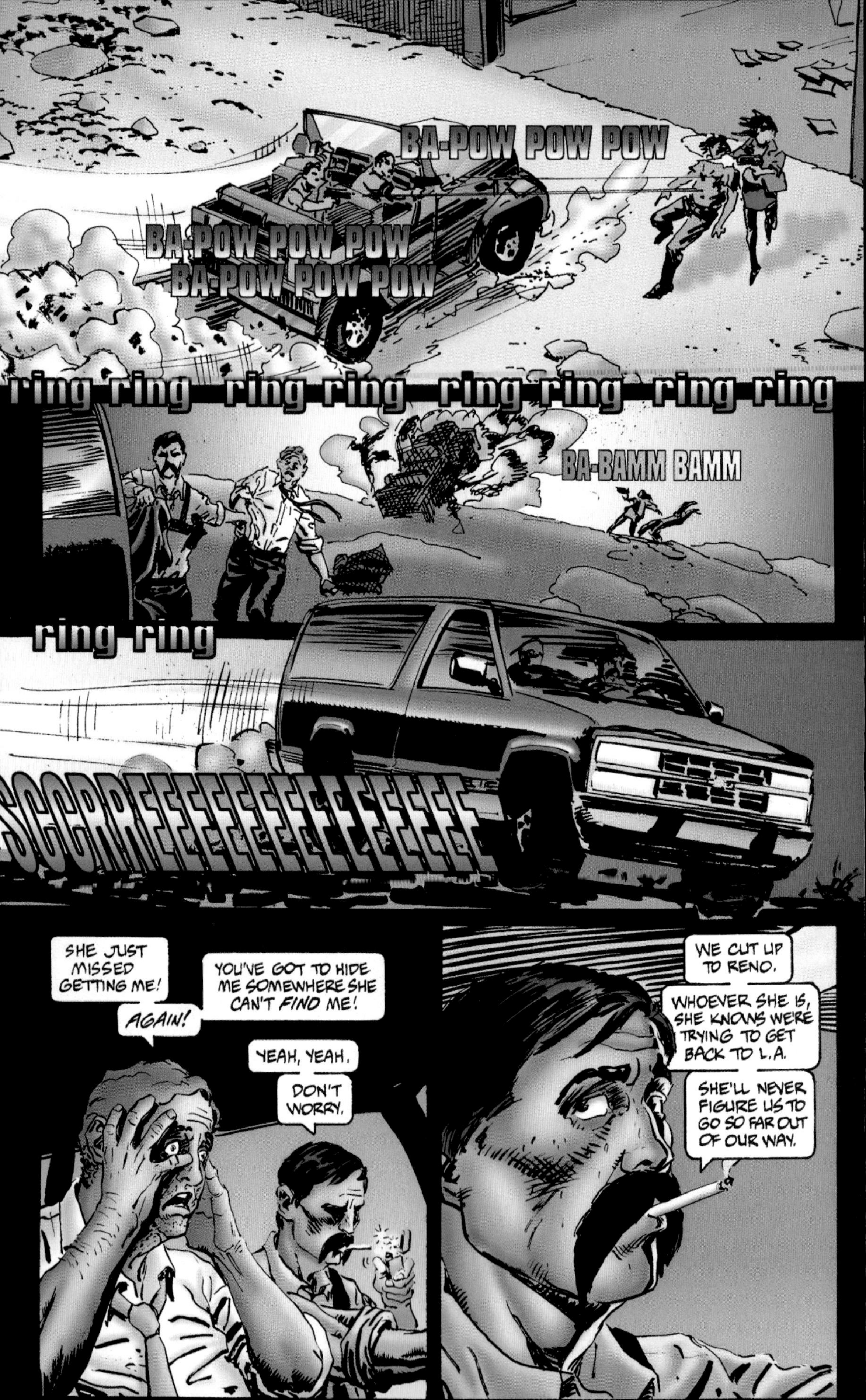
BA-POW POW POW
BA-POW POW POW
BA-POW POW POW
ring ring ring ring ring ring ring ring
BA-BAMM BAMM
ring ring
SCCRREEEEEEEEEEEEEEE
SHE JUST MISSED GETTING ME!
AGAIN!
YOU'VE GOT TO HIDE ME SOMEWHERE SHE CAN'T FIND ME!
YEAH, YEAH.
DON'T WORRY.
WE CUT UP TO RENO.
WHOEVER SHE IS, SHE KNOWS WE'RE TRYING TO GET BACK TO L.A.
SHE'LL NEVER FIGURE US TO GO SO FAR OUT OF OUR WAY.

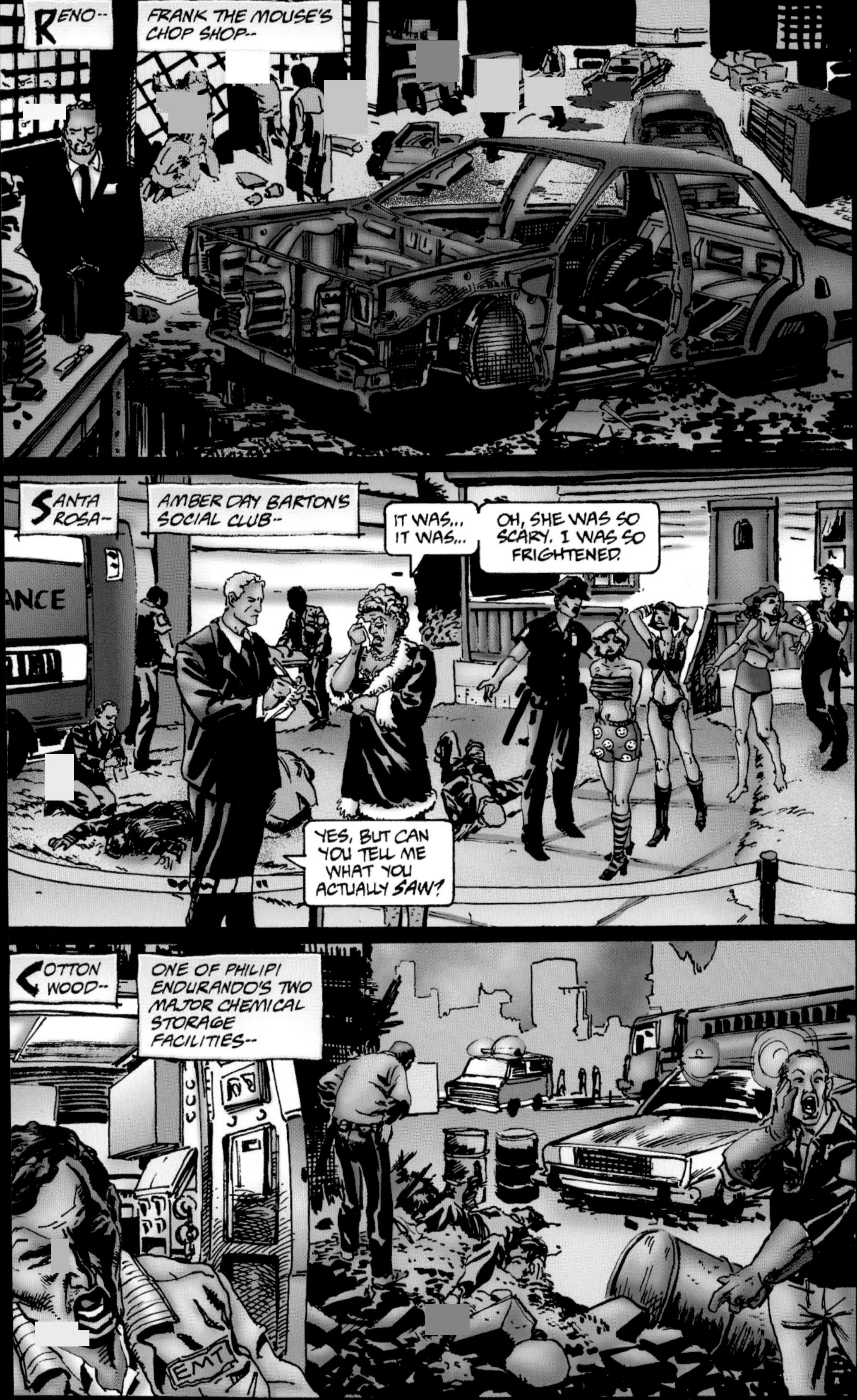
RENO--
FRANK THE MOUSE'S CHOP SHOP--
SANTA ROSA--
AMBER DAY BARTON'S SOCIAL CLUB--
IT WAS... IT WAS...
OH, SHE WAS SO SCARY. I WAS SO FRIGHTENED.
YES, BUT CAN YOU TELL ME WHAT YOU ACTUALLY SAW?
ANCE
COTTON WOOD--
ONE OF PHILIPI ENDURANDO'S TWO MAJOR CHEMICAL STORAGE FACILITIES--
EMT

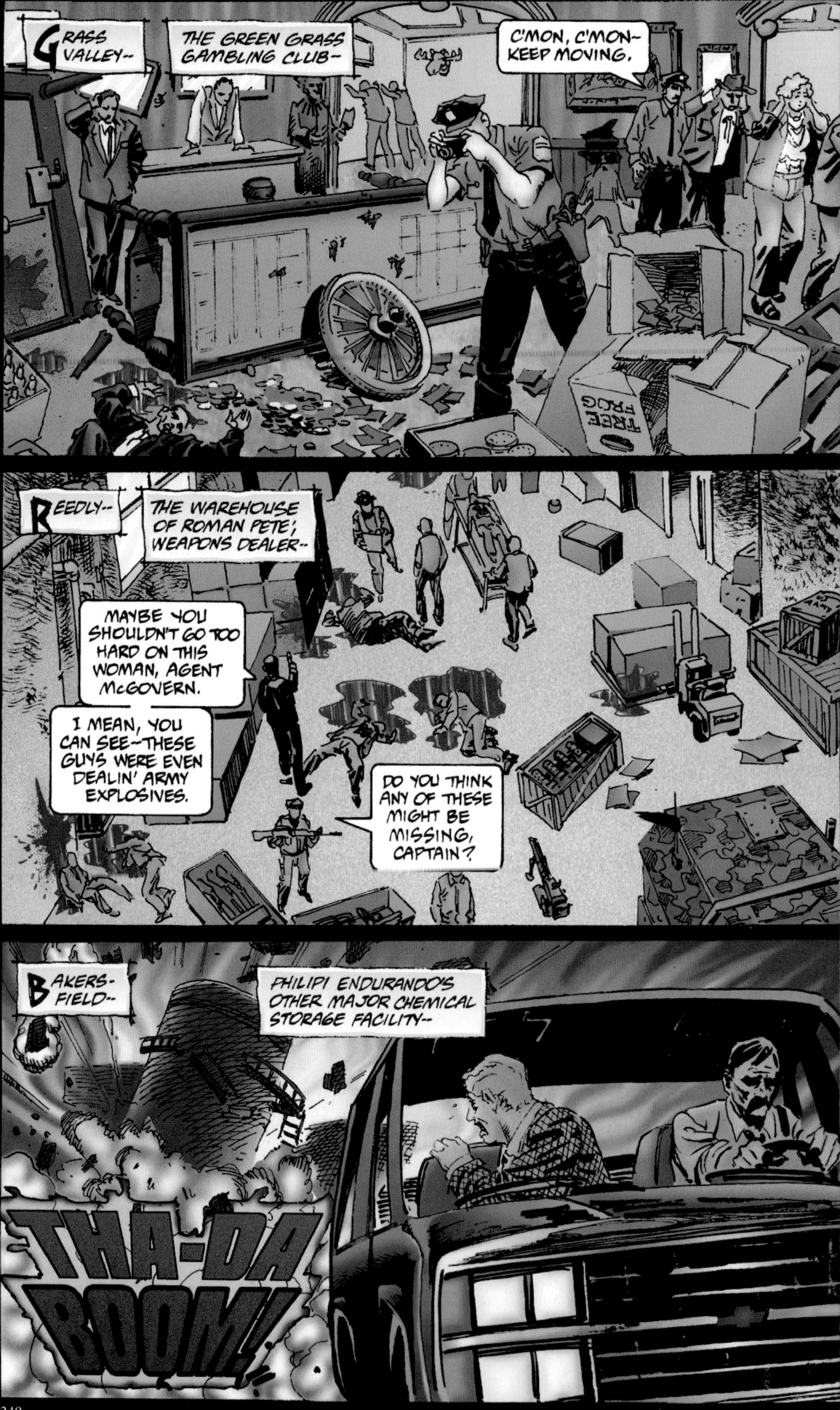
GRASS VALLEY--
THE GREEN GRASS GAMBLING CLUB--
C'MON, C'MON-KEEP MOVING.
TREE FROG
REEDLY--
THE WAREHOUSE OF ROMAN PETE; WEAPONS DEALER--
MAYBE YOU SHOULDN'T GO TOO HARD ON THIS WOMAN, AGENT McGOVERN.
I MEAN, YOU CAN SEE--THESE GUYS WERE EVEN DEALIN' ARMY EXPLOSIVES.
DO YOU THINK ANY OF THESE MIGHT BE MISSING, CAPTAIN?
BAKERS-FIELD--
PHILIPI ENDURANDO'S OTHER MAJOR CHEMICAL STORAGE FACILITY--
THA-DA BOOM!

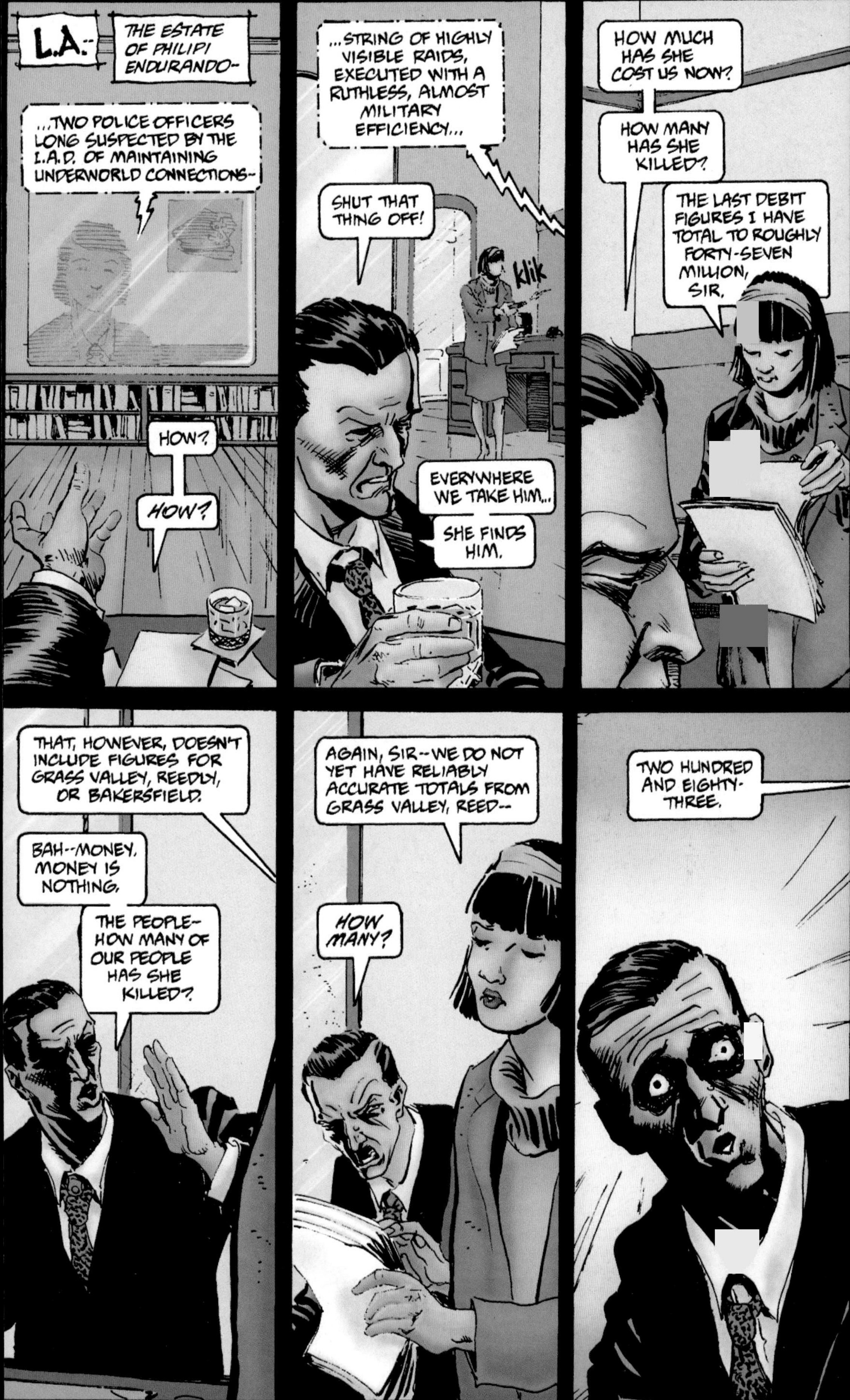
L.A.:
THE ESTATE OF PHILIPI ENDURANDO–
...TWO POLICE OFFICERS LONG SUSPECTED BY THE I.A.D. OF MAINTAINING UNDERWORLD CONNECTIONS–
HOW?
HOW?
...STRING OF HIGHLY VISIBLE RAIDS, EXECUTED WITH A RUTHLESS, ALMOST MILITARY EFFICIENCY...
SHUT THAT THING OFF!
klik
EVERYWHERE WE TAKE HIM...
SHE FINDS HIM.
HOW MUCH HAS SHE COST US NOW?
HOW MANY HAS SHE KILLED?
THE LAST DEBIT FIGURES I HAVE TOTAL TO ROUGHLY FORTY-SEVEN MILLION, SIR.
THAT, HOWEVER, DOESN'T INCLUDE FIGURES FOR GRASS VALLEY, REEDLY, OR BAKERSFIELD.
BAH--MONEY. MONEY IS NOTHING.
THE PEOPLE– HOW MANY OF OUR PEOPLE HAS SHE KILLED?
AGAIN, SIR--WE DO NOT YET HAVE RELIABLY ACCURATE TOTALS FROM GRASS VALLEY, REED--
HOW MANY?
TWO HUNDRED AND EIGHTY-THREE.

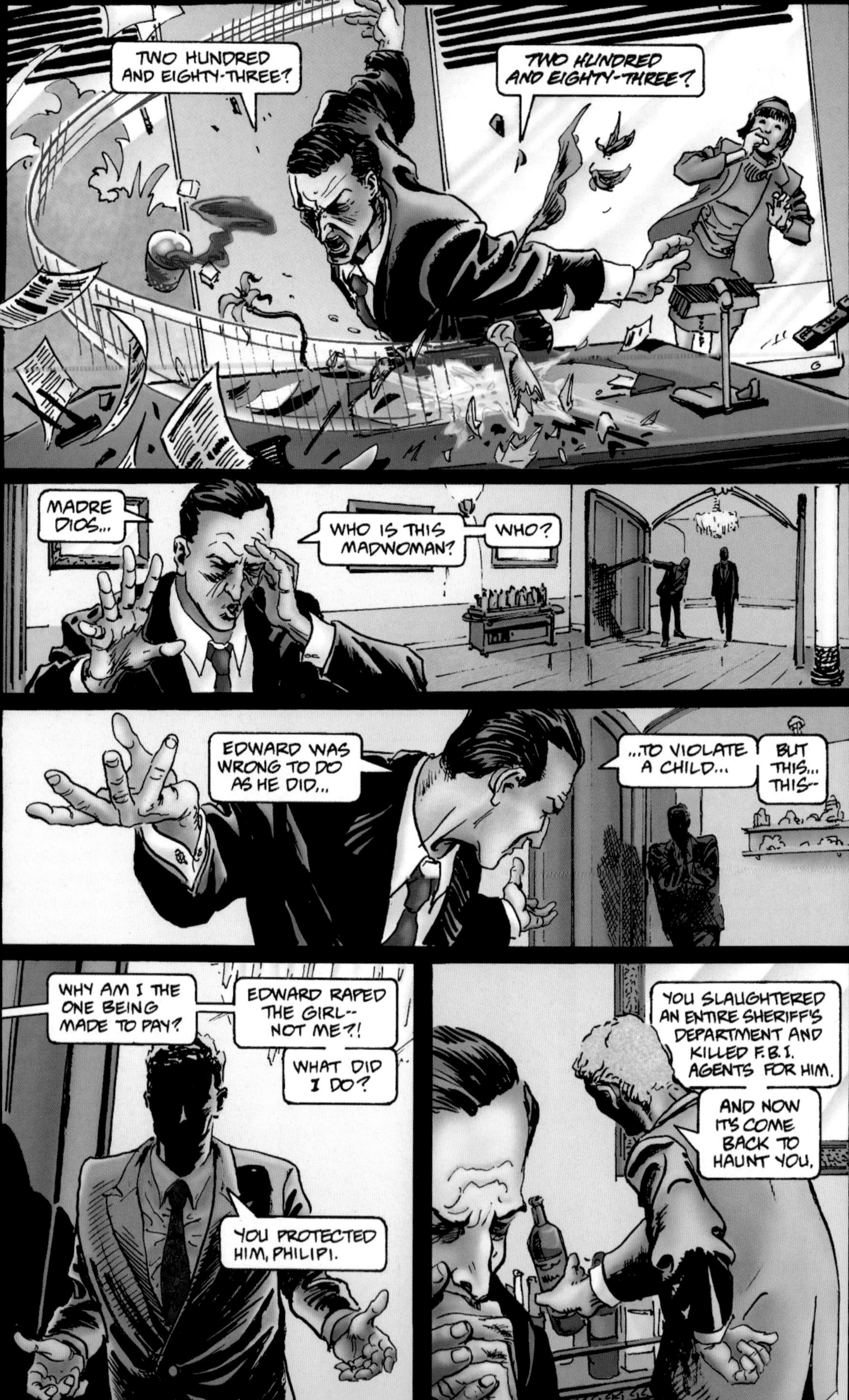
TWO HUNDRED AND EIGHTY-THREE?
TWO HUNDRED AND EIGHTY-THREE?
MADRE DIOS...
WHO IS THIS MADWOMAN?
WHO?
EDWARD WAS WRONG TO DO AS HE DID...
...TO VIOLATE A CHILD...
BUT THIS... THIS--
WHY AM I THE ONE BEING MADE TO PAY?
EDWARD RAPED THE GIRL-- NOT ME?!
WHAT DID I DO?
YOU PROTECTED HIM, PHILIPI.
YOU SLAUGHTERED AN ENTIRE SHERIFF'S DEPARTMENT AND KILLED F.B.I. AGENTS FOR HIM.
AND NOW IT'S COME BACK TO HAUNT YOU.

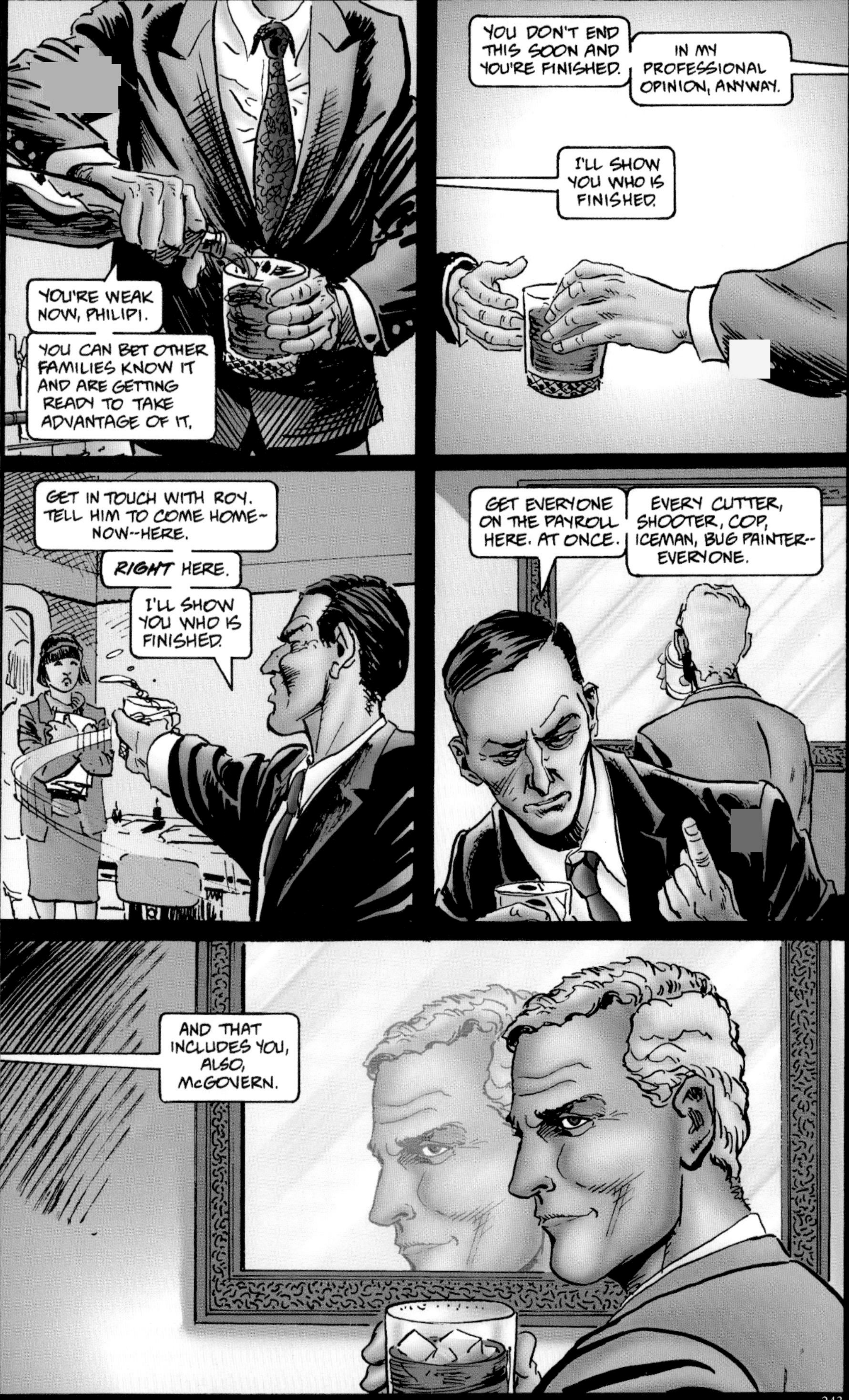

YOU'RE WEAK NOW, PHILIPI.
YOU CAN BET OTHER FAMILIES KNOW IT AND ARE GETTING READY TO TAKE ADVANTAGE OF IT.
YOU DON'T END THIS SOON AND YOU'RE FINISHED.
IN MY PROFESSIONAL OPINION, ANYWAY.
I'LL SHOW YOU WHO IS FINISHED.
GET IN TOUCH WITH ROY. TELL HIM TO COME HOME--NOW--HERE.
RIGHT HERE.
I'LL SHOW YOU WHO IS FINISHED.
GET EVERYONE ON THE PAYROLL HERE. AT ONCE.
EVERY CUTTER, SHOOTER, COP, ICEMAN, BUG PAINTER--EVERYONE.
AND THAT INCLUDES YOU, ALSO, McGOVERN.

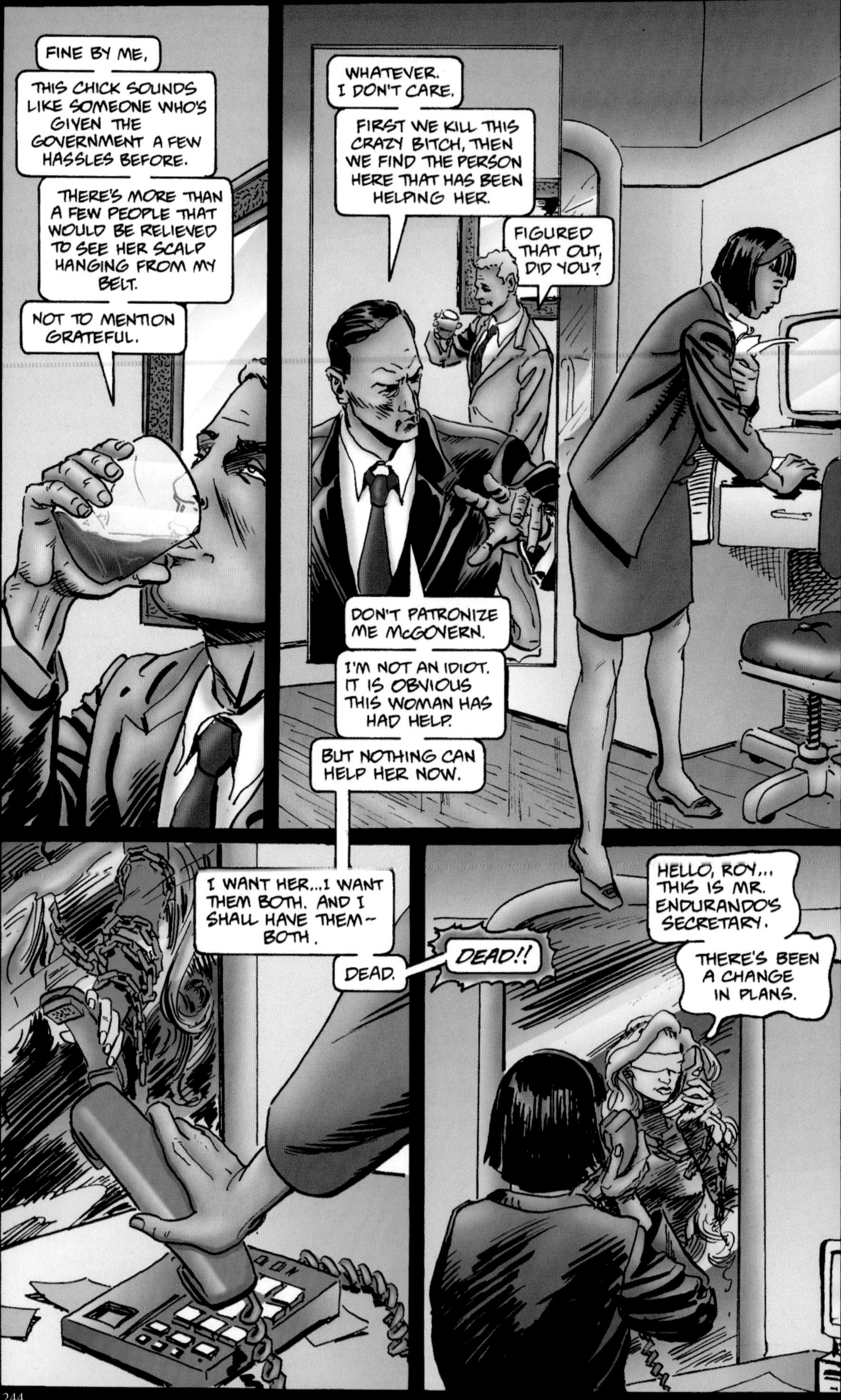
FINE BY ME,
THIS CHICK SOUNDS LIKE SOMEONE WHO'S GIVEN THE GOVERNMENT A FEW HASSLES BEFORE.
THERE'S MORE THAN A FEW PEOPLE THAT WOULD BE RELIEVED TO SEE HER SCALP HANGING FROM MY BELT.
NOT TO MENTION GRATEFUL.
WHATEVER. I DON'T CARE.
FIRST WE KILL THIS CRAZY BITCH, THEN WE FIND THE PERSON HERE THAT HAS BEEN HELPING HER.
FIGURED THAT OUT, DID YOU?
DON'T PATRONIZE ME McGOVERN.
I'M NOT AN IDIOT. IT IS OBVIOUS THIS WOMAN HAS HAD HELP.
BUT NOTHING CAN HELP HER NOW.
I WANT HER...I WANT THEM BOTH. AND I SHALL HAVE THEM-- BOTH.
DEAD.
DEAD!!
HELLO, ROY... THIS IS MR. ENDURANDO'S SECRETARY.
THERE'S BEEN A CHANGE IN PLANS.

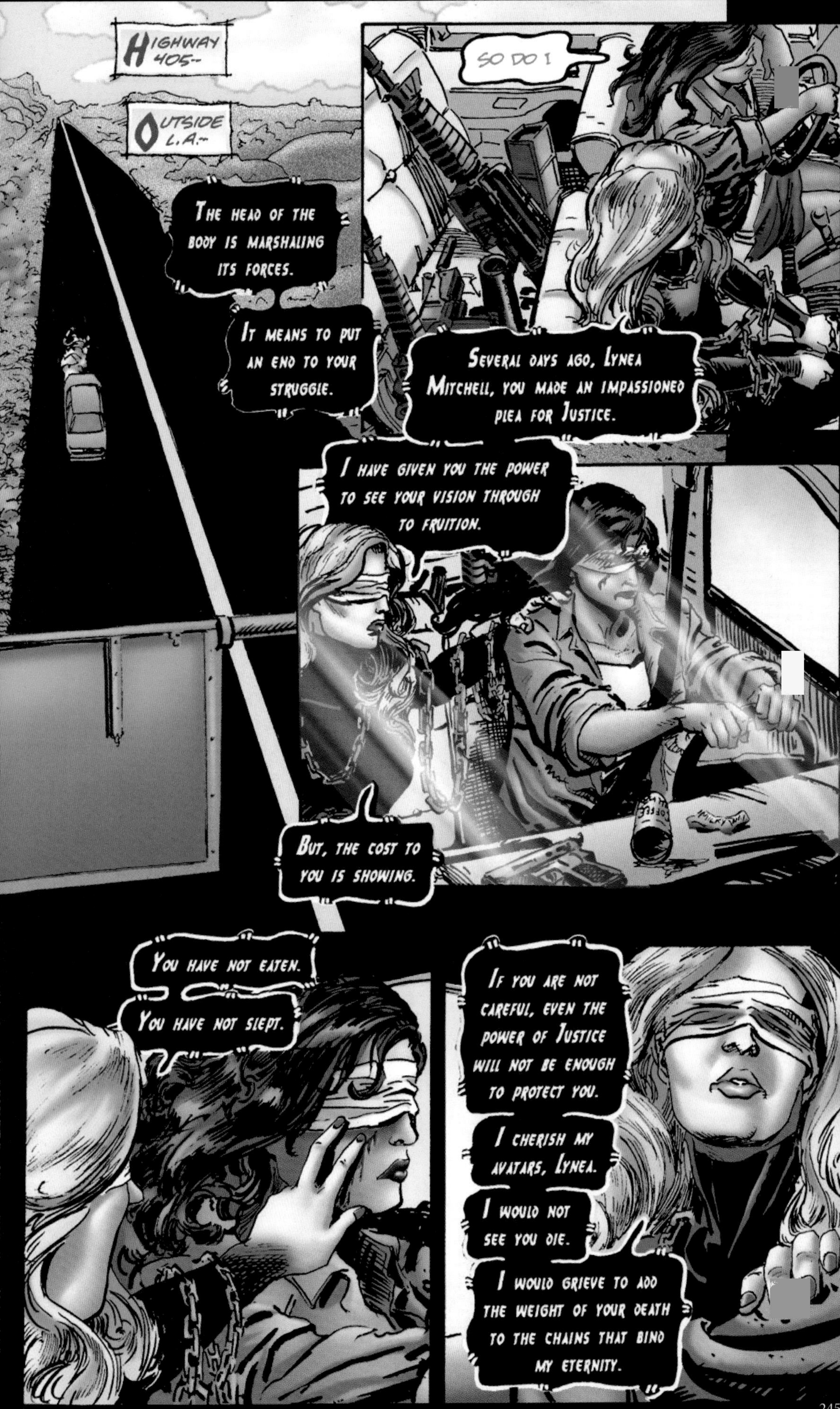

HIGHWAY 405--
OUTSIDE L.A.--
SO DO I
THE HEAD OF THE BODY IS MARSHALING ITS FORCES.
IT MEANS TO PUT AN END TO YOUR STRUGGLE.
SEVERAL DAYS AGO, LYNEA MITCHELL, YOU MADE AN IMPASSIONED PLEA FOR JUSTICE.
I HAVE GIVEN YOU THE POWER TO SEE YOUR VISION THROUGH TO FRUITION.
BUT, THE COST TO YOU IS SHOWING.
YOU HAVE NOT EATEN.
YOU HAVE NOT SLEPT.
IF YOU ARE NOT CAREFUL, EVEN THE POWER OF JUSTICE WILL NOT BE ENOUGH TO PROTECT YOU.
I CHERISH MY AVATARS, LYNEA.
I WOULD NOT SEE YOU DIE.
I WOULD GRIEVE TO ADD THE WEIGHT OF YOUR DEATH TO THE CHAINS THAT BIND MY ETERNITY.

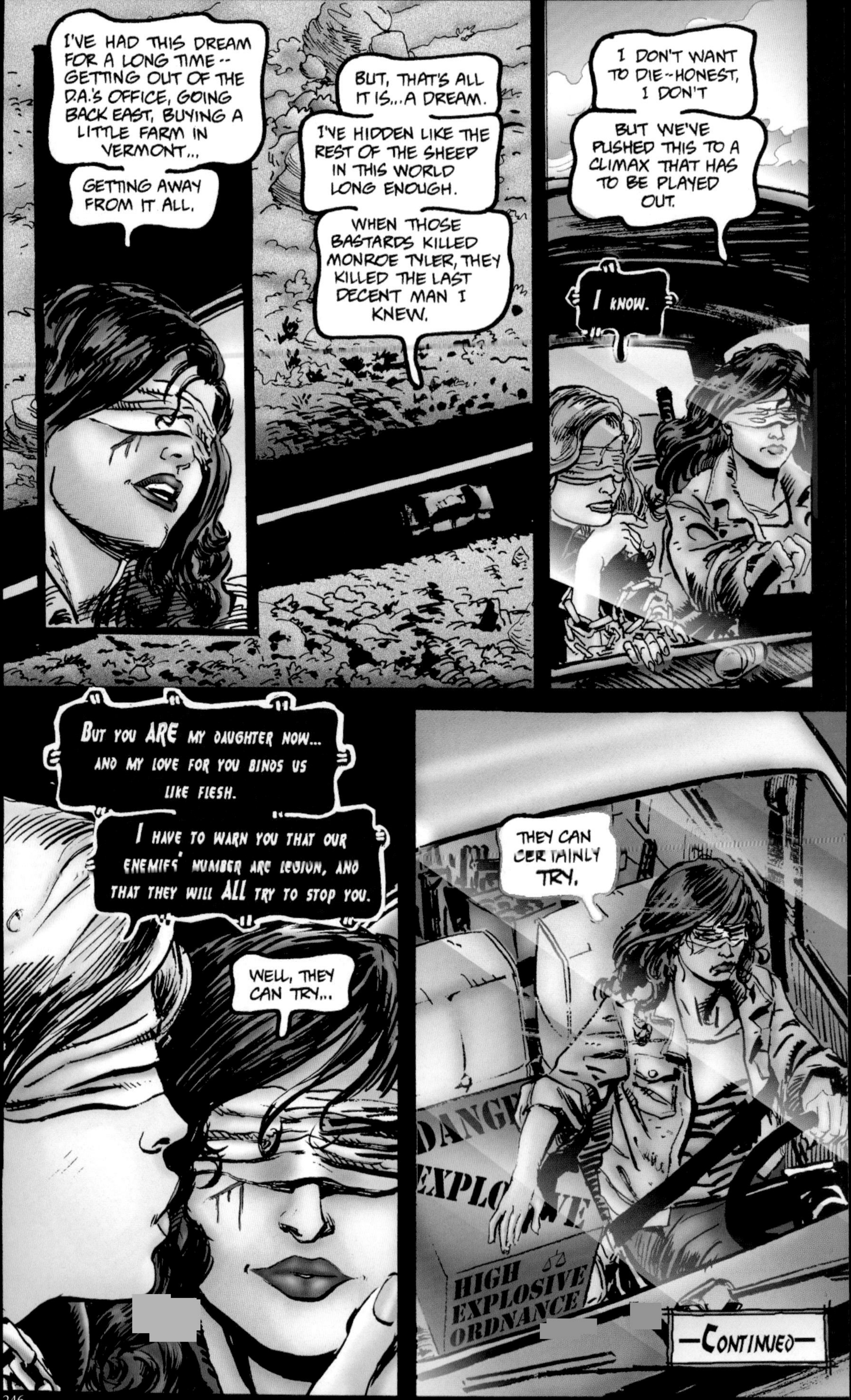
I'VE HAD THIS DREAM FOR A LONG TIME -- GETTING OUT OF THE D.A.'S OFFICE, GOING BACK EAST, BUYING A LITTLE FARM IN VERMONT...
GETTING AWAY FROM IT ALL.
BUT, THAT'S ALL IT IS... A DREAM.
I'VE HIDDEN LIKE THE REST OF THE SHEEP IN THIS WORLD LONG ENOUGH.
WHEN THOSE BASTARDS KILLED MONROE TYLER, THEY KILLED THE LAST DECENT MAN I KNEW.
I DON'T WANT TO DIE -- HONEST, I DON'T
BUT WE'VE PUSHED THIS TO A CLIMAX THAT HAS TO BE PLAYED OUT.
I KNOW.
BUT YOU ARE MY DAUGHTER NOW... AND MY LOVE FOR YOU BINDS US LIKE FLESH.
I HAVE TO WARN YOU THAT OUR ENEMIES' NUMBER ARE LEGION, AND THAT THEY WILL ALL TRY TO STOP YOU.
WELL, THEY CAN TRY...
THEY CAN CERTAINLY TRY.
DANGER
EXPLOSIVE
HIGH EXPLOSIVE ORDNANCE
—CONTINUED—

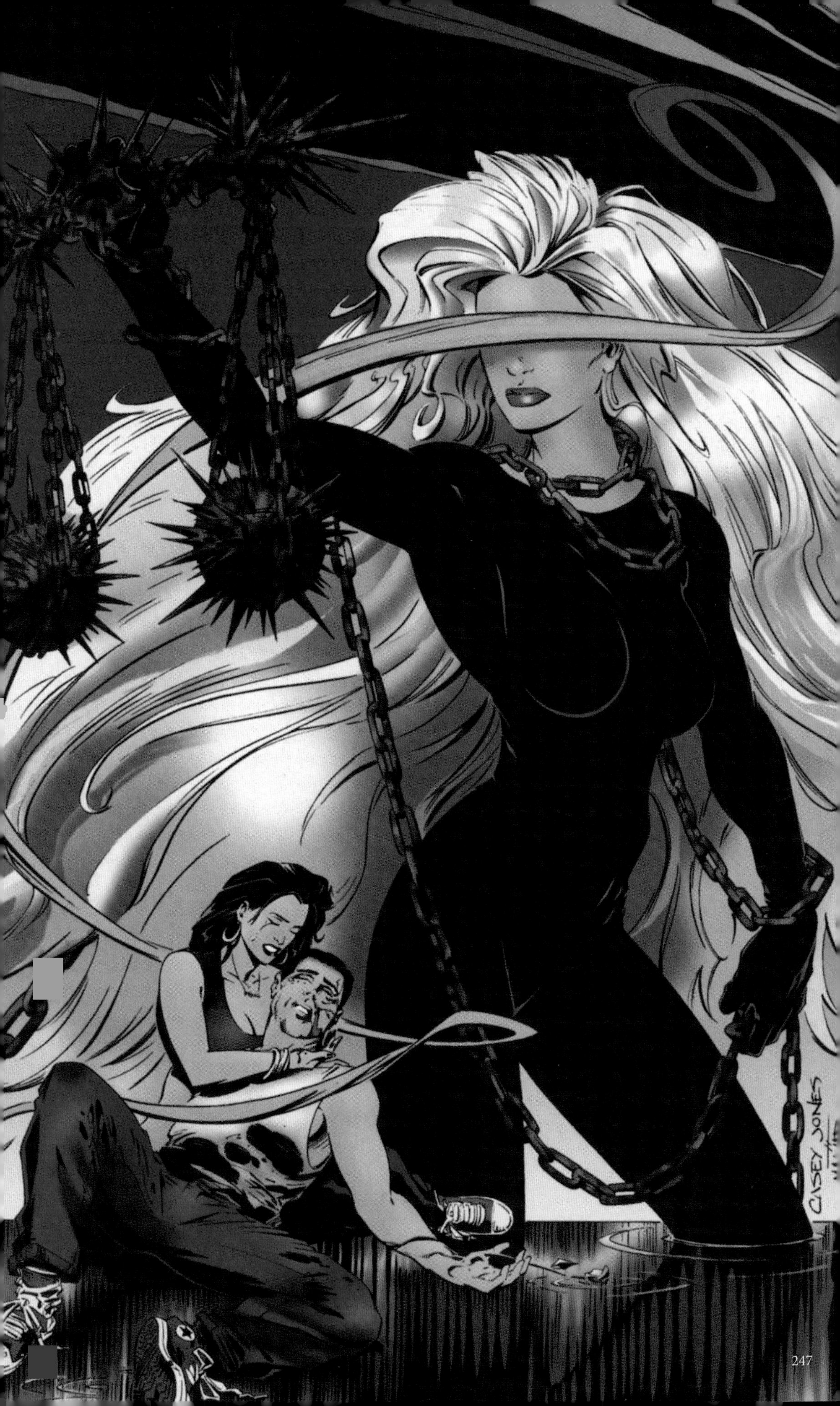
CASEY JONES

"The men and women who have the right ideals . . . are those who have the courage to strive for the happiness which comes only with labor and effort and self-sacrifice, and those whose joy in life springs in part from power of work and sense of duty."
– *Theodore Roosevelt*

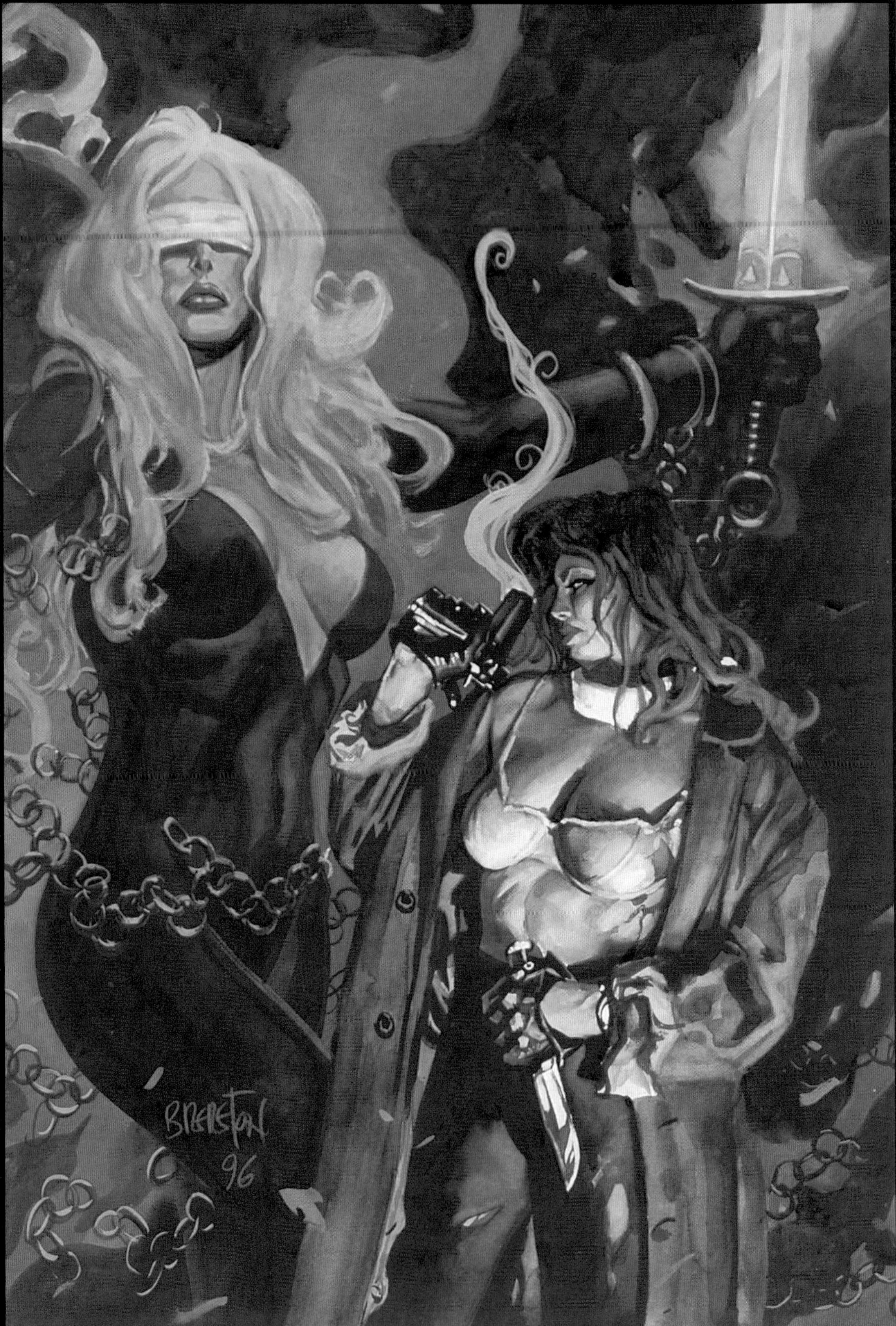

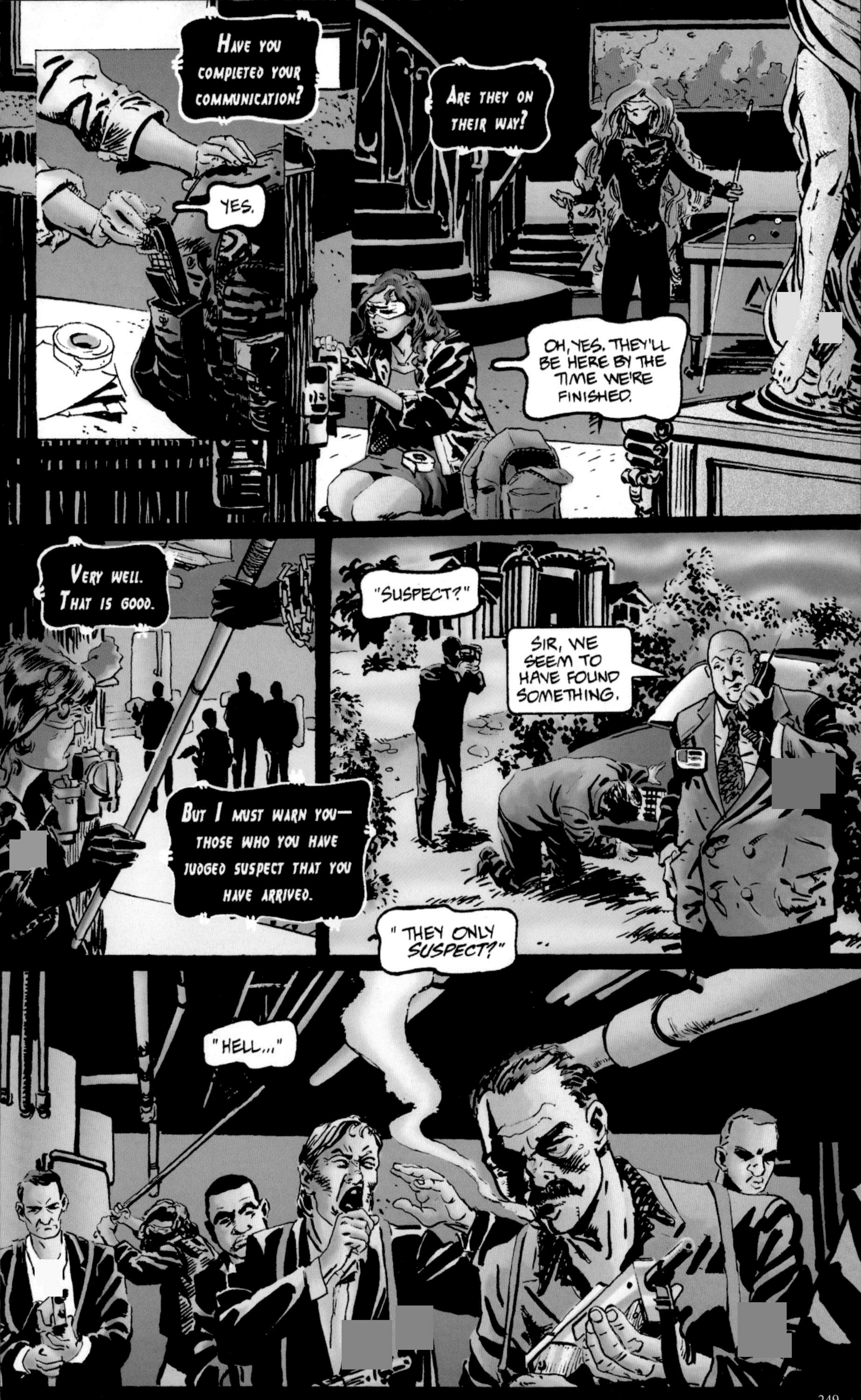
Have you completed your communication?
Yes.
Are they on their way?
Oh, yes. They'll be here by the time we're finished.
Very well. That is good.
But I must warn you— those who you have judged suspect that you have arrived.
"Suspect?"
Sir, we seem to have found something.
"They only suspect?"
"Hell..."

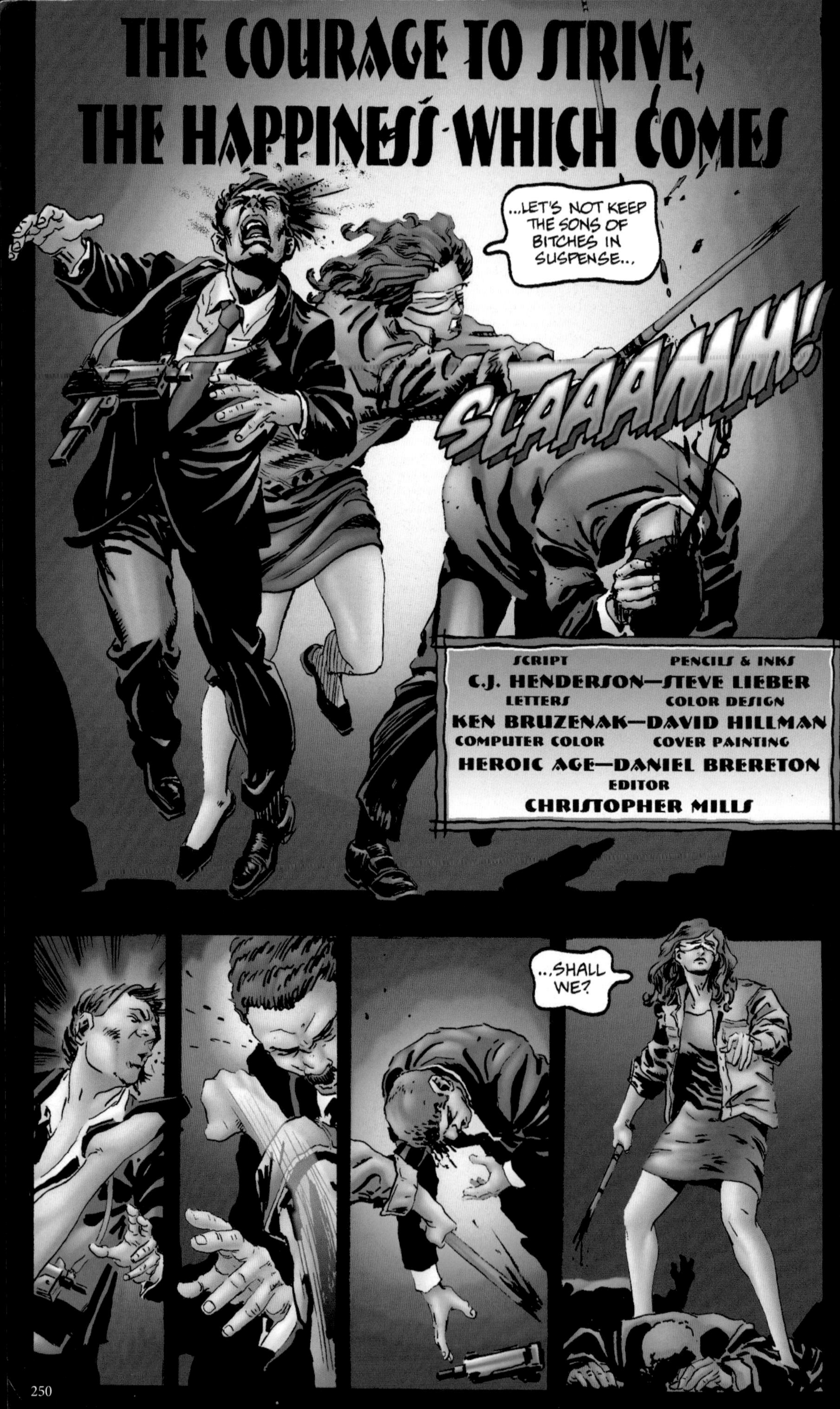
THE COURAGE TO STRIVE, THE HAPPINESS WHICH COMES
...LET'S NOT KEEP THE SONS OF BITCHES IN SUSPENSE...
SLAAAMM!
SCRIPT
PENCILS & INKS
C.J. HENDERSON—STEVE LIEBER
LETTERS
COLOR DESIGN
KEN BRUZENAK—DAVID HILLMAN
COMPUTER COLOR
COVER PAINTING
HEROIC AGE—DANIEL BRERETON
EDITOR
CHRISTOPHER MILLS
...SHALL WE?

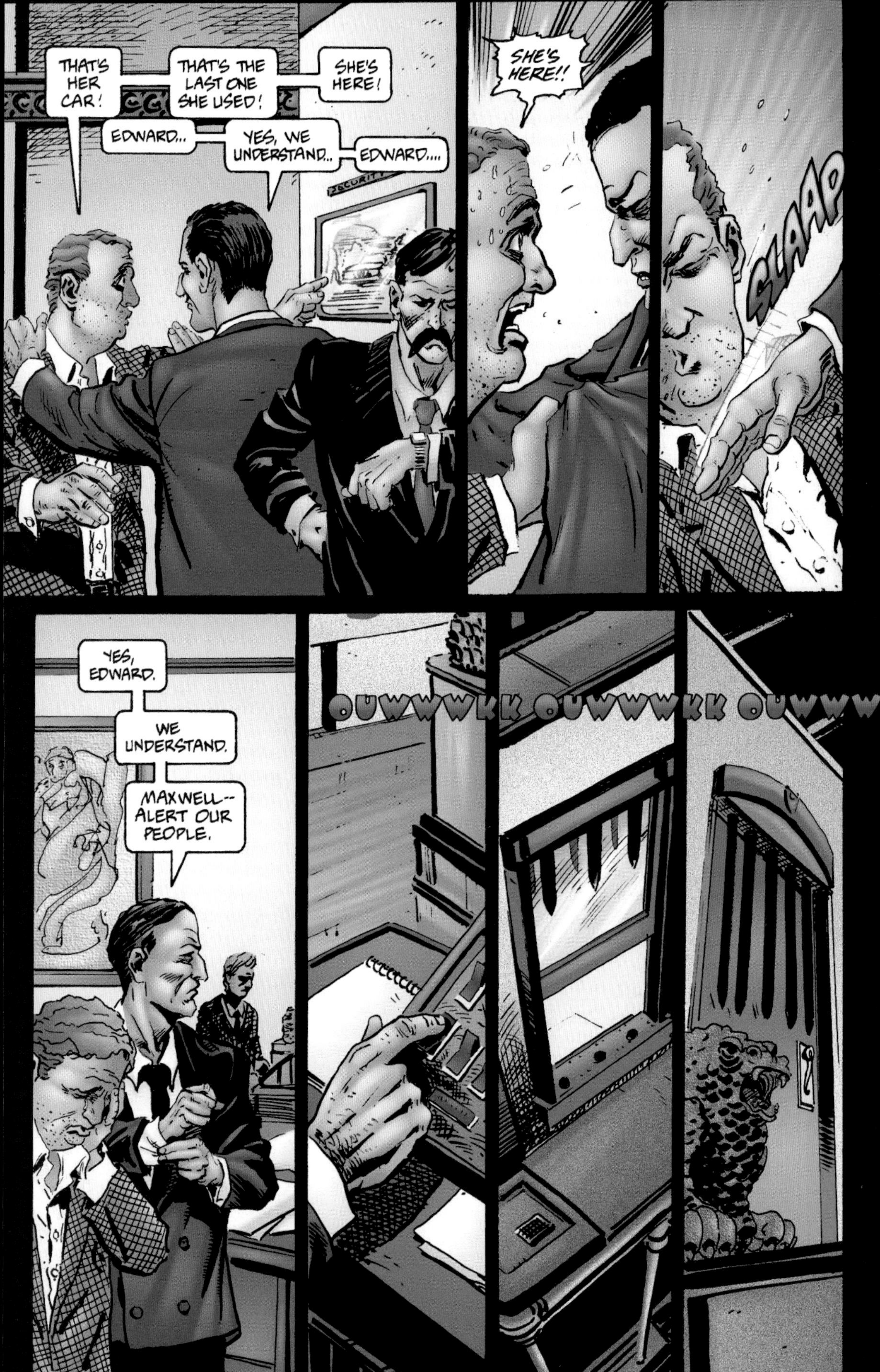
THAT'S HER CAR!
THAT'S THE LAST ONE SHE USED!
SHE'S HERE!
EDWARD...
YES, WE UNDERSTAND...
EDWARD....
SHE'S HERE!!
SLAAP
YES, EDWARD.
WE UNDERSTAND.
MAXWELL-- ALERT OUR PEOPLE.
OUWWWKK OUWWWKK OUWWW

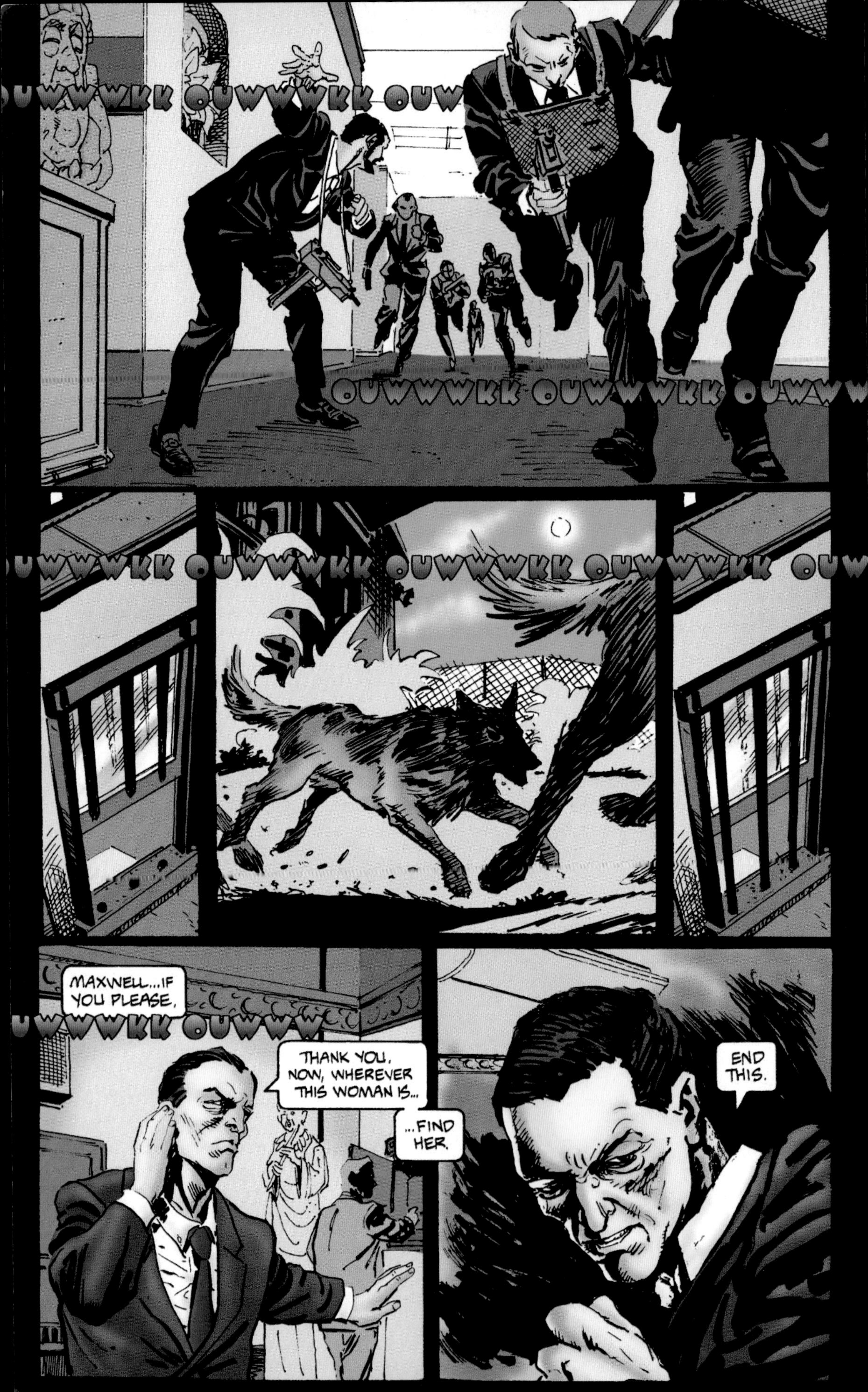
OUWWWKK OUWWWKK OUW
OUWWWKK OUWWWKK OUWWW
OUWWWKK OUWWWKK OUWWWKK OUW
MAXWELL...IF YOU PLEASE.
OUWWKK OUWWW
THANK YOU. NOW, WHEREVER THIS WOMAN IS...
...FIND HER.
END THIS.

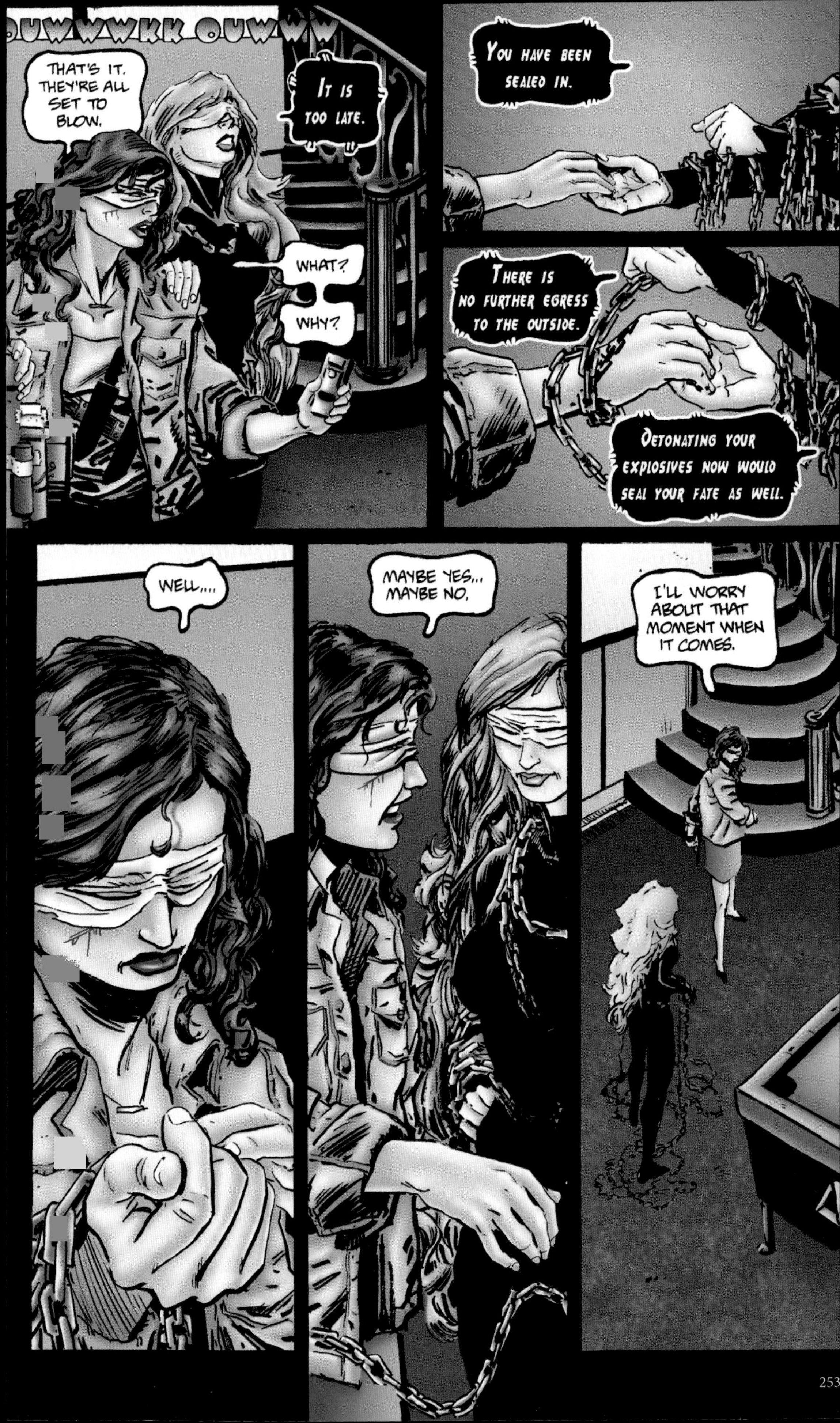

OUWWWKK OUWWW
THAT'S IT. THEY'RE ALL SET TO BLOW.
IT IS TOO LATE.
WHAT?
WHY?
YOU HAVE BEEN SEALED IN.
THERE IS NO FURTHER EGRESS TO THE OUTSIDE.
DETONATING YOUR EXPLOSIVES NOW WOULD SEAL YOUR FATE AS WELL.
WELL....
MAYBE YES... MAYBE NO.
I'LL WORRY ABOUT THAT MOMENT WHEN IT COMES.

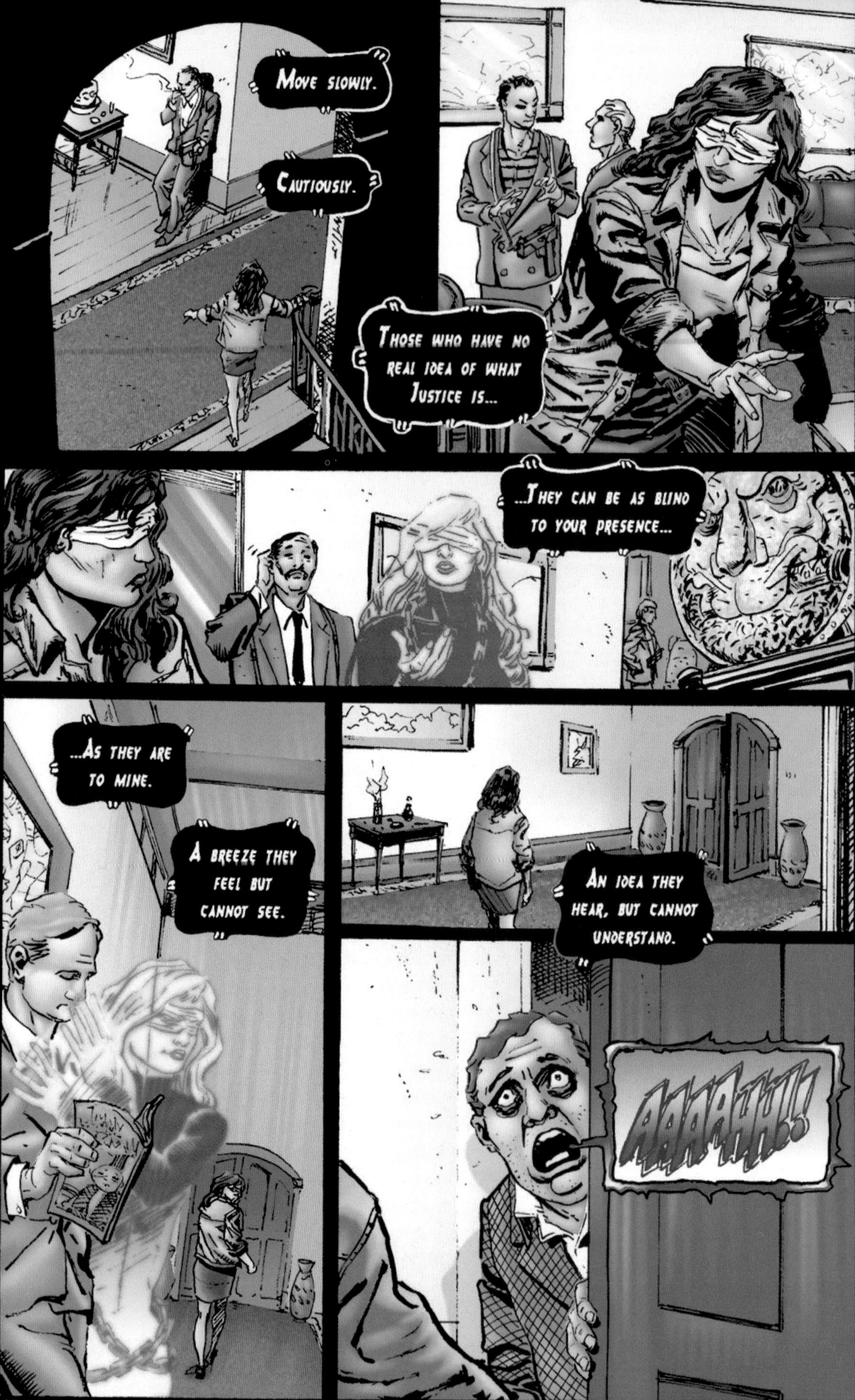

Move slowly.
Cautiously.
Those who have no real idea of what Justice is...
...They can be as blind to your presence...
...As they are to mine.
A breeze they feel but cannot see.
An idea they hear, but cannot understand.
AAAAHH!!

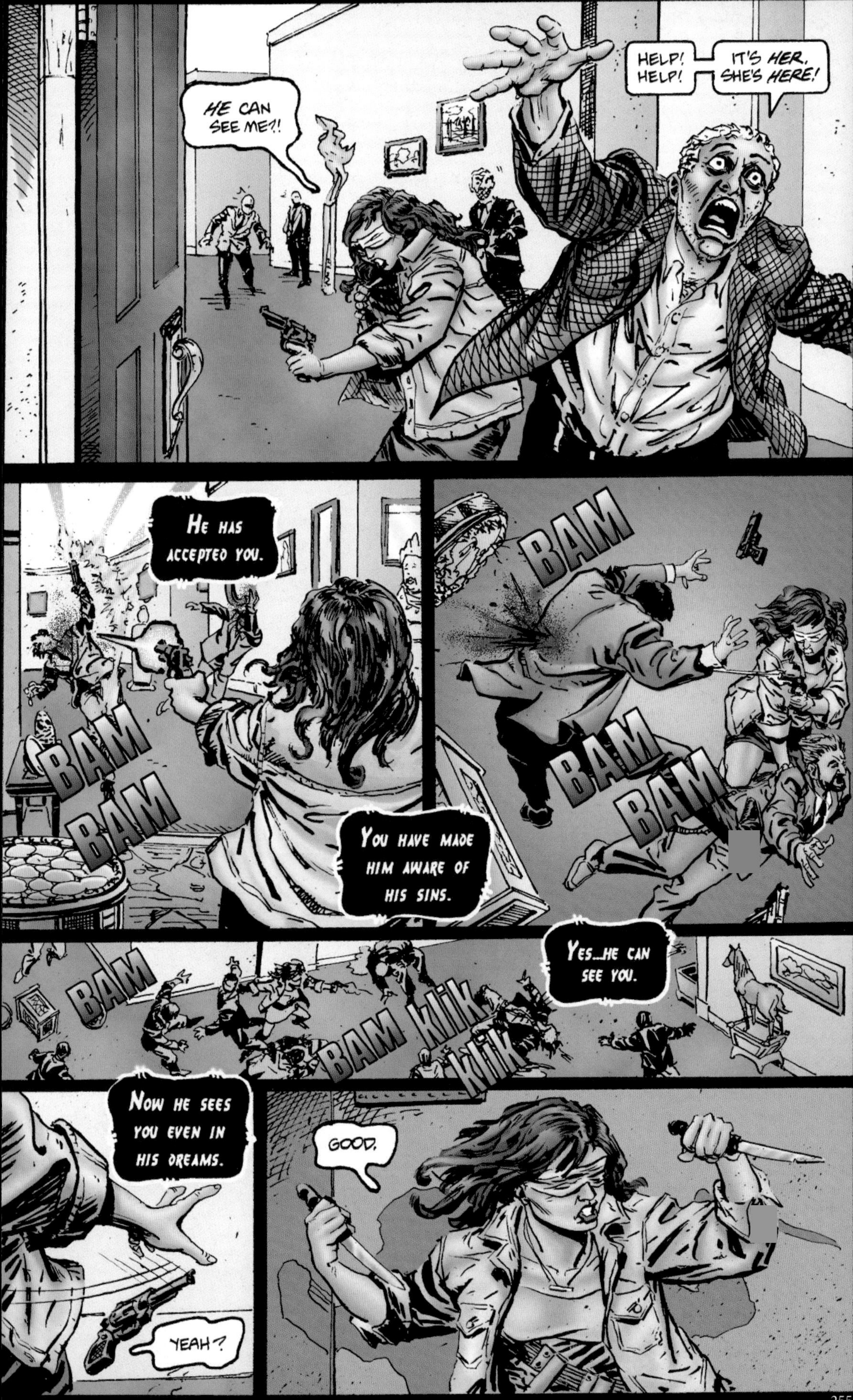
HE CAN SEE ME?!
HELP! HELP!
IT'S HER. SHE'S HERE!
He has accepted you.
BAM
BAM
BAM
BAM
BAM
You have made him aware of his sins.
BAM
Yes...he can see you.
BAM
KLIK
KLIK
Now he sees you even in his dreams.
GOOD.
YEAH?

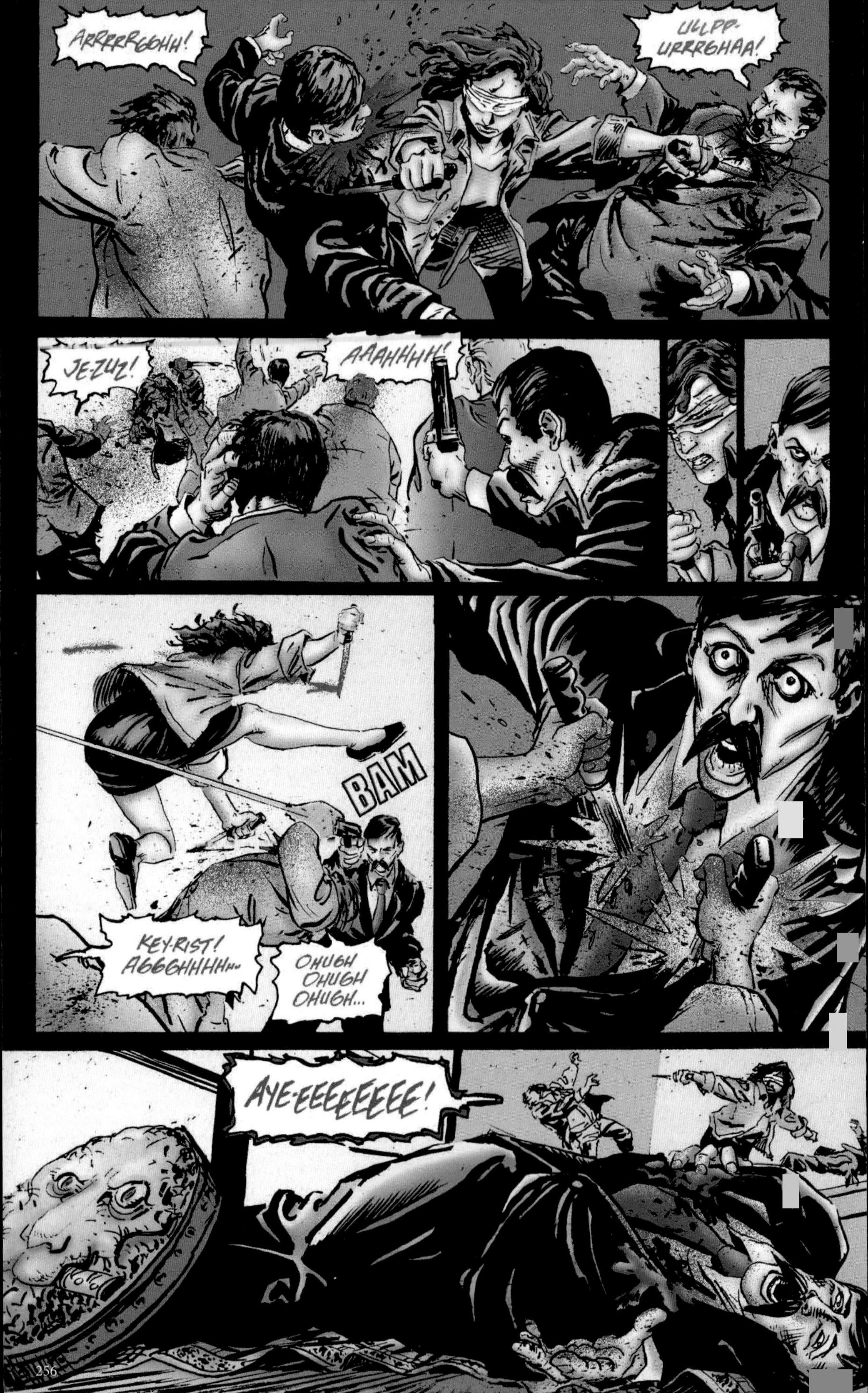
ARRRRRGGHH!
UKLPP-
URRRGHAA!
JE-ZUZ!
AAAHHHH!
BAM
KEY-RIST!
AGGGHHHH..
OHUGH
OHUGH
OHUGH...
AYE-EEEEEEEE!

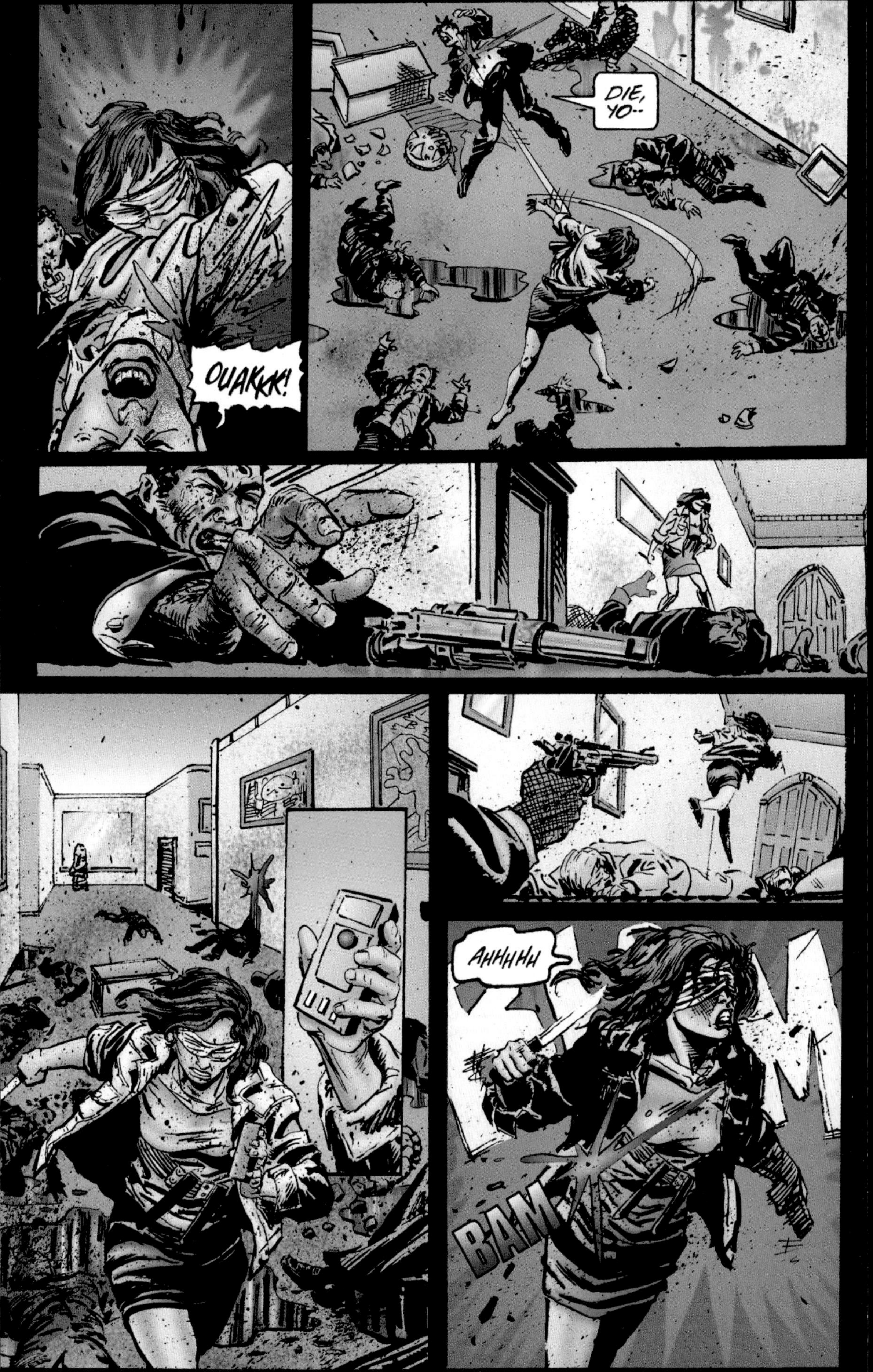
OUAKKK!
DIE, YO--
AHHHHH
BAM

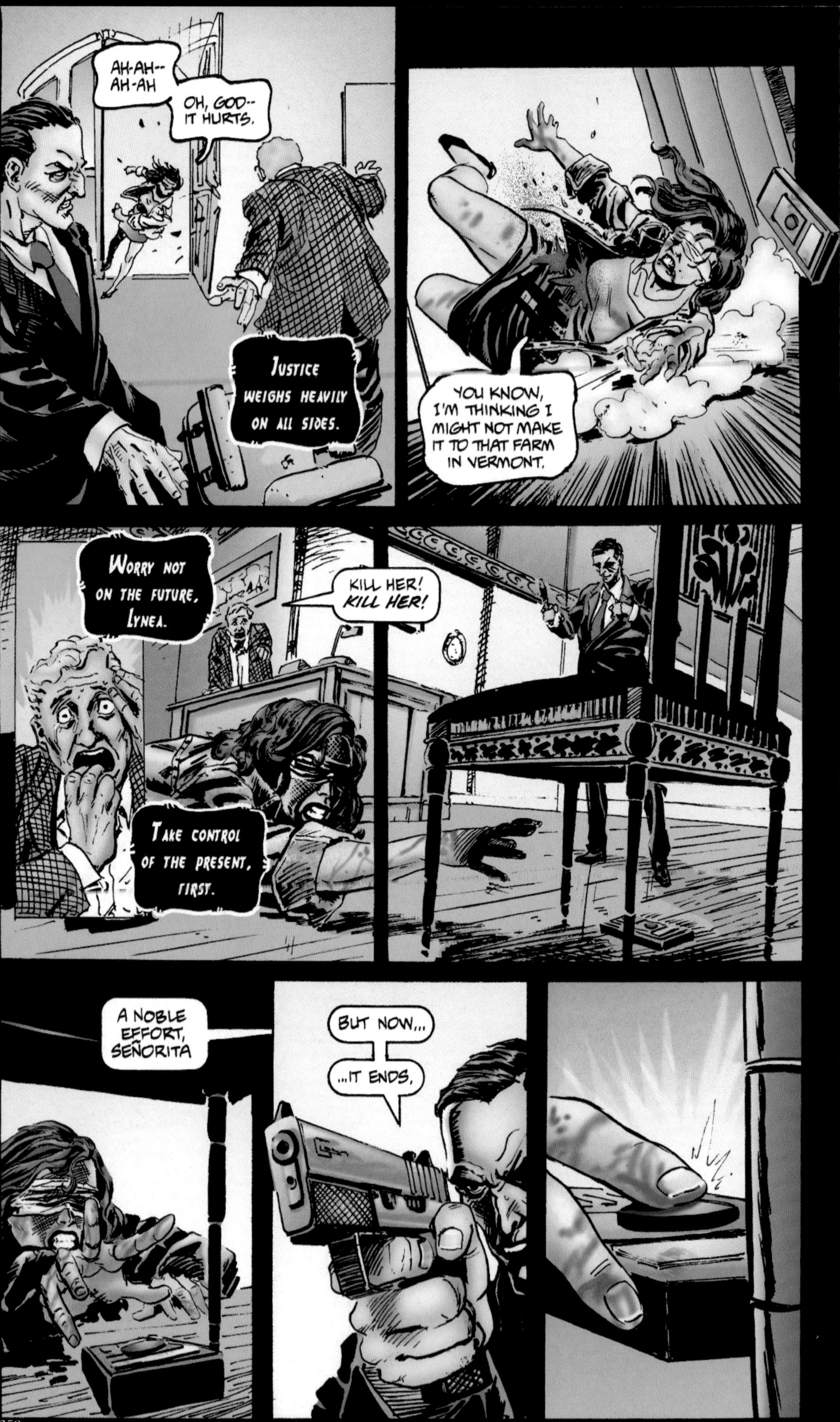
AH-AH--
AH-AH
OH, GOD--
IT HURTS.
JUSTICE WEIGHS HEAVILY ON ALL SIDES.
YOU KNOW, I'M THINKING I MIGHT NOT MAKE IT TO THAT FARM IN VERMONT.
WORRY NOT ON THE FUTURE, LYNEA.
KILL HER! KILL HER!
TAKE CONTROL OF THE PRESENT, FIRST.
A NOBLE EFFORT, SEÑORITA
BUT NOW...
...IT ENDS,

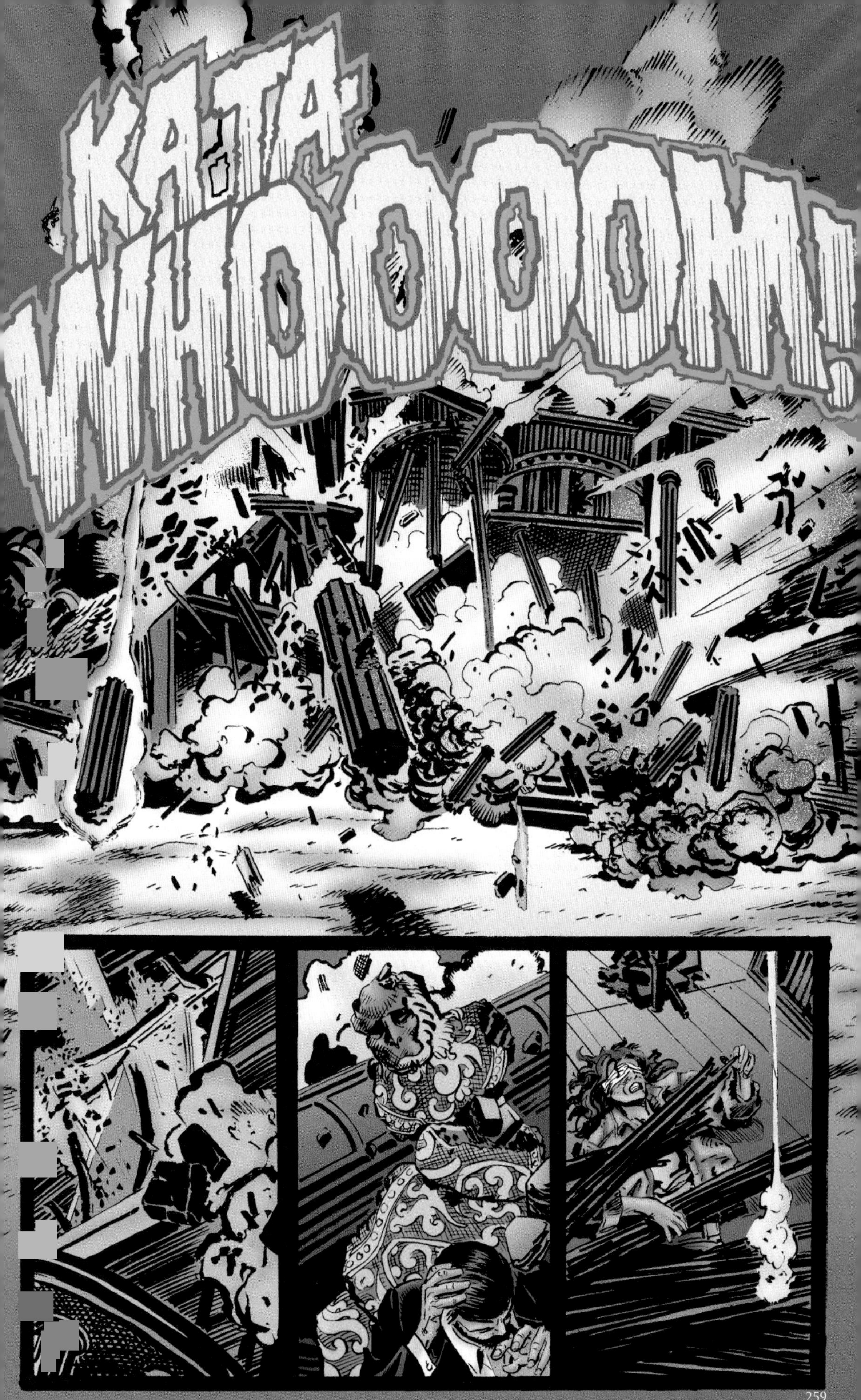
KATA-WHOOOOM!

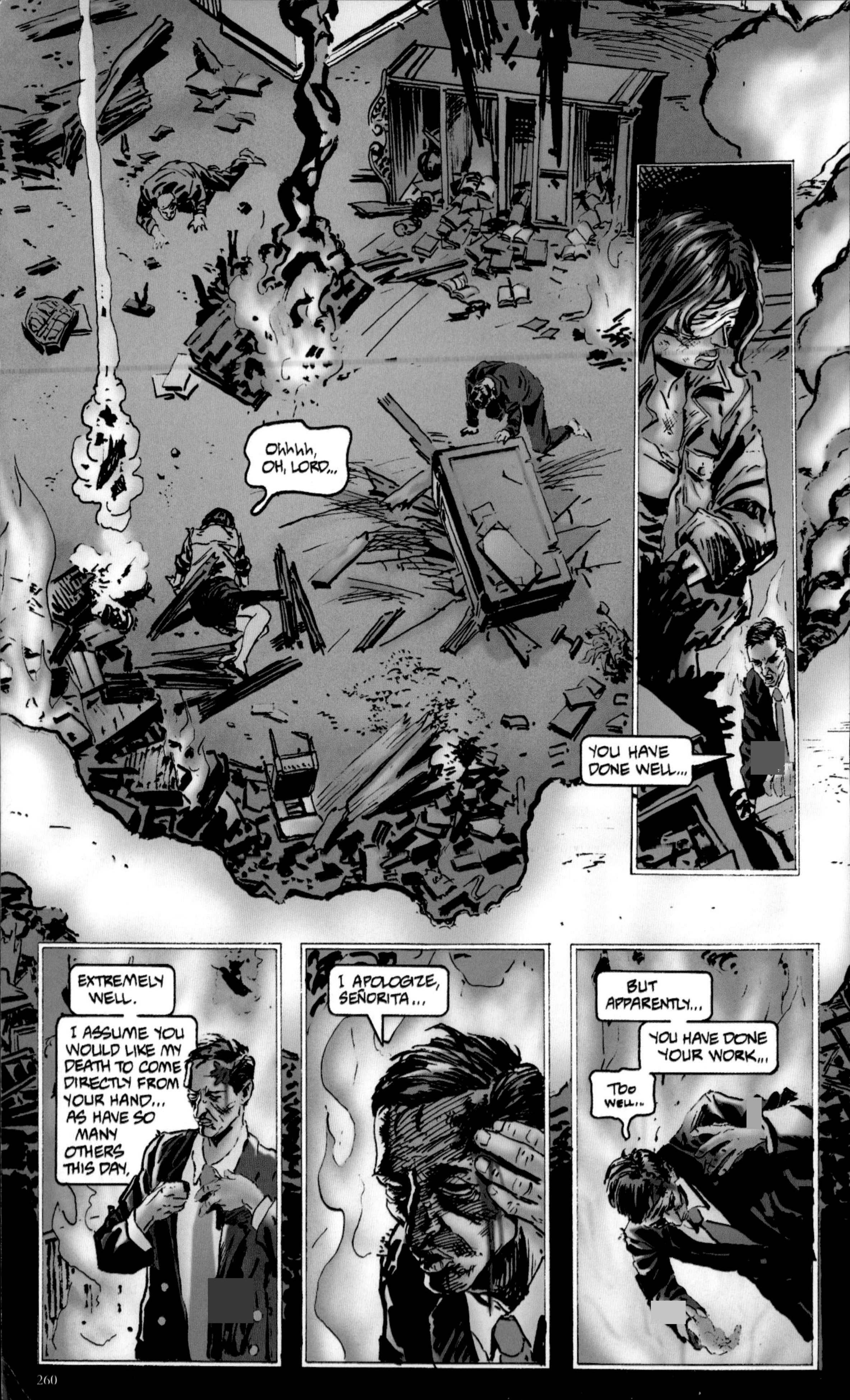
Ohhhh,
OH, LORD...
YOU HAVE
DONE WELL...
EXTREMELY
WELL.
I ASSUME YOU
WOULD LIKE MY
DEATH TO COME
DIRECTLY FROM
YOUR HAND...
AS HAVE SO
MANY
OTHERS
THIS DAY,
I APOLOGIZE,
SEÑORITA...
BUT
APPARENTLY...
YOU HAVE DONE
YOUR WORK...
TOO
WELL...

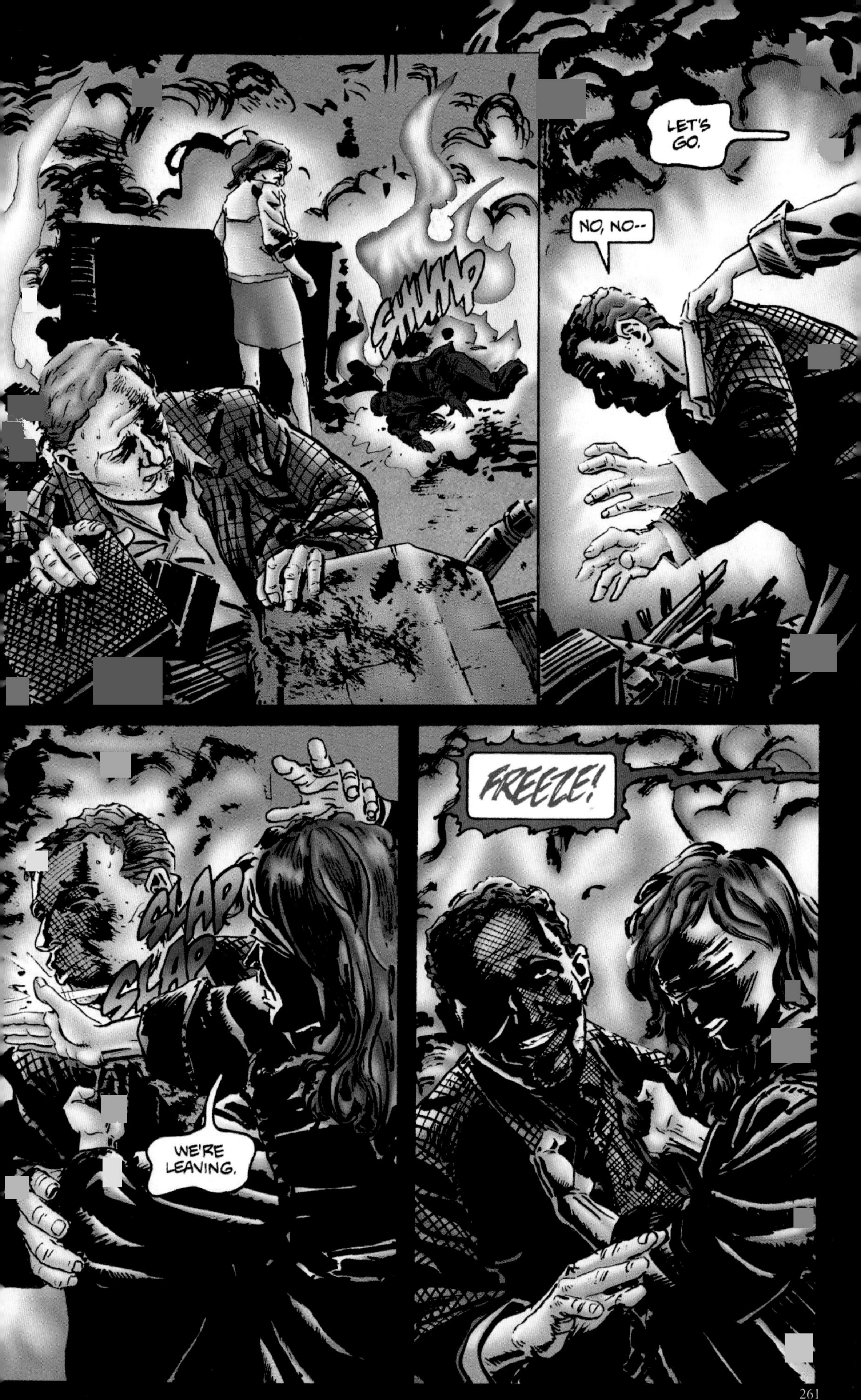
SHUMP
LET'S GO.
NO, NO--
SLAP
SLAP
WE'RE LEAVING.
FREEZE!

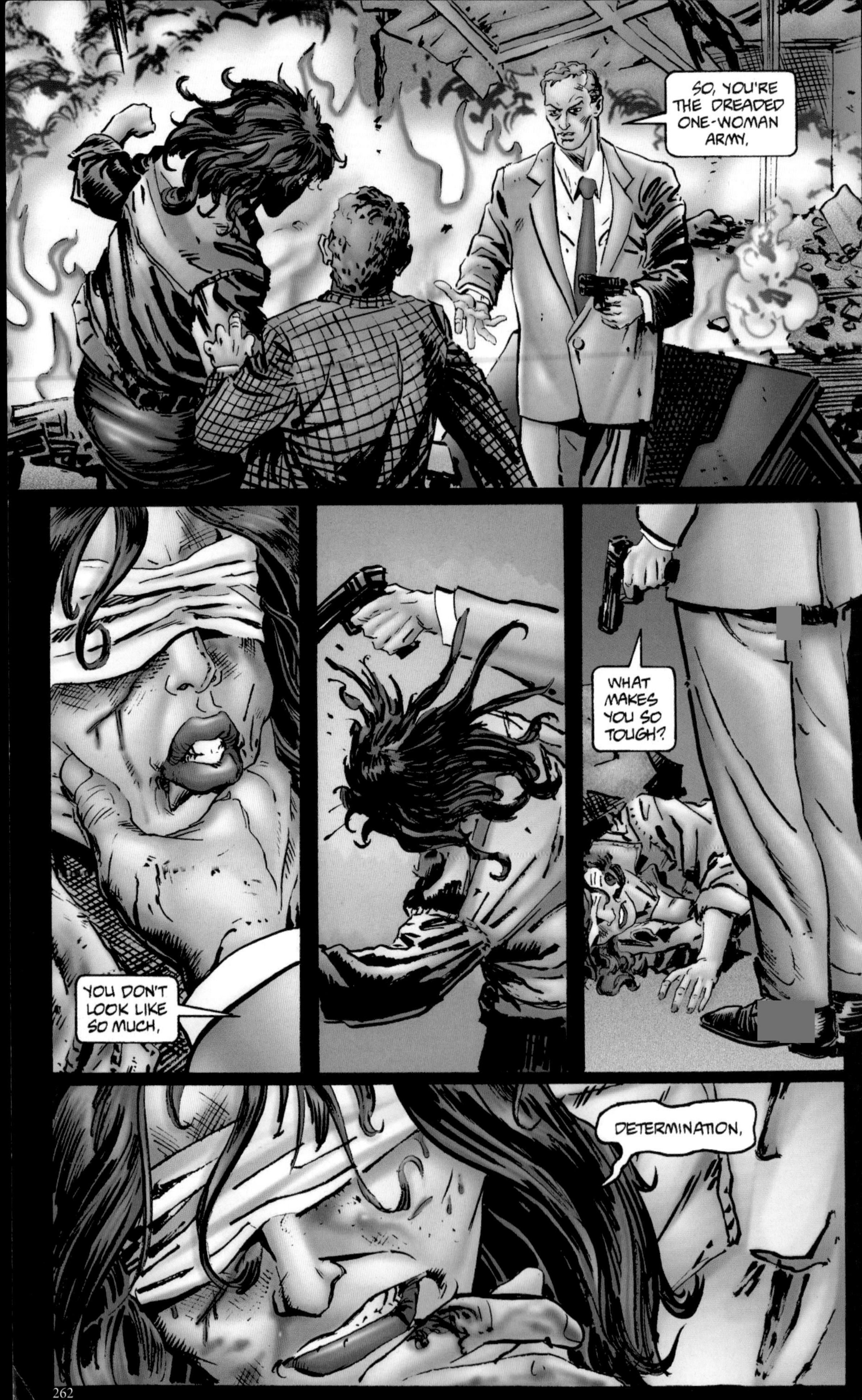
SO, YOU'RE THE DREADED ONE-WOMAN ARMY,
YOU DON'T LOOK LIKE SO MUCH,
WHAT MAKES YOU SO TOUGH?
DETERMINATION,

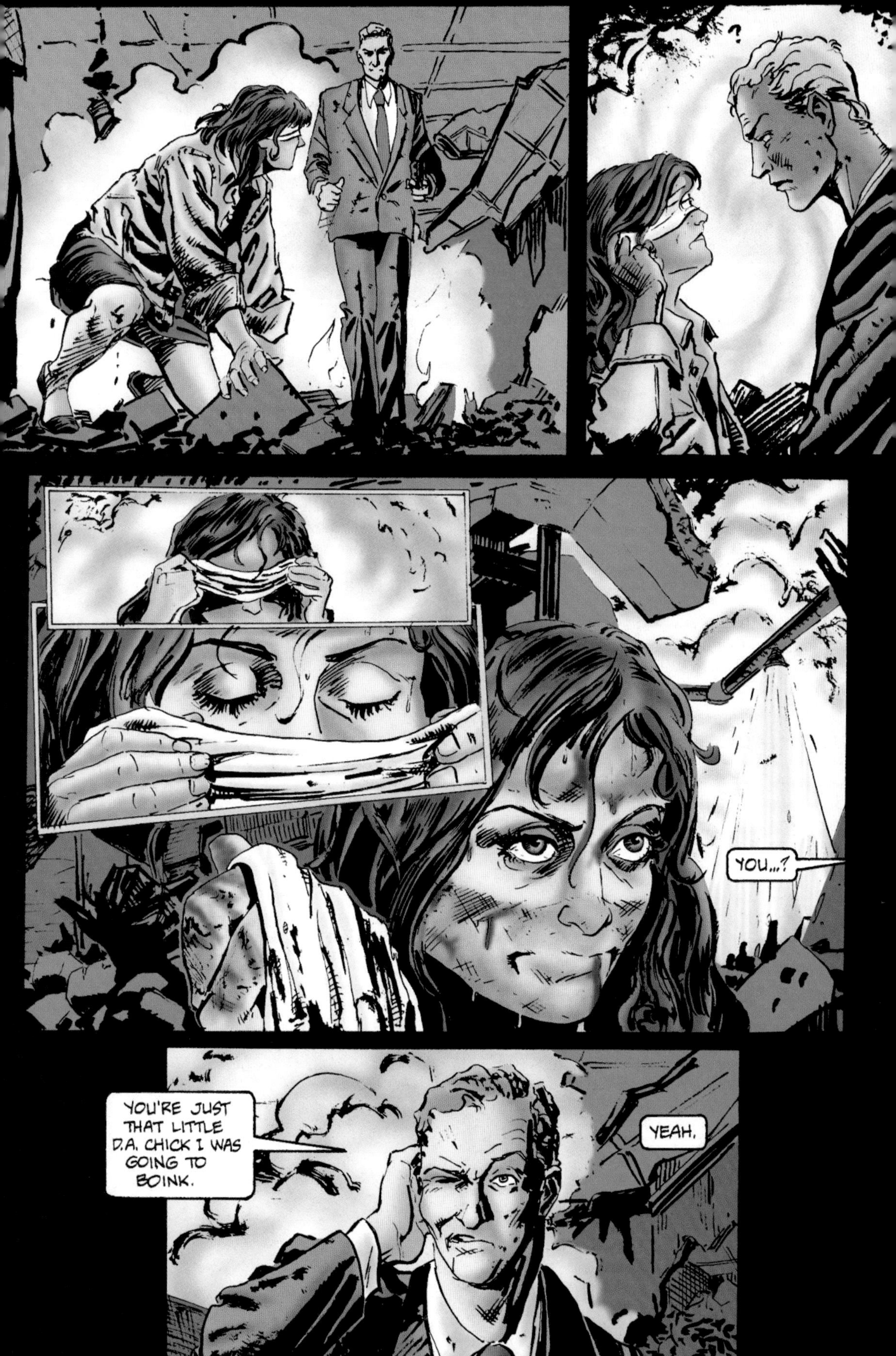
YOU...?
YOU'RE JUST THAT LITTLE D.A. CHICK I WAS GOING TO BOINK.
YEAH.

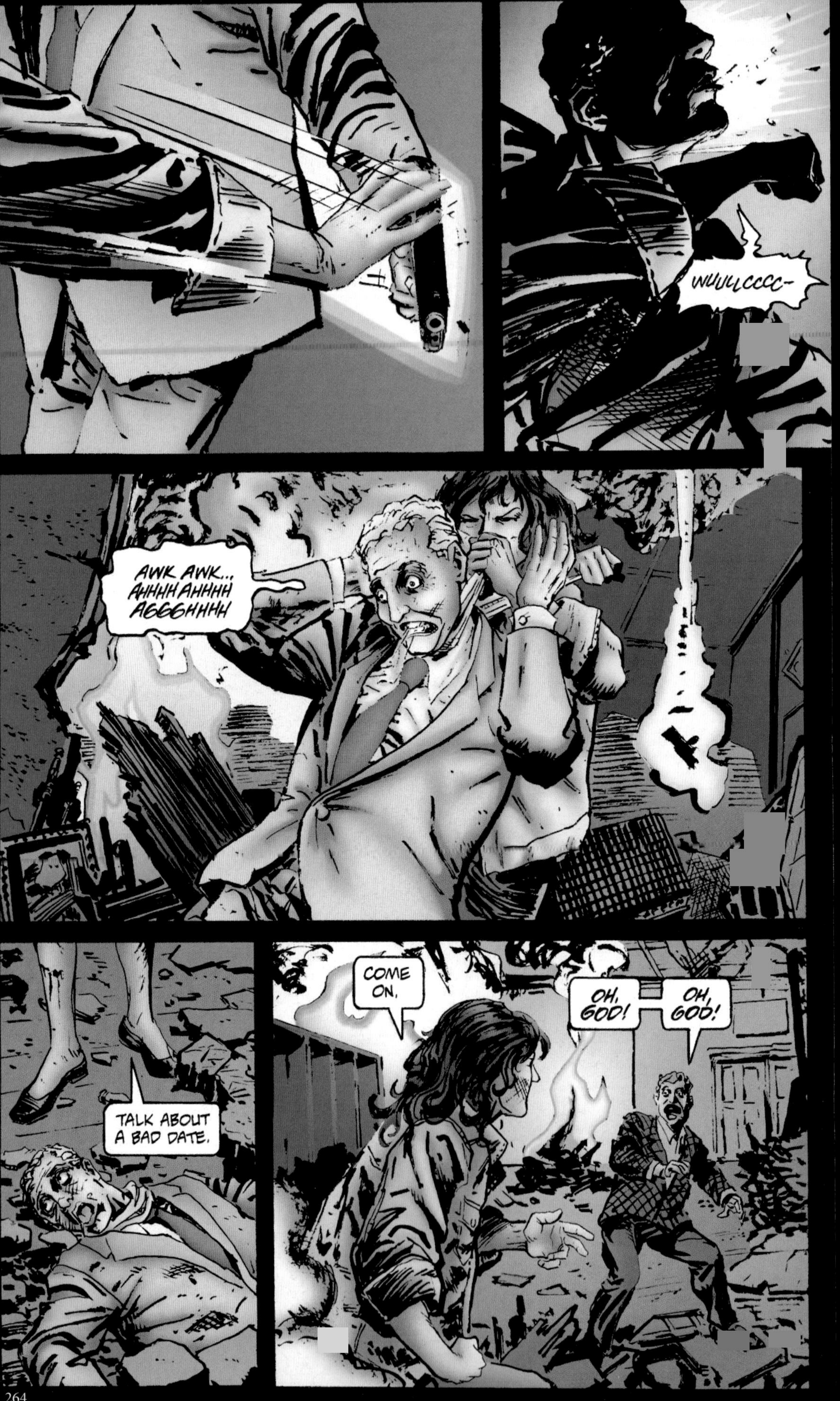
WUULLCCCC-
AWK AWK...
AHHHHAHHHH
AGGGHHHH
TALK ABOUT A BAD DATE.
COME ON.
OH, GOD!
OH, GOD!

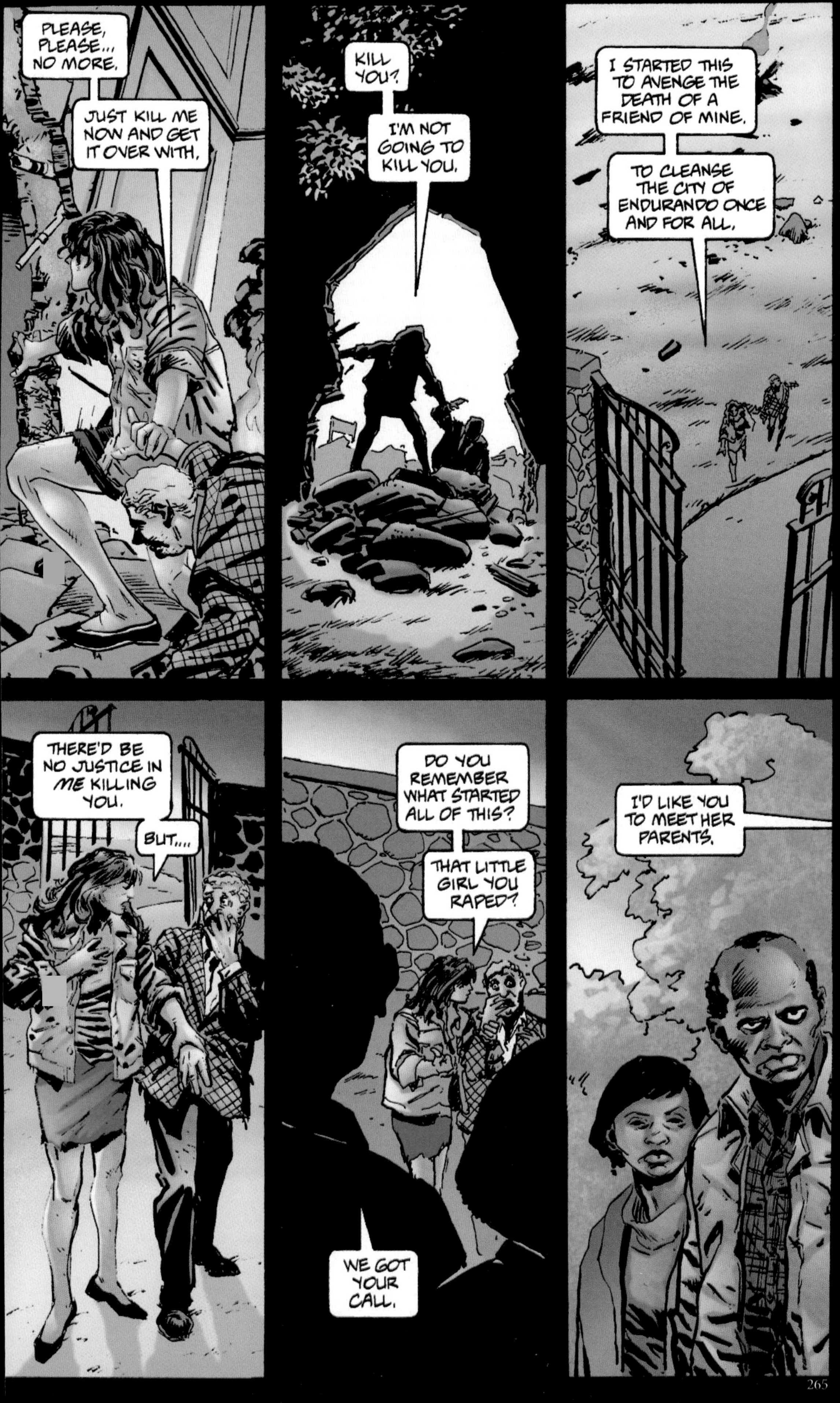
PLEASE, PLEASE... NO MORE.
JUST KILL ME NOW AND GET IT OVER WITH.
KILL YOU?
I'M NOT GOING TO KILL YOU.
I STARTED THIS TO AVENGE THE DEATH OF A FRIEND OF MINE.
TO CLEANSE THE CITY OF ENDURANDO ONCE AND FOR ALL.
THERE'D BE NO JUSTICE IN ME KILLING YOU.
BUT....
DO YOU REMEMBER WHAT STARTED ALL OF THIS?
THAT LITTLE GIRL YOU RAPED?
WE GOT YOUR CALL.
I'D LIKE YOU TO MEET HER PARENTS.

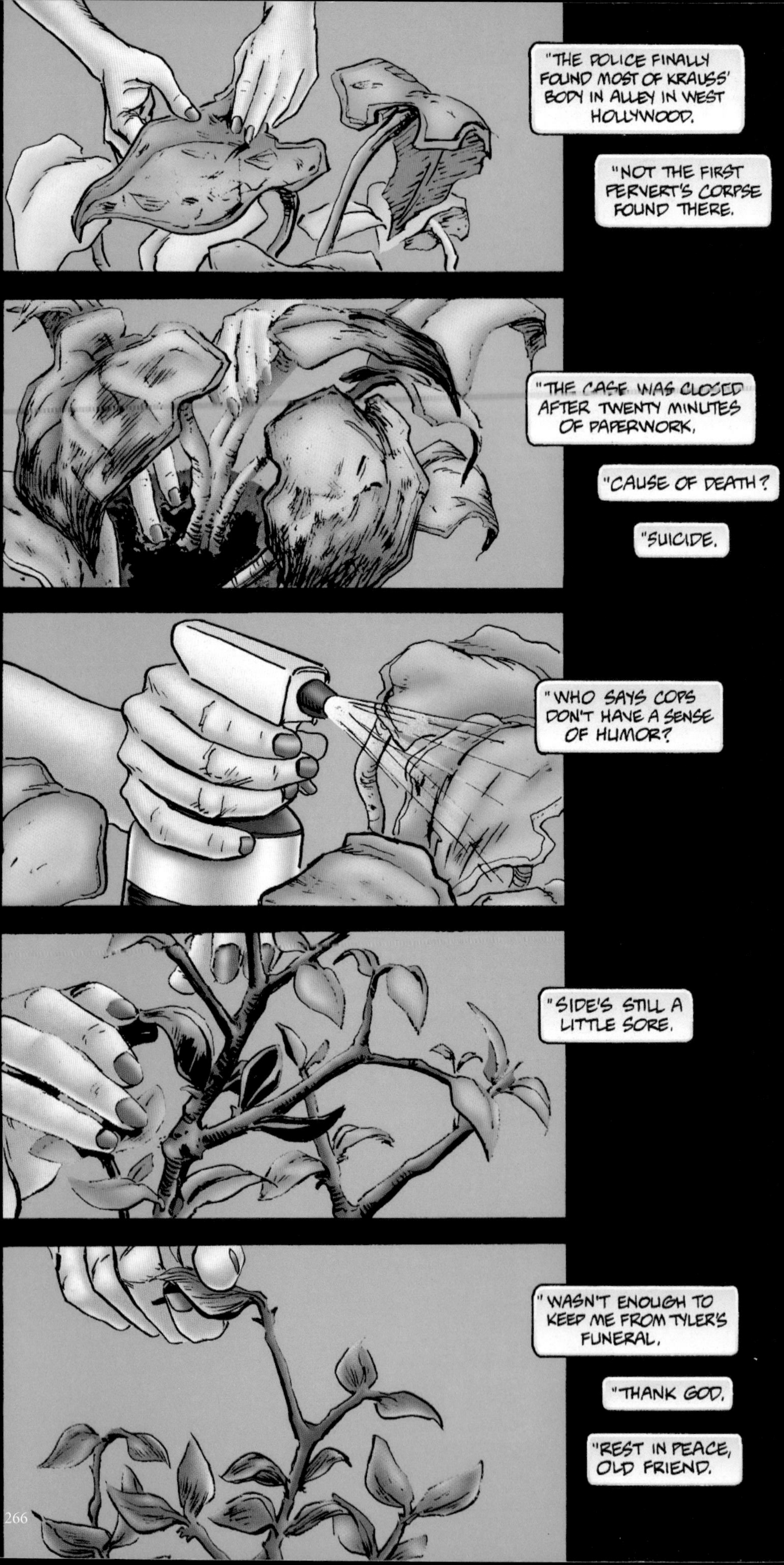
"THE POLICE FINALLY FOUND MOST OF KRAUSS' BODY IN ALLEY IN WEST HOLLYWOOD.
"NOT THE FIRST PERVERT'S CORPSE FOUND THERE.
"THE CASE WAS CLOSED AFTER TWENTY MINUTES OF PAPERWORK.
"CAUSE OF DEATH?
"SUICIDE.
"WHO SAYS COPS DON'T HAVE A SENSE OF HUMOR?
"SIDE'S STILL A LITTLE SORE.
"WASN'T ENOUGH TO KEEP ME FROM TYLER'S FUNERAL.
"THANK GOD.
"REST IN PEACE, OLD FRIEND.

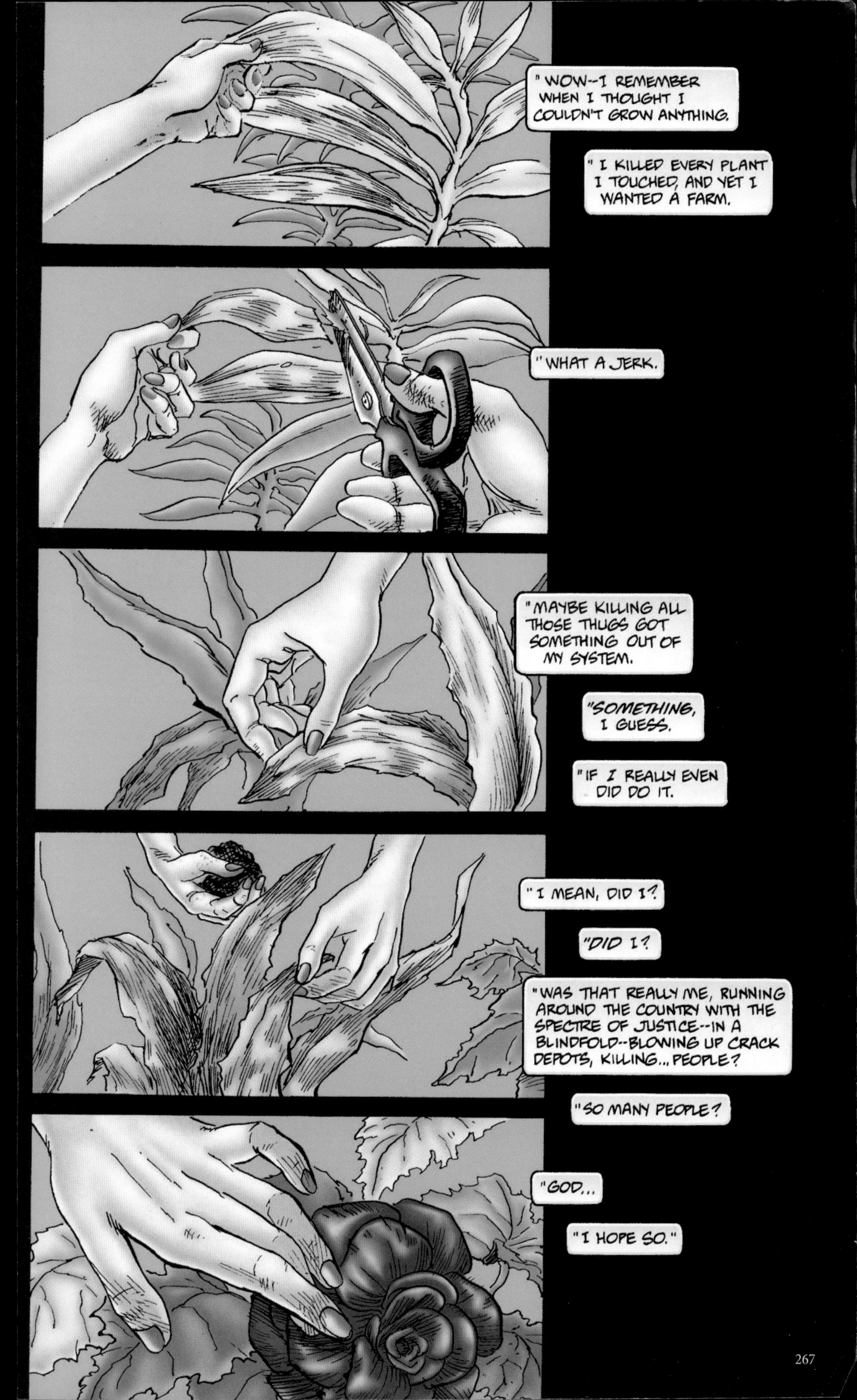
"WOW--I REMEMBER WHEN I THOUGHT I COULDN'T GROW ANYTHING.
"I KILLED EVERY PLANT I TOUCHED, AND YET I WANTED A FARM.
"WHAT A JERK.
"MAYBE KILLING ALL THOSE THUGS GOT SOMETHING OUT OF MY SYSTEM.
"SOMETHING, I GUESS.
"IF I REALLY EVEN DID DO IT.
"I MEAN, DID I?
"DID I?
"WAS THAT REALLY ME, RUNNING AROUND THE COUNTRY WITH THE SPECTRE OF JUSTICE--IN A BLINDFOLD--BLOWING UP CRACK DEPOTS, KILLING... PEOPLE?
"SO MANY PEOPLE?
"GOD...
"I HOPE SO."

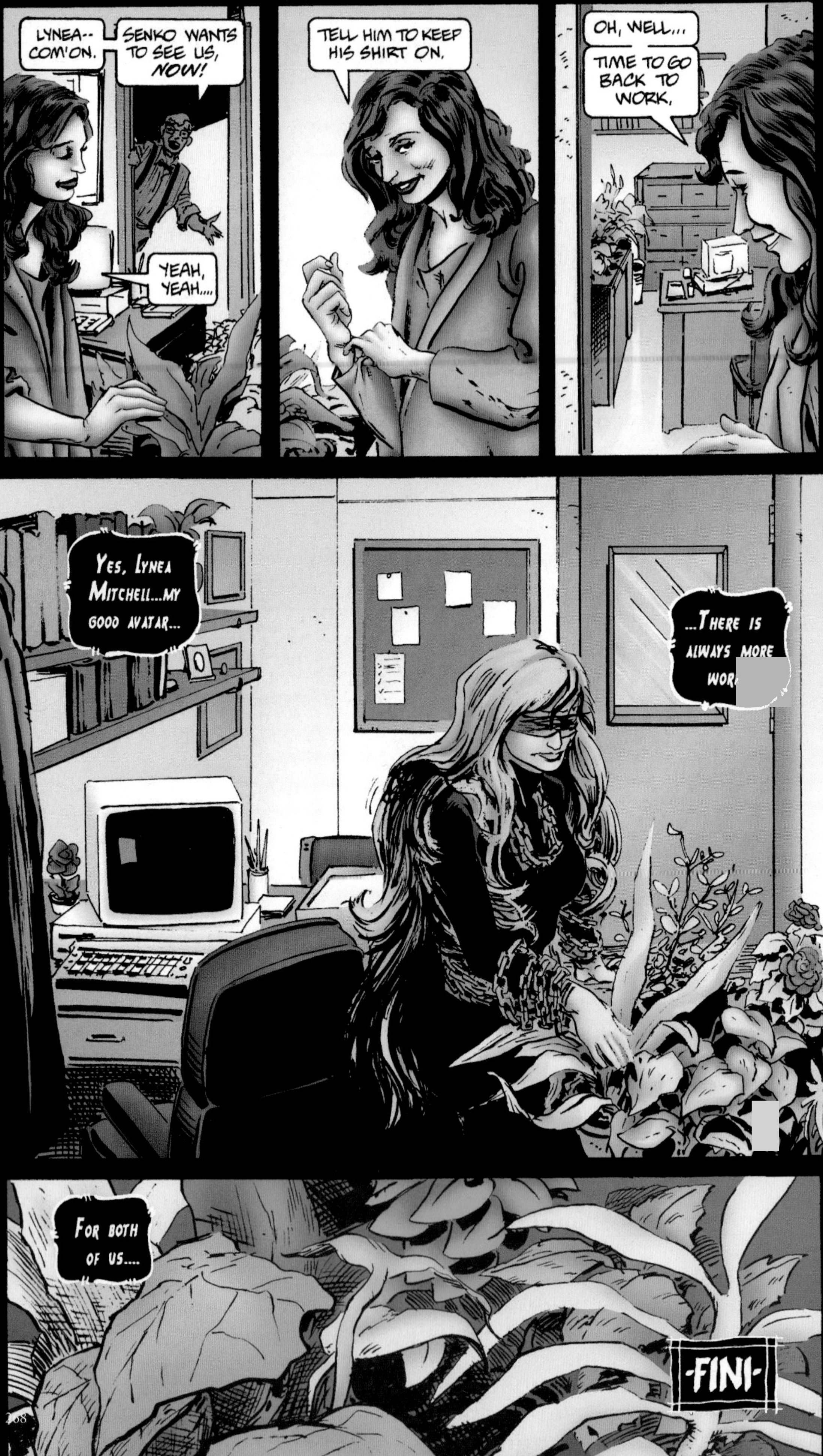

LYNEA-- COM'ON.
SENKO WANTS TO SEE US, NOW!
YEAH, YEAH....
TELL HIM TO KEEP HIS SHIRT ON.
OH, WELL...
TIME TO GO BACK TO WORK.
YES, LYNEA MITCHELL...MY GOOD AVATAR...
...THERE IS ALWAYS MORE WOR
FOR BOTH OF US....
-FINI-

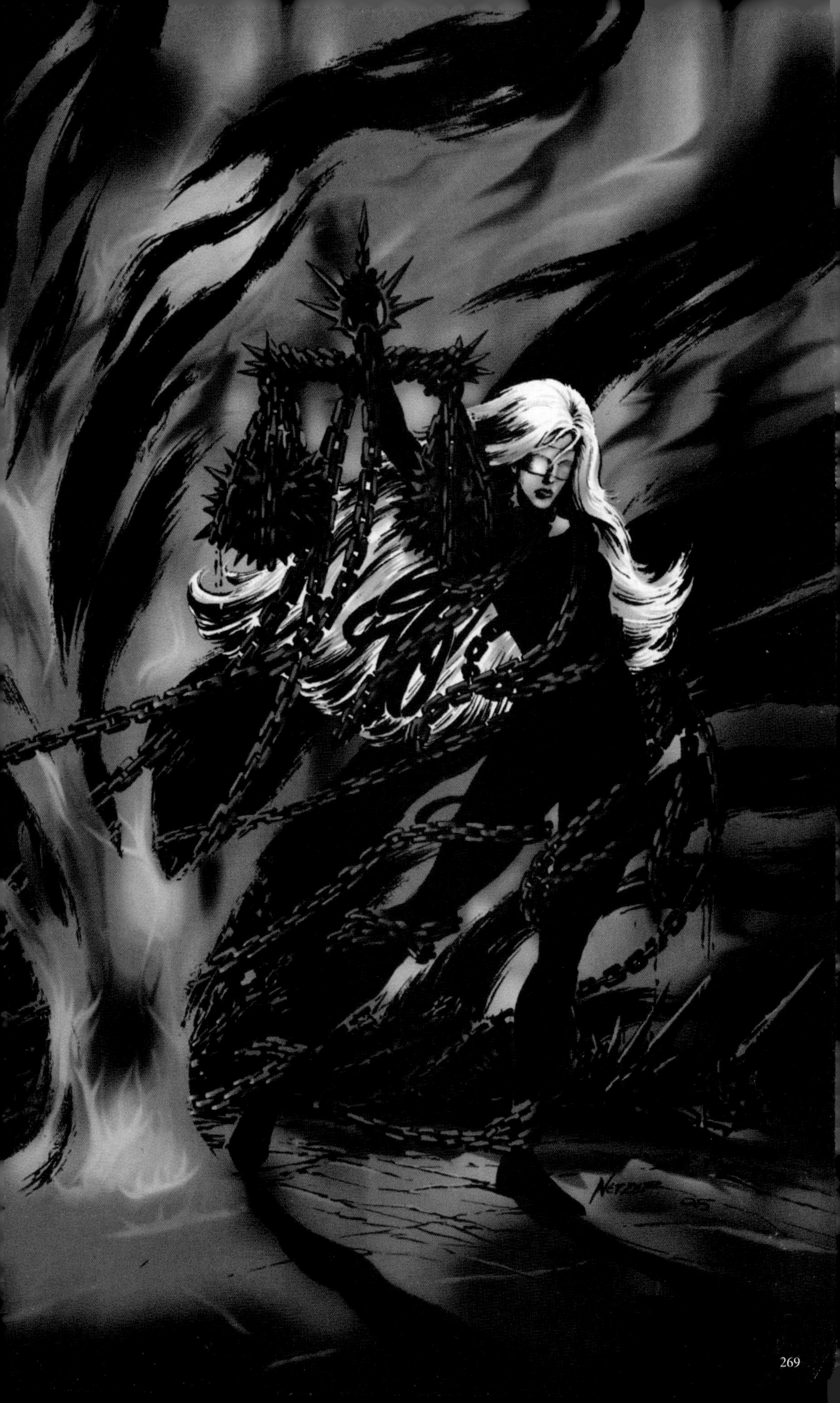

SHE IS JUSTICE

An Afterword by Jim Salicrup

It was the mid 90s and Laurie Silvers and Mitchell Rubenstein, the founders of the Sci-Fi Channel, were looking for a new project. They had just sold what eventually became known as Syfy to USA Networks. The next logical step, naturally, was to create a comicbook company. Not just any comics company, but one that could utilize the skills of the super-talented friends and associates Laurie and Mitchell made while developing the Sci-Fi Channel. Friends such as Gene Roddenberry, Isaac Asimov, Leonard Nimoy, and one particular comicbook writer who was developing quite a following at the time—Neil Gaiman. The company was called BIG Entertainment, of course—Laurie and Mitchell only think BIG—and the comics line was called Tekno•Comix. Soon enough such titles as ISAAC ASIMOV'S I•BOTS™, LEONARD NIMOY'S PRIMORTALS™, GENE RODDENBERRY'S XANDER™, along with not one, not two, but three titles from that hot new comics writer: NEIL GAIMAN'S MR. HERO™ THE NEWMATIC MAN, NEIL GAIMAN'S TEKNOPHAGE™, and NEIL GAIMAN'S LADY JUSTICE™ were launched with quite a bit of fanfare. Unfortunately, it was the mid 90s and not the best time to launch a comicbook company. Believe me, I was Editor-in-Chief with Topps Comics at the time. Essentially what happened during this dark period in comics history is that after a big boom, there was an even bigger bust which knocked most new comics companies out of business.

Flash-forward twenty years, and the environment for comics has completely changed. Two of the very biggest movies of 2014 were based on comicbooks. Comic Book Conventions are popping up all over. Bookstores now have graphic novel sections, and graphic novels have become best-sellers. Speaking of which, that hot writer from twenty years ago, Neil Gaiman, is now an award-winning, best-selling author. But aside from a mention in Hayley Campbell's 2014 book, *The Art of Neil Gaiman*, of the concepts Neil created for Tekno•Comix, those comics

are virtually forgotten. And that's where Super Genius comes in, to correct this horrible (ahem) injustice. These comics deserve to be back in print, if for no other reason than to satisfy the curiosity of Neil's legions of fans.

NEIL GAIMAN'S LADY JUSTICE comic ran for twenty issues, divided over two runs. The first run lasted eleven issues and those issues are collected here. The second series only ran nine issues, and those comics, as well as a few other Lady Justice stories from other Tekno•Comix are scheduled to appear in Volume Two. There were three different editions of NEIL GAIMAN'S LADY JUSTICE #1, or variants, as they're now commonly called. On the opposite page is the Special Edition cover by Bill Sienkiewicz. Lady Justice pin-ups were created for the Special Edition, by such artists as J.H. Williams III & Mick Gray, Richard Case, Michael Netzer, Steve Lieber, Lee Moder & Bob McLeod, Casey Jones & Rick Magyar, and Gary Kwapisz, and we've scattered these mini-masterpieces all throughout this volume, along with Daniel Brereton's stunning cover art.

To be clear, the LADY JUSTICE comics are not actually written by Neil Gaiman, but by other writers based on the concept that Neil created. While writers such as James Vance and Rick Veitch worked on MR. HERO and TEKNOPHAGE, crime novelists and comics writers C.J. Henderson and Wendi Lee wrote the Lady Justice stories in this collection.

While I haven't yet uncovered Neil's written concept for LADY JUSTICE (I hope to find it in time to include in Volume Two), it's hard to imagine he would've written the stories in the over-the-top, almost Quentin Tarantino-esque manner C.J. and Wendi did. But again, I remind you that these comics were produced in the mid 90s, when so many titles were still trying to emulate the "dark and gritty" style of such landmark mid 80s comics as Frank Miller's DARK KNIGHT and Alan Moore's WATCHMEN. After being restrained for decades by the Comic

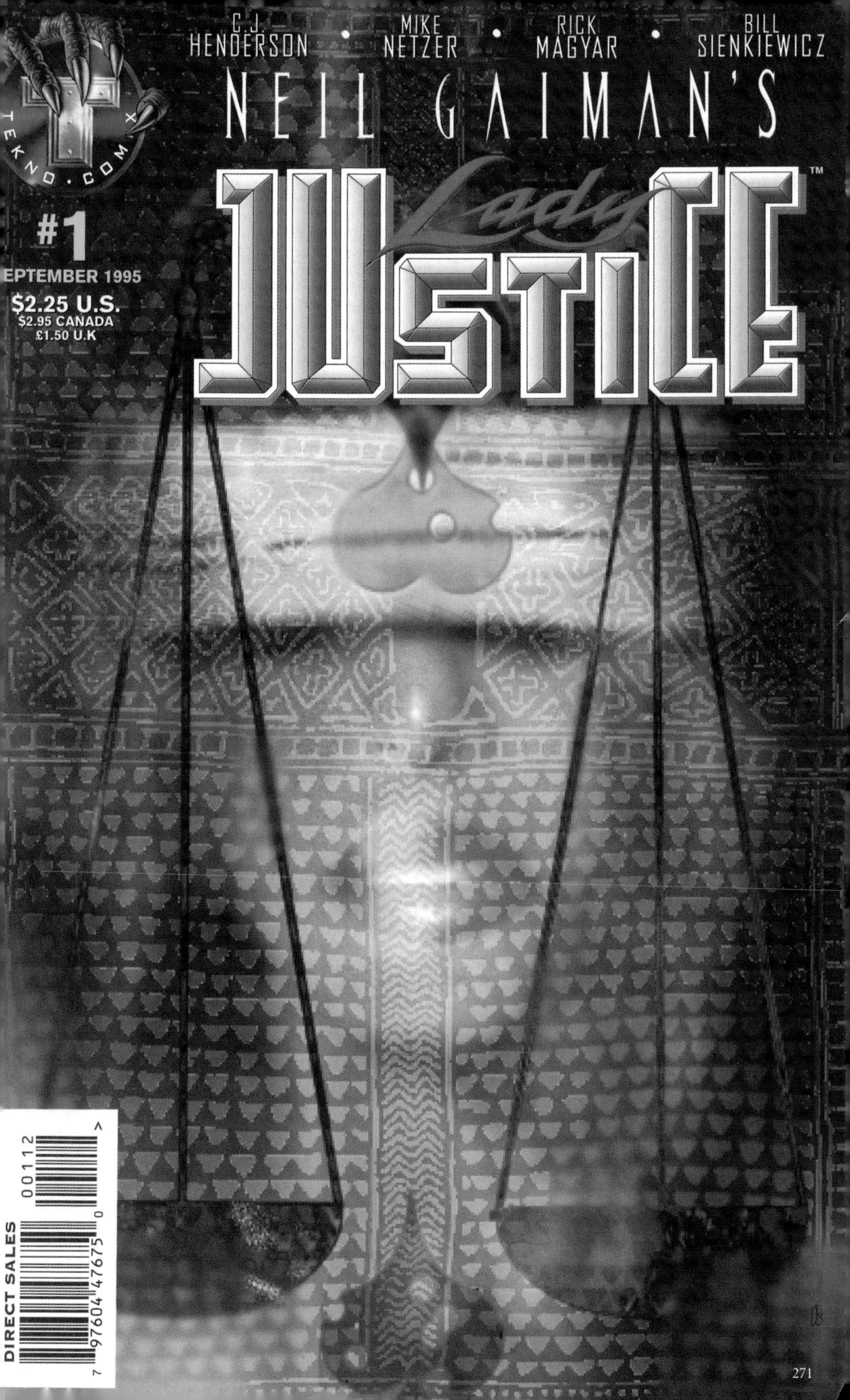

TEKNO·COMIX
C.J. HENDERSON • MIKE NETZER • RICK MAGYAR • BILL SIENKIEWICZ
NEIL GAIMAN'S
Lady JUSTICE™
#1
EPTEMBER 1995
$2.25 U.S.
$2.95 CANADA
£1.50 U.K
DIRECT SALES

Code Authority, comics were going crazy to see how violent, how sexy, and how shocking they could be. Even Lady Justice herself seems a little taken aback by all the killing, when in the second issue, she says, speaking in Dream-like balloons, "I would not have thought it necessary to kill the frightened one. Or even the one there on the floor." But comics creators were trying to push the boundaries in order to compete with movies, where such stylized violence was becoming commonplace. And more importantly, cool. I believe comics have grown up a lot since these comics were published, yet as recently as last year, one of the biggest comics publishers had to still be called out regarding a cover featuring a female character in a rather exploitive pose. It's ironic in some ways to find such images in a book associated with Neil Gaiman, a writer whose work did so much to attract a large female audience to comics. I guess I simply can't stop imagining what a LADY JUSTICE story would've been like if written by Neil himself. I suspect there would be a lot more sensitivity, fewer black and white situations, and a more thoughtful and challenging approach to what actually constitutes evil and how it should be judged. Please don't think I'm bashing any of the writers or artists of this book. As an editor, I can't help looking for ways to make characters as compelling as possible, and as faithful to their creator's intentions. It's all subjective, and there are no right or wrong ways to do things creatively. The creators in this book chose to write and draw the stories they wanted to write and draw, and I totally respect that.

A couple of sad notes. C.J. Henderson, who in addition to writing the majority of Lady Justice stories, was the author of various book series such as *Teddy London, Jack Hagee, Blakeley & Boles, Piers Knight*, and *Rocky & Noodles*, and comics such as BATMAN: LEGENDS OF THE DARK KNIGHT and PUNISHER: THE PRIZE. C.J., after battling cancer, passed away July 4th, 2014. In addition to being a prolific writer— he probably ghost wrote more material than what actually appeared under his own byline— was a fixture on the New York City comics convention scene, and I would see him often at many Big Apple shows. At a Connecticut ComicCONN, I told C.J. about my plans to publish NEIL GAIMAN'S LADY JUSTICE, and we talked about the possibility of him finally writing the conclusion to his last story, which ran in NEIL GAIMAN'S LADY JUSTICE Vol. 2, No. 9. Alas, it's not to be. He will be missed.

Artist Greg Boone, while still among the living, is having health issues of his own. The good news is there's a stem cell treatment that can probably help him get his health back, but unfortunately it's a very expensive procedure. You can find out more about it, and possibly help, by going to http://www.gofundme.com/4rapqo.

We hope you enjoyed this sort of comics version of an archaeological dig, and will join us for the NEIL GAIMAN'S TEKNOPHAGE and NEIL GAIMAN'S MR. HERO collections. While the creators of those comics worked in their own unique styles, I do think they captured a certain Neil Gaiman-like sensibility. I guess what I'm trying to say is that one enjoyable aspect of Gaiman's work is that it can have a certain charm. One would be hard-pressed to call LADY JUSTICE's hard-boiled style "charming," but MR. HERO is definitely a charming series. TEKNOPHAGE stars Henry Phage, a 65 million year-old intelligent dinosaur For an incredibly nasty character, he can also be very charming in his own evil way.

And we certainly hope you'll return for NEIL GAIMAN'S LADY JUSTICE Volume Two We're hoping to include a few surprises that'll make it extra special.

Thanks,

Jim Zaucrup

Irish–English
English–Irish
DICTIONARY

Irish–English English–Irish DICTIONARY

LUCEM LIBRIS DISSEMINAMUS

GEDDES & GROSSET

First published 2002 by Geddes & Grosset,
David Dale House, New Lanark ML11 9DJ, Scotland
Reprinted 2002

© 2002 Geddes & Grosset

ISBN 1 84205 296 9

Printed and bound in Poland

Introduction

The Irish language is one of the three Gaelic languages together with Scots Gaelic and Manx. The language has been spoken in Ireland for at least two thousand years and records of its literature stretch back to about the year 800 AD.

Irish remained the majority language in the country until the middle of the nineteenth century when the famine saw over one million people dying and another milion being forced to leave their homeland. The decline of the language was speeded up by the English authorities' official policy against the language, church discouragement and the crushing of the national psyche following the disaster of the famine.

The revival of the language began in earnest at the end of the nineteenth century and, while not always successful, has pointed the way for the language to be brought back into more popular usage throughout the country. Today there is an Irish language television station with Irish programmes on others and two radio stations broadcasting in the language, two weekly newspapers, numerous magazines and a vibrant publishing industry with many novels, books of poetry and general works being published.

One feature of the modern Irish revival is that the Irish-speaking community has become an international community with many Irish speakers throughout the world. There are also a large number of Irish language websites on the internet.

The aim of this dictionary is to provide a wide range of vocabulary, being designed for both the student and those with a more general interest in Irish history and culture. Of course in a dictionary of this size it would be impossible to give every possible meaning of a word. What has been done is to leave the most obvious definition with some metaphorical uses given later with explanation. Some grammar pointers are given but it is recommended that the serious student should use this dictionary in conjunction with a modern grammar book and some of the printed, audio and audio-visual courses readily available. One which is recommended is *Now You're Talking* which is based on the series broadcast by the BBC. If there is any doubt about the meaning of any word in Irish it is recommended that Ó Dónaill's Irish–English dictionary *Foclóir Gaeilge–Béarla (An Gúm)*, published by An Gúmy, 1978, be consulted.

Grammar Notes

Aspiration and eclipsion

Irish differs greatly from English both structurally and in its treatment of individual words. In common with the other Celtic languages, Irish can show a grammatical change at the beginning of many words by either aspiration (lenition) or eclipsion. As a rule of thumb aspiration usually is shown by the insertion of the letter 'h' after the consonant concerned, thereby softening its sound. Eclipsion refers to the placing of a certain consonant in front of the letter concerned thus changing its sound. Below is a list of letters and their eclipsing pairs (the eclipsing letter is marked in bold here):

consonant : n-	f : bhf
b : mb	g : ng
c : gc	p : bp
d : nd	t : dt

Another noticeable difference between English and Irish is that the verb usually starts the sentence e.g.:

Tá mé go maith. I am well.

Tá indicates the present tense of the verb 'to be'.

Ólaim bainne. I drink milk.

The copula

In Irish, the copula is also used. Thus when one noun is described as being another noun the copula is used e.g.:

Is bean í (í = bean). She is a woman (She = woman).

The copula is also used in a variety of other cases e.g.:

Is maith liom é. I like it. (Literally 'it is good with me', 'I consider it nice'.)

Is liomsa é. It is mine. (Literally 'it is with me'.)

Prepositions and verbal meanings

Irish, unlike English, depends much more on prepositions to indicate verbal meanings. For example the word *tabhair* can variously be translated as 'give' or 'take' depending on the preposition which follows it e.g.:

tabhair dom. give me ('give to me').

tabhair leat é . take it with you ('take it away with you').

Thus a better definition for the word *tabhair* may be 'bear' or 'carry'. Therefore it should be borne in mind that definitions are sometimes approximations of a word which has no exact parallel in English.

Answering a question

When answering a question positively or negatively it is important to repeat the verb and tense in which the question was originally put and then to put in either a negative or positive marker at the start e.g.:

An dtuigeann tú? Do you understand?
Tuigeann. Yes.
Ní thuigeann. No.
or
An maith leat é? Do you like it?
Is maith. Yes.
Ní maith. No.

Genitive case

Irish, like Scots Gaelic, retains a genetive case. At its most basic a gentive conveys the meaning 'of' in English, but instead of having a separate word Irish shows this connection by changing the following word. The word *bosca* ('box') when put in front of the word *post* ('post'/'mail') puts it in the genitive case e.g.:

bosca poist. post box (literally box of [the] post).

Similarly, *cóta* ('coat') and *bean* ('woman') when put together in the phrase *cóta mná* means 'a woman's coat' (*mná* being the genitive form of 'bean'). It is to be noticed that the second word is changed. Below is a short description of some of the more regular types of words and their gentive case:

Masculine

Broad endings are usually slenderised e.g.:
bád becomes *báid*, *fear* becomes *fir*; -*acht* endings add the letter 'a'; -*éir*/-*iúir* endings change to -*éara*/*iúra*; -*ín* endings do not change their form words ending in a vowel generally do not change; *áil* endings change to -*ála*.

Feminine

Broad endings are often slenderised and the letter 'e' is added;
spúnóg becomes *spúnóige*; -*acht* endings add the letter -*a*'; -*ach* endings change to -*aí*; -*each* endings change to -*í*.

Because of space constraints only the more irregular genitive forms have been given.

Verbs

Some verbs have been given in the form which approximates to the English infinitive e.g.:
rud a dhéanamh. to do something.
Whereas, some are given in the imperative form e.g.:
déan seo. do this.

Format

Words are given in alphabetical order. It is not uncommon in Irish for words to express a variety of meanings, and in such cases the most common meaning or meanings are given. Often further meanings are given, with significant differences separated by a semicolon. In many cases an explanatory note is inserted in brackets to help with clarification.

Abbreviations

abbrev	abbreviation		according to what it
adj	adjective		names, its case (often
adv	adverb		the genitive) or its
anat	anatomy		dialect
arith	arithmetic	*milit*	military
art	article	*mus*	music
bot	botanical	*neg*	negative
coll	colloquial/collective	*ocas*	occasionally
comput	computing	*orthog*	orthography
corres	correspondence	*part*	particle
derog	derogatory	*pers*	personal
esp	especially	*phys*	physical
excl	exclamation	*pl*	plural
f	noun (feminine gender)	*poss*	possessive
fam	familiar	*pp*	present or past
fem	feminine		participle
fig	figurative	*prep*	preposition
fin	financial	*pn*	pronoun
fml	formal	*refl*	reflexive
gen	genitive	*rel*	relative
govt	government	*relig*	religion
gram	grammar	*sing*	singular
imp	imperative	*usu*	usually
lit	literature	*v*	verb
m	noun (masculine gender	*vi*	intransitive verb
med	medical	*vt*	transitive verb
m/f	a noun the gender of	*vulg*	vulgar
	which may change		

9

Irish–English
Gaeilge–Béarla
A

a *pn* their (+ *eclipse*); *rel pn* what; who. • *adj* her; his (+ *aspiration*); its; • *conj* that (*relative*).

ab *m* abbot.

abacás *m* abacus.

abair *vt* to say; to utter.

abairt *f* sentence.

ábalta *adj* able. • *vi* **bheith ábalta** to be able.

ábaltacht *f* ability.

abhac *m* dwarf.

abhainn *f* river.

ábhalmhór *adj* gigantic.

ábhar *m* material; matter; subject. • *adj* **ag baint le hábhar** relevant. • *adv* **ar an ábhar sin** consequently.

ábhar gearáin *m* cause for complaint.

abhcóide *m* advocate.

abhcóideacht *f* advocacy.

abhlann *f* wafer.

ábhraigh *vi* to fester.

abhus *adv* here.

ablach *m* carrion.

absalóideach *adj* absolute.

absalóideachas *m* absolutism.

acadamh *m* academy.

acadamhaí *m* academician.

acadúil *adj* academic.

ach *prep* except. • *conj* but.

ach amháin *prep* except for.

ach oiread *adv* either.

achainí *f* petition.

achar *m* distance; duration.

achomair *adj* concise.

achomharc *m* (*law*) appeal. • *vi* **déan achomharc** to appeal.

achrann *m* disturbance; tangle.

achtaigh *vi* to legislate. • *vt* to legislate; to enact.

achtúire *m* actuary.

aclaí *adj* supple.

aclaigh *vt* to exercise.

aclaíocht *f* dexterity; exercise; • *vi* **déan aclaíocht** to exercise.

acmhainn *f* capacity, capability.

acra *m* acre.

adamh *m* atom.

adamhach *adj* atomic.

ádh *m* luck.

adhaint *f* ignition.

adhaltrach *m* adulterer.

adhaltranas *m* adultery.

adharc *f* horn.

adhartán *m* cushion.

adhastar *m* halter.

adhfhuafaireacht *f* abomination.

adhlacadh *m* burial.

adhlaic *vt* to bury.

adhmad *m* wood, timber.

adhmadóireacht *f* carpentry.

adhradh *m* worship.

ádhúil *adj* fortunate.

admhaigh *vt* to acknowledge; to admit.

admháil *f* acknowledgment; admission.

ae *m* liver.

aer *m* air.

aerach *adj* jaunty; gay (*homosexual*).
• *adv* **go haerach** gaily.

aeráid *f* climate.

aeráideach *adj* climatic.

aeráil *vt* to air.

aerfort *m* airport.

aerlíne *f* airline.

aerloingseoir *m* aeronaut.

aeróg *f* aerial .

aerphost *m* airmail.

aerthonn *f* airwave.

áfach *adv* however.

Afracach *adj m* African.

Afraic: *f* **An Afraic** Africa.

ag *prep* at; denotes possession; **tá peann agam** I have a pen.

agaill *vt* to accost.

againne *pn* ours (*emphatic*).

agair ar *vt* beseech.

agallamh *m* interview.

aghaidh *f* facade; face; front. • *adv* **ar aghaidh** forward(s); onward.• *vi* **éirí bán san aghaidh** to pale. • *prep* (+ *gen*) **in aghaidh** against; *prep* **le haghaidh** for.

agóid *f* objection, protest.

aguisín *m* appendix (*of book*); addendum.

agus *conj* and.

agus leis sin *adv* whereupon.

aibhleog *f* ember.

aibhleog dhóite *f* cinder.

aibí *adj* mature; ripe.

aibíd *f* habit (*monk*).

aibigh *vt vi* to ripen.

aibítir *f* alphabet.

aibítreach *adj* alphabetical.

Aibreán *m* April.

aibreog *f* apricot.

aice *f* nearness. • *prep* **in aice le** beside; by.

aicíd *f* disease.

aicne *f* acne.

aicsean *m* action.

aidhm *f* aim.

aidiacht *f* adjective.

aiféala *m* regret, remorse.

aiféaltas *m* embarrassment; regret.

áiféis *f* absurdity.

áiféiseach *adj* absurd, ludricrous.

aifreann *m* (*church*) mass.

aigéad *m* acid.

aigéadacht *f* acidity.

aigéan *m* ocean; **An tAigéan Atlantach** Atlantic Ocean.

áiléar *m* attic.

ailgéabar *m* algebra.

ailiúnas *m* (*law*) alimony.

aill *f* cliff.

áilleacht *f* beauty.

ailse *f* cancer.

ailtire *m* architect.

ailtireacht *f* architecture.

áiméan *int* amen.

aimhleas *m* detriment.

aimhleasach *adj* adverse.

aimhréidh *f* tangle.

aimpliú *m* (*audio*) amplification.

aimrid *adj* barren; sterile.

aimsigh *vt* to find; to locate.

aimsir *f* time; weather.

aincheist *f* dilemma.

ainchleachta *adj* unaccustomed; unused.

aindiachaí *m* atheist.

aindiachas *m* atheism.

aindleathacht *f* illegality.

ainéistéiseach *m* anaesthetic.

aineolach *adj* ignorant; **aineolach (ar)** unaware.

aineolas *m* ignorance.

aingeal *m* angel.

aingíne *f* angina.

ainglí *adj* angelic.

ainm *m* name. • *adj* **gan ainm** anonymous. • *vt* **ainm a thabhairt ar dhuine** to dub. • *m* **ainm bréige** alias; **ainm sinsearthachta** patronymic.

ainmhí *m* animal.

ainmhian *f* lust.

ainmnigh *vt* to assign; to nominate.

ainmniú *m* assignation.

ainnis *adj* deplorable; lousy, third-rate; miserable.

ainniseach *adj* abject.

ainriail *f* anarchy.

ainrialaí *m* anarchist.

ainrianta *adj* dissolute.

ainríocht *m* abnormality.

ainsealach *adj* chronic.

aint *f* aunt.

aintiarna *m* tyrant.

aintiún *m* anthem.

aipindic *f* (*anat*) appendix.

áirc *f* ark.

aird *f* consideration; heed; regard. • *vt* **aird a dhíriú** to call attention; **aird a thabhairt** heed.

airde *f* altitude; height; (*mus*) pitch. • *adv* **in airde** aloft.

airdeallach *adj* alert; wary.

aire *m* (*govt*) minister.

aireach *adj* attentive.

áireamh *m* calculation • *adj* **gan áireamh** countless.

áireamhán *m* calculator.

aire *f* attention, care.

airgead *m* money, cash; silver.

airgead tirim *m* cash.

airgeadaí *m* financier.

airgeadaíochta *f adj* fiscal.

airgeadas *m* finance.

airgeadóir *m* cashier.

airgeadra *m* currency.

airgtheach *adj* inventive.

airigh *vt* to perceive.

airigh *vt* to count; to calculate; to reckon.

airíoch *m* caretaker.

áirithe *adj* particular.

áiritheoir *m* counter.

airsinic *f* arsenic.

airteagal *m* article.

airtríteas *m* arthritis.

ais: ar ais *adv* back.

áis *f* amenity; **áis éisteachta** *f* hearing aid.

Áise: *m* **An Áise** Asia.

Áiseach *adj m* Asiatic, Asian.

aiseag *m* vomit.

aisghair *vt* to abrogate.

aisghairm *m* abrogation.

aisig *vt vi* to vomit.

áisíneacht *f* agency.

aisíoc *m* refund. • *vt* to refund, reimburse, repay.

áisiúil *adj* convenient; serviceable.

aisling *f* vision, dream.

aislingeach *m* dreamer.

aiste *f* essay; quirk; **aiste bia** diet.

aisteach *adj* curious, strange.

aisteoir *m* actor.

aisteoireacht *f* **bheith ag aisteoireacht** *vi* (*theat*) to act.

aistrigh *vt* to move, flit (*house*); to transfer; to translate.

áit *f* place. • *m* **áit chónaithe** abode, dwelling. • *conj* **an áit** where. • *adv* **áit ar bith** anyplace; **áit éigin** somewhere.

aiteal *m* juniper.

aiteann *m* gorse; whin.

aitheantas *m* identification.

aithin *vt* to place, identify, recognise;

aithin roimh ré to foreknow.

aithne f identity.

aithnidiúil adj familiar.

aithnigh vt vi to know; to diagnose.

aithreachas m regret. • vt **tá aithreachas orm (faoi)** to regret.

aithrí f penance.

aithris f imitation; mimicry; recital. • vt to narrate; to relate.

áitigh vt to occupy; **áitigh (ar)** to persuade.

áitiú m persuasion.

áitiúil adj local.

áitreabh m domicile, dwelling.

áitreabhach m inhabitant.

áitreamh m premises.

áitrigh vt to inhabit.

ál m brood; litter (of young).

álainn adj beautiful; scenic.

Albain (na hAlban) f Scotland.

albam m album.

Albanach adj Scottish.

alcól m alcohol.

alcólach m alcoholic.

alcólacht f alcoholism.

allas m sweat.

allta adj wild.

almanag m almanac.

almóir m niche.

alp vt to devour.

alt m article; joint; knuckle.

altán m (geog) gorge.

altóir m altar.

altramaigh vt to foster.

altú (roimh bhia) m grace (prayer).

alúmanam m aluminium.

am m time; **am dinnéir** dinner time; **an t-am atá thart** past; **an t-am i láthair** present. • adj **i ndea-am** timeous. • adv **am éigin** sometime.

amach adv out; **as seo amach** henceforth. • vi **gob amach** to jut. • adj **amach is amach** downright.

amadán m imbecile, fool, idiot.

amaideach adj foolish, silly, stupid, ridiculous.

amaidí f nonsense.

amaitéarach m amateur.

amárach adv m tomorrow.

amas m aim (of a gun). • vt **déan amas** to putt.

ambasadóir m ambassador.

ambasáid f embassy.

amfaibiach adj m amphibian.

amh adj crude; raw.

amháin adj one; only.

ámharach adj lucky.

amharc m look; sight; view. • vi to gaze; to look. • vt to regard; **amharc (ar)** to view; to watch.

amhas m boor.

amhlaidh adv so.

amhránaí m singer, vocalist.

amhras m distrust; doubt. • vt **bí in amhras faoi rud** to doubt (something).

amhrasach adj doubtful; sceptical; suspicious; incredulous; (fig) fishy.

amplach adj rapacious; ravenous.

amscaí adj untidy.

amuigh adj exterior. • adv without.

an- adv very.

an art the.

anabaí adj abortive; immature.

anabaíocht f immaturity.

anáil f breath. • adj **as anáil** breathless. • vt **anáil a chur amach** to breathe out; **anáil a tharraingt isteach** to breathe in.

anailís f analysis. • vt **déan anailís ar** to analyse.

anailísí m analyst.

anall adv across; fro.

anam *m* soul.

anamúil *adj* spirited.

anás: ar an anás *adj* destitute.

anatamaíoch *adj* anatomical.

anatamaíocht *f* anatomy.

ancaire *m* anchor.

andúil *f* addiction.

andúileach *m* addict.

andúileach drugaí *m* drug addict.

aneas *adj* southerly, from the south.

anghrách *adj* erotic.

aniar *adj* westerly. • *adv* from the west.

aníos *adv* upward (*from below*). • *adv* up (from below).

anlann *m* (*culin.*) relish, sauce.

anlathas *m* anarchy.

annamh *adj* rare. • *adv* seldom.

ann féin *adj* intrinsic.

anocht *adv* *m* tonight.

anoir *adj* (*wind*) easterly.

anonn *adv* across.

anord *m* chaos.

anordúil *adj* chaotic.

anraith *m* soup, broth.

anró *m* hardship.

anróiteach *adj* inclement.

anseo *adv* here.

ansin *adv* then; there.

antoisceach *adj* extreme; *m* extremist.

antraipeolaíocht *f* anthropology.

anuas *adv* downward(s) (*from above*). • *prep* down (*from above*).

aoi *m* guest.

aoibh *f* mood.

aoibhinn *adj* delightful.

aoibhneach *adj* blissful.

aoibhneas *m* bliss.

aoileach *m* dung.

Aoine *f* **Dé hAoine** (on) Friday.

aoir *f* satire.

aoire *m* shepherd.

aois *f* age; century.

aolchloch *f* limestone.

aon *adj* one. • *pn* any. • *m* ace. • *f adv* **ar aon líne** abreast. • *adv* **faoi aon do** within an ace of. • *pn* **gach aon** each.

aonach *m* fair.

aonad *m* unit.

aonair (ceol) *m* (*mus*) solo.

aonarach *adj* alone; lone.

aon déag *m* eleven.

aonréadaí *m* soloist.

aontacht *f* unity.

Aontachtaí *m* (*pol*) Unionist.

aontaigh (le) *vi* to agree (with).

aontas *m* union.

aontíos *m* cohabitation.

aontoil *f* accord.

aontú *m* assent; accord. • *vi* **gan aontú le duine** to disagree.

aontumha *adj* celibate.

aorach *adj* satirical.

aorthóir *m* satirist.

aosach *m* adult.

aosta *adj* aged.

ápa *m* ape.

ar¹ *conj* that (*past tense indirect*).

ar² *prep* at (*time*); on, upon.

ár¹ *m* carnage; massacre; slaughter.

ár² *pn* our.

Arabach *adj* Arab, Arabic. • *m* Arab.

árachaigh *vt* to insure.

árachas *m* (*com*) insurance.

arán coirce *m* oatcake.

arán *m* bread; **arán sinséir** gingerbread.

araon *adj* both.

árasán *m* flat, apartment.

arbhar *m* cereal; corn.

ard- *adj* chief, supreme.

ard *adj* high; tall; capital; loud.

ardaigeantach *adj* high-minded.

ardaigh *vi* to grow, appreciate. • *vt*

to heighten; to ascend; to elevate; to raise.

ardaitheoir *m* lift, elevator; **ardaitheoir sciála** ski-lift.

ardán *m* stage; platform; pad (*for helicopter*).

ardcheannasach *adj* predominant.

ardchlár *m* plateau.

ardeaglais *f* cathedral.

ardeaspag *m* archbishop.

ardintleacht: *f* **tá ardintleacht aige** he has a brilliant mind.

ardmháistir *m* headmaster.

ardmháistreás *f* headmistress.

ardmhinicíochta *adj* high frequency.

argóint *f* argument, dispute. • *vt* **argóint a dhéanamh** to dispute.

argóinteach *adj* disputatious.

arís *adv* again .

arm *m* army; *f* **arm tine** firearm.

armáil *vt* to arm.

armlann *f* (*mil*) arsenal.

armlón *m* ammunition.

armónach *adj* harmonic.

arracht *f* spectre.

arrachtach *adj* grotesque. • *m* monster.

arraing *f* convulsion.

ársa *adj* ancient.

ársaitheoir *m* antiquary.

artaire *m* artery.

árthach *m* craft, vessel.

as *prep* from.

asal *m* ass.

asarlaí *m* magician.

ascaill *f* armpit.

asma *m* asthma.

aspairín *m* aspirin.

aspal *m* apostle.

aspalóid *f* absolution.

asphrionta *m* print out.

Astráil: *f* **An Astráil** Australia.

Astrálach *adj m* Australian

astralaí *m* astrologer.

astralaíocht *f* astrology.

Astráláise: *f* **An Astráláise** Australasia.

ata *adj* bloated.

atáirg *vt* to reproduce.

atáirgeadh *m* reproduction.

atarlaigh *vi* to recur.

ateangaire *m* interpreter.

áth *m* ford.

athair (athar) *m* father; **athair altrama** foster-father; **athair céile** father-in-law.

athartha *adj* fatherly; paternal.

atharthacht *f* patrimony.

áthasach *adj* glad.

athbheochan *f* renaissance, revival.

athbheoigh *vt* to revive.

athbhreithnigh *vt* to review.

athbhrí *f* ambiguity.

athbhríoch *adj* ambiguous.

athchóirigh *vt* to refit; to restore.

athchóiriú *m* adaptation.

athchraol *vt* (*TV*) to rebroadcast.

athchuimhne *f* reminiscence.

athdhúbláil *vt* *vi* redouble.

athghabháil *f* recovery.

athghair *vt* to recall.

athimir *vt* to replay.

athláimhe *adj* secondhand.

athlíon *vt* to refill.

athnuaigh *vt* to renew.

athraigh *vi* *vt* to change; to vary.

athrú *m* alteration, change; mutation.

athsheol *vt* to redirect.

athshondach *adj* resonant.

athsmaoineamh *m* afterthought .

átigh *vi* to argue.

atlas *m* atlas.

atmaisféar *m* atmosphere.

atóg *vt* to rebuild.

aturnae *m* solicitor.

B

bá[1] *f* bay.

bá[2] *f* sympathy.

babhla *m* bowl.

bac *vt* to hinder, impede, obstruct; impediment, obstruction; **bac a bheith agat i do chuid cainte** to stammer.

bacach *adj* lame. • *m* cripple.

bacaíl *f* lameness.

bácáil *vt* to bake.

bachlóg *f* bud; slur (*speech*).

bacradadh: bheith ag bacadradh *vi* to limp.

bacús *m* bakery.

bád *m* boat; **bád farantóireachta** *f* ferry-boat; **bád tarrthála** *m* lifeboat.

badmantan *m* badminton.

bagair *vt* to threaten.

bagairt *f* threat. • *vt* **déan bagairt** to bluster.

bagáiste *m* baggage, luggage.

baghcat *m* boycott.

bagún *m* bacon.

báicéir *m* baker.

baictéarach *adj* bacterial.

báigh *vi vt* to drown; to plunge; to drench; to flood; to quench.

baile *adj* home. • *m* home; town.

bailéad *m* ballad.

bailí *adj* valid.

bailigh *vt* to assemble, collect, gather; to accumulate.

bailitheoir *m* collector.

bailiú *m* accumulation.

bailiúchán *m* collection.

baill ghiniúna *npl* genitals.

báille *m* bailiff.

bain *vt* to mow; to reap; to cut; to extract; to win; to achieve, attain; **bain an craiceann de** to skin; **bain as** to make off; **bain (rud) de (dhuine)** to exact; **bain cor as** to tweak; **bain croitheadh as** to shock; **bain de** to bereave; to deduct; to touch; **bain díoltas amach** to avenge; **bain greim as** to bite; **bain liomóg as duine** to pinch; **bain míthuiscint as** to misunderstand; **bain slis de** to chip; **bain suimín as** to sip; **bain sult as** to enjoy. • *vi* **bain amach** to arrive; **bain le** to meddle.

baincéir *m* banker.

baineann *adj* female.

bainis *f* wedding.

bainise *adj* bridal.

bainisteoir *m* manager.

bainisteoireacht *f* management.

bainistréas *f* manageress.

bainne *m* milk.

bainniúil *adj* milky.

bainseó *m* banjo.

baint: ag baint le hábhar *adj* relevant;

baint a bheith (agat) le *vt* to be involved with, associated with; **baint ó** to detract from. • *f* **baint amach** attainment.

baintreach *f* widow; **baintreach fir** widower.

bairille *m* barrel; wine butt.

bairneach *m* limpet.

baist *vt* baptise, christen.

baisteadh *m* baptism, christening.

báistiúil *adj* rainy.

báiteach *adj* wan.

baitsiléir *m* bachelor.

bál *m* ball, dance.

balbh *adj* dumb; mute.

balbhán *m* dummy.

balcóin *f* balcony.

ball *m* member; organ; spot; **ball d'acadamh** academician; **ball dobhráin** mole, spot; **ball éadaigh** garment; **ball gorm** bruise. • *adv* **ar ball** presently, by and by.

balla *m* wall.

ballasta *m* ballast.

ballóid *f* ballot.

ballraíocht *f* membership.

balsamaigh *vt* to embalm.

bambú *m* bamboo.

bán *adj* blank; fallow; white.

ban-ab *f* abbess.

ban-aisteoir *m* actress.

bánaigh *vt* to bleach.

banaltra ceantair *f* district nurse.

banaltra *f* nurse.

banana *m* banana.

banc *m* bank.

banchliamhain *m* daughter-in-law.

banda[1] *adj* feminine.

banda[2] *m* band.

bándearg *adj* pink.

bandia *m* goddess.

banlaoch *m* heroine.

bannaí *npl* bail.

banoidhre *m* heiress.

banóstach *m* hostess.

banrach *f* padlock.

bansa *m* manse.

banúil *adj* ladylike; womanly.

baoi *m* (*mar*) buoy.

baois *f* folly.

baoite *m* bait.

baoth *adj* fatuous; inept.

barainneach *adj* parsimonious.

barántúil *adj* authentic.

barbaiciú *m* barbecue.

bardal *m* drake.

barr *m* (*culin*) cover; crop; top. • *vt* to crop. • *adv* **ar a bharr sin** further, furthermore; moreover; **dá bharr sin** thereby. • *adj* **thar barr** excellent; magnificent.

barra *m* bar; ingot.

barraineach *adj* abstemious.

barrúil *adj* droll, funny.

barúil *f* idea; opinion.

bás *m* death.

basár *m* bazaar.

basc *vt* to crush, to mangle.

básmhar *adj* mortal.

bata *m* stick; **bata druma** drumstick; **bata siúil** walking stick.

báúil *adj* sympathetic; **báúil (le)** sympathetic (with).

beach *f* bee.

beacht *adj* accurate; exact; precise. • *adv* **go beacht** exactly.

beag *adj* little, small; **beag beann (ar rud)** impervious.

beag bídeach *adj* minute.

beagán *adv* rather. • *m* few.

beagmhaitheasach *adj* worthless.

beagnach *adv* almost, nearly.

beairic *m* barracks.

béal *m* brim; mouth.

bealach *m* way; (TV) channel; **bealach isteach** access; entrance; **bealach mór** highway.

bealadh *m* grease.

bealaigh *vt* to grease, lubricate.

bealaithe *adj* greasy.

béalbhach *f* (*horse*) bit.

béalchuas *m* cavity.

béaloideas *m* folklore.

béalscaoilte *adj* indiscreet.

Bealtaine *f* May.

bean *f* woman; **Bean** Mrs; **bean (chéile)** wife; **bean déirce** beggar; **bean feasa** fortuneteller; **bean ghlúine** midwife; **bean ghrinn** comedienne; **bean ghnó** businesswoman; **bean luí** mistress; **bean mhuinteartha** kinswoman; **bean tí** landlady; **bean uasal** gentlewoman, lady.

beann[1] *m* antler.

beann[2] *f* regard; **beag beann ar** with little regard for.

beannacht *f* blessing, benediction; greeting.

beannaigh *vt* to bless; **beannaigh do** to greet; to salute.

beannaithe *adj* blessed.

beár *m* bar (*in pub*).

béar *m* bear.

bearbóir *m* barber.

Béarla *m* (*ling*) English.

béarlagair *m* jargon.

bearna *f* breach; gap.

bearnaigh *vt* to breach.

bearnas *m* (*geog*)pass.

bearr *vt* to clip; to prune; to shave.

bearránach *adj* irksome.

beart *m* (*comput*) byte; (*pol*) instrument; bundle; parcel; deed.

beartach *adj* artful.

beartaigh *vt* to brandish.

béasa *m* manner, behaviour.

beatha *f* life; fare (food).

beathaisnéis *f* biography.

béic *f* roar. • *vi* to bellow, roar.

béile *m* meal, repast. • *vi* **béile a ithe** to dine.

béim *f* emphasis.

beir ar *vt* to grasp; to catch; **beir barróg f (ar)** to hug.

beirt *f* two (persons). • *pn* **an bheirt** both.

beith *f* birch.

beithíoch *m* beast.

beo *adj* alive; live; animated; **beo bocht** destitute.

beochan *f* animation.

beoga *adj* brisk.

beogacht *f* briskness; vitality.

beoigh *vt* to animate.

beoir (beorach) *f* beer.

bheith *f* being, existence.• *adv* **thar a bheith** exceedingly; immeasurably.

bhur *pn* (*pl*) your(s).

bí *vi* to be (*see grammar notes*). • *adj* **a bhfuil dearmad déanta air (rud)** forgotten.

bia *m* food • *npl* **bia sliogán** shellfish.

biabhóg *f* rhubarb.

biachlár *m* menu.

bialann *f* restaurant.

bicíní *m* bikini.

bídeach *adj* tiny; **an-bhídeach** infinitesimal.

bileog nuachta *f* bulletin.

bille *m* bill.

billiún *m* billion.

bindealán *m* bandage.

binn *f* (*mountain*) peak; gable.

binse *m* bench.

bíobla *m* bible.

bíodh go *conj* though.

biogóid *m* bigot.

biogóideacht *f* bigotry.

bíogúil *adj* vivacious.

biorán *m* pin. • *f* **biorán cniotála** knitting needle.

biotáille f booze.

birling f galley.

bís f (tool) vice .

biseach m recovery.

bith: adj pn **ar bith** any.

bithcheimic f biochemistry.

bithcheimicí m biochemist.

bitheog f microbe.

bitheolaíoch adj biological.

bitheolaíocht f biology.

bithiúnach m (person) crook, ruffian; villain.

bitseach f bitch.

biúró m bureau.

bladhm f flame.

bladhmadh: bheith ag bladhmadh vi to blaze.

bladhmaire m boaster.

blagadán m bald person.

blaincéad m blanket.

blais vt to taste.

blaistigh vt to flavour.

blaosc f **cnó** f nutshell.

blas m accent; (language) brogue ; flavour.

blasta adj delicious; savoury.

bláth m bloom, flower.

bláthach adj floral.

bláthfhleasc f garland.

bleachtaire m detective.

bléin f groin.

bliain f year; (wine) vintage; **An Bhliain Úr** New Year; **bliain bhisigh** leap year; **bliain ghealaí** lunar year. • adv **gach bliain** annually.

bliantúil adj annual, yearly.

bligh vt to milk.

blípire m bleeper.

bloc m block.

blogh f fragment.

bloiscíneach adj buxom.

blonag f lard; **blonag (míl mhóir)** blubber.

blús m blouse.

bó f cow.

bob m prank.• vt **bob a bhualadh (ar dhuine)** (fig) to circumvent; **bob a bhualadh (ar)** to con.

boc m buck, playboy, rascal.

bocht adj needy. poor.

bochtaigh vt to impoverish.

bod m penis.

bodach m lout.

bodhaire f deafness.

bodhar adj deaf; numb.

bodhraigh vt deafen.

bodóg f heifer.

bog adj lenient; soft. • vi vt to budge; to move; to relax; to soften.

bogásach adj complacent.

bogearraí m software.

bogha m bow; **bogha báistí** rainbow.

bogshodar m jog;• vi bheith **ar bogshodar** to jog.

bogthe adj lukewarm.

boige f softness.

boigéiseach adj indulgent.

boilg f bellows.

boilgeog f bubble.

boilsciú m (money) inflation .

bóín f Dé f ladybird.

boinéad m bonnet.

boiseog f slap.

bóithrín m lane.

boladh m odour, smell; sniff.

bolaigh vt to smell.

bolg m abdomen, belly. • vi **déan bolg le gréin** to sunbathe.

bolgach adj abdominal.

bolgam m draught (drink); mouthful.

bolgán m bulb.

bolta *m* bolt.

bolta a scaoileadh *vt* to unbolt.

boltáil *vt* to bolt.

bomaite *m* minute.

bómánta *adj* dull, stupid; hare-brained.

bómántacht *f* stupidity; dullness.

bóna *m* lapel.

bónas *m* bonus.

bonn¹ *m* base, foundation; tyre; **bonn (na coise)** sole.

bonn² *m* coin; medal.

bonnóg *f* bun; scone.

borb *adj* luxuriant; rude.

bord *m* board; table. • *adv* ar bord aboard; **thar bord** overboard.

borr *vi* to surge.

bos *f* palm.

bosca *m* box; **bosca bruscair** dustbin; **bosca litreacha** letter box.

both *f* booth, kiosk.

bothán *m* cabin; hut, shed; shieling.

bóthar *m* road. • *vt* bóthar a thabhairt do to sack.

bothóg *f* cabin.

botún *m* blunder.

brabús *m* profit. • *vt* déan brabús ar to profit.

brách: go brách *adv* evermore.

brachán *m* porridge.

bradán *m* salmon.

braich *f* malt.

braicheadóir *f* maltster.

braighdeanas *m* bondage; captivity.

braillín *m* bed sheet.

braiteoireacht *f* hesitation.

braith *vt* to betray; to detect; **braith ar vi** to rely (on).

bráithreachas *m* brotherhood.

bráithriúil *adj* brotherly, filial, fraternal.

branda *m* brandy.

braon *m* drop; dram, nip (*of drink*).

brat *m* covering; cloak; curtain; layer; **brat urláir** carpet.

bratach *f* flag.

bráthair *m* friar.

breá *adj* fine; (*meteor*) clement.

breab *f* bribe. • *vt* to bribe.

breabaireacht *f* bribery.

breac¹ *m* trout; **breac geal** salmon trout

breac² *adj* variegated.

breac- *adv* partly.

breacadh an lae *m* dawn.

breacán *m* plaid.

breac do dhochar *vt* (*com*) debit.

breactha *adj* dappled.

bréag *f* lie, falsehood. • *vi* **déan bréag** to lie.

bréagach *adj* dud; unreal.

bréagadóir *m* liar.

bréagán *m* toy.

bréagnaigh *vt* to contradict; to disprove; to refute.

bréagnú *m* contradiction.

bréagriocht *m* disguise.

bréan *adj* filthy, foul; rancid.

bréantas *m* stink.

Breatain: *f* **An Bhreatain Bheag** Wales; **An Bhreatain (Mhór)** (Great) Britain.

breathnaigh (ar) *vt* to regard; to scan; to watch.

bréid *m* cloth.

bréidín *m* tweed.

bréige *adj* counterfeit; false, fake.

breis *f* addition; extra. • *adv* de bhreis extra.

breise *adj* additional.

breith *f* (*law*) sentence; birth, delivery; **breith anabaí** miscarriage; **breith clainne** childbirth.

breitheamh *m* judge.

breithiúnas *m* (*law*) verdict; judgment; adjudication; discrimination.

breithlá *m* birthday.

breogán *m* crucible.

breoite *adj* ill.

breosla *m* fuel.

brí *f* import, meaning. • *adv* dá bhrí sin therefore; **in ísle brí** run down.

bríce *m* brick.

bríceadóir *m* bricklayer.

bricfeasta *m* breakfast.

bricíneach *adj* freckled.

bricíní *npl* freckles.

bricliath *adj* grizzled.

brídeach *f* bride.

bríomhar *adj* dynamic; lively.

brionglóid *f* dream.

briosc *adj* brisk; brittle; crisp.

briosca *m* biscuit.

Briotanach *adj* British; *n* Briton.

bris *vt* to break; to depose; **bris as oifig** to dismiss.

briseadh *m* defeat; fracture; (*fin*) change.

briste *adj* broken.

bríste *m* trousers; **bríste gairid** shorts, boxer shorts; **bríste géine** jeans.

brístín *nsg* pants, knickers.

bró *f* quern.

broc *m* badger.

brocailí *m* broccoli.

brocaire *m* terrier.

bródúil *adj* proud.

bróg *f* brogue; shoe.

bróicéir *m* broker.

bróicéireacht *f* brokerage.

broid *vt* to prod.

bróidnigh *vt* to embroider.

broim *m* fart (noisy).

broincíteas *m* bronchitis.

broinn *f* uterus, womb.

bróisiúr *m* brochure.

bróiste *m* brooch.

brollach *m* breast. • *adj* le **brollach íseal** low-cut.

brón *m* mourning; sadness, sorrow.

brónach *adj* sorry, sad.

broncach *adj* bronchial.

bronn *vt* to donate; to present; **bronn (rud) ar** to bestow.

bronnadh *m* presentation; endowment; **bronnadh céimeanna** graduation (ceremony).

bronntanas *m* present, gift.

bronntóir *m* donor.

brosna *m* firewood.

brostaigh *vi* to hurry, rush; to hasten; to urge.

brothall *m* heat; sultriness.

brú *m* push; shove; pressure; **brú fola** blood pressure.

bruach *m* (*river, etc*) bank; brink; verge.

brúchtadh *m* eruption.

brúid *f* brute.

brúidiúil *adj* bestial; brutal.

brúidiúlacht *f* brutality.

brúigh *vt* to cram; to crush; to push, shove; to bruise; to mash; **brúigh isteach ar** to intrude; **brúigh síos** to depress, press down.

Bruiséil *f* **An Bhruiséil** Brussels.

bruite *adj* boiled.

bruith *vi vt* to boil.

bruitíneach *f* measles.

bruscar *m* garbage, junk, rubbish; litter.

bua *m* faculty; flair; victory. • *vt* **an**

bua a fháil to carry the day; **bua a bhreith ar (dhuine)** to triumph (over someone).

buabhall *m* drinking horn; bugle (horn).

buabhallaí *m* bugler.

buach *adj* triumphant.

buachaill *m* boy; **buachaill bó cowherd**, cowboy; **buachaill freastail** page (boy).

buaf *f* toad.

buafhocal *m* punchline; epithet.

buaic *f* apex, climax, zenith.

buaiceas *m* wick.

buaigh *vt* to win; **buaigh ar** to conquer.

buail *vt vi* to beat; to thrash (corn); to strike, hit; to flap; to conquer; **buail (ar rud éigin)** to impinge (on something); **buail le** to meet; **buail sonc ar** to butt.

builteoir *m* bat.

buaine *f* permanence.

buair *vt* to trouble, annoy.

buaireamh *m* care, worry.

buairt *f* anxiety; bother.

buaiteoir *m* victor.

bualadh *m* beating; **bualadh bos** applause.

buama *m* bomb.

buamáil *vt* to bomb.

buan *adj* durable, lasting, permanent.

buanna *npl* accomplishments.

buanseasmhach *adj* durable.

buartha *adj* anxious; sorry; (*person*) worried.

buatais *f* boot.

búcla *m* buckle.

Búdachas *m* Buddhism.

buí *adj m* yellow.

buicéad *m* bucket.

buidéal *m* bottle.

buile *f* fury; lunacy; frenzy. • *adj* ar buile frantic.

builín *m* loaf.

buille *m* hit.

buimpéis *f* pump, shoe.

buinneach *f* diarrhoea.

buinneán *m* sapling.

buíocán *m* yolk.

buíoch *adj* grateful; thankful.

buíocháin: na buíocháin *mpl* jaundice.

buíochas *m* gratitude. • *vt* gabh buíochas (le) to thank.

buíon *f* (*band*) body; **buíon cheoil** (*mus*) band.

buirgléir *m* burglar.

buirgléireacht *f* burglary.

buiséad *m* budget.

búistéir *m* butcher.

buitléir *m* butler.

bulaí *m* bully.

bullán *m* bullock.

bun *m* base; bottom; origin; **bun toitín** butt. • *f* **bun na spéire** horizon.

bunachar sonraí *m* database.

bunaigh *vt* to establish; to found.

bunáit *f* (*milit*) base.

bunaitheoir *m* founder.

bungaló *m* bungalow.

bunoscionn *adv adj* upside-down; chaotic.

bunreacht *m* (*pol*) constitution.

bunscoil *f* primary school.

bunstoc *npl* aborigines, original people.

buntáiste *m* advantage.

buntomhas *m* dimension.

bunú *m* foundation.

bunús *m* most; basis; **bunús an scéil** gist (of story).

bunúsach *adj* aboriginal; basic, elementary, fundamental; cardinal; essential.

burg *m* burgh.

burgar *m* beefburger.

bus *m* bus; **ar an bhus** *adv* by bus.

busta *m* bust.

butrach *adj* buttery.

C

cá (háit) *interr pn* where (+ *indirect*).

cabach *adj* garrulous.

cabaíl *f* garrulity.

cabaireacht *f* babble. • *vi* déan cabaireacht to chatter.

cabáiste *m* cabbage.

cabán *m* cabin.

cábán (píolóta) *m* cockpit.

cabanta *adj* flippant; glib.

cabhail *f* hull.

cabhlach *m* fleet, navy.

cabhrach *adj* helpful.

cabhraigh le *vi* to help.

cabhsa *m* causeway.

cábla *m* cable, hawser.

cac *m* dung; excrement.

cáca *m* cake.

cachtas *m* cactus.

cad *interr pron* what; how; why. • *n* cad (é) what (+ *direct*). • *adv* cad as whence (+ *indirect*); cad é mar how; cad chuige why (+ *indirect*).

cadairne *m* scrotum.

cadás *m* cotton.

cadhnra *m* battery.

cadóg *f* haddock.

caibidil *f* chapter.

caibinéad *m* cabinet.

caidéal *m* pump.

caidreamh *m* association (*of people*); intercourse; caidreamh collaí sexual intercourse; caidreamh poiblí public relations.

caidreamhach *adj* gregarious.

caife *m* café; coffee.

caiféin *f* caffein(e).

caifitéire *m* cafeteria.

caighean *m* cage.

cailc *f* chalk.

cáiligh *vt* to qualify.

cailín *m* girl; girlfriend; lass, lassie; maid; cailín aimsire maid; cailín coimhdeachta bridesmaid.

cáilíocht *f* qualification.

caill *vt* to lose; to miss.

caille *f* veil.

cailleach *f* hag; witch; coward.

cailleadh *m* loss.

caillte *adj* lost.

Cailvíneach *m* Calvinist.

caimiléireacht *f* duplicity; fraud.

cáin[1] *vt* to censure; to condemn; to criticise; to decry.

cáin[2] *f* tax. • *vt* gearr cáin (ar) to tax; cáin bhreisluacha *f* value added tax; cáin ioncaim *f* income tax.

cáinaisnéis *f* (*govt*) budget.

cáineadh *m* censure; condemnation.

cainneann *f* leek.

cainéal *m* channel.

cáinmheas *m* tax assessment.

caint *f* speech, talk; caint na ndaoine vernacular.

cainte *adj* oral.

cáinteach *adj* critical.

cáipéis *f* document, record.

caipín *m* cap.

caipitleachas *m* capitalism.

caiptlí *m* capitalist.

cairde *m* credit; respite.

cairdeas *m* friendship.

cairdín *m* (*mus*) accordion .

cairdinéal *m* cardinal.

25

cairdiúil *adj* friendly.

cairdiúlacht *f* friendliness.

cairéad *m* carrot.

cairéal *m* (*geog*) quarry.

cairpéad *m* carpet.

cairt *f* cart; chart; charter.

cairtchlár *m* cardboard.

cairtfhostaigh *vt* to charter.

cáis *f* cheese.

Cáisc *m* Easter.

caiséad *m* cassette.

caisearbhán *m* dandelion.

caisiné *m* casino.

caisleán *m* castle.

caite *adj* worn.

caiteachas *m* expenditure.

caith *vt* to consume; to expend; to spend (*money, time*); to cast; to throw; to wear (*clothes*); **caith amach** to dump; to eject; to oust; **caith amhras ar** to suspect; **caith anuas ar** to malign; **caith ar** to afflict; **caith clocha le duine** to pelt someone with stones; **caith dímheas ar** to denigrate; **caith go doscaí** to lavish; **caith le (duine, etc)** to treat; **caith (rud) san aer** to toss; **caith rud uait** to discard; **caith solas** to flash; **caith tabac** to smoke; **caith toitín** to smoke. • *vi* **caith seile** to spit;

caitheamh *m* throw; spending; **caitheamh aimsire** recreation, diversion, pastime, hobby.

caithfidh: **caithfidh mé é a dhéanamh** *vb* I have to do it .

cáithnín *m* particle.

caithréim *f* triumph.

caithréimeach *adj* triumphal.

caiticeasma *m* catechism.

Caitliceach *adj m* (*relig*) Catholic.

Caitliceachas *m* Catholicism.

cál *m* kale.

caladh cuain *m* jetty.

calafort *m* seaport.

calaois *f* foul; **déan calaois ar** *vt* to defraud.

calcalas *m* (*math, med*) calculus.

callaire *m* loudspeaker.

callán *m* din, racket, noise (*noise of people*); **callán a thógáil** *vi* to brawl.

callánach *adj* boisterous.

calóga arbhair *npl* cornflakes.

calra *m* calorie.

Calvaire *m* Calvary.

cam *adj* crooked, wry, bent.

cam an ime *m* (*bot*) buttercup.

camall *m* camel.

camán *m* hurley, shinty stick; (*mus*) quaver.

camas *m* (*mar*) cove.

camchosach *adj* bandy-legged.

camóg *f* bracket; comma.

camógaíocht *f* camogie (game similar to hurley).

campa *m* camp; **campa géibhinn** concentration camp.

campáil *vi* to camp.

campálaí *m* camper.

can *vt* to sing; **can (amhrán) de chrónán** to croon.

cána *m* cane.

canabhas *m* cannabis.

canáil *f* canal.

canbhás *m* canvas.

cancrach *adj* fretful.

candaí *m* candy.

canna *m* can.

canóin *f* cannon; canon.

cantaireacht *f* chant. • *vt* **cantaireacht a dhéanamh** to chant.

cantalach *adj* cantankerous, cross.

canúint *f* dialect.

caoch *vt* to daze; to dazzle. • *vi* **caoch na súile** to blink; **caoch súil** to wink.

caochán *m* mole.

caoga *adj* fifty.

caogadú *adj* fiftieth.

caoi *f* manner; **cén chaoi a bhfuil tú?** how are you?

caoin *adj* (*person*) benign, gentle. • *vi vt* to lament, bewail, keen, mourn; to weep; to deplore.

caoineadh *m* elegy; lament; lamentation.

caointeach *m* elegiac.

caoireoil *f* mutton.

caol[1] *adj* lean; skinny. • *m* **caol na láimhe** *m* wrist.

caol[2] *m* firth, kyle.

caolchúiseach *adj* subtle.

caomhnaigh *vt* to conserve.

caomhnóir *m* guardian.

caomhnú *m* conservation; conservancy.

caonach *m* moss.

caor *f* berry.

caora *f* ewe; sheep.

caorthann *m* rowan.

caoithiúil *adj* convenient; expedient.

caoithiúlacht *f* convenience; **ar do chaoithiúlacht** at your convenience.

capall *m* horse.

capán glúine *f* kneecap.

capsúl *m* capsule.

captaen *m* captain.

cár *m* teeth (set of); **cár bréagach** dentures.

cara (carad) *m* friend.

carabhán *m* caravan.

carachtar *m* character.

carbaihiodráit *f* carbohydrate.

carball *m* palate (hard).

carbón *m* carbon.

Carghas: *m* **An Carghas** Lent.

carn *vt* to accumulate; to heap; to pile. • *m* **carn aoiligh** dunghill; **carn fuílligh** dump.

carnabhal *m* carnival.

carnadh *m* accumulation.

carr *m* car; **carr cábán infhillte** convertible; **carr scriosta** wreck; **carr sleamhnáin** sledge, sleigh.

carráiste *m* carriage.

carria *m* deer; stag.

carsán *m* wheeze. • *vi* **cársán a bheith ionat** to wheeze.

cárta *m* card; **cárta airgid** cash card; **cárta baincéara** bank card; **cárta bordála** boarding pass; **cárta creidmheasa** credit card; **cárta poist** postcard.

carthanach *adj* beneficent; charitable.

cartlann *f* archive.

cartún *m* cartoon.

cartús *m* cartridge.

cas *vt vi* to turn; to spin; to twist; to sing; **cas le** to meet.

cás *m* cage; case. • *vt* **duine (rud) a chur isteach i gcás** to cage.• *adj* **sa dara cás** secondly.

casacht *f* cough. • *vi* **déan casacht** to cough.

casaigh *vt* to deplore.

casaoid *f* reprimand; complaint.

casaról *m* casserole.

caschoill *f* brushwood.

casóg *f* jacket.

casta *adj* intricate.

casúr *m* hammer.

casta *adj* complex; elaborate.

cat *m* cat. • *adj* **mar chat** feline.

cat crainn *m* marten.

catagóir *f* category.

catalóg *f* catalogue.

cataracht fionn *f* cataract.

cath *m* battle.

cathair (cathrach) *f* city; **cathair ghríobháin** labyrinth.

cathaoir (cathaoireach) *f* chair; **cathaoir uilleach** armchair.

cathaoirleach *m* chairman, chairperson.

cathartha *adj* civic.

cathéide *f* armour.

cé¹ *f* pier.

cé² *interr pn* who (+ direct) • *pn* whose. • *adj* **cé (acu)** which. • *conj* **cé acu** whether. • *pn* which; **cé go** although, though; whereas; **cén fáth** (+ *indirect*); *adv* why; **cén uair** (+ *direct*); *adv* when.

ceacht *m* lesson.

céachta *m* plough.

cead *m* consent; **cead isteach** admission; **cead scoir** leave.

céad *adj* first; **an chéad bhean** the first woman • *m* century; hundred. • *adj* hundred. • *adv* **faoin gcéad** per cent.

ceadaigh *vi vt* to consent; to allow, permit; to approve.

ceadaitheach *adj* permissive.

ceadal *m* (*mus*) recital.

céadghin *f* first-born.

Céadaoin: *f* **An Chéadaoin** Wednesday.

céadú *adj* hundredth.

ceadúnaigh *vt* to license.

ceadúnas *m* licence; permit; **ceadúnas tiomána** driving licence.

ceal *m* lack, absence; **cur ar ceal** *m* abolition.

cealg *f* sting; deception, deceit. • *vt* to sting; to deceive.

cealaigh *vt* to counteract; to annul; to cancel; to delete.

ceallra *m* battery.

cealú *m* cancellation.

ceamara *m* camera.

ceamaradóir *m* camera operator.

ceangal *m* link; bond; connection.

ceangail *vt* to tie, to bind; to connect; to fasten; to join; to lace.

ceangailteach *adj* astringent.

ceann *m* head. • *adv* **an ceann** apiece (thing); **ceann ar cheann** singly. • *vt* **an ceann a bhaint de scéal** to broach a question; **dul i gceann ruda** to go about a thing. • *prep* **go ceann** for (*time: future*). • *m* **ceann feadhna** captain; **ceann staighre** landing; **ceann tíre** headland; **ceann urra** chief.

ceann- *adj* capital.

céanna *adj* same; **den chineál chéanna** like. • *adv* **mar an gcéanna** likewise; ditto.

ceannaí *m* buyer; merchant.

ceannaigh *vt* to buy.

ceannairc *f* mutiny.

ceannaireach *m* rebel.

ceannaire *m* leader.

ceannas *m* dominion. • *vt* **bheith i gceannas ar** to dominate.

ceannasach *adj* dominant; assertive; ruling.

ceannbhán *m* bog-cotton.

ceannbhrat *m* canopy.

ceanncheathrú *fsg npl* (*milit*) headquarters.

ceanndána *adj* dogged; headstrong; stubborn.

ceannlitir (-treach) *f* capital letter.

ceannsolas *m* headlight.

ceansa *adj* meek; tame.

ceansacht *f* meekness.

ceansaigh *vt* to domesticate (*animal*); to appease; to tame.

ceant *m* auction.

ceantar *m* area, locality, district.

ceanúil *adj* affectionate, fond.

ceap *m* butt (target); pad. • *vt* to appoint; to design; to devise; to intercept; to trap.

ceapachán *m* appointment.

cearbhán *m* basking shark.

cearc *f* hen; **cearc fhraoigh** (bird) grouse.

ceardaí *m* craftsman.

ceardaíocht *f* workmanship.

cearnach *adj* square.

cearnamhán *m* hornet.

cearnóg *f* square.

cearr *adj* wrong. • *adv* awry; **tá rud éigin cearr** something's amiss.

cearrbhach *m* gambler.

cearrbhachas *m* gambling. • *vi* **bheith ag cearrbhachas** to gamble.

ceart *adj* correct; right. • *m* justice; right. • *vt* **cuir i gceart** to right.

cearta *f* forge.

ceartaigh *vt* to correct; to adjust; to rectify.

ceart oidhreachta *m* birthright.

céas *vt* to persecute.

céasadh *m* agony.

céasaigh *vt* to agonise.

céaslaigh *vi* to paddle.

ceathair *adj m* four; **ceathair déag** *m* fourteen.

ceathrar *m* foursome.

ceathrú[1] *adj m* fourth. • *f* **ceathrú pionta** gill. • *adv* **sa cheathrú háit** fourthly.

ceathrú[2] *f* quarter; stanza; (*anat*) thigh.

ceathrú déag *adj m* fourteenth.

ceil *vt* to cloak; to hide.

céile *m* consort, mate, partner, spouse; **céile comhraic** antagonist; opponent. • *adv* **de réir a chéile** gradually; **le chéile** together.

céilí *m* visit (to someone's house); social evening.

ceiliúir *vt* to celebrate; to warble; to fade, vanish.

ceiliúr *vt* to warble. • *m* **ceiliúr éan** birdsong.

ceiliúradh *m* celebration; **ceiliúradh céad bliain** centenary.

céillí *adj* sane; sensible.

ceilp *f* kelp.

ceilt *m* concealment; denial. • *adv* **faoi cheilt** *adv* secretly.

ceilteach *adj* secretive.

céim *f* degree; grade; step; (*educ*) degree; **céim bhacaí** limp; **céim fhada** stride.

céimí *m* graduate.

ceimic *f* chemistry.

ceimiceoir *m* chemist.

céimíocht *f* rank.

céimiúil *adj* eminent.

céimseach *adj* gradual, gradated.

céimseata (-n) *f* geometry.

ceinteagrád *m* centigrade.

ceintiméadar *m* centimetre.

céir *f* wax.

ceird *f* craft.

ceirmeach *adj* ceramic.

ceirnín *m* (*mus*) record.

ceirtlín *m* (*thread*) reel.

ceirtlis *f* cider.

ceist *f* issue; question.

ceistigh *vt* to question.

ceithearnach *m* (*chess*) pawn.

ceithre *adj* four.

ceo *m* fog; mist; haze.

ceobhrán *m* drizzle.

ceobhránach *adj* misty; hazy.

ceol *m* music. • *vt vi* to sing. • *m* ceol aonair (*mus*) solo; ceol na méan birdsong; *f* ceol tíre folksong.

ceolmhar *adj* musical; tuneful; (*mus*) harmonious.

ceomhar *adj* foggy.

cheana (féin) *adv* already.

choíche *adv* (in future) ever.

chomh *adv* so; **chomh maith** too, also. • *adj* **chomh fada ar shiúl** equidistant. • *conj* **chomh ... le** as.

chuig *prep* to.

chun *prep* to (+ *gen*). • *adj* **chun tosaigh** forward, to the fore.

ciall *f* meaning; sense; reason; wit. • *adj* **gan chiall** meaningless, senseless.

ciallaigh *vt* to imply, mean.

cianrialú *m* remote control.

ciap *vt* to annoy; to bait; to harass; to plague.

ciapach *adj* annoying.

ciapadh *m* annoyance.

ciarbhuí *adj* tawny.

ciaróg *f* beetle.

ciarsúr *m* handkerchief.

cibé *pn* whoever. • *adv* **cibé áit** wherever.

cic *m* kick.

ciceáil *vt* to kick.

cíl *f* keel.

cileagram *m* kilogram.

ciliméadar *m* kilometre.

cill *f* cell.

cime *m* captive.

cín lae *f* diary.

cine *m* race; **an cine daonna** humankind.

cineál *adj* kind. • *m* gender; make. • *adj* **den chineál chéanna** like.

cineálta *adj* kindly.

cinedheighilt *f* apartheid.

ciníochas *m* racism.

cinn ar *vt* to determine.

cinneadh *m* decision; determination.

cinnitheach *adj* decisive.

cinniúint *f* destiny; doom.

cinnte *adj* certain; sure. • *adv* **go cinnte** assuredly, surely.

cinnteachas *m* determinism.

cinnteacht *f* certainty, certitude.

cinntigh *vt* to confirm; to ascertain; to ensure.

cinntiú *m* confirmation.

cinsire *m* censor.

cinsireacht *f* censorship.

cíoch *f* breast.

cíochbheart *m* bra.

cíocrach *adj* avid; eager.

cíocras (chun) *m* craving (for).

cion[1] *m* affection; **tá cion agam ort** I am fond of you.

cion[2] *m* share.

cion[3] *m* offence.

cionmhaireacht *f* proportion.

cionn is (go) *conj* as.

ciontach *adj* guilty. • *m* convict; culprit.

ciontacht *f* delinquency; guilt.

ciontaigh *vt* to incriminate; to convict.

ciontóir *m* delinquent.

ciontú *m* conviction.

cíor *f* comb. • *vt* to comb; *f* **cíor thuathail** muddle.

ciorcad *m* (*elec*) circuit.

ciorcal *m* circle; ring.

ciorclach *adj* circular.

ciorclán *m* circular.

ciorraigh *vt* to hack; to mutilate.

ciorrú coil *m* incest.

cíos *m* rent.

ciotach *adj* awkward; clumsy; left-handed.

ciotachán *m* bungler.

ciotóg *f* left hand; left-handed person.

ciotógach *adj* left-handed.

ciotrúntacht *f* clumsiness.

cipín *m* match, stick; **bheith ar cipíní** to be in suspense, on tenterhooks.

circeoil *f* chicken (meat).

cis *f* handicap; rut.

ciseán *m* basket, hamper.

cispheil *f* basketball.

cist *f* cyst.

cisteog *f* casket.

cistin *f* kitchen.

citeal *m* kettle.

cithfholcadh *m* shower.

cithréim *f* deformity.

ciúb *m* cube.

ciúin *adj* calm; quiet; silent.

ciumhais *f* edge; margin.

ciúnaigh *vt* to calm; to quieten.

ciúnas *m* calm, calmness; placidity; silence.

clábar *m* mud.

clabhsúr *m* close.

cladach *m* seashore, shore.

cladhaire *m* coward; rogue.

clagarnach *f* clatter. • *vi* **déan clagarnach** to clatter.

claí *m* dyke.

claidhreacht *f* cowardice.

claíomh (claímh) *m* sword.

cláirseach¹ *f* harp .

cláirseach² *f* woodlouse.

cláirseoir *m* harpist.

clais *f* furrow.

clamhair *vt* to maul; to pull hair/skin off.

clamhán *m* buzzard.

clamhsán *m* grumble, grouse. • *vi* **déan clamhsán** to grumble.

clampaigh *vt* to clamp.

clampar *m* tumult; wrangle; **déan clampar** *vi* to wrangle.

clann *f* children, offspring; family.

claon *vt vi* to incline; to deviate; to divert; to slant.

claonadh *m* inclination; diversion; bias; slant.

claonpháirteachas *m* collusion.

clapsholas *m* dusk, gloaming, twilight.

clár *m* board; catalogue; lid; register; (*TV, etc*) programme; **clár comhardaithe** balance sheet; **clár dubh** blackboard; **clár fógraí** bulletin board.

cláraigh¹ *vt* to record.

cláraigh² *vt* to have sexual intercourse with.

clasaiceach *adj* classic; classical.

claspa *m* clasp.

clé *adj* left.

cleacht *vt* to practise; to rehearse.

cleachta *adj* acustomed.

cleachtadh *m* practice; rehearsal.

cleas *m* catch; contrivance; trick; prank; **cleas deaslámhaí** knack.

cleasach *adj* artful.

cléir *f* clergy.

cléireach *m* clerk.

cléiriúil *adj* clerical.

cleite *m* feather.

cliabh *m* (*anat*) chest; creel.

cliabhán *m* cradle.

cliamhain (~) *m* son-in-law.

cliant *m* client.

cliarscoil *f* seminary.

cliath *f* stave; **cliath fhuirste** harrow.

clinic *m* (doctor's) surgery, clinic.

cliobóg *f* filly.

clíoma *m* climate.

cliste *adj* bright, clever, smart.

clóbhuail *vt* to print.

clóca *m* cape, cloak.

cloch *f* rock; stone; **cloch shneachta** hailstone; **cloch thine** flint.

clochar *m* convent.

clog *m* bell; blister; clock. • *vi* to blister.

clóghrafaíocht *f* typography.

cloicheán *m* prawn.

cloigeann *m* skull.

cloígh *vt* defeat.

cloigín *m* bell.

cloíte *adj* abject.

clós *m* enclosure; yard.

closamhairc *adj* audiovisual.

clú *m* fame; reputation.

cluas *f* ear.

cluasán *m* earphone.

club *m* club.

clúdach *m* cover; envelope.

clúdaigh *vt* to cover; to veil.

cluiche *m* game; **cluiche cártaí** card game.

cluin *vt vi* to hear.

clúiteach *adj* famous.

clúmhach *adj* furry.

clúmhilleadh *m* defamation; slander.

clúmhúil *adj* mouldy.

cnádaigh *vi* to smoulder.

cnag *m* knock. • *vt* to knock; to click.

cnagaosta *adj* elderly.

cnaipe *m* button. • *vt* **cnaipí a cheangal** to button.

cnámh *f* bone; **cnámh droma** backbone; **cnámh géill** jawbone. • *adj* **gan chnámh** boneless.

cnámhach *adj* bony.

cnámharlach *m* skeleton; lanky person.

cnap *m* knob; lump.

cnapach *adj* lumpy.

cnapán *m* bump, swelling.

cnapsac *m* knapsack.

cneá *f* sore; wound.

cnead *vi* to pant. • *f* gasp.

cneáigh *vt* to wound.

cneamhaire *m* knave.

cneasacht *f* honesty; sincerity; probity.

cneasta *adj* honest, sincere; decent.

cneastacht *f* decency.

cniog *m* click.

cniotáil *vt* to knit.

cniotálaí *m* knitter.

cnó *m* nut; **cnó cócó** coconut.

cnoc *m* hill; **cnoc oighir** iceberg.

cnocach *adj* hilly.

cnuasach *m* anthology; compilation.

cobhsaí *adj* stable.

cócaire *m* cook.

cócaireacht *f* cookery.

cócaireán *m* cooker; **cócaireán gáis** gas cooker.

cócaráil *vi vt* to cook.

cóch *m* squall.

cochall *m* hood; (*bot*) capsule.

cócó *m* cocoa.

cocún *m* cocoon.

cód *m* code; **cód poist** postcode.

codail *vi* to sleep.

codán *m* fraction.

codladh *m* sleep. • *vi* **tá mé i mo chodladh** I am asleep.

codlatach *adj* drowsy, sleepy.

cófra *m* chest, coffer; cupboard.

cogadh *m* war.

cogain *vt* to chew.

cogar *m* whisper. • *vt vi* **abair i gcogar** to whisper.

coguas *m* (*anat*) palate (soft).

cogúil *m* warlike.

coibhneasta *adj* relative.

coicís *f* fortnight.

coigeadal *m* chant.

coigil *vt* to economise.

coigilt *f* frugality.

coigilteach *adj* frugal.

coileach *m* cock.

coileán *m* pup, cub (*animal*).

coiléar *m* collar.

coilíneach *adj* colonial.

coilíneacht *f* colony.

coilínigh *vt* to colonise.

cóilis *f* cauliflower.

coill[1] *f* wood.

coill[2] *vt* to castrate; to violate.

coilleadh *m* castration; violation; robbery.

coilleán *m* eunuch.

coim *f* waist. • *adv* **faoi choim** incognito.

coiméad *m* comet.

coimeádach *adj* conservative.

coiméide *f* comedy.

coimhlint *f* conflict.

coimhthíoch *adj* exotic; foreign; alien. • *m* foreigner; alien.

coimirceoir *m* guardian.

coimisiún *m* commission.

coimisiúnaigh *vt* to commission.

coimre *f* neatness; abridgment.

coimriú *m* abstract.

coincheap *m* concept.

coincréit *f* concrete.

coincréitigh *vt* to concrete.

coineascar *m* evening; twilight, dusk.

coinicéar *m* warren.

coinín *m* rabbit.

coinleach *m* stubble.

coinlín reo *m* icicle.

coinne *f* appointment, meeting, assignation, tryst. • *vt* **cuir i gcoinne** to object; **faoi choinne** *prep* for.

coinneal *f* candle.

coinneálach *adj* tenacious.

coinnigh *vt* to contain, hold; to keep, maintain; to retain.

coinnigh ort le *vt* to persevere.

coinséartó *m* concerto.

coinsias *m* conscience.

coinsiasach *adj* conscientious.

coinsíneacht *f* consignment.

coip *vt vi* to ferment; to foam.

cóip *f* copy.

cóipcheart *m* copyright.

coipeach *adj* effervescent.

coipeadh *m* fermentation; ferment.

coipeadh *vi* to fizz.

cóipeáil *vt* to copy.

coir *f* crime; offence; trespass; **coir a dhéanamh** *vt* to commit (a crime, etc).

cóir[2] *adj* just; proper. • *f* equity. • *vb aux* **ba chóir** (**dom**, etc) ought. • *adv* **mar is cóir** duly.

coirceog *f* hive.

coire *m* boiler; corrie; **coire guairneáin** whirlpool.

coiréal *m* coral.

cóirigh *vi* to dress. • *vt* to adjust; to arrange; to fix.

cóiriú *m* dressing; (*mus*) arrangement.

coiriúil *adj* criminal.

coirm *f* treat.

coirnéal *m* corner.

coirnín *m* bead; curl.

coirníní a chur i *vt* to curl.

coirnis *f* cornice.

Coirnis *f* (*ling*) Cornish.

coirpeach *m* criminal; outlaw.

coirpín *m* corpuscle.

coirt *f* bark (of a tree).

coisbheart *m* footwear.

cois: *adv* **ar cois** afoot; **le cois** besides.

coisc *vt* to block; to deter; to forbid, prohibit.

coiscéim *f* pace; step.

coiscín *m* sheath, condom, contraceptive.

coisí *m* pedestrian.

coisric *vt* to consecrate, bless.

coiste *m* committee.

cóiste *m* carriage, coach; **cóiste na marbh** hearse.

coiteann *adj* common.

coitianta *adj* accustomed; ordinary, undistinguished; popular, prevailing; usual.

col¹ *m* dislike.

col² *m* kinship; **col ceathar** *m* cousin; **col cúigear** first cousin once removed.

colach *adj* incestuous.

colainn *f* body. • *adj* **i gcolainn dhaonna** *adj* incarnate.

coláiste *m* college.

colbha cosáin *m* kerb.

colg *m* bristle.

colgach *adj* bristly; irritable, peevish.

collaí *adj* carnal.

collaíocht *f* sexuality. • *vi* **collaíocht**

a bheith agat le duine to have sex with someone.

colm *m* dove; scar.

colscaradh *m* divorce.

colscaraigh *vt vi* to divorce.

colún *m* column; pillar.

colúnaí *m* columnist.

colúr *m* pigeon.

comaoin *f* favour; obligation. • *adj* **faoi chomaoin** indebted.

comair *adj* shapely, trim.

comhábhar *m* ingredient.

comhad *m* file (*documents*).

comhadaigh *vi* to file.

comhaimseartha *adj* contemporaneous, contemporary.

comhair *vt* to count.

comhairigh *vt* to compute, calculate.

comhairle *f* advice; council; **idir dhá chomhairle** in a quandary.

comhairleoir *m* adviser; councillor.

comhairligh *vt* to advise.

cómhalartach *adj* mutual; reciprocal.

comhalta *m* member; foster-sibling.

comhaltacht *f* fellowship.

comhaontas *m* alliance.

comhaontú *m* agreement.

comhardaigh *vt* to equalise; (*fin*) to balance.

comharsa (-n) *f* neighbour.

comhartha *m* sign; **comhartha ceiste** question mark; **comhartha uaillbhreasa** exclamation mark.

comhbheith *f* coexistence.

comhbhrí *f* equivalent. • *adj* **ar comhbhrí (le)** equivalent (to).

comhbhrón *m* sympathy, commiseration. • *vt* **comhbhrón a dhéanamh le duine** to commiserate.

comhcheangail vi vt to combine; join.

comhcheangal m coalition; combination; affiliation.

comhcheilg f conspiracy, plot.

comhcheol m harmony.

comhchoirí m accomplice.

comhchruinniú m muster.

comhdháil f conference.

comhdhéanamh m (phys) constitution.

comhdheas adj ambidextrous.

comhdhírigh vi to converge.

comhéigean m coercion.

comhfhios m consciousness.

comhfhiosach adj conscious.

comhfhreagras m correspondence.

comhghairdeas m congratulations. • vt **comhghairdeas a dhéanamh (le)** to congratulate.

comhghuaillí m ally.

comhionannas m uniformity.

comhla f valve.

comhlacht m company, firm.

Comhlathas m Commonwealth.

comhlíon vt to fulfil; to perform.

comhlíonadh m fulfilment.

comhluadar m (social) company.

comhoibrí m colleague.

comhoibrigh (le) vi to cooperate; to collaborate.

comhpháirteach adj joint.

comhpháirtíocht f partnership. • adv **i gcomhpháirtíocht** jointly.

comhrá m chat, conversation. • vi **comhrá a dhéanamh (le)** to converse.

comhrac m combat; **comhrac aonair** m duel.

comhréir f proportion. • vt **cuir i gcomhréir (le)** to attune; **cuir i gcomhréir le chéile (smaointe,** etc) to harmonise (thoughts, etc).

comhréiteach m compromise.

comhriachtain f copulation. • vi **comhriachtain a dhéanamh** to copulate.

comhrian m (map) contour.

comhshamhlaigh vt to assimilate.

comhshínigh vt to countersign.

comhshondas m assonance.

comhtháite adj coherent; cohesive.

comhthaobhach adj collateral.

comhtharlaigh (le) vi coincide.

comhtharlú m coincidence.

comhtháthaigh vi vt fuse; integrate; cohere.

comhthéacs m context.

comhthíreach m compatriot.

comhthreomhar adj parallel.

comhuaineach adj simultaneous.

comórtas m competition; contest.

compánach m chum; companion.

compás m compass.

compord m comfort.

compordach adj comfortable.

comrádaí m comrade, mate.

conablach m carcass.

cónacht f equinox.

cónaí m residence; **i gcónaí** adv always.

cónaidhme adj federal.

cónaigh vi to dwell; to abide.

conairt f pack of hounds; rabble.

cónaisc vt vi to amalgamate; to merge.

conas adv how; **conas atá tú?** how are you?.

cónasc m conjunction.

conchró m kennel.

confach adj bad-tempered.

cóngarach adj adjacent; **cóngarach (do)** prep near (to).

cónra *f* coffin.

conradh *m* contract; (*pol*) league.

consan *m* (*gr*) consonant.

conspóid *f* controversy; dispute. • *vt* to dispute, argue, contest.

conspóideach *adj* argumentative; controversial.

constaic *f* impediment, obstacle.

contae *m* county.

contráilte *adj* wrong.

contrártha *adj* contrary.

contúirt *f* danger.

contúirteach *adj* dangerous, unsafe.

copóg *f* (*bot*) dock(en).

cor *m* turn; **cor bealaigh** detour; **cor cainte** idiom.

cór *m* choir.

cora *f* weir.

córas *m* system.

corc *m* cork. • *vt* **corc a chur i mbuidéal** to cork; **corc a bhaint as** to uncork.

corcairdhearg *adj* crimson.

corcra *adj* purple.

corcscriú *m* corkscrew.

corda *m* cord; string.

corn *m* (*mus*) horn. • *vt* to coil; to wrap.

coróin (-ónach) *f* crown.

corónach *adj* coronary.

corónaigh *vt* to crown.

corónú *m* coronation.

corp *m* body; corpse.

corpán *m* corpse.

corparáid *f* corporation.

corr[1] *adj* eccentric; odd, peculiar. .

corr[2] *f* heron; **corr f éisc** heron; **corr f bhán** stork; .

corraigh *vt* to agitate; to stir.

corraíl *f* agitation.

corraitheach *adj* emotional; heady, thrilling.

corrmhéar *f* forefinger.

corrmhíol *m* mosquito.

corrthónach *adj* restless.

cos *f* foot; leg; haft.

cosain *vi* to cost. • *vt* to champion; to defend; to protect, shield.

cosaint *f* defence; protection. • *adj* **gan chosaint** defenceless.

cosán *m* path, footpath.

cosantach *adj* defensive.

cosantóir *m* defender, protector; (*auto*) bumper.

cosc *m* ban. • *vt* to ban.

coscán *m* brake.

cosmaid *f* cosmetic.

cosnochta *adj* barefoot(ed).

cos-slua *m* infantry.

cósta *adj* coastal. • *m* coast.

costas *m* cost.

costasach *adj* costly.

cosúil *adj* alike, similar. • *adv* akin.

cosúil le *adv* like.

cosúlacht *f* analogy; likeness.

cóta *m* coat; **cóta dúbailte** double-breasted coat.

cothabháil *f* sustenance; maintenance.

cothaigh *vt* to feed; to maintain.

cothrom *adj* equal; even; flat; level. • *m* balance; fairness; **cothrom an lae** anniversary. • *adv* **go cothrom** fairly.

cothromaigh *vt* to balance; to equalise (*game*).

cothrománach *adj* horizontal.

cothromas *m* (*fin*) equity.

cothromóid *f* equation.

crá *m* anguish; annoyance; irritation; bother.

craiceann *m* peel, rind, skin; **craiceann an chinn** scalp.

cráifeach *adj* devoted, holy.

cráigh *vt* to bother, harass, vex.

cráin *f* sow.

cranda *adj* decrepit.

crann *m* tree; mast; **crann creathach** (*bot*) aspen; **crann líomaí** lime tree; **crann tabhaill** catapult; **crann tógála** crane; **crann úll** apple tree; **crann cinn** bowsprit; *f* **crann teile** lindin tree.

crannchur *m* lottery; raffle.

crannóg *f* crannog, lake dwelling.

craobh *f* bough, branch; championship.

craobhabhainn *f* tributary.

craolaigh *vt vi* to broadcast.

craoltóir *m* broadcaster.

craos *m* gullet; gluttony. • *vt* **déan craos** to gorge.

craosach *adj* ravenous.

craosaire *m* glutton.

crap *vi* to contract; to shrink; to crumple. • *vt* to crumple.

crapadh *m* contraction.

cré-earraí *npl* earthenware.

creach *f* booty; plunder; prey, quarry. • *vi* to prey. • *vt* to plunder; to ravage; to rob.

creachadóir *m* robber; vandal.

creachlaois *f* light work; chore.

créacht *f* gash.

créam *vt* to cremate.

creathán *m* shudder, tremble, quiver.

créatúr *m* creature.

creid *vi vt* to believe; tocredit.

creideamh *m* (*relig*) conviction, belief; creed, faith, religion.

creidiúnaí *m* creditor.

creidmheas *m* credit.

creig *f* crag.

creim *vt* to corrode; to erode; to gnaw.

creimeadh *m* corrosion.

criathar *m* sieve.

críoch *f* border; dominion; end; finish.

críochdheighilt *f* (*pol*) partition.

críochnaigh *vi vt* to finish, end; to complete, accomplish; to conclude; to consummate.

críochnaithe *adj* accomplished.

críochnú *m* completion; accomplishment.

críochnúil *adj* thorough, businesslike.

críol *m* creel.

críonna *adj* prudent, wise.

críonnacht *f* wisdom.

crios *m* belt.

Críostaí *adj m* Christian.

critéar *m* criterion.

crith *m* quaver; quiver; tremor. • *vi* to quiver; to shiver; to vibrate.

crith talún *m* earthquake.

cró *m* byre, (small) outhouse; **cró folaigh** hiding-place; **cró muc** (pig) sty.

crobhaing *f* cluster.

croch *f* gallows. • *vt* to hang; to suspend.

cróch *m* saffron.

cróchar *m* bier; stretcher.

crochta *adj* steep.

cróga *adj* brave; heroic.

crógacht *f* bravery; valour; hardihood.

croí *m* core; heart.

croiméal *m* moustache.

crónán: **bheith ag crónán** *vi* to hum.

cróineolaíoch *adj* chronological.

cróineolaíocht *f* chronology.

croinic *f* chronicle.

croinicí *m* chronicler.

crois *f* crucifix.

croisín *m* (*mus*) crotchet.

croit *f* croft.

croitéir *m* crofter.

croith *vi* *vt* to wave; to jolt; to wag.

croitheadh láimhe *m* handshake.

croíúil *adj* cheerful; cordial; hearty.

croíúlacht *f* cheerfulness, cheeriness; heartiness.

crom *vi* to bend down; to crouch; to droop; **crom síos** to duck.

cromán *m* hip.

cronaigh *vt* to miss; to reprove.

crónán *m* drone (of bee); buzz, hum.

cros[1] *f* cross.

cros[2] *vt* to prohibit, forbid.

crosbhealach *m* crossroad.

croscheistigh *vt* to cross-examine.

croschineálach *m* hybrid.

croschruthach *adj* cruciform.

crosfhocal *m* crossword.

cros-síolrú *m* crossbreed.

crosóg mhara *f* starfish.

crotach *f* curlew.

crotal *m* lichen.

crú capaill *m* horseshoe.

crua *adj* hard; obdurate.

cruach *f* steel; **cruach fhéir** hayrick, haystack.

cruachadh *m* accumulation.

cruachás *m* plight.

cruachroíoch *adj* callous, pitiless.

crua-earraí *npl* hardware.

cruaigh *vt* *vi* to harden.

cruálach *adj* cruel.

cruálacht *f* cruelty.

cruan *m* enamel.

crúb *f* claw; hoof.

crúca *m* crook; hook.

crúcach *adj* hooked.

cruimh *f* caterpillar.

cruinn *adj* accurate; round.

cruinne *f* universe.

cruinneas *m* accuracy.

cruinneog *f* globe.

cruinniú *m* gathering; meeting.

cruit *f* hump; (*mus*) small harp.

cruithneacht *f* wheat.

crúsca *m* jar; jug.

crústa *m* crust.

cruth *m* form, shape.

cruthaigh *vt* to create; to form; to prove.

cruthú *m* creation; proof.

cuach *f* cuckoo.

cuachma *f* whelk.

cuaille *m* post, pole; **cuaille báire** goalpost; **cuaille eolais** signpost.

cuairt *f* call; stay. • *vt* **cuairt a thabhairt ar** to call on.

cuairteoir *m* caller, visitor.

cuan *m* harbour.

cuannacht *f* grace (manner).

cuar *m* curve. • *vt* to curve.

cuardach *m* search.

cuardaigh *vt* to search, to seek.

cuas *m* hollow; cavity.

cuasach *adj* hollow.

cufa *m* cuff.

cuí *adj* appropriate, apt, suitable. • *adv* **go cuí** duly.

cuibheasach *adj* moderate; passable.

cuibhiúil *adj* decorous.

cuid *adj* some. • *f* part; **cuid gruaige** hair; **do chuid a dhéanamh** to eat a meal. • *adv* **den chuid is mó** mainly.

cuideachta *f* (*social*) company. • *adv* **i gcuideachta** (*pers*) along (+ *gen*).

cuideachtúil *adj* sociable.

cuidigh *vi* to help. • *vt* **cuidigh le** to help, assist.

cuiditheoir *m* accomplice.

cuidiú *m* aid, assistance, help.

cúig *adj m* five. • *adj* **cúig déag** fifteen.

cúige *m* province.

cúigiú *adj* fifth.

cúigleáil *vt* to embezzle.

cuil *f* fly.

cúl *m* rear, back.

cuileann *m* (*bot*) holly.

cuilithín *m* ripple (on water).

cuilt *f* quilt.

cuimhne *f* memory; **cuimhne randamrochtona** (*comput*) random access memory (RAM). • *vt* **cuir i gcuimhne do (rud)** to remind.

cuimhneachán *m* keepsake, memento.

cuimhní cinn *npl* memoirs.

cuimhnigh ar *vt* to remember.

cuimil *vt* to wipe.

cuimilt *f* rub, rubbing, friction, attrition.

cuimse *f* good amount. • *adj* **as cuimse** extreme, utmost.

cuimsitheach *adj* comprehensive.

cuing *f* isthmus; yoke.

cuir *vt vi* to lay; to place (*object*); to plant; to put; to set; to send; to shed (*hair, leaves*).

cuir ag dul *vt* to start (*motor*).

cuir agallamh ar *vt* to interview.

cuir aiféaltas ar *vt* embarrass.

cuir allas *vt* to sweat.

cuir amú *vt* to waste.

cuir an dlí ar *vt* to sue.

cuir aois ar *vt* to age.

cuir (rud) ar *vt* to impose.

cuir ar ais *vt* to replace.

cuir ar athló *vt* to defer.

cuir ar ceal *vt* to abolish; to cancel.

cuir ar leibhéal *vt* to level.

cuir ar neamhní *vt* to overrule.

cuir ar oileán uaigneach *vt* to maroon.

cuir ar slabhra *vt* to chain.

cuir as a riocht (scéal) *vt* to garble.

cuir as áit *vt* to dislodge; to displace.

cuir as oidhreacht *vt* to disinherit.

cuir as oifig *vt* to depose.

cuir beaguchtach ar *vt* to discourage, dishearten.

cuir bréagriocht ar *vt* to disguise.

cuir cathú (ar) *vt* to tempt.

cuir chun bóthair *vt* to dismiss.

cuir chun cinn *vt* to advance.

cuir chun suain *vt* to lull.

cuir cuid den mhilleán ar *vt* to implicate.

cuir dallach dubh ar *vt* to bamboozle.

cuir de ghlanmheabhair *vt* to memorise.

cuir d'fhiacha ar dhuine rud éigin a dhéanamh *vt* to impel someone to do something.

cuir draíocht ar *vt* to enchant.

cuir duine ar fuascailt *vt* to ransom.

cuir duine in aghaidh (duine eile) *vt* to alienate.

cuir duine in aithne *vt* to introduce.

cuir eagla ar *vt* to scare.

cuir eanglach ar *vt* benumb.

cuir fad le *vt* to lengthen.

cuir fál ar *vt* to fence.

cuir faoi chois *vt* to suppress.

cuir faoi dhraíocht *vt* to fascinate.

cuir faoi gheasa *vt* bewitch.

cuir faoi léigear *vt* (*milit*) to besiege.

cuir fearg ar *vt* to incense, enrage.

cuir forrán ar *vt* to accost; to address, speak to.

cuir fuil *vi* to bleed.

cuir gáir mholta asat do (dhuine) *vt* to cheer.

cuir geall ar *vi vt* to bet.

cuir glas ar *vt* to lock.

cuir grág as *vi* to croak.

cuir gruaim ar *vt* to depress.

cuir i bhfeidhm *vt* to enforce; to implement.

cuir i bpríosún *vt* imprison.

cuir i dtaisce *vt* to hoard.

cuir i dtír *vt* to land.

cuir i gceart *vt* to right.

cuir i gcéill *vi* to pretend.

cuir i gcoinne *vt* to object.

cuir i gcomhréir (le) *vt* to attune.

cuir i gcomhréir a chéile (smaointe, etc) *vt* to harmonise.

cuir i gcrích *vt* to accomplish.

cuir i gcuimhne do *vt* to remind.

cuir i leith (duine) *vt* to accuse; to impute.

cuir i ngeall *vt* to pawn.

cuir i ngníomh *vt* to realise.

cuir imní ar *vt* to worry.

cuir in iúl (rud) *vt* to inform.

cuir in iúl do (rud) *vt* to notify.

cuir in iúl *vt* to express.

cuir in olcas *vt* to aggravate .

cuir ina luí ar *vt* to instil.

cuir ionadh ar *vt* to astonish.

cuir iontas ar *vt* to amaze.

cuir isteach *vt* to insert; to interrupt.

cuir isteach ar *vt* to disturb; to hamper; to molest.

cuir le *vt* to add; to append; to apply.

cuir luach ar *vt* to appreciate.

cuir lúcháir f ar *vt* to delight.

cuir mearbhall ar *vt* to baffle; to fluster.

cuir míshásamh ar (dhuine) *vt* to displease.

cuir nótaí le *vt* to annotate.

cuir olc ar *vt* to offend.

cuir pionós ar *vt* to punish.

cuir rudaí in eagar *m* array.

cuir rud as a chuma *vt* to distort.

cuir rud i gcuimhne do *vt* to remind.

cuir rud i gcomparáid (le rud eile) *vt* to contrast; to compare.

cuir rud i leith duine *vt* to attribute; to reproach.

cuir rud in ionad ruda eile *vt* to substitute.

cuir rud in iúl *vt* to inform.

cuir rud in iúl do *vt* to notify.

cuir rud in oiriúint (do) *vt* to adapt.

cuir rud ina oibleagáid ar *vt* to oblige.

cuir rud ó chuma *vt* to deform.

cuir rud síos do dhuine *vt* to ascribe.

cuir rudaí le hais a chéile *vt* to juxtapose.

cuir sa phost *vt* to mail, to post, to send.

cuir samhnas ar *vt* to disgust.

cuir san áireamh *vt* to include.

cuir scaoll i *vt* to alarm.

cuir scéal as a riocht *vt* to garble (a message).

cuir seoladh ar *vt* to address.

cuir seomra, etc trína chéile *vt* to litter.

cuir síos ar *vt* to describe; to depict.

cuir slacht ar *vt* to tidy.

cuir sneachta *vi* to snow.

cuir sobal ar *vt* to lather.

cuir stailc suas *vi* to jib.

cuir straois ort féin *vi* to grin.

cuir trína chéile (seomra, etc) *vt* to litter.

cuir uisce ar *vt* to water.

cuir urlár ann *vt* to floor.

cuireadh *m* bidding (invitation); invitation.

cúiréir *m* courier.

cúirt *f* court.

cúirtéiseach *adj* courteous.

cuirtín *m* curtain.

cúis *f* case; cause; motive; reason.

cúis dlí *f* lawsuit.

cúiseamh *m* accusation.

cúiseoir *m* accuser.

cúisí *m* accused.

cúisigh *vt* to accuse.

cuisle *f* pulse.

cúiteamh *m* retribution; atonement. • *vt* **déan cúiteamh i** to atone.

cuisleannach *m* flautist.

cúitigh *vt* to compensate.

cúl *m* back; goal. • *adj* **ar gcúl** backward. • *adv* backwards.

cúl báire *m* goalkeeper.

cúl le stailc *f* blackleg.

cúlaigh *vi* to back; to recede; to retreat.

culaith *f* costume; suit; uniform; **culaith shnámha** bathing suit.

cúlchaint *f* gossip; backbiting. • *vi* **bheith ag cúlchaint (ar)** to gossip.

cúlchiste *m* reserve.

cúlra *m* background.

cultas *m* cult.

cultúr *m* culture.

cultúrtha *adj* cultural.

cum *vt* to compose; to devise.

cuma *f* look, appearance. • *adv* **ar chuma eile** otherwise. • *adj* **ar nós cuma liom** indifferent; **is cuma**

liom I don't care.

cumadh *m* contrivance.

cumaisc *vt* to blend.

cumann *m* association, club.

cumann carthanachta *m* charity.

cumann foirgníochta *m* building society.

cumannachas *m* communism.

cumarsáid *f* communication.

cumas *m* ability; capability.

cumasach *adj* able.

cumasaigh *vt* to enable.

cumasc *m* blend.

cumha *m* homesickness, loneliness.

cumhach *adj* homesick.

cumhacht *f* power; **cumhacht uisce** water power. • *vt* **cumhacht a chinneachadh** to devolve power.

cumhdach *m* coating.

cumhra *adj* fragrant.

cumhracht *f* scent.

cumhraithe *adj* scented.

cumhrán *m* perfume.

cúng *adj* narrow.

cúngaigh *vt* to restrict. • *vi* **cúngaigh ar** encroach.

cúngú *m* constriction.

cúnta *adj* auxiliary.

cuntar bia *m* buffet.

cuntas *m* counting; record; account. • *vt* **déan cuntas** to count.

cuntasaíocht *f* bookkeeping.

cuntasóir *m* accountant; bookkeeper.

cuntasóireacht *f* accountancy.

cúntóir *m* assistant.

cupán *m* cup.

cúpláil *vt vi* to mate.

cúpón *m* coupon.

cur *m* sowing; burial; **cur i gcéill** bluff, pretence; **cur i gcrích** ac-

complishment; **cur isteach** distur-
bance; interruption; **cur síos (ar)**
description.

cúr *m* foam; spume.

curach *m* canoe, currach.

curadh *m* champion.

curadóir *m* tiller.

curaíochta *adj* arable.

cúram *m* care; concern; custody.

cúramach *adj* careful.

curata *adj* gallant.

curfá *m* chorus.

cúrsa *m* circuit; course.

cúrsaí reatha *npl* current affairs.

cúrsáil *m* cruise.

curtha as alt *adj* disjointed.

curtha i gcrích *adj* accomplished.

cuspóireach *m* (*gr*) accusative.

cuthach *m* rage.

cúthail *adj* (*person*) backward;
bashful; coy.

D

dá *conj* if (*cond/imp*).

dada *m* jot.

daibhir *adj* poor, indigent.

daichead *adj m* forty.

daidí *m* dad(dy).

dáigh *adj* adamant; obstinate.

dáil *vt* to dispense; to distribute.

dáil (-ála) *f* meeting, assembly; **dála Sheáin** like Seán; **mo dhála féin** like myself; **dála an scéil** by the way.

dáil (ar) *vt* to impart.

dáilcheantar *m* constituency.

dáileadh *m* dispensation.

dáileoir airgid *m* cash dispenser.

daille *m* blindness.

dáimh *f* affinity; **tá dáimh agam le** I have an affinity for.

daingean *adj* firm; secure; solid. • *m* fort, keep.

daingneacht *f* constancy.

daingnigh *vt* to secure.

dair (darach) *f* oak.

dáiríre *adj* earnest, serious; • *adv* i ndáiríre seriously.

daite *adj* coloured.

daitheacha *npl* rheumatism.

dalba *adj* bold.

dalbacht *f* boldness.

dall *adj* blind. • *m* blind person.

dallóg *f* window blind.

dallrú *m* glare.

dalta *m* pupil.

damanta *adj* damnable.

damba *m* dam.

dámh *f* faculty (*university*); retinue.

damhán alla *m* spider.

damhfhia *m* hart.

damhna *m* matter.

damhsa *m* dance.

damhsaigh *vt vi* to dance.

damnú *m* damnation.

dán *m* fate; poem; **an rud atá i ndán duit** what fate has in store for you.

dána *adj* bold; naughty.

dánacht *f* boldness.

daoine *m* folk, people.

daoire *f* dearness (*cost*).

daol *m* beetle.

daonáireamh *m* census.

daonlathach *adj* democratic.

daonlathaí *m* democrat.

daonlathas *m* democracy.

daonna *adj* human. • *m* **an cine daonna** humankind.

daonnacht *f* humanity (*quality*).

daonnachtúil *adj* humane.

daonra *m* population.

daor *adj* dear, expensive; **an-daor** exorbitant.

dara *adj* second. • *adj* **sa dara cás** secondly.

dara: **an dara (ceann) déag** *adj m* twelfth.

dáta *m* (*bot*) date.

dáta *m* date; **as dáta**. • *adj* out of date. • *adv* **de réir dátaí** chronologically.

dath *m* colour; dye. • *adj* **ar dhath na luaidhe** leaden.

dathaigh *vt* to dye; to colour.

dátheangach *adj* bilingual.

dathúil *adj* beautiful; colourful.

de *prep* from; of.

Dé *prep* on.

dea- *adj* good; **dea-chainteach** witty; **dea-mhéineach** benevolent; **i ndea-am** timeous. • *f* **dea-mhéin** benevolence, goodwill.

dea: mar dhea *adj* ostensible.

deacair *adj* difficult.

deachtaigh *vt* to dictate.

deachúlach *adj* decimal.

deacracht *f* difficulty.

déadchíor *m* dentures.

dea-ghníomh *m* benefaction.

déagóir *m* teenager.

dealaigh *vt* to separate; (*math*) to subtract; **dealaigh ó** to dissociate.

dealbh *f* statue.

dealbhóir *m* sculptor.

dealbhóireacht *f* sculpture.

dealrach *adj* gleaming.

dealraitheach *adj* radiant.

deamhan *m* demon; devil.

déan *vt* to commit; to do; to make; to manufacture.

déan achomharc *vi* to appeal.

déan aibhéil *vt* to exaggerate.

déan aithris (ar) *vt* to imitate.

déan amas *vt* to putt.

déan anailís ar *vt* to analyse.

déan aontíos le *vi* to cohabit.

déan ar *vt* to make for.

déan athmhuintearas idir *vt* to reconcile.

déan bagairt *vt* to bluster.

déan bolg le gréin *vi* to sunbathe.

déan brabús ar *vt* to profit.

déan bréag *vi* to lie.

déan cabaireacht *vi* to chatter.

déan calaois ar *vt* to defraud.

déan casacht *vi* to cough.

déan clagarnach *vi* to clatter.

déan clamhsán *vi* to grumble.

déan clampar *vi* to wrangle.

déan cleamhnas idir *vt* to betroth.

déan craos *vt* to gorge.

déan cuir síos ar *vt* to depict.

déan cúiteamh i *vt* to atone.

déan cuntas *vt* to count.

déan dreas comhrá le duine *vi* to chat (with someone).

déan éagsúil *vt* to diversify.

déan earráid *vi* to err, make a mistake.

déan faillí i rud *vt* to neglect.

déan féasta *vt* to have a feast.

déan fiodrince *vi* to pirouette.

déan fonóid faoi *vt* to jeer; to sneer at.

déan gáire *vi* to laugh.

déan gar do *vt* to oblige.

déan garaíocht do *vt* to accommodate.

déan gnúsacht *vi* to grunt.

déan gortghlanadh *vt* to weed.

déan idirdhealú idir *vt* to distinguish.

déan idirghabháil *vi* to intervene. • *vt* to mediate.

déan idirghuí *vi* to intercede.

déan iomrascáil (le) *vi* to wrestle.

déan iontas de *vi* to marvel.

déan lámhchleasaíocht *vt* to juggle.

déan liosta de *vt* to list.

déan luíochán roimh dhuine *vt* to waylay.

déan macalla *vi* to echo.

déan machnamh ar *vt* to reflect, meditate on; to deliberate.

déan magadh *vi* to jest. • *vt* **déan magadh faoi** to mock.

déan mangaireacht *vt* to peddle.

déan marcaíocht *vi* to ride.

déan méarnáil (ar lorg ruda) vi to grope.

déan mionghadaíocht vt to pilfer.

déan miongháire vi to smile.

déan mionscrúdú ar vt to analyse.

déan moill vi to pause.

déan mórtas (as) vi to boast, brag.

déan neamhiontas de vt to ignore; **déan neamhshuim de** to disregard.

déan nós dlíthiúil vt to legalise.

déan olagón vi to wail.

déan ollghairdeas do vt to acclaim; **déan ollghairdeas faoi (rud)** to rejoice.

déan plámás le vt to flatter.

déan rím vi to rhyme.

déan rud go fáilí vi to sneak.

déan scíth vi to relax.

déan séitéireacht ar vt to cheat.

déan siamsa do vt to amuse.

déan suirí (le) vt to court.

déan tafann vi to bark.

déan tormáil vi f to rumble.

déan uisce faoi thalamh vi to conspire.

déanaí f lateness; **le déanaí.** • adv lately.

déanamh:duine a chur ó rud a dhéanamh vt to dissuade.

déanta adj done, made; accomplished.

dearadh m design.

dearbh adj sure; certain; actual.

dearbhaigh vt to affirm; to assert; to assure; to protest.

dearbhán m voucher.

dearbhú m assertion; assurance.

dearcadh m attitude; view, viewpoint.

dearcán m acorn.

Déardaoin f Thursday.

dearfa adj attested; certain; definite. • adv **go dearfa** categorically.

dearfach adj affirmative; positive.

dearfacht f certainty, certitude.

dearg adj red. • vt to kindle.

dearg- adj utter.

dearg-ghráin f abhorrence, detestation.

dearmad m forgetfulness. • adj **a bhfuil dearmad déanta air (rud)** forgotten. • vi vt **déan dearmad** to forget.

dearmadach adj absent-minded, forgetful.

dearnaíl vt to darn.

dearóil adj forlorn.

deartháir (-ár) m brother.

dearthóir m designer.

deas adj (hand) right; nice; pretty.

deasbhord m starboard.

deasc f desk.

deascadh npl dregs.

deascán m deposit.

deasghnách adj ceremonial.

deasghnáth m ceremony; formality.

deaslámhach adj right-handed; deft.

deaslámhacht f dexterity.

deatach m smoke.

deatúil adj smoky.

débhliantúil adj biennial.

déchéileach m bigamist.

déchosach m biped.

deic f deck.

deich adj m ten. • m **deich mbliana** decade.

deichniú adj m tenth.

deichniúr m ten (persons).

deifir f haste, hurry. • vt vi **déan deifir** to hurry.

deifreach adj hasty.

deifrigh vt to hasten.

deighil vt to separate, part, divide.

deighilt f separation, division.

déileáil f dealings.

deilgneach adj prickly, thorny.

deimhin: go deimhin adv indeed.

deimhnigh vt to affirm; to certify; to check.

deimhniú m assurance; certification.

déine f intensity; rigour.

déirc f alms; dole. • vi **déirce a iarraidh** to beg.

deireadh m end; upshot; (mar) stern. • adv **ar deireadh** last.

Deireadh Fómhair m October.

deireanach adj final; last; latter; recent.

deirfiúr f sister; **deirfiúr chleamhnais** sister-in-law.

déirí m dairy.

deiridh adj hind; ultimate. • m rear.

deis f opportunity.

deis labhartha f eloquence.

deisbhéalach adj articulate; witty.

deisceart m south.

deiseal m (side) right.

deisigh vt to fix; to mend, repair.

deisiú m repair.

deismíneach adj prim.

déistin f distaste. • adj **déistineach** abominable; distasteful.

den=de an.

deo: go deo adv ever; forever; (in neg. sentence) never.

deoch (dí) f drink; **deoch leighis** dose.

deoir f tear.

deolchaire f gratuity.

deonach adj voluntary.

deonaigh vt vi to grant; consent. • vi **deonaigh (chun rud a dhéanamh)** to deign.

deontas m grant.

deontóir fola m blood donor.

deoraí m (pers) exile; **ní raibh duine ná deoraí ann** there was no one at all there.

deoraíocht f exile; **ar deoraíocht** in exile.

déroinn vt to bisect.

déshúiligh m binoculars, field-glasses.

déthaobhach adj bilateral.

dhá adj two.

dia (dé) m deity; god.

diabhal m devil. • adj **diabhlaí** satanic.

diabhlaíocht f mischief.

diaga adj divine.

diaidh: i ndiaidh prep past. • adv after (+ gen); **ina dhiaidh sin** then.

diail f dial.

diailigh vt to dial.

dialann f diary.

diallait f saddle.

diamant m diamond.

diamhair adj dark, obscure, mysterious; abstruse; occult.

diamhasla m blasphemy.

dian adj arduous; intense; stern.

dianscaoileadh m decomposition.

diarsaigh vt to glean.

díbir vt to banish.

díbirt f banishment.

díbrigh vt to dispel.

dícháiligh vt to disqualify.

dícháilíocht f disqualification.

dícheall m best endeavour.

dícheallach adj diligent.

díchéillí adj unwise.

díchomórtais adj matchless.

díchorda m (mus) discord.

díchreid vt to disbelieve.

díchuimhne f oblivion.

dide f nipple.

dídean m shelter.

difear m difference; discrepancy.

dífhostaithe adj unemployed.

difrigh vi to differ.

difríocht f difference, discrepancy; disparity.

difriúil adj different.

dígeann m acme.

dígeanta adj persistent.

dígeantacht f obstinacy.

digit f digit.

digiteach adj digital.

díl (báistí) m downfall.

díláithrigh vt to displace.

dílárú m devolution.

díle f deluge.

díleáigh vt to digest.

dílis adj faithful, loyal.

dílleachta m orphan.

dílseacht f allegiance; fidelity; loyalty.

dílseánach m proprietor; loyal follower.

díluacháil vt to devalue.

díluaíocht f demerit.

díluchtaigh vt to unload.

dímheas m contempt.

dímheasúil adj contemptuous.

ding vt to cram; to ding. • f wedge; dent.

dingthe adj stuffed, dented; squat.

dinimiciúil adj dynamic.

dinimít f dynamite.

díniteach adj dignified.

dinnéar m dinner; **am dinnéir** dinner time.

díobhadh m abolition.

díobhaigh vt to abolish.

díobhálach adj harmful; injurious.

díog f ditch; dyke.

díogha m the worst; **rogha an dá dhíogha** a choice between two evils.

díograis f fervour, enthusiasm, relish, zeal.

díograiseach adj fervent; keen, zealous.

díol vt to pay; to sell; **díol ar lacáiste** to discount.

díoltas m reprisal; revenge, vengeance.

díoltóir leabhar m bookseller.

díomá f chagrin.

díomách adj dejected.

díomailteach adj wasteful; extravagant.

díomhaoin adj futile; idle; redundant; single (unattached); vain.

díomhaointeas m futility; idleness.

díomuan adj transient.

díon vt to protect; to make watertight; to immunise.

díon (dín) m roof.

diongbháilte adj worthy; firm, constant, resolute.

diopsamáine f dipsomania.

díosal m diesel.

díosc vi to creak.

diosca m (comput) disc; disk; **diosca crua** hard disk; **diosca flapach** floppy disk.

díoscán m gnashing. • vt **díoscán a bhaint as na fiacla** to gnash one's teeth.

dioscathiomáint f (comput) disk drive.

dioscó m disco.

díospóireacht f debate; discussion.

díothaigh vt to annihilate; to eliminate.

díothú m annihilation.

díphacáil *vt* to unpack.

dírbheathaisnéis *f* autobiography.

díreach *adj* candid; direct; outspoken; straight; upright; lineal. • *adv* **go díreach** candidly, directly; just.

dírigh *vi vt* to straighten; to direct. • *vt* **dírigh ar** to aim; to channel; **dírigh do mhéar ar** to point (at).

discréid *f* discretion.

díséad *m* (*mus*) duet.

díshealbhaigh *vt* to evict.

díshealbhú *m* eviction.

dísle (*npl* **díslí**) *m* die.

dispeansáid *f* dispensation.

díth *f* want. • *vt* **tá (rud) de dhíth orm** I want (something).

díthreabhach *m* hermit.

diúilicín *m* mussel.

diúltach *adj* negative.

diúltaigh *vt* to deny; to refuse; **diúltaigh do** to dismiss; **diúltaigh do (eiriceacht)** to abjure.

diúltú *m* refusal; **diúltú do (mhian)** abnegation.

diúracán treoraithe *m* guided missile.

dlaoi *f* lock of hair.

dleacht *f* duty (*customs*).

dlí *m* law.

dlíodóir *m* lawyer.

dlisteanach *adj* legitimate.

dliteanas *m* lawful claim; (*law*) liability.

dlíthiúil *adj* judicial. • *vt* **déan (nós) dlíthiúil** to legalise.

dlús *m* density.

dlúth *adj* compact; dense; intimate.

dlúthchaidreamh *m* intimacy.

dlúthdhiosca *m* compact disc.

dlúthpháirtíocht *f* solidarity.

do¹ *pn* (*sing*) your(s).

do² *prep* for.

dó¹ *m* two. • *adv* **faoi dhó** twice.

dó² *m* burn; combustion; **dó coiriúil** arson.

do-aimsithe *adj* elusive.

dobharchú *m* otter.

dobhardhroim *m* (*geog*) watershed.

dobhriathar *m* adverb.

dobhriste *adj* unbreakable.

dobrón *m* grief. • *vt* **déan dobrón** to grieve.

dobrónach *adj* disconsolate.

dócha *adj* probable. • *adv* **is dócha** probably.

dochar *m* damage; debit; disservice; harm. • *vt* **déan dochar do (rud)** to damage; to harm; to hurt. • *adj* **gan dochar** harmless.

dóchas *m* hope.

dóchasach *adj* hopeful.

dochreidte *adj* incredible.

docht *adj* rigid; strict.

dochtúir *m* doctor.

dócmhainneach *adj* insolvent.

dócmhainneacht *f* insolvency.

dó-dhéag *adj m* twelve.

dodhéanta *adj* impossible. • *f* **dodhéantacht** impossibility.

do-earráide *adj* infallible.

dofheicthe *adj* invisible.

dofhuascailte *adj* inextricable.

doghafa *adj* impregnable.

dogmach *adj* dogmatic.

doicheall *m* resentment.

doicheallach *adj* forbidding; inhospitable.

doiciméad *m* document.

dóigh *f* way; manner; condition; mannerism. • *adv* **ar dhóigh eile** differently; **ar dhóigh éigin** somehow.

dóigh *vt* burn.

dóighiúil *adj* handsome; bonny.
doiléir *adj* dim; dusky; vague.
doiléirigh *vt* to blur.
doiligh *adj* difficult.
doilíos (-ís) *m* remorse.
doimhneacht *f* depth.
doimhnigh *vt* to deepen.
doineann *f* storm, stormy weather.
doinne *f* brownness.
doirseoir *m* janitor, porter, door-keeper.
doirt *vt* to pour; to shed; to spill.
doirteadh fola *m* bloodshed.
doirteal *m* sink.
do-ite *adj* inedible.
dóiteán *m* blaze.
dólásach *adj* disconsolate.
doleigheasta *adj* incurable.
doléite *adj* illegible.
doleithscéil *adj* inexcusable.
dollar *m* dollar.
domhain *adj* deep, profound; abstruse.
do-mhaite *adj* unpardonable.
domhan *m* world.
domhanda *adj* global.
domhanfhad *m* longitude.
domhanleithead *m* latitude.
do-mhillte *adj* foolproof.
domhínithe *adj* inexplicable.
Domhnach *m* Sunday; **Dé Domhnaigh** on Sunday.
domhothaithe *adj* imperceptible.
domlas *m* bile.
domplagán *m* dumpling.
dona *adj* bad; unfortunate. • *f* **donacht** badness; misfortune.
donn *adj* brown.
dóp *m* dope (*drug*).
doras *m* door; **doras tosaigh** front door.
dorcha *adj* dark.

dorchadas *m* darkness.
dorchaigh *vt* to darken.
dorchla *m* corridor.
dordán *m* (*sound*) drone.
dorn *m* fist; hilt.
dornáil *vi* to box.
dornálaí *m* boxer.
dornán *m* bunch; handful.
dorú *m* fishing line.
dos *m* bunch.
dosaen *m* dozen.
do-scartha *adj* inseparable.
doscriosta *adj* indelible.
dosháraithe *adj* incomparable.
doshásta *adj* implacable.
dosheachanta *adj* unavoidable.
dothrasnaithne *adj* impassable.
dothreáite *adj* impenetrable.
dothuigthe *adj* unintelligible, incomprehensible; impalpable.
draein (draenach) *f* drain.
dráibhéir *m* drover.
draíocht *f* enchantment; magic; druidism. • *vt* **draíocht a chur ar** to captivate.
draíochta *adj* magic.
draíodóir *m* wizard.
dram *m* dram.
dráma *m* drama
drámadóir *m* dramatist.
drantaigh *vi* to growl.
draoi *m* druid.
dreach *m* aspect.
dreancaid *f* flea.
dreap *vt vi* to climb.
dreapadóir *m* climber.
dreideáil *vi f* to dredge.
dreige *f* meteor.
dréimire *m* ladder.
dreoilín *m* wren; **Lá an Dreoilín** St Stephen's Day.

dríodar *m* deposit; dregs.
driog *vt* to distil.
driogaire *m* distiller.
drioglann *f* distillery.
driosúr *m* dresser.
dris *f* bramble.
drithligh *vi* to gleam; to glisten, glitter.
droch- *adj* wicked.
drochaigeantacht *f* malevolence.
drochmheas *m* disrespect.
drochordú *m* disrepair.
drogallach *adj* reluctant.
droichead *m* bridge; **droichead crochta** suspension bridge.
droim *m* back (*of person*); ridge.
dromchla *m* surface.
dromlach *m* spine; ridge.
drong *f* gang, faction.
dronnach *adj* convex.
drualus *m* mistletoe.
drúcht *m* dew.
druga *m* drug
drugadóir *m* druggist.
druid *vt* to close; to shut; **druid de phlab** to slam.
druid le *vi vt* to approach.
druidte *adj* shut.
druileáil *vt* to drill.
drúisiúil *adj* carnal; lecherous.
druma *m* drum; **drumadóir** drummer.
duáilce *f* vice.
duairc *adj* dismal.
duais *f* award; prize; reward.
duaithníocht *f* camouflage.
dualgas *m* duty.
duán *m* kidney.
duanaire *m* anthology.
duarcán *m* pessimist.
dúbailt *f* double.

dúbailte *adj* double; (**cóta**) double-breasted.
dubh *adj* black.
dubhach *adj* rueful.
dubhaigh *vt* to blacken; to sadden.
dúblaigh *vt* to double.
dúch *m* ink.
dúchas *m* heritage; title; heredity.
dúchasach *adj* endemic; innate; native. • *m* native.
dúcheist *f* puzzle.
duga *m* dock.
duibhe *f* blackness.
duibheagán *m* abyss.
dúil *f* element.
dúil *f* liking; expectation; craving; **tá dúil ag ann** I like it. • *adj* **gan dúil** unexpected.
duille *m* leaf.
duilleach *adj* leafy.
duilliúr *m* foliage.
duine *m* person. **an duine is ansa (le)** favourite. • *pn* **gach duine** everyone.
duine aitheantais *m* acquaintance.
duine aonair *m* individual.
duine ar bith *m* anyone.
duine ardnósach *m* snob.
duine éigin *pn* somebody.
duine róchúisiúil *m* prude.
duine uasal *m* gentleman.
dúisigh *vt vi* to rouse.
dul *m* going; **dul chun cinn** headway; progress. • *vt* **dul i gceann ruda** to go about a thing. • *adv* **dul le fána** downhill.
dul san iomaíocht (le) *vi* to compete (with).
dúlagrán *m* depressant.
dúmhál *m* blackmail.
dún¹ *m* fort; **Dún Éideann** Edinburgh.

dún² *vt* to shut.

dundalán *m* blockhead.

dúnmharaigh *vt* to murder.

dúnmharfóir *m* murderer; **dúnmharú** murder.

dunsa *m* dunce.

dúnta *adj* shut.

dúr *adj* dour, grim, surly; moody.

durnán *m* hobnail.

dúrúnta *adj* dour.

dúshlán *m* challenge; defiance.

• *adj* **dúshlánach** defiant. • *vt* **dúshlán a thabhairt ar dhuine (rud a dhéanamh)** to challenge someone (to do something).

dusta *m* dust.

dustáil *vt* to dust.

duthain *adj* fleeting.

dúthomhas *m* enigma.

dúthracht *f* devotion; assiduity.

dúthrachtach *adj* assiduous.

E

é *pn* (*object*) he; him; it; **é féin** himself; itself.

eabhar *m* ivory.

éacht *m* achievement; exploit; feat.

eachtra *f* adventure; episode.

eachtrúil *adj* adventurous, eventful.

eacnamaí *m* economist.

eacnamaíocht *f* economics; economy.

éacúiméineach *adj* ecumenical.

éad *m* envy; jealousy.

éadach *m* cloth, fabric; **éadach soithí** dishcloth.

éadaí *npl* clothes.

éadaingean *adj* insecure.

éadálach *adj* lucrative.

éadan *m* forehead. • *prep* in **éadan** (+ *gen*) against. • *adv f* in **éadan na mala** uphill.

éadmhar *adj* jealous.

éadóchas *m* despair.

éadóchasach *adj* desperate.

éadoilteanach *adj* involuntary.

eadránaí *m* arbitrator.

eadránaigh *vt* to arbitrate; to separate combatants.

éadroime *f* lightness.

éadrom *adj* light.

éadromaigh *vt* to lighten.

éadromán *m* balloon; balloon-shaped person.

éag *vi* to die; to expire; to perish. • *adj* **in éag** extinct.

éaganta *adj* light-headed, giddy, senseless.

éagaoin *f* moan.

eagarthóir *m* editor.

eagla *f* fear. • *conj* **ar eagla (go)** in case, lest. • *adj* **gan eagla** fearless. • *vi* **tá eagla orm (roimh)** I am afraid (of).

eaglach *adj* afraid, fearful.

eaglais *f* church.

eaglaiseach *m* clergyman.

éagmais *f* absence.

éagnach *m* moan, groan.

éagaoin *f* moan. • *vi* **bheith ag éagaoin** to moan.

éagóir *f* wrong.

éagoitinne *f* originality.

éagothroime *f* inequality.

eagraí *m* organiser.

eagraigh *vt* to organise.

eagrán *m* edition.

éagsúil *adj* dissimilar, unlike; varied, diverse; distinct; various. • *vt* **déan éagsúil** to diversify.

éagsúlacht *f* diversity; variety.

éagumas *m* impotence.

éagumasach *adj* impotent.

eala *f* swan.

éalaigh *vi* to elope; to escape; to flit. • *vt* **éalaigh ó** to elude.

ealaín *f* art; **ealaín an tí** domestic arts.

ealaíontóir *m* artist.

éalaitheach *m* fugitive.

eallach *m sing* cattle.

éalú *m* escape.

éan *m* bird, fowl.

Eanáir *m* January.

éaneolaíocht *f* ornithology.

eangach *adj* jagged.

eangaigh *vt* to indent.

eanglach *m* numbness (from cold).

éarlais *f* deposit (as part payment).

earnáil *f* category; sector; division, class.

earra *m* commodity. • *mpl* **earraí** goods.

earrach: an t-earrach *m* (*season*) spring.

earraí gloine *f* glassware.

earraí grósaera *npl* groceries.

earraí iompórtálacha *npl* (*goods*) imports.

earraí tomhaltais *npl* consumer goods.

earráid *f* error; indiscretion; lapse. • *vi* **déan earráid** to err.

eas *m* waterfall.

easaontaigh *vt* to disunite; **easaontaigh (le)** to disagree (with).

easaontas *m* disagreement; discord; disunity.

éasca *adj* expeditious.

éascaigh *vt* to facilitate.

easláinte *f* ailment; ill-health.

easlán *adj* infirm. • *m* invalid.

easna *f* rib.

easnamh *m* deficit; lack.

easnamhach *adj* inadequate.

easpa *f* abscess; absence; deficiency, want; loss.

easpag *m* bishop.

eastát *m* estate.

easumhal *adj* disobedient.

easumhlaíocht *f* disobedience.

easurramach *adj* irreverent.

eibhear *m* granite.

éiceolaíocht *f* ecology.

éifeacht *f* force, significance; effect.

éifeachtach *adj* cogent; effective; efficient.

éifeachtacht *f* efficacy.

éigeandáil *f* emergency.

éigiallta *adj* irrational; senseless.

éigin: am éigin *adv* sometime; **ar dhóigh éigin** somehow; **tá rud éigin cearr** something's amiss.

éiginnte *adj* unsure.

Éigipt: An Éigipt *f* Egypt.

éigneasta *adj* insincere.

éignigh *vt* to rape.

éigniú *m* rape.

éigríonna *adj* unwise, imprudent; improvident.

eile *adj* alternative; other, else; more. • *adv* **ar chuma eile** otherwise; **ar dhóigh eile** differently.

éileamh *m* claim; demand.

eileatram *m* hearse.

eilifint *f* elephant.

éiligh *vt* to claim; to demand.

eilit *f* doe.

éilitheoir *m* claimant.

eimpíreach *adj* empirical.

éineacht: in éineacht le *prep* with.

Éire (na hÉireann) *m* Ireland; **in Éirinn** in Ireland.

eireaball *m* tail.

Éireannach *adj* Irish. • *m* Irish person.

éirí *m* (*vn of* **éirigh**); rise, rising; **éirí amach** (*pol*) rising; ascent; **éirí na gréine** sunrise.

eiriceacht *f* heresy.

éirigh *vi* to arise; to rise; to get, become; **éirigh amach** to rebel.

éirigh argóntach *vi* to quibble.

éirigh as *vi vt* to cease; to desist; to resign; **d'éirigh leis** it succeeded.

éirim *f* aptitude; intelligence; talent; journey; scope; range.

éirimiúil *adj* brainy; gifted.

eisceachtúil *adj* exceptional.

eisdíritheoir *m* extrovert.

eisiach *adj* exclusive.

eisilteach *m* effluent.

eisimirceach *m* emigrant.

éist (le) *vi* to listen (to). • *excl* hush!

éisteacht *f* hearing.

éisteoir *m* listener.

eite: an eite chlé *f* (*pol*) the left.

eithne *f* kernel.

eiticiúil *adj* ethical.

eitil *vi vt* to fly.

eitilt *f* flight. • *adj* **ar eitilt** airborne.

eitleán *m* aeroplane.

eitleog *f* kite.

eitneach *adj* ethnic.

eitre *f* groove; furrow.

eochair *f* key; keystone.

eochairchlár *m* keyboard.

eochraí *f* roe (*fish*).

eolach *adj* acquainted; knowing, knowledgeable; **eolach (ar)** aware; **go heolach** knowledgeable. • *adv* knowingly.

eolaí *m* scientist; expert; connoisseur; guide.

eolaíoch *adj* scientific.

eolaíocht *f* science.

eolas *m* cognisance; information; knowledge.

Eoraip: An Eoraip *f* Europe.

Eorpach *adj* European.

F

fá: fá dtaobh de *prep* concerning.
fabhal(scéal) *m* fable.
fabhar *m* favour, influence.
fabhrach *adj* auspicious.
fách: bí i bhfách le *vt* to approve of.
facs *m* fax.
fad *m* distance; duration; length.
• *conj* while. • *m* **fad láimhe** reach;
fad saoil longevity. • *adv* **ar fad** altogether; outright; quite; utterly; **ar
a fhad** lengthways, lengthwise; **i
bhfad (ó)** far (from)
fada *adj* far; long.
fadaigh *vt* to elongate; to lengthen.
fadálach *adj* slow, tardy; tedious.
fadchainteach *adj* long-winded.
fadfhulangach *adj* long-suffering.
fadhb *f* problem.
fadhbach *adj* problematic.
fadtonn *f* long-wave.
fadtonnach *adj* long-wave.
fadtréimhseach *adj* long-term.
fág *vi vt* to depart; to leave; to forego; to quit.
fág ar lár *vt* to omit; **fág as** to except.
fágáil *f* departure; leaving.
faic *f* nothing; **faic na fríde** nothing whatsoever.
faicheall *m* caution.
faichilleach *adj* careful; cautious.
fáidh *m* seer.
faigh *vt* to acquire; to fetch; to get; to receive.
faigh amach *vt* to ascertain, find out.
faigh an ceann is fearr ar *vt* to best, outwit.

faigh ar ais *vt* to reclaim; to recover.
faigh ar cíos *vt* to rent.
faigh bás *vi* to die.
faigh blas ar *vt* to relish; to savour.
faighin *f* vagina.
fáil *f* getting; finding; acquisition.
• *vt* **an bua a fháil** to carry the day.
• *adj* **ar fáil** available.
faill *f* unguarded state; chance; **fuair
mé faill air** I caught him off-guard/
I got a chance to speak to him.
faillí *f* default. • *vt* **déan faillí i rud** to
neglect.
fáilte *f* welcome.
fáiltigh *vt* to welcome.
fáiltiú *m* reception.
fáinleog *f* swallow (*bird*).
fáinne *m* halo; ring; **an fáinne ó
thuaidh** aurora borealis. • *f* **fáinne
cluaise** earring.
faire *f* (*relig*) wake; vigil.
faireog *f* gland.
fairsing *adj* abundant; ample; commodious, roomy; extensive; spacious.
fairsingeacht *f* abundance; room, space.
fairsingiú *m* extension; expansion.
fáisc *vt* to clasp; to squash; to wring.
faisean *m* fashion.
faiseanta *adj* fashionable; stylish.
faisisteachas *m* fascism.
fáistineacht *f* divination, fortune telling.
fáithim *f* hem.
fáithmheas *m* (*med*) diagnosis. • *vt*
to diagnose.

faithne *m* wart.

fál *m* hedge.

fala *f* grudge.

fallás *m* fallacy.

falróid: bheith ag falróid *vi* to loiter; to wander.

falsa *adj* idle; lazy.

falsacht *f* laziness.

falsaigh *vt* to fiddle (accounts); to forge.

falsaitheoir *m* forger.

falsóir *m* idler.

faltanas *m* spite.

fan *vi* to remain; to stay; to wait. • *vt* to rest; **fan go fóill** wait awhile; **fan le** to await. • *vi vt* **fan leis an am ceart** to bide one's time.

fan i bhfolach *vi* to lurk.

fána *f* slope.

fánach *adj* casual; futile; occasional; random. • *adv* **go fánach**, casually, etc.

fanaí *m* wanderer.

fanaiceach *m* fanatic.

fann *adj* faint; feeble.

fannléas *m* glimmer.

fantasaíocht *f* fantasy.

faobhar *m* edge.

faobhraigh *vt* to sharpen.

faoi *prep* about; below; under; underneath.

faoi choinne *prep* for.

faoi dhó *adv* twice.

faoileán *m* seagull. • *m* **faoileán scadán** herring gull.

faoin gcéad *adv* per cent.

faoiseamh *m* relief; reprieve.

faon *adj* prostrate.

faor: ar faor *adv* edgewise.

fara *m* perch (for bird).

faradh *m* ferry.

farasbarr *m* surplus.

farraige *f* sea.

fás *m* growth. • *vt vi* to grow.

fásach *m* desert; wilderness.

fáschoill *f* plantation.

fásra *m* vegetation.

fásta *adj* adult.

fáth *m* cause. • *adv* **cén fáth** (*indirect*) why.

fathach *m* giant.

fáthscéal *m* allegory, parable.

faurchroíoch *adj* callous.

feabhas *m* excellence; improvement. • *adj* **ar fheabhas** ideal; splendid.

Feabhra: Mí Feabhra *m* February.

feabhsaigh *vt vi* to improve, get better.

féach *vi* to look, see, observe. • *vt* **féach ar** to observe.

féach le rud a dhéanamh *vt* to try.

féachadóir *m* bystander.

feachtas *m* campaign.

fead *f* whistle (*sound*).

féad *vb aux* can, may; **féadaim é a dhéanamh** I can do it.

feadh *adv* along. • *prep* **ar feadh** for (*past*). • *adv* **ar feadh bomaite** awhile.

feadóg *f* whistle (*instrument*); **feadóg mhór** flute.

feall *m* betrayal.

feallmharaigh *vt* to assassinate.

feallmharfóir *m* assassin.

fealltóir *m* traitor.

fealsamh *m* philosopher.

fealsúnacht *f* philosophy.

feamainn *f* seaweed.

feann *vt* to fleece.

fear *vt* to excrete.

fear *m* man.

féar *m* grass; hay.

féarach *m* pasture.

fearannas *m* domain.

fearas *m* management; arrangement; fixture, outfit; appliance.

fear bréige *f* dummy; scarecrow.

fear céile *m* husband.

fear dána *m* minstrel.

fear déirce *m* beggar.

fear feasa *m* fortuneteller.

fearg *f* anger; indignation; outrage.
• *vt* **fearg a tharraingt ort** to incur wrath.

feargach *adj* angry; indignant.

feargacht *f* manhood.

fear gnó *m* businessman.

fear grinn *m* clown; comedian.

fear gunna *m* gunman.

fear magaidh *m* jester.

féarmhar *adj* grassy.

fear muinteartha *m* kinsman.

fearnóg *f* alder.

fear poist *m* postman.

fearr: is fearr *adj* best. • *vt* **is fearr (liom)** to prefer.

fearsaid *f* axle.

fear teorann *m* borderer.

fearthainn *f* rain. • *vi* **bheith ag cur fearthainne** to rain.

feartlaoi *f* epitaph.

fear tuaithe *m* countryman.

fearúil *adj* male; manful; virile.

fearúlacht *f* virility, manliness.

feasachán *m* bulletin (*broadcast*).

féasóg *f* beard.

féasta *m* feast. • *vt* **déan féasta** to junket.

feic *vt* to see; to witness.

feiceálach *adj* conspicuous; prominent.

feidhm *f* function; use, application;

feidhm-eochair function key. • *adj* **as feidhm** obsolete; **gan feidhm** useless.

feidhmeannach *m* executive.

feidhmiú *m* operation.

feidhmiúcháin *npl* (*comput*) applications.

féidir: is féidir go *adv* it is possible that. • *vb aux* **is féidir liom** I can; **is féidir liom é a dhéanamh** I can do it. • *adv* **b'fhéidir** perhaps.

féile *f* feast, festival.

féileacán *m* butterfly; **féileacán oíche** moth.

féilire *m* calendar.

feiliúnach *adj* apt.

féiltiúil *adj* festive.

féin *suffix* -self. • *pn* own; **é féin** himself (*object*); itself; **í féin** herself (*object*); itself; **sé féin** himself; **sibh féin** yourselves; **sí féin** herself; **tú féin** yourself. • *pn pl* **iad féin** themselves. • *adv* **mar sin féin** nevertheless. • *conj* **mé féin** yet. • *pn* myself.

feiniméan *m* phenomenon.

féiniúlacht *f* identity (particular).

féinmharú *m* suicide.

féinmhuiníneach *adj* self-confident.

féinspéis *f* ego(t)ism.

feirm *f* farm.

feirmeoir *m* farmer.

feis *f* festival, carnival; sexual intercourse.

feisire parlaiminte *m* member of parliament.

feisteas *m* attire.

feistigh *vt* to arrange; to adjust; to equip; to moor.

feistithe *adj* equipped; well-dressed; tidy.

féith *f* vein; sinew; natural talent; **tá féith an cheoil ann** he has a talent for music; **féith scornaí** jugular.

feitheamh *m* watch, wait; anticipation. • *adj* **ar feitheamh** pending.

feithicil *f* vehicle.

feithid *f* bug; insect.

féithleann *m* (*bot*) honeysuckle.

féithuar *adj* chilly.

feochadán *m* thistle.

feoigh *vi* to wither; decay. • *vt* to sear.

feoil *f* flesh; meat.

feoiliteach *adj* carnivorous.

feoilséantóir *m* vegetarian.

feolmhar *adj* fleshy.

feothan *m* breeze, gust.

fia *m* deer; **fia rua** roe deer.

fiabhras *m* fever; **fiabhras léana** hay fever.

fiabhrasach *adj* feverish.

fiacail *f* cog; tooth.

fiach (féich) *m* debt.

fiach dubh (fiaigh) *m* raven.

fiacha *npl* debt.

fiaclach *adj* serrated.

fiaclóir *m* dentist.

fiaclóireacht *f* dentistry.

fiafheoil *f* venison.

fiafraigh *vt vi* to inquire.

fiafraigh (de) *vt* to ask, enquire.

fiail *f* weed.

fiáin *adj* wild.

fial *adj* generous, bounteous, bountiful; lavish.

fianaise *f* evidence. • *vt* **déan fianaise le** to attest.

fiar *adj* diagonal; oblique; **ar fiar** sidelong. • *adv* **ar fiarsceabha** askew.

fiarlán *m* zigzag.

fiche *adj m* twenty.

ficheall *f* chess.

fichillín *m* pawn.

fichiú *adj m* twentieth.

ficsean *m* fiction.

fidil *f* fiddle.

fidléir *m* fiddler.

fige *f* fig.

figh *vt* to intertwine; to weave.

figiúr *m* figure (*number*).

file *m* poet.

filiméala *f* nightingale.

filíocht *f* poetry.

fill *vi* to recur; to return. • *vt* to fold; to wrap.

filléadaigh *vt* to fillet.

filleadh *m* pleat; return.

fillte *adj* folded. • *m* **ticéad fillte** return ticket.

filltín *m* crease.

fímíneach *m* hypocrite.

fímíneacht *f* hypocrisy.

fíneáil *f* fine. • *vt* to fine.

fíneálta *adj* delicate.

fíneáltacht *f* delicacy.

fíneog *f* mite.

fíniúin *f* vine.

finné *m* witness.

finscéal *m* legend; fictitious tale.

finscéalach *adj* legendary.

fíoch *m* feud; anger; **fíoch bunaidh** blood feud.

fíochmhaireacht *f* fierceness.

fíochmhar *adj* fierce; rabid.

fíodóir *m* weaver.

fíodrince *m* pirouette. • *vi* **déan fíodrince** to pirouette.

fíon (-a) *m* wine.

fíonchaor *f* grape.

fíondar *m* fender.

fionn *adj* blond(e); fair. • *vt* to discover; to invent.

fionnachtaí *m* inventor.

fionnachtain *f* discovery; invention.

fionnadh *m* fur. • *vi vt* **bheith ag cur an fhionnaidh** (*animal*) to moult.

fionnuar *adj* cool; refreshing, fresh.

fiontar *m* enterprise; venture.

fiontrach *adj* enterprising.

fiontraí *m* entrepreneur.

fiontraíocht *f* enterprise.

fíor *adj* actual; true.

fíor- *prefix* genuine, real.

fíoraigh *vt* to verify.

fíoraigh (ráitis etc) *vt* to justify.

fíorálainn *adj* exquisite.

fíorú (ráiteas etc) *m* justification.

fios *m* knowledge; cognisance; **tá a fhios agam (go)** I know (that).

fiosrach *adj* curious, inquisitive.

fiosraigh *vt* to enquire.

fiosrúchán *m* inquiry.

firéad *m* ferret.

fireann *adj* masculine.

fireannach *m* male.

fíric *f* fact.

fírinne *f* truth.

fírinneach *adj* candid. • *adv* **go fírinneach** candidly; really.

fís *f* (mental) vision.

fisiceach *adj* physical.

fístaifeadán *m* video recorder.

fithis *f* orbit.

fiú *adj* worth; **is fiú punt é** it is worth a pound. • *adv* even.

fiúntach *adj* worthy.

fiúntas *m* merit; worth.

fiús *m* fuse.

flainín *m* flannel.

flaithiúil *adj* generous; hospitable.

flaithiúlacht *f* generosity; hospitality.

fleá *f* (*drinking*) feast; **fleá cheoil** music festival.

fleách *adj* gusty.

fleasc *m* flask.

fleasc (bláthanna) *f* wreath.

fleisc *f* flex.

flichshneachta *m* sleet.

fliú *m* influenza.

fliuch *adj* rainy; wet. • *vt* to moisten.

flosc *m* zest; flux, torment.

flúirse *f* plenty (+ *gen*), abundance.

flúirseach *adj* abundant; copious; profuse.

fobhríste *m sing* underpants.

focal *m* word; remark.

focal fonóide *f* gibe.

fócas *m* focus.

fócasaigh *vt* to focus.

fochupán *m* saucer.

foclach *adj* wordy.

foclóir *m* dictionary.

fód *m* sod; turf.

fodar *m* fodder.

fo-éadaí *mpl* underwear.

fógair *vi vt* to announce; to advertise; to declare; to proclaim.

foghlach *adj* predatory.

foghlaí *m* intruder, plunderer; **foghlaí mara** pirate.

foghlaim *vt* to learn; to teach.

fo-ghúna *m* petticoat.

fógra *m* advertisement; announcement; notice.

fógróir *m* herald, announcer, advertiser.

foiche *f* wasp.

foighne *f* patience.

foighneach *adj* patient.

fóill: go fóill *adv* still; yet.

fóillíocht *f* leisure, spare time.

foilsigh *vi* to reveal. • *vt* to publish.

foilsiú *m* publication; revelation.

foinse *f* origin, source.

fóirdheontas *m* subsidy.

fóir do *vt* to suit.

foireann (foirne) *f* cast; crew; team.

foirfe *adj* perfect.

foirfeacht *f* perfection.

foirgneamh *m* building; edifice.

foirgthe le *vt* infested with.

foirmigh *vt* to form.

foirmiúil *adj* formal.

foirmle *f* formula.

foirtile *f* fortitude.

foisceacht *f* closeness.

folaigh *adj* latent.

folaimhe *f* hollowness.

folaitheach *adj* clandestine.

folamh *adj* blank; empty; unoccupied.

folcadán *m* bath.

folcadh *m* bath (action).

folláin *adj* fit; healthy.

follasach *adj* apparent; evident; explicit; flagrant; categorical.

folmhaigh *vt* to discharge.

folmhú *m* discharge.

folt *m* hair.

foluain: ar foluain *adj* floating; hovering.

folúntas *m* vacancy.

folús *m* vacuum, void.

fómhar *m* autumn.

fómhar *m* harvest.

fón *m* phone.

fonn *m* (*mus*) air, melody, tune. • *adj* **fonn troda** itching for a fight. • *adv* **le fonn** with gusto.

fonnmhar *adj* melodious.

fonóid *f* derision. • *vt* **fonóid a dhéanamh faoi dhuine** to deride.

fonsa *m* rim.

foracha *f* guillemot.

forainm *m* pronoun.

foraois *f* forest.

foraoiseacht *f* forestry.

forbair *vt* to develop.

forbairt *f* advancement; development.

forbartha *adj* developed; advanced.

forc *m* fork.

forcheilt *f* cover-up.

forchlúdach *m* wrapper.

foréigean *m* violence.

foréigneach *adj* violent.

forghabh *vt* to usurp.

forlíonadh *m* supplement; addendum.

formáid *f* format.

formhéadaigh *vt* to magnify.

formhéadú *m* (*opt*) magnification.

formhothaitheach *adj* imperceptible; stealthy.

formhuinigh *vt* to endorse.

forógra *m* declaration; manifesto.

fórsa *m* force.

fortheach *m* annexe (*building*).

fortún *m* fortune.

fós *adv* still, yet.

fosta *adv* also; too.

fostaí *m* employee.

fostaigh *vt* to employ; to hire.

fostóir *m* employer.

fothoghchán *m* by-election.

fothrach tí *m* ruin (house).

Frainc: An Fhrainc *f* France.

fainceáil *vt* to frank (stamp).

Fraincis *f* (*ling*) French.

fráma *m* frame.

Francach *adj* French;. • *m* French person.

francach *m* rat.

fraoch[1] *m* (*bot*) heather.

fraoch[2] *m* wrath.

fraochmhar *adj* heathery.

fras *adj* abundant.

frása m phrase.

freagair vi to reply. • vt to answer.

freagra m answer; reply.

freagrach adj liable; responsive; accountable.

freagracht f liability, responsibility, accountability.

freagraigh do vi to correspond.

fréamh f root.

fréamhaí m derivation. • vi **fréamhaigh ó** to derive from.

freastail ar vi to cater, attend, serve.

freastal m attendance.

freastalaí m attendant; waiter, waitress; **freastalaí beáir** bartender.

frídín m (bot)germ.

frioch vt to fry.

friochtán m frying pan.

frithbheart m resistance.

frithchaith vt to reflect.

frithchuimilt f friction.

frithghiniúint f birth control, contraception.

frithghiniúnach adj m contraceptive.

frithir adj sore.

frithsheipteán m antiseptic.

frog m frog.

fuacht m chill; cold.

fuadaigh vt to abduct, kidnap; to hijack.

fuadaitheoir m abductor, hijacker, kidnapper.

fuadar m ado; bustle.

fuafar adj ghastly; hateful; loathsome.

fuaigh vt vi to sew.

fuáil f sewing.

fuaim f sound.

fuaimeolaíocht f acoustics.

fuaimíocht f acoustics.

fuaimnigh vt to pronounce; to sound.

fuaimrian m soundtrack.

fualán m urinal.

fuar adj chilly; cold.

fuaraigh vt to cool; to chill.

fuarán m fount, fountain; spring (of water).

fuaránta adj frigid.

fuascail vt to emancipate; to release; to redeem; to solve.

fuascailt f ransom.

fuath m abhorrence; antipathy; hate; **fuath ban** misogyny. • vt **is fuath (liom)** I hate; **fuath a bheith agat ar rud** to detest something.

fuathaigh vt to hate.

fud: ar fud na háite prep over the whole area.

fuil (fola) f blood.

fuilaistriú m blood transfusion.

fuileadán m blood vessel.

fuilghrúpa m blood group.

fuílleach m remains.

fuilteach adj bloody, gory.

fuin vt to knead.

fuinneamh m energy; vigour; impetus.

fuinneog f window.

fuinniúil adj energetic; lusty.

fuinseog f (bot) ash.

fuíoll m waste.

fuip f whip.

fuipeáil vt to whip.

fuipín m puffin.

fuirseoir m entertainer.

fuisce m whisky.

fuiseog f lark; skylark.

fuist! excl hush!

fulaing vi vt to suffer; to undergo.

fulangacht f passivity.

fulangaí m sufferer.

furasta adj easy.

G

gabh *vi* to go. • *vt* to apprehend, arrest; to capture; to catch; to seize.

gabh ar luas *vt* to speed.

gabh ar stailc *vt* to strike (*work*).

gabh ar *vt* to assume.

gabh buíochas (le) *vt* to thank.

gabh do leithscéal *vi* to apologise.

gabh i dtaithí le *vt* to accustom.

gabh leithscéal *vt* to excuse.

gabha *m* blacksmith; smith.

gabháil *f* assumption; catch; conquest; capture; **gabháil ceannais** coup (d'état).

gabhal *m* crotch; juncture.

gabhar *m* goat; **An Gabhar** Capricorn.

gabhdán *m* container.

gabhlaigh *vi* to fork.

gach *adj* each; every. • *pn* **gach aon** each; **gach duine** everyone. • *m* **gach rud** everything.

gadaí *m* thief.

gadaíocht *f* larceny, theft.

gadhar faire *m* watchdog.

Gaeilge *f* (*lang*) (Irish) Gaelic.

Gael *m* Gael, Irish person.

Gaelach *adj* Gaelic; Irish.

gailearaí *m* gallery.

Gaillimh *f* Galway.

gaineach *adj* scaly.

gaineamh *m* sand; **gaineamh beo** quicksand. • *f* **gaineamhchloch** sandstone.

gainmheach *adj* sandy.

gainne *f* dearth.

gainnéad *m* gannet.

gáir *vi* to exclaim. • *f* **gáir mholta** cheer; acclamation.

gairbhe *f* coarseness, asperity.

gairbhéal *m* gravel.

gairdín *m* garden.

gáire *m* laugh; laughter. • *vi* **déan gáire** to laugh. • *adj* **sna trithí gáire** (*laughter*) hysterical.

gaireacht *f* closeness.

gaireas *m* apparatus; appliance; gadget.

gairgeach *adj* acrimonious.

gairgeacht *f* acrimony; harshness.

gairleog *f* garlic.

gairm *f* calling, vocation.

gáirsiúil *adj* bawdy; obscene; vulgar.

gáirsiúlacht *f* obscenity.

gairtéar *m* garter.

gaiste *m* trap.

gal *f* steam; vapour.

gála *m* gale.

galaigh *vi vt* to evaporate.

galánta *adj* genteel.

galántacht *f* finery.

galar *m* disease.

galf *m* golf.

Gall *m* foreigner.

gallda *adj* foreign.

gallúnach *f* soap.

galún *m* gallon.

gamhain (gamhna) *m* calf.

gan *prep* without.

gandal *m* gander.

ganntanas *m* shortage.

gaofar *adj* windy.

gaol *m* relation(ship).

gaolmhar *adj* related, akin.

gaoth¹ *f* wind; **gaoth aniar** westerly (wind).

gaoth² *m* inlet.

gar *adj* approximate; **gar (do)** close.

garach *adj* accommodating.

garaíocht *f* assistance, help.

garáiste *m* garage.

garbh *adj* coarse; rough.

garbhchríoch *f* highland. • *mpl* **na Garbhchríocha** the Highlands.

garchabhair *f* first aid.

garda *m* guard; **garda cósta** coast-guard; **garda tarrthála** lifeguard.

gardaí *mpl* police.

gardáil *vt* to guard.

garg *adj* harsh.

gariníon *f* grandchild.

garmhac *m* grandchild.

garraíodóir *m* gardener.

garrán *m* grove.

gas *m* stalk; blade (of grass).

gás *m* gas.

gasta *adj* fast, quick.

gastranómach *adj* gastronomic.

gastranómachas *m* gastronomy.

gátar *m* distress.

gé *f* goose.

géag *f* arm; branch; limb.

géagán *m* limb; small branch; appendage.

geal *adj* bright; (*wine*) white. • *m* gin. • *vt* to blanch; to brighten.

gealach *f* moon.

gealgháireach *adj* cheerful.

geall *m* bet; wager.

gealltanas pósta *m* engagement.

gealt *m* lunatic; maniac.

gealtachas *m* dementia; craziness; panic.

gealtacht *f* insanity; lunacy; panic.

geanmnaí *adj* chaste.

geanmnaíocht *f* chastity.

geansaí *m* jersey; jumper.

geanúil *adj* loving.

géar *adj* acute; severe; austere; bitter; sharp.

géaraigh *vt* to intensify.

gearán *m* accusation; complaint. • *vi* **gearán a dhéanamh (faoi)** to complain.

gearánaí *m* (*law*) plaintiff.

géarchéim *f* crisis.

géarchúiseach *adj* astute; discerning; sagacious.

Gearmáin: An Ghearmáin *f* Germany.

Gearmáinis *f* (*lang*) German.

Gearmánach *m adj* German.

gearr *vt* to carve; to chop; to commute; to slash; to cut. • *vi* to cut. • *adj* brief, short. • *vt* **gearr de** to amputate.

gearradh *m* cut; slit.

gearrán *m* garron.

gearr cáin (ar) *vt* to tax.

gearr-radharcach *adj* near-sighted, shortsighted.

gearrshaolach *adj* ephemeral; momentary.

gearrthonn *f* shortwave.

geata *m* gate.

géibheann *m* captivity.

géill *vt* to cede; to obey; to submit; yield. • *vi* **géill (ar choinníollacha)** to capitulate.

géill do *vt* believe in.

géilleadh *m* surrender, submission; acceptance, credence.

geimhreadh *m* winter.

geimhriúil *adj* wintry.

géiniteach *adj* genetic.

geir *f* (cooking) fat.

géire *f* keenness; sharpness; severity; austerity.

géire intinne acumen.

geolaí *m* geologist.

geolaíoch *adj* geological.

geolaíocht *f* geology.

geolbhaigh *npl* gills; chops.

giall *m* hostage; jaw; jowl.

giar *m* gear (*car*).

gile *f* brightness.

gin *f* foetus; birth; child.

gineadóir *m* generator.

ginealach *m* genealogy; lineage.

ginealaigh *adj* genealogical.

ginealeolaí *m* genealogist.

ginearálta *adj* general; generic.

ginmhilleadh *m* abortion.

giobal *m* rag.

giodam *m* frivolity; restlessness; giddiness.

giodamach *adj* frivolous; restless.

giodróg *f* minx; flighty girl.

gíog *f* chirp; squeak; cheep. • *vi* **gíog a ligint asat** to chirp; to cheep; to squeak.

giolcach *f* reed.

giorraigh *vt* to abbreviate; to shorten; to abridge.

giorraisc *adj* abrupt, curt, short.

giorria *m* hare.

giorrú *m* abridgement; abbreviation.

giorta *m* (*harness*) girth.

giosta *m* yeast.

giota *m* bit, piece.

giotán *m* (*comput*) bit.

giotár *m* guitar.

girseach *f* girl, youngster.

giúis *f* fir.

giúistís *f* magistrate.

giúróir *m* juror.

glac *vt* to receive; to take; **glac le** to accept; to acknowledge; **glac seilbh ar** to appropriate.

glacadh *m* acceptance; assumption; supposition; reception.

glaineacht *f* cleanliness; purity.

glaise *f* greenness.

glam *f* howl; bark.

glan *adj* clean; chaste. • *vt* to clean; to clear.

glan le grafóg *vt* to hoe.

glan- *prefix* pure, clean.

glanadh *m* cleaning.

glaoch *m* call. • *vt* **glaoch a chur ar dhuine** to buzz someone.

glaoigh *vt* to call; to summon; **glaoigh ar** (*telephone*) to ring.

glas[1] *adj* green.

glas[2] *m* lock.

glasadóir *m* locksmith.

Glaschú *m* Glasgow.

glasghnéitheach *adj* livid.

glasíoc *m* instalment (payment).

glasóg *f* wagtail.

glasra *m* vegetable.

gleann *m* glen, vale, valley.

gleanntán *m* dale; dell.

gléas[1] *vi* to dress. • *vt* to clothe, dress.

gléas[2] *m* artifice; device; (*mus*) key; musical instrument; **gléas ceoil** musical instrument; **gléas freagartha** answering machine.

gléasadh *m* dressing.

gleo *m* noise.

gleoiseach *f* linnet.

gleoite *adj* pretty, neat, charming, delightful.

glic *adj* clever; sly; wily.

gliceas *m* craft, cunning.

gliomach *m* lobster.

gliondar *m* joy.

gliondrach *adj* blithe, joyful.
gliscín *m* lisp.
gliú *m* glue.
gloine *f* glass.
glóire *f* glory.
glór *m* tone; voice.
glórach *adj* loud; noisy.
glóraí *f* loudness.
glóthach *f* jelly.
glothar *m* gurgle.
gluais *vt* to move; to proceed.
gluaiseacht *f* motion, movement.
gluaisteán *m* car.
gluaisteánaí *m* motorist.
glúin *f* knee.
gnách *adj* accustomed; habitual; customary, usual, ordinary.
gnás *m* custom.
gnáth- *prefix* common, customary, everyday; general; habitual; normal, ordinary, usual. • *adv* **de ghnáth** generally, normally.
gnáthaigh *vt* to frequent.
gnáthchúrsa *m* routine.
gnáthleagan cainte *m* colloquialism.
gnáthsheilbh *f* obsession.
gné *f* kind; appearence; species.
gné mhínormálta (de rud) *m* abnormality.
gnéas *m* sex.
gníomh *m* act; (*legal*) deed; **dea-ghníomh** benefaction.
gníomhach *adj* active.
gníomhaigh *vi* to act.
gníomhaíocht *f* activity.
gníomhaire *m* agent.
gníomh uafáis *m* atrocity.
gnó *m* business; affair; **d'aon ghnó** on purpose.
gnólacht *f* business.
gnóthach *adj* busy.

gnóthaigh *vt* to gain.
gnúis *f* countenance; face.
gnúsacht *f* grunt. • *vi* **déan gnúsacht** to grunt.
go *prep* till, until; to.
go (gur *in past*) *conj* that.
go raibh maith agat thank you.
gob *m* beak. • *vt* to peck.
gob amach *vi* to jut.
goid *f* theft. • *vt* to steal.
goile *m* appetite; stomach.
goill ar *vi* to rankle. • *vt* to distress.
goilliúnach *adj* hurtful.
goirín *m* pimple.
goirme *f* blueness.
gonc *m* rebuff.
gontacht *f* brevity.
gor *vt vi* to incubate.
gorb *m* glutton.
gorm *adj* blue.
gorta *m* famine; starvation.
gortach *adj* hungry, meagre; skimpy.
gortaigh *vt* to hurt; to injure.
gorthach *adj* ardent.
gortú *m* injury.
gotha *m* gesture; pose; appearence.
grá *m* darling; love; **grá geal** sweetheart.
grabaire *m* imp.
grabháil *vt* to emboss.
grabhróg *f* crumb. • *fpl* **grabhróga aráin** breadcrumbs.
grád *m* grade.
grádán *m* gradient.
graeipe *f* graip.
grafóg *f* hoe. • *vt* **glan le grafóg** to hoe.
graificí *npl* graphics.
gráigh *vt* to adore.
gráin *f* aversion, loathing. • *vt* **tá gráin agam ar** to abhor.

gráinne *m* grain.

gráinneach *adj* granular.

gráinneog *f* hedgehog.

gráinniúil *adj* abominable.

gram *m* gram.

gramaisc *f* mob, rabble.

grámhar *adj* amorous.

gránna *adj* despicable; horrid; ugly.

gránnacht *f* ugliness.

graosta *adj* lewd.

graostacht *f* lewdness.

grásta *m* grace.

grástúil *adj* gracious.

gráta *m* grate.

greabhóg *f* tern.

greadadh *m* beating; trouncing; percussion.

greadóg *f* smack.

Gréagach *adj m* Greek.

greamachán *m* adhesive.

greamaigh *vt* to stick. • *vt vi* to adhere. • *vi* **greamaigh do** to adhere.

greamaigh rud de rud eile *vt* to attach.

greamaithe *adj* attached.

greamú *m* binding.

grean *m* grit, coarse sand.

greann *m* humour.

greannmhar *adj* amusing; comic, comical, droll, funny.

gréasaí *m* shoemaker.

Gréig: An Ghréig *f* Greece.

Gréigis *f* (*ling*) Greek.

greille *f* grid; grill.

greim *m* clutch; grasp; stitch. • *vi* **greim a choinneáil (ar)** to cling. • *vt* **greim a fháil ar** to clutch.

grian *f* sun.

grianach *adj* sunny.

grianchloch *f* (*min*) quartz.

grianda *adj* solar.

griandóite *adj* bronzed.

grianghraf *m* photograph.

grideall *f* griddle.

grinn *adj* discerning, perceptive, discerning.

grinneall *m* bottom (of sea, loch).

grinneas *m* clearness, accuracy; acumen.

grinnléigh *vt* to peruse.

grinnsúileach *adj* observant.

griog *vt* to tantalise; to tease, annoy.

gríos[1] *m* hot embers.

gríos[2] *m* rash.

gríosach *f* hot ashes; embers.

gríosaigh *vt* to urge.

gríosc *vt* to grill; to broil.

gríscín *m* chop.

grósa *m* gross (*144*).

grósaeir *m* grocer.

gruagach *adj* hairy. • *m* goblin.

gruaig *f* hair.

gruaim *f* depression; melancholy; dullness; gloom.

gruama *adj* black-humoured, morose; dismal; dull, gloomy; glum; melancholy; (*prospects*) bleak.

grúdaigh *vt* to brew (*beer*).

grúdaire *m* brewer.

grúdaireacht *f* brew; brewing.

grúdlann *f* brewery.

gruig *f* frown. • *vi* to scowl.

grúm *m* bridegroom.

grúpa *m* group.

guagach *adj* fickle, unstable; vacillating; unsteady; capricious.

guailleáil *vt* to jostle.

guailleáin *npl* braces.

guairí *npl* whiskers (of cat).

guairille *m* guerrilla.

guairneán *m* eddy.

gual *m* coal.

gualach *m* charcoal.

gualainn *f* shoulder.
guigh *vi vt* pray; to entreat.
guma coganta *m* chewing gum, bubblegum.
gúna *m* dress, gown.
gunna *m* gun.
gus *m* force; vigour; spirit, gumption.

guta *m* vowel.
guth *m* voice. • *adj* **d'aon ghuth** unanimous.
guthach *adj* vocal.
guthán *m* telephone; **guthán póca** mobile phone.

H

hagaois *f* haggis.

haiste *m* hatch.

halla *m* hall.

hata *m* hat.

hearóin *f* heroin.

héileacaptar *m* helicopter.

hidrileictreach *adj* hydroelectric.

híleantóir *m* Highlander.

histéireach *adj* hysterical.

homaighnéasach *adj m* homosexual.

I

í *pn* she; her; *(fem)* it; **í féin** herself *(object)*; itself. *See* **féin**.

i *prep* in, into; **i leith** (+ *gen*) toward(s); **i measc** amid(st) (+ *gen*); among(st).

iacsaireacht *f* fishing.

iad *pn pl* they; **iad féin** themselves; **iad(san)** them; **iad seo** these; **iad sin** those.

iall *f* lace; dog lead; **iall bróige** shoelace.

iallach *m* constraint; compulsion. • *vt* **iallach a chur ar dhuine rud a dhéanamh** to compel.

iarainn *adj* (made of) iron.

iarann *m* iron.

iargúlta *adj* isolated; remote.

iarla *m* earl.

iarmhairt *f* consequence.

iarmhéid *m (fin)* balance.

iarnáil *vt* to iron.

iarnóin *f* afternoon.

iarnród *m* railroad, railway.

iarr *vt* to ask, request; to call for; to solicit; **iarr ar** to request.

iarr ar ais *vt* to reclaim.

iarracht *f* effort, attempt.

iarraidh *f* effort, attempt. • *adj* **ar iarraidh** missing; **gan iarraidh** unwanted.

iarratas *m* application; request.

iarrthóir *m* applicant; candidate.

iarsma *m* relic.

iarthar *m* west.

iartharach *adj* westerner.

iarthuaisceart *m* northwest.

iasacht *f* loan; **ar iasacht** on loan, borrowed.

iasachtaí *m* borrower.

iasachtóir *m* lender.

iasc *m* fish. • *vi vt* to fish. • *m* **iasc sliogánach** mollusc.

iascach *adj* abounding in fish.

iascaire *m* fisher(man); **iascaire coirneach** *m* osprey; **iascaire slaite** *m* angler.

iascaireacht *f* fishing; **iascaireacht slaite** angling.

iatacht *f* constipation.

íde *f* ill usage; **íde béil** verbal abuse.

idéal *m* ideal.

ídigh *vt* to consume, use up, wear out.

idir *adv, prep* between.

idir an dá linn *adv* meantime.

idirdhealú *m* discrimination; distinction. • *vt* **déan idirdhealú idir** to distinguish between, distinguish.

idirghabháil *f* intervention; mediation. • *vi vt* **déan idirghabháil** to intervene; to mediate.

idirghabhálaí *m* mediator.

idirlíon (-lín) *m (comput)* web, internet.

idirnáisiúnta *adj* international.

ifreann *m* hell.

Íle Islay.

iltíreach *adj* cosmopolitan.

im *m* butter.

imdhíonacht *f* immunity.

imeacht *m* event; going, departure. • *adv* **ar imeacht le sruth** adrift. • *vi* **imeacht de rúchladh** to career; **imeacht thar sáile** to go abroad.

imeagla f dread. • vt **imeagla a bheith ar dhuine roimh rud** to dread (something).

imeall m edge; outskirts.

imeallchríoch f frontier.

imigh vi to depart; to disappear; to go, depart, to leave; **imigh ar fud na háite** to roam; **imigh gan treo** drift; **imigh i saithe** to swarm.

imigh thart vi to elapse.

imir vt to play (game).

imirceach adj expatriate.

imleacán m navel.

imlíne f circumference.

imní f anxiety, care, worry.

imníoch adj anxious.

impigh (ar) vt to beg, implore; to petition. • vi to petition.

impireacht f empire.

impleacht f implication.

imreoir m player.

imrothlaigh vt to revolve.

imshaol m (ecol) environment.

imshruthú m (anat) circulation.

imtharraingt f (physics) gravity.

ináirithe adj calculable.

ináitrithe adj inhabitable.

inathraithe adj adaptable, changeable; convertible.

inbhainte amach adj attainable.

inbhear m estuary; **Inbhir Nis** Inverness.

inbhéartaigh vt to invert.

incháilithe adj eligible.

incheartaithe adj adjustable.

inchinn f brain.

inchloiste adj audible.

inchreidte adj believable, credible; plausible.

indíleáite adj digestible.

indíolta adj marketable; saleable.

infheicthe adj visible.

infheictheacht f visibility.

infheistigh vt to invest.

infhillte adj capable of being folded; collapsible.

ingearach adj perpendicular; vertical; upright.

inghlactha adj acceptable; admissible.

inghlacthacht f acceptability.

inimirce f immigration.

inimirceach m immigrant.

iníoctha adj payable; due.

iniompartha adj portable.

iníon f daughter.

Iníon f Miss.

inis vt to tell, relate.

inite adj eatable, edible.

iniúch vt to audit.

iniúchadh m audit.

iniúchóir m auditor.

inlasta adj inflammable.

inleighis adj curable.

inléite adj legible.

inléiteacht f legibility.

inmhaite adj justifiable.

inmharthana adj viable.

inmhe: in inmhe vi to be able.

inmheánach adj inner; internal.

inmholta adj admirable, commendable.

inné adv yesterday.

innéacs m index.

innéacsaigh vt vi to index.

inneall m engine; motor.

innealra m machinery.

innealtóir m engineer.

inneoin f anvil.

inní mpl bowels.

innill vt to engineer.

inniu adv today.

inphósta *adj* marriageable.

inroinnte *adj* divisible.

insamhlaithe *adj* imaginable.

inse *m* hinge.

insligh *vt* to insulate.

insroichte *adj* accessible.

insteall *vt* to inject.

instealladh *m* injection, jab.

instinn *f* instinct.

instinneach *adj* instinctive.

institiúid *f* institute; institution.

intinn *f* mind.

intíre *adj* inland.

intleacht *f* intellect; intelligence.

intleachtach *adj* ingenious; intellectual. • *m* intellectual

intomhaiste *adj* measurable.

intuaslagtha *adj* soluble.

intuigthe *adj* implicit; understandable.

íobair *vt* to sacrifice.

íobairt *f* sacrifice.

íobartach *m* victim.

íoc *vi vt* to contribute; to pay.

íochtar *m* bottom.

íochtarach *adj* inferior.

íocshláinte *f* balm, balsam; elixir.

íocshláinteach *adj* medicinal.

Iodálach *adj* Italian.

Iodáil: An Iodáil *f* Italy.

íogair *adj* sensitive.

íol *m* idol.

iolar *m* eagle.

iolra *m* plural.

iolracht *f* plurality.

iolraigh *vt* to multiply.

iomadúil *adj* multiple.

iomáint *f* hurling; shinty.

iomaíocht *f* rivalry; emulation.

iomaíochta *adj* rival.

iomaitheoir *m* competitor; rival; competition.

iomann *m* hymn.

iomarca *f* too much, too many.

iomarcach *adj* redundant; excess.

iomas *m* intuition.

íomhá *f* effigy; image.

iomlaisc *m* flounder.

iomlán *adj* absolute; all; complete, entire; utter; total; whole; intact; outright. • *m* sum; total. • *adv* **ar an iomlán** overall; **go hiomlán** altogether.

iomlatach *adj* playful; mischievous.

iompaigh *vi vt* to convert; to overturn. • *vt* (*mar*) **iompaigh (an bád) béal faoi** to capsize.

iompair *vi* to behave. • *vt* to bear; to carry.

iompar *m* (*transport*) conveyance; behaviour; deportment.

iompórtáil *vt* to import.

iompú *m* conversion; turning.

iomrall aimsire *m* anachronism.

iomrascáil *f* wrestling. • *vi* **déan iomrascáil (le)** to wrestle.

ionaclaigh *vt* inoculate.

ionad *m* place, venue.

ionadach *adj* substitute; vicarious.

ionadaí *m* representative.

ionadh *m* astonishment; wonder.

ionanálaigh *vt* inhale.

ionann *adj* identical; **is ionann X agus Y** X is identical to Y.

ionannas *m* sameness; equality.

ioncam *m* income.

ionchúisigh *vt* to prosecute.

iondúil *adj* customary, usual.

ionfabhtaigh *vt* infect.

ionfabhtú *m* infection.

ionga *f* (finger)nail.

ionnladh *m* ablution.

ionracas *m* honesty; integrity.

ionraic *adj* frank, honest.

ionsaí *m* (*phys*) aggression; assault, attack.

ionsaigh *vt* to assail, attack.

ionsaitheach *adj* aggressive.

ionsaitheoir *m* assailant.

iontach *adj* amazing, extraordinary, fantastic, marvellous, surprising. • *adv* very.

iontaise *f* fossil.

iontaofa *adj* reliable.

iontas *m* amazement; fascination; marvel, wonder; surprise. • *vi* **déan iontas de** to marvel.

ionúin *adj* beloved, dear.

iora *m* squirrel.

íoróin *f* irony.

íorónta *adj* ironic.

ioscaid *f* hollow at back of knee.

íoslach *m* basement.

Ioslamachas *m* Islam.

iothlainn *f* granary.

iris *f* magazine, journal.

iriseoir *m* journalist.

iriseoireacht *f* journalism.

is[1] *conj* and.

is[2] *vi* to be (*see grammar notes*).

is ar éigean gur rug sé air *adv* he hardly caught it.

is eol dom *vi* I know.

is liomsa é *vi* it belongs to me.

íseal *adj* low; **le brollach íseal** low-cut.

Ísiltír: An Ísiltír *f* Netherlands.

ísle: is ísle *adj* lowest.

ísligh *vt* to demote; to humble; to lower. • *vi* **ísligh tú féin** to demean.

ispín *m* sausage.

isteach *adj* inward. • *adv* in; inwards; inside. • *prep* **isteach i** into.

istigh *adj* inner. • *adv* indoor; within.

ith *vt vi* to eat; to consume.

ithir *f* soil.

iubhaile *f* jubilee.

lúil *m* July.

iúr *m* yew.

J K

jab *m* job.
jacaí *m* jockey.
juncaed *m* junket.

karaté *m* karate
kebab *m* kebab

L

lá *m* day; **Lá an Luain** doomsday; **Lá Bealtaine** Mayday. • *adv* **gach lá** daily.

lábánach *adj* muddy.

labhair *vi vt* to talk; to speak, to utter.

labhras *m* laurel.

lacáiste *m* discount; rebate.

lách *adj* affable, amiable, genial.

lacha *f* duck.

ladar *m* ladle; **do ladar a chur isteach i rud** to interfere in something.

laethúil *adj* daily.

laftán *m* shelf (of rock).

lag *adj* dim; frail; weak.

lagaigh *vt* to dilute; to weaken.

laghdaigh *vt vi* to diminish; to reduce; to lighten; to lessen; to abate; to decrease; to dwindle.

laghdú *m* decrease; abridgment.

lagmheasartha *adj* mediocre.

Laidin *f* Latin.

láidir *adj* able-bodied; strong; emphatic.

láidreacht *f* strength.

laige *f* weakness, frailty.

láimhsigh *vt* to handle; to manipulate.

laindéar *m* lantern.

láinseáil *vt* to launch.

láir (lárach) *f* mare.

láithreach *adj* immediate.

láithreach bonn *adv* directly; immediately.

láithreacht *f* presence.

láithreán campála *m* campsite.

lamairne *m* jetty.

lámh *f* hand; handle. • *vi* **an lámh in uachtar a fháil ar (dheacracht** *f***)** to cope.

lámh láidir force; violence.

lámhainn *f* glove.

lámhfhite *m* handwoven.

lámhleabhar *m* manual.

lamhnán *m* bladder.

lámhscríbhinn *f* manuscript.

lampa *m* lamp.

lán *adj* full; replete; utter; **a lán** many; much. • *m* **lán mara** high tide.

lánaimseartha *adj* full-time.

lánchosc *m* embargo.

lánfhásta *adj* full-grown.

lann *f* scale (of fish); blade (of weapon).

lansa *m* lancet.

lansaigh *vt* to lance.

lánstad *m* full stop.

lánúin *f* couple; lovers.

lao *m* calf.

laoch *m* hero.

laofheoil *f* veal.

lapa *m* paw.

lár *m* centre; middle.

lár- *adj* mid.

lardrús *m* larder.

lárionad *m* (*building*) centre.

lárnach *adj* central.

lárnaigh *vt* to centralise.

las *vt vi* to ignite; to light.

lása *m* lace.

lasair rabhaidh *f* flare.

lasán *m* match.

lasc *f* switch.

lasta *m* cargo; freight.

láthair: as láthair *adj* absent.

le *prep* with. • *adj* **ar nós cuma liom** indifferent; **is cuma liom** I don't care. • *vt* **is mian liom** to wish. • *f* **líomhain** allegation.

le haghaidh *prep* for.

le linn *conj* while. • *prep* during.

leaba (leapa) *f* bed. • *adv* **ar an leaba** abed.

leaba ancaire *f* anchorage.

leabhar *m* book; **leabhar cuntais** accounts book; **leabhar nótaí** notebook; **leabhar urnaí** prayerbook.

leabharlann *f* library.

leabharlannaí *m* librarian.

leabharliosta *m* bibliography.

leabhlaigh *vt* to libel.

leabhrach *adj* bookish.

leabhragán *m* bookcase.

leac *f* flagstone; ledge; sill; **leac dorais** doorstep; **leac uaighe** gravestone.

leacht[1] *m* liquid.

leacht[2] *m* gravestone; monument.

léacht *f* lecture.

leachtach *adj* liquid.

leachtaigh *vi vt* to liquefy; to liquidate.

leadóg *f* tennis.

leadránach *adj* boring.

leag *vt* to lay; (*mus*) to flatten; **leag síos** to deposit, put down.

leag amach *vt* to design.

leag (lámh, etc) ar *vt* to touch.

leagan *m* version.

leagan cainte *m* expression.

leáigh *vt vi* to melt; to thaw.

leaisteach *adj* elastic.

leamh *adj* bland; insipid; inane.

leamhan *m* moth.

leamhán *m* elm.

lean *vi* to ensue; to continue. • *vt* to follow. • *vi* **lean ar** to continue. • *vt* **lean de** to carry on, continue.

léan *m* affliction; anguish; grief.

leanbaí *adj* childish; infantile.

leanbaíocht *f* childhood; dotage.

leanbh *m* babe, baby; child.

leanbh tréigthe *m* foundling.

leann *m* ale.

leannán *m* lover, sweetheart.

leantach *adj* consecutive.

leanúnach *adj* continual; continuous.

leáphointe *m* melting point.

lear: thar lear *adv* abroad, overseas.

learóg *f* larch.

léarscáil *f* map.

leas *m* benefit; well-being; interest.

léas[1] *m* lease.

léas[2] *vt* to thrash; to flog.

léasacht *f* leasehold.

leasaigh *vt* to improve; to amend; to reform; to undo; to fertilise, manure.

leasainm *m* nickname.

leasc *adj* lazy; slow. • *vt* **is leasc le** to loathe.

leasú *m* amendment; manure.

leataobh *m* lay-by. • *adv* **i leataobh** aside; sideways.

leataobhach *adj* lopsided.

leath *vi* (*eyes*) to dilate.

leath- *adv* partly; half. • *adv f* **leath bealaigh** halfway. • *f* half. • *m* **leath-thon** (*mus*) semitone.

leathan *adj* broad; wide; **leathanaigeanta** broad-minded.

leathanach *m* page; **leathanach baile** (*comput*) home page.

leathar *m* leather.

leathbhróg *f* one of two shoes.

leathbhuidéal *m* half-bottle.

leathchamán *m* semiquaver.

leathchúpla *m* twin.

leathfhocal *m* byword; catchword.

leathfhocal *m* innuendo.

leathnaigh *vt* to expand.

leathóg bhallach *f* plaice.

leathoscailt: ar leathoscailt *adj* ajar.

leathrann *m* couplet.

leathsféar *m* hemisphere.

leatrom *m* discrimination. • *vt* **leatrom a dhéanamh ar (dhuine)** to discriminate against.

leatromach *adj* unfair.

leibhéal *m* level. • *f* **leibhéal na farraige** sea level.

leibide *f* sloven.

leibideach *adj* careless; slovenly.

leiceann *m* cheek.

leictreach *adj* electric.

leictreachas *m* electricity.

leictreon *m* electron.

leictreonach *adj* electronic.

leictriú *m* electrification.

leid *f* clue; hint.

léig *f* disuse; decay **dul i léig** to decay, decline, die out.

léigear *m* siege.

léigh *vt vi* to read.

leigheas *m* medicine; remedy; cure. • *vt* to cure; to heal. • *vi* to heal.

leighis *adj* medical.

léim *f* bound, jump; to leap. • *vi* to bound. • *vt* to jump; to skip; to leap.

léine *f* shirt.

leipreachán *m* leprechaun.

léir: go léir *adv* entirely.

léirigh *vt* to illustrate; to depict.

léiriú *m* demonstration; representation; illustration.

léirmheastóir *m* critic.

léirmheastóireacht *f* criticism (of arts, etc).

léirthuiscint *f* appreciation.

leis *f* haunch.

leis seo *adv* hereby.

leite *f* porridge.

leith: ar leith *adj* unique.

leithead *m* breadth; width.

leithéid: a leithéid de *adj* such.

léitheoir *m* reader.

leithinis *f* peninsula.

leithleach *adj* peculiar; distinct; selfish.

leithleachas *m* self-interest.

leithliseach *adj* isolated; absolute.

leithlisigh *vt* to isolate.

leithreas *m* lavatory, toilet.

leithscéal *m* apology; excuse. • *vi* **gabh do leithscéal** to apologise. • *vt* **gabh leithscéal** to excuse.

leitís *f* lettuce.

leon *m* lion; **leon baineann** *m* lioness.

leor: go leor *adj* sufficient. • *adv* enough; galore; plenty.

liamhán *m* lever.

liamhás *m* ham.

liath *adj* grey; grey-haired.

liathbhuí *adj* sallow.

liathróid *f* ball; **liathróid láimhe** handball.

lig *vt* to let.

lig amach *vt* to emit; **lig amach ar bannaí** to bail.

lig ar *vt* to affect (let on); pretend.

lig ar cíos *vt* to let, lease; to rent.

lig (do rud) titim *vt* to drop (something).

lig do thaca le *vi* to lean.

lig fead *vi* to whistle.

ligh *vt* to lick.

lig isteach *vi* (*shoes*) to leak. • *vt* to admit.

lig srann *vi* to snore.

lig sraoth *vi* to sneeze.

lig tríd *vi* (*tank*, etc) to leak.

limistéar *m* area.

líne *f* file, line; row, rank. • *adv* **ar aon líne** abreast.

líneach *adj* linear.

lingeán *m* spring.

línigh *vt* to line.

línitheoir *m* draughtsman.

linn *f* pond, pool. • *m* **linn snámha** swimming pool.

lintéar *m* gully, drain.

liobarnach *adj* hanging loose; tattered; unwieldy.

liobrálach *adj* liberal.

líofa *adj* fluent; voluble.

líofacht *f* alacrity; fluency.

liomóg *m* nip, pinch.

líomóid *f* lemon.

líon *m* linen; net; web; **líon damháin alla** web; cobweb; **líon domhanda** (*comput*) World Wide Web.

líon *vt* to fill.

líonmhar *adj* numerous.

lionsa *m* lens.

liopa *m* flap; lip.

liopach *adj* labial.

liosta *m* list; inventory; **liosta dubh** blacklist. • *vt* **déan liosta de** to list.

liostacht *f* monotony, tediousness.

liostáil *vi vt* to enlist.

liotúirge *m* liturgy.

lipéad *m* label.

lir *f* lyre.

líreacán *m* lollipop.

liric *f* lyric.

lítear *m* litre.

liteartha *adj* literate.

litearthacht *f* literacy.

litir (litreach) *f* letter.

litreacha *fpl* mail, letters.

litrigh *vt* to spell.

litríocht *f* literature.

litriúil *adj* literal.

liú *m* whoop. • *vi* **lig liú** to whoop.

liúdramán *m* lanky person; drone.

liúntas *m* allowance; dole.

lobh *vi* to decay; to decompose.

lobhadh *m* decay; rot; caries.

lobhar *m* leper.

loca *m* (*animal*) fold, pen.

loch *m* lake.

lochán *m* puddle.

Lochlannach *m* Viking, Scandinavian.

locht *m* blame; defect; fault. • *vt* **an locht a chur ar** to blame; **locht a fháil ar** to censure. • *adj* **gan locht** blameless; faultless.

lochta *m* loft.

lochtach *adj* defective, faulty.

lochtaigh *vt* to fault, blame; to denigrate.

lódaigh *vt* to load.

lodair *vi* to cover with mud; to grovel.

lodartha *adj* base, vulgar; flabby.

lofa *adj* putrid; rotten.

log *m* cavity; hollow. • *vt* **log a chur i** to dent.

log ann *vi* (*comput*) to log on; **log as** to log off.

loghairt *f* lizard.

loic *vi* to flinch; to fail; to shirk; **loic sé orm** he let me down.

loicéad *m* locket.

loighciúil *adj* logical.

loighic f logic.

loigín m dimple.

loingeán m cartilage; gristle.

loinnir f lustre.

lóis f lotion.

loiscneach adj burning, scorching.

lóiste m lodge.

lóistéir m lodger.

lóistín m accommodation.

loit vt to hurt; to damage; to impair; to mar.

lom adj bare; gaunt. • vt to denude; to shear.

lom- adj mere.

lomadh m shearing.

lomán m log.

lomnocht adj naked.

lomra m fleece.

lón m lunch, luncheon.

lon dubh m blackbird.

lónadóireacht f catering.

long f ship; **long bhriste** wreck; **long chogaidh** warship.

longbhriseadh[1] m shipwreck.

longbhriseadh[2] vi to fall from grace.

longlann f dockyard.

lonnaíocht f settlement (of land village, etc).

lonrach adj brilliant; luminous.

lonraigh vi to glint; to glow; to shine.

lorg m dent; trace; vestige. • vt to look for.

lú: is lú adj least.

luach m value; worth.

luachair (luachra) f rush. • pl **luachra** rushes.

luacharachán m elf.

luachmhar adj precious; valuable.

luaidhe f lead. • adj **ar dhath na luaidhe** leaden.

luaigh vt to cite; to mention; to quote.

luainigh vi to swing; to fluctuate.

luaith f ashes.

luaithreadán m ashtray.

luamh m yacht.

Luan: An Luan m Monday; **Dé Luain** on Monday; **Luan an tSléibhe** Doomsday.

luas m speed. • vt **gabh ar luas** to speed.

luas- adj express.

luasaire m accelerator.

luasc vt to rock.

luascán m swing.

luasghéaraigh vt to accelerate.

luastraein f (rail) express.

luath adj early.

luathú m acceleration.

lúb f bend; coil; loop. • vi vt to bend; to curve. • f **lúb ar lár** loophole.

lúbra m maze.

lúbthacht f curvature.

luch f (comput) mouse.

lúcháir f delight; glee.

luchóg f mouse; **luch fhéir** field-mouse.

lucht[1] m content, load; capacity; **lucht báid** cargo.

lucht[2] npl (category of) people. • f **lucht coimhdeachta** train, retinue. • m **lucht éisteachta** audience.

luchtaigh vt (elec) to charge.

lúfar adj agile; athletic.

luí m lying down; **luí na gréine** sunset.

luibh f herb.

luibheolaí m botanist.

luibheolaíocht f botany.

lúibín f ditty; bracket.

lúide prep minus.

luigh *vi* to lie. • *vt* **luigh (ar)** to rest; **luigh siar** to recline.

luigh isteach le *vi* to snuggle.

luíochán *m* ambush. • *vt* **déan luíochán roimh dhuine** to waylay.

luisne *f* blush; glow.

Lúnasa *m* August.

lus *m* plant; herb; **lus an chromchinn** daffodil; **lus súgach** asparagus.

lútáil *vi* to cringe.

lúthchleasaíocht *f* athletics.

M

má *conj* if (*pres/past*).

mac *m* son.

macalla *m* echo. • *vi* **déan macalla** to echo.

macánta *adj* decent; sincere.

macasamhail *f* like; counterpart; copy; duplicate.

machnaigh *vi* to meditate. • *vt* **machnaigh ar** to deliberate.

machnamh *m* contemplation; meditation.

mac imrisc *m* pupil (eye).

macnasach *adj* luxurious; sensual, sensuous.

mac tíre *f* wolf.

madadh (=madra) *m* dog; **madra caorach** sheepdog; **madra treoraithe** guide dog.

magadh *m* joke. • *vt* **déan magadh faoi** to mock, jest.

magairle *m* testicle.

maghar *m* small fish; fishing fly.

maicín *m* brawl.

maide *m* stick; **maide croise** crutch; **maide rámha** oar.

maidhm *vt* to burst; to detonate; to defeat. • *f* **maidhm thalún** landslide.

maidin *f* morning.

maígh *vt* to claim; to state.

maighdean *f* virgin; **maighdean mhara** mermaid.

maighnéad *m* magnet.

maighreán *m* grilse.

mailís *f* malice.

mailíseach *adj* malicious; nasty.

mailléad *m* mallet.

máineach *m* (*med*) maniac.

mainistir (mainistreach) *f* abbey; monastery.

máinlia *m* surgeon.

mainséar *m* manger.

mair *vi* to live; to survive.

máirseáil *f* march. • *vi* to march.

Máirt *f* Tuesday; **Dé Máirt** on Tuesday.

mairteoil *f* beef.

mairtíreach *m* martyr.

maisigh *vt* to illustrate; to decorate; to adorn; to grace.

maisitheoir *m* illustrator.

maisiú *m* illumination, decoration.

maisiúchán *m* decoration.

maisiúil *adj* fancy.

máisiún *m* freemason.

maistín *m* hooligan.

máistir *m* master; **máistir scoile** schoolmaster.

máistreacht *f* mastery.

máistreás *f* mistress; **máistreás scoile** schoolmistress.

máistriúil *adj* masterly.

maith *adj* good; well; considerable; **gan mhaith** dud. • *adv* **go maith** quite; well. • *vt* to forgive; **is maith le** I like; **ní maith liom (é)** I dislike (it); **go raibh maith agat** thank you. • *vi* **is maith an tuar é** it augurs well.

maitheas (-a) *f* goodness.

máithreachas *m* maternity.

máithriúil *adj* motherly.

maitín *m* matins.

mala *f* brae, brow; **mala chnoic** hillside. • *adv* **in éadan na mala** up-hill.

mála *m* bag; sack; **mála láimhe** handbag; **mála scoile** satchel; **mála taistil** kitbag; **mála trealaimh** (*milit*) kitbag.

malartaigh *vt* to exchange.

mall *adj* late; slow.

mallacht *f* curse.

mallaibh: ar na mallaibh *adv* recently.

mallaigh *vt* to curse.

mallaithe *adj* accursed.

mallmhuir *f* neap-time.

malltriallach *adj* deliberate, slow.

mám *f* handful.

mam, mamaí *f* mum, mummy

mamach *m* mammal.

mámh *m* trump card.

mana *m* motto.

manach *m* monk.

mangaire *m* haggler, hustler, dealer.

maoil[1] *f* hillock, knoll.

maoil[2]: **ag cur thar maoil (le)** *vi* to abound (in, with) , overflow..

maoile *f* baldness.

maoileann *m* brow (of a hill).

maoin *f* property; wealth.

maoithneach *adj* sentimental.

maol *adj* bald; blunt; (*mus*) flat. • *m* flat.

maolaigh *vi* to relent. • *vt* to allay, alleviate, assuage; to relieve; to blunt; to flatten.

maolchnoc *m* knoll.

maolgháire *m* chuckle.

maolú *m* alleviation; absorption; **maolú fuaime** absorption (of sound).

maor *m* steward, warden; (*milit*) major; **maor druma** drum major; **maor géim** gamekeeper.

maorga *adj* grand; dignified; sedate.

maorlathas *m* bureaucracy.

maoth *adj* tender, soft.

maothaigh *vi vt* to soak; to saturate.

mar *conj* as, because.

mara *adj* marine; (*plants*) maritime.

marachuan *m* marijuana.

maraí *m* mariner.

maraigh *vt* to kill.

marbh *adj* dead.

marbhán *m* corpse.

marbhánta *adj* dull; inert.

marbhántacht *f* dullness; lethargy.

marbhsháinn *f* (*chess*) mate.

marcach *m* horseman; rider.

marcshlua *m* cavalry.

marfach *adj* deadly, fatal, lethal.

marfóir *m* killer.

margadh *m* deal; market.

margáil a dhéanamh faoi rud *vi* to haggle.

marmar *m* marble.

maróg *f* paunch; pudding.

Márta *m* March.

marthanóir *m* survivor.

más *m* mace.

mása *npl* buttocks.

masc *m* mask; **masc a bhaint de** *vt* to unmask.

masla *m* (verbal) abuse, insult, slur.

maslaigh *vt* to abuse, to call names, insult; to affront.

masmas *m* nausea.

mata *m* mat.

máta *m* (ship)mate.

matal *m* mantelpiece.

matamaitic *f* mathematics.

matán *m* muscle.

máthair (-ar) *f* mother; **máthair altrama** foster-mother; **máthair chéile** mother-in-law.

máthartha *adj* maternal.

mé *pn* I; me; **mé féin** myself. *See* **féin**. • *vi* **tá mé i mo chodladh** I am asleep.

meabhair *f* wit. • *adj* **as do mheabhair** insane.

meabhlú *m* deception; betrayal; seduction.

meacan dearg *m* carrot.

meáchan *m* weight.

méadaigh *vt* to dilate; to enhance; to enlarge; to increase, augment; to grow. • *vi* to augment; to grow.

méadail *f* paunch, stomach.

méadar *m* meter; metre.

meadhrán *m* vertigo.

meadhránach *adj* dizzy; giddy.

méadú *m* increase.

meáigh *vt* to weigh.

meaisín *m* machine.

meaitseáil *vt* to match.

méalach *adj* lamentable.

mealbhacán *m* melon.

meall[1] *m* mound.

meall[2] *vt* to coax; to deceive; to attract; to charm; to **disappoint**; to entice; to fool; to lure; to seduce; to woo.

meallacacht *f* charm.

mealladh *m* lure.

mealltach *adj* illusory.

mealltóir *m* impostor; beguiler.

mealltóireacht *f* (act of) coaxing, beguiling.

meán *m* average, mean; **meán-** medium; **meán lae** noon; **meán oíche** midnight.

meánaicmeach *adj* bourgeois.

meánaoiseach *adj* medieval.

meánaosta *adj* middle-aged.

meánchiorcal *m* equator.

meancóg *f* mistake.

meanfach *f* yawn.

meannán *m* kid (goat).

meánscoil *f* secondary school.

meántonnach *m* medium wave.

mear *adj* quick.

méar *f* finger.

mearaí *m* craziness.

mearbhall *m* (of person) confusion. • *vt* **mearbhall a chur (ar)** to confuse.

mearbhia *m* fast food.

meargánta *adj* reckless.

méaróg *f* pebble.

mearspléachadh *vi* quick look; **mearspléachadh a thabhairt ar leabhar** *vi* (book) to browse.

mearú súl *m* mirage; hallucination.

meas[1] *m* admiration; esteem, respect; stature. • *vt* **tá meas mór agam ar** I admire.

meas[2] *vt* to appraise; to assess; to estimate.

measa: is measa *adj* worst.

measartha *adj* moderate, middling; abstemious.

measarthacht *f* moderation; abstemiousness.

measc *m* jumble, confusion; mash. • *vt* to blend; to mix. • *prep* **i measc** amid(st) (+ *gen*); among(st).

meascán *m* assortment; mixture.

measúil *adj* respectable.

measúnacht *m* assessment.

measúnaigh *vt* to appreciate; to assess.

measúnóir *m* assessor.

measúnú *m* assessment.

meata *adj* pale, sickly; cowardly; degenerate.

meatach *adj* decadent; perishable.

meath *m* decay, decline. • *vi* to dwindle; to degenerate; to fade; to perish. • *adv* **bheith ag meath** (of person) downhill.

meathú *m* recession.

meicneoir *m* mechanic.

meicníocht *f* mechanism.

méid *f* amount; dimension; magnitude; size. • *m* **méid** quantity. • *conj* **sa mhéid go** inasmuch as.

meidhir *f* gaiety, merriment.

meidhreach *adj* frisky; jolly; jovial.

meidhréis *f* jollity.

meidhreog *f* frisky, flighty girl.

meigilit *f* megalith.

meil *vt* to grind.

méileach: bheith ag méileach *m* bleat.

meirbh *adj* languid; (*meteor*) sultry.

meirg *f* rust.

Meiriceá *m* America.

Meiriceánach *adj m* American.

méirínteacht: ag méirínteacht *vn* fiddling.

meirleach *m* thief, bandit, outlaw, felon.

meisce *f* drunkenness. • *adj* **ar meisce** drunk.

méith *adj* (*fruit*) mellow; (*land*) fertile.

meitheal *f* working party; contingent.

Meitheamh *m* June.

meon *m* mind; temper, temperament.

mí *f* month; **mí na meala** honeymoon. • *m* **Mí Mheán Fómhair** September; **Mí na Nollag** December.

mí-ádh *m* misfortune; adversity.

mí-aibí *adj* unripe.

mian *f* desire; wish. • *vt* **is mian liom** to wish.

mianach[1] *m* aptitude; mettle

mianach[2] *m* mine; ore.

mianra *m* mineral.

mianrach *adj* mineral.

mias *f* basin; dish.

míbhuíoch *adj* ungrateful.

míbhuntáiste *m* disadvantage.

míchaoithiúlacht *f* inconvenience.

mícheart *adj* incorrect; wrong.

míchinniúint *f* doom.

míchlú *m* disfavour.

míchompardach *adj* uncomfortable.

míchompord *m* discomfort.

míchothrom *adj* uneven.

míchruinn *adj* inaccurate.

míchumas *m* disability; inability.

míchúramach *adj* careless.

micrea- *m prefix* (*comput*) micro-.

mídhaonna *adj* inhuman.

mídhíleá *m* indigestion; (*med*) dyspepsia.

mídhílis *adj* disloyal.

mídhleathach *adj* illegal.

mí-eagar *m* disorder.

mífhoighne *f* impatience.

mífhóirsteanach *adj* unsuitable.

mífhonnmhar *adj* disinclined.

mígheanasach *adj* indecent.

míghnaíúil *adj* ill-favoured; ungenerous; unpopular.

míghnaoi *f* dislike.

míghníomh *m* misdeed.

mí-iompar *m* misbehaviour.

mí-ionraic *adj* dishonest.

mil (meala) *f* honey.

mílaois *f* millennium.

míle *adj* thousand. • *m* thousand; mile.

míleata *adj* martial; military.

milis *adj* sweet.

milisbhriathrach *adj* mellifluous.

mílitheach *adj* pale; pallid; sickly looking.

mill *vt* to deface; to spoil; to destroy; to devastate; to blight.

milleán *m* blame.

milliún *m* million.

millteach *adj* baleful; baneful.

millteanach *adj* awful.

millteanas *m* destruction; devastation.

míloighciúil *adj* illogical.

milseán *m* sweet, candy.

milseog *f* confection; dessert, pudding, sweet.

mím *f* mime.

mímhacántacht *f* dishonesty.

mímhorálta *adj* immoral.

mímhoráltacht *f* immorality.

min *f* meal; powdered matter; **min choirce** oatmeal.

mín *adj* dainty; smooth.

mínáireach *adj* immodest.

mineach *adj* mealy.

minic *adj* frequent. • *adv* **go minic** often.

minicíocht *f* frequency.

mínigh *vt* to account for; to explain; to interpret.

míniú *m* explanation.

mínormálta *adj* abnormal.

miodóg *f* dagger, dirk.

míofar *adj* hideous.

mí-oiriúnach *adj* improper.

míol *m* louse; **míol críon** woodlouse.

míoleolaíocht *f* zoology.

míol mór *m* whale.

míolra *m* vermin.

míoltóg *f* midge.

mion *adj* small, minute; detailed; **go mion** in detail.

mion- *adj* minor.

mionaoiseach *m* (*law*) minor.

mionghadaíocht *f* pilfering.

miongháire *m* smile.

mionn *m* oath.

mionnaigh *vt* to swear.

mionsamhail *f* miniature; small scale model.

mionscrúdaigh *vt* to scrutinize closely; to dissect.

miontuarastal *m* pittance.

mí-ord *m* disorder.

míorúilt *f* miracle.

míosúil *adj* monthly.

miosúr *m* measure; dose.

miotal *m* metal.

miotalach *adj* metallic; wiry.

miotas *m* myth.

miotaseolaíocht *f* mythology.

mírathúil *adj* unsuccessful.

míréasúnta *adj* absurd, preposterous; unreasonable.

mire: ar mire *adj* crazy.

mise *pn* me; **is mise (le meas)** your(s) sincerely.

míshásamh *m* dissatisfaction.

míshásta *adj* dissatisfied; discontented.

míshásúil *adj* unsatisfactory.

míshlachtmhar *adj* untidy, badly arranged; unsightly.

míshláintiúil *adj* unhealthy; insanitary.

míshocracht *f* unrest.

míshuaimhneas *m* discomfort.

misinéir *m* missionary.

misneach *m* courage.

misnigh *vt* to encourage, hearten.

misniúil *adj* courageous.

mistiúil *adj* mystical.

místuama *adj* imprudent.

míthaitneamh *m* dislike.

míthaitneamhach *adj* unpleasant.

míthuiscint *f* misunderstanding, misapprehension.

mí-úsáid *f* abuse.

mo *pn* my. • *poss pn* mine.

mó: den chuid f is mó *adv* mainly.

modh *m* method.

modh oibre *m* approach.

modhúil *adj* modest.

modhúlacht *f* modesty.

móid *f* vow.

móide *prep* plus.

móidigh *vi vt* to vow.

moill *f* delay; pause. • *vi* **déan moill** to pause. • *adv* **gan mhoill** soon, forthwith, shortly. • *vt* **moill a chur ar** to detain.

moille *f* slowness.

moilligh *vi* to linger. • *vt* delay.

móin (móna) *f* peat, turf (fuel).

móinéar *m* meadow.

moing *f* mane.

móinteán *m* moor.

mol *vt* to commend, to praise; to recommend; to suggest.

moladh *m* praise, recommendation; proposal. • *vt* **duine a mholadh** to humour.

moll *m* heap.

mómhar *adj* graceful.

monabhar *m* murmur.

monarc *m* monarch.

monarcha (-n) *f* factory.

monatóir *m* (*comput*) monitor.

moncaí *m* monkey.

monoplacht *f* monopoly.

mór *adj* big; large; great; grand; considerable.

morálta *adj* moral.

mórán *pn* many.

mórchuid f an mhórchuid *pn* most.

mórchúiseach *adj* pompous.

mórchumhachta *adj* high-powered.

mórdhíol *m* wholesale.

mórga *adj* majestic.

mórgacht *f* greatness; majesty.

mórleabhar cuntas *m* ledger.

mór-roinn *f* continent.

mórtas *m* boast; bragging. • *vi* **déan mórtas (as)** to boast, brag (about).

mórtasach *adj* boastful.

mórthír *f* mainland.

mothaigh *vt* to experience; to feel; to hear. • *vi* to hear.

mothallach *adj* bushy, shaggy.

mothar *m* jungle.

mothú(chán) *m* emotion; feeling; sensation.

muc *f* pig.

múch *vt* to extinguish; to smother.

múchtóir (tine) *m* extinguisher.

muga *m* mug.

muid *pn* we; us.

muid féin *pn pl* ourselves.

muileann *m* mill.

muilleoir *m* miller.

múin *vi vt* to teach; to educate.

muinchille *f* sleeve.

múineadh *m* manners.

muineál *m* neck.

muinín *f* trust. • *vt* **tá muinín agam aisti** I trust (her).

múinte *adj* mannerly, polite.

múinteoir *m* teacher; **múinteoir scoile** schoolteacher.

muintir *f* community; followers; people; kin, kindred.

muir *f* sea.

muirí *adj* nautical.

muirneach *adj* darling.

muirnigh *vt* to caress, fondle; to cherish.

muirnín *m* darling.
muirniú *m* caress.
muisriún *m* mushroom.
mullach *m* summit; top.
mún *m* urine. • *vt vi* to urinate, piss.
mungail *vt* to mumble.
múnla *m* mould.
múnlaigh *vt* to fashion, model, shape.
mura *conj* if (*neg*).

mura(r) *conj* unless.
murascaill *f* gulf.
murlán *m* handle; knob.
músaem *m* museum.
múscail *vi* to wake; to awake. • *vt* to arouse; to waken; to awake.
múscailt *f* awakening.
múscailte *adj* awake.
mustrach *adj* pompous.

N

na *art (fem gen)* the.

ná *adv* than.

nach (nár *in past*) *conj (neg)* that.
• *rel pn (neg)* who.

nádúr *m* nature.

nádúrtha *adj* natural.

náid *f* nil, nought.

naimhdeach *adj* hostile; malevolent.

naimhdeas *m* hostility.

naíolann *f* crèche, nursery.

naíonán *m* infant.

náire *f* disgrace; shame.

náireach *adj* deplorable, disgrace-
ful; ignominious; shameful.

náirigh *vt* to disgrace, shame.

náirithe *adj* ashamed.

náisiún *m* nation.

náisiúnachas *m* nationalism.

náisiúnaí *m* nationalist.

náisiúnta *adj* national.

náisiúntacht *f* nationality.

namhaid (-ad) *f* enemy.

naofa *adj* holy, sacred.

naoi *adj m* nine; **naoi (gcinn) déag**
nineteen.

naomh *m* saint.

naomhaigh *vt* to sanctify.

naoscach *f* snipe.

naoú *adj m* ninth.

naprún *m* apron.

nár *conj (neg)* that. • *rel pn (neg)* who.

nasc *m* tie; connection. • *vt* to connect.

nath *m* adage.

nathair (-rach) *f* serpent; snake; vi-
per; **nathair nimhe** adder.

neach *m* being; **neach neamh-
shaolta** alien (outer space).

neacht *f* niece.

nead *f* nest. • *m* **nead (iolair)** eyrie.

néal *m* cloud.

néal (támh) *m* trance; **néal codlata**
nap, snooze.

néaltraithe *adj* demented.

neamh *f* heaven.

neamhábhartha *adj* immaterial.

neamhaí *adj* heavenly.

neamhaird *f* inattention; heedless-
ness, carelessness.

neamhairdiúil *adj* heedless.

neamháitrithe *adj* uninhabited.

neamharmtha *adj* unarmed.

neamhathraitheach *adj* invariable.

neamhbhailí *adj* invalid.

neamhbhásmhaireacht *f* immortality.

neamhbhásmhar *adj* immortal.

neamhchairdiúil *adj* unfriendly.

neamhcheolmhar *adj* unmusical.

neamhchinnte *adj* precarious; un-
decided.

neamhchiontach *adj* innocent.

neamhchlaon *adj* impartial.

neamhchlaonta *adj* disinterested.

neamhchodladh *m* insomnia.

neamh-chomhoiriúnach *adj* incom-
patible.

neamhchorraithe *adj* undisturbed.

neamhchríochnaithe *adj* unfinished.

neamhchríonna *adj* unwise, impru-
dent; impolitic.

neamhchúiseach *adj* casual.

neamhchumasach *adj* unable.

neamhchúramach *adj* inadvertent;
negligent.

neamhdhíreach *adj* indirect.

neamhdhlisteanach *adj* illegitimate.

neamhdhóchúil *adj* improbable.

neamhdhóchúlacht *f* improbability.

neamhfhiúntach *adj* unworthy.

neamhfhoirmiúil *adj* casual; informal; colloquial.

neamhfhoirmiúlacht *f* informality.

neamhfholach *adj* (*med*) anaemic.

neamhghlan *adj* impure.

neamhghnách *adj* abnormal; uncommon; unusual.

neamhiomlán *adj* incomplete.

neamhionann *adj* unequal.

neamhionannas *m* disparity.

neamhláithrí *m* absentee.

neamhliteartha *adj* illiterate.

neamhní *m* nothing. • *adj* **ar neamhní** void.

neamhómós *m* disrespect.

neamhphearsanta *adj* impersonal.

neamhphraiticiúil *adj* impracticable.

neamhriachtanach *adj* unnecessary.

neamhrialta *adj* irregular.

neamhspleách *adj* independent; freelance.

neamhspleáchas *m* independence.

neamhthábhachtach *adj* unimportant.

neamhthorthúil *adj* infertile; unproductive.

neamhthrócaireach *adj* relentless.

neamhthruacánta *adj* ruthless.

neamhthuillte *adj* undeserved.

neamhurchóideach *adj* (*med*) benign.

neantóg *f* nettle.

néaróg *f* nerve.

neart *m* strength. • *f* **neart tola** willpower.

neodrach *adj* neutral.

ní[1] *m* thing.

ní[2] *neg vb part* **níl a fhios agam** I

don't know; **ní fhaca mé** I didn't see.

Ní *f* female version of **Ó** surname.

nia *m* nephew.

nialas *m* zero.

nigh *vt* to wash.

nimh *f* poison; venom.

nimhíoc *f* antidote.

nimhneach *adj* sore.

níochán *m* washing.

níos *adv intensifier:* • *adv* **níos faide** farther; **níos fearr** better; **níos lú** less; **níos measa** worse; **níos sóisearaí** (*rank*) junior.

niteoir soithí *m* dishwasher.

nó *conj* either; or.

nócha *adj m* ninety.

nocht *adj* bare. • *vi* to appear. • *vt* to denude; to expose.

nochtadh *m* exposure.

nódaigh *vt* to graft, transplant.

nódú *m* graft, transplant.

nóiméad *m* instant; moment; minute.

nóinín *m* daisy.

nóinléiriú *m* matinee.

Nollaig (-ag) *f* Christmas.

nós *m* custom; habit. • *adj* **ar nós cuma liom** indifferent.

nósúil *adj* fastidious.

nóta *m* note; **nóta bainc** banknote; **nóta maise** grace-note.

nua *adj* new; **nua-aimseartha** modern. • *adv* **as an nua** afresh; anew.

nuachóirigh *vt* to modernise.

nuáil *f* innovation.

nuair (a) *conj* since; when.

nuálaí *m* innovator.

nuálaigh *vt* to innovate.

núicléach *m* nuclear.

núíosach *m* tyro.

O

ó *conj* since. • *prep* from; since. • *vt* tá punt vaim I need a pound [vaim=ó + mé].

obair *f* work. • *vi* to labour.

óbó *m* (*mus*) oboe.

obráid *f* (*med*) operation.

ócáid *f* occasion.

ochslaíoch *m* (*gram*) ablative.

ocht *m* eight. • *adj m* ocht déag eighteen.

ócht *f* virginity.

ochtagán *m* octagon.

ochtáibh *f* octave.

ochtapas *m* octopus.

ochtar *m* eight people, eightsome.

ochtó *adj m* eighty.

ochtú *m* eighth.

ocrach *adj* hungry.

ocras *m* hunger; tá ocras orm I am hungry.

óg *adj* young.

ógánach *m* adolescent, youth.

ógh *f* virgin.

oibleagáideach *adj* obligatory; accommodating.

oibrí *m* labourer; worker.

oibrigh *vi* to work.

oíche *f* night; Oíche Chinn Bhliana New Year's Eve, Hogmanay; Oíche Nollag Christmas Eve; Oíche Shamhna Hallowe'en. • *adj, adv* thar oíche overnight.

óid *f* ode.

oide *m* tutor (guardian).

oideachais *adj* educational.

oideachas *m* education.

oideas *m* prescription; recipe.

oidhre *m* heir.

oidhreacht *f* heritage; legacy.

oidhreachtúil *adj* hereditary.

oifig *f* office; oifig an phoist post office.

oifigeach *m* officer.

óige *f* youth (state).

óigeanta *adj* juvenile; youthful.

óigeantacht *f* adolescence.

oigheann *m* oven; oigheann micreathoinne microwave.

oighear *m* ice.

oighearshruth *m* glacier.

oighearshruthú *m* glaciation.

oileán *m* island; An tOileán Sciathanach Skye; An tOileán Úr America.

oileánach *adj* insular. • *m* islander.

oilithreach *m* pilgrim.

oiniún *m* onion.

oirfide *m* entertainment.

oirirc *adj* eminent; illustrious; sublime.

oirirceas *m* distinction, merit.

oiriúnach *adj* pertinent; oiriúnach (do) applicable; compatible.

oiriúnacht *f* adaptability.

oirnigh *vt* to ordain.

oirthear *m* east.

oirthearach *adj* oriental.

oirthuaisceart *m* northeast.

oisín *m* fawn.

oisre *m* oyster.

oitir(-reach) *f* sandbank.

ól *vt vi* to drink. • *vt* to consume, imbibe.

ola *f* oil.

olacheantar *m* oilfield.
olann (olla) *f* wool.
olc *adj* bad; evil. • *m* evil; wrong.
olcas *f* badness.
oll- *adj* massive.
ollamh *m* professor.
Ollanach *adj* Dutch; *n* Hollander.
ollástacht *f* magnificence.
olldord *m* double bass.
ollmhaitheas *m* luxury.
ollmhargadh *m* supermarket.
ollmhór *adj* enormous; giant, immense, vast.
ollphuball *m* marquee.
ollscartaire *m* bulldozer.
ollscoil *f* university.
olltoghchán *m* general election.
ólta *adj* drunk.
óltóir *m* drinker.
olúil *adj* oily.
ómós *m* homage.
onnmhaire *f* export.
onnmhairigh *vt* to export.
onnmhairiú *m* exportation.
onóir *f* honour.
onóraigh *vt* to honour.
ór *m* gold.
óráid *f* address, oration, speech.
óráidí *m* orator.
óraigh *vt* to gild.
oráiste *adj* orange.
ord *m* order, sequence.
ordaigh *vt* to command, order.
órdhonn *adj* auburn.

ordóg *m* thumb.
ordú *m* command, order; **ordú poist** postal order.
órga *adj* golden.
orgán *m* organ.
orgánach *adj* organic.
orgásam *m* orgasm.
orlach *f* inch. • *adv* **faoi orlach do** within an inch of.
orlaigh *vt* to hammer.
os *prep* above, over; **os cionn** above; over; beyond, more than. • *adv* **os cionn gach uile ní** above all.
ós (= ós is): ós rud é go/nach *conj* seeing that, since.
os ard *adv* aloud.
oscail *vt* to open; to unwrap; **oscail amach** to unfold; **oscail na súile do (dhuine)** to disillusion.
os comhair *prep* opposite.
oscailt *f* aperture; opening.
oscailte *adj* open.
oscailteacht *f* candour; openness.
osnádúrtha *m* supernatural.
osrais *f* ostrich.
óstach *m* host.
Ostair: An Ostair *f* Austria.
óstán *m* hotel, inn.
óstóir *m* innkeeper.
otair *adj* gross, vulgar; obese.
othar *m* patient.
otharcharr *m* ambulance.
otharlann *f* hospital.
othras *m* sickness; ulcer.

P

pá *m* pay.

paca *m* packet.

pacáil *vt* to pack.

pagánach *adj* pagan; heathen. • *m* pagan; heathen.

paidir *f* prayer.

paidrín *m* rosary.

páipéar *m* paper; **páipéar súite** blotting paper.

páirc *f* field; park; **páirc imeartha** pitch (*sport*).

pairilis *f* paralysis.

pairiliseach *adj* paralytic(al).

páirtí *m* party; associate; sympathiser; partner.

paisean *m* passion.

paiseanta *adj* passionate.

paiste *m* patch.

páiste *m* child, youngster.

páistiúil *adj* childish.

paitín *m* clog.

pálás *m* palace.

pána *m* pane.

pancóg *f* pancake.

pantrach *f* pantry.

Pápa *m* Pope.

pápach *adj* papal.

paradacsa *m* paradox.

paradacsúil *m* paradoxical.

paragraf *m* paragraph.

paranóiach *adj* paranoid.

pardún *m* pardon; **pardún ginearálta** amnesty.

parlaimint *f* parliament.

paróiste *m* parish.

parthas *m* paradise.

pas *m* passport.

pasáil *vt* to pass (*sport*).

pasáiste *m* passage.

pasta *m* pasta.

patrún *m* benefactor.

pátrún *m* pattern.

patuaire *f* apathy.

péac *vt vi* to germinate; (*bot*) to shoot.

peaca *m* sin. • *vt* to trespass.

peacaigh *vi* to sin.

peann *m* pen.

péarla *m* pearl.

pearóid *f* parrot.

pearsanaigh *vt* to impersonate.

pearsanta *adj* personal.

péas *m* police.

peata *m* pet.

péine *m* (*bot*) pine.

péint *f* paint.

péinteáil *vt* to paint.

péintéireacht *f* painting (*art*).

péire *m* pair; brace.

péirse *f* perch (*fish*).

peirsil *f* parsley.

péist *f* monster; worm; **péist talún** earthworm.

peitreal *m* petrol.

péitse *m* pageboy.

péitseog *f* peach.

piachán *m* hoarseness.

piachánach *adj* hoarse.

pian *f* ache; pain. • *adj* **gan phian** painless; **i bpian an ghrá** lovesick.

pianmhar *adj* painful.

pianó *m* piano.

pianódóir *m* pianist.

piasún *m* pheasant.

píb f (*mus*) pipe; **píb mhór** bagpipe; **píb uilleann** uilleann pipes.

picilí *fpl* pickles.

pictiúr *m* painting, picture.

pictiúrlann f cinema.

pictiúrtha *adj* picturesque.

piléar *m* bullet.

pilibín *m* peewit.

piliúr *m* pillow.

pingin f penny.

pinsean *m* pension.

pinsinéir *m* pensioner.

píobán *m* hosepipe; windpipe.

piobar *m* pepper.

pioc *vt* to pick.

Piocht *m* Pict.

píóg f pie.

piollaire *m* pill.

piolón *m* pylon.

píolóta *m* pilot.

pionós *m* penalty; punishment; **pionós báis** capital punishment.

píopa f pipe. • *m* **píopa sceite** overflow.

piorra *m* pear.

píosa *m* bit, piece.

piostal *m* pistol.

pirimid f pyramid.

pis f pea.

piseog f superstition.

piteogach *adj* effeminate.

plá f plague; pest.

plab *m* bang. • *vt* to bang.

plainéad *m* planet.

plaisteach *adj* plastic.

plámás *m* flattery. • *vt* **déan plámás le** to flatter.

planc *m* plank.

planda *m* plant.

plandáil f plantation.

plandlann f nursery.

plástar *m* plaster.

pláta *m* dish, plate.

pléadáil *vi* *vt* plead.

plean *m* plan; **plean aistir** itinerary.

pleanáil *vt* to plan.

pléasc f bang; blast. • *vi* *vt* to burst; to explode; to bang; to blast.

pléigh *vt* to debate; to discuss.

pléisiúr *m* pleasure.

pléisiúrtha *adj* agreeable; pleasant.

plocóid f (*elec*) plug.

plód *m* crowd; drove.

plódaigh *vi* *vt* to crowd.

plódú tráchta *m* traffic jam.

plota *m* plot.

plucamas: an plucamas *m* mumps.

pluma *m* plum.

plúr *m* flour.

pobal *m* community, people.

poblacht f republic.

póca *m* pocket.

póg f kiss. • *vt* to kiss.

poiblí *adj* public.

poiblíocht f publicity.

póilíní *mpl* police.

póirse *m* porch.

póit f hangover; excessive drinking. • *vi* **póit a dhéanamh** to booze.

poitigéir *m* chemist, pharmacist, druggist.

póitseáil *vt* to poach.

póitseálaí *m* poacher.

polasaí *m* policy; **polasaí árachais** insurance policy.

poll *m* aperture, hole; puncture. • *vt* to penetrate; to pierce; **tá poll sa teach** (*coded warning that someone is eavesdropping*).

pollta *adj* leaky; holed.

polltach *adj* biting (*wind*).

pónaí *m* pony.

pónaire *m* bean.

ponc *m* dot.

Poncánach *m* Yankee.

poncloisc *vt* to cauterise.

poncúil *adj* punctual.

pór *m* breed.

póraigh *vt* to breed.

port[1] *m* harbour, port.

port[2] *m* jig; tune.

portach *m* bog.

Portaingéil: An Phortaingéil *f* Portugal.

portán *m* crab; **An Portán** Cancer.

pós *vt* to marry, wed.

pósadh *m* marriage; matrimony.

post[1] *m* mail.

post[2] *m* job.

pósta *adj* married.

postáil *vt* to post.

postdíol *m* mail-order.

postúil *adj* officious.

pota *m* pot; **pota gliomach** lobster pot.

potaireacht *f* pottery.

prácás *m* mess.

praghas *m* price; **praghas luaite** quotation, price.

práinn *f* urgency.

práinneach *adj* imperative, urgent.

praiseach *f* potage; mess.

praiticiúil *adj* practical.

pras *adj* quick, prompt.

prás *m* brass.

práta *m* potato.

preab *vi* to start; to bound; to bounce; to flicker.

préachán *m* crow; **préachán dubh** rook (*bird*).

preasráiteas *m* press release.

priacal *m* peril; risk.

pribhléid *f* privilege.

printéir *m* (*comput*) printer.

príobháideach *adj* private.

prioc *vt* to prick; to prod.

príomh- *adj* capital; cardinal; chief, main.

príomhaisteoir *m* star (*movies*).

príomhchathair *f* capital city.

príomhchócaire *m* chef.

príomhshamhaltas *m* archetype.

prionsa *m* prince.

príosún *m* jail. • *vt* **duine a chur i bpríosún** to cage, imprison.

príosúnach *m* captive.

prochóg *f* cranny; den; hole; hovel.

proinnteach *m* canteen.

próiseas *m* process; **próiseálaí focal** word processor.

prós *m* prose.

Protastúnach *adj m* Protestant.

puball *m* tent.

púdar *m* powder.

puilpid *f* pulpit.

puisín *m* kitten.

pulc *vt* to stuff, gorge; to throng; to cram.

punt *m* pound.

purgaigh *vt* to purge.

purgóid *f* laxative.

putóg *f* gut; pudding (*sausage*).

R

rábach *adj* bold; dashing; rampant.

rabhadh *m* warning; caution.

racáil *vt* to rake.

racán *m* row, fight; scuffle; uproar.

rachmasaí *m* capitalist.

racht *m* fit (of anger, etc).

rachta *m* rafter.

radacach *adj* radical.

radaigh *vt vi* radiate.

radaitheoir *m* radiator.

radharc *m* scene; sight, vision; **radharc (na) súl** eyesight.

radharcach *adj* optical.

ráfla *m* rumour.

rafta *m* raft.

ragobair *f* overtime.

raicéad *m* racket.

raidhse *f* abundance.

raidhseach *adj* profuse.

raidió *m* radio.

raiméis *f* drivel, gibberish.

ráiteas *m* statement; **ráiteas bainc** bank statement.

ráithe *f* quarter (*season*).

raithneach *f* (*bot*) bracken; (*bot*) fern.

rámhaí *m* rower.

rámhaille *f* delirium; fanciful imaginings. • *vn* **ag rámhaille** raving (mad).

ramhar *adj* fat; plump; overweight.

randamach *adj* random.

rang *m* class; rank.

rangaigh *vt* to classify; to range.

rangú *m* classification.

rannpháirteach *adj* participating.

ransaigh *vi* to rummage. • *vt* to forage.

raon *m* range; **raon gailf** fairway.

rás *m* race.

rásúr *m* razor.

ráta *m* rate; **ráta malairte** exchange rate.

rath *m* prosperity.

ráth sneachta *m* snowdrift.

ráthaíocht *f* guarantee.

rathúil *adj* successful.

rathúnas *m* affluence.

ré *f* epoch; duration.

réab *vt* to tear, to shatter; to disrupt.

réabadh *m* tear; shattering; violation; disruption.

reacht *m* edict.

reachtaire *m* administrator; rector.

réalta *f* star.

réaltach *adj* starry.

réaltacht *f* reality.

réaltbhuíon *f* constellation.

réalteolaí *m* astronomer.

réalteolaíoch *adj* astronomical.

réalteolaíocht *f* astronomy.

réaltóg scannán *f* filmstar.

réamach *adj* phlegmatic(al).

réamh- *adj* ante-, pre-, fore-, preliminary.

réamhaisnéis *f* forecast.

réamhaithris *vt* to foretell, predict.

réamhbheartaithe *adj* deliberate.

réamhbhlas *m* foretaste.

réamhchantóir *m* precentor.

réamhchlaonadh *m* prejudice.

réamhchúram *m* precaution.

réamhchúramach *adj* precautionary.

réamhfhéachaint *f* foresight.

réamhfhios *m* foreknowledge.

réamhfhocal *m* foreword.

réamhghabh *vt* to anticipate.

réamhíocaíocht *f* financial advance.

réamhionad *m* foreground.

réamhrá *m* preface.

réamhsmaoineamh: gan réamhs- maoineamh *adj* unpremeditated.

réamhstairiúil *adj* prehistorical.

réamhtheachtaí *m* forerunner.

réasún *m* reason.

réasúnta *adj* reasonable, amenable.

reatha *adj* current.

reic *f* sale.

réidh *adj* ready.

réidhe *f* readiness.

reilig *f* graveyard, cemetery.

réiltín *m* asterisk.

réimnigh *vt* (*gram*) to conjugate.

reiptíl *f* reptile.

réir *f* will, wish; **de réir** accordingly. • *adv* **de réir a chéile** gradually; **de réir dátaí** chronologically; **faoi réir** ready; free; available; subject (to).

réiteoir *m* referee.

reithe *m* ram, tup.

réitigh *vt* to smooth, level; to disentangle.

reoán *m* icing.

reoigh *vi vt* to freeze.

reoite *adj* frosty (frozen).

reoiteoir *m* freezer.

rí *m* king.

rí (na) láimhe *f* forearm.

riachtanach *adj* necessary, vital.

riachtanas *m* necessity, need.

riail (rialach) *f* rule.

rialaigh *vi* to reign. • *vt* to govern, rule; to regulate.

rialtas *m* government; **rialtas dúchais** home rule.

riamh *adv* (*in past*) ever; (*in past*) always; never.

rian *m* dent; mark; track.

riar *vt* to administer. • *vi* **riar ar** to cater. • *vt* to minister; to serve.

riarachán *m* administration.

riaráiste *npl* arrears.

riarthach *adj* administrative.

riarthóir *m* administrator.

riascach *adj* marshy.

ribeog *f* shred.

ribín *m* ribbon.

ridire *m* knight.

ridireacht *f* knighthood; chivalry.

rige ola *m* oil rig.

righin *adj* tough.

righnigh *vi vt* to stiffen.

ríl *f* (*dance*) reel; **ríl ochtair** eightsome reel.

rím *f* rhyme. • *vi* **déan rím** to rhyme.

ríméadach *adj* jubilant.

rinn *f* point, tip, apex; promontory.

ríocht *f* kingdom.

ríogach *adj* spasmodic; impulsive.

ríomh *vt* to compute, calculate.

ríomhaire *m* computer.

ríomhaireacht *f* computer science.

ríomhchlár *m* (*comput*) program.

ríomhchláraitheoir *m* (*comput*) programmer.

ríomhchlárú *m* computer programming.

ríomhphost *m* email.

ríon *f* queen.

ríora *m* dynasty.

rí-rá *m* clamour.

rís *f* rice.

ríshliocht *m* dynasty.

rite *adj* taut; tense; steep; precipitous.

rith *vi* to run.

róba *m* robe.
robáil *vt* to rob.
robálaí *m* robber.
roc *m* wrinkle. • *vt* to wrinkle.
rocach *adj* corrugated.
rochtain *f* access.
ród *m* road.
rógaire *m* rogue.
rogha *f* alternative; best; choice; **rogha gach bia agus togha gach dí** choice of food and drink.
roghnaigh *vt* to choose.
roimh *adv* ahead; before; **roimh an díle** antediluvian; **roimhe sin** previously.
roinn *f* department; portion; **mórroinn** continent. • *vt* to deal (*cards*); to apportion, dispense; to distribute; to share. • *vt vi* to divide.
roinnt *f* some (*separate items*); share; (*math*) division. • *adj* some. • *adv* **roinnt blianta ó shin** a few years back.
roithleán *m* wheel; pulley; fishing reel.
roll *vt* to roll.
rolla *m* roll.
rómánsach *adj* romantic.
rómánsaíocht *f* romance.
rón *m* seal.
ronnach *m* mackerel.
rópa *m* rope.
ros *m* promontory.
rós *m* rose.
rósach *adj* rosy.
róst *vt vi* roast.

rosualt *m* walrus.
roth *m* wheel; **roth fiaclach** cogwheel.
rothaíocht *f* cycling.
rothar *m* bicycle, cycle.
rothlaigh *vt* to spin.
rua *adj* red.
ruadhóigh *vt* to scorch.
ruaig *f* rout. • *vt* to dislodge; to dispel; to repel.
ruaigeadh *m* dispersal.
ruathar *m* (*milit*) charge; raid. • *vt* **ruathar a thabhairt faoi** to charge.
rud *m* object; thing; **gach rud** everything; **rud ar bith** anything. • *adv* **an rud céanna** ditto. • *vt* **bain rud de dhuine** *or* **caith rud ó dhuine** to deprive somebody of something; **rud a bheith de ghustal agat** to afford (to be able to afford); **rud a bheith i do sheilbh** to possess something. • *pn* **rud éigin** something.
rud a chómóradh *vt* to commemorate.
rud ársa *m* antique.
rufa *m* frill.
ruga *m* rug.
rúitín *m* ankle.
rún *m* intention; secret. • *vt* **tá de rún ag** to intend.
rúnaí *m* secretary.
rúnda *adj* esoteric; secret.
rúndacht *f* secrecy.
rúndiamhair *adj* mysterious. • *f* mystery.

S

sa *prep* in the (*sing*).
sábh *m* saw. • *vt* to saw.
sábháil *vt* to rescue; to save.
sábháilte *adj* safe.
sábháilteacht *f* safety.
sabhaircín *m* (*bot*) primrose.
sabóid *f* Sabbath.
sac *m* sack.
sacraimint *f* sacrament.
sagart *m* priest.
saibhir *adj* affluent, rich, wealthy.
saibhreas *m* riches.
saifír *f* sapphire.
sáigh *vt* to jab; **sáigh (le hadharc)** to gore.
saighdeadh *m* provocation.
saighdiúir *m* soldier; campaigner.
saighead *f* arrow.
sáil[1] *f* heel.
sáil[2] *adj* luscious.
sail chnis *f* dandruff.
sáile *m* brine.
saileach *f* sallow; willow.
sailéad *m* salad.
sáiltéar *m* salt cellar.
sainaicme *f* caste.
sainchónaí *m* domicile.
saineolach *adj* expert.
saineolaí *m* expert.
sainmhínigh *vt* to define.
sainmhíniú *m* definition.
sáinn *f* deadlock.
saint *f* avarice, cupidity, greed.
sáirsint *m* sergeant.
sáith *f* fill; feed; sufficiency. • *vi* **do sháith a ithe** to feast.
salach *adj* dirty.
salachar *m* dirt, grime, muck.

salaigh *vt* to dirty; to soil.
salann *m* salt.
salm *m* psalm.
saltair *f* psalter.
sámh *adj* serene, peaceful; tranquil.
samhail *f* model.
samhailteach *adj* imaginary.
samhalta *adj* virtual.
samhlaigh *vt* to imagine; **samhlaigh rud le rud eile** to associate one thing with another.
samhlaíocht *f* imagination.
samhnas *m* disgust; nausea.
samhnasach *adj* disgusting; nauseous.
samhradh *m* summer.
sampla *m* example; instance; sample.
samplach *adj* typical.
sannadh *m* (*law*) assignment.
santach *adj* avaricious; greedy.
santaigh *vt* to desire.
saobh *adj* slanted; twisted; perverse.
saofóir *m* pervert.
saoire *f* holiday; leave.
saoirse *f* freedom.
saoirseacht chloiche *f* masonry.
saoirsigh *vt* to cheapen.
saoiste *m* boss.
saoithínteacht *f* pedantry.
saoithiúlacht *f* eccentricity.
saol *m* life; **saol an teaghlaigh** domestic life.
saolaigh *vt* to deliver (baby).
saolta *adj* earthly; secular; worldly.
saonta *adj* naïve.
saor[1] *adj* cheap, inexpensive; free;

vacant; **saor in aisce** free (without cost); **saor ó dhleacht** duty-free; **saor-raoin** free-range. • vt to free; to acquit; to extricate.

saor² m craftsman; **saor adhmaid** carpenter; **saor cloiche** mason.

saoráidí npl facilities.

saoránach m citizen.

saorga adj artificial.

saorthrádáil f free trade.

saothar m work, toil; stress; exertion.

saotharlann f laboratory.

saothrach adj industrious; laborious.

saothraigh vi vt to graft; to cultivate; to earn.

sáraigh vt to violate; to infringe, contravene; to excel, outdo; to foil, frustrate; to rape; **sáraigh (dlí)** to trespass.

sárálainn adj gorgeous.

sárintleachtach m genius (person).

sárshaothar m masterpiece.

sásaigh vt to indulge; to please; to satiate, sate; to satisfy.

sásamh m approval; satisfaction.

Sasana m England.

Sasanach adj m English (wo)man.

sáspan m saucepan, pan.

sásta adj content; satisfied.

sásúil adj adequate; satisfactory.

satailít f satellite.

Satharn m Saturday; **Dé Sathairn** on Saturday.

scabhta m (milit) scout.

scadán m herring; **faoileán scadán** herring gull; **scadán leasaithe** kipper.

scag vt to filter.

scagaire m filter.

scaif f scarf.

scailleagánta adj lanky.

scaip vt to dispel; to dissipate; to scatter.

scaipeadh adj scattering. • m. dispersal.

scaipthe adj scattered; disjointed.

scairbhileog f (comput) spreadsheet.

scaird vi to flush; to squirt.

scairdeitleán m jet plane.

scairt f shout. • vt to call.

scairteoir m caller.

scála m scale; (mus) scale.

scall vt to scald.

scalltán m chick.

scamall m cloud.

scamallach adj cloudy; webbed.

scamh vt to peel.

scamhóg f lung.

scannal m scandal.

scannalach adj disgraceful; scandalous.

scannalaigh vt to scandalise.

scannán m film. • f **scannán faisnéise** documentary.

scanradh m fright.

scanraigh vt to appal; to frighten.

scanrúil adj alarming; formidable; frightful.

scaoil adj loose. • vt to disconnect; to disengage; to fire; to relax; to release; to untie; **scaoil (amach)** to unfurl; **scaoil (duine ó dhualgas)** to absolve; **scaoil (duine ó mhóid)** to absolve; **scaoil (le)** to shoot. • vi **scaoil (speirm f)** to ejaculate.

scaoileadh m discharge.

scaoilte adj loose.

scaoll m panic, fright.

scar vi to diverge. • vt to detach; to part, separate.

scaradh *m* separation, parting. • *adv*
ar scaradh gabhail astride.

scartha (ó chéile) *adv* separated.

scata *m* drove.

scáta *m* skate.

scátáil *vi* to skate.

scáth *m* shade; shadow. • *f* **scáth
fearthainne** umbrella.

scáthach *adj* shady.

scáthaigh *vt* to shade.

scáthán *m* looking glass, mirror.

scéal *m* narrative, story, tale, yarn;
scéal béaloidis folktale; scéal scéil
hearsay.

sceall *m* chip.

sceallóg *f* chip.

sceamh *f* yelp.

sceanra *m* cutlery.

scéim *f* scheme.

scéimh *f* beauty.

scéimhiúil *adj* beautiful.

sceimhlitheoireacht *f* terrorism.

scéiniúil *adj* lurid.

sceir *f* skerry; (*mar*) reef.

sceirdiúil *adj* bleak.

sceith *vi vt* to spawn; to overflow.

sceitimíní *npl* ecstasy; excitement.
• *adj* **tá sceitimíní orm** I am ecstatic.

sceitse *m* sketch.

sciáil *vi* to ski.

sciamhach *adj* elegant.

sciamhacht *f* elegance.

sciamhaigh *vt* to deck; to embellish.

scian *f* knife, dirk.

sciata *m* skate (fish).

sciath *f* shield.

sciathán *m* wing; sciathán leathair
(*zool*) bat.

scigaithris *f* burlesque; parody.

scigmhagadh *m* derision.

scigphictiúr *m* caricature.

scil *f* skill.

scilléad *m* pan, skillet.

scimeáil *vt* to skim.

sciob *vt* to grab; to snatch.

scióból *m* barn.

sciollach *m* scree.

sciomraigh *vt* to burnish.

sciorradh *m* slip, skid.

sciorta *m* skirt.

scíth *f* rest. • *vi* **déan scíth** to relax.

sciuird *f* dash; rush.

sciúirse *m* scourge; tall thin wiry
person.

sciúr *vt* to scour; to scrub.

sclábhaí *m* slave.

sclábhaíocht *f* slavery; drudgery.

scliúchas *m* skirmish.

scoil *f* school; shoal.

scoill *vt* to scold.

scoilt *f* cleft; crack; cranny. • *vt* to
crack; to split.

scoilteacha dathacha *fpl* rheumatism.

scoir *vi vt* to detach; to disconnect;
to come to rest; to terminate.

scoirr *vi* to skid.

scoith *vt* to pass; to overtake.

scoláire *m* academic.

scóna *m* scone.

sconna *m* tap.

sconsa *m* fence.

scor *m* separation; termination;
retirement.

scór *m* score.

scornach *f* throat.

scréach *f* shriek.

scread *f* scream.

screamhóg *f* flake.

scríbhneoir *m* writer.

scríbhneoireacht *f* writing.

scríob *vt vi* to scrape. • *vt* to grate; to
chafe; to graze; to score; to scratch.

scríobach *adj* abrasive.

scríobadh *m* scratch, scrape. • *npl* scrapings.

scríobán *m* grater.

scríobh *vt* to write.

scrioptúrach *adj* biblical.

scrios *m* destruction; devastation; ruin. • *vt* to demolish; to destroy; to devastate; to erase;.to ravage; to wreck.

script *f* script.

scrolla *m* scroll.

scrúdaigh *vt* to examine; to inspect.

scrúdú *m* examination.

scrupall *m* scruple.

scrupallach *adj* scrupulous.

scuab *f* broom; brush. • *vt* to brush, sweep.

scuaine *f* queue.

sé[1] *pn m* he; **sé féin** himself.

sé[2] *adj* six. • *adj m* **sé déag** sixteen.

seabhac *m* hawk.

séabra *m* zebra.

Seacaibíteach *adj m* Jacobite.

seach: **faoi seach** *adj* respective.

seachadadh *m* delivery.

seachaid *vt* to deliver.

seachain *vi* to beware. • *vt* to avoid.

seachmall *m* illusion.

seachnaigh *vt* to dodge.

seachrán *m* wandering; delusion. • *adv* **ar seachrán** astray.

seachránach *adj* wandering, straying; misguided.

seachród *m* bypass.

seacht *adj* seven. • *adj m* **seacht déag** seventeen.

seachtain *f* week.

seachtar *m* seven (people).

seachtó *adj m* seventy.

seachtú *adj m* seventh.

seacláid *f* chocolate.

séadchomhartha *m* monument.

seadóg *f* grapefruit.

seafóid *f* absurdity; rubbish (idea).

seafóideach *adj* absurd.

seál *m* shawl.

séala *m* (official) seal.

sealadach *adj* temporary; provisional.

séalaigh *vt* to seal.

sealbhaigh *vt* to possess; to gain possession of; to occupy.

sealgaire *m* hunter.

Sealtainn *f* Shetland.

sealúchas *m* property.

seamair (seimre) *f* clover.

sean *adj* aged, old.

séan *vt* to deny; to disclaim; to disown; **séan creideamh** to abjure.

seanad *m* senate.

séanadh *m* denial; **séanadh (creidimh)** abnegation.

seanaimseartha *adj* out-of-date, old-fashioned.

seanaoiseach *adj* senile.

seanársa *adj* primitive.

seanathair *m* granddad, grandfather.

seanchaite *adj* worn out, obsolete, banal.

seanchas *m* lore, storytelling.

seanchríonna *adj* precocious.

seanda *adj* antique.

seandálaí *m* archaeologist.

seandéanamh: **den tseandéanamh** *adj* quaint.

seanfhaiseanta *adj* old-fashioned.

seanfhocal *m* proverb; saying.

seangán *m* ant.

seanmháthair *m* grandmother.

seanóir *m* elder (church).

seans *m* chance.

seansailéir *m* chancellor.

seantán *m* shanty, shack.

séarachas *m* sewer, sewerage.

searbh *adj* acerbic; acid; sour, tart; wry.

searbhasach *adj* cynical; sarcastic.

searbhónta *m* servant.

searg *vi* to wither; to shrivel; to decline.

searmanas *m* ceremony.

searrach *m* foal.

seas *vi* to stand.

seas ar *vi* to insist.

seas le *vt* to uphold.

seascair *adj* cosy, snug.

seascann *m* marsh; swamp.

seasmhach *adj* constant.

seasmhacht *f* consistency; constancy.

séasúr *m* season.

seic *m* cheque.

seiceadóir *m* executor; warden.

seiceáil *f* check; checkup. • *vt* to check.

seict *f* sect.

seicteach *m* sectarian.

séid *vi* to hoot; to blow. • *vt* to blow; to inflate.

séideán *m* gust.

SEIF *m* AIDS.

seift *f* device; resource.

seilbh *f* possession; occupancy. • *vt* **glac seilbh ar** to appropriate.

seile *f* saliva, spit.

seilf *f* shelf.

seilg *f* hunt; game. • *vt vi* to hunt. • *vi* to prey on. • *vt* to chase.

séimh *adj* mild; (*sound*) mellow.

seineafóbach *m* xenophobe.

seineafóibe *f* xenophobia.

seinn (ar) *vt* to play (instrument).

seinnteoir caiséad *m* cassette player.

séipéal *m* chapel.

seipteach *adj* septic.

seirbhe *f* acerbity; acrimony.

seirbhís *f* service.

seircín *m* jerkin.

seisear *m* six (people).

seisiún *m* session; **seisiún teagaisc** teach-in.

séitéir *m* cheat.

seo *pn* this. • *adj* **an mhí seo chugainn** next month. • *adv* **as seo amach** henceforth; **mar seo** thus. • *pn pl* **seo (iad)** these.

seobhaineach *m* chauvinist.

seodóir *m* jeweller.

seoid *f* gem; jewel.

seol[1] *m* sail; **seol cinn** jib; **seol tosaigh** foresail. • *vt vi* to sail.

seol[2] *vt* to send

seol (duine) chuig *vt* to refer.

seoladh *m* address.

seomra *m* room, chamber; **seomra bia** dining room; **seomra folctha** bathroom; **seomra leapa** bedroom; **seomra ranga** classroom; **seomra suí** sitting room, lounge.

séú *adj m* sixth.

sí[1] *adj* fairy.

sí[2] *f pn* she; her.

siad *pn pl* they.

siamsa *m* amusement; entertainment. • *vt* **déan siamsa do** to amuse.

siar *adv* backwards; westward, to the west.

sibh *pn pl* you. • *pn* **sibh féin** yourselves. See **féin**.

sibhialta *adj* civil.

sibhialtach *m* civilian.

sibhialtacht *f* civilisation.

síceach *adj* psychic.

sicín *m* chick, chicken.

sil *vi* to dribble; to drip; to trickle.

síl *vt vi* to suppose. • *vt* to consider.

síleáil *f* ceiling.

siléar *m* cellar.

silín *m* cherry.

silteach *adj* fluid; dripping; running.

simléar *m* chimney.

simplí *adj* homespun; plain; simple.

simpligh *vt* to simplify.

sin *pn* that. • *adv* **mar sin** so; **mar sin de** hence; **mar sin féin** nevertheless. • *conj* yet. • *adv* **ó shin** ago.

sín *vt* to stretch.

sine *f* nipple.

sine: is sine *adj* elder, oldest.

singil *adj* single.

siniciúil *adj* cynical.

síniú *m* signature.

sinn *pn* we; us. • *pn pl* **sinn féin** ourselves.

sinsear *m* ancestor, forefather.

sinsearach *adj* senior.

sinsearacht *f* ancestry.

sinseartha *adj* ancestral.

sínte *adj* stretched out; prostrate.

síntiús *m* contribution; subscription.

síobadh sneachta *m* blizzard.

sioc (seaca) *m* frost; **sioc bán** hoarfrost.

siocán *m* ice.

siocdhóite *adj* frostbitten.

síocháin *f* peace.

síochánachas *m* pacifism.

síochánaí *m* pacifist.

síochánta *adj* passive; peaceful.

sioctha *adj* icy, frozen.

síoda *m* silk.

síóg *f* fairy.

síol *m* seed.

síolaigh *vt vi* to seed.

síolraitheoir *m* breeder.

siombail *f* symbol.

siombalach *adj* symbolic.

sionnach *m* fox.

siopa *m* shop; **siopa leabhar** bookshop, bookstore.

sioráf *m* giraffe.

síoraí *adj* endless, eternal, everlasting; perennial. • *adv* **go síoraí** ceaselessly.

síoraíocht *f* eternity; **an tsíoraíocht** the hereafter.

siorc *m* shark.

síorghlas *adj* evergreen.

síoróip *f* syrup.

siorradh *m* draught (*wind*).

sios *vi* to hiss.

síos *adv* downward(s). • *prep* down.

siosúr *m* scissors.

síothlaigh *vt* to strain, filter; drain away.

síothlán *m* colander; percolator.

sip *f* zip, zipper.

sír *f* shire.

sirriam *m* sheriff.

siséal *m* chisel.

siúcra *m* sugar.

siúd *pn* that.

siúil *vi* to walk; **siúil de chois** to hike; **siúil go costrom** to plod; **siúil trí** to wade through. • *adv* **ar shiúl** away.

siúinéir *m* joiner.

siúinéireacht *f* joinery.

siúl *m* walk.

slabhra *m* chain.

slachtmhar *adj* neat.

slad *m* robbery; plunder, pillage. • *vt* to ravage.

sladaí *m* brigand; vandal.

sladmhargadh *m* bargain.

slaghdán *m* (*med*) cold.

sláinte *f* health.

sláinteachas *m* hygiene.

sláintiúil *adj* healthy; safe.

slán[1] *m* farewell. • *excl* **slán (go fóill)!** goodbye! au revoir!.

slán[2] *adj* safe.

slándáil *f* security.

slat[1] *f* yard (0.914m)

slat[2] *f* rod; **slat iascaigh** fishing rod; **slat tomhais** criterion.

slatbhalla *m* parapet.

sleá *f* spear.

sléacht *vi* to kneel.

sleamhain *adj* slippery.

sleamhnaigh *vi* to slide; to slip.

sleamhnán *m* slide.

sléibhteoir *m* mountaineer.

slí *f* way; **slí bheatha** livelihood; profession; career.

sliabh *m* mountain.

sliabhraon *m* range.

slinn *f* slate.

slíoc *vt* to pat; to stroke.

sliocht (sleachta) *m* issue, descendents; tribe; passage (in book); quotation.

slíoctha *adj* sleek.

slipéar *m* slipper.

slis *f* chip.

slisín *m* slice.

slítheánta *adj* sly, sneaky, devious.

slodán *m* pool (rain); puddle.

slog *vt* *vi* to gulp. • *vt* to swallow.

slogóg *f* gulp.

sloinne *m* surname.

slua *m* crowd, host.

sluaghairm *f* slogan.

smacht *m* control.

smachtaigh *vt* to control; to castigate; to chastise; to quell.

smachtú *m* control; chastisement.

smailc *f* snack.

smál *m* blemish; blot; mark. • *adj* **gan smál** immaculate.

smaoineamh *m* idea; thought. • *vt* **smaoineamh a chur i gceann duine** to imbue someone with an idea.

smaoinigh *vi* to think. • *vt* **smaoinigh ar** to contemplate, consider, reflect.

smaragaid *f* emerald.

smear *vt* to daub, smear.

sméar *f* berry; **sméar dhubh** bramble berry, blackberry.

smearadh *m* smear, daub; smattering.

sméid ar *vt* to beckon.

sméideadh cinn *m* nod.

smideadh *m* make-up.

smig *f* chin.

smólach *m* mavis, thrush.

smolchaite *adj* fusty.

smúdáil *vt* to smooth.

smugairle *m* thick spittle; snivel.

smugairle róin *m* jellyfish.

smuigleáil *vt* to smuggle.

smuigléir *m* smuggler.

smúr *vt* *vi* to sniff.

smúrthacht: bheith ag smúrthacht thart *vi* to prowl.

smut *m* snout.

sna *prep pl* in the.

snag *m* hiccup.

snag breac *m* magpie.

snagach *adj* inarticulate.

snaidhm *f* knot. • *vt* to knot.

snaidhmeach *adj* knotted, knotty.

snáithín *m* fibre.

snáithíneach *adj* fibrous.

snámh vt vi to swim. • vi to crawl; to float. • adv **ar snámh** afloat.

snámhach adj buoyant.

snámhacht f buoyancy.

snas m polish.

snasta adj glossy; cut, trimmed; well-finished.

snáth m yarn.

snáthaid f needle.

sneachta m snow.

sníomh vt to spin (thread).

snoigh vt to carve.

snoíodóireacht f carving.

sobal m foam, froth, lather.

sobhriste adj fragile.

socadán m busybody.

socair adj calm; impassive. • adj **go socair** leisurely.

sochaí f society.

sochar m benefit.

sochma adj easy-going; calm.

sóchmhainneach adj solvent.

sochraid f funeral.

sócmhainn f asset.

socraigh vt to decide; to arrange; to set; to settle; to sort; **socraigh ar** to determine.

socraíocht f settlement.

socrú m arrangement.

sócúlacht f ease.

sodar: bheith ag sodar vi to trot.

sofaisticiúil adj sophisticated.

soghabhála adj receptive.

soghonta adj vulnerable.

soiléir adj apparent, clear, obvious.

soiléireacht f clarity.

soiléirigh vt to clarify.

soiléiriú m clarification.

soilire m celery.

soilseach adj lucid.

soilsigh vt to illuminate; to enlighten.

soilsiú m illumination.

soirbhíoch adj optimistic.

soirbhíochas m optimism.

soiscéal m gospel.

sóisearach adj junior.

sóisialachas m socialism.

soitheach m container; dish.

soithí m crockery.

sól m sole (fish).

soláimhsithe adj manageable.

soláistí npl refreshments.

solamar m abundance of good things.

solas m light; **solas an lae** daylight.

sólás m solace, consolation. • vt **sólás a thabhairt (do)** to console.

sólásach adj consolatory.

soláthair vt to provide.

soléirithe adj demonstrable.

sollúnta adj solemn.

solúbtha adj adaptable; flexible.

solúbthacht f adaptability; flexibility.

somheasta adj calculable.

son: ar son Dé m for God's sake.

sona adj happy.

sonas m happiness.

sonóg f mascot.

sonra m detail.

sonrach adj particular; impressive.

sonraíoch adj remarkable.

sonrasc m (comm) invoice.

sonrúil adj definable.

sorcas m circus.

sorn m cooker, furnace; **sorn gáis** gas cooker.

sornóg f stove.

sórt m sort.

sos f pause; rest; (mus) rest. • m **sos cogaidh** armistice; **sos lámhaigh** ceasefire.

sotaire m brat.

sotal *m* arrogance; impertinence; impudence.

sotalach *adj* arrogant; impertinent.

sothuigthe *adj* intelligible.

spadánta *adj* listless.

spailpín *m* migratory labourer; vagabond.

Spáinn: An Spáinn *f* Spain.

spáinnéar *m* spaniel.

Spáinnis *f* Spanish;.

spaisteoir *m* rambler.

spaisteoireacht *f* stroll.

spáráil *vt* to spare.

sparán *m* purse; sporran.

spás *m* space.

spásaire *m* astronaut.

spásas *m* (*law*) reprieve.

spéaclaí *npl* spectacles.

speal *f* scythe. • *vt* to scythe.

spéir *f* sky.

speisialta *adj* special.

spiagaí *adj* flashy, showy, gaudy.

spiaire *m* spy.

spiara *m* partition (wall).

spideog *f* bhronndearg *f* robin (redbreast).

spíonán *m* gooseberry.

spiorad *m* spirit.

splanc *f* flash; spark.

spleách *adj* dependent.

spléachadh *m* glimpse; peep.

spleáchas *m* dependence.

spleodar *m* cheerfulness; exuberance.

spleodrach *adj* exuberant.

spoch *vt* to castrate.

spochadh *m* castration.

spoch (as) *vt* to tease; to boast.

spor *m* spur.

spórt *m* fun; sport.

spraoi *m* fun; spree; sport.

spré *f* dowry.

spreag *vt* to excite.

sprioc *f* landmark; target.

sprionlóir *m* miser.

spuaic *f* blister.

spúnóg *f* spoon.

srac *vt* to dismember.

srac (ó) *vt* to wrest; srac (rud) ó (dhuine) to wrench.

sracfhéachaint *f* glance.

sráid *f* street.

sráidbhaile *m* hamlet, village.

sraith *f* sequence; series; (*sport*) league.

sraoilleán *m* streamer.

sraon *vt* to deflect.

srath *m* strath, valley.

sreabhán *m* fluid.

sreabhlach *m* shrimp.

sreang *f* cord; string; wire; sreang bogha bowstring.

sreangach *adj* stringed.

srian *m* rein. • *vt* to curb.

sroich *vt* to attain; to reach.

sról *m* satin.

srón *f* nose; (*mar*) prow.

srónach *adj* nasal.

srónaíl: bí ag srónaíl *vi* to pry.

srónbheannach *m* rhinoceros.

sruth *m* current; stream.

sruthaigh *vi* to flow.

sruthán *m* brook, burn, stream, rivulet.

sruthlaigh *vt* to flush (toilet); to rinse.

sruthlán *m* runnel.

stábla *m* stable.

stad *m* stop, pause; standstill. • *vt vi* to halt. • *vi* to cease. • *vt* to stop. • *adj* gan stad ceaseless, nonstop. • *adv* ceaselessly. • *vt* stad (de) to cease.

stad tacsaithe *m* cabstand.

staid *f* state.

staidéar *m* study.

staighre *m* stairs; **staighre beo** escalator; **staighre éalaithe** fire escape. • *adv* **thíos staighre** downstairs; **thuas staighre** upstairs.

stail *f* stallion.

stailc *f* strike; **stailc ocrais** hunger strike.

stair *f* history.

stairiúil *adj* historic, historical.

stáisiún *m* station; **stáisiún cumhachta** power station.

Stáit Aontaithe (Mheiriceá) (SAM) *npl* United States (of America).

stálaithe *adj* stale.

stampa *m* embossing stamp.

stán *vi* to stare; to gape.

stangadh *m* jolt.

staonadh *m* abstinence.

staon (ó rud) *vi* to abstain, refrain (from something).

staraí *m* historian.

stát *m* state, country.

steallaire *m* syringe.

stéig *f* intestine; steak.

stiall *vt* to cut in strips; to lacerate.

stialladh *m* laceration.

stil *f* still.

stíl *f* style; **stíl bheatha** lifestyle.

stipeach *adj* astringent.

stiúgtha (leis an ocras) *adj* famished.

stiúir *f* rudder. • *vt* to manage; to steer.

stiúrthóir *m* director.

stoca *m* sock; stocking.

stócach *m* boy, young man.

stocaí *npl* hose (socks).

stoidiaca *m* zodiac.

stoirm *f* storm, tempest; **stoirm ghaoithe** hurricane.

stoirmeach *adj* stormy.

stól *m* stool.

stopadán *m* bung.

stopadh *m* cessation.

stopallán *m* plug.

stór *m* hoard, store; warehouse; treasure.

stóráil *vt* to store.

stráice tuirlingthe *m* landing strip.

strainc *f* grimace.

strainséir *m* stranger.

straois *f* grin.

streachail *vi* to struggle.

streachailt *f* struggle.

striapach *f* prostitute.

stríoc *f* parting (in hair).

stríocach *adj* streaky.

stróic *vt* to rend; to tear.

stroighin *f* cement.

stroighnigh *vt* to cement.

strus *m* (mental) strain, stress.

stua *m* arch.

stuaic *f* peak.

stuama *adj* sober; demure.

stuif *m* stuff.

sú *m* juice; soup.

sú craobh *f* raspberry.

sú leachta *m* absorption.

sú talún *f* strawberry.

suáilce *f* virtue.

suáilceach *adj* virtuous.

suaimhneach *adj* calm; quiet; restful; content.

suaimhneas *m* calmness; peace; tranquility.

suaimhnigh *vt* to quieten; to mollify.

suainíocht *f* dozing. • *vn* **ag suanaíocht** dozing.

suairc *adj* convivial; pleasant; cheerful.

suaith *vt* to mix; to knead; to shuffle (*cards*).

suaitheadh *m* mix; shake; upset.

suaitheantas *m* badge.

Sualainn: An tSualainn *f* Sweden.

suantraí *f* lullaby.

suarach *adj* despicable; mean; sordid, squalid; trivial.

suas *adj* upward. • *adv* up; **suas staighre** upstairs.

suasóg *f* yuppie.

suathaireacht *f* massage.

subh *m* jam.

substaint *f* substance.

súch *adj* fruity.

súgach *adj* tipsy.

suigh *vi* to sit; **suigh ar** to perch.

súigh *vt vi* to suck. • *vt* to absorb.

súgradh: *m* playing. • *vn* **ag súgradh (le)** playing (with).

súil *f* eye. • *vi* **do shúil a chaitheamh thar (rud)** to browse; **tá súil agam (go)** to hope.

suim *f* amount; sum; interest.

suimín *m* sip.

suimiú *m* (*math*) addition.

suimiúil *adj* interesting.

suíochán *m* pew; seat.

suipéar *m* supper.

súiteach *adj* absorbent.

suiteáil *vt* to instal.

sula *conj* before (+ *indir*).

súlach *m* gravy.

súmaire *m* leech.

súmhar *adj* juicy.

suntasach *adj* memorable; prominent.

sursaing *f* girdle, corset.

suth *m* embryo.

svaeid *m* swede, turnip.

T

tábhacht *f* importance. • *adj* **gan tábhacht** unimportant.

tábhachtach *adj* major; important; significant; **an-tábhachtach** momentous.

tabhair *vi* *vt* to contribute. • *vt* to give; to bring; to devote.

tabhair aire do rud *vt* to attend to.

tabhair amach do *vt* to nag.

tabhair an chíoch do *vt* to suckle.

tabhair ar (dhuine) (rud a dhéanamh) *vt* to force; to cause someone (to do something).

tabhair ar iasacht do (rud) *vt* to lend (something).

tabhair breith ar *vt* to judge.

tabhair broideadh do *vi* to jog.

tabhair bualadh bos (do) *vt* *vi* to applaud.

tabhair catsúil ar *vt* to ogle.

tabhair chun críche (obair, beart) *vt* to accomplish; to finalise.

tabhair chun suntais *vt* to highlight.

tabhair cuairt ar *vt* to visit.

tabhair cuireadh (do) *vt* to invite.

tabhair dídean (do) *vt* to house.

tabhair drochfhéachaint (ar) *vi* to glower.

tabhair drochíde do (dhuine, ainmhí) *vt* to abuse (a person, an animal).

tabhair dúshlán do *vt* to defy; **tabhair dúshlán duine (rud a dhéanamh)** to dare.

tabhair faoi *vt* to try.

tabhair faoi deara *vt* to apprehend; to detect; to note; to notice.

tabhair iarraidh *vt* to attempt.

tabhair íde béil do *vt* to abuse.

tabhair le fios *vt* to disclose; to imply; to indicate.

tabhair leat *vt* to bring; to take.

tabhair mionchuntas ar *vt* to detail.

tabhair pardún do *vt* to pardon.

tabhair rabhadh (do) *vt* to caution; forewarn, warn.

tabhair rabhadh do *vt* to warn.

tabhair rud ar iasacht do *vt* to lend.

tabhair seanmóir *vi* to preach.

tabhair spléachadh ar *vt* to peep.

tabhairt suas (corónach) *m* abdication.

tabhall *m* tablet.

tábla *m* table.

taca *n* support.

tacaigh (le) *vt* to back; to bolster; to prop.

tacas *m* easel.

tacht *vt* to choke.

tacóid *f* tack; tacket; **tacóid ordóige** drawing-pin.

tacsaí *m* cab.

tadhall *m* (*phys*) contact.

Tadhg: Tadhg an dá thaobh *m* two-faced person; **Tadhg an mhargaidh** the man on the street.

tae *m* tea.

taechupán *m* teacup.

tafann *m* bark (of a dog). • *vi* **déan tafann** to bark.

tagair (do) *vt* to refer.

tagairt *f* reference; allusion.

taibhse *f* ghost, phantom, apparition.

taibhsiúil *adj* ghostly.

taibléad *m* tablet.

taidhleoireacht *f* diplomacy.

taifead *m* record. • *vt* to record.

taighd *vt* to research.

taighdeoir *m* researcher.

táille *f* charge; fare; fee; rate.

taipéis *f* tapestry.

táiplis *f* draughts; **táiplis mhór** backgammon.

táir *adj* vile; mean; base.

tairbheach *adj* advantageous; beneficial; salutary.

tairg *vi* to bid.

táirg *vt* to produce; to yield.

táirgeoir *m* producer.

tairiscint *f* offer; bid.

tairne *m* nail.

tairngir *vt* to prophesy.

tais *adj* damp; humid; moist.

taisc *vt* to deposit (in bank); to reserve; to treasure.

taisce *f* cache; deposit. • *vt* **cuir i dtaisce** to hoard; **cur i dtaisce** to deposit.

taiscéal *vt* to explore.

taiscumar *m* reservoir.

taisme *m* accident; crash. • *adj* **de thaisme** by chance; fortuitous.

taispeáin *vt* to display; to manifest; to show; to point.

taispeánadh *m* manifestation.

taispeántach *adj* demonstrative.

taispeántas *m* display.

taisrigh *vt* dampen.

taisteal *m* travel.

taistil *vt vi* to travel.

taithí *f* experience. • *adj* **gan taithí** inexperienced. • *vt* **gabh i dtaithí le** to accustom.

taithigh *vt* to frequent; to experience; to practise; to haunt.

taitin le *vt* to please.

taitneamh *m* enjoyment.

talamh *m* earth; ground; land; **talamh coille** woodland. • *adv* **ar talamh** (*mar*) aground. • *adj* **faoi thalamh** underground.

talamhiata *adj* landlocked.

tallann *f* talent.

talmhaíoch *adj* agricultural.

talmhaíocht *f* agriculture.

tamall[1] *m* while, spell, period of time

tamall[2] *m* short loan.

támhach *adj* comatose; sluggish; torpid.

támhnéal *m* coma; trance.

tanaí *adj* flimsy; shallow; thin.

tanaigh *vt* to thin; to attenuate; to dilute.

tanáiste *m* deputy prime minister; second in command.

tánaisteach *adj* secondary.

tancaer *m* tanker.

taobh *m* facet; side. • *prep* **ar an taobh thall (de)** beyond. • *adv* **le taobh** (+ *gen*) alongside; **taobh amuigh** outside.

taobh an fhoscaidh *m* lee, lee-side.

taobh istigh *m* inside.

taobh le *prep* beside.

taobh na gaoithe *f* windward.

taobh na láimhe clé *f* left-hand side.

taobh thiar de *prep* behind.

taobh thiar de long *adv* (*mar*) astern.

taobhaí *m* adherent.

taobhroinn *f* aisle.

taoide *f* tide.

taoiseach *m* chief; chieftain; leader.

taom *vt* to decant; to drain.

taom croí *m* heart attack.

taom histéire *npl* hysterics.

taomach *adj* erratic.

taos *m* dough.

taosrán *m* pastry.

tapaidh *adj* fast; rapid.

tapúlacht *f* rapidity.

tar *vi* to come; **tar amach as** to emerge; **tar anuas** to come down. • *vi* vt to descend.

tar aniar aduaidh ar *vt* to surprise.

tar ar *vt* to come across *or* upon, to discover.

tar ar chomhréiteach *vt* to negotiate.

tar i dtír (ar) *vt* to exploit.

tar le *vt* to make do with.

tar ó *vi* to originate.

tarbh *m* bull.

tarbhghadhar *m* bulldog.

tarcaisne *f* sarcasm; scorn.

tarcaisneach *adj* scornful; insulting.

tarchuradóir *m* transmitter.

tarlaigh *vi* to happen.

tarlú *m* happening.

tarmachan *m* ptarmigan.

tarraiceán *m* drawer.

tarraing *vt* to drag; to haul; to pull; to draw; to attract.

tarraingt *f* (charm) appeal; attraction; drawing.

tarraingteach *adj* attractive.

tarrtháil *f* salvage. • *vt* to save.

tart *m* thirst. • *vt* **tá tart orm** I am thirsty.

tasc *m* task.

tátal *m* deduction.

tathag *m* substance.

táthaigh *vi vt* coalesce.

te *adj* hot; warm.

té *m* person; **an té** whoever.

teach *m* house; **teach banaltrachta** nursing home; **teach cúirte** courthouse; **teach lóistín** boarding house; **teach mór** mansion; **teach na ngealt** asylum; **teach solais** lighthouse; **teach stórais** storehouse; **teach striapachais** brothel; **teach tábhairne** pub.

teachín *m* cottage.

teacht *m* appearance, arrival, coming. • *adj* **le teacht** coming; future.

teacht isteach *m* income.

téacht *vi vt* to curdle; to coagulate; to freeze; to set.

teachtaire *m* messenger.

teachtaireacht *f* errand, message.

téad *f* rope.

téagartha *adj* burly; sturdy.

teagasc *m* teaching; doctrine. • *vt* to edify. • *vt vi* to teach.

teaghlach *m* family; household.

teagmháil *f* (message) contact; communication.

teagmhasach *adj* contingent.

teallach *m* fireside.

téamh domhanda *m* global warming.

teampall *m* temple.

teanchair *f* forceps; tongs.

teanga *f* language, tongue.

teangeolaí *m* linguist.

teann *vt* to strain.

teann (duine) le do chroí *vt* to embrace. • *vi* **teann isteach (le chéile)** to huddle.

teannas *m* strain.

teanntán *m* clamp.

tearc *adj* few; scarce.

téarma *m* term.

tearmann *m* refuge, sanctuary.

tearmannaigh *vt* to harbour.

téarnamhach *adj* convalescent.

teas *m* heat; warmth; heating.
teasaí *adj* fiery; impetuous.
teasc *f* discus; disk.
teasc *vt* to amputate; to sever.
teascadh *m* amputation.
teastas *m* certificate; **teastas beireatais** birth certificate.
teicneolaíocht *f* technology; **teicneolaíocht an eolais** information technology.
teideal *m* title.
teidhe *m* fad.
téigh[1] *vi* to go; **téigh amach** to exit.
téigh[2] *vt* to heat; to warm.
téigh ar (bord) *vt* to board.
téigh ar cosa in airde *vi* to gallop.
téigh ar do ghlúine *vi* to kneel.
téigh ar fheachtas *vi* to campaign.
téigh ar foluain *vi* (*aviat*) to glide.
téigh ar imirce *vi* to emigrate; to migrate.
téigh as radharc *vi* to vanish.
téigh chun spairne (le) *vi* grapple.
téigh chun tosaigh *vi* to advance.
téigh creathán trí *vi* to shudder.
téigh go tóin poill *vi* to sink; (*mar*) to founder.
téigh i bhfeidhm ar *vt* to influence; to affect; to effect.
téigh i dtír *vi* to disembark.
téigh i gcomhairle le *vt* to consult.
téigh i mbannaí ar *vt* to bail.
téigh i measc *vi* to mingle.
téigh in olcas *vi* to worsen.
téigh in urra ar *vt* to indemnify.
téigh isteach i *vt* to enter.
téigh le thine *vi* to catch fire.
téigh síos *vi-vt* to descend.
téigh thar *vt* to exceed; to overtake.
téigh thart *vi* to circulate.
teilg *vt* to cast.

teilifís *f* television; **teilifís chábla** cable television.
teilifíseán *m* television (set).
teip *f* failure. • *vt* **theip orm** I failed.
téipthaifeadán *m* cassette player.
teirce *f* rarity.
teiripe *f* therapy.
teisteán *m* decanter.
teistiméireacht *f* reference (for job); testimony; certificate.
teith *vi* to flee.
téitheoir *m* heater.
telefón *m* telephone.
teocht *f* temperature.
teoiric *f* theory.
teorainn *f* border; limit. • *adj* **gan teorainn** bottomless.
teoranta (teo) *adj* limited (Ltd).
thall *adv* yonder.
thall ansin *adv* over here.
thar *prep* over; past. • *adv* **thar gach rud** above all.
thart *adv* around, round; **thart ar** about.
theas *adj* southerly, southern.
thiar *adv* behind; west.
thíos *adv* beneath; underneath; below; (*in writing*) hereafter; below; **thíos staighre** downstairs. • *prep* **thíos faoi** beneath.
thoir *adj* easterly.
thuas *adv* above; up; **thuas staighre** upstairs.
thuasluaite *adj* aforementioned. • *adv* above mentioned.
tí: **ar tí (rud a dhéanamh)** *prep* about to (do something). • *conj* **go dtí** until. • *prep* till, until; to. • *adv* **go dtí seo** hitherto.
tiarna *m* lord.
tiarna talún *m* landlord.

tiarnas *m* dominion.

ticéad *m* ticket.

ticeáil *f* ticking.

timpeall *m* round; roundabout; circuit. • *adv* about; around, round. • *prep* around (+ *gen*).

timpeallacht *f* environment.

timpeallaigh *vt* to circle; to surround.

timpiste *f* accident.

timpisteach *adj* accidental.

tincéir *m* tinker.

tine *f* fire; **arm tine** firearm; **tine chnámha** bonfire; **tine gháis** gas fire; **tine ghealáin** phosphorescence.

tinedhíonach *adj* fireproof.

tinn *adj* ailing, ill, sick.

tinneas *m* ache; (*med*) complaint; illness, sickness; **tinneas cinn** headache.

tinteán *m* hearth.

tintreach *f* lightning.

tíogar *m* tiger.

tíolacas *m* conveyance.

tíolacthóir *m* conveyancer.

tiomáin *vt* to drive.

tiomáint *f* drive; propulsion.

tiománaí *m/f* chauffeur (-euse), driver.

tiomna *m* testament.

tiomnacht *f* bequest.

tiomnaigh *vt* to bequeath; to dedicate; to devote; to depute.

tiomsaigh *vt* to accumulate, gather, collect.

tionchar *m* influence.

tionlacaí *m* (*mus*) accompanist.

tionlacan *m* (*mus*) accompaniment.

tionóil *vt* to convene.

tionól *m* assembly.

tionónta *m* tenant.

tionscal *m* (*abstract*) industry.

tionsclaíoch *adj* industrial.

tiontaigh *vt* to convert; to turn. • *vi* to turn.

tíos *m* domestic economy.

tír *f* country. • *vt* **cuir i dtír** to land. • *adv* **i dtír** ashore.

tírdhreach *m* landscape.

tíreolaíocht *f* geography.

tirim *adj* arid; dried; dry.

tit *vi* to fall; to sag; to tumble; to collapse; **tit go talamh** to collapse; **tit i laige** to faint. • *vt* **tit amach le** to fall out with.

tit in éadóchas *vi* to despair.

titeann (luach) *vi* to depreciate.

titim *f* collapse; fall.

tiubh *adj* dense; thick.

tiúin *vt* to tune.

tiús *m* density.

tnúth *m* aspiration; envy; desire; longing; **ag tnúth le** hoping for. • *vi* **bheith ag tnúth (le)** to long (for), to yearn.

tnúthán *m* yearning.

tobac *m* tobacco.

tobán *m* tub.

tobann *adj* impetuous; rash; sudden; abrupt. • *adv* **go tobann** suddenly.

tobar *m* well.

tochail *vt* to dig; to excavate.

tochailt *f* excavation.

tochas *m* itch.

tochasach *adj* itchy.

tocht *m* mattress.

todhchaí *f* future.

todóg *f* cigar.

tofa *adj* choice.

tóg *vt* to build, construct; to heave; to capture; to contract; to erect; to lift; to raise.

tóg croí vt to elate.

tóg meán ar vt to average.

tógáil f lifting; breeding; upbringing; construction; erection; capture; absorption. • m **tógáil intinne** absorption.

tógálaí m builder.

togh vt to elect; to select.

togha m choice.

toghair vi vt to conjure.

toghchán m election.

toghchánaíocht f electioneering.

toghlach m (parliament, etc) constituency.

tógtha adj lifted; **an-tógtha agog**.

toghthóir m elector.

toghthóirí npl electorate.

toil f will; **toil shaor** free will.

toiliú m acquiescence.

toilleadh m capacity.

toilteanach adj acquiescent; willing. • adv **go toilteanach** readily.

tóin f backside, behind.

tóir f chase, pursuit.

tóireadóir spáis m space probe.

toirmeasc vt to ban.

toirmisc vt debar.

toirneach f thunder.

toirniúil adj thunderous.

tóirse m torch.

toirt f mass; bulk. • adj **ar an toirt** instantly, immediately.

toirtín m tart.

toirtís f tortoise.

toirtiúil adj bulky.

toisc f factor. • conj **toisc (go)** because.

toise m dimension.

toitín m cigarette.

tolg m couch.

tolg vt to contract (disease).

tomhais vt to fathom; to measure; **tomhais doimhneacht** to plumb (+ gen). • vt vi to guess.

tomhaltachas m consumerism.

tomhaltóir m consumer.

tomhas m measure; measurement; riddle.

tomhsaire m gauge.

ton m tone.

tonn f wave.

tor m bush.

torach adj bushy.

toradh m consequence; fruit; produce; result.

tóraí m bandit, outlaw; (pol) Tory.

tóraigh vt to pursue.

torathar m freak.

torbán m tadpole.

torc m boar.

tormán m din, noise (generally from objects).

tormas m grumbling; sulking; **fuair sé tormas ar a chuid** he grumbled at his food.

torrthach adj pregnant.

torthúil adj fertile, prolific.

torthúlacht f fertility.

tosach m beginning, start; bow (of ship). • adv **i dtosach báire** (time) first.

tosaigh adj preliminary; initial. • vt vi to begin; to start. • vt **tosaigh ar** to embark.

tosca mpl circumstances.

toscaire m delegate.

toscaireacht f delegation.

tostach adj quiet; reticent; taciturn; tacit.

tóstal m pageant.

trá f beach; ebb.

trácht m traffic.

trácht *m* comment. • *vt* **trácht (ar)** to comment.

tráchtáil *f* commerce.

tráchtála *adj* commercial.

tráchtas *m* dissertation.

trádáil *m* trade.

traein (traenach) *f* train.

traenáil *vt* to coach, train.

tráidire *m* tray.

traidisiún *m* tradition.

tráigh *vi* to ebb; to subside.

tranglam *m* confusion; disorder.

traoch *vt* to exhaust.

traochadh *m* exhaustion.

trasna *adv* across; athwart (+ *gen*). • *prep* (+ *gen*) across.

trasnaigh *vt* to cross; to heckle.

trastomhas *m* diameter.

tráth ceisteanna *m* quiz.

tráthnóna *m* evening.

tráthúil *adj* felicitous; opportune; seasonable; timely; appropriate.

treabh *vt* to plough.

tréad *m* flock; herd.

trealamh *m* equipment, kit.

trealmhaigh *vt* to furnish.

tréan *adj* strong; vehement.

tréanas *m* abstinence.

trédhearcach *adj* transparent.

treibh *f* tribe.

tréidlia *m* vet.

tréig *vt* to abandon, desert, forsake; to jilt.

tréigthe *adj* derelict; forsaken.

tréimhse *f* period; **tréimhse iompair** gestation.

treisigh *vt* to reinforce, strengthen.

tréith *f* quality.

tréithe *npl* accomplishments.

tréitheach *adj* characteristic.

treo *m* direction; **treo-aimsí** direction-finder. • *prep* **i dtreo** (+ *gen*) toward(s). • *adv* **i dtreo na talún** landward.

treoir (treorach) *f* direction, guidance.

treoraí *m* guide.

treoraigh *vt* to lead, guide.

trí¹ *prep* by (via); through.

trí² *adj m* three; **trí déag** thirteen.

triail (trialach) *f* test; trial.

trilseán *m* plait.

trioblóid *f* trouble.

tríocha *adj m* thirty.

triomach *m* drought.

triomadóir gruaige *m* hairdryer.

triomaigh *vt* to dry.

trithí: sna trithí gáire *adj* laughing uproarously.

tríú *adj* third.

triúr *adj m* three (persons).

triús *npl* trews.

trócaire *f* clemency, mercy.

trócaireach *adj* clement; merciful.

trodach *adj* quarrelsome.

trodaí *m* combatant.

troid *f* fight; quarrel. • *vi* to quarrel. • *vt vi* to fight.

troid i gcoinne *vt* (+ *gen*) to combat.

troigh *f* foot (measurement).

troime *f* heaviness.

troitheán *m* pedal.

trom *adj* heavy.

trom *m* elder tree.

tromchroíoch *adj* disconsolate.

tromchúiseach *adj* grave.

trosc *m* cod.

troscán *m* furniture.

trua *f* compassion, pity.

truacánta *adj* pitiful.

truaill *vt* to taint.

truailligh *vt* to debase; to pollute.

truaillíocht f depravity.

truaillithe adj corrupt; contaminated.

truaillmheasc vt to adulterate.

truaillmheascadh m adulteration.

truamhéalach adj deplorable, wretched, pathetic.

trucáil f cart.

trup m din, noise (often footsteps).

truslóg f hop.

tú pn sing you.

tua f axe, hatchet.

tuairgnín m pestle.

tuairisc f account, report.

tuairisceoir m reporter.

tuairiscigh vt to report.

tuairisciú m coverage.

tuairt f (car) bump, collision.

tuairteáil vi to collide.

tuaisceart m north.

tuaisceartach adj north, northern.

tuaithe adj rural.

tuama m tomb.

tuamúil adj sepulchral.

tuar m omen; premonition; sign. • vi to augur. • vt to forecast; to foresee; to foreshadow.

tuarúil adj ominous.

tuaslaig vt to dissolve.

tuata m layman.

tuathal adv counter-clockwise.

tubaiste f disaster, calamity, catastrophe.

tubaisteach adj calamitous.

tuí m straw; thatch.

tuig vi vt to understand, comprehend; to apprehend, infer. • vt **tuig as** to deduce.

tuile f flood; torrent.

tuill vt to deserve; **tá sé tuillte aige** he deserves it.

tuilleadh m more.

tuilleamaí: bheith i dtuilleamaí vi depend.

tuilsolas m floodlight.

tuirling vi to alight; to descend. • vt to descend.

tuirlingt f descent; landing (of aeroplane).

tuirne m spinning wheel.

tuirse f tiredness, fatigue.

tuirseach adj tired.

tuirsigh vt to fatigue; to bore.

tuirsiúil adj tiresome.

túis f incense.

tuisle m stumble, trip. • vi **baineadh tuisle asam** I tripped (up).

tuisligh vi to falter.

tuismeá f horoscope.

tuismitheoir m parent.

tulach f hillock.

tum vi to dive. • vt to immerse; to dip. • vi **tum in uisce** to duck.

tumadóir m diver.

tur adj bland.

túr m tower.

turas m jaunt; journey; tour; **turas farraige** voyage. • adj **d'aon turas** intentional.

turasóir m tourist.

turgnamh m experiment.

turnamh (impireachta) m downfall (of empire).

turraing f lurch; (elec) shock.

turtar m turtle.

tús m beginning. • adv **ar dtús** first (sequence).

tusa pn you.

túslitir f initial.

tútach adj boorish.

tuthóg f fart.

U

uabhar *m* pride.

uachais *f* lair.

uacht *f* (last) will.

uachtar *m* cream; **uachtar reoite** ice cream.

uachtarach *adj* upper.

uachtarán *m* president; provost.

uafás *m* terror; horror.

uafásach *adj* abysmal; atrocious; awful; deplorable, very bad; horrible.

uaibhreach *adj* haughty; luxuriant.

uaidh sin *adv* thence.

uaigh *f* grave.

uaigneas *m* loneliness; solitude.

uaillbhreas *m* exclamation.

uaillmhian *f* ambition.

uaillmhianach *adj* ambitious.

uaim *f* alliteration.

uaimh *f* cave.

uaine *adj* green. • *f* greenness.

uaineoil *f* (*culin*) lamb.

uair *f* time; hour. • *adv* once; **an uair** whenever; **cén uair** (*direct*) when; **gach uair** hourly; **uair amháin** once.

uaireadóir *m* watch; wristwatch; **uaireadóir láimhe** wristwatch.

uaireanta *adv* sometimes.

ualach *m* load, burden.

ualaigh *vt* to burden.

uamhnach *adj* awesome.

uan *m* lamb.

uasal *adj* noble; dignified. • *m* **An tUasal** Mister; **na huaisle** gentry.

uaschamóg *f* apostrophe.

uasmhéid *f* maximum.

uatha *adj* singular.

uathoibríoch *adj* automatic.

ubh *f* egg.

úc *vt* to waulk.

úcadh *m* waulking.

ucht *m* bosom; lap.

uchtach *adj* pectoral.

uchtaigh *vt* to adopt.

uchtóg *f* bump (on road, on head).

uchtú *m* adoption.

údar *m* author; cause.

údaraigh *vt* to authorise.

údarás *m* authority.

uige *f* fabric.

uile *adj* all; entire.

uilechumhachtach *adj* almighty.

uilíoch *adj* universal.

uillinn *f* angle; elbow.

uimhir (uimhreach) *f* number; numeral; **Uimhir Aitheantais Phearsanta** PIN (number).

uimhríocht *f* arithmetic.

úinéir *m* owner, proprietor.

uirbeach *adj* urban.

uiríseal *adj* lowly.

uirlis *f* implement, tool.

uisce *m* water; **uisce beatha** whisky; **uisce coisricthe** holy water.

uiscedhíonach *adj* impervious (to water); waterproof; watertight.

uiscigh *vt* to irrigate.

uisciú *m* irrigation.

ulchabhán *m* owl.

úll *m* apple.

ullmhaigh *vt* to prepare.

úllord *m* orchard.

um *prep* about.

umha *m* bronze.

umhal *adj* dutiful; humble.

umhlaíocht *f* deference; obedience.

umhlú *m* bow (of the head).

uncail *m* uncle.

ung *vt* to anoint.

ungadh *m* ointment; unction.

unsa *m* ounce.

úr *adj* (*air, food*) fresh; (*weather*) crisp; new.

uraigh *vt* to eclipse.

úraigh *vt* to refresh.

urchar *m* shot.

urchóideach *adj* sinister; wicked; (*med*) malignant.

urchoilleadh *m* inhibition.

urlár *m* floor.

urraim *f* honour.

urramach *adj* respectful; reverend; reverent.

urróg *f* heave.

urrúnta *adj* able-bodied.

urú *m* eclipse; **urú gealaí** lunar eclipse.

úsáid *f* usage; use; usefulness. • *vt* to use; **úsáid a bhaint as** to avail oneself of.

úsáideach *adj* useful.

úsc *vi* to ooze.

úscra *m* essence.

útamáil *f* fumbling. • *vt* to lay.

úth *m* udder.

V

vác *m* quack.
vacsaínigh *vt* to vaccinate.
vaigín *m* wagon.
vardrús *m* wardrobe.
vás *m* vase.
veain *f* van.
véarsa *m* verse (*stanza*).
véarsaíocht *f* verse.
VED *m* HIV.

veidhleadóir *m* violinist.
veidhlín *m* (*mus*) violin.
veilbhit *f* velvet.
veist *f* vest.
víreas *m* virus.
vóta *m* vote. • *vt* **vótaí a iarraidh** to canvass.
vótáil *vt* to vote.

X Y Z

x-gha *m* X-ray.
x-ghathú *m* X-ray.
yes *adv* (*gram: repeat verb and* tense used in question in positive—see also no).
zú *m* zoo.

English-Irish
Béarla-Gaeilge
A

abacus *n* abacás *m.*
abandon *vt* tréig.
abate *vt* laghdaigh.
abbess *n* ban-ab *f.*
abbey *n* mainistir *f.*
abbot *n* ab *m.*
abbreviate *vt* giorraigh.
abbreviation *n* giorrú *m.*
abdicate *vt* tugaim suas (coróin); éirím as (post).
abdication *n* tabhairt suas (corónach) *m.*
abdomen *n* bolg *m.*
abdominal *adj* bolgach.
abduct *vt* fuadaigh.
abductor *n* fuadaitheoir *m.*
abed *adv* ar an leaba.
abet *vt*: **to aid and abet** cabhrú agus neartú le duine.
abhor *vt* tá gráin agam ar.
abhorrence *n* dearg-ghráin *f*, fuath *m.*
abide *vt* cónaigh.
ability *n* cumas *m*, ábaltacht *f.*
abject *adj* ainniseach, cloíte.
abjure *vt* diúltaigh do (eiriceacht), séan creideamh.
ablative *n* (*gr*) ochslaíoch *m.*
able *adj* ábalta, cumasach; **to be able** bheith ábalta, in inmhe.
able-bodied *adj* láidir, urrúnta.
ablution *n* ionnladh *m.*
abnegation *n* diúltú do (mhian) *m*, séanadh (creidimh) *m.*
abnormal *adj* neamhghnách, mínormálta.
abnormality *n* gné *m* mhínormálta (de rud), ainriocht *m.*
aboard *adv* ar bord.
abode *n* áit *f* chónaithe.
abolish *vt* díobhaigh, cuir ar ceal.
abolition *n* díobhadh *m*, cur ar ceal *m.*
abominable *adj* gráinniúil, déistineach.
abomination *n* adhfhuafaireacht *f.*
aboriginal *adj* bunúsach.
aborigines *npl* bunstoc *m*; bundúchasaigh *npl.*
abortion *n* ginmhilleadh *m.*
abortive *adj* anabaí.
abound *vi* tá a lán, ag cur thar maoil (**in, with**) le.
about *adv* timpeall, thart ar. • *prep* faoi, um; **to go about a thing** dul i gceann ruda; **about to (do something)** ar tí (rud a dhéanamh).
above *prep* os cionn. • *adv* thuas; **above all** os cionn gach uile ní, thar gach rud; **above mentioned** thuasluaite.
abrasive *adj* scríobach.
abreast *adv* ar aon líne *f.*
abridge *vt* giorraigh.
abridgment *n* giorrú *m*, laghdú *m*, coimre *f.*
abroad *adv* thar lear; **to go abroad** imeacht thar sáile.

abrogate vt aisghair.

abrogation n aisghairm m.

abrupt adj tobann, giorraisc.

abscess n easpa f.

abscond vi teith (ón dlí).

absence n easpa f, éagmais f.

absent adj as láthair.

absentee n neamhláithrí m; **absentee landlord** tiarna neamhchónaitheach m.

absent-minded adj dearmadach.

absolute adj absalóideach, leith-liseach, iomlán.

absolution n aspalóid f.

absolutism n absalóideachas m.

absolve vt scaoil (duine ó mhóid, ó dhualgas).

absorb vt súigh.

absorbent adj súiteach.

absorption n sú m (leachta, teasa), tógáil f (intinne), maolú m (fuaime).

abstain vi staon ó rud, ó rud a dhéanamh.

abstemious adj measartha, barraineach.

abstemiousness n measarthacht f.

abstinence n tréanas m, staonadh m.

abstract n coimriú m.

abstracted adj seachránach.

abstraction n tógáil f.

abstractly adv go neamhairdiúil.

abstruse adj diamhair, dothuigthe, domhain.

absurd adj míréasúnta, seafóideach, áiféiseach.

absurdity n seafóid f, áiféis f.

abundance n fairsingeacht f, raidhse f, flúirse f.

abundant adj flúirseach, fras, fairsing.

abuse vt bain mí-úsáid f as (cumh-acht f), tabhair drochíde f do (dhuine, ainmhí), tabhair íde f béil do, maslaigh. • n mí-úsáid f; (verbal) masla m.

abysmal adj uafásach.

abyss n duibheagán m.

academic adj acadúil. • n scoláire m.

academician n acadamhaí m, ball d'acadamh m.

academy n acadamh m.

accelerate vt luasghéaraigh.

accelerator n luasaire m.

acceleration n luathú m.

accent n blas m.

accept vt glac le.

acceptable adj inghlactha.

acceptability n inghlacthacht f.

acceptance n glacadh m.

access n bealach m isteach, rochtain f.

accessible adj insroichte.

accident n timpiste f, taisme f.

accidental adj timpisteach, de thaisme.

acclaim vt déan ollghairdeas do.

acclamation n gáir f mholta.

accommodate vt déan garaíocht f do.

accommodating adj garach, oibleagáideach.

accommodation n lóistín m.

accompaniment n (mus) tionlacan m.

accompanist n (mus) tionlacaí m.

accomplice n comhchoirí m, cuid-itheoir m.

accomplish vt cuir i gcrích, crío-chnaigh, tabhair chun críche (obair f, beart).

accomplished adj curtha i gcrích, déanta, críochnaithe.

accomplishment n críochnú m, cur i gcrích m; **accomplishments** pl tréithe mpl, buanna mpl.

accord n aontú m, aontoil f.

accordion n (mus) cairdín m.

accost *vt* agaill; cuir forrán ar.

account *n* cuntas *m*, tuairisc *f*; **to account for** *vt* mínigh.

accountability *n* freagracht *f*.

accountable *adj* freagrach.

accountancy *n* cuntasóireacht *f*.

accountant *n* cuntasóir *m*.

accounts book *n* leabhar *m* cuntais.

accumulate *vt* carn, tiomsaigh, bailigh.

accumulation *n* carnadh *m*, cruachadh *m*, bailiú *m*.

accuracy *n* cruinneas *m*.

accurate *adj* cruinn, beacht.

accursed *adj* mallaithe.

accusation *n* gearán *m*, cúiseamh *m*.

accusative *n* (*gr*) cuspóireach *m*.

accuse *vt* cuir i leith duine; cúisigh.

accused *n* cúisí *m*.

accuser *n* cúiseoir *m*.

accustom *vt* gabh i dtaithí *f* le.

accustomed *adj* coitianta, gnách.

ace *n* aon *m*; **within an ace of** faoi aon do, faoi orlach do.

acerbic *adj* searbh.

acerbity *n* seirbhe *f*.

ache *n* pian *f*, tinneas *m*.

achieve *vt* bain amach.

achievement *n* éacht *m*.

acid *adj* searbh. • *n* aigéad *m*.

acidity *n* aigéadacht *f*.

acknowledge *vt* admhaigh; glac le.

acknowledgment *n* admháil *f*.

acme *n* dígeann *m*.

acne *n* aicne *f*.

acorn *n* dearcán *m*.

acoustics *n* fuaimeolaíocht *f*, fuaimíocht *f*.

acquaintance *n* duine *m* aitheantais.

acquainted *adj* eolach.

acquiescence *n* toiliú *m*.

acquiescent *adj* toilteanach.

acquire *vt* faigh.

acquisition *n* fáil *f*.

acquit *vt* saor.

acre *n* acra *m*.

acrimonious *adj* gairgeach.

acrimony *n* gairgeacht *f*, seirbhe *f*.

across *adv* anonn, anall. • *prep* trasna (+ *gen*).

act *vi* gníomhaigh; (*theat*) bheith ag aisteoireacht. • *n* gníomh *m*.

action *n* aicsean *m*.

active *adj* gníomhach.

activity *n* gníomhaíocht *f*.

actor *n* aisteoir *m*.

actress *n* ban-aisteoir *m*.

actual *adj* dearbh, fíor.

actuary *n* achtúire *m*.

acumen *n* géire *f* intinne, grinneas *m*.

acute *adj* géar.

adage *n* nath *m*.

adamant *adj* dáigh.

adapt *vt* cuir rud in oiriúint (do).

adaptability *n* oiriúnacht *f*, solúbthacht *f*.

adaptable *adj* inathraithe; solúbtha.

adaptation *n* athchóiriú *m*.

add *vt* cuir le.

addendum *n* aguisín *m*, forlíonadh *m*.

adder *n* nathair *f* nimhe.

addict *n* andúileach *m*.

addiction *n* andúil *f*.

addition *n* (*math*) suimiú *m*; breis *f*.

additional *adj* breise.

address *vt* cuir seoladh ar; (*speak to*) cuir forrán ar. • *n* seoladh; (*oration*) óráid *f*.

adequate *adj* sásúil.

adhere *vi* greamaigh (do).

adherent *n* taobhaí *m*.

adhesive *n* greamachán *m*.

adjacent *adj* cóngarach (do).

adjective n aidiacht f.
adjudication n breithiúnas m.
adjust vt ceartaigh, cóirigh.
adjustable adj incheartaithe.
administer vt riar.
administration n riarachán.
administrative adj riarthach.
administrator n riarthóir m.
admirable adj inmholta.
admiration n meas m.
admire vt (I admire) tá meas mór agam ar.
admissible adj inghlactha.
admission n cead m isteach; (confession) admháil f.
admit vt lig isteach; (confess) admhaigh.
ado n fuadar m.
adolescence n óigeantacht f.
adolescent n ógánach m.
adopt vt uchtaigh.
adoption n uchtú m.
adore vt gráigh.
adorn vt maisigh.
adrift adv ar imeacht le sruth.
adult adj fásta. • n aosach m.
adulterate vt truaillmheasc.
adulteration n truaillmheascadh m.
adulterer n adhaltrach m.
adultery n adhaltranas m.
advance vt cuir chun cinn. • vi téigh chun tosaigh. • n (fin) réamhíocaíocht f.
advanced adj forbartha.
advancement n forbairt f.
advantage n buntáiste m.
advantageous adj tairbheach.
adventure n eachtra f.
adventurous adj eachtrúil.
adverb n dobhriathar m.
adverse adj aimhleasach.
adversity n mí-ádh m.

advertise vt vi fógair.
advertisement n fógra m.
advice n comhairle f.
advise vt comhairligh.
adviser, advisor n comhairleoir m.
advocacy n abhcóideacht f.
advocate n abhcóide m. • vt pléideáil ar son (duine).
aerial n aeróg f.
aeronaut n aerloingseoir m.
aeroplane n eitleán m.
affable adj lách.
affair n gnó m.
affect vt téigh i bhfeidhm f ar; (let on) lig ar.
affection n cion m.
affectionate adj ceanúil.
affinity n (I have an affinity for) tá dáimh f agam le.
affirm vt dearbhaigh, deimhnigh.
affirmative adj dearfach.
afflict vt caith ar.
affliction n léan m.
affluence n rathúnas m.
affluent adj saibhir.
afford: to be able to afford vt rud a bheith de ghustal agat.
affront vt maslaigh.
afloat adv ar snámh.
afoot adv ar cois
aforementioned adj thuasluaite.
afraid adj eaglach; I am afraid tá eagla orm.
afresh adv as an nua.
Africa n An Afraic f.
African adj n Afracach m.
after prep adv i ndiaidh (+ gen).
afternoon n iarnóin f.
afterthought n athsmaoineamh m.
again adv arís.
against prep in aghaidh (+ gen).

age *n* aois *f*. • *vt vi* cuir aois ar.

aged *adj* sean, aosta.

agency *n* áisíneacht *f*.

agent *n* gníomhaire *m*.

aggravate *vt* cuir in olcas.

aggression *n* (*phys*) ionsaí *m*.

aggressive *adj* ionsaitheach.

agile *adj* lúfar.

agitate *vt* corraigh.

agitation *n* corraíl *f*.

ago *adv* ó shin.

agog *adv* an-tógtha.

agonise *vt* céasaigh.

agony *n* céasadh *m*.

agree *vi* aontaigh (le).

agreeable *adj* pléisiúrtha.

agreement *n* comhaontú *m*.

agricultural *adj* talmhaíoch.

agriculture *n* talmhaíocht *f*.

aground *adv* (*mar*) ar talamh.

ahead *adv* roimh.

aid *vt* cuidigh le. • *n* cuidiú.

AIDS *n* SEIF.

ailment *n* easláinte *f*.

ailing *adj* tinn.

aim *vt* dírigh ar. • *n* aidhm *f*; (*gun*) amas *m*.

air *n* aer *m*; (*mus*) fonn *m*. • *vt* aeráil.

airborne *adj* ar eitilt.

airline *n* aerlíne *f*.

airmail *n* aerphost *m*.

airport *n* aerfort *m*.

airwave *n* aerthonn *f*.

aisle *n* taobhroinn *f*.

ajar *adj* ar leathoscailt.

akin *adv* cosúil (le).

alacrity *n* líofacht *f*.

alarm *vt* cuir scaoll i.

alarming *adj* scanrúil.

album *n* albam *m*.

alcohol *n* alcól *m*.

alcoholic *n* alcólach *m*.

alcoholism *n* alcólacht *f*.

alder *n* fearnóg *f*.

ale *n* leann *m*.

alert *adj* airdeallach.

algebra *n* ailgéabar *m*.

alias *n* ainm *m* bréige.

alien *adj* coimhthíoch. • *n* coimhthíoch; (*outer space*) neach *m* neamhshaolta.

alienate *vt* cuir duine in aghaidh (duine eile).

alight *vi* tuirling.

alike *adj* cosúil.

alimony *n* (*law*) ailiúnas *m*.

alive *adj* beo.

all *adj* uile, iomlán

allay *vt* maolaigh.

allegation *n* líomhain *f*.

allegiance *n* dílseacht *f*.

allegory *n* fá-ithscéal *m*.

alleviate *vt* maolaigh.

alleviation *n* maolú *m*.

alliance *n* comhaontas *m*.

alliteration *n* uaim *f*.

allow *vt* ceadaigh.

allowance *n* liúntas *m*.

allusion *n* tagairt *f* (*do*).

ally *n* comhghuaillí *m*.

almanac *n* almanag *m*.

almighty *adj* uilechumhachtach.

almost *adv* beagnach.

alms *n* déirc *f*.

aloft *adv* in airde.

alone *adj* aonarach.

along *adv* feadh; (*pers*) i gcuideachta (+ *gen*).

alongside *adv* le taobh (+ *gen*).

aloud *adv* os ard.

alphabet *n* aibítir *f*.

alphabetical *adj* aibítreach.

already *adv* cheana (féin).

also *adv* fosta, chomh maith.

altar *n* altóir *m*.

alteration *n* athrú *m*.

alternative *n* rogha *f*. • *adj* eile.

although *conj* cé go.

altitude *n* airde *f*.

altogether *adv* go hiomlán, ar fad.

aluminium *n* alúmanam *m*.

always *adv* i gcónaí; (*in past*) riamh.

amalgamate *vt vi* cónaisc.

amateur *n* amaitéarach *m*.

amaze *vt* cuir iontas ar.

amazement *n* iontas *m*.

amazing *adj* iontach.

ambassador *n* ambasadóir *m*.

ambidextrous *adj* comhdheas.

ambiguity *n* athbhrí *f*.

ambiguous *adj* athbhríoch.

ambit *n* timpeall *m*.

ambition *n* uaillmhian *f*.

ambitious *adj* uaillmhianach.

ambulance *n* otharcharr *m*.

ambush *n* luíochán *m*.

ameliorate *vt* feabhsaigh.

amen *excl* áiméan.

amenable *adj* réasúnta.

amend *vt* leasaigh.

amendment *n* leasú *m*.

amenity *n* áis *f*.

America *n* Meiriceá *m*.

American *adj n* Meiriceánach *m*.

amiable *adj* lách.

amid, amidst *prep* i measc (+ *gen*).

amiss *adv*: **something's amis** tá rud éigin cearr.

ammunition *n* armlón *m*.

amnesty *n* pardún *m* ginearálta.

among, amongst *prep* i measc (+ *gen*).

amorous *adj* grámhar.

amount *n* méid *f*, suim *f*.

amphibian *n adj* amfaibiach *m*.

ample *adj* fairsing.

amplification *n* fairsingiú; (*audio*) aimpliú *m*.

amputate *vt* teasc, gearr de.

amputation *n* teascadh *m*.

amuse *vt* déan siamsa do.

amusement *n* siamsa *m*.

amusing *adj* greannmhar.

anachronism *n* iomrall aimsire *m*.

anaemic *adj* (*med*) neamhfholach.

anaesthetic *n* ainéistéiseach *m*.

analogy *n* cosúlacht *f*.

analyse *vt* déan anailís *f* ar, déan mionscrúdú ar.

analysis *n* anailís *f*.

analyst *n* anailísí *m*.

anarchist *n* ainrialaí *m*.

anarchy *n* ainriail *f*, anlathas.

anatomical *adj* anatamaíoch.

anatomy *n* anatamaíocht *f*.

ancestor *n* sinsear *m*.

ancestral *adj* sinseartha.

ancestry *n* sinsearacht *f*.

anchor *n* ancaire *m*.

anchorage *n* leaba *f* ancaire.

ancient *adj* ársa.

and *conj* agus, is.

anew *adv* as an nua.

angel *n* aingeal *m*.

angelic *adj* ainglí.

anger *n* fearg *f*.

angina *n* aingíne *f*.

angle *n* uillinn *f*.

angler *n* iascaire *m* slaite.

angling *n* iascaireacht *f* slaite.

angry *adj* feargach.

anguish *n* crá *m*; léan *m*.

animal *n* ainmhí *m*.

animate *vt* beoigh.

animated *adj* beo.

animation *n* beochan *f*.

ankle *n* rúitín *m*.

annex *n* fortheach *m*.

annihilate *vt* díothaigh.

annihilation *n* díothú *m*.

anniversary *n* cothrom *m* an lae.

annotate *vt* cuir nótaí le.

announce *vi vt* fógair.

announcement *n* fógra *m*.

annoy *vt* buair, ciap.

annoyance *n* crá *m*, ciapadh *m*.

annoying *adj* ciapach.

annual *adj* bliantúil.

annually *adv* gach bliain

annul *vt* cealaigh.

anoint *vt* ung.

anonymous *adj* gan ainm.

another *adj* eile.

answer *vt* freagair. • *n* freagra *m*.

answering machine *n* gléas *m* freagartha.

ant *n* seangán *m*.

antagonist *n* céile *m* comhraic.

antediluvian *adj* roimh an díle.

anthem *n* aintiún *m*.

anthology *n* duanaire *m*, cnuasach *f*.

anthropology *n* antraipeolaíocht *f*.

anticipate *vt* réamhghabh.

anticipation *n* feitheamh *m*.

antidote *n* nimhíoc *f*.

antipathy *n* fuath *m*.

antiquary *n* ársaitheoir *m*.

antique *n* rud *m* ársa. • *adj* seanda.

antiseptic *n* frithsheipteán *m*.

antler *n* beann *f*.

anvil *n* inneoin *f*.

anxiety *n* imní *f*, buairt *f*.

anxious *adj* imníoch, buartha.

any *adj pn* aon, ar bith; **anymore** a thuilleadh; **anyplace** áit *f* ar bith; **anything** rud *m* ar bith.

anyone *n* duine *m* ar bith.

apartheid *n* cinedheighilt *f*.

apartment *n* árasán *m*.

apathy *n* patuaire *f*.

ape *n* ápa *m*.

aperture *n* poll *m*, oscailt *f*.

apex *n* buaic *f*.

apiece *adv* (*person*) an duine; (*thing*) an ceann.

apologise *vi* gabh do leithscéal.

apology *n* leithscéal *m*.

apostle *n* aspal *m*.

apostrophe *n* uaschamóg *f*.

appall *vt* scanraigh.

apparatus *n* gaireas *m*.

apparent *adj* follasach, soiléir.

apparition *n* taibhse *f*.

appeal *vi* déan achomharc. • *n* (*law*) achomharc *m*; (*charm*) tarraingt *f*.

appear *vi* nocht.

appearance *n* cuma *f*; (*arrival*) teacht *m*.

appease *vt* ceansaigh.

append *vt* cuir le.

appendage *n* géagán *m*.

appendix *n* (*anat*) aipindic *f*; (*book*) aguisín *m*.

appetite *n* goile *m*.

applaud *vt vi* tabhair bualadh bos (do).

apple *n* úll *m*.

apple tree *n* crann *m* úll.

appliance *n* gaireas *m*.

applicable *adj* oiriúnach (do).

applicant *n* iarrthóir *m*.

application *n* (*use*) feidhm *f*; iarratas *m*.

applications *npl* (*comput*) feidhmiúcháin *mpl*.

apply *vt* cuir le.

appoint *vt* ceap.

appointment *n* ceapachán *m*; (*meeting*) coinne *f*.

apportion vt roinn.

appraise vt meas.

appreciate vt cuir luach ar, measúnaigh. • vi (*grow*) ardaigh.

appreciation n léirthuiscint f.

apprehend vt (*infer*) tuig; tabhair faoi deara; (*arrest*) gabh.

approach vi vt druid le. • n modh m oibre.

appropriate vt glac seilbh f ar. • adj tráthúil; cuí.

approval n sásamh m.

approve vt ceadaigh; **to approve of** bí i bhfách le.

approximate adj gar.

apricot n aibreog f.

April n Aibreán m.

apron n naprún m.

apropos adv go feilteach.

apt adj feiliúnach, cuí.

aptitude n éirim f, mianach m.

Arab n adj Arabach m.

Arabic adj Arabach.

arable adj curaíochta.

arbitrate vt eadránaigh.

arbitrator n eadránaí m.

arch n stua m.

archaeologist n seandálaí m.

archbishop n ardeaspag m.

archetype n príomhshamhaltas m.

architect n ailtire m.

architecture n ailtireacht f.

archive n cartlann f.

ardent adj gorthach.

arduous adj dian.

area n ceantar m, limistéar m.

argue vi áitigh.

argument n argóint f.

argumentative adj conspóideach.

arid adj tirim.

arise vi éirigh.

arithmetic n uimhríocht f.

ark n áirc f.

arm n géag f. • vt armáil.

armchair n cathaoir f uilleach.

armistice n sos m cogaidh.

armour n cathéide f.

armpit n ascaill f.

army n arm m.

around prep timpeall (+ gen). • adv timpeall, thart.

arouse vt múscail.

arrange vt socraigh; cóirigh.

arrangement n socrú; (*mus*) cóiriú m.

array n cuir (rudaí) in eagar.

arrears npl riaráiste m.

arrest vt gabh.

arrival n teacht m.

arrive vi sroich, bain amach.

arrogance n sotal m.

arrogant adj sotalach.

arrow n saighead f.

arsenal n (*mil*) armlann f.

arsenic n airsinic f.

arson n dó m coiriúil.

art n ealaín f.

artery n artaire m.

artful adj cleasach, beartach.

arthritis n airtríteas m.

article n alt m, airteagal m.

articulate adj deisbhéalach.

artifice n gléas m.

artificial adj saorga.

artist n ealaíontóir m.

as conj chomh ... le; mar, cionn is (go).

ascend vt ardaigh.

ascent n éirí m.

ascertain vt faigh amach, cinntigh.

ascribe vt cuir rud síos do dhuine.

ash n luaith f; (*bot*) fuinseog f.

ashamed adj náirithe.

ashore adv i dtír.

ashtray n luaithreadán m.

Asia n An Áise m.

Asiatic, Asian adj n Áiseach m.

aside adv i leataobh.

ask vt (request) iarr; (enquire) fiafraigh (de).

askew adv ar fiarsceabha.

asleep adj: **I am asleep** tá mé i mo chodladh.

asparagus n lus súgach m.

aspect n dreach m.

aspen n (bot) crann m creathach.

asperity n gairbhe f.

aspiration n tnúth m.

aspire vi bí ag tnúth le rud.

aspirin n aspairín m.

ass n asal m.

assail vt ionsaigh.

assailant n ionsaitheoir m.

assassin n feallmharfóir m.

assassinate vt feallmharaigh.

assault n ionsaí m.

assemble vt bailigh.

assembly n tionól m.

assent n aontú m.

assert vt dearbhaigh.

assertion n dearbhú m.

assertive adj ceannasach.

assess vt measúnaigh, meas.

assessment n measúnacht m, measúnú m; **tax assessment** cáinmheas m.

assessor n measúnóir m.

asset n sócmhainn f.

assiduity n dúthracht f.

assiduous adj dúthrachtach.

assign vt ainmnigh.

assignation n ainmniú m; (tryst) coinne f.

assignment n (law) sannadh m.

assimilate vt comhshamhlaigh.

assist vt cuidigh le.

assistance n cuidiú m; garaíocht f.

assistant n cúntóir m.

associate vt samhlaigh rud le rud eile.

association n (people) caidreamh m; comhluadar m; (club) cumann m.

assonance n comhshondas m.

assortment n meascán m.

assuage vt maolaigh.

assume vt gabh ar.

assumption n gabháil f; (supposition) glacadh m.

assurance n dearbhú m.

assure vt dearbhaigh.

assuredly adv go cinnte.

asterisk n réiltín m.

astern adv (mar) taobh thiar de long.

asthma n asma m.

astonish vt cuir ionadh ar.

astonishment n ionadh m.

astray adv ar seachrán.

astride adv ar scaradh gabhail.

astringent adj ceangailteach, stipeach.

astrologer n astralaí m.

astrology n astralaíocht f.

astronaut n spásaire m.

astronomer n réalteolaí m.

astronomical adj réalteolaíoch.

astronomy n réalteolaíocht f.

asunder adv scartha (ó chéile).

asylum n teach m na ngealt.

at prep ag; (time) ar.

atheism n aindiachas m.

atheist n aindiachaí m.

athletic adj lúfar.

athletics n lúthchleasaíocht f.

athwart adv trasna (+gen).

Atlantic Ocean n An tAigéan m Atlantach.

atlas n atlas m.

atmosphere n atmaisféar m.

atom n adamh m.

atomic adj adamhach.

atone vt déan cúiteamh i.

atonement n cúiteamh m.

atrocious adj uafásach.

atrocity n gníomh m uafáis.

attach vt greamaigh (rud de rud eile).

attached adj greamaithe.

attack vt ionsaigh. • n ionsaí m.

attain vt sroich, bain amach.

attainable adj inbhainte amach.

attainment n baint f amach.

attempt vt tabhair iarraidh f. • n iarraidh f.

attend vt freastail (ar); **to attend to** tabhair aire do rud.

attendance n freastal m.

attendant n freastalaí m.

attentive adj aireach.

attenuate vt tanaigh.

attest vt déan fianaise f le.

attic n áiléar m.

attire n feisteas m.

attitude n dearcadh m.

attract vt tarraing, meall.

attraction n tarraingt f.

attractive adj tarraingteach.

attribute vt cuir rud i leith duine.

attrition n cuimilt f.

attune vt cuir i gcomhréir (le).

auburn adj órdhonn.

auction n ceant m.

audible adj inchloiste.

audience n lucht éisteachta m.

audiovisual adj closamhairc.

audit n iniúchadh m. • vt iniúch.

auditor n iniúchóir m.

augment vt vi méadaigh.

augur vi tuar (**it augurs well**) is maith an tuar é.

August n Lúnasa m.

aunt n aint f.

aurora borealis n an fáinne m ó thuaidh.

auspicious adj fabhrach.

austere adj géar.

austerity n géire f.

Australasia n An Astráláise f.

Australia n An Astráil f.

Austria n An Ostair f.

authentic adj barántúil.

author n údar m.

authorise vt údaraigh.

authority n údarás m.

autobiography n dírbheathaisnéis f.

automatic adj uathoibríoch.

autumn n Fómhar m.

auxiliary adj cúnta.

avail vt: **to avail oneself of** úsáid f a bhaint as.

available adj ar fáil.

avarice n saint f.

avaricious adj santach.

avenge vt bain díoltas amach.

average vt tóg meán ar. • n meán.

aversion n gráin f.

avid adj cíocrach.

avoid vt seachain.

await vt fan le.

awake vt vi múscail. • adj múscailte.

awakening n múscailt f.

award vt tabhair duais f do. • n duais f.

aware adj eolach (ar).

away adv ar shiúl.

awesome adj uamhnach.

awful adj uafásach, millteanach.

awhile adv ar feadh bomaite; (**wait awhile**) fan go fóill.

awkward adj ciotach.

awry adv cearr.

ax, axe n tua f.

axle n fearsaid f.

B

babble n cabaireacht f.
babe, baby n leanbh m.
bachelor n baitsiléir m.
back n cúl m; (of person) droim m.
• adv ar ais; **a few years back**
roinnt blianta ó shin. • vt tacaigh
le. • vi cúlaigh.
backbone n cnámh f droma.
backgammon n táiplis f mhór.
background n cúlra m.
backside n tóin f.
backward adj siar, ar gcúl; (person)
cúthail.
backwards adv siar, ar gcúl.
bacon n bagún m.
bacterial adj baictéarach.
bad adj olc, dona.
badge n suaitheantas m.
badger n broc m.
badminton n badmantan m.
badness n olcas m, donacht f.
bad-tempered adj confach.
baffle vt cuir mearbhall ar.
bag n mála m.
baggage n bagáiste m.
bagpipe n píb f mhór.
bail n bannaí mpl. • vt lig amach ar
bannaí; téigh i mbannaí ar.
bailiff n báille m.
bait vt ciap. • n baoite m.
bake vt bácáil.
baker n báicéir m.
bakery n bacús m.
balance n cothrom m; (fin) iarmhéid m.
• vt cothromaigh; (fin) comhardaigh.
balance sheet n clár m comhardaithe.
balcony n balcóin f.

bald adj maol.
baldness n maoile f.
baleful adj millteach.
ball n liathróid f; (dance) bál m.
ballad n bailéad m.
ballast n ballasta m.
balloon n éadromán m (also person).
ballot n ballóid f.
balm, balsam n íocshláinte f.
bamboo n bambú m.
bamboozle vt cuir dallach dubh ar.
ban n cosc m. • vt cosc, toirmeasc.
banal adj seanchaite.
banana n banana m.
band n banda m; (mus) buíon f
cheoil.
bandage n bindealán m.
bandy-legged adj camchosach.
baneful adj millteach.
bang n pléasc f; plab m. • vt pléasc;
plab.
banish vt díbir.
banishment n díbirt f.
banjo n bainseó m.
bank n banc m; (river, etc) bruach m.
bank account n cuntas m bainc.
bank card n cárta m baincéara.
banker n baincéir m.
banknote n nóta m bainc.
bank statement n ráiteas bainc m.
baptise vt baist.
baptism n baisteadh m.
bar n barra m; (in pub) beár m.
barbecue n barbaiciú m.
barber n bearbóir m.
bare adj nocht, lom.
barefoot(ed) adj cosnochta.

bargain *n* sladmhargadh *m*.

bark *n* (*tree*) coirt *f*; (*dog*) tafann *m*.
• *vi* déan tafann.

barn *n* scioból *m*.

barracks *npl* beairic *fsg*.

barrel *n* bairille *m*.

barren *adj* aimrid.

bartender *n* freastalaí *m* beáir.

base *n* bun *m*; (*foundation*) bonn *m*; (*milit*) bunáit *f*.

basement *n* íoslach *m*.

bashful *adj* cúthail.

basic *adj* bunúsach.

basin *n* mias *f*.

basis *n* bunús *m*.

basket *n* ciseán *m*.

basketball *n* cispheil *f*.

basking shark *n* cearbhán *m*.

bat *n* buailteoir *m*; (*zool*) sciathán *m* leathair.

bath *n* folcadh *m*, folcadán *m*.

bathing suit *n* culaith *f* shnámha.

bathroom *n* seomra *m* folctha.

battery *n* cadhnra *m*, ceallra *m*.

battle *n* cath *m*.

bawdy *adj* gáirsiúil.

bay *n* bá *f*.

bazaar *n* basár *m*.

be *vi* bí; is (*see grammar notes*).

beach *n* trá *f*.

bead *n* coirnín *m*.

beak *n* gob *m*.

bean *n* pónaire *m*.

bear *vt* iompair.

bear *n* béar *m*.

beard *n* féasóg *f*.

beast *n* beithíoch *m*.

beat *vt vi* buail. • *n* bualadh *m*.

beating *n* bualadh *m*, greasáil *f*.

beautiful *adj* álainn, scéimhiúil.

beauty *n* áilleacht *f*, scéimh *f*.

because *conj* mar, toisc (go).

beckon *vt* sméid ar.

bed *n* leaba *f*.

bedroom *n* seomra *m* leapa.

bee *n* beach *f*.

beef *n* mairteoil *f*.

beefburger *n* burgar *m*.

beer *n* beoir *f*.

beetle *n* ciaróg *f*, daol *m*.

before *adv* roimh. • *conj* sula (+ *indir*).

beg *vt* impigh ar; iarr déirc.

beggar *n* fear *m or* bean *f* déirce.

begin *vt vi* tosaigh.

beginning *n* tús *m*.

behave *vi* iompair.

behaviour *n* iompar *m*.

behind *prep* taobh thiar de. • *adv* thiar. • *n* tóin *f*.

being *n* neach *m*; (*existence*) bheith *f*.

belief *n* creideamh *m*.

believable *adj* inchrheidte.

believe *vi vt* creid.

bell *n* clog *m*, cloigín *m*.

bellow *vi* béic.

bellows *npl* boilg *f*.

belly *n* bolg *m*.

belong *vi* (it belongs to me) is liomsa é.

beloved *adj* ionúin.

below *adv* thíos. • *prep* faoi.

belt *n* crios *m*.

bench *n* binse *m*.

bend *vi vt* lúb. • *n* lúb *f*.

beneath *adv* thíos. • *prep* thíos faoi.

benediction *n* beannacht *f*.

benefaction *n* dea-ghníomh *m*.

benefactor *n* patrún *m*.

beneficent *adj* carthanach.

beneficial *adj* tairbheach.

benefit *n* sochar *m*, leas *m*.

benevolence *n* dea-mhéin *f*.

benevolent *adj* dea-mhéineach.

benign *adj* (*person*) caoin; (*med*) neamhurchóideach.

bent *n* cam *m*.

benumb *vt* cuir eanglach ar.

bequeath *vt* tiomnaigh.

bequest *n* tiomnacht *f*.

bereave *vt* bain de.

berry *n* caor *f*, sméar *f*.

beseech *vt* agair ar.

beside *prep* taobh le, in aice le.

besides *adv* le cois.

besiege *vt* (*fort*) cuir faoi léigear.

best *adj* is fearr. • *n* rogha *f*. • *vt* faigh an ceann is fearr ar

bestial *adj* brúidiúil.

bestow *vt* bronn (rud) ar.

bet *n* geall *m*. • *vi* *vt* cuir geall ar.

betray *vt* braith *m*.

betrayal *n* feall *m*.

betroth *vt* déan cleamhnas idir.

better *adj* níos fearr.

between *adv* idir. • *prep* idir.

bewail *vi* caoin.

beware *vi* seachain.

bewitch *vt* cuir faoi gheasa.

beyond *prep* ar an taobh thall (de); (*more than*) os cionn.

bias *n* claonadh *m*.

bible *n* bíobla *m*.

biblical *adj* scrioptúrach.

bibliography *n* leabharliosta *m*.

bicycle *n* rothar *m*.

bid *n* tairiscint *f*. • *vi* tairg.

bidding *n* (*invitation*) cuireadh *m*.

bide *vi* *vt* fan leis an am ceart.

biennial *adj* débhliantúil.

bier *n* crochar *m*.

big *adj* mór.

bigamist *n* déchéileach *m*.

bigot *n* biogóid *m*.

bigotry *n* biogóideacht *f*.

bikini *n* bicíní *m*.

bilateral *adj* déthaobhach.

bile *n* domlas *m*.

bilingual *adj* dátheangach.

bill *n* bille *m*.

billion *n* billiún *m*.

bin *n* bosca *m* bruscair.

bind *vt* ceangail.

binding *n* greamú *m*.

binoculars *npl* déshúiligh *mpl*.

biochemist *n* bithcheimicí *m*.

biochemistry *n* bithcheimic *f*.

biography *n* beathaisnéis *f*.

biological *adj* bitheolaíoch.

biology *n* bitheolaíocht *f*.

biped *n* déchosach *m*.

birch *n* beith *f*.

bird *n* éan *m*.

birdsong *n* ceol *m* na n-éan, ceiliúr *m* éan.

birth *n* breith *f*.

birth certificate *n* teastas *m* beireatais.

birth control *n* (*method*) frithghiniúint *f*.

birthday *n* breithlá *m*.

birthright *n* ceart *m* oidhreachta.

biscuit *n* briosca *m*.

bisect *vt* déroinn.

bishop *n* easpag *m*.

bit *n* giota *m*, píosa *m*; (*comput*) giotán *m*; (*horse*) béalbhach *f*.

bitch *n* bitseach *f*.

bite *vt* bain greim as.

biting *adj* (*wind*) polltach.

bitter *adj* géar.

black *adj* dubh.

blackbird *n* lon dubh *m*.

blackboard *n* clár *m* dubh.

blacken *vt* dubhaigh.

black-humoured *adj* (*morose*) gruama.

blackleg *n* cúl *m* le stailc *f*.

blacklist *n* liosta *m* dubh.

blackmail *n* dúmhál *m*.

blackness *n* duibhe *f*.

blacksmith *n* gabha *m*.

bladder *n* lamhnán *m*.

blade *n* (*grass*) gas *m* (féir); (*weapon*) lann *f*.

blame *n* locht *m*, milleán *m*. • *vt* an locht a chur ar.

blameless *adj* gan locht.

blanch *vt* geal.

bland *adj* tur, leamh.

blank *adj* bán, folamh.

blanket *n* blaincéad *m*.

blasphemy *n* diamhasla *m*.

blast *n* pléasc *f*. • *vt* pléasc.

blaze *n* dóiteán *m*. • *vi* bheith ag bladhmadh.

bleach *vt* bánaigh.

bleak *adj* sceirdiúil; (*prospects*) gruama.

bleat *n* bheith ag méileach.

bleed *vi* cuir fuil *f*.

bleeper *n* blípire *m*.

blemish *n* smál *m*.

blend *n* cumasc *m*. • *vt* cumaisc, measc.

bless *vt* beannaigh.

blessed *adj* beannaithe.

blessing *n* beannacht *f*.

blight *vt* mill.

blind *adj* dall. • *n* (*window*) dallóg *f*.

blind man/woman *n* dall *m*.

blindness *n* daille *m*.

blink *vi* caoch (na súile).

bliss *n* aoibhneas *m*.

blissful *adj* aoibhneach.

blister *n* spuaic *f*, clog *m*. • *vi* clog.

blithe *adj* gliondrach.

blizzard *n* síobadh *m* sneachta.

bloated *adj* ata.

block *n* bloc *m*. • *vt* coisc.

blockhead *n* dundalán *m*.

blond(e) *adj* fionn.

blood *n* fuil *f*.

blood feud *n* fíoch *m* bunaidh.

blood group *n* fuilghrúpa *m*.

blood pressure *n* brú *m* fola.

bloodshed *n* doirteadh *m* fola.

blood transfusion *n* fuilaistriú *m*.

blood vessel *n* fuileadán *m*.

bloody *adj* fuilteach.

bloom *n* bláth *m*.

blot *n* smál *m*.

blotting paper *n* páipéar *m* súite.

blouse *n* blús *m*.

blow *vi vt* séid.

blubber *n* blonag *f* (míl mhóir).

blue *adj* gorm.

blueness *n* goirme *f*.

bluff *n* cur i gcéill *f*.

blunder *n* botún *m*.

blunt *adj* maol. • *vt* maolaigh.

blur *vt* doiléirigh.

blush *n* luisne *f*.

bluster *vt* déan bagairt *f*.

boar *n* torc *m*.

board *n* clár *m*; bord *m*. • *vt* téigh ar (bord).

boarding house *n* teach *m* lóistín.

boarding pass *n* cárta *m* bordála.

boast *n* mórtas *m*. • *vi* déan mórtas (as).

boaster *n* bladhmaire *m*.

boastful *adj* mórtasach.

boat *n* bád *m*.

body *n* corp *m*, colainn *f*; (*band*) buíon *f*.

bog *n* portach *m*.

bog-cotton *n* ceannbhán *m*.

boggle *vi* loic.

boil *vi vt* bruith.

boiled *adj* bruite.

boiler *n* coire *m*.

boisterous *adj* callánach.

bold *adj* dalba, dána.

boldness *n* dalbacht *f*, dánacht *f*.

bolster *vt* tacaigh le.

bolt *n* bolta *m*. • *vt* boltáil.

bomb *n* buama *m*. • *vt* buamáil.

bond *n* ceangal *m*.

bondage *n* braighdeanas *m*.

bone *n* cnámh *f*.

boneless *adj* gan chnámh *f*.

bonfire *n* tine *f* chnámha.

bonnet *n* boinéad *m*.

bonny *adj* dóighiúil.

bonus *n* bónas *m*.

bony *adj* cnámhach.

book *n* leabhar *m*.

bookcase *n* leabhragán *m*.

bookish *adj* leabhrach.

bookkeeper *n* cuntasóir *m*.

bookkeeping *n* cuntasaíocht *f*.

bookseller *n* díoltóir leabhar *m*.

bookshop, bookstore *n* siopa *m* leabhar.

boor *n* amhas *m*.

boorish *adj* tútach.

boot *n* buatais *f*.

booth *n* both *f*.

booty *n* creach *f*.

booze *vi* póit a dhéanamh. • *n* biotáille *f*.

border *n* críoch *f*, teorainn *f*.

borderer *n* fear *m* teorann

bore *vt* tuirsigh.

boring *adj* leadránach.

borrow *vt* rud a fháil ar iasacht *f*.

borrower *n* iasachtaí *m*.

bosom *n* ucht *m*.

boss *n* saoiste *m*.

botanise *vt* staidéar a dhéanamh ar luibheolaíocht *f*.

botanist *n* luibheolaí *m*.

botany *n* luibheolaíocht *f*.

both *pn* an bheirt *f*. • *adj* araon.

bother *vt* cráigh. • *n* crá *m*, buairt *f*.

bottle *n* buidéal *m*.

bottom *n* bun *m*, íochtar *m*; (*of sea, loch*) grinneall *m*.

bottomless *adj* gan teorainn.

bough *n* craobh *f*.

bound *n* (*jump*) léim *f*. • *vi* léim.

bounteous, bountiful *adj* fial.

bourgeois *adj* meánaicmeach.

bow *n* bogha *m*; (*ship*) tosach *m*; (*head*) umhlú *m*.

bowels *npl* inní *mpl*.

bowl *n* babhla *m*.

bowsprit *n* crann *m* cinn.

bowstring *n* sreang *f* bogha.

box *n* bosca *m*. • *vi* dornáil.

boxer *n* dornálaí *m*.

boxer shorts *npl* bríste *m* gairid.

boy *n* buachaill *m*; (*young man*) stócach *m*.

boycott *n* baghcat *m*.

bra *n* cíochbheart *m*.

brace *n* (*pair*) péire *m*.

braces *npl* guailleáin *m*.

bracken *n* (*bot*) raithneach *f*.

bracket *n* lúibín *f*.

brae *n* mala *f*.

brag *vi* déan mórtas.

bragging *n* mórtas *m*.

brain *n* inchinn *f*.

brainy *adj* éirimiúil.

brake *n* coscán *m*.

bramble *n* dris *f*.

bramble-berry *n* sméar *f* dhubh.

branch *n* craobh *f*, géag *f*. • *vi* imeacht ó.

brandish vt beartaigh.

brandy n branda m.

brass n prás m.

brat n sotaire m.

brave adj cróga.

bravery n crógacht f.

brawl n maicín m. • vi callán a thógáil.

bray vi bheith ag grágáil.

breach n bearna f. • vt bearnaigh

bread n arán m.

breadcrumbs npl grabhróga f aráin.

breadth n leithead m.

break vt bris.

breakfast n bricfeasta m.

breast n cíoch f.

breath n anáil f.

breathe vt (out) anáil f a chur amach; (in) anáil f a tharraingt isteach.

breathless adj as anáil f.

breed n pór m. • vt póraigh.

breeder n síolraitheoir m.

breeding n tógáil f.

breeze n feothan m.

brevity n gontacht f.

brew vt (beer) grúdaigh. • n grúd-aireacht f.

brewer n grúdaire m.

brewery n grúdlann f.

bribe n breab f. • vt breab.

bribery n breabaireacht f.

brick n bríce m.

bricklayer n bríceadóir m.

bridal adj bainise.

bride n brídeach f.

bridegroom n grúm m.

bridesmaid n cailín m coimhdeachta.

bridge n droichead m.

brief adj gearr.

brigand n sladaí m.

bright adj geal; (clever) cliste.

brighten vt geal.

brightness n gile f.

brilliant adj lonrach; (mind) tá ardintleacht f aige.

brim n béal m.

brine n sáile m.

bring vt tabhair (leat).

brink n bruach m.

brisk adj briosc; beoga.

briskness n beogacht f.

bristle n colg m. • vi (he bristled with anger) d'éirigh colg feirge air.

bristly adj colgach.

Britain n An Bhreatain f (Mhór).

British adj Briotanach.

brittle adj briosc.

broach vt (to broach a question) an ceann a bhaint de scéal.

broad adj leathan.

broadcast vt vi craolaigh.

broadcaster n craoltóir m.

broad-minded adj leathanaigeanta.

broccoli n brocailí m.

brochure n bróisiúr m.

brogue n bróg f; (language) blas m.

broken adj briste.

broker n bróicéir m.

brokerage n bróicéireacht f.

bronchial adj broncach.

bronchitis n broincíteas m.

bronze n umha m.

bronzed adj donn, griandóite.

brooch n bróiste m.

brood vi gor a dhéanamh (ar rud). • n ál m.

brook n sruthán m.

broom n scuab f.

broth n anraith m.

brothel n teach m striapachais.

brother n deartháir m.

brotherhood n bráithreachas m.

brotherly adj bráithriúil.

brow n mala f; (of hill) maoileann m.

brown adj donn.

brownness n doinne f.

browse vi do shúil a chaitheamh thar (rud); (book) mearspléachadh a thabhairt ar leabhar.

bruise vt brúigh. • n ball m gorm.

brush n scuab f. • vt scuab.

brushwood n caschoill f.

Brussels n An Bhruiséil f.

brutal adj brúidiúil.

brutality n brúidiúlacht f.

brute n brúid f.

bubble n boilgeog f.

bubblegum n guma coganta m.

buck n boc m.

bucket n buicéad m.

buckle n búcla m.

bud n bachlóg f.

Buddhism n Búdachas m.

budge vi vt bog.

budget n buiséad m; (govt) cáinaisnéis f.

buffet n cuntar bia m.

bug n feithid f.

bugle(horn) n buabhall m.

bugler n buabhallaí m.

build vt tóg.

builder n tógálaí m.

building n foirgneamh m.

building society n cumann m foirgníochta.

bulb n bolgán m.

bulk n toirt f.

bulky adj toirtiúil.

bull n tarbh m.

bulldog n tarbhghadhar m.

bulldozer n ollscartaire m.

bullet n piléar m.

bulletin n bileog f nuachta; (broadcast) feasachán m.

bulletin board n clár m fógraí.

bullock n bullán m.

bully n bulaí m.

bum n tóin f.

bump n (car) tuairt f; (swelling) cnapán m; (on road, head) uchtóg f.

bumper n cosantóir m.

bun n bonnóg f.

bunch n dos m, dornán m.

bundle n beart m.

bung n stopadán m.

bungalow n bungaló m.

bungle vt praiseach f a dhéanamh de.

bungler n ciotachán m.

buoy n (mar) baoi m.

buoyancy n snámhacht f.

buoyant adj snámhach.

burden n ualach m. • vt ualaigh.

bureau n biúró m.

bureaucracy n maorlathas m.

burgh n burg m.

burglar n buirgléir m.

burglary n buirgléireacht f.

burial n adhlacadh m.

burlesque n scigaithris f.

burly adj téagartha.

burn vt dóigh. • n dó m.

burn n (stream) sruthán m.

burning adj loiscneach

burnish vt sciomraigh.

burst vi vt pléasc.

bury vt adhlaic.

bus n bus m.

bush n tor m.

bushy adj torach.

business n gnólacht f.

businesslike adj críochnúil.

businessperson n fear m gnó/bean f ghnó.

bust n busta m.

bustle n fuadar m.
busy adj gnóthach.
busybody n socadán m.
but conj ach.
butcher n búistéir m.
butler n buitléir m.
butt n bun m toitín; (wine) bairille m; (target) ceap m. • vi buail sonc ar.
butter n im m.
buttercup n (bot) cam an ime m.
butterfly n féileacán m.
buttery adj butrach.
buttocks npl mása mpl.
button n cnaipe m. • vt cnaipí a cheangal.

buxom adj bloiscíneach.
buy vt ceannaigh.
buyer n ceannaí m.
buzz n crónán m. • vt (**to buzz someone**) glaoch a chur ar dhuine.
buzzard n clamhán m.
by prep in aice le; **by and by** ar ball; **by bus** ar an mbus; (via) trí.
by-election n fothoghchán m.
bypass n seachród m.
byre n cró m.
bystander n féachadóir m.
byte n (comput) beart m.
byword n leathfhocal m.

C

cab *n* tacsaí *m*.

cabbage *n* cabáiste *m*.

cabin *n* bothán *m*; bothóg *f*; cabán *m*.

cabinet *n* caibinéad *m*.

cable *n* cábla *m*.

cable television *n* teilifís *f* chábla.

cabstand *n* stad *m* tacsaithe.

cache *n* taisce *f*.

cactus *n* cachtas *m*.

café *n* caife *m*.

cafeteria *n* caifitéire *m*.

caffein(e) *n* caiféin *f*.

cage *n* cás *m*; caighean *m*. • *vt* (rud/ duine) a chur isteach i gcás; duine a chur i bpríosún.

cajole *vt* bréag (duine a bhréagadh le rud a dhéanamh).

cake *n* cáca *m*.

calamitous *adj* tubaisteach.

calamity *n* tubaiste *f*.

calculable *adj* ináirithe; somheasta.

calculate *vt* áirigh; comháirigh; ríomh.

calculation *n* áireamh *m*.

calculator *n* áireamhán *m*.

calculus *n* (*math*, *med*) calcalas *m*.

calendar *n* féilire *m*.

calf *n* lao *m*; gamhain *m*.

call *vt* scairt; glaoigh; **to call for** iarr; **to call on** cuairt a thabhairt ar; **to call attention** aird a dhíriú; **to call names** maslaigh. • *n* cuairt *f*; gairm *f*.

caller *n* scairteoir *m*, cuairteoir *m*.

calling *n* gairm *f*.

callous *adj* faurchroíoch, cruachroíoch.

calm *n* ciúnas *m*. • *adj* ciúin; suaimhneach; socair; sochma. • *vt* ciúnaigh.

calmness *n* ciúnas *m*; suaimhneas *m*.

calorie *n* calra *m*.

Calvary *n* Calvaire *m*.

Calvinist *n* Cailvíneach *m*.

camel *n* camall *m*.

camera *n* ceamara *m*.

camera operator *n* ceamaradóir *m*.

camouflage *n* duaithníocht *f*.

camp *n* campa *m*. • *vi* campáil.

campaign *n* feachtas *m*. • *vi* téigh ar fheachtas.

campaigner *n* saighdiúir *m*.

camper *n* campálaí *m*.

campsite *n* láithreán campála *m*.

can *vb aux* féad, is féidir le (féadaim/ is féidir liom é a dhéanamh). • *n* canna *m*.

canal *n* canáil *f*.

cancel *vt* cealaigh, cuir ar ceal.

cancellation *n* cealú *m*.

cancer *n* ailse *f*.

Cancer *n* An Portán *m*.

candid *adj* díreach, fírinneach.

candidate *n* iarrthóir *m*.

candidly *adv* go díreach, go fírinneach.

candle *n* coinneal *f*.

candour *n* oscailteacht *f*.

candy *n* milseán *m*, candaí *m*.

cane *n* cána *m*.

cannabis *n* canabhas *m*.

cannon *n* canóin *f*.

canoe *n* curach *m*.

canon *n* canóin *f*.

canopy *n* ceannbhrat *m*.

cantankerous *adj* cantalach.

canteen *n* proinnteach *m*.

canvas *n* canbhás *m*.

canvass *vt* vótaí a iarraidh.

cap *n* caipín *m.*

capability *n* cumas *m,* acmhainn *f.*

capacity *n* toilleadh *m.*

cape *n* clóca *m.*

capital *adj* príomh-, ceann-, mór, ard.

capital city *n* príomhchathair *f.*

capitalism *n* caipitleachas *m.*

capitalist *n* caiptlí *m,* rachmasaí *m.*

capital letter *n* ceannlitir *f.*

capital punishment *n* pionós *m* báis.

capitulate *vi* géill (ar choinníollacha).

capricious *adj* guagach.

Capricorn *n* An Gabhar *m.*

capsize *vt* (*mar*) iompaigh (an bád) béal faoi.

capsule *n* capsúl *m,* (*bot*) cochall *m.*

captain *n* captaen *m;* ceann *m* feadhna.

captivate *vt* draíocht *f* a chur ar.

captivation *n* mealltóireacht *f.*

captive *n* cime *m,* príosúnach *m.*

captivity *n* géibheann *m,* braighdeanas *m.*

capture *n* tógáil *f,* gabháil *f.* • *vt* tóg, gabh.

car *n* carr *m,* gluaisteán *m.*

caravan *n* carabhán *m.*

carbohydrate *n* carbaihiodráit *f.*

carbon *n* carbón *m.*

carcass *n* conablach *m.*

card *n* cárta *m.*

cardboard *n* cairtchlár *m.*

card game *n* cluiche *m* cártaí.

cardinal *adj* bunúsach, príomh-. • *n* cairdinéal *m.*

care *n* imní *f,* buaireamh *m,* cúram *m.* • *vi* **I don't care** is cuma liom; **to care for** *vt* aire *f* a thabhairt do.

career *n* slí *f* bheatha. • *vi* imeacht de rúchladh.

careful *adj* cúramach, faichilleach.

careless *adj* míchúramach, leibideach.

carelessness *n* neamhaird *f.*

caress *n* muirniú *m.* • *vt* muirnigh.

caretaker *n* airíoch *m.*

cargo *n* lasta *m,* lucht báid *m.*

caricature *n* scigphictiúr *m.*

caries *n* lobhadh *m.*

carnage *n* ár *m.*

carnal *adj* collaí, drúisiúil.

carnival *n* feis *f,* carnabhal *m.*

carnivorous *adj* feoiliteach.

carpenter *n* saor adhmaid *m.*

carpentry *n* adhmadóireacht *f.*

carpet *n* brat *m* urláir, cairpéad *m.*

carriage *n* carráiste *m,* cóiste *m.*

carrion *n* ablach *m.*

carrot *n* meacan dearg *m,* cairéad *m.*

carry *vt* iompair; **to carry the day** an bua a fháil; **to carry on** lean de.

cart *n* cairt *f,* trucáil *f.*

cartilage *n* loingeán *m.*

cartoon *n* cartún *m.*

cartridge *n* cartús *m.*

carve *vt* snoigh, gearr.

carving *n* snoíodóireacht *f.*

case *n* cás *m,* cúis *f;* **in case** ar eagla (go).

cash *n* airgead *m* (tirim).

cash card *n* cárta *m* airgid.

cash dispenser *n* dáileoir airgid *m.*

cashier *n* airgeadóir *m.*

casino *n* caisiné *m.*

casket *n* cisteog *f.*

casserole *n* casaról *m.*

cassette *n* caiséad *m.*

cassette player *n* seinnteoir caiséad *m,* téipthaifeadán *m.*

cast¹ *vt* caith, teilg.

cast² *n* foireann *f.*

caste n sainaicme f.

castigate vt smachtaigh, íde f béil a thabhairt do.

castle n caisleán m.

castrate vt spoch, coill.

castration n spochadh m, coilleadh m.

casual adj fánach, neamhchúiseach, neamhfhoirmiúil.

casually adv go fánach, etc.

cat n cat m.

catalogue n catalóg f, clár m.

catapult n crann m tabhaill.

cataract n cataracht f, fionn m.

catastrophe n tubaiste f.

catch vt beir ar, gabh; **to catch cold** slaghdán a tholgadh; **to catch fire** téigh le thine. • n gabháil f, cleas m.

catchword n leathfhocal m.

catechism n caiticeasma m.

categorical adj dearfa, follasach.

categorically adv go dearfa, etc.

category n catagóir f, earnáil f.

cater vi riar ar, freastail ar.

catering n lónadóireacht f.

caterpillar n cruimh f.

cathedral n ardeaglais f.

Catholic adj n (relig) Caitliceach m.

Catholicism n Caitliceachas m.

cattle n eallach m sg.

cauliflower n cóilis f.

cause n údar m, fáth m, cúis f, **cause for complaint** ábhar m gearáin. • vt tabhairt ar dhuine (rud a dhéanamh).

causeway n cabhsa m.

cauterise vt poncloisc.

caution n faicheall m, rabhadh m. • vt tabhair rabhadh (do).

cautious adj faichilleach.

cavalry n marcshlua.

cave n uaimh f.

cavity n log m, cuas m, béalchuas m.

cease vt stad (de), éirigh as. • vi stad, éirigh as.

ceasefire n sos m lámhaigh.

ceaseless adj gan stad.

ceaselessly adv gan stad, go síoraí.

cede vt géill.

ceiling n síleáil f.

celebrate vt ceiliúir.

celebration n ceiliúradh m.

celery n soilire m.

celibate adj aontumha.

cell n cill f.

cellar n siléar m.

cement n stroighin f. • vt stroighnigh.

cemetery n reilig f.

censor n cinsire m.

censorship n cinsireacht f.

censure n cáineadh m. • vt cáin; locht a fháil ar.

census n daonáireamh m.

centenary n ceiliúradh m céad bliain.

centigrade n ceinteagrád m.

centimetre n ceintiméadar m.

central adj lárnach.

centralise vt lárnaigh.

centre n lár m, (bldg) lárionad m. • vt rud a chur i lár báire.

century n céad m, aois f.

ceramic adj ceirmeach.

cereal n arbhar m.

ceremonial adj deasghnách.

ceremony n deasghnáth m, searmanas m.

certain adj cinnte, dearfa.

certainty, certitude n cinnteacht f, dearfacht f.

certificate n teastas m.

certification n deimhniú m.

certify vt deimhnigh.

cessation *n* stopadh *m*.

chafe *vt* scríob.

chagrin *n* díomá *f*.

chain *n* slabhra *m*. • *vt* cuir ar slabhra.

chair *n* cathaoir *f*. • *vt* bheith sa chathaoir.

chairman, chairperson *n* cathaoirleach *m*.

chalk *n* cailc *f*.

challenge *n* dúshlán *m*. • *vt* dúshlán a thabhairt ar dhuine (rud a dhéanamh).

chamber *n* seomra *m*.

champion *n* curadh *m*. • *vt* cosain.

championship *n* craobh *f*.

chance *n* seans *m*, faill *f*; **by chance** de thaisme.

chancellor *n* seansailéir *m*.

change *vt* athraigh. • *vi* athraigh. • *n* athrú *m*.

changeable *adj* inathraithe.

channel *n* cainéal *m*; (*TV*) bealach *m*. • *vt* dírigh ar.

chant *n* coigeadal *m*, cantaireacht *f*. • *vt* cantaireacht *f* a dhéanamh.

chaos *n* anord *m*.

chaotic *adj* anordúil, bunoscionn.

chapel *n* séipéal *m*.

chapter *n* caibidil *f*.

character *n* carachtar *m*.

characteristic *adj* tréitheach.

charcoal *n* gualach *m*.

charge *vt* (*elec*) luchtaigh, ruathar a thabhairt faoi. • *n* táille *f*; (*milit*) ruathar *m*.

charitable *adj* carthanach.

charity *n* cumann *m* carthanachta.

charm *n* meallacacht *f*. • *vt* meall.

chart *n* cairt *f*.

charter *n* cairt *f*. • *vt* cairtfhostaigh.

chase *vt* seilg. • *n* tóir *f*.

chaste *adj* geanmnaí, glan.

chastise *vt* smachtaigh.

chastisement *n* smachtú *m*.

chastity *n* geanmnaíocht *f*.

chat *vi* déan dreas comhrá le duine. • *n* comhrá *m*.

chatter *vi* déan cabaireacht *f*.

chauffeur (-euse) *n* tiománaí *m*.

chauvinist *n* seobhaineach *m*.

cheap *adj* saor.

cheapen *vt* saoirsigh.

cheat *vt* déan séitéireacht *f* ar. • *n* séitéir *m*.

check *vt* deimhnigh; seiceáil. • *n* seiceáil *f*.

checkup *n* seiceáil *f*.

cheek *n* leiceann *m*.

cheer *n* gáir *f* mholta. • *vt* cuir gáir *f* mholta asat do (dhuine).

cheerful *adj* gealgháireach; croíúil.

cheerfulness *n* croíúlacht *f*.

cheeriness *n* croíúlacht *f*.

cheese *n* cáis *f*.

chef *n* príomhchócaire *m*.

chemist *n* ceimiceoir *m*, poitigéir *m*.

chemistry *n* ceimic *f*.

cheque *n* seic *m*.

cherish *vt* muirnigh.

cherry *n* silín *m*.

chess *n* ficheall *f*.

chest *n* (*anat*) cliabh *m*, (*furn*) cófra *m*.

chew *vt* cogain.

chewing gum *n* guma coganta *m*.

chick *n* scalltán *m*, sicín *m*.

chicken *n* circeoil *f*, sicín *m*.

chief *adj* príomh-, ard-. • *n* taoiseach *m*, ceann *m* urra.

chieftain *n* taoiseach *m*.

child *n* leanbh *m*, páiste *m*.

childbirth *n* breith *f* clainne.

childhood n leanbaíocht f.

childish adj leanbaí, páistiúil.

children n (of family) clann f.

chill n fuacht m. • vt fuaraigh.

chilly adj fuar, féithuar.

chimney n simléar m.

chin n smig f.

chip vt bain slis f de. • n sceallóg f, slis f, sceall m.

chirp vi gíog f a ligint asat. • n gíog f.

chisel n siséal m.

chivalry n ridireacht f.

chocolate n seacláid f.

choice n rogha f, togha m; **choice of food and drink** rogha gach bia agus togha gach dí. • adj tofa.

choir n cór m.

choke vt tacht.

choose vt roghnaigh.

chop vt gearr. • n gríscín m; **chops** npl (sl) geolbhaigh m.

chore n creachlaois f.

chorus n curfá m.

christen vt baist.

christening n baisteadh m.

Christian adj n Críostaí m.

Christmas n Nollaig f.

Christmas Eve n Oíche f Nollag f.

chronic adj ainsealach.

chronicle n croinic f.

chronicler n croinicí m.

chronological adj cróineolaíoch.

chronologically adv de réir dátaí.

chronology n cróineolaíocht f.

chuckle n maolgháire m.

chum n compánach m.

church n eaglais f.

cider n ceirtlis f.

cigar n todóg f.

cigarette n toitín m.

cinder n aibhleog f dhóite.

cinema n pictiúrlann f.

circle n ciorcal m. • vt timpeallaigh.

circuit n cúrsa m; (elec) ciorcad m.

circular adj ciorclach. • n ciorclán m.

circulate vi téigh thart.

circulation n (anat) imshruthú m.

circumference n imlíne f.

circumspect adj airdeallach.

circumstances n tosca m.

circumvent vt (fig) bob a bhualadh (ar dhuine).

circus n sorcas m.

cite vt luaigh.

citizen n saoránach m.

city n cathair f.

civic adj cathartha.

civil adj sibhialta.

civilian n sibhialtach m.

civilisation n sibhialtacht f.

civilise vt tabhair chun sibhialtachta.

claim vt éiligh; maígh. • n éileamh m.

claimant n éilitheoir m.

clamour n rí-rá m.

clamp n teanntán m. • vt clampaigh.

clandestine adj folaitheach.

clap vi tabhair bualadh bos.

clarification n soiléiriú m.

clarify vt soiléirigh.

clarity n soiléireacht f.

clasp n claspa m. • vt fáisc.

class n rang m.

classic, classical adj clasaiceach.

classification n rangú m.

classify vt rangaigh.

classroom n seomra m ranga.

clatter vi déan clagarnach f. • n clagarnach f.

claw n crúb f.

clean adj glan. • vt glan.

cleaning n glanadh m.

cleanliness *n* glaineacht *f*.
clear *adj* soiléir. • *vt* glan.
cleft *n* scoilt *f*.
clemency *n* trócaire *f*.
clement *adj* trócaireach; (*meteor*) breá.
clergy *n* cléir *f*.
clergyman *n* eaglaiseach *m*.
clerical *adj* cléiriúil.
clerk *n* cléireach *m*.
clever *adj* cliste, glic.
click *vt* cnag *m*. • *n* cniog *m*.
client *n* cliant *m*.
cliff *n* aill *f*.
climate *n* aeráid *f*; clíoma *m*.
climatic *adj* aeráideach.
climax *n* buaic *f*.
climb *vt vi* dreap.
climber *n* dreapadóir *m*.
cling *vi* greim a choinneáil (ar).
clinic *n* clinic *m*.
clip *vt* bearr.
cloak *n* clóca *m*. • *vt* ceil.
cloakroom *n* seomra *m* cótaí.
clock *n* clog *m*.
clog *n* paitín *m*.
close *vt* druid. • *n* clabhsúr *m*. • *adj* gar (do).
closeness *n* gaireacht *f*, foisceacht *f*.
cloth *n* éadach *m*; bréid *m*.
clothe *vt* gléas.
clothes *npl* éadaí *mpl*.
cloud *n* scamall *m*; néal *m*.
cloudy *adj* scamallach.
clover *n* seamair *f*.
clown *n* fear *m* grinn.
club *n* cumann *m*, club *m*.
clue *n* leid *f*.
clumsiness *n* ciotrúntacht *f*.
clumsy *adj* ciotach.
cluster *n* crobhaing *f*.

clutch *n* greim *m*. • *vt* greim a fháil ar.
coach *n* cóiste *m*. • *vt* traenáil.
coagulate *vt* téacht.
coal *n* gual *m*.
coalesce *vi vt* táthaigh.
coalition *n* comhcheangal *m*.
coarse *adj* garbh.
coast *n* cósta *m*.
coastal *adj* cósta.
coastguard *n* garda *m* cósta.
coat *n* cóta *m*.
coating *n* cumhdach *m*.
coax *vt* meall.
cobweb *n* líon *m* damhain alla.
cock *n* coileach *m*.
cockpit *n* cábán *m* (píolóta).
cocoa *n* cócó *m*.
coconut *n* cnó *m* cócó.
cocoon *n* cocún *m*.
cod *n* trosc *m*.
code *n* cód *m*.
coercion *n* comhéigean *m*.
coexistence *n* comhbheith *f*.
coffee *n* caife *m*.
coffer *n* cófra *m*.
coffin *n* cónra *f*.
cog *n* fiacail *f*.
cogency *n* éifeacht *f*.
cogent *adj* éifeachtach.
cognisance *n* eolas *m*; fios *m*.
cognisant *adj* is eol dom.
cogwheel *n* roth *m* fiaclach.
cohabit *vi* déan aontíos le.
cohabitation *n* aontíos *m*.
cohere *vi vt* comhtháthaigh.
coherent *adj* comhtháite.
cohesive *adj* comhtháite.
coil *n* lúb *f*. • *vt* corn.
coin *n* bonn *m*.
coincide *vi* comhtharlaigh (le).

coincidence n comhtharlú m.

colander n síothlán m.

cold adj fuar. • n fuacht m.

collaborate vi comhoibrigh (le).

collapse vi tit (go talamh). • n titim f.

collapsible adj infhillte.

collar n coiléar m.

collate vt rud a chur i gcomórtas le.

collateral adj comhthaobhach.

colleague n comhoibrí m.

collect vt bailigh.

collection n bailiúchán m.

collector n bailitheoir m.

college n coláiste m.

collide vi tuairteáil.

collision n tuairt f.

colloquial adj neamhfhoirmiúil.

colloquialism n gnáthleagan cainte m.

collusion n claonpháirteachas m.

colonial adj coilíneach.

colonise vt coilínigh.

colony n coilíneacht f.

colour n dath m. • vt dathaigh.

coloured adj daite.

colourful adj dathúil.

column n colún m.

columnist n colúnaí m.

coma n támhnéal m.

comatose adj támhach.

comb n cíor f. • vt cíor.

combat n comhrac m. • vt troid i gcoinne (+ gen).

combatant n trodaí m.

combination n comhcheangal m.

combine vi vt comhcheangail.

combustion n dó m.

come vi tar; **to come across, to come upon** tar ar; **to come down** vi tar anuas;

comedian n fear m grinn.

comedienne n bean f ghrinn.

comedy n coiméide f.

comet n coiméad m.

comfort n compord m.

comfortable adj compordach.

comic(al) adj greannmhar.

coming n teacht m. • adj le teacht.

comma n camóg f.

command vt ordaigh. • n ordú.

commemorate vt rud a chomóradh.

commend vt mol.

commendable adj inmholta.

comment n trácht m. • vt trácht (ar).

commerce n tráchtáil f.

commercial adj tráchtála.

commiserate vt comhbhrón a dhéanamh le duine (ar).

commission n coimisiún m. • vt coimisiúnaigh.

commit vt déan; (crime, etc) coir a dhéanamh.

committee n coiste m.

commodious adj fairsing.

commodity n earra m.

common adj coiteann, gnáth-.

Commonwealth n Comhlathas m.

communicate vt (scéal) a thabhairt (do).

communication n cumarsáid f.

communism n cumannachas m.

community n pobal m.

commute vt gearr.

compact adj dlúth.

compact disc n dlúthdhiosca m.

companion n compánach m.

company n cuideachta f; (bus) comhlacht m.

compare vt rud a chur i gcomparáid f le rud eile.

compass n compás m.

compassion n trua f.

compatible *adj* oiriúnach (do).

compatriot *n* comhthíreach *m*.

compel *vt* iallach a chur ar dhuine rud a dhéanamh.

compensate *vt* cúitigh.

compete *vi* dul san iomaíocht *f* (le).

competition *n* comórtas *m*.

competitor *n* iomaitheoir *m*.

compilation *n* cnuasach *m*.

complacent *adj* bogásach.

complain *vi* gearán a dhéanamh (faoi).

complaint *n* gearán *m*; (*med*) tinneas *m*.

complete *adj* iomlán. • *vt* críochnaigh.

complex *adj* casta.

compose *vt* cum.

comprehend *vt* tuig.

comprehensive *adj* cuimsitheach.

compromise *n* comhréiteach *m*.

compute *vt* comhairigh, ríomh.

computer *n* ríomhaire *m*.

computer programming *n* ríomhchlárú *m*.

computer science *n* ríomhaireacht *f*.

comrade *n* comrádaí *m*.

con *vt* bob a bhualadh (ar). • *n*. caimiléireacht *f*.

concentration camp *n* campa *m* géibhinn.

concept *n* coincheap *m*.

concern *n* cúram *m*.

concerning *prep* fá dtaobh de.

concerto *n* coinséartó *m*.

concise *adj* achomair.

conclude *vt* críochnaigh.

concrete *n* coincréit *f*. • *vt* coincréitigh.

condemn *vt* cáin.

condemnation *n* cáineadh *m*.

condom *n* coiscín *m*.

confection *n* milseog *f*.

conference *n* comhdháil *f*.

confident *adj* féinmhuiníneach.

confirm *vt* cinntigh.

confirmation *n* cinntiú *m*.

conflict *n* coimhlint *f*.

confuse *vt* mearbhall a chur (ar).

confusion *n* tranglam *m*; (*person*) mearbhall *m*.

congratulate *vt* comhghairdeas a dhéanamh (le).

congratulations *n* comhghairdeas *m*.

conjugate *vt* (*gr*) réimnigh.

conjunction *n* cónasc *m*.

conjure *vi vt* toghair.

connect *vt* nasc, ceangail.

connection *n* nasc *m*, ceangal *m*.

connoisseur *n* eolaí *m*.

conquer *vt* buail, buaigh ar.

conquest *n* gabháil *f*.

conscience *n* coinsias *m*.

conscientious *adj* coinsiasach.

conscious *adj* comhfhiosach.

consciousness *n* comhfhios *m*.

consecrate *vt* coisric.

consecutive *adj* leantach.

consent *n* cead *m*. • *vi* ceadaigh.

consequence *n* iarmhairt *f*, toradh *m*.

consequently *adv* ar an ábhar sin.

conservancy *n* caomhnú *m*.

conservation *n* caomhnú *m*.

conservative *adj* coimeádach.

conserve *vt* caomhnaigh.

consider *vt* smaoinigh ar; síl.

considerable *adj* maith; mór.

consideration *n* aird *f*.

consignment *n* coinsíneacht *f*.

consistency *n* seasmhacht *f*.

consolation *n* sólás *m*.

consolatory *adj* sólásach.

console *vt* sólás a thabhairt (do).

consonant n (gr) consan m.

consort n céile m.

conspicuous adj feiceálach.

conspiracy n comhcheilg f.

conspire vi déan uisce faoi thalamh.

constancy n daingneacht f, seasmhacht f.

constant adj seasmhach.

constellation n réaltbhuíon f.

constipation n iatacht f.

constituency n dáilcheantar m, toghlach m (parlaiminte, etc).

constitution n (pol) bunreacht m; (phys) comhdhéanamh m.

constriction n cúngú m.

construct vt tóg.

construction n tógáil f.

consult vt téigh i gcomhairle f le.

consume vt ith, caith; (drink) ól; (use up) ídigh.

consumer n tomhaltóir m.

consumer goods npl earraí mpl tomhaltais.

consumerism n tomhaltachas m.

consummate vt críochnaigh

consummation n foirfeacht f.

contact n (phys) tadhall m; (message) teagmháil f.

contain vt coinnigh.

container n soitheach m, gabhdán m.

contemplate vt smaoinigh ar.

contemporary adj comhaimseartha.

contempt n dímheas m.

contemptuous adj dímheasúil.

content adj suaimhneach; sásta.

contest n comórtas m.

context n comhthéacs m.

continent n mór-roinn f.

contingent n meitheal f. • adj teagmhasach.

continual adj leanúnach.

continue vt lean de. • vi lean (ar).

continuous adj leanúnach.

contour n (map) comhrian m.

contraception n frithghiniúint f.

contraceptive n frithghiniúnach m. • adj frithghiniúnach.

contract vt (disease) tolg, tóg. • vi crap. • n conradh m.

contraction n crapadh m.

contradict vt bréagnaigh.

contradiction n bréagnú m.

contrary adj contrártha.

contrast vt rud a chur i gcomparáid f (le rud eile).

contravene vt sáraigh.

contribute vi vt íoc; tabhair.

contribution n síntiús m.

contrivance n cumadh m; cleas m.

control n smacht m.

controversial adj conspóideach.

controversy n conspóid f.

convalescent adj téarnamhach.

convene vt tionóil.

convenient adj áisiúil, caothúil.

convent n clochar m.

converge vi comhdhírigh.

conversation n comhrá m.

converse vi comhrá a dhéanamh (le).

conversion n iompú m.

convert vt tiontaigh. • vi iompaigh.

convertible adj inathraithe. • n carr m cábán infhillte.

convex adj dronnach.

conveyance n tíolacas m; (transport) iompar m.

conveyancer n tíolacthóir m.

convict vt ciontaigh. • n ciontach m.

conviction n ciontú m; (relig) creideamh m.

convivial adj suairc.

convulsion n arraing f.

cook n cócaire m. • vi vt cócaráil.

cooker n cócaireán m.

cookery n cócaireacht f.

cool vt fuaraigh.

cooperate vi comhoibrigh (le).

cope vi an lámh f in uachtar a fháil ar (dheacracht f).

copious adj flúirseach.

copulate vi comhriachtain f a dhéanamh.

copy n cóip f. • vt cóipeáil.

copyright n cóipcheart m.

coral n coiréal m.

cord n sreang f; corda m.

cordial adj croíúil.

core n croí m.

cork n corc m. • vt corc a chur i mbuidéal.

corkscrew n corcscriú m.

corn n arbhar m.

corner n coirnéal m.

cornflakes npl calóga fpl arbhair.

cornice n coirnis f.

coronary adj corónach.

coronation n corónú m.

corporation n corparáid f.

corpse n marbhán m.

corpuscle n coirpín m.

correct vt ceartaigh. • adj ceart.

correspond vi freagraigh do.

correspondence n comhfhreagras m.

corridor n dorchla m.

corrie n coire m.

corrode vt creim.

corrosion n creimeadh m.

corrugated adj rocach.

corrupt adj truaillithe.

cosmetic n cosmaid f.

cosmopolitan adj iltíreach.

cost n costas m. • vi cosain.

costly adj costasach.

costume n culaith f.

cosy adj seascair.

cottage n teachín m.

cotton n cadás m.

couch n tolg m.

cough n casacht f. • vi déan casacht f.

council n comhairle f.

councillor n comhairleoir m.

count vt déan cuntas; comhair; áirigh.

countenance n gnúis f.

counter n áiritheoir m.

counteract vt cealaigh.

counter-clockwise adv tuathal.

counterfeit adj bréige.

countersign vt comhshínigh.

counting n cuntas m.

countless adj gan áireamh.

country n tír f.

countryman n fear m tuaithe.

county n contae m.

coup (d'état) n gabháil f ceannais.

couple n lánúin f.

couplet n leathrann m.

coupon n cúpón m.

courage n misneach m.

courageous adj misniúil.

courier n cúiréir m.

course n cúrsa m.

court n cúirt f. • vt déan suirí f (le).

courteous adj cúirtéiseach.

courthouse n teach m cúirte.

cousin n col ceathar m.

cove n (mar) camas m.

cover n clúdach m; (culin) barr m. • vt clúdaigh.

coverage n tuairisciú m.

cover-up n forcheilt f.

cow n bó f.

coward n cladhaire m.

cowardice *n* claidhreacht *f.*

cowherd *n* buachaill *m* bó.

coy *adj* cúthail.

crab *n* portán *m.*

crack *n* scoilt *f.* • *vt* scoilt.

cradle *n* cliabhán *m.*

craft *n* ceird *f*; (*cunning*) gliceas *m*; (*vessel*) árthach *m.*

craftsman *n* ceardaí *m.*

crag *n* creig *f.*

cram *vt* brúigh; ding.

crane *n* crann *m* tógála.

crannog *n* crannóg *f*

cranny *n* scoilt *f*; prochóg *f.*

crash *vi* **the car crashed into a wall** bhuail an carr in éadan balla. • *n* taisme *f.*

craving *n* dúil *f* (i); cíocras (chun) *m.*

crawl *vi* snámh.

crazy *adj* ar mire.

creak *vi* díosc.

cream *n* uachtar *m.*

crease *n* filltín *m.*

create *vt* cruthaigh.

creation *n* cruthú *m.*

creature *n* créatúr *m.*

credible *adj* inchreidte.

crèche *n* naíolann *f.*

credit *n* creidmheas *m.* • *vt* (*believe*) creid.

credit card *n* cárta *m* creidmheasa.

creditor *n* creidiúnaí *m.*

creed *n* creideamh *m.*

creel *n* críol *m*, cliabh *m.*

cremate *vt* créam.

crew *n* foireann *f.*

crime *n* coir *f.*

criminal *adj* coiriúil. • *n* coirpeach *m.*

crimson *adj* corcairdhearg.

cringe *vi* lútáil.

cripple *n* bacach *m.*

crisis *n* géarchéim *f.*

crisp *adj* briosc; (*weather*) úr.

criterion *n* critéar *m*; slat *f* tomhais.

critic *n* léirmheastóir *m.*

critical *adj* cáinteach.

criticise *vt* cáin.

criticism *n* léirmheastóireacht *f.*

croak *vi* cuir grág *f* as.

crockery *n* soithí *m.*

croft *n* croit *f.*

crofter *n* croitéir.

crook *n* crúca *m*; (*pers*) bithiúnach *m.*

crooked *adj* cam.

croon *vt* can (amhrán) de chrónán.

crop *n* barr *m.* • *vt* barr.

cross *n* cros *f.* • *adj* cantalach. • *vt* trasnaigh.

crossbreed *n* cros-síolrú *m.*

cross-examine *vt* croscheistigh.

crossroad *n* crosbhealach *m.*

crossword *n* crosfhocal *m.*

crotch *n* gabhal *m.*

crotchet *n* (*mus*) croisín *m.*

crouch *vi* crom.

crow *n* préachán *m.*

crowd *n* slua *m.* • *vi vt* plódaigh.

crown *n* coróin *f.* • *vt* corónaigh.

crucible *n* breogán *m.*

crucifix *n* crois *f.*

cruciform *adj* croschruthach.

crude *adj* amh.

cruel *adj* cruálach.

cruelty *n* cruálacht *f.*

cruise *n* cúrsáil *m.*

crumb *n* grabhróg *f.*

crumple *vi vt* crap.

crush *vt* brúigh.

crust *n* crústa *m.*

crutch *n* maide *m* croise.

cub *n* (*animal*) coileán *m.*

cube *n* ciúb *m.*

cuckoo n cuach f.
cuff n cufa m.
culprit n ciontach m.
cult n cultas m.
cultivate vt saothraigh.
cultural adj cultúrtha.
culture n cultúr m.
cup n cupán m.
cupboard n cófra m.
cupidity n saint f.
curable adj inleighis.
curb vt srian.
curdle vi vt téacht.
cure n leigheas m. • vt leigheas.
curious adj fiosrach; (*strange*) aisteach
curl n coirnín m. • vt coirníní a chur i.
curlew n crotach f.

currency n airgeadra m.
current adj reatha. • n sruth m.
current affairs npl cúrsaí mpl reatha.
curse vt mallaigh. • n mallacht f.
curtain n cuirtín m.
curvature n lúbthacht f.
curve vt cuar, lúb. • n cuar m.
cushion n adhartán m.
custody n cúram m.
custom n nós m, gnás m.
customary adj gnáth-; iondúil.
cut vi vt gearr; n gearradh.
cutlery n sceanra m.
cycle n rothar m.
cycling n rothaíocht f.
cynical adj searbhasach; siniciúil.
cyst n cist f.

D

dabble *vi* bí ag súgradh le.

dad, daddy *n* daidí *m*.

daffodil *n* lus an chromchinn *m*.

dagger *n* miodóg *f*.

daily *adj* laethúil. • *adv* gach lá.

dainty *adj* mín.

dairy *n* déirí *m*.

daisy *n* nóinín *m*.

dale *n* gleanntán *m*.

dam *n* damba *m*.

damage *n* dochar *m*. • *vt* déan dochar do rud.

damnable *adj* damanta.

damnation *n* damnú *m*.

damp *adj* tais.

dampen *vt* taisrigh.

dance *n* damhsa *m*. • *vt vi* damhsaigh.

dandelion *n* caisearbhán *m*.

dandruff *n* sail *f* chnis.

danger *n* contúirt *f*.

dangerous *adj* contúirteach.

dappled *adj* breactha.

dare *vt* tabhair dúshlán duine (rud a dhéanamh).

daring *n* dánacht *f*.

dark *adj* dorcha.

darken *vt* dorchaigh.

darkness *n* dorchadas *m*.

darling *n* muirnín *m*, grá *m*. • *adj* muirneach.

darn *vt* dearnaíl.

dash *vi* sciuird *f* a thabhairt.

database *n* bunachar sonraí *m*.

date *n* dáta *m*; (*bot*) dáta *m*.

daub *vt* smear.

daughter *n* iníon *f*.

daughter-in-law *n* banchliamhain *m*.

dawn *n* breacadh an lae *m*.

day *n* lá *m*.

daylight *n* solas *m* an lae.

daze *vt* caoch.

dazzle *vt* caoch.

dead *adj* marbh.

deadlock *n* sáinn *f*.

deadly *adj* marfach.

deaf *adj* bodhar.

deafen *vt* bodhraigh.

deafness *n* bodhaire *f*.

deal *n* margadh *m*. • *vt* (*cards*) roinn.

dealings *npl* déileáil *f*.

dear *adj* ionúin, (*cost*) daor.

dearness *n* (*cost*) daoire *f*.

dearth *n* gainne *f*.

death *n* bás *m*.

debar *vt* toirmisc.

debase *vt* truailligh.

debate *n* díospóireacht *f*. • *vt* pléigh.

debit *n* dochar *m*. • *vt* (*com*) breac do dhochar.

debt *n* fiach *m*; **debts** *npl* fiacha *mpl*.

decade *n* deich *m* mbliana.

decadent *adj* meatach.

decant *vt* taom.

decanter *n* teisteán *m*.

decay *vi* lobh. • *n* lobhadh *m*.

deceit *n* cealg *f*.

deceive *vt* cealg, meall.

December *n* Mí *f* na Nollag.

decency *n* cneastacht *f*.

decent *adj* cneasta, macánta.

deception *n* cealg *f*.

decide *vt* socraigh.

decimal *adj* deachúlach.

decision *n* cinneadh *m*.

decisive *adj* cinnitheach.
deck *n* deic *f*. • *vt* sciamhaigh
declaration *n* forógra *m*.
declare *vt* fógair.
decompose *vi* lobh.
decomposition *n* dianscaoileadh *m*.
decorate *vt* maisigh.
decoration *n* maisiúchán *m*.
decorous *adj* cuibhiúil.
decrease *vt* laghdaigh. • *n* laghdú *m*.
decrepit *adj* cranda.
decry *vt* cáin.
dedicate *vt* tiomnaigh.
deduce *vt* tuig as.
deduct *vt* bain de.
deduction *n* tátal *m*.
deed *n* beart *m*; (*legal*) gníomh.
deep *adj* domhain.
deepen *vt* doimhnigh.
deer *n* fia *m*.
deface *vt* mill.
defamation *n* clúmhilleadh *m*.
default *n* faillí *f*.
defeat *n* briseadh *m*. • *vt* cloígh.
defect *n* locht *m*.
defective *adj* lochtach.
defence *n* cosaint *f*.
defenceless *adj* gan chosaint *f*.
defend *vt* cosain.
defensive *adj* cosantach.
defer *vt* cuir ar athló.
deference *n* umhlaíocht *f*.
defiance *n* dúshlán *m*.
defiant *adj* dúshlánach.
deficiency *n* easpa *f*.
deficit *n* easnamh *m*.
definable *adj* sonrúil.
define *vt* sainmhínigh.
definite *adj* dearfa.
definition *n* sainmhíniú *m*.
deflect *vt* sraon.

deform *vt* cuir (rud) ó chuma.
deformity *n* cithréim *f*.
defraud *vt* déan calaois *f* ar.
deft *adj* deaslámhach.
defy *vt* tabhair dúshlán do.
degenerate *vi* meath. • *adj* meata.
degree *n* céim *f*; (*educ*) céim *f*.
deign *vi* deonaigh (chun rud a dhéanamh).
deity *n* dia *m*.
dejected *adj* díomách.
delay *vt* moillligh. • *n* moill *f*.
delegate *n* toscaire *m*.
delegation *n* toscaireacht *f*.
delete *vt* cealaigh.
deliberate *vt* déan machnaimh ar.
• *adj* réamhbheartaithe; (*slow*) malltriallach.
delicacy *n* fíneáltacht *f*.
delicate *adj* fíneálta.
delicious *adj* blasta.
delight *vt* cuir lúcháir *f* ar. • *n* lúcháir *f*.
delightful *adj* aoibhinn.
delinquency *n* ciontacht *f*.
delinquent *n* ciontóir *m*.
delirium *n* rámhaille *f*.
deliver *vt* seachaid; (*baby*) saolaigh.
delivery *n* seachadadh *m*; (*baby*) breith *f*.
dell *n* gleanntán *m*.
deluge *n* díle *f*.
demand *n* éileamh *m*. • *vt* éiligh.
demean *vi* íslligh tú féin.
demented *adj* néaltraithe.
dementia *n* gealtachas *m*.
demerit *n* díluaíocht *f*.
democracy *n* daonlathas *m*.
democrat *n* daonlathaí *m*.
democratic *adj* daonlathach.
demolish *vt* scrios.
demon *n* deamhan *m*.

demonstrable adj soléirithe.

demonstration n léiriú m.

demonstrative adj taispeántach.

demote vt íslaigh, tabhair céim f síos do.

demure adj stuama.

den n prochóg f.

denial n ceilt f, séanadh m.

denigrate vt lochtaigh, caith dímheas ar.

dense adj dlúth, tiubh.

density n dlús m, tiús m.

dent n lorg m, rian m. • vt log or ding a chur i.

dentist n fiaclóir m.

dentistry n fiaclóireacht f.

denture n déadchíor m, cár bréagach m.

denude vt nocht, lom.

deny vt séan, diúltaigh.

depart vi imigh, fág.

department n roinn f.

departure n imeacht m, fágáil f.

depend vi to depend on/upon brath ar, bheith i dtuilleamaí.

dependence n spleáchas m.

dependent adj spleách.

depict vt léirigh, cuir síos ar.

deplorable adj (wretched) truamhéalach, ainnis; (disgraceful) náireach; (very bad) uafásach.

deplore vt caoin, casaigh.

deportment n iompar m.

depose vt bris, cuir as oifig.

deposit vt (in bank) taisc, cur i dtaisce; (as part payment) cur éarlais f ar; (put down) leag síos. • n taisce f, deascán m, dríodarm.

depravity n truaillíocht f.

depreciate vi titeann (luach).

depress vt cuir gruaim ar; (press down) brúigh síos.

depressant n dúlagrán m.

depression n gruaim f.

deprive vt: to deprive somebody of something rud a bhaint de dhuine or a choinneáil ó dhuine.

depth n doimhneacht f.

depute vt tiomnaigh.

derelict adj tréigthe.

deride vt fonóid f or scigmhagadh a dhéanamh faoi dhuine.

derision n fonóid f.

derivation n fréamhaí m.

derive vi to derive from fréamhú ó

descend vi vt tuirling; téigh síos; tar anuas.

descent n tuirlingt f.

describe vt cuir síos ar.

description n cur síos (ar) m.

desert n fásach m. • vt tréig.

deserve vt tuill; **he deserves it** tá sé tuillte aige.

design vt leag amach; ceap. • n dearadh m.

designer n dearthóir

desire n mian f. • vt santaigh.

desist vi éirigh as.

desk n deasc f.

despair n éadóchas m. • vi tit in éadóchas.

desperate adj éadóchasach.

despicable adj suarach, gránna.

despise vt: to despise something drochmheas a bheith agat ar rud.

despite prep d'ainneoin (+ gen).

dessert n milseog f.

destiny n cinniúint f.

destitute adj beo bocht, ar an anás.

destroy vt scrios, mill.

destruction n scrios m, millteanas m.

detach vt scar, scoir.

detail n sonra m; **in detail** go mion.

• *vt* tabhair mionchuntas ar.

detain *vt* moill *f* a chur ar.

detect *vt* braith; tabhair faoi deara.

detective *n* bleachtaire *m*.

deter *vt* coisc.

determination *n* cinneadh *m*.

determine *vt* cinn ar, socraigh ar.

determinism *n* cinnteachas *m*.

detest *vt*: **to detest something** fuath a bheith agat ar rud.

detestation *n* dearg-ghráin *f*.

detonate *vt* maidhm.

detour *n* cor bealaigh *m*.

detract *vt*: **to detract from** baint ó.

detriment *n* aimhleas *m*.

devalue *vt* díluacháil.

devastate *vt* scrios, mill.

devastation *n* scrios *m*, millteanas *m*.

develop *vt* forbair.

development *n* forbairt *f*.

deviate *vi* claon.

device *n* gléas *m*.

devil *n* diabhal *m*, deamhan *m*.

devious *adj* slítheánta.

devise *vt* ceap; cum.

devolve *vt* cumhacht a chinneachadh.

devolution *n* dílárú *m*.

devote *vt* tiomnaigh, tabhair.

devotion *n* dúthracht *f* (*rel.*) cráifeacht *f*.

devour *vt* alp.

dew *n* drúcht *m*.

dexterity *n* aclaíocht *f*, deaslámhacht *f*.

diagnose *vt* fáithmheas, aithnigh.

diagnosis *n* (*med*) fáithmheas *m*.

diagonal *adj* fiar.

dial *n* diail *f*. **vt* diailigh.

dialect *n* canúint *f*.

diameter *n* trastomhas *m*.

diamond *n* diamant *m*.

diarrhoea *n* buinneach *f*.

diary *n* dialann *f*, cín *f* lae

dice *npl see* **die**.

dictate *vt* deachtaigh.

dictionary *n* foclóir *m*.

die *vi* faigh bás, éag. • *n* (*pl* **dice**) dísle *m* (*pl* díslí)

diesel *n* dÍosal *m*.

diet *n* aiste *f* bia.

differ *vi* difrigh.

difference *n* difear *m*.

different *adj* difriúil.

differentiate *vt* idirdhealú a dhéanamh ar.

differently *adv* ar dhóigh eile.

difficult *adj* doiligh, deacair.

difficulty *n* deacracht *f*.

dig *vt* tochail.

digest *vt* díleáigh.

digestible *adj* indíleáite.

digit *n* digit *f*.

digital *adj* digiteach.

dignified *adj* uasal, díníteach.

dilate *vt* méadaigh. • *vi* (*eyes*) leath.

dilemma *n* aincheist *f*.

diligent *adj* dícheallach.

dilute *vt* tanaigh, lagaigh.

dim *adj* doiléir, lag.

dimension *n* buntomhas *m*, méid *f*, toise *m*.

diminish *vt vi* laghdaigh.

dimple *n* loigín *m*

din *n* trup *m*, tormán *m*, callán *m*.

dine *vi* béile a ithe.

dining room *n* seomra *m* bia.

dinner *n* dinnéar *m*.

dinner time *n* am *m* dinnéir.

dip *vt* tum.

diplomacy *n* taidhleoireacht *f*.

dipsomania *n* diopsamáine *f*.

direct *adj* díreach. • *vt* dírigh(ar).

direction *n* treo *m*; (*guidance*) treoir *f*.

direction-finder *n* treo-aimsí *m*.

directly *adv* go díreach; láithreach bonn.

director *n* stiúrthóir *m*.

dirk *n* scian *f*, miodóg *f*.

dirt *n* salachar *m*.

dirty *adj* salach.

disability *n* míchumas *m*.

disadvantage *n* míbhuntáiste *m*.

disagree *vi* gan aontú le duine.

disagreement *n* easaontas *m*.

disappear *vi* imigh.

disappoint *vt* meall.

disapprove *vt* bheith míshásta le.

disaster *n* tubaiste *f*.

disbelieve *vt* díchreid.

disc *n* diosca *m*.

discard *vt* rud a chaitheamh uait.

discerning *adj* grinn.

discharge *vt* folmhaigh. • *n* folmhú *m*, scaoileadh *m*.

disclaim *vt* séan.

disclose *vt* tabhair le fios.

disco *n* dioscó *m*.

discomfort *n* míshuaimhneas *m*, míchompord *m*.

disconnect *vt* scaoil, scoir.

disconsolate *adj* dobrónach, dólásach, tromchroíoch.

discontented *adj* míshásta.

discord *n* easaontas *m*; (*mus*) díchorda *m*.

discount *n* lacáiste *m*. • *vt* díol ar lacáiste.

discourage *vt* cuir beaguchtach ar.

discover *vt* tar ar; fionn.

discovery *n* fionnachtain *f*.

discrepancy *n* difear *m*, difríocht *f*.

discretion *n* discréid *f*.

discriminate *vt* (*between*) idirdhealú a dhéanamh ar; (*against*) leatrom a dhéanamh ar (dhuine).

discrimination *n* breithiúnas *m*; leatrom *m*; idirdhealú *m*.

discuss *vt* pléigh.

discussion *n* díospóireacht *f*.

disease *n* galar *m*, aicíd *f*.

disembark *vi* téigh i dtír *f*.

disengage *vt* scaoil.

disentangle *vt* réitigh.

disfavour *n* míchlú *m*.

disgrace *n* náire *f*. • *vt* náirigh.

disgraceful *adj* náireach, scannalach.

disguise *vt* cuir bréagriocht ar. • *n* bréagriocht *m*.

disgust *n* samhnas *m*. • *vt* cuir samhnas ar.

disgusting *adj* samhnasach.

dish *n* pláta *m*, soitheach *m*, mias *f*.

dishcloth *n* éadach *m* soithí.

dishearten *vt* cuir beaguchtach ar.

dishonest *adj* mí-ionraic.

dishonesty *n* mímhacántacht *f*.

dishwasher *n* niteoir soithí *m*.

disillusion *vt* oscail na súile *f* do (dhuine).

disinclined *adj* mífhonnmhar.

disinherit *vt* cuir as oidhreacht *f*.

disinterested *adj* neamhchlaonta, cothrom.

disjointed *adj* curtha as alt; scaipthe; seachránach.

disk *n* diosca *m*, teasc *f*.

disk drive *n* dioscathiomáint *f*.

dislike *n* míthaitneamh *m*, míghnaoi *f*. • *vt* ní maith liom é.

dislodge *vt* cuir as áit *f*; ruaig.

disloyal *adj* mídhílis.

dismal *adj* duairc, gruama.

dismay n uafás m.

dismember vt srac.

dismiss vt bris as oifig f; cuir chun bóthair; diúltaigh do.

disobedience n easumhlaíocht f.

disobedient adj easumhal.

disobey vt bí easumhal do (dhuine).

disorder n mí-ord m, mí-eagar m.

disown vt séan.

disparity n difríocht f, neamhionannas m.

dispel vt ruaig, díbrigh, scaip.

dispensation n dáileadh m, dispeansáid f.

dispense vt dáil; roinn.

dispersal n scaipeadh m, ruaigeadh m.

displace vt dílaithrigh, cuir as áit f.

display vt taispeáin. • n taispeántas m.

displease vt cuir míshásamh ar (dhuine).

dispose vt cóirigh; cuir rud de láimh.

disprove vt bréagnaigh.

disputatious adj argóinteach.

dispute n conspóid f; argóint f. • vt conspóid, argóint a dhéanamh.

disqualification n dícháilíocht f.

disqualify vt dícháiligh.

disregard vt déan neamhshuim de.

disrepair n drochordú m.

disrespect n neamhhómós m.

disrupt vt réab.

disruption n réabadh m.

dissatisfaction n míshásamh m.

dissatisfied adj míshásta.

dissect vt mionscrúdaigh.

dissertation n tráchtas m.

disservice n dochar m.

dissimilar adj éagsúil.

dissipate vt scaip.

dissociate vt dealaigh ó.

dissolute adj ainrianta.

dissolve vt tuaslaig.

dissuade vt duine a chur ó rud a dhéanamh.

distance n achar m, fad m.

distant adj i bhfad ó.

distaste n déistin f.

distasteful adj déistineach.

distil vt driog.

distiller n driogaire m.

distillery n drioglann f.

distinct adj éagsúil.

distinction n idirdhealú m; (merit) oirirceas m.

distinguish vt déan idirdhealú idir.

distort vt cuir rud as a chuma f.

distress n gátar m. • vt goill ar.

distribute vt dáil, roinn.

district n ceantar m.

district nurse n banaltra f ceantair.

distrust n amhras m.

disturb vt cuir isteach ar.

disturbance n cur isteach m; achrann m.

disunite vt easaontaigh.

disunity n easaontas m.

disuse n léig f.

ditch n díog f.

ditto adv (an rud) céanna.

ditty n lúibín f.

dive vi tum.

diver n tumadóir m.

diverge vi scar.

diverse adj éagsúil.

diversify vt déan éagsúil.

diversion n claonadh m; (pastime) caitheamh aimsire m.

diversity n éagsúlacht f.

divert vt claon.

divide vt vi roinn.

divination n fáistineacht f.

divine adj diaga.

divisible adj inroinnte.

division n (math) roinnt f.

divorce n colscaradh m. • vt vi colscaraigh.

dizzy adj meadhránach.

do vt déan.

dock n duga m.

docken n (bot) copóg f.

dockyard n longlann f.

doctor n dochtúir m.

doctrine n teagasc m.

document n doiciméad m.

documentary n scannán faisnéise f.

dodge vt seachnaigh

doe n eilit f.

dog n madadh m.

dogged adj ceanndána.

dogmatic adj dogmach.

dole n liúntas m, déirc f.

dollar n dollar m.

domain n fearannas m.

domestic adj: **domestic life** saol m an teaghlaigh; **domestic arts** ealaín f an tí; **domestic economy** m tíos.

domesticate vt (animal) ceansaigh.

domicile n áitreabh m, sainchónaí m.

dominate vt bheith i gceannas ar.

domineer vi máistreacht f or lámh f láidir, a imirt ar dhuine.

dominion n ceannas m, tiarnas m, críoch f.

donate vt bronn.

donor n bronntóir m; (blood donor) deontóir fola m.

doom n cinniúint f, míchinniúint f. • vt (**he is doomed**) tá a phort seinnte, tá a chosa nite.

Doomsday n Lá m an Luan, Luan an tSléibhe m.

door n doras m.

doorstep n leac f dorais.

dope n (drug) dóp m; (fool) amadán m.

dose n deoch f leighis; miosúr m.

dot n ponc m.

dotage n leanbaíocht f.

double adj dúbailte. • vt dúblaigh. • n dúbailt f.

double bass n olldord m.

double-breasted adj (coat) dúbailte.

doubt n amhras m. • vt bí in amhras faoi rud.

doubtful adj amhrasach.

dough n taos m.

dour adj dúrúnta, dúr.

dove n colm m.

down prep síos, (from above) anuas.

downfall n díl m (báistí); turnamh m (impireachta).

downhill adv dul le fána, (of person) bheith ag meath.

downright adj amach is amach.

downstairs adv thíos staighre.

downward(s) adv síos, (from above) anuas.

dowry n spré f.

doze vi bí ag suanaíocht f.

dozen n dosaen m.

drag vt tarraing.

drain vt taom. • n draein f.

drake n bardal m.

dram n braon m, dram m.

drama n dráma m.

dramatist n drámadóir m.

draught n (drink) bolgam m; (wind) siorradh m.

draughts npl táiplis f.

draughtsman n línitheoir m.

draw vt tarraing.

drawer n tarráceán m.

drawing n tarraingt f.

drawing-pin n tacóid f ordóige f.

dread n imeagla f. • vt imeagla f a bheith ar dhuine roimh rud.

dream n brionglóid f • vt vi brionglóid f a dhéanamh.

dreamer n aislingeach m.

dredge vi dreideáil f.

dregs npl deascadh m, dríodar m.

drench vt báigh.

dress vt gléas. • vi gléas; cóirigh. • n gúna m.

dresser n driosúr m.

dressing n gléasadh m, cóiriú m.

dribble vi sil.

dried adj tirim.

drift vi imigh gan treo.

drill vt druileáil.

drink vt vi ól. • n deoch f.

drinker n óltóir m.

drip vi sil.

drive vt tiomáin.

drivel n raiméis f.

driver n tiománaí m.

driving licence n ceadúnas m tiomána.

drizzle n ceobhrán m.

droll adj greannmhar, barrúil.

drone n liúdramán m; (of bee) crónán m; (sound) dordán m.

droop vi crom.

drop n braon m. • vt lig do rud titim.

drought n triomach m.

drove n plód m, scata m.

drover n dráibhéir m.

drown vi vt báigh.

drowsy adj codlatach.

drudgery n sclábhaíocht f.

drug n druga m.

drug addict n andúileach m drugaí.

druggist n drugadóir m, poitigéir m.

druid n draoi m.

druidism n draíocht f.

drum n druma m.

drum major n maor m druma.

drummer n drumadóir m.

drumstick n bata druma m.

drunk adj ólta, ar meisce.

drunkenness n meisce f.

dry adj tirim. • vt triomaigh.

dub vt ainm a thabhairt ar dhuine, (sound on film, etc) fuaimrian a chur.

duck n lacha f.

duck vi tum in uisce; crom síos.

dud adj gan mhaith; bréagach.

due adj iníoctha.

duel n comhrac aonair m.

duet n (mus) díséad m.

dull adj gruama, marbhánta; (stupid) bómánta.

dullness n gruaim f, marbhántacht f; bómántacht f.

duly adv mar is cóir; go cuí.

dumb adj balbh.

dummy n fear bréige f; balbhán m.

dump n carn fuílligh m. • vt caith amach.

dumpling n domplagán m.

dunce n dunsa m.

dung n cac m; aoileach m.

dunghill n carn aoiligh m.

duplicate n macasamhail f.

duplicity n caimiléireacht f.

durable adj buan, buanseasmhach.

duration n achar m, fad m, ré f.

during prep le linn.

dusk n clapsholas m.

dusky adj doiléir.

dust n dusta m. • vt dustáil.

dustbin n bosca m bruscair.

Dutch adj Ollanach.

dutiful *adj* umhal.

duty *n* dualgas *m*; (*customs*) dleacht *f*.

duty-free *adj* saor ó dhleacht.

dwarf *n* abhac *m*.

dwell *vi* cónaigh.

dwelling *n* áitreabh *m*, áit *f* chónaithe.

dwindle *vi* laghdaigh, meath.

dye *vt* dathaigh. • *n* dath *m*.

dyke *n* claí *m*, díog *f*.

dynamic *adj* dinimiciúil, bríomhar.

dynamite *n* dinimit *f*.

dynasty *n* ríora *m*, ríshliocht *m*.

dyspepsia *n* (*med*) mídhíleá *m*.

E

each *pn* gach aon. • *adj* gach.
eager *adj* cíocrach.
eagle *n* iolar *m*.
ear *n* cluas *f*.
earl *n* iarla *m*.
early *adj* luath.
earn *vt* saothraigh.
earnest *adj* dáiríre.
earphone *n* cluasán *m*.
earring *n* fáinne cluaise *f*.
earth *n* (*ground*) talamh *m*.
earthenware *npl* cré-earraí *mpl*.
earthly *adj* saolta.
earthquake *n* crith *m* talún.
earthworm *n* péist *f* talún.
ease *n* sócúlacht *f*.
easel *n* tacas *m*.
east *n* oirthear *m*.
Easter *n* Cáisc *m*.
easterly *adj* (*wind*) anoir; thoir.
easy *adj* furasta.
eat *vt vi* ith.
eatable *adj* inite.
ebb *n* trá *f*. • *vi* tráigh.
eccentric *adj* corr.
eccentricity *n* saoithiúlacht *f*.
echo *n* macalla *m*. • *vi* déan macalla.
eclipse *n* urú *m*. • *vt* uraigh.
ecology *n* éiceolaíocht *f*.
economics *n* eacnamaíocht *f*.
economise *vt* coigil.
economist *n* eacnamaí *m*.
economy *n* eacnamaíocht *f*.
ecstasy *npl* sceitimíní *m*.
ecstatic *adj* **I am ecstatic** tá sceitimíní orm.
ecumenical *adj* éacúiméineach.

eddy *n* guairneán *m*.
edge *n* imeall *m*; faobhar *m*; ciúmhais *f*. • *vt* cuir ciúmhais *f* le.
edgewise *adv* ar faor.
edible *adj* inite.
edict *n* reacht *m*.
edifice *n* foirgneamh *m*.
edify *vt* teagasc.
Edinburgh *n* Dún Éideann *m*.
edit *vt* cuir in eagar.
edition *n* eagrán *m*.
editor *n* eagarthóir *m*.
educate *vt* múin.
education *n* oideachas *m*.
educational *adj* oideachais.
effect *n* éifeacht *f*. • *vt* téigh i bhfeidhm *f* ar.
effective *adj* éifeachtach.
effeminate *adj* piteogach.
effervescent *adj* coipeach.
efficacy *n* éifeachtacht *f*.
efficient *adj* éifeachtach.
effigy *n* íomhá *f*.
effluent *n* eisilteach *m*.
effort *n* iarracht *f*.
egg *n* ubh *f*.
egghead *n* (*sl*) intleachtach.
egoism, egotism *n* féinspéis *f*.
Egypt *n* An Éigipt *f*.
eight *n* ocht *m*.
eighth *n* ochtú *m*.
eighteen *adj n* ocht *m* déag.
eightsome *n* ochtar *m*.
eightsome reel *n* ríl *f* ochtair.
eighty *adj n* ochtó *m*.
either *adv* ach oiread. • *conj* **either . . . or . . . .** nó . . .

ejaculate *vi* scaoil. • *f* speirm.

eject *vt* caith amach.

elaborate *adj* casta.

elapse *vi* imigh thart.

elastic *adj* leaisteach.

elate *vt* tóg croí.

elbow *n* uillinn *f*.

elder *n* (*church*) seanóir *m*; (*tree*) trom *m*. • *adj* is sine.

elderly *adj* cnagaosta.

elect *vt* togh.

election *n* toghchán *m*.

electioneering *n* toghchánaíocht *f*.

elector *n* toghthóir *m*.

electorate *npl* toghthóirí *mpl*.

electric *adj* leictreach.

electricity *n* leictreachas *m*.

electrification *n* leictriú *m*.

electrocute *vt* maraigh le leictreachas.

electron *n* leictreon *m*.

electronic *adj* leictreonach.

elegance *n* sciamhacht *f*.

elegant *adj* sciamhach.

elegiac *n* caointeach *m*.

elegy *n* caoineadh *m*.

element *n* dúil *f*.

elementary *adj* bunúsach.

elephant *n* eilifint *f*.

elevate *vt* ardaigh.

eleven *n* aon *m* déag.

elf *n* luacharachán *m*.

eligible *adj* incháilithe.

eliminate *vt* díothaigh.

elixir *n* íocshláinte *f*.

elm *n* leamhán *m*.

elongate *vt* fadaigh.

elope *vi* éalaigh.

eloquence *n* deis *f* labhartha.

else *pn* eile.

elude *vt* éalaigh ó.

elusive *adj* do-aimsithe.

email *n* ríomhphost *m*.

emancipate *vt* fuascail.

embalm *vt* balsamaigh.

embargo *n* lánchosc *m*.

embark *vt* tosaigh ar.

embarrass *vt* cuir aiféaltas ar.

embarrassment *n* aiféaltas *m*.

embassy *n* ambasáid *f*.

ember *n* aibhleog *f*.

embezzle *vt* cúigleáil.

emboss *vt* grabháil.

embrace *vt* teann (duine) le do chroí.

embroider *vt* bróidnigh.

embryo *n* suth *m*.

emerald *n* smaragaid *f*.

emerge *vi* tar amach as.

emergency *n* éigeandáil *f*.

emigrant *n* eisimirceach *m*.

emigrate *vi* téigh ar imirce *f*.

eminent *adj* céimiúil.

emit *vt* lig amach.

emotion *n* mothú(chán) *m*.

emotional *adj* corraitheach.

emphasis *n* béim *f*.

emphatic *adj* láidir.

empire *n* impireacht *f*.

empirical *adj* eimpíreach.

employ *vt* fostaigh.

employee *n* fostaí *m*.

employer *n* fostóir *m*.

empty *adj* folamh.

emulation *n* iomaíocht *f*.

enable *vt* cumasaigh.

enact *vt* achtaigh.

enamel *n* cruan *m*.

enchant *vt* cuir draíocht *f* ar.

enchantment *n* draíocht *f*.

enclosure *n* clós *m*.

encourage *vt* misnigh.

encroach *vi* cúngaigh ar.

encumbrance *n* ualach *m*.

end *n* deireadh *m*; críoch *f.* • *vt* críochnaigh.

endemic *adj* dúchasach.

endless *adj* síoraí.

endorse *vt* formhuinigh.

endowment *n* bronnadh *m*.

enemy *n* namhaid *f*.

energetic *adj* fuinniúil.

energy *n* fuinneamh *m*.

enforce *vt* cuir i bhfeidhm *f*.

engagement *n* gealltanas pósta *m*.

engine *n* inneall *m*.

engineer *n* innealtóir *m*. • *vt* innill.

England *n* Sasana *m*.

English *n* (*ling*) Béarla *n*.

English(wo)man *n* Sasanach *m*.

enhance *vt* méadaigh.

enigma *n* dúthomhas *m*.

enjoy *vt* bain sult as.

enlarge *vt* méadaigh.

enlighten *vt* soilsigh.

enlist *vi vt* liostáil.

enormous *adj* ollmhór.

enough *adv* go leor.

enquire *vt* fiosraigh.

enrage *vt* cuir fearg *f* ar.

ensue *vi* lean.

ensure *vt* cinntigh.

enter *vt* téigh isteach i.

enterprise *n* fiontar *m*, fiontraíocht *f*.

enterprising *adj* fiontrach.

entertainer *n* fuirseoir *m*.

entertainment *n* siamsa *m*.

enthusiasm *n* díograis *f*.

entice *vt* meall.

entire *adj* iomlán, uile.

entirely *adv* go léir.

entitle *vt* tabhair cóir *f* do.

entrance *n* bealach *m* isteach.

entreat *vt* guigh.

entrepreneur *n* fiontraí *m*.

envelope *n* clúdach *m*.

environment *n* timpeallacht *f*; (*ecology*) imshaol *m*.

envy *n* éad *m*.

ephemeral *adj* gearrshaolach.

episode *n* eachtra *f*.

epitaph *n* feartlaoi *f*.

epoch *n* ré *f*.

equal *adj* cothrom.

equalise *vt* comhardaigh; (*game*) cothromaigh.

equation *n* cothromóid *f*.

equator *n* meánchiorcal *m*.

equidistant *adj* chomh fada ar shiúl.

equinox *n* cónacht *f*.

equip *vt* feistigh.

equipment *n* trealamh *m*.

equipped *adj* feistithe.

equity *n* cóir *f*; (*fin*) cothromas *m*.

equivalent *adj* ar comhbhrí *f* (le). • *n* comhbhrí *f*.

erase *vt* scrios.

erect *vt* tóg.

erection *n* tógáil *f*.

erode *vt* creim.

erotic *adj* anghrách.

err *vi* déan earráid *f*.

errand *n* teachtaireacht *f*.

erratic *adj* taomach.

error *n* earráid *f*.

eruption *n* brúchtadh *m*.

escalator *n* staighre beo *m*.

escape *vi* éalaigh. • *n* éalú *m*.

esoteric *adj* rúnda.

essay *n* aiste *f*.

essence *n* úscra *m*.

essential *adj* bunúsach.

establish *vt* bunaigh.

estate *n* eastát *m*.

esteem *n* meas *m*.

estimate *vt* meas.

estrange *vt* tit amach le.

estuary *n* inbhear *m*.

eternal *adj* síoraí.

eternity *n* síoraíocht *f*.

ethical *adj* eiticiúil.

ethnic *adj* eitneach.

eunuch *n* coillteán *m*.

Europe *n* An Eoraip *f*.

European *adj* Eorpach.

evaporate *vi vt* galaigh.

even *adj* cothrom. • *adv* fiú.

evening *n* tráthnóna *m*, coineascar *m*.

event *n* imeacht *m*.

ever *adv* (*in past*) riamh; (*in future*) choíche; go deo.

evergreen *adj* síorghlas.

everlasting *adj* síoraí.

evermore *adv* go brách.

every *adj* gach.

everyday *adj* gnáth-.

everyone *pron* gach duine.

everything *n* gach rud *m*.

evict *vt* díshealbhaigh.

eviction *n* díshealbhú *m*.

evidence *n* fianaise *f*.

evident *adj* follasach.

evil *adj* olc. • *n* olc *m*.

ewe *n* caora *f*.

exact *adj* beacht. • *vt* bain (rud) de (dhuine).

exactly *adv* go beacht.

exaggerate *vt* déan aibhéil *f*.

examination *n* scrúdú *m*.

examine *vt* scrúdaigh.

example *n* sampla *m*.

excavate *vt* tochail.

excavation *n* tochailt *f*.

exceed *vt* téigh thar.

exceedingly *adv* thar a bheith.

excel *vt* sáraigh.

excellence *n* feabhas *m*.

excellent *adj* thar barr.

except *vt* fág as; *prep* ach; **except for** ach amháin.

exceptional *adj* eisceachtúil.

exchange *vt* malartaigh.

exchange rate *n* ráta *m* malairte.

excite *vt* spreag.

excitement *n* sceitimíní *mpl*.

exclaim *vi* gáir.

exclamation *n* uaillbhreas *m*.

exclamation mark *n* comhartha *m* uaillbhreasa.

exclusive *adj* eisiach.

excrement *n* cac *m*.

excrete *vt* fear.

excuse *vt* gabh leithscéal. • *n* leithscéal *m*.

executive *n* feidhmeannach *m*.

executor *n* seiceadóir *m*.

exercise *n* aclaíocht *f*. • *vi* déan aclaíocht *f*. • *vt* aclaigh.

exertion *n* saothar *m*.

exhaust *vt* traoch.

exhaustion *n* traochadh *m*.

exile *n* deoraíocht *f*.

exist *vi* bí ann.

existence *n* bheith *f*.

exit *vi* téigh amach.

exonerate *vt* saor (duine) ó.

exorbitant *adj* an-daor.

exotic *adj* coimhthíoch.

expand *vt* leathnaigh.

expatriate *adj* imirceach.

expect *vt* bí ag súil le.

expedient *adj* caothúil.

expedition *n* sluaíocht *f* (turais).

expeditious *adj* éasca.

expend *vt* caith.

expenditure *n* caiteachas *m*.

expensive *adj* daor.

experience *n* taithí *f.* • *vt* mothaigh.

experiment *n* turgnamh *m.*

expert *adj* saineolach. • *n* saineolaí *m.*

expire *vi* éag.

explain *vt* mínigh.

explanation *n* míniú *m.*

explicit *adj* follasach.

explode *vi vt* pléasc.

exploit *vt* tar i dtír *f* (ar). • *n* éacht *m.*

explore *vt* taiscéal.

export *vt* onnmhairigh• *n* onnmhaireiú *f.*

exportation *n* onnmhairiú *m.*

expose *vt* nocht.

exposure *n* nochtadh *m.*

express *vt* cuir in iúl. • *adj* luas-. • *n* (*rail*) luastraein *f.*

expression *n* leagan *m* cainte.

exquisite *adj* fíorálainn.

extensive *adj* fairsing.

exterior *adj* amuigh.

extinct *adj* in éag.

extinguish *vt* múch.

extinguisher *n* múchtóir (tine) *m.*

extra *adv* de bhreis *f.* • *n* breis *f.*

extravagant *adj* diomailteach.

extraordinary *adj* iontach.

extreme *adj* antoisceach.

extricate *vt* saor.

extrovert *n* eisdíritheoir *m.*

exuberance *n* spleodar *m.*

exuberant *adj* spleodrach.

eye *n* súil *f.* • *vt* breathnaigh ar.

eyesight *n* radharc *m* (na) súl.

eyrie *n* nead *f* (iolair).

F

fable *n* fabhal(scéal) *m*.

fabric *n* éadach *m*, uige *f*.

facade *n* aghaidh *f*.

face *n* aghaidh *f*; gnúis *f*.

facet *n* taobh *m*.

facilitate *vt* éascaigh.

facilities *npl* saoráidí *fpl*.

fact *n* fíric *f*.

factor *n* toisc *f*.

factory *n* monarcha *f*.

faculty *n* bua *m*; (*university*) dámh *f*.

fad *n* teidhe *m*.

fade *vi* meath.

fail *vt* **I failed** theip orm.

failure *n* teip *f*.

faint *vi* tit i laige *f*. • *adj* fann.

fair *adj* fionn. • *n* aonach *m*.

fairly *adv* go cothrom.

fairness *n* cothrom *m*.

fairway *n* raon *m* gailf.

fairy *adj* sí. • *n* sióg *f*.

faith *n* creideamh *m*.

faithful *adj* dílis.

fake *m* caimiléir • *adj* bréige. • *vt* falsaigh

fall *vi* tit. • *n* titim *f*.

fallacy *n* fallás *m*.

fallow *adj* bán.

false *adj* bréige.

falsehood *n* bréag *f*.

falter *vi* tuisligh.

fame *n* clú *m*.

familiar *adj* aithnidiúil.

familiarise *vt* éirigh cleachta le.

family *n* teaghlach *m*; (*offspring*) clann *f*.

famine *n* gorta *m*.

famished *adj* stiúgtha (leis an ocras).

famous *adj* clúiteach.

fanatic *n* fanaiceach *m*.

fancy *adj* maisiúil. • *vt* taitneamh a thabhairt do.

fantastic *adj* iontach.

fantasy *n* fantasaíocht *f*.

far *adv* i bhfad. • *adj* fada.

fare *n* táille *f*; (*food*) beatha *f*.

farewell *n* slán *m*.

farm *n* feirm *f*.

farmer *n* feirmeoir *m*.

fart *n* tuthóg *f*, (*noisy*) broim *m*.

farther *adv* níos faide.

fascinate *vt* cuir faoi dhraíocht *f*.

fascination *n* iontas *m*.

fascism *n* faisisteachas *m*.

fashion *n* faisean *m*. • *vt* múnlaigh.

fashionable *adj* faiseanta.

fast *adj* gasta; tapaidh.

fasten *vt* ceangail.

fast food *n* mearbhia *m*.

fastidious *adj* nósúil.

fat *adj* ramhar. • *n* (*cooking*) geir *f*.

fatal *adj* marfach.

fate *n* dán *m*.

father *n* athair *m*. • *vt* bí mar athair.

father-in-law *n* athair *m* céile.

fatherly *adj* athartha.

fathom *vt* tomhais.

fatigue *n* tuirse *f*. • *vt* tuirsigh.

fatuous *adj* baoth.

fault *n* locht *m*.

faultless *adj* gan locht.

faulty *adj* lochtach.

favour *vt* bí i bhfabhar (+ *gen*).

favourite *n* an duine *m* is ansa (le).

fawn *n* oisín *m*.

fax *n* facs *m*.

fear *vt* eagla *f* a bheith ort roimh. • *n* eagla *f*.

fearful *adj* · eaglach.

fearless *adj* gan eagla.

feast *n* féasta *m*; (*festival*) féile *f*. • *vi* do sháith *f* a ithe.

feat *n* éacht *m*.

feather *n* cleite *m*.

February *n* Feabhra *m*.

federal *adj* cónaidhme.

fee *n* táille *f*.

feeble *adj* fann.

feed *vt* cothaigh. ·

feel *vt* mothaigh.

feeling *n* mothú *m*.

felicitous *adj* tráthúil.

feline *adj* mar chat.

fellowship *n* comhaltacht *f*.

felon *n* meirleach *m*.

female *adj* baineann.

feminine *adj* banda.

fence *n* sconsa *m*. • *vt* cuir fál ar.

fender *n* fiondar.

ferment *n* coipeadh *m*. • *vt* *vi* coip.

fermenation *n* coipeadh *m*.

fern *n* (*bot*) raithneach *f*.

ferret *n* firéad *m*.

ferry *n* faradh *m*. • *vt* (*carry*) iompair.

ferry-boat *n* bád farantóireachta *f*.

fertile *adj* torthúil.

fertility *n* torthúlacht *f*.

fertilise *vt* leasaigh.

fervent *adj* díograiseach.

fervour *n* díograis *f*.

fester *vi* ábhraigh.

festive *adj* féiltiúil.

fetch *vt* faigh.

feu *n* gabháil *m*.

feud *n* fíoch *m*.

fèver *n* fiabhras *m*.

feverish *adj* fiabhrasach.

few *adj* tearc. • *n* beagán *m*.

fibre *n* snáithín *m*.

fibrous *adj* snáithíneach.

fickle *adj* guagach.

fiction *n* ficsean *m*.

fiddle *n* fidil *f*. • *vt* bí ag méiríonteacht *f*; (*accounts*) falsaigh.

fiddler *n* fidléir *m*.

fidelity *n* dílseacht *f*.

field *n* páirc *f*.

field-glasses *npl* déshúiligh *mpl*.

fieldmouse *n* luch *f* fhéir.

fierce *adj* fíochmhar.

fierceness *n* fíochmhaireacht *f*.

fiery *adj* teasaí.

fifteen *adj* *n* cúig *m* déag.

fifth *adj* cúigiú.

fiftieth *adj* caogadú.

fifty *adj* *n* caoga *m*.

fig *n* fige *f*.

fight *vt* *vi* troid. • *n* troid *f*.

figure *n* (*number*) figiúr *m*.

file *n* líne *f*; (*documents*) comhad *m*. • *vi* comhadaigh.

filial *adj* bráithriúil.

fill *vt* líon.

fillet *vt* filléadaigh.

filly *n* cliobóg *f*.

film *n* scannán *m*.

filmstar *n* réaltóg *f* scannán.

filter *n* scagaire *m*. • *vt* scag.

filthy *adj* bréan.

final *adj* deireanach.

finalise *vt* tabhair chun críche *f*.

finance *n* airgeadas *m*.

financier *n* airgeadaí *m*.

find *vt* aimsigh.

fine *adj* breá. • *n* fíneáil *f*. • *vt* fíneáil.

finery n galántacht f.

finger n méar f.

fingernail n ionga f méire.

finish vi vt críochnaigh. • n críoch f.

fir n giúis f

fire n tine f. • vt scaoil.

firearm n arm tine f.

fire escape n staighre m éalaithe.

fireproof adj tinedhíonach.

fireside n teallach m.

firewood n brosna m.

firm adj daingean. • n (com) comhlacht m.

first adj céad. • adv (time) i dtosach báire; (sequence) ar dtús.

first aid n garchabhair f.

first-born n céadghin f.

firth n caol m.

fiscal adj airgeadaíochta.

fish n iasc m. • vt vi iasc.

fisher n iascaire m.

fishing n iacsaireacht f.

fishing-line n dorú m.

fishing rod n slat f iascaigh.

fishy adj iascach; (fig) amhrasach.

fist n dorn m.

fit n racht m. • adj folláin.

five adj n cúig m.

fix vt deisigh; cóirigh.

fixture n fearas m.

fizz vi coipeadh.

flabby adj lodartha.

flag n bratach f.

flagrant adj follasach.

flagstone n leac f.

flair n bua m.

flake n screamhóg f.

flame n bladhm f.

flannel n flainín m.

flap n liopa m. • vt buail.

flare n lasair f rabhaidh.

flash n splanc f. • vt caith (solas).

flask n fleasc m.

flat adj cothrom; (mus) maol. • n maol m; (building) árasán m.

flatten vt leag; (mus) maolaigh.

flatter vt déan plámás le.

flattery n plámás m.

flautist n cuisleannach m.

flavour n blas m. • vt blaistigh.

flea n dreancaid f.

fleece n lomra m. • vt feann.

fleet n cabhlach m.

fleeting adj duthain.

flesh n feoil f.

fleshy adj feolmhar.

flex n fleisc f.

flexible adj solúbtha.

flicker vi preab.

flight n eitilt f.

flimsy adj tanaí.

flinch vi loic.

flint n cloch f thine f.

flippant adj cabanta.

flit vi éalaigh; (house) aistrigh (teach).

float vi snámh.

flock n tréad m.

flood n tuile f. • vt báigh.

floodlight n tuilsolas m.

floor n urlár. • vt cuir urlár ann.

floppy disk n diosca m flapach.

floral adj bláthach.

flounder n iomlaisc m.

flour n plúr m.

flourish vi rath a bheith ort; fás go maith.

flow vi sruthaigh.

flower n bláth m.

fluctuate vi luainigh.

fluency n líofacht f.

fluent adj líofa.

fluid adj silteach. • n sreabhán m.

flush vt: (toilet) sruthlaigh. • vi scaird.

fluster vt cuir mearbhall ar.

flute n feadóg f mhór.

fly vi vt eitil. • n cuil f; (fishing) maghar m. • adj glic.

foal n searrach m.

foam n cúr m. • vi coip.

focus n fócas m. • vt fócasaigh.

fodder n fodar m.

foetus n gin f.

fog n ceo m.

foggy adj ceomhar.

foil vt sáraigh.

fold n (animal) loca m. • vt fill.

folded adj fillte.

foliage n duilliúr m.

folk n daoine m.

folklore n béaloideas m.

folksong n ceol tíre f.

folktale n scéal m béaloidis.

follow vt lean.

folly n baois f.

fond adj ceanúil.

fondle vt muirnigh.

food n bia m.

fool n amadán m. • vt meall.

foolish adj amaideach.

foolproof adj do-mhillte.

foot n cos f; (measurement) troigh f.

footpath n cosán m.

footwear n coisbheart m.

for prep do; faoi choinne; le haghaidh; (time: future) go ceann; (past) ar feadh.

forage vt ransaigh.

forbid vt coisc.

forbidding adj doicheallach.

force n fórsa m. • vt tabhair ar (dhuine) (rud a dhéanamh).

forceps n teanchair f.

ford n áth m.

fore n: **to the fore** chun tosaigh.

forearm n rí f (na) láimhe f.

forecast vt tuar. • n réamhaisnéis f.

forefather n sinsear m.

forefinger n corrmhéar f.

forego vt fág.

foreground n réamhionad m.

forehead n éadan m.

foreign adj coimhthíoch, gallda.

foreigner n coimhthíoch m, Gall m.

foreknow vt aithin roimh ré f.

foreknowledge n réamhfhios m.

foremost adj is tábhachtaí.

forerunner n réamhtheachtaí m.

foresail n seol m tosaigh.

foresee vt tuar.

foreshadow vt tuar.

foresight n réamhfhéachaint f.

forest n foraois f.

forestry n foraoiseacht f.

foretaste n réamhbhlas m.

foretell vt réamhaithris.

forever adv go deo.

forewarn vt tabhair rabhadh.

foreword n réamhfhocal m.

forge n céarta f. • vt falsaigh.

forger n falsaitheoir m.

forget vt vi déan dearmad.

forgetful adj dearmadach.

forgetfulness n dearmad m.

forgive vt maith (do).

forgotten adj (rud) a bhfuil dearmad déanta air.

fork n forc m. • vi gabhlaigh.

forlorn adj dearóil.

form n cruth m. • vt cruthaigh; foirmigh.

formal adj foirmiúil.

formality n deasghnáth m.

format n formáid f.

formidable adj scanrúil.

formula n foirmle f.

fornicate *vi* collaíocht *f* a bheith agat
le duine. • *vt* gabh suas ar.
fornication *n* collaíocht *f*.
forsake *vt* tréig.
forsaken *adj* tréigthe.
fort *n* dún *m*, daingean *m*.
forth *adv* (as seo, *etc*) amach.
forthwith *adv* gan mhoill.
fortitude *n* foirtile *f*.
fortnight *n* coicís *f*.
fortuitous *adj* de thaisme *f*.
fortunate *adj* ádhúil.
fortune *n* fortún *m*.
fortune teller *n* bean *f* or fear *m* feasa.
forty *adj n* daichead *m*.
forward *adj* chun tosaigh. • *adv* ar
aghaidh *f*.
forwards *adv* ar aghaidh *f*.
fossil *n* iontaise *f*.
foster *vt* altramaigh.
foster father *n* athair *m* altrama.
foster mother *n* máthair *f* altrama.
foster sibling *n* comhalta *m*.
foul *adj* bréan. • *n* calaois *f*.
found *vt* bunaigh.
foundation *n* bunú *m*.
founder *n* bunaitheoir *m*. • *vi* (*mar*)
téigh go tóin *f* poill.
foundling *n* leanbh *m* tréigthe.
fount, fountain *n* fuarán *m*.
four *adj n* ceathair *m*.
foursome *n* ceathrar *m*.
fourteen *adj n* ceathair *m* déag.
fourteenth *adj n* ceathrú *f* déag.
fourth *adj n* ceathrú *f*.
fourthly *adv* sa cheathrú háit.
fowl *n* éan *m*.
fox *n* sionnach *m*.
fraction *n* codán *m*.
fracture *n* briseadh *m*.
fragile *adj* sobhriste.

fragment *n* blogh *f*.
fragrant *adj* cumhra.
frail *adj* lag.
frailty *n* laige *f*.
frame *n* fráma *m*.
France *n* An Fhrainc *f*.
frank *adj* ionraic. • *vt* (*stamp*)
frainceáil.
frantic *adj* ar buile *f*.
fraternal *adj* bráithriúil.
fraud *n* caimiléireacht *f*.
freak *n* torathar *m*.
freckles *npl* bricíní *mpl*.
freckled *adj* bricíneach.
free *adj* saor; (*without cost*) saor in
aisce.
freedom *n* saoirse *f*.
freelance *adj* neamhspleách.
freemason *n* máisiún *m*.
free-range *adj* saor-raoin.
free trade *n* saorthrádáil *f*.
free will *n* saorthoil *f*.
freeze *vt vi* reoigh.
freezer *n* reoiteoir *m*.
freight *n* lasta *m*.
French *n* (*ling*) Fraincis *f*. • *adj*
Francach.
Frenchman *n* (*person*) Francach *m*.
frenzy *n* buile *f*.
frequency *n* minicíocht *f*.
frequent *adj* minic. • *vt* gnáthaigh.
fresh *adj* (*air*) úr; fionnuar; (*food*) úr.
fret *vi* bí buartha (faoi rud).
fretful *adj* cancrach.
friar *n* bráthair *m*.
friction *n* frithchuimilt *f*.
Friday *n* Dé *m* hAoine.
friend *n* cara *m*.
friendliness *n* cairdiúlacht *f*.
friendly *adj* cairdiúil.
friendship *n* cairdeas *m*.

fright n scanradh m.

frighten vt scanraigh.

frightful adj scanrúil.

frigid adj fuaránta.

frill n rufa m.

frisky adj meidhreach.

frivolity n giodam m.

frivolous adj giodamach.

fro adv anall.

frock n gúna m.

frog n frog m.

from prep ó; de; as.

front n aghaidh f.

front-door n doras m tosaigh.

frontier n imeallchríoch f.

frost n sioc m.

frostbitten adj siocdhóite.

frosty adj (frozen) reoite.

frown n gruig f.

frugal adj coigilteach.

frugality n coigilt f.

fruit n toradh m.

fruity adj súch.

frustrate vt sáraigh.

fry vt frioch.

frying pan n friochtán m.

fuel n breosla m.

fugitive n éalaitheach m.

fulfil vt comhlíon.

fulfilment n comhlíonadh m.

full adj lán.

full-grown adj lánfhásta.

full stop n lánstad m.

full-time adj lánaimseartha.

fumble vi bí ag útamáil le.

fun n spraoi m, spórt m.

function n feidhm f.

function key n feidhm-eochair f.

fundamental adj bunúsach.

funeral n sochraid f.

funny adj greannmhar; barrúil.

fur n fionnadh m.

furnish vt trealmhaigh.

furniture n troscán m.

furrow n clais f.

furry adj clúmhach.

further, furthermore adv ar a bharr sin.

fury n buile f.

fuse n fiús m.

fusty adj smolchaite.

futile adj fánach; díomhaoin.

futility n díomhaointeas m.

future adj le teacht. • n todhchaí f.

G

gable *n* binn *f.*
gadget *n* gaireas *m.*
Gael *n* Gael *m.*
Gaelic *n* Gaeilge *f* (*lang*). • *adj* Gaelach.
gaiety *n* meidhir *f.*
gaily *adv* go haerach.
gain *vt* gnóthaigh.
gale *n* gála *m.*
gallant *adj* curata.
gallery *n* gailearaí *m.*
galley *n* birling *f.*
gallon *n* galún *m.*
gallop *vi* téigh ar cosa in airde *f.*
Galway *n* Gaillimh *f.*
gallows *n* croch *f.*
galore *adv* go leor.
gamble *vi* bheith ag cearrbhachas.
gambler *n* cearrbhach *m.*
gambling *n* cearrbhachas *m.*
game *n* cluiche *m*; (*hunting*) seilg *f.*
gamekeeper *n* maor *m* géim.
gander *n* gandal *m.*
gang *n* drong *f.*
gannet *n* gainnéad *m.*
gaol *n* príosún *m.*
gap *n* bearna *f.*
gape *vi* stán.
garage *n* garáiste *m.*
garbage *n* bruscar *m.*
garble *vt* cuir (scéal) as a riocht.
garden *n* gairdín *m.*
gardener *n* garraíodóir *m.*
garland *n* bláthfhleasc *f.*
garlic *n* gairleog *f.*
garment *n* ball *m* éadaigh.
garron *n* gearrán *m.*

garrulity *n* cabaíl *f.*
garrulous *adj* cabach.
garter *n* gairtéar *m.*
gas *n* gás *m.*
gas cooker *n* cócaireán *m* gáis, sorn *m* gáis.
gas fire *n* tine *f* gháis.
gash *n* créacht *f.*
gasp *n* cnead *f* (a ligint).
gastronomic *adj* gastranómach.
gastronomy *n* gastranómachas *m.*
gate *n* geata *m.*
gather *vt* bailigh.
gathering *n* cruinniú *m.*
gaudy *adj* spiagaí.
gauge *n* tomhsaire *m.*
gaunt *adj* lom.
gawky *adj* anásta.
gay *adj* (*homosexual*) aerach; meidhreach.
gaze *vi* amharc.
gear *n* (*car*) giar *m.*
gem *n* seoid *f.*
gender *n* cineál *m.*
genealogical *adj* ginealaigh.
genealogist *n* ginealeolaí *m.*
genealogy *n* ginealach *m.*
general *adj* ginearálta; gnáth-.
general election *n* olltoghchán *m.*
generally *adv* de ghnáth.
generator *n* gineadóir *m.*
generic *adj* ginearálta.
generosity *n* flaithiúlacht *f.*
generous *adj* flaithiúil.
genetic *adj* géiniteach.
genial *adj* lách.
genitals *npl* baill *mpl* ghiniúna.

genius *n* (*person*) sárintleachtach *m*.

genteel *adj* galánta.

gentle *adj* caoin.

gentleman *n* duine *m* uasal.

gentlewoman *n* bean *f* uasal.

gentry *n* na huaisle *mpl*.

genuine *adj* fíor-.

geography *n* tíreolaíocht *f*.

geological *adj* geolaíoch.

geologist *n* geolaí *m*.

geology *n* geolaíocht *f*.

geometry *n* céimseata *f*.

germ *n* (*bot*) frídín *m*.

German *adj* Gearmánach. • *n* Gearmánach *m*; (*lang*) Gearmáinis *f*.

Germany *n* An Ghearmáin *f*.

germinate *vt vi* péac.

gestation *n* tréimhse *f* iompair.

gesture *n* gotha *m*.

get *vt* faigh. • *vi* (*become*) éirigh.

ghastly *adj* fuafar.

ghost *n* taibhse *f*.

ghostly *adj* taibhsiúil.

giant *adj* ollmhór. • *n* fathach *m*.

gibberish *n* raiméis *f*.

gibe *n* focal fonóide *f*.

giddy *adj* meadhránach.

gift *n* bronntanas *m*.

gifted *adj* éirimiúil.

gigantic *adj* ábhalmhór.

gild *vt* óraigh.

gill *n* ceathrú *f* pionta.

gin *n* geal *m*.

gingerbread *n* arán *m* sinséir.

giraffe *n* sioráf *m*.

girdle *n* (*corset*) sursaing *f*.

girl *n* cailín *m*, girseach *f*.

girlfriend *n* cailín *m*.

girth *n* (*harness*) giorta *m*.

gist *n* bunús *m* an scéil.

give *vt* tabhair.

glaciation *n* oighearshruthú *m*.

glacier *n* oighearshruth *m*.

glad *adj* áthasach.

glance *n* sracfhéachaint *f*.

gland *n* faireog *f*.

glare *n* dallrú *m*.

Glasgow *n* Glaschú *m*.

glass *n* gloine *f*.

glassware *npl* earraí gloine *f*.

gleam *vi* drithligh.

gleaming *adj* dealrach.

glean *vt* diarsaigh.

glee *n* lúcháir *f*.

glen *n* gleann *m*.

glib *adj* cabanta.

glide *vi* (*aviat*) téigh ar foluain.

glimmer *n* fannléas *m*.

glimpse *n* spléachadh *m*. • *vt* faigh spléachadh.

glint *vi* lonraigh.

glisten, glitter *vi* drithligh.

gloaming *n* clapsholas *m*.

global *adj* domhanda.

global warming *n* téamh domhanda *m*.

globe *n* cruinneog *f*.

gloom *n* gruaim *f*.

gloomy *adj* gruama.

glory *n* glóire *f*.

glossy *adj* snasta.

glove *n* lámhainn *f*.

glow *vi* lonraigh. • *n* luisne *f*.

glower *vi* tabhair drochfhéachaint *f* (ar).

glue *n* gliú *m*.

glum *adj* gruama.

glutton *n* craosaire *m*, gorb *m*.

gluttony *n* craos *m*.

gnash *vt*: **to gnash one's teeth** díoscán a bhaint as na fiacla.

gnaw *vt* creim.

go *vi* téigh, gabh; (*depart*) imigh

goal n cúl m.

goalkeeper n cúl m báire.

goalpost n cuaille m báire.

goat n gabhar m.

goblin n gruagach m.

god n dia m.

goddess n bandia m.

going n dul m; (departing) imeacht m.

gold n ór m.

golden adj órga.

golf n galf m.

good adj maith, dea-.

goodbye! excl slán (go fóill)!

goodness n maitheas f.

goodwill n dea-mhéin f.

goods npl earraí mpl.

goose n gé f.

gooseberry n spíonán m.

gore vt sáigh (le hadharc).

gorge n (geog) altán m. • vt déan craos.

gorgeous adj sárálainn.

gorse n aiteann m.

gory adj fuilteach.

gospel n soiscéal m.

gossip n cúlchaint f. • vi bheith ag cúlchaint f (ar).

govern vt rialaigh.

government n rialtas m.

gown n gúna m.

grab vt sciob.

grace n grásta m; (prayer) altú (roimh bhia) m; (manner) cuannacht f • vt maisigh.

grace-note n nóta m maise.

graceful adj mómhar.

gracious adj grástúil.

grade n céim f; grád m.

gradient n grádán m.

gradual adj céimseach.

gradually adv de réir a chéile.

graduate n céimí m.

graduation n bronnadh m céimeanna.

graft n nódú m. • vt nódaigh. *vi vt saothraigh.

grain n gráinne m.

graip n graeipe f.

gram n gram m.

granary n iothlainn f.

grand adj mór; maorga.

grandchild n garmhac m; gariníon f.

grandad n seanathair m.

grandfather n seanathair m.

grandmother n seanmháthair m.

granite n eibhear m.

grant n deontas m.

granular adj gráinneach.

grape n fíonchaor f.

grapefruit n seadóg f.

graphics npl graificí fpl.

grapple vi téigh chun spairne f (le).

grasp vt beir ar. • n greim m.

grass n féar m.

grassy adj féarmhar.

grate n gráta m. • vt scríob.

grateful adj buíoch.

grater n scríobán m.

gratitude n buíochas m.

gratuity n deolchaire f.

grave adj tromchúiseach.

grave n uaigh f.

gravel n gairbhéal m.

gravestone n leac f uaighe.

graveyard n reilig f.

gravity n (physic) imtharraingt f.

gravy n súlach m.

graze vi bí ar féarach.

graze vt scríob.

grease n bealadh m. • vt bealaigh.

greasy adj bealaithe.

great adj mór.

greatness n mórgacht f.

Greece n An Ghréig f.

greed n saint f.

greedy adj santach.

Greek adj Gréagach. • n Gréagach m; (ling) Gréigis f.

green adj glas; uaine.

greenness n glaise f; uaine f.

greet vt beannaigh do.

greeting n beannacht f.

gregarious adj caidreamhach.

grey adj liath.

grey-haired adj liath.

grid n greille f.

griddle n grideall f.

grief n dobrón m; léan m.

grieve vt déan dobrón.

grill n greille f. • vt gríosc.

grilse n maighreán m.

grim adj dúr.

grimace n strainc f.

grime n salachar m.

grin n straois f. • vi cuir straois f ort féin.

grind vt meil.

gristle n loingeán m.

grit n grean m.

grizzled adj bricliath.

groan n éagnach m.

grocer n grósaeir m.

groceries npl earraí grósaera mpl.

groin n bléin f.

groove n eitre f.

grope vi déan méarnáil f (ar lorg ruda).

gross adj otair.

gross n grósa m (144).

grotesque adj arrachtach.

ground n talamh m.

group n grúpa m.

grouse n (bird) cearc f fhraoigh.

grouse n (grumble) clamhsán m.

grove n garrán m.

grovel vi lodair.

grow vt vi fás; méadaigh.

growl vi drantaigh.

growth n fás m.

grudge n fala f.

grumble vi déan clamhsán.

grunt vi déan gnúsacht f. • n gnúsacht f.

guarantee n ráthaíocht f.

guard n garda m. • vt gardáil.

guardian n coimirceoir m; caomhnóir m.

guerrilla n guairille m.

guess vi vt tomhais.

guest n aoi m.

guide vt treoraigh. • n eolaí m.

guided missile n diúracán treoraithe m.

guide dog n madra treoraithe m.

guillemot n foracha f

guilt n ciontacht f.

guilty adj ciontach.

guitar n giotár m.

gulf n murascaill f.

gully n (drain) lintéar m.

gulp n slogóg f. • vt vi slog.

gum n (chewing gum) guma coganta m.

gumption n gus m.

gun n gunna m.

gunman n fear m gunna.

gurgle n glothar m.

gust n séideán m.

gusto n (le) fonn m.

gusty adj fleách.

gut n putóg f.

H

habit n nós; (*monk*) aibíd f.
habitual adj gnách, gnáth-.
hack vt ciorraigh.
haddock n cadóg f.
haft n cos f.
hag n cailleach f.
haggis n hagaois f.
haggle vi margáil a dhéanamh faoi rud.
hailstone n cloch f shneachta.
hair n gruaig f, folt m.
hairdryer n triomadóir gruaige m.
hairy adj gruagach.
half n leath f.
half-bottle n leathbhuidéal m.
halfway n leath f bealaigh.
hall n halla m.
Hallowe'en n Oíche f Shamhna.
hallucination n mearú súl m.
halo n fáinne m.
halt vt vi stad.
halter n adhastar m.
halve vt laghdaigh faoina leath.
ham n liamhás m.
hamlet n sráidbhaile m.
hammer n casúr m. • vt orlaigh.
hamper n ciseán m. • vt cuir isteach ar.
hand n lámh f. • vt sín.
handbag n mála m láimhe.
handball n liathróid Faimhe f.
handful n dornán m.
handicap n cis f.
handkerchief n ciarsúr m.
handle n lámh f; murlán m. • vt láimhsigh.
handshake n croitheadh láimhe m.

handsome adj dóighiúil.
handwoven n lámhfhite m.
handy adj áisiúil.
hang vt croch.
hangover n póit f.
happen vi tarlaigh.
happening n tarlú m.
happiness n sonas m.
happy adj sona.
harass vt ciap, cráigh.
harbour n cuan m, port m. • vt tearmannaigh.
hard adj crua.
hard disk n diosca m crua.
harden vt vi cruaigh.
hardihood n crógacht f.
hardly adv he hardly caught it is ar éigean gur rug sé air.
hardship n anró m.
hardware n crua-earraí mpl.
hare n giorria m.
hare-brained adj bómánta.
harm n dochar m. • vt déan dochar do.
harmful adj díobhálach.
harmless adj gan dochar.
harmonic adj armónach.
harmonious adj (*mus*) ceolmhar.
harmonise vt cuir (smaointe, *etc*) i gcomhréir le chéile.
harmony n comhcheol m.
harp n cláirseach f.
harpist n cláirseoir m.
harrow n cliath f fhuirste.
harsh adj garg.
harshness n gairgeacht f.
hart n damhfhia m.

harvest n fómhar m.
haste n deifir f.
hasten vt deifrigh.
hasty adj deifreach.
hat n hata m.
hatch n haiste m.
hatchet n tua f.
hate n fuath m. • vt fuathaigh.
hateful adj fuafar.
haughty adj uaibhreach.
haul vt tarraing.
haunch n leis f.
haunt vt taithigh.
have vt I have a pen tá peann agam;
   I have to do it caithfidh mé é a
   dhéanamh.
hawk n seabhac m.
hawser n cábla m.
hawthorn n sceach f gheal.
hay n féar m.
hay fever n fiabhras m léana.
hayrick, haystack n cruach f fhéir.
haze n ceo m.
hazy adj ceobhránach.
he pn sé, é.
head n ceann m.
headache n tinneas m cinn.
headland n ceann m tíre.
headlight n ceannsolas m.
headmaster n ardmháistir m.
headmistress n ardmháistreás f.
headquarters np (mil) ceanncheathrú
   fsg.
headstrong adj ceanndána.
headway n dul chun cinn m.
heady adj corraitheach.
heal vt vi leigheas.
health n sláinte f.
healthy adj folláin, sláintiúil.
heap n moll m. • vt carn.
hear vt vi cluin, mothaigh.

hearing n éisteacht f.
hearing aid n áis f éisteachta f.
hearsay n scéal m scéil.
hearse n cóiste m na marbh,
   eileatram m.
heart n croí m.
heart attack n taom croí m.
hearten vt misnigh.
hearth n tinteán m.
hearty adj croíúil.
heat n teas n. • vt téigh.
heater n téitheoir m.
heathen n pagánach m. *adj pagánach
heather n (bot) fraoch m.
heathery adj fraochmhar.
heating n teas m.
heave vt tóg. • n urróg f.
heaven n neamh f.
heavenly adj neamhaí.
heaviness n troime f.
heavy adj trom.
heckle vt trasnaigh.
hedge n fál m.
hedgehog n gráinneog f.
heed vt aird a thabhairt. • n aird f.
heedless adj neamhairdiúil.
heel n sáil f.
heifer n bodóg f.
height n airde f.
heighten vt ardaigh.
heir n oidhre m.
heiress n banoidhre m.
helicopter n héileacaptar m.
hell n ifreann m.
help vt cuidigh le. • n cuidiú m;
   garaíocht f.
helpful adj cabhrach.
hem n fáithim f.
hemisphere n leathshféar m.
hen n cearc f.
hence adv mar sin de.

henceforth adv as seo amach.

her pn sí, í. • adj a.

herald n fógróir m.

herb n luibh f.

herd n tréad m.

here adv anseo.

hereafter adv (writing) thíos. • n an tsíoraíocht f.

hereby adv leis seo.

hereditary adj oidhreachtúil.

heredity n dúchas m.

heresy n eiriceacht f.

heritage n oidhreacht f.

hermit n díthreabhach m.

hero n laoch m.

heroic adj cróga.

heroin n hearóin f.

heroine n banlaoch m.

heron n corr f éisc.

herring n scadán m.

herring gull n faoileán m scadán.

herself pn sí féin; (object) í féin.

hesitate vi bheith idir dhá chomhairle f.

hesitation n braiteoireacht f.

hiccough, hiccup n snag m.

hide vt ceil.

hideous adj míofar.

hiding-place n cró m folaigh.

high adj ard.

high frequency adj ardmhinicíochta.

highland n garbhchríoch f.

Highlander n híleantóir m.

Highlands npl na Garbhchríoca fpl.

highlight vt tabhair chun suntais.

high-minded adj ardaigeantach.

high-powered adj mórchumhachta.

high tide n lán mara m.

highway n bealach m mór.

hike vi siúil de chois.

hijack vt fuadaigh.

hill n cnoc m.

hillock n tulach m.

hillside n mala f chnoic.

hilly adj cnocach.

hilt n dorn m.

him pn é.

himself pn sé féin, (object) é féin.

hind adj deiridh.

hinder vt bac.

hinge n inse m.

hint n leid f.

hip n cromán m.

hire vt fostaigh.

his adj a.

hiss vi sios.

historian n staraí m.

historic(al) adj stairiúil.

history n stair f.

hit vt buail. • n buille m.

hitherto adv go dtí seo.

HIV n VED.

hive n coirceog f.

hoard n stór m. • vt cuir i dtaisce f.

hoarfrost n sioc m bán.

hoarse adj piachánach.

hoarseness n piachán m.

hobby n caitheamh aimsire m.

hobnail n durnán m.

hoe n grafóg f. • vt glan le grafóg f.

Hogmanay n Oíche f Chinn Bhliana.

hold vt coinnigh.

hole n poll m.

holiday n saoire f.

hollow adj cuasach. • n cuas m.

hollowness n folaimhe f.

holly n (bot) cuileann m.

holy adj naofa.

holy water n uisce m coisricthe.

homage n ómós.

home n baile. • adj baile.

home page *n* leathanach *m* baile.
home rule *n* rialtas *m* dúchais.
homesick *adj* cumhach.
homesickness *n* cumha *m*.
homespun *adj* simplí.
homosexual *adj n* homaighnéasach.
honest *adj* ionraic.
honesty *n* ionracas.
honey *n* mil *f*.
honeymoon *n* mí *f* na meala.
honeysuckle *n* (*bot*) féithleann *m*.
honour *n* onóir *f*, urraim *f*. • *vt* onóraigh.
hood *n* cochall *m*.
hoof *n* crúb *f*.
hook *n* crúca *m*.
hooked *adj* crúcach.
hooligan *n* maistín *m*.
hoot *vi* séid.
hop *n* truslóg *f*. • *vi* tabhair truslóg *f*.
hope *n* dóchas *m*. • *vi* tá súil agam (go).
hopeful *adj* dóchasach.
horizon *n* bun na spéire *f*.
horizontal *adj* cothrománach.
horn *n* adharc *f*; (*mus*) corn *m*; (*drink*) buabhall *m*.
hornet *n* cearnamhán *m*.
horoscope *n* tuismeá *f*.
horrible *adj* uafásach.
horrid *adj* gránna.
horror *n* uafás *m*.
horse *n* capall *m*.
horseman *n* marcach *m*.
horseshoe *n* crú capaill *m*.
hose *n* (*sock*) stocaí *mpl*; (*pipe*) píobán *m*.
hospitable *adj* flaithiúil.
hospital *n* otharlann *f*.
hospitality *n* flaithiúlacht *f*.
host *n* óstach *m*; (*people*) slua *m*.

hostage *n* giall *m*.
hostess *n* banóstach *m*.
hostile *adj* naimhdeach.
hostility *n* naimhdeas *m*.
hot *adj* te.
hotel *n* óstán *m*.
hour *n* uair *f*.
hourly *adv* gach uair.
house *n* teach *m*. • *vt* tabhair dídean (do).
household *n* teaghlach *m*.
hover *vi* bí ar foluain.
how *adv* cad é mar, conas.
however *adv* áfach.
howl *vi* lig glam *f* asat. • *n* glam *f*.
huddle *vi* teann isteach (le chéile).
hug *vt* beir barróg *f* (ar).
hull *n* cabhail *f*.
hum *n* crónán *m*. • *vi* bí ag crónán.
human *adj* daonna.
humane *adj* daonnachtúil.
humanity *n* (*quality*) daonnacht *f*.
humankind *n* an cine daonna.
humble *adj* umhal. • *vt* íslígh.
humid *adj* tais.
humorist *n* fear *m* grinn.
humorous *adj* greannmhar.
humour *n* greann *m*. • *vt* duine a mholadh.
hump *n* cruit *f*.
hundred *adj n* céad *m*.
hundredth *adj* céadú.
hunger *n* ocras *m*.
hunger strike *n* stailc *f* ocrais.
hungry *adj* ocrach *m*.
hunt *vi vt* seilg. • *n* seilg *f*.
hunter *n* sealgaire *m*.
hurricane *n* stoirm *f* ghaoithe.
hurry *vt vi* déan deifir *f*. • *n* deifir *f*.
hurt *vt* gortaigh. • *n* dochar *m*.
hurtful *adj* goilliúnach.

husband *n* fear *m* céile.
hush! *excl* éist!, fuist!
hut *n* bothán *m*.
hybrid *n* croschineálach *m*.
hydroelectric *adj* hidrileictreach.
hygiene *n* sláinteachas *m*.

hymn *n* iomann *m*.
hypocrisy *n* fimíneacht *f*.
hypocrite *n* fimíneach *m*.
hysterical *adj* histéireach; (*laughter*) sna trithí gáire.
hysterics *npl* taom histéire *m*.

I

I *pn* mé.
ice *n* oighear *m*, siocán *m*.
iceberg *n* cnoc *m* oighir.
ice cream *n* uachtar *m* reoite.
icicle *n* coinlín reo *m*.
icing *n* reoán *m*.
icy *adj* sioctha.
idea *n* smaoineamh *m*, barúil *f*.
ideal *adj* ar fheabhas. • *n* idéal *m*.
identical *adj* ionann.
identification *n* aitheantas *m*.
identify *vt* aithin.
identity *n* aithne *f*; (*particular*) féiniúlacht *f*.
idiom *n* cor cainte *m*.
idiot *n* amadán *m*.
idle *adj* díomhaoin; (*lazy*) falsa.
idleness *n* díomhaointeas *m*.
idler *n* falsóir *m*.
idol *n* íol *m*.
if *conj* (*pres/past*) má; (*condl/impfct*) dá; *conj* (*neg*) mura.
ignite *vt vi* las.
ignition *n* adhaint *f*.
ignominious *adj* náireach.
ignorance *n* aineolas *m*.
ignorant *adj* aineolach.
ignore *vt* déan neamhiontas de.
ill *adj* tinn, breoite.
ill-health *n* easláinte *f*.
illegal *adj* mídhleathach.
illegality *n* aindleathacht *f*.
illegible *adj* doléite.
illegitimate *adj* neamhdhlisteanach.
illiterate *adj* neamhlitearthe.
illness *n* tinneas *m*.
illogical *adj* míloighciúil.

illuminate *vt* soilsigh.
illumination *n* soilsiú *m*; (*decoration*) maisiú *m*.
illusion *n* seachmall *m*.
illusory *adj* mealltach.
illustrate *vt* léirigh; (*decorate*) maisigh
illustrator *n* maisitheoir *m*.
illustrious *adj* oirirc.
image *n* íomhá *f*.
imaginable *adj* insamhlaithe.
imaginary *adj* samhailteach.
imagination *n* samhlaíocht *f*.
imagine *vt* samhlaigh.
imbecile *n* amadán *m*.
imbibe *vt* ól.
imbue *vt* (*to imbue someone with an idea*) smaoineamh a chur i gceann duine.
imitate *vt* déan aithris *f* (ar).
imitation *n* aithris *f*.
immaculate *adj* gan smál.
immaterial *adj* neamhábhartha.
immature *adj* anabaí.
immaturity *n* anabaíocht *f*.
immeasurably *adv* thar a bheith.
immediate *adj* láithreach.
immediately *adv* láithreach bonn.
immense *adj* ollmhór.
immerse *vt* tum.
immigrant *n* inimirceach *m*.
immigration *n* inimirce *f*.
imminent *adj* (rud) atá ar tí titim amach.
immodest *adj* mínáireach.
immoral *adj* mímhorálta.
immorality *n* mímhoráltacht *f*.

immortal *adj* neamhbhásmhar.

immortality *n* neamhbhásmhaireacht *f*.

immunise *vt* díon.

immunity *n* saoirse *f*; imdhíonacht *f*.

imp *n* grabaire *m*.

impair *vt* loit.

impalpable *adj* dothuigthe.

impart *vt* dáil (ar).

impartial *adj* neamhchlaon.

impassable *adj* dothrasnaithne.

impassive *adj* socair.

impatience *n* mífhoighne *f*.

impede *vt* bac.

impediment *n* constaic *f*.

impel *vt* **to impel someone to do something** cuir d'fhiacha ar dhuine rud éigin a dhéanamh.

impenetrable *adj* dothreáite.

imperative *adj* práinneach.

imperceptible *adj* domhothaithe.

impersonal *adj* neamhphearsanta.

impersonate *vt* pearsanaigh.

impertinence *n* sotal *m*.

impertinent *adj* sotalach.

impervious *adj* beag beann (ar rud); (*to water*) uiscedhíonach.

impetuous *adj* tobann; teasaí.

impetus *n* fuinneamh *m*.

impinge (on something) *vi* buail (ar rud éigin).

implacable *adj* doshásta.

implement *n* uirlis *f*.

implement *vt* cuir i bhfeidhm.

implicate *vt* cuir cuid den mhilleán ar.

implication *n* impleacht *f*.

implicit *adj* intuigthe.

implore *vt* impigh ar.

imply *vt* tabhair le fios; (*mean*) ciallaigh.

impolitic *adj* neamhchríonna.

import *n* (*meaning*) brí *f*. • *npl* (*goods*) earraí *mpl* iompórtálacha. • *vt* iompórtáil.

importance *n* tábhacht *f*.

important *adj* tábhachtach.

impose *vt* cuir ar.

impossibility *n* dodhéantacht *f*.

impossible *adj* dodhéanta.

impostor *n* mealltóir *m*.

impotence *n* éagumas *m*.

impotent *adj* éagumasach.

impoverish *vt* bochtaigh.

impracticable *adj* neamhphraiticiúil.

impregnable *adj* doghafa.

impressive *adj* sonrach.

imprison *vt* cuir i bpríosún.

improbability *n* neamhdhóchúlacht *f*.

improbable *adj* neamhdhóchúil.

improper *adj* mí-oiriúnach.

improve *vt* leasaigh.

improvement *n* feabhas *m*.

improvident *adj* éigríonna.

imprudent *adj* místuama.

impudence *n* sotal *m*.

impulsive *adj* ríogach.

impure *adj* neamhghlan.

impute *vt* cuir i leith (duine).

in *prep* i (**the**, *sing*) sa, (**the**, *pl*) sna. • *adv* (*inwards*) isteach.

inability *n* míchumas *m*.

inaccurate *adj* míchruinn.

inadequate *adj* easnamhach.

inadvertent *adj* neamhchúramach.

inane *adj* leamh.

inarticulate *adj* snagach.

inasmuch as *conj* sa mhéid go.

incarnate *adj* i gcolainn *f* dhaonna.

incense *n* túis *f*. • *vt* cuir fearg *f* ar.

incest *n* ciorrú coil *m*.

incestuous *adj* colach**

inch *n* orlach *f.*

inclement *adj* anróiteach.

inclination *n* claonadh *m.*

incline *vt vi* claon.

include *vt* cuir san áireamh.

incognito *adv* faoi choim *f.*

income *n* ioncam *m,* teacht *m* isteach.

income tax *n* cáin *f* ioncaim.

incomparable *adj* dosháraithe.

incompatible *adj* neamh-chomhoiriúnach.

incomplete *adj* neamhiomlán.

incomprehensible *adj* dothuigthe.

inconvenience *n* míchaoithiúlacht *f.*

incorrect *adj* mícheart.

increase *vt* méadaigh. • *n* méadú *m.*

incredible *adj* dochreidte.

incredulous *adj* amhrasach.

incriminate *vt* ciontaigh.

incubate *vt vi* gor.

incur *vt* fearg *f* a tharraingt ort.

incurable *adj* doleigheasta.

indebted *adj* faoi chomaoin *f.*

indecent *adj* mígheanasach.

indeed *adv* go deimhin.

indelible *adj* doscriosta.

indemnify *vt* téigh in urra ar.

indent *vt* eangaigh.

independence *n* neamhspleáchas *m.*

independent *adj* neamhspleách.

index *n* innéacs *m.* • *vt vi* innéacsaigh.

indicate *vt* tabhair le fios.

indifferent *adj* ar nós cuma liom.

indigestion *n* mídhíleá *m.*

indignant *adj* feargach.

indignation *n* fearg *f.*

indirect *adj* neamhdhíreach.

indiscreet *adj* béalscaoilte.

indiscretion *n* earráid *f.*

individual *n* duine *m* aonair.

indoor *adv* istigh.

indulge *vt* sásaigh.

indulgent *adj* boigéiseach.

industrial *adj* tionsclaíoch.

industrious *adj* saothrach.

industry *n* (*abstract*) tionscal *m;* dícheall *m.*

inedible *adj* do-ite.

inept *adj* baoth.

inequality *n* éagothroime *f.*

inert *adj* marbhánta.

inexcusable *adj* doleithscéil.

inexpensive *adj* saor.

inexperienced *adj* gan taithí.

inexplicable *adj* domhínithe.

inextricable *adj* dofhuascailte.

infallible *adj* do-earráide.

infant *n* naíonán *m.*

infantile *adj* leanbaí.

infantry *n* cos-slua *m.*

infect *vt* ionfhabhtaigh.

infection *n* ionfhabhtú *m.*

inferior *adj* íochtarach.

infertile *adj* neamhthorthúil.

infest *vt*: **infested with** foirgthe le.

infinitesimal *adj* an-bhídeach.

infirm *adj* easlán.

inflammable *adj* inlasta.

inflate *vt* séid.

inflation *n* (*money*) boilsciú *m.*

inflict *vt* (rud) a ghearradh ar.

influence *n* tionchar *m.* • *vt* téigh i bhfeidhm *f* ar.

influenza *n* fliú *m.*

inform *vt* cuir (rud) in iúl.

informal *adj* neamhfhoirmiúil.

informality *n* neamhfhoirmiúlacht *f.*

information *n* eolas *m.*

information technology *n* teicneolaíocht *f* an colais.

infrequent *adj* annamh.
infringe *vt* sáraigh.
ingenious *adj* intleachtach.
ingenuous *adj* oscailte.
ingot *n* barra *m*.
ingredient *n* comhábhar *m*.
inhabit *vt* áitrigh.
inhabitable *adj* ináitrithe.
inhabitant *n* áitreabhach *m*.
inhale *vt* ionanálaigh.
inherit *vt* faigh (rud) mar oidhreacht *f*.
inhibit *vt* cros rud ar.
inhibition *n* urchoilleadh *m*.
inhospitable *adj* doicheallach.
inhuman *adj* mídhaonna.
initial *adj* tosaigh. • *n* túslitir *f*.
inject *vt* insteall.
injection *n* instealladh *m*.
injure *vt* gortaigh.
injurious *adj* díobhálach.
injury *n* gortú *m*.
ink *n* dúch *m*.
inland *adj* intíre.
inlet *n* gaoth *m*.
inn *n* óstán *m*.
innate *adj* dúchasach.
inner *adj* inmheánach, istigh.
innkeeper *n* óstóir *m*.
innocent *adj* neamhchiontach.
innovate *vt* nuálaigh.
innovation *n* nuáil *f*.
innovator *n* nuálaí *m*.
innuendo *n* leathfhocal *m*.
inoculate *vt* ionaclaigh
inquire *n vi* fiafraigh.
inquiry *n* fiosrúchán *m*.
inquisitive *adj* fiosrach.
insane *adj* as do mheabhair *f*.
insanitary *adj* mishláintiúil.
insanity *n* gealtacht *f*.

insect *n* feithid *f*.
insecure *adj* éadaingean.
inseparable *adj* do-scartha.
insert *vt* cuir isteach.
inside *n* taobh istigh. • *adv* isteach.
insincere *adj* éigneasta.
insipid *adj* leamh.
insist *vi* seas ar.
insolvency *n* dócmhainneacht *f*.
insolvent *adj* dócmhainneach.
insomnia *n* neamhchodladh *m*.
inspect *vt* scrúdaigh.
instal *vt* suiteáil.
instalment *n* (*payment*) glasíoc *m*.
instance *n* sampla *m*.
instant *adj* ar an toirt. • *n* nóiméad *m*.
instil *vt* cuir ina luí ar.
instinct *n* instinn *f*.
instinctive *adj* instinneach.
institute *n* institiúid *f*.
institution *n* institiúid *f*.
instrument *n* (*music*) gléas *m*; (*pol*) beart *m*.
insular *adj* oileánach.
insulate *vt* inslígh.
insult *vt* maslaigh. • *n* masla *m*.
insurance *n* (*com*) árachas *m*.
insurance policy *n* polasaí árachais *m*.
insure *vt* árachaigh.
intact *adj* iomlán.
integrity *n* ionracas *m*.
intellect *n* intleacht *f*.
intellectual *adj* intleachtúil.
intelligence *n* intleacht *f*.
intelligible *adj* sothuigthe.
intend *vt* tá de rún ag.
intense *adj* dian.
intensify *vt* géaraigh.
intensity *n* déine *f*.
intention *n* rún *m*.

intentional *adj* d'aon turas.

intercede *vi* déan idirghuí.

intercept *vt* ceap.

intercourse *n* caidreamh *m*; (*sexual*) caidreamh *m* collaí.

interest *n* suim *f*.

interesting *adj* suimiúil.

internal *adj* inmheánach.

international *adj* idirnáisiúnta.

internet *n* idirlíon *m*.

interpret *vt* mínigh.

interpreter *n* ateangaire *m*.

interrupt *vt* cuir isteach.

interruption *n* cur isteach *m*.

intertwine *vt* figh.

intervene *vi* déan idirghabháil *f*.

intervention *n* idirghabháil *f*.

interview *n* agallamh *m*. • *vt* cuir agallamh ar.

intestine *n* stéig *f*.

intimacy *n* dlúthchaidreamh *m*.

intimate *adj* dlúth.

into *prep* isteach i, i.

intonation *n* tuin *f* chainte *f*.

intricate *adj* casta.

intrinsic *adj* ann féin.

introduce *vt* cuir (duine) in aithne *f*.

introduction *n* cur in aithne *f*.

intrude *vi* brúigh isteach ar.

intruder *n* foghlaí *m*.

intuition *n* iomas *m*.

invalid *adj* neamhbhailí. • *n* easlán *m*.

invariable *adj* neamhathraitheach.

invent *vt* fionn.

invention *n* fionnachtain *f*.

inventive *adj* airgtheach.

inventor *n* fionnachtaí *m*.

inventory *n* liosta *m*.

Inverness *n* Inbhir Nis *m*.

invert *vt* inbhéartaigh.

invest *vt* infheistigh.

invisible *adj* dofheicthe.

invitation *n* cuireadh *m*.

invite *vt* tabhair cuireadh (do).

invoice *n* (*com*) sonrasc *m*.

involuntary *adj* éadoilteanach.

involve *vt* baint a bheith (agat) le.

inward *adj* isteach.

inwards *adv* isteach.

Ireland *n* Éire *f*, (*in Ireland*) in Éirinn.

Irish *adj* Éireannach, Gaelach.

irksome *adj* bearránach.

iron *n* iarann *m*. • *adj* iarainn. • *vt* iarnáil.

ironic *adj* íorónta.

irony *n* íoróin *f*.

irrational *adj* éigiallta.

irregular *adj* neamhrialta.

irrelevant *adj* neamhábhartha.

irreverent *adj* easurramach.

irrigate *vt* uiscigh.

irrigation *n* uisciú *m*.

irritable *adj* colgach.

irritation *n* crá *m*.

Islam *n* Ioslamachas *m*.

island *n* oileán *m*.

islander *n* oileánach *m*.

Islay *n* Ìle *m*.

isolate *vt* leithlisigh.

isolated *adj* iargúlta.

issue *n* ceist *f*; (*descendents*) sliocht *m*.

isthmus *n* cuing *f*.

it *pn* é, (*fem*) í.

Italian *adj* Iodálach.

Italy *n* An Iodáil *f*.

itch *n* tochas *m*.

itchy *adj* tochasach.

itinerary *n* plean *m* aistir.

its *pn* a.

itself *pn* é féin, í féin.

ivory *n* eabhar *m*.

J

jab n instealladh m. • vt sáigh.

jacket n casóg f.

Jacobite n adj Seacaibíteach m

jagged adj eangach.

jail n príosún m.

jam n subh m; (traffic) plódú trádcha m.

jangle vi bheith ag gliogarnach.

janitor n doirseoir m.

January n Eanáir m.

jar n crúsca m.

jargon n béarlagair m.

jaundice npl na buíocháin m.

jaunt n turas m.

jaunty adj aerach.

jaw n giall m.

jawbone n cnámh f géill.

jealous adj éadmhar.

jealousy n éad m.

jeans n bríste m géine.

jeer vt déan fonóid f faoi.

jelly n glóthach f.

jellyfish n smugairle m róin.

jerkin n seircín m.

jersey n geansaí m.

jest vi déan magadh.

jester n fear m magaidh.

jet plane n scairdeitleán m.

jettison vt cuir i bhfarraige f.

jetty n lamairne m, caladh cuain m.

jewel n seoid f.

jeweller n seodóir m.

jib n seol m cinn. • vi cuir stailc suas.

jig n port m.

jilt vt tréig.

job n jab m.

jockey n jacaí m.

jog vi tabhair broideadh do; bheith ar bogshodar.

join vt ceangail.

joiner n siúinéir m.

joinery n siúinéireacht f.

joint adj comhpháirteach. • n alt m.

jointly adv i gcomhpháirtíocht.

joke n magadh m.

jollity n meidhréis f.

jolly adj meidhreach.

jolt n stangadh m. • vt croith.

jostle vt guailleáil.

jot n faic f na fríde, dada m.

journal n iris f.

journalism n iriseoireacht f.

journalist n iriseoir m.

journey n turas m.

jovial adj meidhreach.

jowl n giall m.

joy n gliondar m.

joyful adj gliondrach.

jubilant adj ríméadach.

jubilee n iubhaile f.

judge n breitheamh m. • vt tabhair breith ar.

judgment n breithiúnas m.

judicial adj dlíthiúil.

jug n crúsca m.

juggle vt déan lámhchleasaíocht f.

jugular adj (féith) scornaí f.

juice n sú m.

juicy adj súmhar.

July n Iúil m.

jump n léim f. • vi vt léim.

jumper n geansaí m.

juncture n gabhal m.

June n Meitheamh m.

197

jungle *n* mothar *m*.

junior *adj* sóisearach; (*rank*) níos sóisearaí.

juniper *n* aiteal *m*.

junk *n* bruscar *m*.

junket *n* juncaed *m*. • *vt* déan féasta

juror *n* giúróir *m*.

just *adj* cóir • *adv* go díreach.

justice *n* ceart *m*.

justifiable *adj* inmhaite.

justification *n* fíorú (ráiteas, etc) *m*; saoradh (duine) ó chion *m*.

justify *vt* saor (duine) ó chion; fíoraigh (ráiteas, etc).

jut *vi* gob amach.

juvenile *adj* óigeanta.

juxtapose *vt* cuir rudaí le hais a chéile.

K

kale n cál m.

keel n cíl f.

keen adj díograiseach. • vt vi caoin.

keenness n géire f.

keep n daingean m. • vt coinnigh.

keepsake n cuimhneachán m.

kelp n ceilp f.

kennel n conchró m.

kerb n colbha cosáin m.

kernel n eithne f.

kettle n citeal m.

key n eochair f; (mus) gléas m.

keyboard n eochairchlár m.

keystone n eochair f.

kick n cic m. • vt ciceáil.

kid n (goat) meannán m.

kidnap vt fuadaigh.

kidney n duán m.

kill vt maraigh.

killer n marfóir m.

kilogram n cileagram m.

kilometre n ciliméadar m.

kin n muintir f.

kind adj cineál.

kindle vt dearg.

kindly adj cineálta.

kindred adj d'aon chineál.

kindred n muintir f.

king n rí m.

kingdom n ríocht f.

kinsman n fear m muinteartha.

kinswoman n bean f mhuinteartha.

kiosk n both f

kipper n scadán m leasaithe.

kiss n póg f. • vt póg.

kit n trealamh m.

kitbag n mála m taistil; (mil) mála m trealaimh.

kitchen n cistin f.

kite n eitleog f.

kitten n puisín m.

knack n cleas m deaslámhaí.

knapsack n cnapsac m.

knave n cneamhaire m.

knead vt fuin.

knee n glúin f.

kneecap n capán glúine f.

kneel vi téigh ar do ghlúine f, sléacht.

knickers n brístín m.

knife n scian f.

knight n ridire m.

knighthood n ridireacht f.

knit vt cniotáil.

knitter n cniotálaí m.

knitting needle n biorán m cniotála f.

knob n cnap m; murlán m.

knock n cnag m. • vt cnag.

knoll n maolchnoc m.

knot n snaidhm f. • vt snaidhm.

knotted, knotty adj snaidhmeach.

know vt vi aithnigh; bheith eolach ar.

knowing adj eolach.

knowingly adj go heolach.

knowledge n eolas m.

knowledgeable adj go heolach.

knuckle n alt m.

kyle n caol m.

L

label n lipéad m.

labial adj liopach.

laboratory n saotharlann f.

laborious adj saothrach.

labour vi obair f.

labourer n oibrí m.

labyrinth n cathair f ghríobháin.

lace n lása m, iall f. • vt ceangail.

lacerate vt stiall.

laceration n stialladh m.

lack n easnamh m. • vi bheith easnamhach.

lad, laddie n buachaill m.

ladder n dréimire m.

ladle n ladar m.

lady n bean f uasal.

ladybird n bóín f Dé.

ladylike adj banúil.

lair n uachais f.

lake n loch m.

lake dwelling n crannóg f.

lamb n uan m; (roast) uaineoil f.

lame adj bacach.

lameness n bacaíl f.

lament n caoineadh m. • vi vt caoin.

lamentable adj méalach.

lamentation n caoineadh m.

lamp n lampa m.

lance vt lansaigh.

lancet n lansa m.

land n talamh m. • vt cuir i dtír f.

landholder n tiarna m talún.

landing n ceann m staighre; (of aeroplane) tuirlingt f.

landing strip n stráice tuirlingthe m.

landlady n bean f tí.

landlocked adj talamhiata.

landmark n sprioc f.

landscape n tírdhreach m.

landslide n maidhm f thalún.

landward adv i dtreo na talún.

lane n bóithrín m.

language n teanga f.

languish vi téigh in ísle f brí

lanky adj scailleagánta.

lantern n laindéar m.

lap n ucht m.

lap vi bheith ag lapadáil.

lapel n bóna m.

lapse n earráid f.

larceny n gadaíocht f.

larch n learóg f.

lard n blonag f.

larder n lardrús m.

large adj mór.

lark n fuiseog f.

lass, lassie n cailín m.

last adj deireanach. • adv ar deireadh.

lasting adj buan.

late adj mall.

lately adv le déanaí.

lateness n déanaí f.

latent adj folaigh.

lather n sobal m. • vt cuir sobal ar.

Latin n Laidin f.

lattitude n domhanleithead m.

latter adj deireanach.

laugh n gáire m. *vi déan gáire.

laughter n gáire m.

launch vt láinseáil.

laurel n labhras m.

lavatory n leithreas m.

lavish adj fial. • vt caith go doscaí.

law n dlí m.

lawsuit n cúis f dlí.

lawyer n dlíodóir m.

laxative n purgóid f.

lay vt leag, cuir, breith.

lay-by n leataobh m.

layer n brat m.

layman n tuata m.

laziness n falsacht f.

lazy adj falsa.

lead n (min) luaidhe f; (dog) iall f.
• vt treoraigh.

leaden adj ar dhath na luaidhe f.

leader n ceannaire m.

leaf n duille m.

leafy adj duilleach.

league n (pol) conradh m; (sport)
sraith f.

leak n deoir f anuas. • vi (tank, etc)
lig tríd; (shoes) lig isteach; (boat)
bheith ag déanamh uisce.

leaky adj pollta.

lean adj caol. *vi lig do thaca le.

leap vt vi léim.

leap year n bliain f bhisigh.

learn vt foghlaim.

lease n léas m.

leasehold n léasacht f.

least adj is lú.

leather n leathar m.

leave n saoire f; cead m scoir. • vt
fág. • vi imigh.

lecherous adj drúisiúil.

lecture n léacht f. • vt tabhair léacht.

ledge n leac f.

ledger n mórleabhar cuntas m.

lee, lee-side n taobh m an fhoscaidh.

leech n súmaire m.

leek n cainneann f.

left adj clé; **the left** (pol) an eite f
chlé.

left-hand n ciotóg f.

left-handed adj ciotógach.

left-hand side n taobh m na láimhe clé.

leg n cos f.

legacy n oidhreacht f.

legalise vt déan (nós) dlíthiúil.

legend n finscéal m.

legendary adj finscéalach.

legibility n inléiteacht f.

legible adj inléite.

legislate vi achtaigh.

legitimate adj dlisteanach.

leisure n fóillíocht f.

leisurely adj go socair.

lemon n líomóid f.

lend vt tabhair (rud) ar iasacht f do.

lender n iasachtóir m.

length n fad m.

lengthen vt fadaigh, cuir fad le.

lengthways, lengthwise adv ar (a)
fhad.

lenient adj bog.

lens n lionsa m.

Lent n An Carghas m.

leper n lobhar m.

leprechaun n leipreachán m.

less adj níos lú.

lessen vt laghdaigh.

lesson n ceacht m.

lest conj ar eagla f go.

let vt (lease) lig ar cíos; lig.

lethal adj marfach.

letter n litir f.

letter box n bosca m litreacha.

lettuce n leitís f.

level adj cothrom.

level n leibhéal m. • vt cuir ar leibhéal.

lever n liamhán m.

lewd adj graosta.

lewdness n graostacht f.

liability n (responsibility) freagracht
f; (law) dliteanas m.

liable *adj* freagrach.

liar *n* bréagadóir *m*.

libel *vt* leabhlaigh.

liberal *adj* liobrálach.

librarian *n* leabharlannaí *m*.

library *n* leabharlann *f*.

licence *n* ceadúnas *m*.

license *vt* ceadúnaigh.

lichen *n* crotal *m*.

lick *vt* ligh.

lid *n* clár *m*.

lie *vi* luigh. • *n* bréag *f*. • *vt* déan bréag *f*.

life *n* beatha *f*, saol *m*.

lifeboat *n* bád *m* tarrthála.

lifeguard *n* garda *m* tarrthála.

lifestyle *n* stíl *f* bheatha.

lift *n* (*elevator*) ardaitheoir *m*. • *vt* tóg.

light *adj* éadrom.

light *n* solas *m*. • *vt* las.

light-headed *adj* éaganta.

lighten *vt* éadromaigh, laghdaigh.

lighthouse *n* teach *m* solais.

lightness *n* éadroime *f*.

lightning *n* tintreach *f*.

like[1] *adj* den chineál chéanna. • *n* **and the like** agus a leithéid *m*.

like[2] *vt* is maith le.

likeness *n* cosúlacht *f*.

likewise *adv* mar an gcéanna.

limb *n* géag *f*.

limestone *n* aolchloch *f*.

lime tree *n* crann *m* líomaí.

limit *n* teorainn *f*.

limited *adj* (*Ltd*) teoranta *m* (teo.).

limp *n* céim *f* bhacaí. • *vi* bheith ag bacadradh.

limpet *n* bairneach *m*.

lindin tree *n* crann *m* teile *f*.

line *n* líne *f*. • *vt* línigh.

lineage *n* ginealach *m*.

lineal *adj* díreach.

linear *adj* líneach.

linen *n* líon *m*.

linger *vi* moilligh.

linguist *n* teangeolaí *m*.

link *n* ceangal *m*.

linnet *n* gleoiseach *f*.

lion *n* leon *m*.

lioness *n* leon *m* baineann.

lip *n* liopa *m*.

liquefy *vi vt* leachtaigh.

liquid *adj* leachtach. • *n* leacht *m*.

liquidate *vt* leachtaigh.

lisp *n* gliscín *m*. • *vt vi* labhair go briotach.

list *n* liosta *m*. • *vt* déan liosta de.

listen *vi* éist.

listener *n* éisteoir *m*.

listless *adj* spadánta.

literacy *n* litearthacht *f*.

literal *adj* litriúil.

literate *adj* liteartha.

literature *n* litríocht *f*.

litre *n* lítear *m*.

litter *n* bruscar *m*; (*of young*) ál *m*. • *vt* cuir (seomra, etc) trína chéile.

little *adj* beag.

liturgy *n* liotúirge *m*.

live *adj* beo. • *vi* mair.

livelihood *n* slí *f* bheatha.

lively *adj* bríomhar.

liver *n* ae *m*.

livid *adj* glasghnéitheach.

lizard *n* loghairt *f*.

load *n* ualach *m*. • *vt* lódaigh.

loaf *n* builín *m*.

loan *n* iasacht *f*.

loathe *vt* is leasc le.

loathing *n* gráin *f*.

loathsome *adj* fuafar.

lobster *n* gliomach *m*.

lobster pot n pota m gliomach.

local adj áitiúil.

locality n ceantar m.

locate vt aimsigh.

loch n loch m.

lock n glas m; (of hair) dlaoi f. • vt cuir glas ar.

locket n loicéad m.

locksmith n glasadóir m.

lodge n lóiste m. • vi bheith ar lóistín (ag).

lodger n lóistéir m.

loft n lochta m.

log n lomán m. • vi (comput) **to log off** log as, **to log on** log ann.

logic n loighic f.

logical adj loighciúil.

loiter vi bheith ag falróid.

loll vi bheith ag sínteoireacht.

lollipop n líreacán m.

lone adj aonarach.

loneliness n uaigneas m.

long adj fada. • adv i bhfad. • vi bheith ag tnúth le.

long ago adv i bhfad ó shin.

long-term adj fadtréimhseach.

longevity n fad m saoil.

longing n tnúth m.

longitude n domhanfhad m.

long-suffering adj fadfhulangach.

long-wave n fadtonn f. • adj fadtonnach.

long-winded adj fadchainteach.

look n amharc m; (appearance) cuma f. • vi amharc, féach; **to look for** lorg.

looking glass n scáthán m.

loop n lúb f.

loophole n lúb f ar lár.

loose adj scaoilte. • vi scaoil.

lopsided adj leatobhach.

lord n tiarna m.

lore n seanchas m.

lose vt caill.

loss n cailleadh m.

lost adj caillte.

lotion n lóis f.

lottery n crannchur m.

loud adj ard, glórach.

loudness n glóraí f.

loudspeaker n callaire m.

lounge n seomra m suí.

louse n míol m.

lousy adj ainnis.

lout n bodach m.

love n grá m.

lover n leannán m.

lovesick adj i bpian f an ghrá.

loving adj geanúil.

low adj íseal.

low-cut adj le brollach íseal.

lower vt íslígh.

lowest adj is ísle.

lowly adj uiríseal.

loyal adj dílis.

loyalty n dílseacht f.

lubricate vt bealaigh.

lucid adj soilseach.

luck n ádh m.

lucky adj ámharach.

lucrative adj éadálach.

ludicrous adj áiféiseach.

luggage n bagáiste m.

lukewarm adj bogthe.

lull vt cuir chun suain.

lullaby n suantraí f.

luminous adj lonrach.

lump n cnap m.

lumpy adj cnapach.

lunacy n buile f.

lunar adj **lunar year** bliain f ghealaí f; **lunar eclipse** urú gealaí f.

lunch, luncheon *n* lón *m*.

lung *n* scamhóg *f*.

lurch *n* turraing *f*. • *vi* bheith ag stámhailleach

lure *n* mealladh *m*. • *vt* meall.

lurid *adj* scéiniúil.

lurk *vi* fan i bhfolach.

luscious *adj* sáil.

lust *n* ainmhian *f*.

lustre *n* loinnir *f*.

lusty *adj* fuinniúil.

luxuriant *adj* borb, uaibhreach.

luxurious *adj* macnasach.

luxury *n* ollmhaitheas *m*.

lyre *n* lir *f*.

lyric *n* liric *f*.

M

mace *n* más *m*.

machine *n* meaisín *m*.

machinery *n* innealra *m*.

mackerel *n* ronnach *m*.

magazine *n* iris *f*.

magic *adj* draíochta. • *n* draíocht *f*.

magician *n* asarlaí *m*.

magistrate *n* giúistís *f*.

magnet *n* maighnéad *m*.

magnification *n* (*opt*) formhéadú *m*.

magnificence *n* ollástacht *f*.

magnificent *adj* thar barr.

magnify *vt* formhéadaigh.

magnitude *n* méid *f*.

magpie *n* snag *m* breac.

maid *n* cailín *m* (aimsire).

mail *n* post *m*, litreacha *fpl*. • *vt* cuir sa phost.

mail-order *n* postdíol *m*.

main *adj* príomh-.

mainland *n* mórthír *f*.

mainly *adv* den chuid *f* is mó.

maintain *vt* coinnigh; cothaigh.

maintenance *n* cothabháil *f*.

majestic *adj* mórga.

majesty *n* mórgacht *f*.

major *adj* tábhachtach. • *n* (*milit*) maor *m*.

make *vt* déan; **to make for** déan ar; **to make off** bain as; **to make do with** tar le. • *n* cineál *m*.

make-up *n* smideadh *m*.

male *adj* fearúil. • *n* fireannach *m*.

malevolence *n* drochaigeantacht *f*.

malice *n* mailís *f*.

malicious *adj* mailíseach.

malign *vt* caith anuas ar.

malignant *adj* (*med*) urchóideach.

mallet *n* mailléad *m*.

malt *n* braich *f*.

maltster *n* braicheadóir *f*.

maltreat *vt* tabhair drochíde *f* do.

mam, mammy *n* mam *f*, mamaí *f*.

mammal *n* mamach *m*.

man *n* fear *m*.

manage *vt* stiúir.

manageable *adj* soláimhsithe.

management *n* bainisteoireacht *f*.

manager *n* bainisteoir *m*.

manageress *n* bainistréas *f*.

mane *n* moing *f*.

manful *adj* fearúil.

manger *n* mainséar *m*.

mangle *vt* basc.

manhood *n* feargacht *f*.

maniac *n* (*med*) máineach *m*; (*lunatic*) gealt *m*.

manifest *vt* taispeáin.

manifestation *n* taispeánadh *m*.

manifesto *n* forógra *m*.

manipulate *vt* láimhsigh.

mankind *n* an cine daonna *m*.

manner *n* caoi *f*; (*behaviour*) béasa *m*.

mannerism *n* dóigh *f*.

mannerly *adj* múinte.

manners *n* múineadh *m*.

manse *n* bansa *m*.

mansion *n* teach *m* mór.

mantelpiece *n* matal *m*.

manual *adj* láimhe. • *n* lámhleabhar *m*.

manufacture *vt* déan.

manure *n* leasú *m*. • *vt* leasaigh.

manuscript *n* lámhscríbhinn *f*.
many *adj* a lán • *pron* mórán.
map *n* léarscáil *f*.
mar *vt* loit.
marble *n* marmar *m*.
March *n* Márta *m*.
march *n* máirseáil *f*. • *vi* máirseáil.
mare *n* láir *f*.
marijuana *n* marachuan *m*.
marine *adj* mara.
mariner *n* maraí *m*.
maritime *adj* (*plants*) mara; (*area*) láimh *f* le muir.
mark *n* smál *m*; rian *m*.
market *n* margadh *m*.
marketable *adj* indíolta.
maroon *vt* cuir ar oileán uaigneach.
marquee *n* ollphuball *m*.
marriage *n* pósadh *m*.
marriageable *adj* inphósta.
married *adj* pósta.
marry *vt* pós.
marsh *n* seascann *m*.
marshy *adj* riascach.
marten *n* cat *m* crainn.
martial *adj* míleata.
martyr *n* mairtíreach *m*.
marvel *n* iontas *m*. • *vi* déan iontas de.
marvellous *adj* iontach.
mascot *n* sonóg *f*.
masculine *adj* fireann.
mash *n* measc *m*, brúigh *m*.
mask *n* masc *m*.
mason *n* saor cloiche *f*.
masonry *n* saoirseacht *f* chloiche *f*.
mass *n* toirt *f*; (*church*) aifreann *m*.
massacre *n* ár *m*.
massage *n* suathaireacht *f*.
massive *adj* oll-.
mast *n* crann *m*.

master *n* máistir *m*.
masterly *adj* máistriúil.
masterpiece *n* sárshaothar *m*.
mat *n* mata *m*.
match *n* lasán *m*. • *vt* meaitseáil.
matchless *adj* díchomórtais.
mate *n* céile *m*, comrádaí *m*; (*chess*) marbhsháinn *f*; (*ship*) máta *m*. • *vt* vi cúpláil.
material *n* ábhar *m*.
maternal *adj* máthartha.
maternity *n* máithreachas *m*.
mathematics *n* matamaitic *f*.
matinee *n* nóinléiriú *m*.
matins *n* maitín *m*.
matrimony *n* pósadh *m*.
matter *n* ábhar *m*, damhna *m*.
mattress *n* tocht *m*.
mature *adj* aibí.
maul *vt* clamhair.
mavis *n* smólach *m*.
maw *n* méadail *f*.
maximum *n* uasmhéid *f*.
may *vb aux* féad.
May *n* Bealtaine *f*.
Mayday *n* Lá Bealtaine *f*.
maze *n* lúbra *m*.
me *pn* mé, mise.
meadow *n* móinéar *m*.
meagre *adj* gortach.
meal *n* min *f*; (*repast*) béile *m*.
mealy *adj* mineach.
mean *adj* suarach.
mean *n* meán *m*.
mean *vt* ciallaigh.
meaning *n* ciall *f*.
meaningless *adj* gan chiall *f*.
meantime *adv* idir an dá linn *f*.
measles *n* bruitíneach *f*.
measurable *adj* intomhaiste.
measure *n* tomhas *m*. • *vt* tomhais.

measurement *n* tomhas *m*.

meat *n* feoil *f*.

mechanic *n* meicneoir *m*.

mechanism *n* meicníocht *f*.

medal *n* bonn *m*.

meddle *vi* bain le.

mediate *vt* déan idirghabháil.

mediation *n* idirghabháil *f*.

mediator *n* idirghabhálaí *m*.

medical *adj* leighis.

medicinal *adj* íocshláinteach.

medicine *n* leigheas *m*.

medieval *adj* meánaoiseach.

mediocre *adj* lagmheasartha.

meditate *vi* machnaigh.

meditation *n* machnamh *m*.

medium *n* meán- *m*.

medium wave *n* meántonnach *m*.

meek *adj* ceansa.

meekness *n* ceansacht *f*.

meet *vt* cas le, buail le.

meeting *n* cruinniú *m*.

megalith *n* meigilit *f*.

melancholy *adj* gruama. • *n* gruaim *f*.

mellifluous *adj* milisbhriathrach.

mellow *adj* (*fruit*) méith; (*sound*) séimh.

melodious *adj* fonnmhar.

melody *n* fonn *m*.

melon *n* mealbhacán *m*.

melt *vt vi* leáigh.

melting point *n* leáphointe *m*.

member *n* ball *m*.

member of parliament *n* feisire parlaiminte *f*.

membership *n* ballraíocht *f*.

memento *n* cuimhneachán *m*.

memoirs *npl* cuimhní cinn *mpl*.

memorable *adj* suntasach.

memorise *vt* cuir de ghlanmheabhair.

memory *n* cuimhne *f*.

mend *vt* deisigh.

mental *adj* intinne.

mention *vt* luaigh.

menu *n* biachlár *m*.

merchant *n* ceannaí *m*.

mercy *n* trócaire *f*.

mere *adj* lom-.

merge *vt* cónaisc.

merit *n* fiúntas *m*.

mermaid *n* maighdean *f* mhara.

merriment *n* meidhir *f*.

mess *n* prácás *m*.

message *n* teachtaireacht *f*.

messenger *n* teachtaire *m*.

metal *n* miotal *m*.

metallic *adj* miotalach.

meteor *n* dreige *f*.

meter *n* méadar *m*.

method *n* modh *m*.

metre *n* méadar *m*.

mettle *n* mianach *m*.

microbe *n* bitheog *f*.

micro- *n prefix* (*comput*) micrea-, micrí-.

microwave *n* oigheann *m* micreathoinne.

mid *adj* lár-.

middle *n* lár *m*.

middle-aged *adj* meánaosta.

midge *n* míoltóg *f*.

midnight *n* meán oíche *f*.

midwife *n* bean *f* ghlúine *f*.

migrate *vi* téigh ar imirce *f*.

mild *adj* séimh.

mile *n* míle *m*.

military *adj* míleata.

milk *n* bainne *m*. • *vt* bligh.

milky *adj* bainniúil.

mill *n* muileann *m*.

millennium *n* mílaois *f*.

miller *n* muilleoir *m*.

million *n* milliún *m*.

mime *n* mím *f*.

mimicry *n* aithris *f*.

mind *n* intinn *f*.

mine *n* mianach *m*. • *poss pron* mo.

mineral *adj* mianrach • *n* mianra *m*.

mingle *vi* téigh i measc.

miniature *n* mionsamhail *f*.

minister *n* aire *m*. • *vt* riar ar.

minor *n* mionaoiseach *m* • *adj* mion-.

minstrel *n* fear *m* dána.

minus *prep* lúide.

minute *adj* beag bídeach. • *n* bomaite *m*, nóiméad *m*.

minx *n* giodróg *f*.

miracle *n* míorúilt *f*.

mirage *n* mearú súl *f*.

mirror *n* scáthán *m*.

misapprehension *n* míthuiscint *f*.

misbehaviour *n* mí-iompar *m*.

miscarriage *n* breith *f* anabaí.

mischief *n* diabhlaíocht *f*.

mischievous *adj* iomlatach.

misdeed *n* míghníomh *m*.

miser *n* sprionlóir *m*.

miserable *adj* ainnis.

misogyny *n* fuath *m* ban.

Miss *n* Iníon *f*.

miss *vt* caill.

missing *adj* ar iarraidh.

missionary *n* misinéir *m*.

mist *n* ceo *m*.

mistake *n* meancóg *f*.

Mister *n* An tUasal *m*.

mistletoe *n* drualus *m*.

mistress *n* máistreás *f*; bean luí *f*.

misty *adj* ceobhránach.

misunderstand *vt* bain míthuiscint as.

mite *n* fíneog *f*.

mix *vt* measc.

mixture *n* meascán *m*.

moan *n* éagaoin *f*. • *vi* bheith ag éagaoin.

mob *n* gramaisc *f*.

mobile phone *n* guthán *m* póca.

mock *vt* déan magadh faoi.

model *n* samhail *f*. • *vt* múnlaigh.

moderate *adj* cuibheasach.

moderation *n* measarthacht *f*.

modern *adj* nua-aimseartha.

modernise *vt* nuachóirigh.

modest *adj* modhúil.

modesty *n* modhúlacht *f*.

moist *adj* tais.

moisten *vt* fliuch.

mole *n* caochán *m*; (*on the skin*) ball *m* dobhráin.

molest *vt* cuir isteach ar.

mollify *vt* suaimhnigh.

mollusc *n* iasc *m* sliogánach.

moment *n* nóiméad *m*.

momentary *adj* gearrshaolach.

momentous *adj* an-tábhachtach.

monarch *n* monarc *m*.

monastery *n* mainistir *f*.

Monday *n* An Luan *m*.

money *n* airgead *m*.

monitor *n* (*comput*) monatóir *m*.

monk *n* manach *m*.

monkey *n* moncaí *m*.

monopoly *n* monoplacht *f*.

monotony *n* liostacht *f*.

monster *n* arrachtach *m*.

month *n* mí *f*.

monthly *adj* míosúil.

monument *n* séadchomhartha *m*.

mood *n* aoibh *f*.

moody *adj* dúr.

moon *n* gealach *f*.

moor *n* móinteán *m*. • *vt* feistigh.

moral *adj* morálta.

moreover *adv* ar a bharr sin.

morning *n* maidin *f*.

mortal *adj* básmhar.

mosquito *n* corrmhíol *m*.

moss *n* caonach *m*.

most *adj* bunús. • *pron* an mhórchuid *f*.

moth *n* féileacán oíche *f*, leamhan *m*.

mother *n* máthair *f*.

mother-in-law *n* máthair *f* chéile.

motherly *adj* máithriúil.

motion *n* gluaiseacht *f*.

motive *n* cúis *f*.

motor *n* inneall *m*.

motorist *n* gluaisteánaí *m*.

motto *n* mana *m*.

mould *n* múnla *m*.

mouldy *adj* clúmhúil.

moult *vi vt* (*bird*) bheith ag cur na gcleití; (*animal*) bheith ag cur an fhionnaidh.

mound *n* meall *m*.

mountain *n* sliabh *m*.

mountaineer *n* sléibhteoir *m*.

mourn *vt vi* caoin.

mourning *n* brón *m*.

mouse *n* luchóg *f*; (*comput*) luch *f*.

moustache *n* croiméal *m*.

mouth *n* béal *m*.

mouthful *n* bolgam *m*.

move *vi* bog; *vt* bog, gluais; aistrigh.

mow *vt* bain.

Mrs *n* Bean *f*.

much *adj* a lán.

muck *n* salachar *m*.

mud *n* clábar *m*.

muddle *n* cíor *f* thuathail.

muddy *adj* lábánach.

mug *n* muga *m*.

multiple *adj* iomadúil.

multiply *vt* iolraigh.

mumble *vt* mungail.

mumps *n* an plucamas *m*.

murder *n* dúnmharú *m*. • *vt* dúnmharaigh.

murderer *n* dúnmharfóir *m*.

murmur *n* monabhar *m*.

muscle *n* matán *m*.

museum *n* músaem *m*.

mushroom *n* muisriún *m*.

music *n* ceol *m*.

musical *adj* ceolmhar.

musical instrument *n* gléas *m* ceoil.

mussel *n* diúilicín *m*.

muster *n* comhchruinniú *m*.

mutation *n* athrú *m*.

mute *adj* balbh.

mutilate *vt* ciorraigh.

mutiny *n* ceannairc *f*.

mutton *n* caoireoil *f*.

mutual *adj* cómhalartach.

my *pn* mo, m', agam.

myself *pn* mé féin.

mysterious *adj* rúndiamhair.

mystery *n* rúndiamhair *f*.

mystical *adj* mistiúil.

myth *n* miotas *m*.

mythology *n* miotaseolaíocht *f*.

N

nag *vt* tabhair amach do.

nail *n* tairne *m*.

naïve *adj* saonta.

naked *adj* lomnocht.

name *n* ainm *m*.

nap *n* néal *m* codlata.

narrate *vt* aithris.

narrative *n* scéal *m*.

narrow *adj* cúng.

nasal *adj* srónach.

nasty *adj* mailíseach.

nation *n* náisiún *m*.

national *adj* náisiúnta.

nationalism *n* náisiúnachas *m*.

nationalist *n* náisiúnaí *m*.

nationality *n* náisiúntacht *f*.

native *adj* dúchasach. • *n* dúchasach *m*.

natural *adj* nádúrtha.

nature *n* nádúr *m*.

naughty *adj* dána.

nausea *n* samhnas *m*.

nauseous *adj* samhnasach.

nautical *adj* muirí.

navel *n* imleacán *m*.

neap-time *n* mallmhuir *f*

near (to) *prep* cóngarach (do).

near-sighted *adj* gearr-radharcach.

nearly *adv* beagnach.

neat *adj* slachtmhar.

necessary *adj* riachtanach.

necessity *n* riachtanas *m*.

neck *n* muineál *m*.

need *n* riachtanas *m*. • *vt* tá ~ ó.

needle *n* snáthaid *f*.

needy *adj* bocht.

negative *adj* diúltach.

neglect *vt* déan faillí i rud.

negligent *adj* neamhchúramach.

negotiate *vt* tar ar chomhréiteach.

neighbour *n* comharsa *f*.

nephew *n* nia *m*.

nerve *n* néaróg *f*.

nest *n* nead *f*.

Netherlands *n* An Ísiltír *f*.

net *n* líon *m*.

nettle *n* neantóg *f*.

neutral *adj* neodrach.

never *adv* riamh, go deo.

nevertheless *adv* mar sin féin.

new *adj* nua, úr.

New Year *n* An Bhliain Úr *m*.

next *adj* seo chugainn

nice *adj* deas.

niche *n* almóir *m*.

nickname *n* leasainm *m*.

niece *n* neacht *f*.

night *n* oíche *f*.

nightingale *n* filiméala *f*.

nil *n* náid *f*.

nine *adj n* naoi *m*.

nineteen *adj n* naoi (gcinn) déag *m*.

ninety *adj n* nócha *m*.

ninth *adj n* naoú *m*.

nip *n* liomóg *m*; (*drink*) braon *m*.

nipple *n* dide *f*, sine *f*.

noble *adj* uasal.

nod *n* sméideadh cinn *m*.

noise *n* gleo *m*.

noisy *adj* glórach.

nominate *vt* ainmnigh.

nonsense *n* amaidí *f*.

nonstop *adv* gan stad.

noon *n* meán *m* lae.

normal *adj* gnáth-.

normally *adv* de ghnáth.

north *n* tuaisceart *m*. • *adj* tuaisceartach.

northeast *n* oirthuaisceart *m*.

northern *adj* tuaisceartach.

northwest *n* iarthuaisceart *m*.

nose *n* srón *f*.

note *n* nóta *m*. • *vt* tabhair faoi deara.

notebook *n* leabhar *m* nótaí.

nothing *n* faic *f*.

notice *n* fógra *m*. • *vt* tabhair faoi deara.

notify *vt* cuir (rud) in iúl do.

nuclear *n* núicléach *m*.

numb *adj* bodhar.

number *n* uimhir *f*. • *vt* cuir uimhir *f* ar.

numeral *n* uimhir *f*.

numerous *adj* líonmhar.

nurse *n* banaltra *f*.

nursery *n* plandlann *f*; (*children*) naíolann *f*.

nursing home *n* teach banaltrachta *f*.

nut *n* cnó *m*.

nutshell *n* blaosc *f* cnó

O

oak n dair f.

oar n maide m rámha.

oatcake n arán m coirce.

oath n mionn m.

oatmeal n min f choirce.

obdurate adj crua.

obedience n umhlaíocht f.

obey vt géill.

object n rud m. • vt cuir i gcoinne.

objection n agóid f.

oblige vt cuir rud ina oibleagáid ar; déan gar do.

oblique adj fiar.

oblivion n díchuimhne f.

oboe n óbó m.

obscene adj gáirsiúil.

obscenity n gáirsiúlacht f.

observant adj grinnsúileach.

observe vt féach ar.

obsession n gnáthsheilbh f.

obsolete adj as feidhm f.

obstinate adj dáigh.

obstruct vt bac.

obstinacy n dígeantacht f.

obvious adj soiléir.

occasion n ócáid f.

occasional adj fánach.

occult adj diamhair.

occupancy n seilbh f.

occupy vt áitigh; sealbhaigh.

ocean n aigéan m.

octagon n ochtagán m.

octave n ochtáibh f.

October n Deireadh m Fómhair.

octopus n ochtapas m.

odd adj corr.

ode n óid f.

odour n boladh m.

of prep de (grammatically: represented by putting the following word in the genitive case, e.g. lack of money easpa airgid [airgead]).

offence n coir f.

offend vt cuir olc ar.

offer vt tairiscint f.

office n oifig f.

officer n oifigeach m.

officious adj postúil.

often adv go minic.

ogle vt tabhair catsúil ar.

oil n ola f.

oilfield n olacheantar m.

oil rig n rige ola m.

oily adj olúil.

ointment n ungadh m.

old adj sean.

old-fashioned adj seanfhaiseanta.

omen n tuar m.

ominous adj tuarúil.

omit vt fág ar lár.

on prep ar. • adv ar.

once adv uair (amháin).

one adj aon.

onion n oiniún m.

only adj amháin.

onward adv ar aghaidh.

ooze vi úsc.

open adj oscailte. • vt oscail.

opening n oscailt f.

operation n feidhmiú m; (med) obráid f.

opinion n barúil f.

opponent n céile m comhraic.

opportune adj tráthúil.

opportunity n deis f.

opposite prep os comhair.

optical adj radharcach.

optimism n soirbhíochas m.

optimistic adj soirbhíoch.

or conj nó.

oral adj cainte.

orange adj oráiste.

orator n óráidí m.

orbit n fithis f.

orchard n úllord m.

ordain vt oirnigh.

order n ordú m. • vt ordaigh.

ordinary adj gnáth-; coitianta.

ore n mianach m.

organ n ball m; orgán m.

organic adj orgánach.

organise vt eagraigh.

organiser n eagraí m.

orgasm n orgásam m.

orgy n fleá f chraois.

oriental adj oirthearach.

origin n bun m; foinse f.

originality n éagoitinne f.

originate vi tar ó.

ornithology n éaneolaíocht f.

orphan n dílleachta m.

osprey n iascaire m coirneach.

ostensible adj mar dhea.

ostrich n osrais f.

other pn eile.

otherwise adv ar chuma f eile.

otter n dobharchú m.

ought vb aux ba chóir (dom, etc).

ounce n unsa m.

our pn ár.

ours pn ár . . . ne, na; againne.

ourselves pn pl muid féin, sinn féin.

oust vt caith amach.

out adv amach.

out of date adj asdáta; seanaimseartha.

outdo vt sáraigh.

outlaw n coirpeach m.

outrage n fearg f.

outright adv ar fad. • adj iomlán.

outside adv taobh amuigh.

outskirts n imeall m.

outspoken adj díreach.

outward adj ón taobh amuigh.

outwit vt faigh an ceann is fearr ar.

oven n oigheann m.

over prep thar; os cionn. • adv **over here** abhus anseo; **over there** adv thall ansin.

overall adv ar an iomlán.

overboard adv thar bord.

overcharge vt gearr barraíocht f ar.

overflow vt sceith. • n (píopa, etc) sceite m.

overnight adj adv thar oíche.

overrule vt cuir ar neamhní.

overseas adv thar lear.

overtake vt téigh thar, scoith.

overtime n ragobair f.

overturn vt iompaigh.

overweight adj ramhar.

owe vt tá (money, etc) ag ar.

owl n ulchabhán m.

own pron féin.

owner n úinéir m.

oxter n ascaill f.

oyster n oisre m.

P

pace n coiscéim f. • vi (**to pace up and down**) siúl suas agus anuas.

pacifism n síocháinachas m.

pacifist n síochánaí m.

pack vt pacáil.

packet n paca m.

pad n ceap m; (*helicopter*) ardán m.

paddle vi céaslaigh.

paddling n bheith f ag lapadaíl.

padlock n banrach f.

page n leathanach m; (*boy*) péitse m; buachaill m freastail.

pageant n tóstal m.

pain n pian f.

painful adj pianmhar.

painless adj gan phian.

paint n péint f; • vt péinteáil.

painting n (*art*) péintéireacht f, (*picture*) pictiúr m.

pair n péire m.

palace n pálás m.

palate n (*hard*) carball m; (*soft*) coguas m.

pale adj mílitheach. • vi éirí bán san aghaidh f.

pallid adj mílitheach.

palm n bos f.

pamper vt peata a dhéanamh de dhuine.

pan n scilléad m, sáspan m.

pancake n pána m.

pane n gloine f.

panic n scaoll m.

pant vi cnead.

pantry n pantrach f.

pants nsg brístín mpl; fobhríste m.

papal adj pápach.

paper n páipéar m.

parable n fáthscéal m.

paradise n parthas m.

paradox n paradacsa m.

paradoxical n paradacsúil m.

paragraph n paragraf m.

parallel adj comhthreomhar.

paralysis n pairilis f.

paralytic, paralytical adj pairiliseach.

parapet n slatbhalla m.

paranoid adj paranóiach.

parcel n beart m.

pardon n pardún m. • vt tabhair pardún do.

parent n tuismitheoir m.

parish n paróiste m.

park n páirc f.

parliament n parlaimint f.

parody n scigaithris f.

parrot n pearóid f.

parsimonious adj barainneach.

parsley n peirsil f.

part n cuid f. • vt scar.

partake vi bheith rannpháirteach i rud.

particle n cáithnín m.

particular adj áirithe.

parting n (*of people*) scaradh m; (*in hair*) stríoc f.

partition n (*wall*) spiara m; (*pol*) coíochdheighilt f.

partly adv breac-; leath-.

partner n páirtí m; céile m.

pass n bearnas m.

pass vt scoith; (*sport*) pasáil.

passable adj cuibheasach.

passage n pasáiste m; (*in book*) sliocht m.

passion *n* paisean *m*.

passionate *adj* paiseanta.

passive *adj* síochánta.

passivity *n* fulangacht *f*.

passport *n* pas *m*.

past *n* an t-am atá thart *m*. • *prep* thar, i ndiaidh.

pasta *n* pasta *m*.

pastry *n* taosrán *m*.

pasture *n* féarach *m*.

pat *vt* slíoc *m*.

patch *n* paiste *m*.

paternal *adj* athartha.

path *n* cosán *m*.

pathetic *adj* truamhéalach.

patience *n* foighne *f*.

patient *adj* foighneach. • *n* othar *m*.

patrimony *n* atharthacht *f*.

patronymic *n* ainm *m* sinsearthachta.

pattern *n* patrún *m*.

paunch *n* maróg *f*.

pause *n* sos *f*; moill *f*. • *vi* déan moill *f*.

paw *n* lapa *m*.

pawn *n* (*chess*) ceithearnach *m*; (*fig*) fichillín *m*. • *vt* cuir i ngeall.

pay *n* pá *m*. • *vt* díol, íoc.

pea *n* pis *f*.

peace *n* síocháin *f*.

peaceful *adj* síochánta.

peach *n* péitseog *f*.

peak *n* (*mountain*) binn *f*, stuaic *f*.

pear *n* piorra *m*.

pearl *n* péarla *m*.

peat *n* móin *f*.

pebble *n* méaróg *f*.

peck *vt* gob.

pectoral *adj* uchtach.

peculiar *adj* corr, aisteach.

pedal *n* troitheán *m*.

pedantry *n* saoithíntcacht *f*.

peddle *vt* déan mangaireacht *f*.

pedestrian *n* coisí *m*.

pee *vt vi* mún.

peel *n* craiceann *m*. • *vt* scamh.

peep *n* spléachadh *m*. • *vt* tabhair spléachadh ar.

peevish *adj* colgach.

peewit *n* pilibín *m*.

pelt *vt* (**to pelt someone with stones**) caith clocha le duine.

pen *n* peann *m*.

penalty *n* pionós *m*.

penance *n* aithrí *f*.

pending *adj* ar feitheamh.

penetrate *vt* poll.

peninsula *n* leithinis *f*.

penis *n* bod *m*.

penny *n* pingin *f*.

pension *n* pinsean *m*.

pensioner *n* pinsinéir *m*.

people *n* daoine *m*.

pepper *n* piobar *m*.

perceive *vt* airigh.

per cent *adv* faoin gcéad.

perch *n* (*for bird*) fara *m*; (*fish*) péirse *f*. • *vi* suigh ar.

percolator *n* síothlán *m*.

percussion *n* greadadh *m*.

perennial *adj* síoraí.

perfect *adj* foirfe.

perform *vt* comhlíon.

perfume *n* cumhrán *m*.

perhaps *adv* b'fhéidir, seans.

period *n* tréimhse *f*.

perish *vi* éag, meath.

perishable *adj* meatach.

permanence *n* buaine *f*.

permanent *adj* buan.

permissive *adj* ceadaitheach.

permit *n* ceadúnas *m*. • *vt* ceadaigh.

perpendicular *adj* ingearach.

perquisite *n* solamar *m*.
persecute *vt* céas.
persevere *vt* coinnigh ort le.
persistent *adj* dígeanta.
person *n* duine *m*.
personal *adj* pearsanta.
persuade *vt* áitigh (ar).
persuasion *n* áitiú *m*.
pertinent *adj* oiriúnach.
peruse *vt* grinnléigh.
perverse *adj* saobh.
pervert *n* saofóir *m*.
pessimist *n* duarcán *m*.
pest *n* plá *f*.
pestle *n* tuairgnín *m*.
pet *n* peata *m*.
petition *n* achainí *f*. • *vt vi* impigh ar.
petrol *n* peitreal *m*.
petticoat *n* fo-ghúna *m*.
pew *n* suíochán *m*.
pharmacist *n* poitigéir *m*.
phantom *n* taibhse *f*.
pheasant *n* piasún *m*.
phenomenon *n* feiniméan *m*.
philosopher *n* fealsamh *m*.
philosophy *n* fealsúnacht *f*.
phlegmatic *adj* réamach.
phone *n* fón *m*.
phosphorescence *n* tine *f* ghealáin.
photograph *n* grianghraf *m*.
phrase *n* frása *m*.
physical *adj* fisiceach.
piano *n* pianó *m*.
pianist *n* pianódóir *m*.
pick *vt* pioc.
pickle *n* picilí *fpl*.
Pict *n* Piocht *m*.
picture *n* pictiúr *m*.
picturesque *adj* pictiúrtha.
pie *n* píóg *f*.
piece *n* píosa *m*.

pier *n* cé *f*.
pierce *vt* poll.
pig *n* muc *f*.
pigeon *n* colúr *m*.
pigsty *n* cró *m* muc *f*.
pile *vt* carn.
pilfer *vt* déan mionghadaíocht *f*.
pilfering *n* mionghadaíocht *f*.
pilgrim *n* oilithreach *m*.
pill *n* piollaire *m*.
pillar *n* colún *m*.
pillow *n* piliúr *m*.
pilot *n* píolóta *m*.
pimple *n* goirín *m*.
pin *n* biorán *m*.
PIN *abbr* (*number*) Uimhir *f*
 Aitheantais Phearsanta.
pinch *vt* bain liomóg *f* as duine.
pine *n* (*bot*) péine *m*.
pink *adj* bándearg.
pipe *n* píopa *f*; (*mus*) píb *f*.
pirate *n* foghlaí *m* mara.
pirouette *n* fiodrince *m*. • *vi* déan
 fiodrince.
piss *n* mún *m*. • *vt vi* mún.
pistol *n* piostal *m*.
pitch *n* (*mus*) airde *f*; (*sport*) páirc *f*
 imeartha.
pitiful *adj* truacánta.
pittance *n* miontuarastal *m*.
pity *n* trua *f*.
place *n* áit *f*. • *vt* (*object*) cuir; (*identify*) aithin.
placidity *n* ciúnas *m*.
plague *vt* ciap.
plaice *n* leathóg *f* bhallach.
plaid *n* breacán *m*.
plain *adj* simplí.
plaintiff *n* (*law*) gearánaí *m*.
plait *n* trilseán *m*.
plan *n* plean *m*. • *vt* pleanáil.

planet n plainéad m.

plank n planc m.

plant n planda m. • vt cuir.

plantation n fáschoill f; plandáil f.

plaster n plástar m.

plastic adj plaisteach.

plate n pláta m.

plateau n ardchlár m.

plausible adj inchreidte.

play vt (game) imir; (instrument) seinn ar.

player n imreoir m.

plead vi vt pléadáil.

pleasant adj pléisiúrtha.

please vt sásaigh; taitin le.

pleasure n pléisiúr m.

pleat n filleadh m.

plenty adv go leor; flúirse (+ gen).

plight n cruachás m.

plod vi siúil go costrom.

plot n comhcheilg f, plota m.

plough n céachta m. • vt treabh.

plug n (elec) plocóid f; stopallán m.

plum n pluma m.

plumb vt tomhais doimhneacht (+ gen).

plump adj ramhar.

plunder n creach f. • vt creach.

plunge vi báigh.

plural adj n iolra m.

plurality n iolracht f.

plus prep móide.

poach vt póitseáil.

poacher n póitseálaí m.

pocket n póca m.

poem n dán m.

poet n file m.

poetry n filíocht f.

point vt taispeáin; dírigh do mhéar f ar.

poison n nimh f.

police n gardaí mpl; péas m; póilíní mpl.

polish n snas m.

polite adj múinte.

pollute vt truailligh.

pompous adj mustrach, mórchúiseach.

pond n linn f.

pony n pónaí m.

pool n linn f; (rain) slodán m.

poor adj bocht.

Pope n Pápa m.

popular adj coitianta.

population n daonra m.

porch n póirse m.

porridge n brachán m; leite f.

port n port m.

portable adj iniompartha.

portion n roinn f.

Portugal n An Phortaingéil f.

positive adj dearfach.

possess vt (to possess something) rud a bheith i do sheilbh.

possible adv is féidir go.

possibly adv seans.

post vt postáil; cuir sa phost.

postal order n ordú m poist.

post card n cárta m poist.

postcode n cód m poist.

postman n fear m poist.

post office n oifig f an phoist.

pot n pota m.

potato n práta m.

pottery n potaireacht f.

potty adj gan tábhacht f; (sl) mearaí.

pound n punt m.

pour vt doirt.

powder n púdar m.

power n cumhacht f.

power station n stáisiún m cumhachta.

practical adj praiticiúil.

practice n cleachtadh m.

practise vt cleacht.

praise n moladh m. • vt mol.

prank n cleas m, bob m.

prawn n cloicheán m.

pray vi vt guigh.

prayer n paidir f.

prayerbook n leabhar m urnaí.

preach vi tabhair seanmóir.

precarious adj neamhchinnte.

precaution n réamhchúram m.

precautionary adj réamhchúramach.

precentor n réamhchantóir m.

precious adj luachmhar.

precipitous adj rite.

precise adj beacht.

precocious adj seanchríonna.

predatory adj foghlach.

predict vt réamhaithris.

predominant adj ardcheannasach.

preface n réamhrá m.

prefer vt is fearr (liom, etc).

pregnant adj torrthach.

prehistorical adj réamhstairiúil.

prejudice n réamhchlaonadh m.

preliminary adj tosaigh, réamh-.

premises n áitreamh m.

premonition n tuar m.

prepare vt ullmhaigh.

preposterous adj míréasúnta.

prescription n oideas m.

presence n láithreacht f.

present n an t-am i láthair; (gift) bronntanas m. • vt bronn.

presently adv ar ball.

president n uachtarán m.

press release n preasráiteas m.

pretence n cur m i gcéill f.

pretend vi cuir i gcéill f.

pretty adj gleoite, deas.

prevailing adj coitianta.

previously adv roimhe sín.

prey n creach f. • vi creach, seilg.

price n praghas m.

prick vt prioc.

prickly adj deilgneach.

pride n uabhar m.

priest n sagart m.

prim adj deismíneach.

primary school n bunscoil f.

primitive adj seanársa.

primrose n (bot) sabhaircín m.

prince n prionsa m.

print vt clóbhuail.

printer n (comput) printéir m.

print out n asphrionta m.

private adj príobháideach.

privilege n pribhléid f.

prize n duais f.

probable adj dócha.

probably adv is dócha.

probity n cneastacht f.

problem n fadhb f.

problematic adj fadhbach.

process n próiseas m.

proclaim vt fógair.

prod vt prioc, broid.

produce n toradh m. • vt táirg.

producer n táirgeoir m.

profession n slí f bheatha.

professor n ollamh m.

profit n brabús m. • vt déan brabús ar.

profound adj domhain.

profuse adj raidhseach, flúirseach.

program n (comput) ríomhchlár m.

programme n (TV, etc) clár m.

programmer n ríomhchláraitheoir m.

progress n dul chun cinn m.

prohibit vt coisc.

prolific adj torthúil.

prominent adj suntasach; feiceálach.

promontory *n* ros *m*, rinn *f*.

prompt *adj* pras.

pronoun *n* forainm *m*.

pronounce *vt* fuaimnigh.

prop *vt* tacaigh le.

proper *adj* cóir.

property *n* sealúchas *m*; maoin *f*.

prophesy *vt* tairngir.

proportion *n* comhréir*f*; cionmhaireacht *f*.

proprietor *n* dílseánach *m*, úinéir *m*.

propulsion *n* tiomáint *f*.

prose *n* prós *m*.

prosecute *vt* ionchúisigh.

prostitute *n* striapach *f*.

prostrate *adj* faon; sínte.

protect *vt* cosain.

protection *n* cosaint *f*.

protest *vt* dearbhaigh.

Protestant *n* Protastúnach *m*.

proud *adj* bródúil.

prove *vt* cruthaigh.

proverb *n* seanfhocal *m*.

provide *vt* soláthair.

province *n* cúige *m*.

provocation *n* saighdeadh *m*.

provost *n* uachtarán *m*.

prow *n* (*mar*) srón *f*.

prowl *vi* bheith ag smúrthacht *f* thart.

prude *n* duine *m* róchúisiúil.

prudent *adj* críonna.

prune *vt* bearr.

pry *vi* bí ag srónaíl.

psalm *n* salm *m*.

psalter *n* saltair *f*.

psychic *adj* síceach.

ptarmigan *n* tarmachan *m*.

pub *n* teach *m* tábhairne.

public *adj* poiblí.

publicity *n* poiblíocht *f*.

public relations *n* caidreamh *m* poiblí.

publish *vt* foilsigh.

pudding *n* (*sausage*) putóg *f*; (*sweet*) milseog *f*; maróg *f*.

puddle *n* slodán *m*, lochán *m*.

puffin *n* fuipín *m*.

pull *vt* tarraing.

pulpit *n* puilpid *f*.

pulse *n* cuisle *f*.

pump *n* caidéal *m*; (*shoe*) buimpéis *f*.

punctual *adj* poncúil.

puncture *n* poll *m*.

punish *vt* cuir pionós ar.

punishment *n* pionós *m*.

pupil *n* dalta *m*; (*eye*) mac imrisc *m*.

puppy *n* coileáinín *m*.

pure *adj* glan-.

purge *vt* purgaigh.

purity *n* glaineacht *f*.

purple *adj* corcra.

purse *n* sparán *m*.

pursue *vt* tóraigh.

pursuit *n* tóir *f*.

push *n* brú *m*. • *vt* brúigh.

pussy cat *n* puisín *m*.

put *vt* cuir.

putrid *adj* lofa.

putt *vt* déan amas.

puzzle *n* dúcheist *f*.

pylon *n* piolón *m*.

pyramid *n* pirimid *f*.

Q

quack *vi* vác a ligean as.

quaint *adj* den tseandéanamh.

Quaker *n* duine *m* de Chumann na gCarad.

qualification *n* cáilíocht *f*.

qualify *vt* cáiligh.

quality *n* tréith *f*.

quantity *n* méid *m*.

quarrel *n* troid *f*. • *vi* troid.

quarrelsome *adj* trodach.

quarry *n* (*geog*) cairéal *m*; creach *f*.

quarter *n* ceathrú *f*; (*season*) ráithe *f*.

quartz *n* (*min*) grianchloch *f*.

quaver *n* crith *m*; (*mus*) camán.

queasy *adj* samhnas a bheith ort.

queen *n* ríon *f*.

quell *vt* smachtaigh.

quench *vt* báigh.

quern *n* bró *f*.

question *n* ceist *f*. • *vt* ceistigh.

question mark *n* comhartha ceiste *f*.

queue *n* scuaine *f*.

quibble *vi* éirigh argóntach.

quick *adj* gasta, mear.

quicksand *n* gaineamh *m* beo.

quiet *adj* suaimhneach; ciúin.

quieten *vt* ciúnaigh.

quilt *n* cuilt *f*.

quirk *n* aiste *f*.

quit *vt* fág.

quite *adv* go maith, ar fad.

quiver *vi* crith. • *n* crith *m*.

quiz *n* tráth ceisteanna *m*.

quotation *n* sliocht *m*; (*price*) pragh as *m* luaite.

quote *vt* luaigh; tabhair mar údar.

R

rabbit *n* coinín *m*.

rabid *adj* fíochmhar.

race *n* rás *m*; (*human*) cine *m*.

racism *n* ciníochas *m*.

racket *n* raicéad *m*; (*noise*) callán *m*.

radiant *adj* dealraitheach.

radiate *vt vi* radaigh.

radiator *n* radaitheoir *m*.

radical *adj* radacach.

radio *n* raidió *m*.

raffle *n* crannchur *m*.

raft *n* rafta *m*.

rafter *n* rachta *m*.

rag *n* giobal *m*.

rage *n* cuthach *m*.

raid *n* ruathar *m*.

railroad, railway *n* iarnród *m*.

rain *n* fearthainn *f*. • *vi* bheith ag cur fearthainne.

rainbow *n* bogha *m* báistí.

rainy *adj* báistiúil, fliuch.

raise *vt* ardaigh, tóg.

rake *vt* racáil.

ram *n* reithe *m*. • *vt* pulc.

RAM *abbr see* random access memory.

rambler *n* spaisteoir *m*.

rampant *adj* rábach.

rancid *adj* bréan.

random *adj* fánach, randamach.

random access memory (RAM) *n* (*comput*) cuimhne *f* randamrochtona.

range *n* raon *m*; sliabhraon *m*. • *vt* rangaigh.

rank *n* rang *m*; céimíocht *f*.

rankle *vi* goill ar.

ransom *n* fuascailt *f*. • *vt* cuir duine ar fuascailt.

rapacious *adj* amplach.

rape *n* éigniú *m*. • *vt* éignigh.

rapid *adj* tapaidh.

rapidity *n* tapúlacht *f*.

rare *adj* annamh.

rarity *n* teirce *f*.

rash *adj* tobann. • *n* gríos *m*.

raspberry *n* sú *f* craobh.

rat *n* francach *m*.

rate *n* ráta *m*; táille *f*.

rather *adv* beagán.

ravage *vt* slad; scrios; creach.

rave *vi* bí ag rámhaille.

raven *n* fiach dubh *m*.

ravenous *adj* craosach, amplach.

raw *adj* amh.

razor *n* rásúr *m*.

reach *vt* sroich. • *n* fad *m* láimhe.

read *vt vi* léigh.

reader *n* léitheoir *m*.

readily *adv* go toilteanach.

readiness *n* réidhe *f*.

ready *adj* réidh.

real *adj* fíor-.

realise *vt* cuir i ngníomh.

reality *n* réaltacht *f*.

really *adv* go fírinneach.

reap *vt* bain.

rear *n* cúl *m*; deiridh *m*.

reason *n* cúis *f*; réasún *m*; ciall *f*.

rebate *n* lacáiste *m*.

rebel *n* ceannairceach *m*. • *vi* éirigh amach.

rebuff *n* gonc *m*.

rebuild *vt* atóg.

recall *vt* athghair.

recede vi cúlaigh.

receive vt faigh; glac.

recent adj deireanach.

recently adv ar na mallaibh.

reception n glacadh m; fáiltiú m.

receptive adj soghabhála.

recession n meathú m.

recipe n oideas m.

reciprocal adj cómhalartach.

recital n aithris f; (mus) ceadal m.

reckless adj meargánta.

reckon vt áirigh.

reclaim vt faigh or iarr ar ais.

recline vt luigh siar.

recognise vt aithin.

recommend vt mol.

reconcile vt déan athmhuintearas idir.

record vt cláraigh; taifead. • n taifead m; cuntas m; (mus) ceirnín m; cáipéis f.

recover vt faigh ar ais.

recovery n athghabháil f; biseach m.

recreation n caitheamhm aimsire f.

rectify vt ceartaigh.

rector n reachtaire m.

recur vi atarlaigh; fill.

red adj dearg; rua.

redeem vt fuascail.

redirect vt athsheol.

redouble vt vi athdhúblail.

reduce vt laghdaigh.

redundant adj iomarcach; díomhaoin.

reed n giolcach f.

reef n (mar) sceir f.

reel n (fishing) roithleán m; (thread) ceirtlín m; (dance) ríl f.

refer vt seol (duine) chuig; tagair (do).

referee n réiteoir m.

reference n (for job) teistiméireacht f.

refill vt athlíon.

refit vt athchóirigh.

reflect vt frithchaith; smaoinigh ar.

reform vt leasaigh.

refrain vi: **to refrain from something** staon ó rud.

refresh vt úraigh.

refreshment npl soláistí mpl.

refuge n tearmann m.

refund vt aisíoc. • n aisíoc m.

refusal n diúltú m.

refuse vt diúltaigh.

refute vt bréagnaigh.

regard vt breathnaigh, amharc. • n aird f.

register n clár m.

regret n aithreachas m. • vt tá aithreachas orm (faoi).

regulate vt rialaigh.

rehearsal n cleachtadh m.

rehearse vt cleacht.

reign vi rialaigh.

reimburse vt aisíoc.

rein n srian m.

reinforce vt treisigh.

rejoice vt déan ollghairdeas faoi (rud).

relate vt aithris.

related adj (akin) gaolmhar.

relation n gaol m.

relative adj coibhneasta.

relax vt bog; scaoil. • vi déan scíth f.

release vt scaoil; fuascail.

relent vi maolaigh.

relentless adj neamhthrócaireach.

relevant adj ag baint le hábhar.

reliable adj iontaofa.

relic n iarsma m.

relief n faoiseamh m.

relieve vt maolaigh.

religion n creideamh m.

relish n (culin) anlann m; díograis f.
• vt faigh blas ar.

reluctant adj drogallach.

rely vi braith ar.

remain vi fan.

remains n fuílleach m; (human) corp m, corpán m.

remark n focal m.

remarkable adj sonraíoch.

remedy n leigheas m.

remember vt cuimhnigh ar.

remind vt cuir (rud) i gcuimhne do.

reminiscence n athchuimhne f.

remorse n doilíos m.

remote adj iargúlta.

remote control n cianrialú m.

renaissance m athbheochan f.

rend vt stróic.

renew vt athnuaigh.

rent n cíos m. • vt lig ar cíos; faigh ar cíos.

repair vt deisigh. • n deisiú m.

repay vt aisíoc.

repeat vt athchraol (TV); abair arís.

repel vt ruaig.

replace vt cuir ar ais.

replay vt athimir.

replete adj lán.

reply n freagra m. • vi freagair.

report vt tuairiscigh.

reporter n tuairisceoir m.

representative n ionadaí m.

reprieve n (law) spásas m; faoiseamh m.

reprimand n casaoid f.

reprisal n díoltas m.

reproach vt cuir rud i leith duine.

reproduce vt atáirg.

reproduction n atáirgeadh m.

reptile n reiptíl f.

republic n poblacht f.

reputation n clú m.

request n iarratas m. • vt iarr ar.

rescue vt sábháil.

research vt taighd.

researcher n taighdeoir m.

resent vt is fuath (liom).

resentment n doicheall m.

reserve vt taisc. • n cúlchiste m.

reservoir n taiscumar m.

residence n cónaí m.

resign vt éirigh as.

resistance n frithbheart m.

resolute adj diongbháilte.

resonant adj athshondach.

resource n seift f.

respect n meas m. • vt meas a bheith agat (ar dhuine).

respectable adj measúil.

respectful adj urramach.

respective adj faoi seach.

respite n cairde m.

responsibility n freagracht f.

responsive adj freagrach.

rest n scíth f; (mus) sos m. • vt luigh (ar); fan.

restaurant n bialann f.

restful adj suaimhneach.

restless adj corrthónach.

restore vt athchóirigh.

restrict vt cúngaigh.

result n toradh m.

retain vt coinnigh.

reticent adj tostach.

retire vi éirigh as (post).

retirement n scor m.

retreat vi cúlaigh.

retribution n cúiteamh m.

return vi fill. • n filleadh m.

reveal vi foilsigh.

revelation n foilsiú m.

revenge n díoltas m.

reverend *adj* urramach.

reverent *adj* urramach.

review *vt* athbhreithnigh.

revival *n* athbheochan *f*.

revive *vt* athbheoigh.

revolve *vt* imrothlaigh.

reward *n* duais *f*.

rheumatic *adj* réamatach.

rheumatism *n* scoilteacha *f* daitheachen *nfpl*.

rhinoceros *n* srónbheannach *m*.

rhubarb *n* biabhóg *f*.

rhyme *n* rím *f*. • *vi* déan rím *f*.

rib *n* easna *f*.

ribbon *n* ribín *m*.

rice *n* rís *f*.

rich *adj* saibhir.

riches *npl* saibhreas *m*.

riddle *n* tomhas *m*.

ride *vi* déan marcaíocht *f*.

rider *n* marcach *m*.

ridge *n* droim *m*.

ridiculous *adj* amaideach.

right *adj* ceart; (*hand*) deas. • *n* ceart *m*; (*side*) deiseal *m*. • *vt* cuir i gceart.

rigid *adj* docht.

rigour *n* déine *f*.

rim *n* fonsa *m*.

rind *n* craiceann *m*.

ring *n* fáinne *m*; ciorcal *m*. • *vt* (*telephone*) glaoigh ar.

rinse *vt* sruthlaigh.

ripe *adj* aibí.

ripen *vt vi* aibigh.

ripple *n* (*on water*) cuilithín *m*.

rise *vi* éirigh.

risk *n* priacal *m* • *vt* rud a chur i gcontúirt *f*.

rival *adj* iomaíochta. • *n* iomaitheoir *m*.

rivalry *n* iomaíocht *f*.

river *n* abhainn *f*.

rivulet *n* sruthán *m*.

road *n* ród *m*, bóthar *m*.

roam *vi* (imigh) ar fud na háite

roar *vi* béic. • *n* béic *f*.

roast *vt vi* róst.

rob *vt* creach, robáil.

robber *n* creachadóir *m*, robálaí *m*.

robbery *n* slad *m*.

robe *n* róba *m*.

robin (redbreast) *n* spideog *f* bhronndearg.

rock *n* cloch *f*. • *vt* luasc.

rod *n* slat *f*.

roe *n* fia *m* rua; (*fish*) eochraí *f*.

rogue *n* rógaire *m*.

roll *vt* roll. • *n* rolla *m*.

romance *n* rómánsaíocht *f*.

romantic *adj* rómánsach.

roof *n* díon *m*.

rook *n* (*orn*) préachán *m* dubh.

room *n* seomra *m*; (*space*) fairsingeacht *f*.

roomy *adj* fairsing.

root *n* fréamh *f*.

rope *n* rópa *m*, téad *f*.

rosary *n* paidrín *m*.

rose *n* rós *m*.

rosy *adj* rósach.

rot *n* lobhadh *m*.

rotten *adj* lofa.

rough *adj* garbh.

round *adj* cruinn. • *adv* thart, timpeall.

rouse *vt vi* dúisigh.

rout *n* ruaig *f*.

routine *n* gnáthchúrsa *m*.

row *n* (*rank*) líne *f*; (*fight*) racán *m*.

rowan *n* caorthann *m*.

rower *n* rámhaí *m*.

rub *vt* cuimil.

rubbish *n* bruscar *m*, (*idea*) seafóid *f*.

rudder n stiúir f.

rude adj borb.

rue vt aiféala a bheith ort.

rueful adj dubhach.

ruffian n bithiúnach m.

rug n ruga m.

ruin n scrios m; (*house*) fothrach tí m.

rule n riail f. • vt rialaigh.

rumble vi déan tormáil f.

rummage vi ransaigh.

rumour n ráfla m.

run vt: **to run the risk** teigh sa tseav vi rith.

runnel n sruthlán m.

rural adj tuaithe.

rush vi brostaigh.

rust n meirg f.

rut n cis f.

ruthless adj neamhthruacánta.

S

Sabbath *n* sabóid *f.*

sack *n* sac *m*, mála *m.* • *vt* bóthar a thabhairt do.

sacrament *n* sacraimint *f.*

sacred *adj* naofa.

sacrifice *n* íobairt *f.* • *vt* íobair.

sad *adj* brónach.

sadden *vt* dubhaigh.

saddle *n* diallait *f.*

sadness *n* brón *m.*

safe *adj* slán; sábháilte.

safety *n* sábháilteacht *f.*

saffron *n* cróch *m.*

sag *vi* tit.

sagacious *adj* géarchúiseach.

sail *n* seol *m.* • *vi vt* seol.

saint *n* naomh *m.*

sake *n* for God's sake ar son Dé *m.*

salad *n* sailéad *m.*

sale *n* reic *f.*

saleable *adj* indíolta.

saliva *n* seile *f.*

sallow *adj* liathbhuí.

salmon *n* bradán *m.*

salmon trout *n* breac *m* geal.

salt *n* salann *m.*

salt cellar *n* sáiltéar *m.*

salutary *adj* tairbheach.

salute *vt* beannaigh do.

salvage *n* tarrtháil *f.*

same *adj* céanna.

sameness *n* ionannas *m.*

sample *n* sampla *m.*

sanctify *vt* naomhaigh.

sanctuary *n* tearmann *m.*

sand *n* gaineamh *m.*

sandstone *n* gaineamhchloch *f.*

sandy *adj* gainmheach.

sane *adj* céillí.

sapling *n* buinneán *m.*

sapphire *n* saifír *f.*

sarcasm *n* tarcaisne *f.*

sarcastic *adj* searbhasach.

satanic *adj* diabhlaí.

satchel *n* mála *m* scoile.

sate *vt* sásaigh.

satellite *n* satailít *f.*

satiate *vt* sásaigh.

satin *n* sról *m.*

satire *n* aoir *f.*

satirical *adj* aorach.

satirist *n* aorthóir *m.*

satisfaction *n* sásamh *m.*

satisfied *adj* sásta.

satisfy *vt* sásaigh.

saturate *vt* maothaigh.

Saturday *n* Dé Sathairn *m.*

sauce *n* anlann *m.*

saucepan *n* sáspan *m.*

saucer *n* fochupán *m.*

sausage *n* ispín *m.*

save *vt* sábháil; tarrtháil.

savour *vt* faigh blas ar.

savoury *adj* blasta.

saw *n* sábh *m.* • *vt* sábh.

say *vt* abair.

saying *n* seanfhocal *m.*

scald *vt* scall.

scale *n* scála *m*; (*fish*) lann *f*; (*mus*) scála *m.*

scaly *adj* gaineach.

scalp *n* craiceann *m* an chinn.

scan *vt* breathnaigh.

scandal *n* scannal *m.*

scandalise *vt* scannalaigh.

scandalous *adj* scannalach.

scar n colm m.

scarce adj tearc.

scare vt cuir eagla f ar.

scarecrow n fear m bréige.

scarf n scaif f.

scatter vt scaip.

scattering adj scaipeadh.

scene n radharc m.

scenic adj álainn.

scent n cumhracht f.

scented adj cumhraithe.

sceptical adj amhrasach.

scheme n scéim f.

school n scoil f.

schoolmaster n máistir scoile f.

schoolmistress n máistreás f scoile f.

schoolteacher n múinteoir scoile f.

science n eolaíocht f.

scientific adj eolaíoch.

scissors n siosúr m.

scold vt scoill.

scone n bonnóg f; scóna m.

scorch vt ruadhóigh.

score n scór m. • vt scríob.

scorn n tarcaisne f.

scornful adj tarcaisneach.

Scotland n Albain f.

Scottish adj Albanach.

scour vt sciúr.

scourge n sciúirse m.

scout n (milit) scabhta m.

scowl vi gruig.

scrape vt vi scríob.

scratch vt scríob. • n scríobadh m.

scream vi lig scread f. • n scread f.

scree n sciollach m.

script n script f.

scroll n scrolla m.

scrotum n cadairne m.

scrub vt sciúr.

scruple n scrupall m.

scrupulous adj scrupallach.

scuffle n racán m.

sculptor n dealbhóir m.

sculpture n dealbhóireacht f.

scythe n speal f. • vt speal.

sea n muir f, farraige f.

seagull n faoileán m.

seal n rón m; (official) séala m. • vt séalaigh.

sea level n leibhéal na farraige f.

seaport n calafort m.

sear vt feoigh.

search vt cuardaigh. • n cuardach m.

seashore n cladach m.

season n séasúr m.

seasonable adj tráthúil.

seat n suíochán m.

seaweed n feamainn f.

second adj dara.

secondary adj tánaisteach.

secondary school n meánscoil f.

secondhand adj athláimhe.

secondly adj sa dara cás.

secrecy n rúndacht f.

secret adj rúnda m. • n rún.

secretary n rúnaí m.

secretive adj ceilteach.

secretly adv faoi cheilt f.

sect n seict f.

sectarian n seicteach m.

secular adj saolta.

secure adj daingean. • vt daingnigh.

security n slándáil f.

seduce vt meall.

seduction n meabhlú m.

see vt feic.

seed n síol m. • vt vi síolaigh.

seeing conj: **seeing that** ós rud é go/ nach.

seek vt cuardaigh.

seer n fáidh m.

seize *vt* gabh.
seldom *adv* annamh.
select *vt* togh.
self- *pref* féin, féin-.
self-interest *n* leithleachas *m*.
selfish *adj* leithleach.
sell *vt* díol.
semiquaver *n* leathchamán *m*.
seminary *n* cliarscoil *f*.
semitone *n* (*mus*) leath-thon *m*.
senate *n* seanad *m*.
send *vt* cuir (sa phost); seol.
senile *adj* seanaoiseach.
senior *adj* sinsearach.
sensation *n* mothú *m*.
sense *n* ciall *f*.
senseless *adj* gan chiall *f*.
sensible *adj* céillí.
sensitive *adj* íogair.
sensual, sensuous *adj* macnasach.
sentence *n* abairt *f*; (*law*) breith *f*.
sentimental *adj* maoithneach.
separate *vt* dealaigh, deighil.
separation *n* scaradh *m*.
September *n* Mí *m* Mheán Fómhair.
septic *adj* seipteach.
sepulchral *adj* tuamúil.
sequence *n* ord *m*, sraith *f*.
serene *adj* sámh.
sergeant *n* sáirsint *m*.
series *n* sraith *f*.
serious *adj* dáiríre.
serpent *n* nathair *f*.
serrated *adj* fiaclach.
servant *n* searbhónta *m*.
serve *vt* freastal ar; riar *m*.
service *n* seirbhís *f*.
serviceable *adj* áisiúil.
session *n* seisiún *m*.
set *vt* cuir; socraigh.
settle *vt* socraigh.

settlement *n* socraíocht *f*; (*of land*) lonnaíocht *f*
seven *adj* seacht. • *n* (*people*) seachtar *m*.
seventeen *adj n* seacht déag *m*.
seventh *adj n* seachtú *m*.
seventy *adj n* seachtó *m*.
sever *vt* teasc.
severe *adj* géar.
severity *n* géire *f*.
sew *vt vi* fuaigh.
sewage, sewer *n* séarachas *m*.
sewing *n* fuáil *f*.
sex *n* gnéas *m*.
sexual intercourse *n* caidreamh *m* collaí.
shade *n* scáth *m*. • *vt* scáthaigh.
shadow *n* scáth *m*.
shady *adj* scáthach.
shaggy *adj* mothallach.
shallow *adj* tanaí.
sham *adj* cur i gcéill.
shame *n* náire *f*. • *vt* náirigh.
shameful *adj* náireach.
shanty *n* seantán *m*.
shape *vt* múnlaigh. • *n* cruth *m*.
shapely *adj* comair.
share *n* roinnt *f*. • *vt* roinn.
shark *n* siorc *m*.
sharp *adj* géar.
sharpen *vt* faobhraigh.
sharpness *n* géire *f*.
shave *vt* bearr.
shawl *n* seál *m*.
she *pn* sí, í.
shear *vt* lom.
shearing *n* lomadh *m*.
sheath *n* (*contraceptive*) coiscín *m*.
shed *vt* doirt. • *n* bothán *m*.
sheep *n* caora *f*.
sheepdog *n* madra *m* caorach.

sheet n (*bed*) braillín m.

shelf n seilf f; (*rock*) laftán m.

shellfish npl bia m sliogán.

shelter n dídean m.

shepherd n aoire m.

sheriff n sirriam m.

Shetland n Sealtainn f.

shield n sciath f. • vt cosain.

shieling n bothán m.

shine vi lonraigh.

shinty n iomáint f.

shinty stick n camán m.

ship n long f.

shipwreck n longbhriseadh m.

shire n sír f.

shirt n léine f.

shiver vi crith.

shoal n scoil f.

shock n (*elec*) turraing f. • vt bain croitheadh as.

shoe n bróg f.

shoelace n iall f bróige.

shoemaker n gréasaí m.

shoot vt scaoil (le); (*grow*) péac.

shop n siopa m.

shore n cladach m.

short adj gearr.

shortage n ganntanas m.

shorten vt giorraigh.

shortly adv gan mhoill f.

short-sighted adj gearr-radharcach.

shorts n bríste m gairid.

shortwave n gearrthonn f.

shot n urchar m.

shoulder n gualainn f.

shout n scairt f.

shove vt brúigh. • n brú m.

show vt taispeáin.

shower n cithfholcadh m.

shred n ribeog f.

shriek n scréach f.

shrimp n sreabhlach m.

shrink vi crap.

shudder vi téigh creathán trí. • n creathán m.

shuffle vt (*cards*) suaith.

shut vt druid, dún. • adj druidte m, dúnta m.

sick adj tinn.

sickness n tinneas m.

side n taobh m.

sidelong adj ar fiar.

sideways adv i leataobh.

siege n léigear m.

sieve n criathar m.

sigh vi lig osna f.

sight n amharc m, radharc m.

sign n comhartha m.

signature n síniú m.

significant adj tábhachtach.

signpost n cuaille m eolais.

silence n ciúnas m.

silent adj ciúin.

silk n síoda m.

sill n leac f.

silly adj amaideach.

silver n airgead m.

similar adj cosúil.

simple adj simplí.

simplify vt simpligh.

simultaneous adj comhuaineach.

sin n peaca m. • vi peacaigh.

since prep ó. • conj ó, nuair.

sincere adj macánta.

sing vt can, ceol, cas.

singer n amhránaí m.

single adj singil; díomhaoin.

singly adv ceann ar cheann.

singular adj uatha.

sinister adj urchóideach.

sink vi téigh go tóin f poill. • n doirteal m.

sip vt bain suimín as. • n suimín m.

sister n deirfiúr f.

sister-in-law n deirfiúr f chleamhnais.

sit vi suigh.

sitting room n seomra m suí.

six adj sé. • n (people) seisear m.

sixteen adj n sé déag.

sixth adj n séú m.

size n méid f.

skate n scáta m. • vi scátáil.

skate n (fish) sciata m.

skeleton n cnámharlach m.

skerry n sceir f.

sketch n sceitse m.

ski vi sciáil.

skid vi scoirr.

ski-lift n ardaitheoir m sciála.

skill n scil f.

skim vt scimeáil.

skin n craiceann m. • vt bain ann craiceann de.

skinny adj caol.

skip vt léim.

skirmish n scliúchas m.

skirt n sciorta m.

skull n cloigeann m.

sky n spéir f.

Skye n An tOileán Sciathanach m.

skylark n fuiseog f.

slam vt druid de phlab.

slander n clúmhilleadh m.

slant vt vi claon. • n claonadh m.

slap n boiseog f.

slash vt gearr.

slate n slinn f.

slaughter n ár m.

slave n sclábhaí m.

sledge n carr m sleamhnáin.

sleek adj slíoctha.

sleep vi codail. • n codladh m.

sleepy adj codlatach.

sleet n flichshneachta m.

sleeve n muinchille f.

sleigh n carr m sleamhnáin.

slice n slisín m.

slide vi sleamhnaigh.

slip vi sleamhnaigh. • n sciorradh m.

slipper n slipéar m.

slippery adj sleamhain.

slit n gearradh m.

slogan n sluaghairm f.

slope n fána f.

sloven n leibide f.

slovenly adj leibideach.

slow adj mall.

slowness n moille f.

slur n masla m; (speech) bachlóg f.

sly adj glic.

smack n greadóg f.

small adj beag.

smart adj cliste.

smattering n smearadh m.

smear vt smear.

smell vt bolaigh. • n boladh m.

smile vi déan miongháire. • n miongháire m.

smith n gabha m.

smoke n deatach m. • vt caith (tabac, toitín).

smoky adj deatúil.

smooth adj mín.

smooth vt smúdáil.

smother vt múch.

smoulder vi cnádaigh.

smuggle vt smuigleáil.

smuggler n smuigléir m.

snack n smailc f.

snake n nathair f.

snatch vt sciob.

sneak vi déan rud go fáilí.

sneer vi déan fonóid f.

sneeze vi lig sraoth.

sniff *vt vi* smúr. • *n* boladh *m.*

snipe *n* naoscach *f.*

snivel *n* smugairle *m.*

snob *n* duine *m* ardnósach.

snooze *n* néal *m* codlata.

snore *vi* lig srann *f.*

snout *n* smut *m.*

snow *n* sneachta *m.* • *vi* cuir sneachta.

snowdrift *n* ráth sneachta *m.*

snug *adj* seascair.

snuggle *vi* luigh isteach le.

so *adv* amhlaidh, chomh, mar sin.

soak *vi vt* maothaigh.

soap *n* gallúnach *f.*

soapy *adj* lán gallúnaí.

sober *adj* stuama.

sociable *adj* cuideachtúil.

socialism *n* sóisialachas *m.*

society *n* sochaí *f.*

sock *n* stoca *m.*

sod *n* fód *m.*

soft *adj* bog.

soften *vt* bog.

softness *n* boige *f.*

software *npl* bogearraí *mpl.*

soil *vt* salaigh. • *n* ithir *f.*

solar *adj* grianda.

soldier *n* saighdiúir *m.*

sole *n* bonn (na coise *f*); (*fish*) sól *m.*

solemn *adj* sollúnta.

solicit *vt* iarr.

solicitor *n* aturnae *m.*

solid *adj* daingean.

solidarity *n* dlúthpháirtíocht *f.*

solitude *n* uaigneas *m.*

solo *n* (*mus*) (ceol) aonair *m.*

soloist *n* aonréadaí *m.*

soluble *adj* intuaslagtha.

solve *vt* fuascail.

solvent *adj* sóchmhainneach.

some *adj* roinnt *f* (*separate items*); cuid *f.*

somebody *pn* duine éigin.

somehow *adv* ar dhóigh *f* éigin.

something *pn* rud éigin.

sometime *adv* am éigin.

sometimes *adv* uaireanta.

somewhere *adv* áit *f* éigin.

son *n* mac *m.*

son-in-law *n* cliamhain *m.*

soon *adv* gan mhoill.

sophisticated *adj* sofaisticiúil.

sordid *adj* suarach.

sore *n* cneá *f.* • *adj* nimhneach, frithir.

sorrow *n* brón *m.*

sorry *adj* buartha; (*sad*) brónach.

sort *n* sórt *m.* • *vt* socraigh.

soul *n* anam *m.*

sound *n* fuaim *f.* • *vt* fuaimnigh.

soup *n* anraith *m.*

sour *adj* searbh.

south *n* deisceart *m*; aneas *m*; theas *m.*

southerly, southern *adj* theas, aneas.

sow *n* cráin *f.*

space *n* spás *m.*

space probe *n* tóireadóir spáis *m.*

spacious *adj* fairsing.

Spain *n* An Spáinn *f.*

spaniel *n* spáinnéar *m.*

Spanish *n* Spáinnis *f.*

spare *vt* spáráil.

spark *n* splanc *f.*

spawn *vi vt* sceith.

speak *vi vt* labhair.

spear *n* sleá *f.*

special *adj* speisialta.

species *n* gné *f.*

spectacles *npl* spéaclaí *mpl.*

spectre *n* arracht *f.*

speech *n* caint *f*; (*oration*) óráid *f.*

speed *n* luas *m.* • *vt* gabh ar luas.

spell *vt* litrigh.

spend *vt* caith.

spider *n* damhán alla *m*.

spill *vt* doirt.

spin *vt* rothlaigh; (*thread*) sníomh.
 • *vi* cas *m*.

spine *n* dromlach *m*.

spinning wheel *n* tuirne *m*.

spirit *n* spiorad *m*.

spirited *adj* anamúil.

spit *vi* caith seile *f*.

spite *n* faltanas *m*.

splendid *adj* ar fheabhas.

split *vt* scoilt.

spoil *vt* mill.

spoon *n* spúnóg *f*.

sporran *n* sparán *m*.

sport *n* spórt *m*.

spot *n* ball *m*.

spouse *n* céile *m*.

spreadsheet *n* scairbhileog *f*.

spree *n* spraoi *m*.

spring *n* (*season*) (an t)earrach *m*.

spring *n* lingeán *m*; (*water*) fuarán *m*.

spume *n* cúr *m*.

spur *n* spor *m*.

spy *n* spiaire *m*.

squalid *adj* suarach.

squall *n* cóch *m*.

square *adj* cearnach. • *n* cearnóg *f*.

squash *vt* fáisc.

squat *adj* dingthe.

squeak *n* gíog *f*.

squirrel *n* iora *m*.

squirt *vt* scaird.

stable *n* stábla *m*. • *adj* cobhsaí.

stag *n* carria *m*.

stairs *n* staighre *msg*.

stale *adj* stálaithe.

stalk *n* gas *m*.

stallion *n* stail *f*.

stammer *vi* bac a bheith agat i do chuid cainte.

stamp *n* stampa *m*; (*embossing*) stampa *m*.

stand *vi* seas.

standstill *n* stad *m*.

star *n* réalta *f*; (*movies*) príomhaisteoir *m*.

starboard *n* deasbhord *m*.

stare *vi*: to stare at stánadh ar.

starfish *n* crosóg *f* mhara.

starry *adj* réaltach.

start *vt vi* tosaigh. • *vt* (*motor*) cuir ag dul *m*.

starvation *n* gorta *m*.

state *n* staid *f*; (*country*) stát *m*. • *vt* maígh

station *n* stáisiún *m*.

statue *n* dealbh *f*.

stature *n* meas *m*.

stave *n* cliath *f*.

stay *n* cuairt *f*. • *vi* fan.

steak *n* stéig *f*.

steal *vt* goid.

steam *n* gal *f*.

steel *n* cruach *f*.

steep *adj* crochta.

steer *vt* stiúir.

step *n* céim *f*, coiscéim *f*.

sterile *adj* aimrid.

stern *adj* dian. • *n* (*mar*) deireadh *m*.

stick *n* maide *m*. • *vt* (*adhere*) greamaigh.

stiffen *vi vt* righnigh.

still *n* stil *f*. • *adv* fós, go fóill.

sting *vt* cealg. • *n* cealg *f*.

stink *n* bréantas *m*.

stir *vt* corraigh.

stitch *n* greim *m*.

stocking *n* stoca *m*.

stomach *n* goile *m*.

stone n cloch f.

stool n stól m.

stop vt stad.

store n stór m. • vt stóráil.

storehouse n teach m stórais.

stork n corr f bhán.

storm n stoirm f; doineann f.

stormy adj stoirmeach.

story n scéal m.

stove n sornóg f.

straight adj díreach.

strain vt teann; (filter) síothlaigh. • n teannas m; (mental) strus m.

strange adj aisteach.

stranger n strainséir m.

strath n srath m.

straw n tuí m.

strawberry n sú f talún.

streaky adj stríocach.

stream n sruth m.

streamer n sraoilleán m.

street n sráid f.

strength n láidreacht f.

stretch vt sín.

strict adj docht.

stride n céim f fhada.

strike vt buail; (work) gabh ar stailc f.

string n sreang f; corda m.

stringed adj sreangach.

stroke vt slíoc.

stroll vi bí ag spaisteoireacht.

strong adj láidir.

struggle vi streachail. • n streachailt f.

stubble n coinleach m.

stubborn adj ceanndána.

stuff n stuif m.

stupid adj amaideach; bómánta.

sturdy adj téagartha.

sty n cró m uice f.

stye n sleamhnán m.

style n stíl f.

stylish adj faiseanta.

subject adj ábhar. • vt bheith faoi réir (ruda).

sublime adj oirirc.

submit vt géill.

subside vi tráigh.

subsidy n fóirdheontas m.

substance n substaint f; tathag m.

substitute vt cuir rud in ionad ruda eile.

subtle adj caolchúiseach.

subtract vt (math) dealaigh.

succeed vi I **succeeded** d'éirigh liom.

successful adj rathúil.

such adj a leithéid de.

suck vt vi súigh.

suckle vt tabhair an chíoch f do.

sudden adj tobann

suddenly adv go tobann.

sue vt cuir an dlí ar.

suffer vi vt fulaing.

sufferer n fulangaí m.

sufficient adj go leor.

sugar n siúcra m.

suggest vt mol.

suicide n féinmharú m.

suit n culaith f. • vt fóir do.

suitable adj cuí.

sum n suim f; iomlán m.

summer n samhradh m.

summit n mullach m.

summon vt glaoigh.

sun n grian f.

sunbathe vi déan bolg le gréin f.

Sunday n Dé Domhnaigh m.

sunny adj grianach.

sunrise n éirí m na gréine.

sunset n luí m na gréine.

supermarket n ollmhargadh m.

supernatural n osnádúrtha m.
superstition n piseog f.
supper n suipéar m.
supple adj aclaí.
support n taca m.
suppose vt vi síl.
suppress vt cuir faoi chois.
supreme adj ard-.
sure adj cinnte.
surely adv go cinnte.
surface n dromchla m.
surge vi borr.
surgeon n máinlia m.
surgery n (doctor's) clinic m.
surly adj dúr.
surname n sloinne m.
surplus n farasbarr m.
surprise vt tar aniar aduaidh ar. • n
  iontas m.
surprising adj iontach.
surrender n géilleadh m.
surround vt timpeallaigh.
survive vi mair.
survivor n marthanóir m.
suspect vt caith amhras ar.
suspend vt croch.
suspense n beophianadh m; **to be
  in suspense** bheith ar cipíní.

suspension bridge n droichead m
  crochta.
suspicious adj amhrasach.
swallow n (bird) fáinleog f. • vt slog.
swamp n seascann m.
swan n eala f.
swarm vi imigh i saithe.
swear vt mionnaigh.
sweat n allas m. • vi cuir allas.
swede n (neep) svaeid m.
Sweden n An tSualainn f.
sweep vt scuab.
sweet adj milis.
sweeties npl milseáin m.
sweetheart n grá m geal; leannán m.
swim vt vi snámh.
swimming pool n linn m snámha.
swing n luascán m.
switch n lasc f.
sword n claíomh m.
symbol n siombail f.
symbolic adj siombalach.
sympathetic adj báúil.
sympathise vi bí báúil le.
syringe n steallaire m.
syrup n síoróip f.
system n córas m.

T

table n tábla m, bord m.

tablet n taibléad m; tabhall m.

tacit adj tostach.

taciturn adj tostach.

tack n tacóid f.

tacket n tacóid f.

tadpole n torbán m.

tail n eireaball m.

taint vt truaill.

take vt tabhair (leat), glac.

tale n scéal m.

talent n tallann f.

talk vi labhair.

tall adj ard.

tame adj ceansa. • vt ceansaigh.

tangle n achrann m, aimhréidh f.

tanker n tancaer m.

tantalise vt griog.

tap n sconna m.

taper vi éirigh caol.

tapestry n taipéis f.

target n sprioc f.

tart adj searbh. • n toirtín m.

task n tasc m.

taste vt blais.

tawny adj ciarbhuí.

tax vt gearr cáin f (ar). • n cáin f.

tea n tae m.

teach vi vt teagasc, múin.

teacher n múinteoir m.

teach-in n seisiún m teagaisc.

teacup n taechupán m.

team n foireann f.

tear vt stróic. • n deoir f.

tease vt bí ag spochadh (as).

tedious adj fadálach.

teenager n déagóir m.

telephone n guthán m, telefón m.

television n teilifís f; (set) teilifíseán m.

tell vt inis.

temper n meon m.

temperament n meon m.

temperature n teocht f.

tempest n stoirm f.

temple n teampall m.

temporary adj sealadach.

tempt vt cuir cathú (ar).

ten adj n deich m. • n (persons) deichniúr m.

tenacious adj coinneálach.

tenant n tionónta m.

tender adj maoth.

tennis n leadóg f.

tent n puball m.

tenth adj n deichniú m.

term n téarma m.

tern n greabhóg f.

terrier n brocaire m.

terrorism n sceimhlitheoireacht f.

test n triail f.

testament n tiomna m.

testicle n magairle m.

than adv ná.

thank vt gabh buíochas (le). • interj thank you go raibh maith agat.

thankful adj buíoch.

that pn sin, siúd. • conj go (gur in past); (neg) nach (nár in past); (relative) a, ar, nach, nár.

thatch n tuí m.

thaw vi leáigh.

the art an, (plur) na, (fem gen sing) na.

theft n goid f.

their pn a (+ eclipse).

them pn iad(san).

themselves pn pl iad féin.

then adv ansin; ina dhiaidh sin.

thence adv uaidh sin.

theory n teoiric f.

therapy n teiripe f.

there adv ansin.

thereby adv dá bharr sin.

therefore adv dá bhrí f sin.

these pn pl (iad) seo.

they pn pl siad, iad.

thick adj tiubh.

thief n gadaí m.

thigh n ceathrú f.

thin adj tanaí.

thing n ní m, rud m.

think vi smaoinigh.

third adj tríú.

third rate adj ainnis.

thirst n tart m.

thirsty adj: **I am thirsty** tá tart orm.

thirteen adj n trí m déag.

thirty adj n tríocha m.

this pn seo.

thistle n feochadán m.

thorny adj deilgneach.

those pn pl siad sin, iad sin.

though conj cé go; bíodh go.

thought n smaoineamh m.

thousand adj n míle m.

thrash vt léas; (corn) buail.

threat n bagairt f.

threaten vt bagair.

three adj n trí m; (persons) triúr m.

thrilling adj corraitheach.

throat n scornach f.

through prep trí.

throw vt caith.

thrush n smólach m.

thumb n ordóg m.

thunder n toirneach f.

thunderous adj toirniúil.

Thursday n Déardaoin f.

thus adv mar seo.

ticket n ticéad m.

ticking n ticeáil f.

tide n taoide f.

tidy vt cuir slacht ar.

tiger n tíogar m.

till prep go, go dtí.

tiller n curadóir m.

time n am m, aimsir f.

timely adj tráthúil.

timeous adj i ndea-am.

tinker n tincéir m.

tiny adj bídeach.

tipsy adj súgach.

tired adj tuirseach.

tiresome adj tuirsiúil.

title n teideal m.

to prep go; go dtí; chuig; chun (+ gen).

toad n buaf f.

toast vt ól sláinte f duine.

tobacco n tobac m.

today adv inniu.

together adv le chéile.

toilet n leithreas m.

tomb n tuama m.

tomorrow adv n amárach m.

tone n ton m; glór m.

tongue n teanga f.

tonight adv n anocht m.

too adv fosta, chomh maith.

tool n uirlis f.

tooth n fiacail f.

top n mullach m, barr m.

torch n tóirse m.

torrent n tuile f.

tortoise n toirtís f.

Tory n Tóraí m.

toss vt caith (rud) san aer.

total adj n iomlán m.

touch vt leag (lámh f, etc) ar, bain de.

tough adj righin.

tour n turas m.

tourist n turasóir m.

toward, towards prep i dtreo (+ gen), i leith (+ gen).

tower n túr m.

town n baile m.

toy n bréagán m.

trace n lorg m.

track n rian m.

trade n trádáil m.

tradition n traidisiún m.

train vt traenáil. • n traein f; (retinue) lucht coimhdeachta f.

traitor n fealltóir m.

trance n (támh)néal m.

transfer vt aistrigh.

transient adj díomuan.

translate vt aistrigh.

transmitter n tarchuradóir m.

transparent adj trédhearcach.

trap n gaiste m. • vt ceap.

travel vt vi taistil. • n taisteal m.

tray n tráidire m.

treasure n stór m. • vt taisc.

treat vt caith le (duine, etc). • n coirm f.

tree n crann m.

tremor n crith m.

trespass n coir f; peaca m. • vt sáraigh (dlí).

trews npl triús mpl.

trial n triail f.

tribe n treibh f, sliocht m.

tributary n craobhabhainn f.

trick n cleas m.

trim adj comair.

trip vi **I tripped (up)** baineadh tuisle asam.

triumph n caithréim f. • vt bua a bhreith ar (dhuine).

triumphal adj caithréimeach.

triumphant adj buach.

trivial adj suarach.

trot vi bheith ag sodar.

trouble vt buair. • n trioblóid f.

trousers n bríste m.

trout n breac m.

true adj fíor.

trump card n mámh m.

trust n muinín f. • vt **I trust (her)** tá muinín f agam aisti.

truth n fírinne f.

try vt tabhair faoi or féach le rud a dhéanamh.

tub n tobán m.

Tuesday n Dé Máirt f.

tumble vi tit.

tumult n clampar m.

tune n fonn m, port m. • vt tiúin.

tuneful adj ceolmhar.

tup n reithe m.

turf n fód m; (fuel) móin f.

turn vt vi cas, tiontaigh.

turnip n tornapa m.

turtle n turtar m.

tutor n (guardian) oide m.

tweak vt bain cor as.

tweed n bréidín m.

twelfth adj n (an) dara (ceann) déag.

twelve adj n dó m dhéag.

twentieth adj n fichiú m.

twenty adj n fiche m.

twice adv faoi dhó.

twilight n clapsholas m.

twin n leathchúpla m.

twist vt cas.

two *n* dó *m*. • *adj* dhá, (*persons*) beirt *f*.
typical *adj* samplach.
typography *n* clóghrafaíocht *f*.

tyrant *n* aintiarna *m*.
tyre *n* bonn *m*.
tyro *n* núíosach *m*.

U

udder *n* úth *m*.

ugliness *n* gránnacht *f*.

ugly *adj* gránna.

ulcer *n* othras *m*.

ultimate *adj* deiridh.

umbrella *n* scáth fearthainne *f*.

unable *adj* neamhchumasach.

unaccustomed *adj* ainchleachta.

unanimous *adj* d'aon ghuth.

unarmed *adj* neamharmtha.

unavoidable *adj* dosheachanta.

unaware *adj* aineolach (ar).

unbolt *vt* bolta a scaoileadh.

unbreakable *adj* dobhriste.

uncle *n* uncail *m*.

uncomfortable *adj* míchompardach.

uncommon *adj* neamhghnách.

unconditional *adj* gan choinníoll.

uncork *vt* corc a bhaint as.

unction *n* ungadh *m*.

undecided *adj* neamhchinnte.

under *prep* faoi.

undergo *vt* fulaing.

underground *adj* faoi thalamh.

underneath *adv* thíos. • *prep* faoi.

understand *vi vt* tuig.

understandable *adj* intuigthe.

underwear *npl* fo-éadaí *mpl*.

undeserved *adj* neamhthuillte.

undistinguished *adj* coitianta

undisturbed *adj* neamhchorraithe.

undo *vt* leasaigh. ·

unemployed *adj* dífhostaithe.

unequal *adj* neamhionann.

uneven *adj* míchothrom.

unexpected *adj* gan dúil *f*.

unfair *adj* leatromach.

unfinished *adj* neamhchríochnaithe.

unfold *vt* oscail amach.

unfriendly *adj* neamhchairdiúil.

unfurl *vt* scaoil (amach).

ungrateful *adj* míbhuíoch.

uniform *n* culaith *f*.

uniformity *n* comhionannas *m*.

unimportant *adj* neamhthábhachtach.

uninhabited *adj* neamháitrithe.

union *n* aontas *m*.

Unionist *n adj* (*pol*) Aontachtaí *m*.

unique *adj* ar leith.

unit *n* aonad *m*.

United States (of America) *npl* Stáit Aontaithe *mpl* (Mheiriceá) (SAM).

unity *n* aontacht *f*.

universal *adj* uilíoch.

universe *n* cruinne *f*.

university *n* ollscoil *f*.

unless *conj* mura(r).

unlike *adj* éagsúil.

unload *vt* díluchtaigh.

unmask *vt* masc a bhaint de.

unmusical *adj* neamhcheolmhar.

unnecessary *adj* neamhriachtanach.

unoccupied *adj* folamh.

unpack *vt* díphacáil.

unpardonable *adj* do-mhaite.

unpleasant *adj* míthaitneamhach.

unpopular *adj* míghnaíúil.

unpremeditated *adj* gan réamhsmaoineamh.

unproductive *adj* neamhthorthúil.

unreal *adj* bréagach.

unreasonable *adj* míréasúnta.

unrest *n* míshocracht *f*.

unripe *adj* mí-aibí.

unsafe *adj* contúirteach.

unsatisfactory *adj* míshásúil.

unsightly *adj* míshlachtmhar.

unsuccessful *adj* mírathúil.

unsuitable *adj* mífhóirsteanach.

unsure *adj* éiginnte.

untidy *adj* amscaí.

untie *vt* scaoil.

until *prep* go, go dtí. • *conj* go dtí.

unused *adj* ainchleachta.

unusual *adj* neamhghnách.

unwanted *adj* gan iarraidh *f*.

unwieldy *adj* liobarnach.

unwise *adj* díchéillí.

unworthy *adj* neamhfhiúntach.

unwrap *vt* oscail.

up *adv* suas, (*from below*) aníos, thuas.

upbringing *n* tógáil *f*.

uphill *adv* in éadan na mala *f*.

uphold *vt* seas le.

upon *prep* ar.

upper *adj* uachtarach.

upright *adj* ingearach, díreach.

uproar *n* racán *m*.

upset *n* suaitheadh *m*.

upshot *n* deireadh *m*.

upside-down *adv adj* bunoscionn.

upstairs *adv* thuas staighre, suas staighre.

upward *adj* suas, (*from below*) aníos.

urban *adj* uirbeach.

urge *vt* gríosaigh.

urgency *n* práinn *f*.

urgent *adj* práinneach.

urinal *n* fualán *m*.

us *pn* muid, sinn.

usage *n* úsáid *f*.

use *n* úsáid *f*. • *vt* úsáid.

useful *adj* úsáideach.

usefulness *n* úsáid *m*.

useless *adj* gan feidhm *f*.

usual *adj* gnáth-, coitianta.

usurp *vt* forghabh.

uterus *n* broinn *f*.

utmost *adj* as cuimse *f*.

utter *adj* iomlán, lán; dearg-. • *vt* abair, labhair.

utterly *adv* ar fad.

V

vacancy *n* folúntas *m*.
vacant *adj* saor.
vaccinate *vt* vacsaínigh.
vagabond *n* spailpín *m*.
vagina *n* faighin *f*.
vague *adj* doiléir.
vain *adj* díomhaoin.
vale *n* gleann *m*.
valid *adj* bailí.
valley *n* gleann *m*; srath *m*.
valour *n* crógacht *f*.
valuable *adj* luachmhar.
value *n* luach *m*.
value added tax *n* cáin *f* bhreisluacha.
valve *n* comhla *f*.
van *n* veain *f*.
vandal *n* creachadóir *m*, sladaí *m*.
vanish *vi* téigh as radharc.
vapour *n* gal *f*.
varied *adj* éagsúil.
variegated *adj* breac.
variety *n* éagsúlacht *f*.
various *adj* éagsúil.
vary *vt vi* athraigh.
vase *n* vás *m*.
vast *adj* ollmhór.
veal *n* laofheoil *f*.
vegetable *n* glasra *m*.
vegetarian *n* feoilséantóir *m*.
vegetation *n* fásra *m*.
vehement *adj* tréan.
vehicle *n* feithicil *f*.
veil *n* caille *f*. • *vt* clúdaigh.
vein *n* féith *f*.
velvet *n* veilbhit *f*.
vengeance *n* díoltas *m*.
venison *n* fiafheoil *f*.

venom *n* nimh *f*.
venture *n* fiontar *m*.
venue *n* ionad *m*.
verdict *n* (*law*) breithiúnas *m*.
verge *n* bruach *m*.
verify *vt* fíoraigh.
vermin *n* míolra *m*.
vernacular *n* caint *f* na ndaoine.
verse *n* véarsaíocht *f*; (*stanza*) véarsa *m*.
version *n* leagan *m*.
vertical *adj* ingearach.
vertigo *n* meadhrán *m*.
very *adv* iontach, an-.
vest *n* veist *f*.
vestige *n* lorg *m*.
vet *n* tréidlia *m*.
vex *vt* cráigh.
viable *adj* inmharthana.
vibrate *vi* crith.
vicarious *adj* ionadach.
vice *n* duáilce *f*; (*tool*) bís *f*.
victim *n* íobartach *m*.
victor *n* buaiteoir *m*.
victory *n* bua *m*.
video recorder *n* fístaifeadán *m*.
view *n* dearcadh *m*; amharc *m*. • *vt* amharc (ar).
viewpoint *n* dearcadh *m*.
vigil *n* faire *f*.
vigour *n* fuinneamh *m*.
vile *adj* táir.
village *n* sráidbhaile *m*.
villain *n* bithiúnach *m*.
vindicate *vt* **she was vindicated** tugadh le fios go raibh an ceart aici.
vine *n* fíniúin *f*.

vintage *n* (*wine*) bliain *f.*
violence *n* foréigean *m.*
violent *adj* foréigneach.
violin *n* (*mus*) veidhlín *m.*
violinist *n* veidhleadóir *m.*
viper *n* nathair *f.*
virgin *n* maighdean *f*, ógh *f.*
virginity *n* ócht *f.*
virile *adj* fearúil.
virility *n* fearúlacht *f.*
virtual *adj* sàmhalta.
virtue *n* suáilce *f.*
virtuous *adj* suáilceach.
virus *n* víreas *m.*
visibility *n* infheictheacht *f.*
visible *adj* infheicthe.
vision *n* radharc *m*; (*mental*) fís *f,* aisling *f.*
visit *vt* tabhair cuairt *f* ar.

visitor *n* cuairteoir *m.*
vital *adj* riachtanach.
vitality *n* beogacht *f.*
vivacious *adj* bíogúil.
vocal *adj* guthach.
vocalist *n* amhránaí *m.*
vocation *n* gairm *f.*
voice *n* guth *m.*
void *adj* ar neamhní. • *n* folús *m.*
voluble *adj* líofa.
voluntary *adj* deonach.
vomit *vt vi* aisig. • *n* aiseag *m.*
vote *n* vóta *m.* • *vt* vótáil.
voucher *n* dearbhán *m.*
vow *n* móid *f.* • *vi vt* móidigh.
vowel *n* guta *m.*
voyage *n* turas farraige *f.*
vulgar *adj* gáirsiúil.
vulnerable *adj* soghonta.

W

wade *vi* siúil trí.

wafer *n* abhlann *f*.

wag *vt vi* croith.

wager *n* geall *m*.

wagon *n* vaigín *m*.

wagtail *n* glasóg *f*.

wail *vi* déan olagón.

waist *n* coim *f*.

wait *vi* fan.

waiter/waitress *n* freastalaí *m*.

wake *vi* múscail. • *n* (*relig*) faire *f*.

waken *vt* múscail.

Wales *n* An Bhreatain *f* Bheag.

walk *vi* siúil. • *n* siúl.

walking stick *n* bata *m* siúil.

wall *n* balla *m*.

walrus *n* rosualt *m*.

wan *adj* báiteach.

wander *vi* bheith ag falróid.

wanderer *n* fánaí *m*.

want *vt* tá (rud) de dhíth *f* ar. • *n* easpa *f*; díth *f*.

war *n* cogadh *m*.

warble *vt* ceiliúir.

wardrobe *n* vardrús *m*.

warehouse *n* stór *m*.

warlike *n* cogúil *m*.

warm *adj* te. • *vt* téigh.

warmth *n* teas *m*.

warn *vt* tabhair rabhadh do.

warren *n* coinicéar *m*.

warship *n* long *f* chogaidh.

wart *n* faithne *m*.

wary *adj* airdeallach.

wash *vt* nigh.

washing *n* níochán *m*.

wasp *n* foiche *f*.

waste *vt* cuir amú. • *n* fuíoll *m*.

watch *n* uaireadóir *m*. • *vt* amharc (ar); breathnaigh (ar).

watchdog *n* gadhar faire *m*.

water *n* uisce *m*. • *vt* cuir uisce ar.

water power *n* cumhacht *f* uisce.

waterfall *n* eas *m*.

waterproof *adj* uiscedhíonach.

watershed *n* (*geog*) dobhardhroim *m*.

watertight *adj* uiscedhíonach.

waulk *vt* úc.

waulking *n* úcadh *m*.

wave *n* tonn *f*. • *vi vt* croith.

wax *n* céir *f*.

way *n* slí *f*; bealach *m*.

waylay *vt* déan luíochán roimh dhuine.

we *pn* muid; sinn.

weak *adj* lag.

weaken *vt* lagaigh.

wealthy *adj* saibhir.

wear *vt* (*clothes*) caith.

weather *n* aimsir *m*.

weave *vt* figh.

weaver *n* fíodóir *m*.

web *n* líon *m* (damháin alla); (*comput*) idirlíon *m*.

webbed *adj* scamallach.

wed *vt* pós.

wedding *n* bainis *f*.

Wednesday *n* An Chéadaoin *f*.

wee *adj* beag.

weed *n* fiail *f*. • *vt* déan gortghlanadh.

week *n* seachtain *f*.

weep *vt vi* caoin.

weigh *vt* meáigh.

weight n meáchan m.

weir n cora f.

welcome n fáilte f. • vt fáiltigh.

well n tobar m. • adj maith. • adv go maith.

west n iarthar m. • adj iartharach. • adv thiar; siar (to the west); aniar (from the west).

westerly adj (gaoth f) aniar.

westward adv siar.

wet adj fliuch.

whale n míol m mór.

what interr pn cad (é). • rel pn a.

wheat n cruithneacht f.

wheel n roth m.

wheeze vi cársán a bheith ionat.

whelk n cuachma f.

when adv cén uair. • conj nuair.

whence adv cad as.

whenever adv an uair.

where interr pn cá (háit f). • conj an áit f.

whereas conj cé go.

whereby adv trína.

wherever adv cibé áit.

whereupon adv agus leis sin.

whether conj cé acu.

which pn cé acu. • adj cé (acu).

while n tamall m. • conj fad; le linn.

whin n aiteann m.

whip n fuip f. • vt fuipeáil.

whirlpool n coire m guairneáin.

whiskers npl (of cat) guairí m.

whisky n uisce m beatha, fuisce m.

whisper n cogar m. • vi abair i gcogar.

whistle vi lig fead. • n (sound) fead f; (instrument) feadóg f.

white adj bán; (wine) geal.

who interrog pn cé. • rel pn a; (neg) nach, nár.

whoever pn cibé; an té.

whole adj iomlán.

wholesale n mórdhíol m.

whoop vi lig liú.

whose pn cé.

why adv cad chuige; cén fáth.

wick n buaiceas m.

wicked adj droch-; urchóideach.

wide adj leathan.

widow n baintreach f.

widower n baintreach f fir.

width n leithead m.

wife n bean f (chéile).

wild adj allta; fiáin.

wilderness n fásach m.

will n toil f; (last) uacht f.

willing adj toilteanach.

willow n saileach f.

willpower n neart m tola f.

wily adj glic.

win vt buaigh.

wind n gaoth f.

window n fuinneog f.

windpipe n píobán m.

windward n taobh na gaoithe f.

windy adj gaofar.

wine n fíon m.

wing n sciathán m.

wink vi caoch (súil f).

winter n geimhreadh m.

wintry adj geimhriúil.

wipe vt cuimil.

wire n sreang f.

wiry adj miotalach.

wisdom n críonnacht f.

wise adj críonna.

wish vt is mian liom. • n mian f.

wit n meabhair f; ciall f.

witch n cailleach f.

with prep le; in éineacht le.

wither vi searg; feoigh.

within adv istigh.

without *adv* amuigh. • *prep* gan.

witness *n* finné *m*. • *vt* feic.

witty *adj* dea-chainteach.

wizard *n* draíodóir *m*.

wolf *n* mac tíre *f*.

woman *n* bean *f*.

womanly *adj* banúil.

womb *n* broinn *f*.

wonder *n* ionadh *m*; iontas *m*. • *vi* níl a fhios agam.

woo *vt* meall.

wood *n* coill *f*; (*timber*) adhmad *m*.

woodland *n* talamh *m* coille.

woodlouse *n* míol *m* críon.

wool *n* olann *f*.

word *n* focal *m*.

word processor *n* próiseálaí focal *m*.

wordy *adj* foclach.

work *vi* oibrigh. • *n* obair *f*.

worker *n* oibrí *m*.

workmanship *n* ceardaíocht *f*.

world *n* domhan *m*.

worldly *adj* saolta.

worldwide web *n* líon *m* domhanda.

worm *n* péist *f*.

worn *adj* caite.

worry *n* imní *f*. • *vt* cuir imní ar.

worse *adj* níos measa.

worsen *vi* téigh in olcas.

worship *n* adhradh *m*.

worst *adj* is measa.

worth *n* fiúntas *m*; luach *m*. • *adj* fiú.

worthless *adj* beagmhaitheasach.

worthy *adj* fiúntach.

wound *n* cneá *f*. • *vt* cneáigh.

wrangle *vi* déan clampar.• *n* clampar *m*.

wrap *vt* corn; fill.

wrapper *n* forchlúdach *m*.

wrath *n* fraoch *m*.

wreath *n* fleasc *f* (bláthanna).

wreck *n* long *f* bhriste; carr *m* scriosta. • *vt* scrios.

wren *n* dreoilín *m*.

wrench *vt* srac (rud) ó (dhuine).

wrest *vt* srac (ó).

wrestle *vi* déan iomrascáil *f* (le).

wrestling *n* iomrascáil *f*.

wring *vt* fáisc.

wrinkle *n* roc *m*. • *vt* roc.

wrist *n* caol *m* na láimhe.

wristwatch *n* uaireadóir *m* (láimhe).

write *vt* scríobh.

writer *n* scríbhneoir *m*.

writhe *vi* bí ag lúbarnáil.

writing *n* scríbhneoireacht *f*.

wrong *n* olc *m*; éagóir *f*. • *adj* cearr; contráilte; mícheart.

wry *adj* cam; searbh.

XYZ

xenophobe *n* seineafóbach *m.*

xenophobia *n* seineafóibe *f.*

X-ray *n* x-gha *m*; x-ghathú *m.*

yacht *n* luamh *m.*

Yankee *n* Poncánach *m.*

yard *n* slat *f* (0.914m); clós *m.*

yarn *n* snáth *m*; (*story*) scéal *m.*

yawn *n* meanfach *f.*

year *n* bliain *f.*

yearly *adj* bliantúil.

yearn *vi* bheith ag tnúth le.

yearning *n* tnúthán *m.*

yeast *n* giosta *m.*

yellow *adj n* buí *m.*

yelp *vi* lig sceamh.

yes *adv* (*gram: repeat verb and tense used in question in positive— see also* **no**).

yesterday *adv* inné.

yet *conj* mar sin féin. • *adv* go fóill.

yew *n* iúr *m.*

yield *vt* táirg; (*submit*) géill.

yoke *n* cuing *f.*

yolk *n* buíocán *m.*

yonder *adv* thall.

you *pn* (*sing*) tú, tusa, (*pl*) sibh, sibhse.

young *adj* óg.

youngster *n* (*boy*) buachaill *m*; (*girl*) girseach *f*; (*child*) páiste *m.*

your *pn* (*sing*) do.

yours *pn* (*pl*) bhur; **sincerely yours** is mise (le meas).

yourself *pn* tú féin.

yourselves *pn* sibh féin.

youth *n* (*state*) óige *f*; (*person*) óganach *m.*

youthful *adj* óigeanta.

yuppie *n* suasóg *f.*

zeal *n* díograis *f.*

zealous *adj* díograiseach.

zebra *n* séabra *m.*

zenith *n* buaic *f.*

zero *n* nialas *m.*

zest *n* flosc *m.*

zigzag *n* fiarlán *m.*

zip, zipper *n* sip *f.*

zodiac *n* stoidiaca *m.*

zoo *n* zú *m.*

zoology *n* míoleolaíocht *f.*